中国劳动统计年鉴

CHINA LABOUR STATISTICAL YEARBOOK

2007

国家统计局人口和就业统计司
编
劳动和社会保障部规划财务司

Compiled By

Department of Population and Employment Statistics
National Bureau of Statistics, P.R.C

Department of Planning and Finance,
Ministry of Labour and Social Security, P.R.C

(京)新登字 041 号

图书在版编目（CIP）数据

中国劳动统计年鉴. 2007/国家统计局人口和就业统计司，劳动和社会保障部规划财务司编.
—北京：中国统计出版社，2007.9

ISBN 978-7-5037-5265-0

Ⅰ. 中…
Ⅱ. ①国… ②劳…
Ⅲ. 劳动经济-统计资料-中国-2007-年鉴
Ⅳ. F249.2-54

中国版本图书馆CIP数据核字（2007）第141014号

中国劳动统计年鉴—2007

作　　者/国家统计局人口和就业统计司，劳动和社会保障部规划财务司编
责任编辑/徐　涛　郭　栋
封面设计/艺编广告
出版发行/中国统计出版社
通信地址/北京市西城区月坛南街57号
邮政编码/100826
办公地址/北京市丰台区西三环南路甲6号
网　　址/www.stats.gov.cn/tjshujia
电　　话/邮购（010）63376907　书店（010）68783172
印　　刷/河北天普润印刷厂
经　　销/新华书店
开　　本/890×1240毫米　1/16
字　　数/753千字
印　　张/39. 25
印　　数/1-1500册
版　　别/2007年12月第1版
版　　次/2007年12月第1次印刷
书　　号/ISBN 978-7-5037-5265-0/F・2556
定　　价/260. 00元

本书附同版本CD-ROM一张，光盘内容以书面文字为准。
中国统计版图书，如有印装错误，本社发行部负责调换。

《中国劳动统计年鉴-2007》编委会和编辑部工作人员

CHINA LABOUR STATISTICAL YEARBOOK–2007

Editorial Board and Staff

Editorial Board

Editorial Staff

编 辑 说 明

《中国劳动统计年鉴—2007》是一部全面反映中华人民共和国劳动经济情况的资料性年刊。本刊收集了2006年全国和各省、自治区、直辖市、香港特别行政区、澳门特别行政区的有关劳动统计数据。主要指标还编有历年统计数据。

全书共分为13个部分：1.综合；2.就业与失业；3.城镇单位就业人员和劳动报酬；4.国有单位就业人员和劳动报酬；5.城镇集体单位就业人员和劳动报酬；6.其他单位就业人员和劳动报酬；7.乡镇企业就业人员；8.职业培训与技能鉴定；9.劳动关系；10.社会保障；11.工会工作；12.香港资料；13.澳门资料。书末还附有国外有关资料和主要统计指标解释。

参与本书编辑或提供资料的单位除国家统计局、劳动和社会保障部外，还有农业部和全国总工会。

本书资料的取得形式主要有国家和部门的报表统计、行政记录和抽样调查。全国劳动力、就业人员等资料是运用有关资料推算的，有的资料分项相加不等于总计。望读者使用时予以注意。

恳请广大读者对本书提出宝贵意见。

PREFACE

China Labour Statistical Yearbook 2007 is an annual statistics publication, which is comprehensively reported the labour economic situation for 2006 and some main indicators series for historically years at nation and provinces, autonomous regions and municipalities levels and parts of cities， Hong Kong Special Administrative Region and Macao Special Administrative Region in People's Republic of China.

The book is organized into 13 parts, which are:1 .General Survey; 2.Employment and Unemployment; 3.Employment and Earnings in Urban Units; 4.Employment and Earnings in State-owned Units; 5.Employment and Earnings in Urban Collective-owned Units; 6.Employment and Earnings in Other Ownership Units; 7.Employment in Township and Village Enterprises; 8. Vocational Training and Skill Appraisal; 9.Labour Relation; 10.Social Security; 11.Trade Union Works; 12.Main Indicators of Hong Kong; 13.Main Indicators of Macao. In addition, Main Indicators of Other Countries and Explanatory Notes on Main Statistical Indicators are provided in the end of the book.

Besides National Bureau of Statistical and Ministry of Labour and Social Security, Ministry of Agriculture and All-China Federation of Trade Unions also participate in the compiling work of this book.

Data resources of this book mainly come from state and departments reporting system, administration records and sampling surveys. Since the information of labor resources and employment for the whole country are calculated according to relevant data, they are not equal to the add-results of all sub-items.

人口及就业情况
POPULATION AND EM PLOYMENT

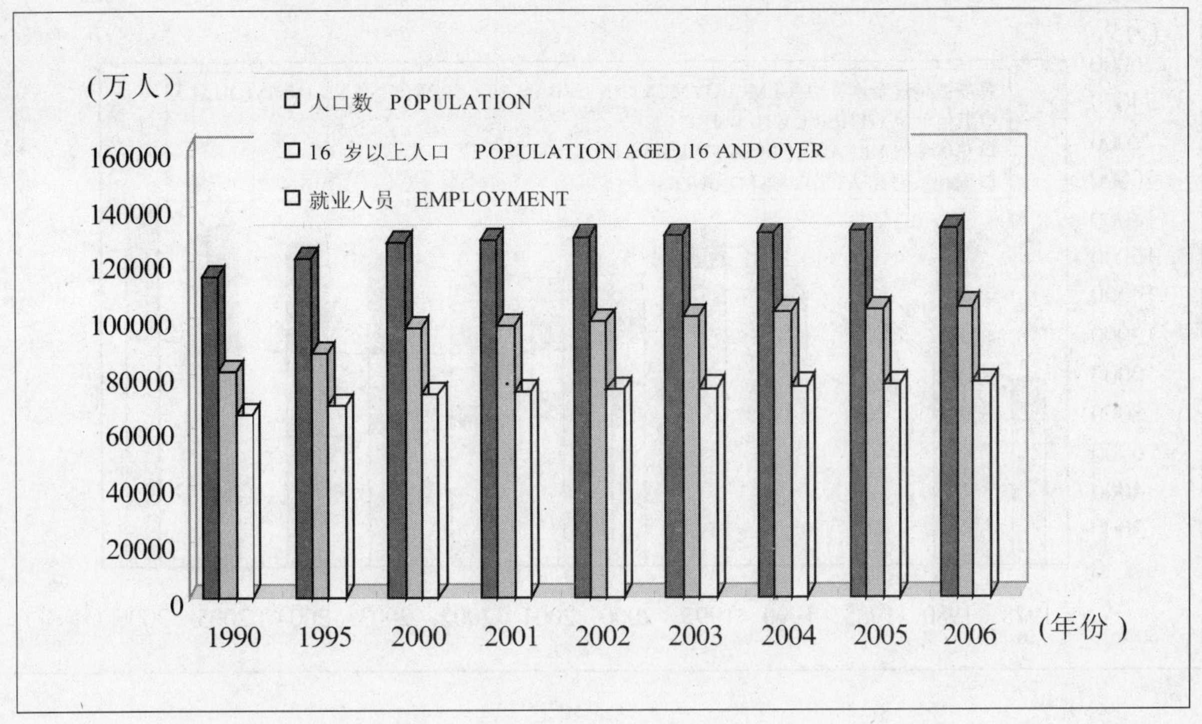

就业人员产业构成
COMPOSITION OF EMPLOYMENT BY INDUSTRY

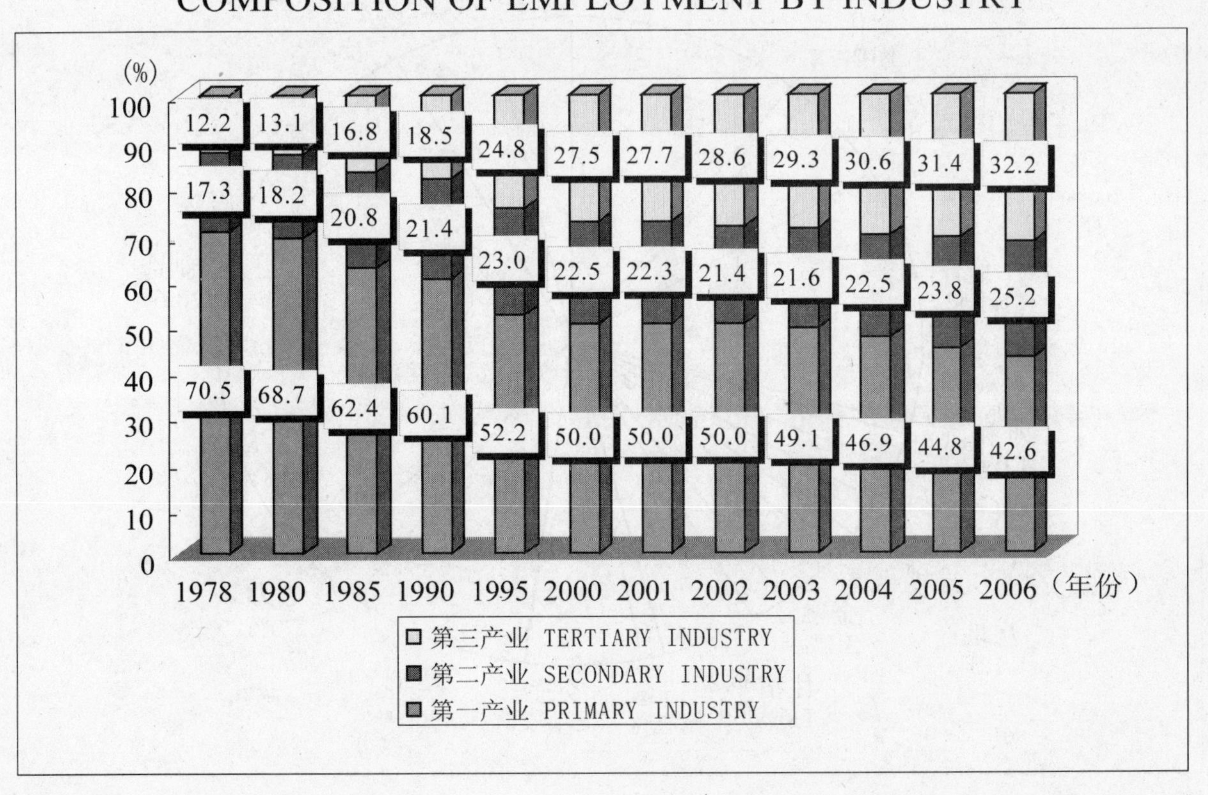

城镇就业人员登记注册类型构成

COMPOSITION OF URBAN EMPLOYMENT BY OWNERSHIP

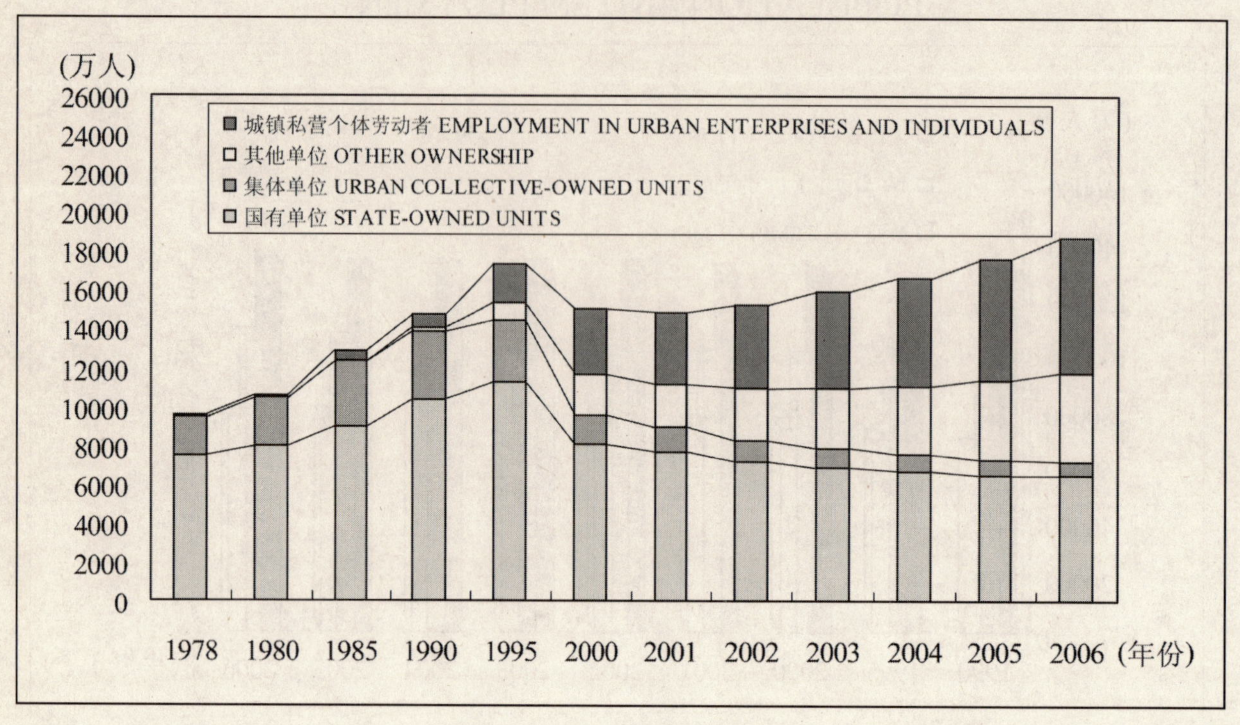

2006 年城镇单位就业人员行业构成

COMPOSITION OF EMPLOYMENT IN URBAN UNITS(2006)

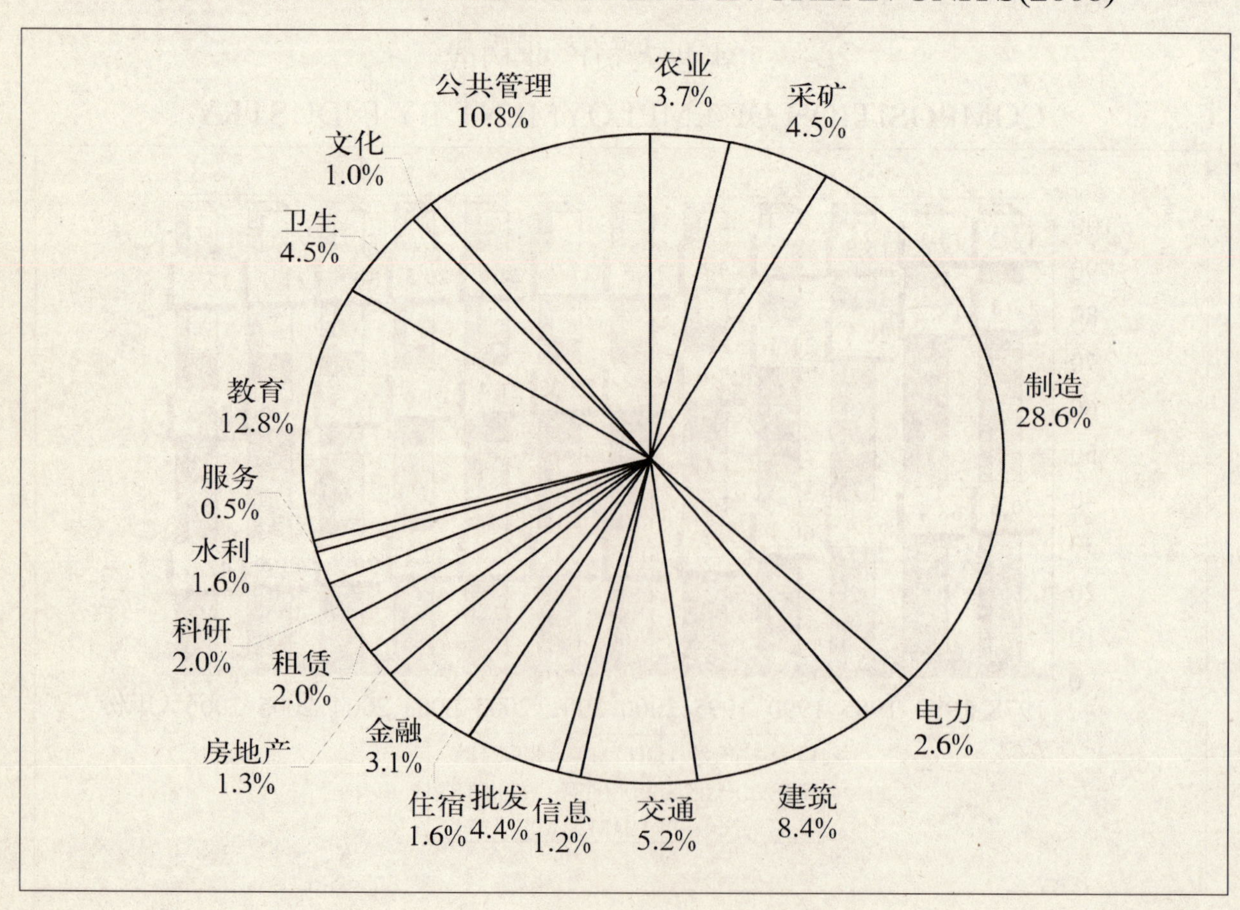

2006年城镇单位女性就业人员占就业人员比重
PROPORTION OF FEMALE EMPLOYMENT IN URBAN UNITS BY SECTOR (2006)

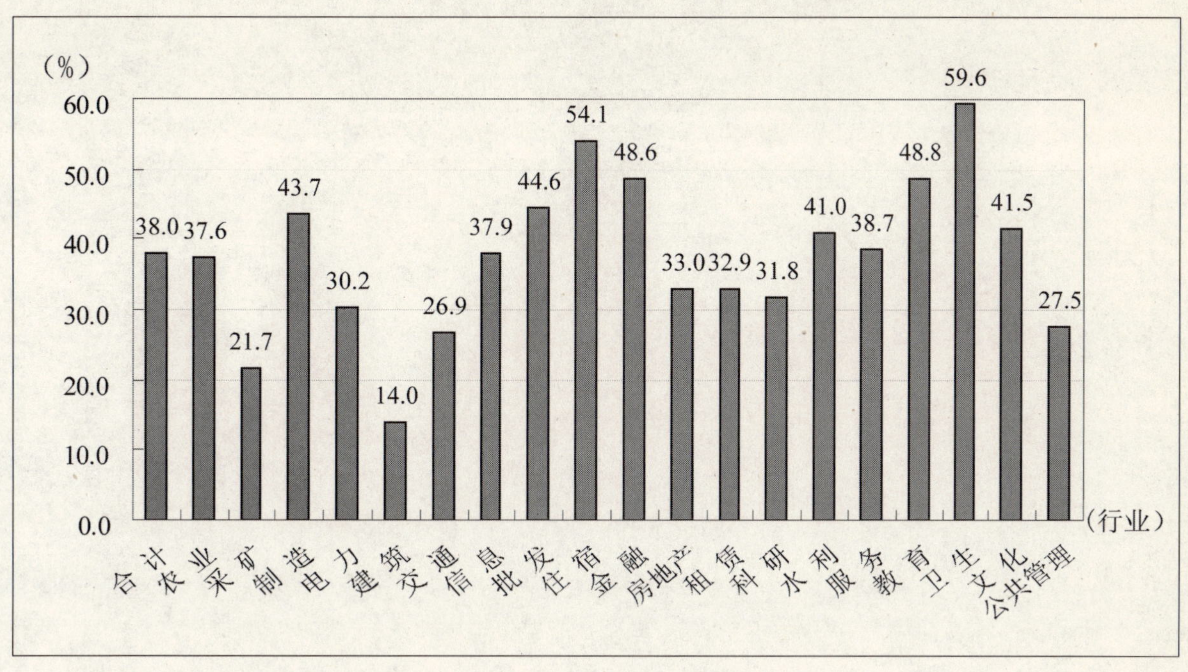

在岗职工平均工资指数（以上年为100）
INDEX OF ON-POST STAFF AND WORKERS' AVERAGE WAGE (preceding year=100)

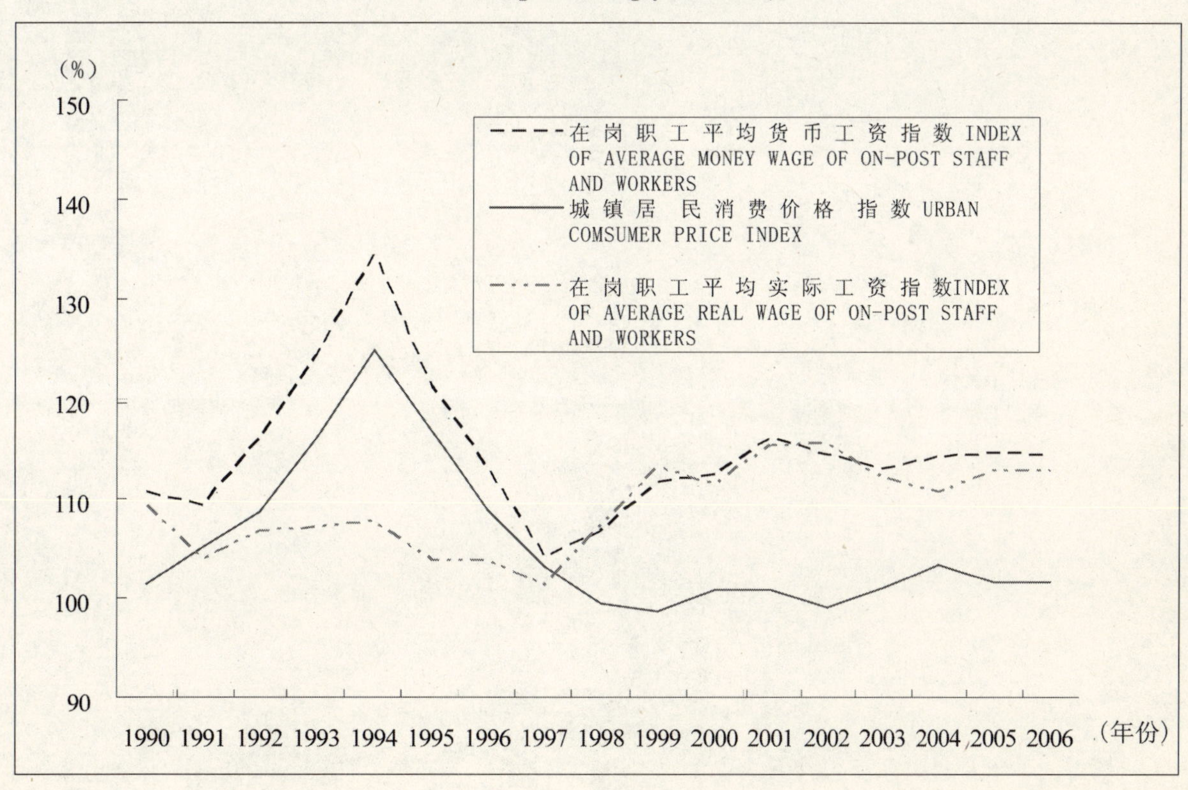

目 录
CONTENTS

一、综 合
GENERAL SURVEY

二、就业与失业
EMPLOYMENT AND UNEMPLOYMENT

三、城镇单位就业人员和劳动报酬
EMPLOYMENT AND EARNINGS IN URBAN UNITS

四、国有单位就业人员和劳动报酬
EMPLOYMENT AND EARNINGS IN STATE-OWNED UNITS

五、城镇集体单位就业人员和劳动报酬
EMPLOYMENT AND EARNINGS IN URBAN COLLECTIVE-OWNED UNITS

六、其他单位就业人员和劳动报酬
EMPLOYMENT AND EARNINGS IN OTHER OWNERSHIP UNITS

七、乡镇企业就业人员
EMPLOYMENT IN TOWNSHIP AND VILLAGE ENTERPRISES

八、职业培训与技能鉴定
VOCATIONAL TRAINING AND SKILL APPRAISAL

九、劳动关系
LABOUR RELATION

十、社会保障
SOCIAL SECURITY

十一、工会工作
TRADE UNION WORKS

十二、香港资料
MAIN INDICATORS OF HONG KONG

十三、澳门资料
MAIN INDICATORS OF MACAO

附录一、国外有关资料
MAIN INDICATORS OF OTHER COUNTRIES

一、综 合

GENERAL SURVEY

1-1 全国劳动统计主要指标

MAIN INDICATORS OF NATIONAL LABOUR STATISTICS

指　标	Item	2005	2006	2006年比上年增长 % Increase Rate (2005=100)
总人口(万人)	**Total Population (10000 perpons)**	**130756**	**131448**	**0.5**
16岁以上人口数(万人)	**Population Above 16(10000 perpons)**	**102534**	**103506**	**0.9**
经济活动人口(万人)	**Economically Active Population(10000 perpons)**	**77877**	**78244**	**0.5**
全国就业人员年末人数(万人)	**Employment (end of year, 10000 perpons)**	**75825**	**76400**	**0.8**
城镇就业人员	Urban Employment	27331	28310	3.6
单位就业人员	Unit Employment	11404.0	11713.2	2.7
#国有单位	State-owned Units	6488.2	6430.5	-0.9
集体单位	Collective-owned Units	809.9	763.6	-5.7
其他单位	Other Ownership Units	4105.9	4519.1	10.1
在岗职工(万人)	**Number of Staff and Workers (10000 persons)**	**10850.3**	**11160.6**	**2.9**
#国有单位	State-owned Units	6232.0	6170.5	-1.0
集体单位	Collective-owned Units	769.2	726.0	-5.6
其他单位	Other Ownership Units	3849.2	4264.1	10.8
城镇私营和个体就业人员(万人)	**Employment in Urban Private Enterprises and Individuals (10000 persons)**	**6236.1**	**6967.0**	**11.7**
乡村就业人员(万人)	**Rural Employment (10000 persons)**	**48494.0**	**48090.0**	**-0.8**
城镇单位就业人员劳动报酬(亿元)	**Earnings of the Urban Units Employment (100 million yuan)**	**20627.1**	**24262.3**	**17.6**
#国有单位	State-owned Units	12291.7	13920.6	13.3
集体单位	Collective-owned Units	906.4	983.8	8.5
其他单位	Other Ownership Units	7429.0	9357.9	26.0
职工工资总额（亿元）	**Total Wages of Staff and Workers (100 million yuan)**	**19789.9**	**23265.9**	**17.6**
#国有单位	State-owned Units	12009.2	13600.1	13.2
集体单位	Collective-owned Units	867.8	944.9	8.9
其他单位	Other Ownership Units	6912.8	8720.8	26.2
城镇单位就业人员平均劳动报酬(元)	**Average Earning of the Urban Units Employment (yuan)**	**18200**	**20856**	**14.6**
#国有单位	State-owned Units	18978	21706	14.4
集体单位	Collective-owned Units	11176	12866	15.1
其他单位	Other Ownership Units	18362	21004	14.4
职工平均工资（元）	**Average Wages (yuan)**	**18364**	**21001**	**14.4**
#国有单位	State-owned Units	19313	22112	14.5
集体单位	Collective-owned Units	11283	13014	15.3
其他单位	Other Ownership Units	18244	20755	13.8
城镇登记失业人员年末人数(万人)	**Urban Registered Unemployment(10000 perpons)**	**839**	**847**	**1.0**
非经济活动人口(万人)	**Noneconomically Active Population(10000 perpons)**	**24657**	**25262**	**2.5**
全部离、退休年末人数(万人)	**Number of Retirees (10000 perpons)**	**5088**		

注:职工及职工工资总额为在岗职工相关资料(以下各表同)。

Note: Staff and workers and their total wages are on-post staff and workers figures(the same as in the following tables).

1-2 年末人口数及构成

POPULATION AND COMPOSITION AT THE YEAR-END

单位：万人、% (10000 persons,%)

年 份 Year	总人口 Total Population	按性别分 Grouped by Sex				按城乡分 Grouped by Residence			
		男 Male		女 Female		城 镇 Urban		乡 村 Rural	
		人口数 Population	比重 Proportion	人口数 Population	比重 Proportion	人口数 Population	比重 Proportion	人口数 Population	比重 Proportion
1952	57482	29833	51.9	27649	48.1	7163	12.5	50319	87.5
1957	64653	33469	51.8	31184	48.2	9949	15.4	54704	84.6
1962	67295	34517	51.3	32778	48.7	11659	17.3	55636	82.7
1965	72538	37128	51.2	35410	48.8	13045	18.0	59493	82.0
1970	82992	42686	51.4	40306	48.6	14424	17.4	68568	82.6
1971	85229	43819	51.4	41410	48.6	14711	17.3	70518	82.7
1972	87177	44813	51.4	42364	48.6	14935	17.1	72242	82.9
1973	89211	45876	51.4	43335	48.6	15345	17.2	73866	82.8
1974	90859	46727	51.4	44132	48.6	15595	17.2	75264	82.8
1975	92420	47564	51.5	44856	48.5	16030	17.3	76390	82.7
1976	93717	48257	51.5	45460	48.5	16341	17.4	77376	82.6
1977	94974	48908	51.5	46066	48.5	16669	17.6	78305	82.4
1978	96259	49567	51.5	46692	48.5	17245	17.9	79014	82.1
1979	97542	50192	51.5	47350	48.5	18495	19.0	79047	81.0
1980	98705	50785	51.5	47920	48.6	19140	19.4	79565	80.6
1981	100072	51519	51.5	48553	48.5	20171	20.2	79901	79.8
1982	101654	52352	51.5	49302	48.5	21480	21.1	80174	78.9
1983	103008	53152	51.6	49856	48.4	22274	21.6	80734	78.4
1984	104357	53848	51.6	50509	48.4	24017	23.0	80340	77.0
1985	105851	54725	51.7	51126	48.3	25094	23.7	80757	76.3
1986	107507	55581	51.7	51926	48.3	26366	24.5	81141	75.5
1987	109300	56290	51.5	53010	48.5	27674	25.3	81626	74.7
1988	111026	57201	51.5	53825	48.5	28661	25.8	82365	74.2
1989	112704	58099	51.6	54605	48.5	29540	26.2	83164	73.8
1990	114333	58904	51.5	55429	48.5	30195	26.4	84138	73.6
1991	115823	59466	51.3	56357	48.7	31203	26.9	84620	73.1
1992	117171	59811	51.0	57360	49.0	32175	27.5	84996	72.5
1993	118517	60472	51.0	58045	49.0	33173	28.0	85344	72.0
1994	119850	61246	51.1	58604	48.9	34169	28.5	85681	71.5
1995	121121	61808	51.0	59313	49.0	35174	29.0	85947	71.0
1996	122389	62200	50.8	60189	49.2	37304	30.5	85085	69.5
1997	123626	63131	51.1	60495	48.9	39449	31.9	84177	68.1
1998	124761	63604	51.0	61157	49.0	41608	33.4	83153	66.6
1999	125786	64126	51.0	61660	49.0	43748	34.8	82038	65.2
2000	126743	65437	51.6	61306	48.4	45906	36.2	80837	63.8
2001	127627	65672	51.5	61955	48.5	48064	37.7	79563	62.3
2002	128453	66115	51.5	62338	48.5	50212	39.1	78241	60.9
2003	129227	66556	51.5	62671	48.5	52376	40.5	76851	59.5
2004	129988	66976	51.5	63012	48.5	54283	41.8	75705	58.2
2005	130756	67375	51.5	63381	48.5	56212	43.0	74544	57.0
2006	131448	67728	51.5	63720	48.5	57706	43.9	73742	56.1

1-3 国内生产总值及构成
GROSS DOMESTIC PRODUCT AND COMPOSITION

年　份 Year	国内生产总值 Gross Domestic Product	第一产业 Primary Industry	第二产业 Secondary Industry	第三产业 Tertiary Industry
一、绝对数(亿元) Value (100 million yuan)				
1978	3645.2	1018.4	1745.2	881.6
1980	4545.6	1359.4	2192.0	994.2
1985	9016.0	2541.6	3866.6	2607.8
1986	10275.2	2763.9	4492.7	3018.6
1987	12058.6	3204.3	5251.6	3602.7
1988	15042.8	3831.0	6587.2	4624.6
1989	16992.3	4228.0	7278.0	5486.3
1990	18667.8	5017.0	7717.4	5933.4
1991	21781.5	5288.6	9102.2	7390.7
1992	26923.5	5800.0	11699.5	9424.0
1993	35333.9	6887.3	16454.4	11992.2
1994	48197.9	9471.4	22445.4	16281.1
1995	60793.7	12020.0	28679.5	20094.3
1996	71176.6	13885.8	33835.0	23455.8
1997	78973.0	14264.6	37543.0	27165.4
1998	84402.3	14618.0	39004.2	30780.1
1999	89677.1	14548.1	41033.6	34095.3
2000	99214.6	14716.2	45555.9	38942.5
2001	109655.2	15781.3	49512.3	44361.6
2002	120332.7	16537.0	53896.8	49898.9
2003	135822.8	17381.7	62436.3	56004.7
2004	159878.3	21412.7	73904.3	64561.3
2005	183867.9	23070.4	87364.6	73432.9
2006	210871.0	24737.0	103162.0	82972.0
二、构成(%) Composition (%)				
1978	100.0	27.9	47.9	24.2
1980	100.0	29.9	48.2	21.9
1985	100.0	28.2	42.9	28.9
1986	100.0	26.9	43.7	29.4
1987	100.0	26.6	43.6	29.9
1988	100.0	25.5	43.8	30.7
1989	100.0	24.9	42.8	32.3
1990	100.0	26.9	41.3	31.8
1991	100.0	24.3	41.8	33.9
1992	100.0	21.5	43.5	35.0
1993	100.0	19.5	46.6	33.9
1994	100.0	19.7	46.6	33.8
1995	100.0	19.8	47.2	33.1
1996	100.0	19.5	47.5	33.0
1997	100.0	18.1	47.5	34.4
1998	100.0	17.3	46.2	36.5
1999	100.0	16.2	45.8	38.0
2000	100.0	14.8	45.9	39.3
2001	100.0	14.4	45.1	40.5
2002	100.0	13.7	44.8	41.5
2003	100.0	12.8	46.0	41.2
2004	100.0	13.4	46.2	40.4
2005	100.0	12.5	47.5	40.0
2006	100.0	11.7	48.9	39.4

1-4 国内生产总值指数、职工平均工资和城镇居民消费价格指数

INDICES OF GROSS DOMESTIC PRODUCT, AVERAGE WAGE AND URBAN CONSUMER PRICE INDEX

(上年=100) (preceding year=100)

年 份 Year	国内生产总值指数 Indices of Gross Domestic Product	就业人员平均劳动报酬指数 Index of Average Earning of Employment		职工平均工资指数 Index of Average Wage of Staff and Workers		城镇居民消费价格指数 Urban Consumer Price Index
		货币报酬 Money Earning	实际报酬 Real Earning	货币工资 Money Wage	实际工资 Real Wage	
1979	107.6			108.6	106.7	101.9
1980	107.8			114.1	106.1	107.5
1981	105.2			101.3	98.9	102.5
1982	109.1			103.4	101.5	102.0
1983	110.9			103.5	101.4	102.0
1984	115.2			117.9	114.7	102.7
1985	113.5			117.9	105.3	111.9
1986	108.8			115.8	108.3	107.0
1987	111.6			109.8	101.0	108.8
1988	111.3			119.7	99.2	120.7
1989	104.1			110.8	95.2	116.3
1990	103.8			110.6	109.2	101.3
1991	109.2			109.3	104.0	105.1
1992	114.2			115.9	106.7	108.6
1993	114.0			124.3	107.1	116.1
1994	113.1			134.6	107.7	125.0
1995	110.9	118.9	101.8	121.2	103.8	116.8
1996	110.0	111.8	102.8	112.9	103.8	108.8
1997	109.3	107.8	104.5	104.2	101.1	103.1
1998	107.8	115.5	116.2	106.6	107.2	99.4
1999	107.6	111.7	113.2	111.6	113.1	98.7
2000	108.4	112.2	111.3	112.3	111.4	100.8
2001	108.3	116.1	115.3	116.0	115.2	100.7
2002	109.1	114.2	115.4	114.3	115.5	99.0
2003	110.0	112.9	111.9	113.0	112.0	100.9
2004	110.1	114.0	110.4	114.1	110.5	103.3
2005	110.4	114.3	112.5	114.6	112.8	101.6
2006	111.1	114.2	112.5	114.4	112.7	101.5

1-5 全国就业人员年末人数

NUMBER OF EMPLOYMENT AT THE YEAR-END

单位：万人、%　　　　　　　　　　　　　　　　　　　　　　　　　　　　　　　　　　　(10000 persons,%)

年 份 Year	就业人员 Employment		城　镇 就业人员 Urban Employment	乡　村 就业人员 Rural Employment	按三次产业分 Group by Industry			构成(以合计为100) Percentage(total=100)		
	合 计 Total	占人口比重 Percentage of Total Population			第一产业 Primary Industry	第二产业 Secondary Industry	第三产业 Tertiary Industry	第一产业 Primary Industry	第二产业 Secondary Industry	第三产业 Tertiary Industry
1952	20729	36.1	2486	18243	17317	1531	1881	83.5	7.4	9.1
1953	21364	36.3	2754	18610	17747	1715	1902	83.1	8.0	8.9
1954	21832	36.2	2744	19088	18151	1882	1799	83.1	8.6	8.3
1955	22328	36.3	2802	19526	18592	1913	1823	83.3	8.6	8.1
1956	23018	36.6	2993	20025	18544	2468	2006	80.6	10.7	8.7
1957	23771	36.8	3205	20566	19309	2142	2320	81.2	9.0	9.8
1958	26600	40.3	5300	21300	15490	7076	4034	58.2	26.6	15.2
1959	26173	38.9	5389	20784	16271	5402	4500	62.2	20.6	17.2
1960	25880	39.1	6119	19761	17016	4112	4752	65.7	15.9	18.4
1961	25590	38.9	5336	20254	19747	2856	2987	77.2	11.2	11.6
1962	25910	38.5	4537	21373	21276	2059	2575	82.1	8.0	9.9
1963	26640	38.5	4603	22037	21966	2038	2636	82.5	7.6	9.9
1964	27736	39.3	4828	22908	22801	2183	2752	82.2	7.9	9.9
1965	28670	39.5	5136	23534	23396	2408	2866	81.6	8.4	10.0
1966	29805	40.0	5354	24451	24297	2600	2908	81.5	8.7	9.8
1967	30814	40.3	5446	25368	25165	2661	2988	81.7	8.6	9.7
1968	31915	40.6	5630	26285	26063	2743	3109	81.7	8.6	9.7
1969	33225	41.2	5825	27400	27117	3030	3078	81.6	9.1	9.3
1970	34432	41.5	6312	28120	27811	3518	3103	80.8	10.2	9.0
1971	35620	41.8	6868	28752	28397	3990	3233	79.7	11.2	9.1
1972	35854	41.1	7200	28654	28283	4276	3295	78.9	11.9	9.2
1973	36652	41.1	7388	29264	28857	4492	3303	78.7	12.3	9.0
1974	37369	41.1	7687	29682	29218	4712	3439	78.2	12.6	9.2
1975	38168	41.3	8222	29946	29456	5152	3560	77.2	13.5	9.3

注：1990-2000年,就业人员总计、城镇和乡村就业人员小计资料根据第五次全国人口普查资料重新调整,2001年及以后资料根据人口变动抽样调查资料推算，因此分地区、分类型、分行业的资料相加不等于总计(下表同)。

Note:From 1990 to 2000, the total employed persons and the sub-total of employed persons in urban and rural areas have been adjusted in accordance with the data obtained from the 5th National Population Census.Figures after 2001 are calculated according to the Population Changement Sampling Survey. As a result,the sum of the data by region, by ownership or by sector is not equal to the total.The same as in the following tables.

1-5 续表 continued

单位：万人、% (10000 persons,%)

年 份 Year	就业人员 Employment 合 计 Total	就业人员 Employment 占人口比重 Percentage of Total Population	城 镇 就业人员 Urban Employment	乡 村 就业人员 Rural Employment	按三次产业分 Group by Industry 第一产业 Primary Industry	按三次产业分 Group by Industry 第二产业 Secondary Industry	按三次产业分 Group by Industry 第三产业 Tertiary Industry	构成(以合计为100) Percentage(total=100) 第一产业 Primary Industry	构成(以合计为100) Percentage(total=100) 第二产业 Secondary Industry	构成(以合计为100) Percentage(total=100) 第三产业 Tertiary Industry
1976	38834	41.4	8692	30142	29443	5611	3780	75.8	14.5	9.7
1977	39377	41.5	9127	30250	29340	5831	4206	74.5	14.8	10.7
1978	40152	41.7	9514	30638	28318	6945	4890	70.5	17.3	12.2
1979	41024	42.1	9999	31025	28634	7214	5177	69.8	17.6	12.6
1980	42361	42.9	10525	31836	29122	7707	5532	68.7	18.2	13.1
1981	43725	43.7	11053	32672	29777	8003	5945	68.1	18.3	13.6
1982	45295	44.6	11428	33867	30859	8346	6090	68.1	18.4	13.5
1983	46436	45.1	11746	34690	31151	8679	6606	67.1	18.7	14.2
1984	48197	46.2	12229	35968	30868	9590	7739	64.0	19.9	16.1
1985	49873	47.1	12808	37065	31130	10384	8359	62.4	20.8	16.8
1986	51282	47.7	13292	37990	31254	11216	8811	60.9	21.9	17.2
1987	52783	48.3	13783	39000	31663	11726	9395	60.0	22.2	17.8
1988	54334	48.9	14267	40067	32249	12152	9933	59.3	22.4	18.3
1989	55329	49.1	14390	40939	33225	11976	10129	60.1	21.6	18.3
1990	64749	56.6	17041	47708	38914	13856	11979	60.1	21.4	18.5
1991	65491	56.5	17465	48026	39098	14015	12378	59.7	21.4	18.9
1992	66152	56.5	17861	48291	38699	14355	13098	58.5	21.7	19.8
1993	66808	56.4	18262	48546	37680	14965	14163	56.4	22.4	21.2
1994	67455	56.3	18653	48802	36628	15312	15515	54.3	22.7	23.0
1995	68065	56.2	19040	49025	35530	15655	16880	52.2	23.0	24.8
1996	68950	56.3	19922	49028	34820	16203	17927	50.5	23.5	26.0
1997	69820	56.5	20781	49039	34840	16547	18432	49.9	23.7	26.4
1998	70637	56.6	21616	49021	35177	16600	18860	49.8	23.5	26.7
1999	71394	56.8	22412	48982	35768	16421	19205	50.1	23.0	26.9
2000	72085	56.9	23151	48934	36043	16219	19823	50.0	22.5	27.5
2001	73025	57.2	23940	49085	36513	16284	20228	50.0	22.3	27.7
2002	73740	57.4	24780	48960	36870	15780	21090	50.0	21.4	28.6
2003	74432	57.6	25639	48793	36546	16077	21809	49.1	21.6	29.3
2004	75200	57.9	26476	48724	35269	16920	23011	46.9	22.5	30.6
2005	75825	58.0	27331	48494	33970	18084	23771	44.8	23.8	31.4
2006	76400	58.1	28310	48090	32561	19225	24614	42.6	25.2	32.2

1-6　分行业就业人员年末人数

EMPLOYMENT AT THE YEAR-END BY SECTOR

单位:万人　　(10000 persons)

年份 Year	合计 Total	农、林、牧、渔业 Farming, Forestry, Animal Husbandry and Fishery	采掘业 Mining and Quarrying	制造业 Manufacturing	电力、煤气及水的生产和供应业 Production and Supply of Electricity, Gas and Water	建筑业 Construction	地质勘查业、水利管理业 Geological Prospecting & Water Conservancy	交通运输、仓储及邮电通信业 Transport, Storage, Post and Telecommunications
1978	40152	28318	652	5332	107	854	178	750
1980	42361	29122	697	5899	118	993	188	805
1985	49873	31130	795	7412	142	2035	197	1279
1986	51282	31254	809	8019	152	2236	197	1376
1987	52783	31663	819	8359	164	2384	200	1453
1988	54334	32249	832	8652	177	2491	204	1521
1989	55329	33225	842	8547	180	2407	199	1522
1990	64749	34117	882	8624	192	2424	197	1566
1991	65491	34956	905	8839	203	2482	199	1617
1992	66152	34795	898	9106	215	2660	202	1674
1993	66808	33966	932	9295	240	3050	144	1688
1994	67455	33386	915	9613	246	3188	139	1864
1995	68065	33018	932	9803	258	3322	135	1942
1996	68950	32909	902	9763	273	3408	129	2013
1997	69820	33095	868	9612	283	3449	129	2062
1998	70637	33232	721	8319	283	3327	116	2000
1999	71394	33493	667	8109	285	3412	111	2022
2000	72085	33355	597	8043	284	3552	110	2029
2001	73025	32974	561	8083	288	3669	105	2037
2002	73740	32487	558	8307	290	3893	98	2084

1-6 续表 continued

单位:万人 (10000 persons)

年 份 Year	批发和零售贸易、餐饮业 Wholesale and Retail Trade & Catering Services	金融、保险业 Finance and Insurance	房地产业 Real Estate Trade	社会服务业 Social Services	卫生、体育和社会福利业 Health Care, Sporting and Social Welfare	教育、文化艺术和广播电影电视业 Education, Culture and Arts, Radio, Film and Television	科学研究和综合技术服务业 Scientific Research and Polytechnical Services	国家机关政党机关和社会团体 Government Agencies, Party Agencies and Social Organizations	其 他 Others
1978	1140	76	31	179	363	1093	92	467	521
1980	1363	99	37	276	389	1147	113	527	588
1985	2306	138	36	401	467	1273	144	799	1319
1986	2413	152	38	466	482	1324	152	873	1338
1987	2576	170	39	501	496	1375	158	925	1502
1988	2743	194	42	534	508	1403	161	971	1655
1989	2770	205	43	550	518	1426	165	1022	1709
1990	2839	218	44	594	536	1457	173	1079	1798
1991	2998	234	48	604	553	1497	179	1136	1910
1992	3209	248	54	643	565	1520	183	1148	2313
1993	3459	270	66	543	416	1210	173	1030	3740
1994	3921	264	74	626	434	1436	178	1033	4155
1995	4292	276	80	703	444	1476	182	1042	4484
1996	4511	292	84	747	458	1513	183	1093	4563
1997	4795	308	87	810	471	1557	186	1093	4862
1998	4645	314	94	868	478	1573	178	1097	5118
1999	4751	328	96	923	482	1568	173	1102	4969
2000	4686	327	100	921	488	1565	174	1104	5643
2001	4737	336	107	976	493	1568	165	1101	5852
2002	4969	340	118	1094	493	1565	163	1075	6245

1-7 分地区分行业城镇单位就业人员年末人数

URBAN UNITS EMPLOYMENT BY SECTOR AND REGION

单位:万人 (10000 persons)

地 区	Region	合 计 Total	农、林、牧、渔业 Agriculture, Forestry, Farming of Animals and Fishery	采矿业 Mining	制造业 Manufacturing	电力、燃气及水的生产和供应业 Production and Distribution of Electricity, Gas and Water	建筑业 Construction
	2003	10969.7	484.5	488.3	2980.5	297.6	833.7
	2004	11098.9	466.1	500.7	3050.8	300.6	841.0
	2005	11404.0	446.3	509.2	3210.9	299.9	926.6
	2006	11713.2	435.2	529.7	3351.6	302.5	988.7
北 京	Beijing	513.8	2.7	2.1	99.7	5.9	34.3
天 津	Tianjin	195.0	0.7	7.5	78.5	3.5	8.9
河 北	Hebei	501.2	8.2	27.7	121.4	18.1	35.8
山 西	Shanxi	365.5	3.5	68.2	73.0	10.3	20.1
内蒙古	Inner Mongolia	242.6	29.2	17.1	42.4	9.4	14.4
辽 宁	Liaoning	498.0	28.9	30.2	147.3	16.6	29.5
吉 林	Jilin	265.9	18.8	16.8	59.7	8.2	14.5
黑龙江	Heilongjiang	496.5	90.5	48.8	99.4	15.2	36.1
上 海	Shanghai	332.5	1.3		117.7	5.4	12.9
江 苏	Jiangsu	679.4	14.6	14.7	290.8	13.0	37.2
浙 江	Zhejiang	610.8	1.7	1.7	245.5	11.0	101.3
安 徽	Anhui	338.3	8.1	29.9	69.0	9.6	31.3
福 建	Fujian	427.4	7.0	4.5	217.7	8.2	36.3
江 西	Jiangxi	282.8	14.8	9.6	68.0	9.5	22.0
山 东	Shandong	897.6	5.7	62.2	345.1	19.8	69.2
河 南	Henan	711.3	8.8	49.3	159.1	21.9	71.2
湖 北	Hubei	520.3	29.2	13.1	152.2	12.9	51.8
湖 南	Hunan	415.5	8.5	11.0	81.6	10.7	58.5
广 东	Guangdong	954.4	10.3	3.3	391.1	20.2	60.4
广 西	Guangxi	283.5	13.5	5.0	56.6	8.1	21.4
海 南	Hainan	75.5	18.5	0.8	6.9	2.1	5.6
重 庆	Chongqing	219.7	2.1	8.7	53.1	5.9	36.5
四 川	Sichuan	520.6	9.1	22.0	118.7	15.1	80.5
贵 州	Guizhou	210.5	3.0	10.7	41.1	6.6	22.7
云 南	Yunnan	259.2	16.2	7.3	46.2	7.0	20.1
西 藏	Tibet	18.9	0.6	0.2	0.9	0.8	0.7
陕 西	Shaanxi	334.8	6.5	19.5	84.3	9.7	20.4
甘 肃	Gansu	194.5	6.6	13.0	43.2	6.8	14.4
青 海	Qinghai	43.2	2.3	1.7	6.7	1.7	2.9
宁 夏	Ningxia	58.7	3.0	5.7	11.0	3.7	3.7
新 疆	Xinjiang	245.1	61.4	17.5	23.7	5.8	14.1

1-7 续表 1 continued

单位:万人 (10000 persons)

地 区 Region	交通运输、仓储和邮政业 Traffic, Transport, Storage and post	信息传输、计算机服务和软件业 Information Transfer, Computer and Software	批发和零售业 Wholesale and Retail Trade	住宿和餐饮业 Accommodation and Restaurants	金融业 Finance	房地产业 Real Estate	租赁和商务服务业 Tenancy and Business Services
2003	636.5	116.8	628.1	172.1	353.3	120.2	183.5
2004	631.8	123.7	586.7	177.1	356.0	133.4	194.4
2005	613.9	130.1	544.0	181.2	359.3	146.5	218.5
2006	612.7	138.2	515.7	183.9	367.4	153.9	236.7
北 京 Beijing	41.5	21.4	36.5	24.4	18.5	24.3	51.6
天 津 Tianjin	11.6	2.3	11.0	3.4	5.2	2.2	6.5
河 北 Hebei	25.7	5.3	25.3	5.0	19.1	2.9	5.4
山 西 Shanxi	21.6	3.9	19.2	3.5	12.1	1.4	5.9
内蒙古 Inner Mongolia	15.1	3.1	7.3	2.6	8.3	1.4	2.6
辽 宁 Liaoning	33.8	5.1	16.1	5.9	18.7	6.4	10.4
吉 林 Jilin	17.8	3.3	9.4	2.9	8.9	3.3	3.0
黑龙江 Heilongjiang	27.6	4.4	22.6	3.9	11.5	4.9	4.4
上 海 Shanghai	32.2	4.4	22.0	7.7	17.1	7.9	17.2
江 苏 Jiangsu	32.7	6.8	27.3	8.8	22.9	5.9	8.9
浙 江 Zhejiang	19.8	6.3	20.3	10.8	20.3	7.0	17.7
安 徽 Anhui	15.1	3.6	15.2	2.6	11.6	3.1	4.3
福 建 Fujian	15.1	4.1	11.5	4.9	9.9	6.0	5.7
江 西 Jiangxi	16.0	3.1	10.1	2.5	8.8	2.7	2.2
山 东 Shandong	29.5	5.4	36.2	11.3	24.8	8.2	10.6
河 南 Henan	31.5	5.1	46.0	10.7	20.7	5.9	10.4
湖 北 Hubei	27.7	5.8	23.0	7.9	13.0	5.7	6.1
湖 南 Hunan	22.0	4.4	12.4	7.0	14.0	6.2	4.9
广 东 Guangdong	48.3	14.9	39.8	23.1	30.5	22.9	25.6
广 西 Guangxi	17.5	3.8	12.8	4.8	7.9	3.3	6.1
海 南 Hainan	4.1	0.8	2.8	3.4	1.7	1.6	1.4
重 庆 Chongqing	13.2	2.4	10.0	3.2	6.8	3.2	1.9
四 川 Sichuan	23.0	5.1	17.9	4.9	16.4	4.8	5.8
贵 州 Guizhou	8.5	1.5	12.0	2.8	5.0	3.9	2.6
云 南 Yunnan	12.9	3.3	11.6	4.3	7.2	2.2	3.6
西 藏 Tibet	0.8	0.3	0.6	0.4	0.6	…	0.1
陕 西 Shaanxi	19.7	3.3	18.3	5.1	10.0	2.6	2.9
甘 肃 Gansu	11.0	1.7	7.5	2.2	5.8	1.5	2.5
青 海 Qinghai	3.3	0.8	1.5	0.4	1.5	0.2	0.7
宁 夏 Ningxia	2.9	0.5	1.9	0.7	2.5	0.6	0.9
新 疆 Xinjiang	11.1	1.9	7.6	2.8	6.0	2.0	4.9

1-7 续表 2 continued

单位:万人 (10000 persons)

地区 Region	科学研究、技术服务和地质勘查业 Scientific Research, Technical Service and Geologic Perambulation	水利、环境和公共设施管理业 Management of Water Conservancy, Environment and Public Establishment	居民服务和其他服务业 Resident Services and Other Services	教育 Education	卫生、社会保障和社会福利业 Sanitation, Social Security and Social Welfare	文化体育和娱乐业 Culture, Sports and Entertainment	公共管理和社会组织 Public Management and Social Organization
2003	221.9	172.5	52.8	1442.8	485.8	127.8	1171.0
2004	222.1	176.1	54.2	1466.8	494.7	123.4	1199.0
2005	227.7	180.4	53.9	1483.2	508.9	122.5	1240.8
2006	235.5	187.0	56.6	1504.4	525.4	122.4	1265.6
北京 Beijing	33.6	7.7	10.0	37.7	17.2	13.7	31.1
天津 Tianjin	5.4	3.6	5.1	16.8	7.8	1.8	13.3
河北 Hebei	7.5	8.9	2.1	83.9	23.3	4.7	71.0
山西 Shanxi	6.0	5.3	1.2	47.0	14.2	4.3	44.8
内蒙古 Inner Mongolia	4.0	5.9	1.9	33.2	10.6	3.1	31.1
辽宁 Liaoning	9.6	11.1	2.2	51.1	22.6	5.1	47.4
吉林 Jilin	6.1	6.8	1.2	37.7	14.6	3.7	29.3
黑龙江 Heilongjiang	9.7	8.0	5.2	43.3	17.4	3.8	39.8
上海 Shanghai	14.1	5.3	3.7	25.8	15.7	4.5	17.7
江苏 Jiangsu	9.2	10.2	1.2	83.4	30.6	5.0	56.1
浙江 Zhejiang	8.4	6.3	1.0	53.5	25.2	4.8	48.3
安徽 Anhui	5.2	6.0	0.4	58.3	18.2	3.5	43.3
福建 Fujian	4.1	3.9	1.3	42.5	12.8	3.3	28.6
江西 Jiangxi	5.5	5.0	0.6	46.5	14.6	3.5	38.0
山东 Shandong	8.1	10.8	3.2	105.4	35.9	5.9	100.1
河南 Henan	11.4	11.3	1.7	109.6	34.1	7.0	95.5
湖北 Hubei	9.8	9.6	1.4	65.3	26.1	4.9	54.8
湖南 Hunan	6.3	7.1	0.7	67.1	24.3	4.2	64.8
广东 Guangdong	13.1	12.4	4.5	101.2	40.1	8.8	84.1
广西 Guangxi	5.4	5.3	0.8	55.2	17.5	3.2	35.4
海南 Hainan	1.6	1.9	0.1	8.8	3.2	1.2	9.0
重庆 Chongqing	5.0	2.8	0.6	32.1	9.3	2.0	21.1
四川 Sichuan	11.5	7.9	2.0	80.7	27.0	4.4	63.8
贵州 Guizhou	3.6	2.7	0.8	38.7	9.3	1.9	33.1
云南 Yunnan	5.9	4.3	0.5	49.0	13.2	3.3	40.9
西藏 Tibet	0.5	0.2	…	3.4	1.4	0.6	6.9
陕西 Shaanxi	12.6	5.4	2.1	51.1	14.8	3.8	42.6
甘肃 Gansu	4.9	4.1	0.6	29.8	7.9	2.2	28.6
青海 Qinghai	1.8	0.8	0.3	6.3	2.5	0.6	7.2
宁夏 Ningxia	1.1	1.9	0.1	7.6	2.7	0.8	7.4
新疆 Xinjiang	4.4	4.3	0.3	32.8	11.3	2.5	30.7

1-8 各地区分登记注册类型城镇就业人员年末人数及构成(2006年)

URBAN EMPLOYMENT AND COMPOSITION AT THE YEAR-END BY REGISTRATION STATUS AND REGION(2006)

单位:万人 (10000 persons)

地区	Region	合计 Total	国有单位 State-owned Units	集体单位 Collective-owned Units	其他单位 Other Ownership Units	私营企业 个体 Private Enterprises, Individuals	构成(以合计为100) Composition(Total=100)			
							国有单位 State-owned Units	集体单位 Collective-owned Units	其他单位 Other Ownership Units	私营企业 个体 Private Enterprises Individuals
全国总计	**National**	**28310.0**	**6430.5**	**763.6**	**4519.1**	**6966.8**	**34.4**	**4.1**	**24.2**	**37.3**
北京	Beijing	783.4	189.3	18.8	305.7	269.6	24.2	2.4	39.0	34.4
天津	Tianjin	252.6	87.9	9.6	97.5	57.6	34.8	3.8	38.6	22.8
河北	Hebei	688.8	344.9	36.0	120.4	187.6	50.1	5.2	17.5	27.2
山西	Shanxi	454.5	254.5	29.8	81.2	89.0	56.0	6.6	17.9	19.6
内蒙古	Inner Mongolia	365.0	160.5	11.5	70.5	122.4	44.0	3.2	19.3	33.5
辽宁	Liaoning	874.5	302.2	38.3	157.5	376.5	34.6	4.4	18.0	43.1
吉林	Jilin	398.0	174.0	20.9	71.1	132.1	43.7	5.2	17.9	33.2
黑龙江	Heilongjiang	690.6	313.6	36.5	146.4	194.1	45.4	5.3	21.2	28.1
上海	Shanghai	615.5	138.9	13.4	180.2	282.9	22.6	2.2	29.3	46.0
江苏	Jiangsu	1401.7	279.4	35.5	364.5	722.3	19.9	2.5	26.0	51.5
浙江	Zhejiang	1077.9	186.2	29.0	395.7	467.0	17.3	2.7	36.7	43.3
安徽	Anhui	543.9	202.9	28.3	107.1	205.6	37.3	5.2	19.7	37.8
福建	Fujian	609.6	150.7	18.2	258.5	182.1	24.7	3.0	42.4	29.9
江西	Jiangxi	504.1	199.7	16.9	66.2	221.3	39.6	3.4	13.1	43.9
山东	Shandong	1375.6	419.2	61.5	416.9	478.0	30.5	4.5	30.3	34.7
河南	Henan	941.8	401.6	85.9	223.8	230.5	42.6	9.1	23.8	24.5
湖北	Hubei	763.8	299.0	37.9	183.4	243.5	39.2	5.0	24.0	31.9
湖南	Hunan	692.8	261.8	30.8	123.0	277.3	37.8	4.4	17.7	40.0
广东	Guangdong	1849.8	384.8	67.3	502.4	895.4	20.8	3.6	27.2	48.4
广西	Guangxi	449.9	197.3	17.9	68.3	166.5	43.8	4.0	15.2	37.0
海南	Hainan	125.2	56.9	3.8	14.8	49.7	45.4	3.1	11.8	39.7
重庆	Chongqing	356.7	123.3	12.5	83.9	137.0	34.6	3.5	23.5	38.4
四川	Sichuan	837.6	316.3	41.3	163.0	317.0	37.8	4.9	19.5	37.8
贵州	Guizhou	288.2	143.7	9.5	57.3	77.7	49.9	3.3	19.9	27.0
云南	Yunnan	418.5	177.4	13.6	68.3	159.3	42.4	3.2	16.3	38.1
西藏	Tibet	34.9	17.7	0.5	0.7	16.0	50.7	1.5	2.0	45.8
陕西	Shaanxi	467.2	246.5	21.1	67.2	132.4	52.8	4.5	14.4	28.3
甘肃	Gansu	269.4	143.9	8.8	41.8	74.9	53.4	3.2	15.5	27.8
青海	Qinghai	82.4	32.6	2.1	8.4	39.2	39.6	2.6	10.2	47.5
宁夏	Ningxia	96.1	36.6	1.2	20.9	37.4	38.1	1.3	21.7	39.0
新疆	Xinjiang	370.1	187.2	5.3	52.6	124.9	50.6	1.4	14.2	33.8

1-9 分行业城镇单位就业人员

EMPLOYMENT IN URBAN UNITS BY SECTOR AT THE YEAR-END

单位:万人 (10000 persons)

年 份 Year	合 计 Total	农、林、牧、渔业 Farming, Forestry, Animal Husbandry and Fishery	采掘业 Mining and Quarrying	制造业 Manufacturing	电力、煤气及水的生产和供应业 Production and Supply of Electricity, Gas and Water	建筑业 Construction	地质勘查业、水利管理业 Geological Prospecting and Water Conservancy	交通运输、仓储及邮电通信业 Transport, Storage,Post and Tele-communications
1994	15258.5	690.6	914.6	5491.6	245.9	1112.3	138.6	859.8
1995	15300.8	669.4	921.4	5493.1	257.9	1090.1	134.6	848.5
1996	15221.1	631.3	891.8	5344.0	272.8	1069.7	128.9	853.2
1997	15036.2	629.2	856.8	5129.9	283.3	1037.4	129.0	850.5
1998	12695.7	562.5	707.3	3826.1	282.9	878.1	116.2	721.5
1999	12130.2	536.5	655.2	3554.3	285.0	814.8	111.4	704.2
2000	11612.5	516.4	585.2	3300.7	283.8	780.1	110.2	680.4
2001	11165.8	483.2	548.2	3070.1	287.8	774.0	104.9	651.6
2002	10985.2	455.2	542.7	2980.7	289.6	803.2	97.7	639.5

1-9 续表 continued

单位:万人 (10000 persons)

年 份 Year	批发和零售贸易、餐饮业 Wholesale and Retail Trade & Catering Services	金融、保险业 Finance and Insurance	房地产业 Real Estate Trade	社会服务业 Social Services	卫生、体育和社会福利业 Health Care, Sporting and Social Welfare	教育、文化艺术和广播电影电视业 Education, Culture and Arts, Radio, Film and Television	科学研究和综合技术服务业 Scientific Research and Polytechnical Services	国家机关政党机关和社会团体 Government Agencies, Party Agencies and Social Organizations	其 他 Others
1994	1863.6	264.0	74.4	458.9	433.6	1435.9	177.5	1032.9	64.5
1995	1855.9	276.3	79.6	461.4	444.3	1476.1	181.9	1041.7	68.8
1996	1830.0	291.9	84.3	472.1	457.5	1512.6	182.7	1092.6	105.8
1997	1796.1	308.2	86.9	494.3	471.1	1556.7	185.8	1093.1	127.8
1998	1286.6	313.5	93.7	470.4	477.7	1573.3	177.5	1096.5	111.9
1999	1141.5	328.5	96.6	476.0	482.0	1567.8	173.6	1102.1	100.9
2000	1009.5	326.8	100.4	483.5	488.1	1565.8	174.5	1103.8	103.1
2001	874.2	335.9	107.5	491.4	493.0	1567.9	165.0	1100.9	110.1
2002	774.5	339.8	118.4	521.0	493.2	1565.1	162.7	1074.7	127.0

1-10 分登记注册类型城镇单位女性就业人员年末人数

FEMALE EMPLOYMENT IN URBAN UNITS BY REGISTRATION STATUS AND REGION AT THE YEAR-END

单位:万人　　(10000 persons)

年份 Year	地区 Region	合计 Total	国有单位 State-owned Units	城镇集体单位 Urban Collective-owned Units	其他单位 Other Ownership Units
	1994	5799.1	3982.5	1451.1	364.5
	1995	5889.0	4059.0	1399.0	431.0
	1996	5883.3	4088.3	1337.8	457.3
	1997	5824.8	4030.2	1271.0	523.6
	1999	4613.4	3128.0	702.8	782.7
	2000	4411.3	2952.5	605.8	853.0
	2001	4225.7	2788.2	509.9	927.5
	2002	4156.2	2627.7	436.9	1091.5
	2003	4156.1	2529.6	383.9	1242.6
	2004	4227.3	2480.7	336.7	1410.0
	2005	4324.6	2399.3	299.1	1626.2
	2006	4445.7	2386.9	277.7	1781.1
北　京	Beijing	200.1	75.7	7.3	117.0
天　津	Tianjin	70.3	30.2	3.4	36.7
河　北	Hebei	194.0	139.0	13.3	41.7
山　西	Shanxi	128.6	91.8	12.0	24.8
内蒙古	Inner Mongolia	90.8	62.3	4.6	23.9
辽　宁	Liaoning	187.2	112.0	14.9	60.3
吉　林	Jilin	101.1	66.1	10.5	24.5
黑龙江	Heilongjiang	175.0	114.8	14.4	45.9
上　海	Shanghai	132.8	54.5	5.7	72.7
江　苏	Jiangsu	292.5	106.8	14.8	170.9
浙　江	Zhejiang	236.2	74.5	9.9	151.9
安　徽	Anhui	112.9	68.2	10.6	34.0
福　建	Fujian	193.2	55.2	6.0	132.0
江　西	Jiangxi	99.0	67.0	5.1	26.9
山　东	Shandong	357.7	150.7	22.8	184.1
河　南	Henan	258.9	150.6	33.0	75.3
湖　北	Hubei	191.4	108.9	12.5	70.0
湖　南	Hunan	143.0	92.9	8.7	41.4
广　东	Guangdong	411.7	150.9	23.8	237.0
广　西	Guangxi	105.1	75.9	5.4	23.8
海　南	Hainan	28.4	21.4	1.3	5.7
重　庆	Chongqing	72.3	43.0	4.0	25.3
四　川	Sichuan	176.4	112.9	12.2	51.4
贵　州	Guizhou	67.5	47.7	2.6	17.2
云　南	Yunnan	93.1	66.6	4.4	22.1
西　藏	Tibet	6.2	5.9	0.1	0.2
陕　西	Shaanxi	117.4	86.2	8.0	23.2
甘　肃	Gansu	63.6	47.3	3.1	13.2
青　海	Qinghai	15.8	12.4	0.8	2.6
宁　夏	Ningxia	20.9	14.2	0.4	6.3
新　疆	Xinjiang	102.6	81.5	1.9	19.2

1-11 分行业城镇单位女性就业人员年末人数
FEMALE EMPLOYMENT IN URBAN UNITS BY SECTOR AT THE YEAR-END

单位:万人 (10000 persons)

年份 Year	合计 Total	农、林、牧、渔业 Farming, Forestry, Animal Husbandry and Fishery	采掘业 Mining and Quarrying	制造业 Manufacturing	电力、煤气及水的生产和供应业 Production and Supply of Electricity, Gas and Water	建筑业 Construction	地质勘查业、水利管理业 Geological Prospecting and Water Conservancy	交通运输、仓储及邮电通信业 Transport, Storage, Post and Telecommunications
1994	5799.1	259.3	229.4	2460.7	75.8	205.9	34.3	219.7
1995	5889.0	252.6	238.9	2482.1	81.1	207.1	33.5	221.5
1996	5883.3	237.8	233.4	2391.7	86.3	208.1	32.2	227.9
1997	5824.8	238.4	222.5	2286.3	90.3	203.6	32.6	232.1
1999	4613.4	201.5	173.6	1541.9	91.6	150.8	29.4	197.2
2000	4411.3	195.6	152.8	1425.3	91.0	144.0	29.5	193.3
2001	4225.7	181.0	138.5	1318.4	91.7	136.8	28.4	184.4
2002	4156.2	169.0	137.2	1282.8	91.4	137.2	26.4	180.8

1-11 续表 continued

单位:万人 (10000 persons)

年份 Year	批发和零售贸易、餐饮业 Wholesale and Retail Trade & Catering Services	金融、保险业 Finance and Insurance	房地产业 Real Estate Trade	社会服务业 Social Services	卫生、体育和社会福利业 Health Care, Sporting and Social Welfare	教育、文化艺术和广播电影电视业 Education, Culture and Arts, Radio, Film and Television	科学研究和综合技术服务业 Scientific Research and Polytechnical Services	国家机关政党机关和社会团体 Government Agencies, Party Agencies and Social Organizations	其他 Others
1994	853.5	104.5	24.3	213.1	239.1	561.3	60.5	234.3	23.4
1995	858.3	111.3	26.6	215.2	247.5	588.0	61.4	238.3	25.6
1996	855.3	120.1	28.9	221.6	257.0	622.1	61.8	258.6	40.5
1997	841.2	128.1	30.4	230.4	265.6	650.3	62.7	257.9	52.4
1999	528.0	140.4	32.6	211.5	274.4	680.6	57.1	266.1	36.7
2000	461.2	141.2	34.2	210.4	278.2	689.3	57.9	268.8	38.5
2001	394.1	149.6	36.1	209.7	283.5	704.5	54.1	273.5	41.4
2002	347.5	155.9	40.4	217.0	286.0	712.9	54.4	271.2	46.0

1-12 分地区分行业城镇单位女性就业人员年末人数(2006年)

FEMALE EMPLOYMENT IN URBAN UNITS BY SECTOR AND REGION(2006)

单位:万人 (10000 persons)

地 区	Region	合 计 Total	农、林、牧、渔业 Agriculture, Forestry, Farming of Animals and Fishery	采矿业 Mining	制造业 Manufacturing	电力、燃气及水的生产和供应业 Production and Distribution of Electricity, Gas and Water	建筑业 Construction
	2003	4156.1	176.1	119.7	1292.7	92.7	128.4
	2004	4227.3	172.3	117.1	1329.8	93.1	129.3
	2005	4324.6	165.7	113.0	1397.5	91.3	134.2
	2006	4445.7	163.5	115.0	1464.0	91.3	138.1
北 京	Beijing	200.1	1.1	0.2	37.5	1.7	5.5
天 津	Tianjin	70.3	0.2	2.1	29.3	0.9	1.7
河 北	Hebei	194.0	2.9	5.3	46.4	5.1	4.9
山 西	Shanxi	128.6	1.1	13.0	25.3	3.3	4.0
内 蒙 古	Inner Mongolia	90.8	10.1	3.4	16.3	3.0	2.7
辽 宁	Liaoning	187.2	12.0	6.4	54.7	4.5	6.0
吉 林	Jilin	101.1	6.1	3.5	21.3	2.1	3.8
黑 龙 江	Heilongjiang	175.0	31.8	9.3	36.9	4.2	8.1
上 海	Shanghai	132.8	0.3		48.9	1.3	1.9
江 苏	Jiangsu	292.5	6.4	5.4	145.4	3.6	5.6
浙 江	Zhejiang	236.2	0.5	0.3	118.0	2.8	7.6
安 徽	Anhui	112.9	3.1	6.1	26.8	2.7	4.5
福 建	Fujian	193.2	2.5	0.8	121.6	2.5	5.4
江 西	Jiangxi	99.0	5.1	1.7	28.9	2.9	3.0
山 东	Shandong	357.7	1.8	17.8	166.9	6.0	8.7
河 南	Henan	258.9	3.0	11.3	65.2	6.8	8.5
湖 北	Hubei	191.4	12.7	2.8	61.5	4.4	8.0
湖 南	Hunan	143.0	3.5	2.0	31.7	3.7	7.2
广 东	Guangdong	411.7	3.8	0.7	203.1	5.9	7.0
广 西	Guangxi	105.1	5.0	1.3	21.4	2.5	2.4
海 南	Hainan	28.4	8.0	0.2	3.0	0.6	0.6
重 庆	Chongqing	72.3	0.6	1.6	19.1	2.0	4.4
四 川	Sichuan	176.4	2.4	4.4	44.5	5.2	10.9
贵 州	Guizhou	67.5	0.9	1.9	13.7	1.9	2.6
云 南	Yunnan	93.1	6.1	1.5	16.1	2.3	2.9
西 藏	Tibet	6.2	0.1		0.3	0.2	0.2
陕 西	Shaanxi	117.4	1.9	3.9	31.0	3.1	3.9
甘 肃	Gansu	63.6	1.9	1.8	13.6	2.3	1.9
青 海	Qinghai	15.8	0.7	0.4	2.3	0.5	0.7
宁 夏	Ningxia	20.9	1.2	1.3	3.6	1.1	0.6
新 疆	Xinjiang	102.6	26.8	4.6	9.5	2.2	2.9

1-12 续表 1 continued

单位:万人 (10000 persons)

地 区 Region	交通运输、仓储和邮政业 Traffic, Transport, Storage and post	信息传输、计算机服务和软件业 Information Transfer, Computer and Software	批发和零售业 Wholesale and Retail Trade	住宿和餐饮业 Accommodation and Restaurants	金融业 Finance	房地产业 Real Estate	租赁和商务服务业 Tenancy and Business Services
2003	182.5	42.1	280.3	95.0	164.5	40.4	62.7
2004	177.6	45.2	260.2	97.8	170.5	44.9	65.6
2005	171.0	48.7	242.3	98.9	172.0	48.3	74.0
2006	164.7	52.4	230.3	99.5	178.6	50.8	78.0
北 京 Beijing	10.3	7.8	17.0	12.2	10.0	9.0	19.2
天 津 Tianjin	2.6	0.9	4.0	1.6	2.7	0.7	1.0
河 北 Hebei	6.9	2.0	12.7	2.8	9.0	1.1	1.7
山 西 Shanxi	5.9	1.7	8.0	1.9	5.9	0.6	2.6
内蒙古 Inner Mongolia	4.0	1.4	3.5	1.6	4.4	0.5	0.8
辽 宁 Liaoning	8.8	1.9	7.3	3.2	9.6	2.1	3.5
吉 林 Jilin	5.1	1.3	4.3	1.6	4.5	1.1	1.0
黑龙江 Heilongjiang	6.6	1.6	9.8	2.1	5.5	1.7	1.6
上 海 Shanghai	6.3	1.6	10.7	3.8	8.0	2.5	5.0
江 苏 Jiangsu	9.2	2.6	13.0	4.7	11.2	2.1	3.0
浙 江 Zhejiang	5.5	2.6	9.8	6.0	10.9	2.5	6.0
安 徽 Anhui	4.4	1.4	6.5	1.5	5.6	1.1	1.6
福 建 Fujian	4.2	1.7	4.6	2.8	4.8	1.7	1.9
江 西 Jiangxi	4.4	1.3	4.2	1.3	4.2	0.8	0.8
山 东 Shandong	8.2	1.9	17.9	6.0	12.0	2.7	3.9
河 南 Henan	9.3	1.9	19.6	5.8	9.8	1.9	2.8
湖 北 Hubei	7.1	2.1	11.3	4.7	6.2	1.9	1.9
湖 南 Hunan	6.4	1.8	5.6	4.0	6.7	1.8	1.6
广 东 Guangdong	12.5	5.6	16.7	12.6	14.5	6.4	7.0
广 西 Guangxi	4.5	1.3	5.3	2.7	3.7	1.0	2.1
海 南 Hainan	1.3	0.3	1.1	1.8	0.6	0.5	0.4
重 庆 Chongqing	3.8	0.9	4.7	1.8	3.3	1.1	0.7
四 川 Sichuan	7.7	1.9	7.7	2.8	8.0	1.4	2.0
贵 州 Guizhou	2.5	0.5	5.0	1.6	2.2	1.3	0.9
云 南 Yunnan	3.3	1.4	5.0	2.5	3.2	0.8	1.0
西 藏 Tibet	0.2	0.1	0.2	0.2	0.2		
陕 西 Shaanxi	4.3	1.1	6.9	2.5	4.3	0.9	0.9
甘 肃 Gansu	3.2	0.7	3.2	1.3	2.6	0.4	0.9
青 海 Qinghai	1.2	0.3	0.8	0.2	0.7	0.1	0.2
宁 夏 Ningxia	0.9	0.2	1.0	0.4	1.2	0.2	0.2
新 疆 Xinjiang	3.7	0.8	3.1	1.6	3.2	0.9	1.7

1-12 续表 2 continued

单位:万人 (10000 persons)

地 区	Region	科学研究、技术服务和地质勘查业 Scientific Research, Technical Service and Geologic Perambulation	水利、环境和公共设施管理业 Management of Water Conservancy, Environment and Public Establishment	居民服务和其他服务业 Resident Services and Other Services	教育 Education	卫生、社会保障和社会福利业 Sanitation, Social Security and Social Welfare	文化体育和娱乐业 Culture, Sports and Entertainment	公共管理和社会组织 Public Management and Social Organization
	2003	70.7	68.8	22.2	672.8	284.5	51.9	308.1
	2004	70.3	70.7	24.1	696.7	292.2	50.3	319.6
	2005	71.6	73.5	21.6	713.2	300.9	50.1	336.9
	2006	74.9	76.6	21.9	733.8	312.9	50.7	348.6
北 京	Beijing	11.4	2.7	4.1	21.7	11.7	6.3	10.6
天 津	Tianjin	1.5	1.0	1.6	9.9	4.7	0.7	3.3
河 北	Hebei	2.3	3.7	0.9	50.1	14.0	2.0	20.0
山 西	Shanxi	2.0	2.2	0.5	27.1	8.8	1.9	12.9
内蒙古	Inner Mongolia	1.4	2.7	0.6	17.7	6.2	1.4	9.2
辽 宁	Liaoning	3.0	4.9	0.7	29.1	14.2	2.1	13.2
吉 林	Jilin	2.0	2.9	0.6	21.5	8.9	1.6	8.0
黑龙江	Heilongjiang	2.9	3.1	1.9	24.0	10.9	1.6	11.3
上 海	Shanghai	5.7	1.8	1.7	15.2	10.3	1.8	5.9
江 苏	Jiangsu	2.9	4.0	0.5	40.1	17.6	1.9	13.3
浙 江	Zhejiang	2.3	2.4	0.5	29.0	15.6	2.0	12.0
安 徽	Anhui	1.4	2.4	0.2	21.5	9.9	1.4	10.7
福 建	Fujian	1.1	1.5	0.5	20.2	7.3	1.3	6.7
江 西	Jiangxi	1.6	2.2	0.2	18.3	7.7	1.3	8.9
山 东	Shandong	2.4	4.6	0.6	46.8	20.8	2.2	26.5
河 南	Henan	3.7	4.6	0.7	53.6	19.4	3.0	27.9
湖 北	Hubei	3.0	4.0	0.6	27.4	15.1	1.9	14.9
湖 南	Hunan	1.8	2.9	0.3	29.3	14.2	1.8	16.7
广 东	Guangdong	3.9	5.2	2.0	54.0	24.7	3.7	22.4
广 西	Guangxi	1.6	2.5	0.3	25.6	10.8	1.3	9.7
海 南	Hainan	0.5	1.0		3.6	1.9	0.5	2.5
重 庆	Chongqing	1.6	1.3	0.2	13.9	5.1	0.8	5.4
四 川	Sichuan	3.6	3.5	0.6	34.6	15.2	1.7	18.3
贵 州	Guizhou	1.0	1.2	0.3	15.0	5.4	0.7	8.8
云 南	Yunnan	1.9	1.9	0.2	21.8	8.3	1.4	11.5
西 藏	Tibet	0.2	0.1		1.4	0.7	0.2	1.9
陕 西	Shaanxi	4.2	1.9	0.8	24.2	8.5	1.5	11.7
甘 肃	Gansu	1.4	1.4	0.4	11.5	4.5	0.9	9.7
青 海	Qinghai	0.5	0.3	0.1	2.9	1.5	0.3	2.3
宁 夏	Ningxia	0.4	0.8		3.4	1.6	0.4	2.3
新 疆	Xinjiang	1.6	1.8	0.2	19.3	7.3	1.1	10.3

1-13 分细行业城镇单位女性就业人员占就业人员比重(2006年)

PROPORTION OF FEMALE EMPLOYMENT IN URBAN UNITS BY SECTOR(2006)

以就业人员为100 (total employment=100)

项 目	Item	合 计 Total	国有单位 State-owned Units	城镇集体单位 Urban Collective-owned Units	其他单位 Other Ownership Units
全国总计	**National Total**	**38.0**	**37.1**	**36.4**	**39.4**
按企、事业和机关分组	**Grouped by Enterprises,Institutions and Organizations**				
企 业	Enterprises	36.4	31.9	34.3	39.4
事 业	Institutions	46.7	46.6	49.5	49.3
机 关	Organizations	26.4	26.4	35.8	
按国民经济行业分组	**Grouped by Sector**				
农、林、牧、渔业	**Agriculture,Forestry,Farming of Animals and Fishing**	**37.6**	**37.8**	**27.8**	**35.7**
农 业	Agriculture	42.8	42.9	32.7	37.2
林 业	Forestry	32.7	32.8	34.0	29.0
畜牧业	Farming of Animals	37.4	37.1	36.5	39.8
渔 业	Fishing	28.1	30.2	19.4	24.5
农、林、牧、渔服务业	Service Activities for Agriculture, Forestry, Farming of Animals and Fishing	29.8	29.6	26.2	42.2
采矿业	**Mining**	**21.7**	**23.1**	**29.7**	**19.7**
煤炭开采和洗选业	Mining and Washing of Coal	19.1	19.6	31.5	17.7
石油和天然气开采业	Extraction of Petroleum and Natural Gas	31.0	31.6	27.8	30.0
黑色金属矿采选业	Mining of Ferrous Metal Ores	20.7	23.3	25.5	17.7
有色金属矿采选业	Mining of Non-ferrous Metal Ores	22.1	23.6	25.8	20.5
非金属矿采选业	Mining and Processing of Nonmetal Ores	24.8	27.6	25.4	22.4
其他矿采选业	Mining of Other Ores	17.5	25.3	53.0	6.9
制造业	**Manufacturing**	**43.7**	**33.6**	**44.8**	**45.7**
农副食品加工业	Processing of Food from Agricultural Products	44.2	35.0	36.0	46.0
食品制造业	Manufacture of Foods	50.2	43.5	48.4	51.3
饮料制造业	Manufacture of Beverage	40.1	39.7	44.8	40.0
烟草制品业	Manufacture of Tobacco	39.3	37.8	40.2	47.7
纺织业	Manufacture of Textile	65.2	61.9	61.8	65.8
纺织服装、鞋、帽制造业	Manufacture of Textile Wearing Apparel, Footware,and Caps	71.2	59.8	65.7	71.8
皮革、毛皮、羽毛(绒)及其制品业	Manufacture of Leather,Fur,Feather and Its Products	67.1	47.1	62.2	67.7
木材加工及木、竹、藤、棕、草制品业	Processing of Timbers,Manufacture of Wood, Bamboo,Rattan,Palm,and Straw Products	41.5	33.6	41.6	43.2
家具制造业	Manufacture of Furniture	34.9	33.5	40.5	34.5
造纸及纸制品业	Manufacture of Paper and Paper Products	37.6	38.0	43.1	36.9
印刷业和记录媒介的复制	Printing,Reproduction of Recording Media	46.0	44.3	51.6	45.4
文教体育用品制造业	Manufacture of Articles for Culture, Education and Sport Activity	59.8	42.6	51.2	60.5

1-13 续表 1 continued

以就业人员为100 (total employment=100)

项　目	Item	合　计 Total	国有单位 State-owned Units	城镇集体单位 Urban Collective-owned Units	其他单位 Other Ownership Units
石油加工、炼焦及核燃料加工业	Processing of Petroleum ,Coking,Processing of Nucleus Fuel	30.7	29.1	51.3	29.8
化工原料及化学制品制造业	Manufacture of Chemical Raw Material and Chemical Products	32.5	32.6	39.6	31.9
医药制造业	Manufacture of Medicines	47.1	48.1	47.8	46.9
化学纤维制造业	Manufacture of Chemical Fiber	41.8	38.6	53.9	41.8
橡胶制品业	Manufacture of Rubber	38.8	38.7	47.9	38.1
塑料制品业	Manufacture of Plastic	49.7	39.6	46.3	50.4
非金属矿物制品业	Manufacture of Non-metallic Mineral Products	31.9	30.6	34.3	31.9
黑色金属冶炼及压延加工业	Manufacture and Processing of Ferrous Metals	24.0	23.0	39.6	23.1
有色金属冶炼及压延加工业	Manufacture & Processing of Non-ferrous Metals	27.2	27.2	37.9	26.3
金属制品业	Manufacture of Metal Products	33.0	32.3	38.4	32.0
通用设备制造业	Manufacture of General Purpose Machinery	30.1	29.5	38.6	28.9
专用设备制造业	Manufacture of Special Purpose Machinery	31.5	29.3	37.9	32.1
交通运输设备制造业	Manufacture of Transport Equipment	29.9	28.5	37.7	29.7
电气机械及器材制造业	Manufacture of Electrical Machinery & Equipment	44.8	35.8	50.3	45.3
通信设备、计算机及其他电子设备制造业	Manufacture of Communication Equipment, Computer and Other Electronic Equipment	58.2	42.1	62.3	59.0
仪器仪表及文化、办公用机械制造业	Manufacture of Measuring Instrument and Machinery for Cultural Activity & Office Work	50.8	36.5	47.7	53.0
工艺品及其他制造业	Manufacture of Artwork,Other Manufacture	57.3	44.0	55.9	58.4
废弃资源和废旧材料回收加工业	Recycling and Disposal of Waste	37.6	45.4	53.0	30.9
电力、燃气及水的生产和供应业	**Production and Distribution of Electricity, Gas and Water**	**30.2**	**30.4**	**32.7**	**29.5**
电力、热力的生产和供应业	Production and Supply of Electric Power and Heat Power	27.8	27.6	30.8	28.1
燃气生产和供应业	Production and Distribution of Gas	33.5	32.4	40.7	34.9
水的生产和供应业	Production and Distribution of Water	39.7	40.4	35.7	37.1
建筑业	**Construction**	**14.0**	**16.7**	**15.0**	**12.3**
房屋和土木工程建筑业	Construction of Building & Civil Engineering	13.4	16.4	14.1	11.8
建筑安装业	Architectural Installation	17.9	18.9	21.0	16.2
建筑装饰业	Architectural Decoration	17.9	17.7	21.5	17.5
其他建筑业	Other Construction	15.8	16.8	33.4	11.6
交通运输、仓储和邮政业	**Traffic,Transport,Storage and Post**	**26.9**	**26.2**	**31.6**	**27.9**
铁路运输业	Transport Via Railway	17.3	16.7	46.9	19.9
道路运输业	Transport Via Road	31.4	31.8	27.8	31.3
城市公共交通业	Urban Public Traffic	30.4	34.0	26.1	27.4
水上运输业	Water Transport	18.4	17.8	26.6	17.5
航空运输业	Air Transport	32.6	30.7	42.4	34.4
管道运输业	Transport Via Pipeline	34.5	38.6	35.4	25.2

1-13 续表 2 continued

以就业人员为100 (total employment=100)

项 目	Item	合 计 Total	国有单位 State-owned Units	城镇集体单位 Urban Collective-owned Units	其他单位 Other Ownership Units
装卸搬运和其他运输服务业	Loading,Unloading,Portage and Other Transport Services	28.8	23.7	34.5	31.7
仓储业	Storage	29.2	29.4	31.4	28.4
邮政业	Post	40.0	40.3	50.5	31.6
信息传输、计算机服务和软件业	**Information Transfer, Computer Services and Software**	**37.9**	**35.2**	**39.4**	**40.3**
电信和其他信息传输服务业	Telecom & Other Information Transfer Services	39.2	35.3	39.2	44.9
计算机服务业	Computer Services	36.3	34.0	43.4	36.7
软件业	Software Industry	31.9	32.1	37.7	31.8
批发和零售业	**Wholesale and Retail Trade**	**44.6**	**38.1**	**41.8**	**50.4**
批发业	Wholesale	37.2	34.5	38.4	40.1
零售业	Retail Trade	52.7	45.6	44.7	57.8
住宿和餐饮业	**Accommodation and Restaurants**	**54.1**	**53.8**	**59.4**	**53.7**
住宿业	Accommodation	54.4	54.2	60.0	53.7
餐饮业	Restaurants	53.6	51.6	58.4	53.6
金融业	**Finance**	**48.6**	**45.6**	**43.5**	**54.4**
银行业	Bank	45.4	44.2	43.5	50.0
证券业	Securities	41.5	37.7	4.9	42.6
保险业	Insurance	57.5	53.1	50.4	59.3
其他金融活动	Other Financial Activities	38.1	38.1	40.5	37.5
房地产业	**Real Estate**	**33.0**	**34.3**	**34.0**	**32.3**
#房地产开发经营	Real Estate Exploitation Management	31.4	31.5	26.4	31.7
物业管理	Management Concerning Dwelling	32.7	33.8	39.6	31.7
房地产中介服务	Real Estate Agency Service	44.3	43.1	41.5	45.3
租赁和商务服务业	**Tenancy and Business Services**	**32.9**	**28.4**	**31.2**	**40.4**
租赁业	Tenancy	27.2	31.2	36.7	22.2
商务服务业	Business Service	33.0	28.4	31.1	40.8
科学研究、技术服务和地质勘查业	**Scientific Research,Technical Service and Geologic Perambulation**	**31.8**	**32.1**	**31.9**	**30.2**
研究与实验发展	Research and Experimental Development	34.5	34.6	38.2	33.8
#自然科学研究与实验发展	Research and Experimental Development on Physical Science	33.9	33.9	33.9	32.0
工程和技术研究与实验发展	Research and Experimental Development on Engineering and Technical Research	33.1	33.1	40.1	31.9
农业科学研究与实验发展	Research and Experimental Development on Agricultural Science Research	35.0	34.9	32.9	39.5
医学研究与实验发展	Research and Experimental Development on Medical Research	49.1	50.7	35.5	43.9
社会人文科学研究与实验发展	Research and Experimental Development on Social Science and Humanities	37.1	37.2	31.5	35.4

1-13 续表 3 continued

以就业人员为100 (total employment=100)

项目	Item	合计 Total	国有单位 State-owned Units	城镇集体单位 Urban Collective-owned Units	其他单位 Other Ownership Units
专业技术服务业	Professional Technique Services	30.7	31.2	30.6	29.2
#气象服务	Weather Services	36.4	36.3	34.1	43.7
地震服务	Earthquake Services	29.9	29.7	74.5	31.4
海洋服务	Ocean Services	20.1	19.5	54.1	29.5
测绘服务	Plotting Services	29.2	29.5	27.8	26.2
技术检测	Technique Detection	35.1	34.4	38.7	39.5
环境监测	Environmental Monitoring	36.8	37.1	37.3	24.7
工程技术与规划管理	Engineering Technic & Programming Management	28.2	29.1	29.7	25.7
科技交流和推广服务业	Services of Science and Technique Intercommunion and Generalization	36.7	38.1	32.1	32.5
地质勘查业	Geologic Perambulation	25.0	25.1	42.2	21.8
水利、环境和公共设施管理业	**Management of Water Conservancy, Environment and Public Establishment**	**41.0**	**40.7**	**50.2**	**36.3**
水利管理业	Management of Water Conservancy	28.1	28.2	25.5	28.4
环境管理业	Environmental Management	49.9	49.9	55.0	36.9
公共设施管理业	Management of Public Establishment	38.4	38.7	39.2	36.7
居民服务和其他服务业	**Resident Services and Other Services**	**38.7**	**30.9**	**45.8**	**46.5**
居民服务业	Resident Services	39.3	31.5	51.9	49.8
其他服务业	Other Services	38.2	30.1	42.0	44.4
教　育	**Education**	**48.8**	**48.7**	**50.8**	**52.4**
#初等教育	Primary Education	52.0	52.1	49.1	58.3
中等教育	Secondary Education	45.6	45.5	46.0	49.0
高等教育	Higher Education	43.6	43.4	53.7	49.2
卫生、社会保障和社会福利业	**Sanitation,Social Security & Social Welfare**	**59.6**	**60.1**	**54.6**	**59.7**
卫　生	Sanitation	60.2	60.8	54.6	62.1
社会保障业	Social Security	43.8	43.9	54.6	36.7
社会福利业	Social Welfare	49.6	49.0	55.4	59.2
文化体育和娱乐业	**Culture, Sports and Entertainment**	**41.5**	**40.9**	**42.5**	**47.1**
新闻出版业	Journalism and Publishing Activities	40.9	40.7	44.1	45.4
广播、电影、电视和音像业	Broadcasting,Movies,Television and Audiovisual Activities	37.2	37.1	35.5	38.9
文化艺术业	Culture and Art	45.9	46.1	40.9	47.2
体　育	Sports Activities	35.7	34.6	48.5	45.4
娱乐业	Entertainment	48.3	42.3	59.9	50.1
公共管理和社会组织	**Public Management & Social Organization**	**27.5**	**27.5**	**42.5**	**37.5**
#中国共产党机关	Chinese Communist Party Organs	23.3	23.3	16.3	27.3
国家机构	Organ of State	27.2	27.2	34.0	15.9
人民政协和民主党派	People's Political Consultative Conference and Democratic Parties	23.9	23.9		66.7
群众社团、社会团体和宗教组织	Mass Communities, Social Communities and Religion Organizations	42.5	42.3	48.7	40.2

1-14 分登记注册类型职工年末人数及构成

STAFF AND WORKERS AND COMPOSITION BY REGISTRATION STATUS AT THE YEAR-END

单位:万人 (10000 persons)

年 份 Year	合 计 Total	国有单位 State-owned Units	集体单位 Collective-owned Units	其他单位 Other Ownership Units	构成(以合计为100) Composition(Total=100)		
					国有单位 State-owned Units	集体单位 Collective-owned Units	其他单位 Other Ownership Units
1952	1603	1580	23		98.6	1.4	
1957	3101	2451	650		79.0	21.0	
1962	4321	3309	1012		76.6	23.4	
1965	4965	3738	1227		75.3	24.7	
1970	6216	4792	1424		77.1	22.9	
1971	6787	5318	1469		78.4	21.6	
1972	7134	5610	1524		78.6	21.4	
1973	7337	5758	1579		78.5	21.5	
1974	7651	6007	1644		78.5	21.5	
1975	8198	6426	1772		78.4	21.6	
1976	8673	6860	1813		79.1	20.9	
1977	9112	7196	1916		79.0	21.0	
1978	9499	7451	2048		78.4	21.6	
1979	9967	7693	2274		77.2	22.8	
1980	10444	8019	2425		76.8	23.2	
1981	10940	8372	2568		76.5	23.5	
1982	11281	8630	2651		76.5	23.5	
1983	11515	8771	2744		76.2	23.8	
1984	11890	8637	3216	37	72.6	27.0	0.3
1985	12358	8990	3324	44	72.7	26.9	0.4
1986	12809	9333	3421	55	72.9	26.7	0.4
1987	13214	9654	3488	72	73.1	26.4	0.5
1988	13608	9984	3527	97	73.4	25.9	0.7
1989	13742	10108	3502	132	73.5	25.5	1.0
1990	14059	10346	3549	164	73.6	25.2	1.2
1991	14508	10664	3628	216	73.5	25.0	1.5
1992	14792	10889	3621	282	73.6	24.5	1.9
1993	14849	10920	3393	536	73.5	22.9	3.6
1994	14849	10890	3211	747	73.3	21.6	5.0
1995	14908	10955	3076	877	73.5	20.6	5.9
1996	14845	10949	2954	942	73.8	19.9	6.3
1997	14668	10766	2817	1085	73.4	19.2	7.4
1998	12337	8809	1900	1628	71.4	15.4	13.2
1999	11773	8336	1652	1785	70.8	14.0	15.2
2000	11259	7878	1447	1935	70.0	12.9	17.2
2001	10792	7409	1241	2142	68.7	11.5	19.8
2002	10558	6924	1071	2563	65.6	10.1	24.3
2003	10492	6621	951	2920	63.1	9.1	27.8
2004	10576	6438	851	3287	60.9	8.0	31.1
2005	10850	6232	769	3849	57.4	7.1	35.5
2006	11161	6170	726	4264	55.3	6.5	38.2

注:1998年及以后为在岗职工数(以下各表同)。

Note:Data since 1998 are on-post staff and workers figures(The same as in the following tables).

1-15 分行业职工年末人数

STAFF AND WORKERS BY SECTOR AT THE YEAR-END

单位:万人 (10000 persons)

年 份 Year	合 计 Total	农、林、牧、渔业 Farming, Forestry, Animal Husbandry and Fishery	采掘业 Mining and Quarrying	制造业 Manufacturing	电力、煤气及水的生产和供应业 Production and Supply of Electricity, Gas and Water	建筑业 Construction	地质勘查业、水利管理业 Geological Prospecting & Water Conservancy	交通运输、仓储及邮电通信业 Transport, Storage, Post and Tele-communications
1978	9499	830	652	3595	107	623	178	669
1980	10444	788	697	3947	118	710	188	714
1985	12358	777	795	4620	142	900	197	823
1986	12809	784	809	4820	152	922	197	846
1987	13214	792	819	4988	164	946	200	860
1988	13608	789	832	5149	177	955	204	874
1989	13742	782	842	5206	180	900	199	874
1990	14059	780	882	5304	192	896	197	895
1991	14508	769	905	5443	203	940	199	916
1992	14792	758	898	5508	215	995	202	921
1993	14849	708	925	5469	232	1153	144	826
1994	14849	680	904	5434	244	1072	137	835
1995	14908	660	914	5439	257	1053	134	824
1996	14845	617	886	5293	272	1035	128	830
1997	14668	612	851	5083	282	1004	128	824
1998	12337	546	702	3769	281	846	115	701
1999	11773	519	650	3496	283	778	110	682
2000	11259	494	581	3240	282	744	109	659
2001	10792	458	544	3010	284	733	104	629
2002	10558	430	537	2907	285	756	96	613

1-15 续表 continued

单位:万人 (10000 persons)

年份 Year	批发和零售贸易、餐饮业 Wholesale and Retail Trade & Catering Services	金融、保险业 Finance and Insurance	房地产业 Real Estate Trade	社会服务业 Social Services	卫生、体育和社会福利业 Health Care, Sporting and Social Welfare	教育、文化艺术和广播电影电视业 Education, Culture and Arts,Radio, Film and Television	科学研究和综合技术服务业 Scientific Research and Polytechnical Services	国家机关政党机关和社会团体 Government Agencies, Party Agencies and Social Organizations	其他 Others
1978	1079	65	31	166	247	736	92	430	
1980	1239	89	37	218	287	817	105	490	
1985	1518	126	36	271	342	962	131	718	
1986	1544	138	38	289	354	1008	137	770	
1987	1578	154	39	304	365	1059	142	805	
1988	1643	174	42	318	375	1091	144	843	
1989	1675	184	43	327	382	1117	147	885	
1990	1715	195	44	344	392	1143	152	929	
1991	1786	208	48	369	410	1181	156	974	
1992	1844	223	54	386	421	1212	159	996	
1993	1796	239	66	422	416	1205	166	1030	55
1994	1833	261	72	447	428	1249	174	1017	63
1995	1828	273	77	449	438	1291	178	1027	66
1996	1807	288	82	458	451	1345	176	1075	103
1997	1774	298	84	480	464	1403	179	1080	125
1998	1256	301	89	451	469	1451	168	1084	108
1999	1110	300	90	453	473	1480	165	1088	96
2000	977	294	93	457	476	1500	164	1091	99
2001	840	292	97	463	481	1512	154	1088	104
2002	733	287	107	483	480	1517	151	1056	120

1-16 分行业国有单位职工年末人数

STAFF AND WORKERS IN STATE-OWNED UNITS BY SECTOR AT THE YEAR-END

单位:万人 (10000 persons)

年 份 Year	合 计 Total	农、林、牧、渔业 Farming, Forestry, Animal Husbandry and Fishery	采掘业 Mining and Quarrying	制造业 Manufacturing	电力、煤气及水的生产和供应业 Production and Supply of Electricity, Gas and Water	建筑业 Construction	地质勘查业、水利管理业 Geological Prospecting and Water Conservancy	交通运输、仓储及邮电通信业 Transport, Storage, Post and Telecommunications
1978	7451	774	588	2449	102	447	177	465
1980	8019	740	621	2601	112	475	187	498
1985	8990	726	706	2975	134	545	196	585
1986	9333	736	715	3096	144	557	196	604
1987	9654	744	722	3209	155	566	200	618
1988	9983	743	735	3327	167	568	204	636
1989	10109	736	757	3344	172	541	199	640
1990	10346	737	786	3395	183	538	194	660
1991	10664	727	797	3482	193	557	196	682
1992	10889	717	792	3526	203	577	199	693
1993	10920	672	834	3444	220	663	142	664
1994	10890	653	820	3321	230	629	135	677
1995	10955	634	834	3326	237	605	132	677
1996	10949	592	809	3218	250	595	126	684
1997	10766	588	772	3011	257	577	125	681
1998	8809	525	596	1883	242	444	113	584
1999	8336	500	525	1648	239	399	108	568
2000	7878	475	448	1415	233	372	107	549
2001	7409	440	402	1194	229	336	102	518
2002	6924	410	347	979	220	302	94	498

1-16 续表 continued

单位:万人 (10000 persons)

年 份 Year	批发和零售贸易、餐饮业 Wholesale and Retail Trade & Catering Services	金融、保险业 Finance and Insurance	房地产业 Real Estate Trade	社会服务业 Social Services	卫生、体育和社会福利业 Health Care, Sporting and Social Welfare	教育、文化艺术和广播电影电视业 Education, Culture and Arts, Radio, Film and Television	科学研究和综合技术服务业 Scientific Research and Polytechnical Services	国家机关政党机关和社会团体 Government Agencies, Party Agencies and Social Organizations	其 他 Others
1978	907	42	28	107	183	674	91	417	
1980	1005	63	33	130	217	757	104	476	
1985	800	93	32	181	272	925	129	691	
1986	824	101	34	193	283	973	135	742	
1987	851	113	34	203	296	1025	140	778	
1988	900	128	37	214	306	1059	142	817	
1989	923	136	38	221	314	1086	144	859	
1990	947	145	40	236	323	1112	148	903	
1991	993	154	43	251	340	1151	151	946	
1992	1037	166	48	269	356	1183	153	969	
1993	1014	182	55	293	356	1180	153	1014	34
1994	1054	196	59	308	368	1227	165	1007	40
1995	1061	203	61	315	379	1265	167	1019	42
1996	1055	208	63	329	390	1322	166	1068	74
1997	1037	210	64	345	402	1362	167	1074	95
1998	694	208	63	32	410	1408	155	1079	84
1999	608	205	61	319	415	1433	153	1084	72
2000	531	200	60	314	419	1447	147	1086	76
2001	447	193	59	310	425	1455	137	1084	80
2002	365	184	57	311	427	1452	133	1053	91

1-17 分行业城镇集体单位职工年末人数

STAFF AND WORKERS IN URBAN COLLECTIVE-OWNED UNITS BY SECTOR AT THE YEAR-END

单位:万人 (10000 persons)

年 份 Year	合 计 Total	农、林、牧、渔业 Farming, Forestry, Animal Husbandry and Fishery	采掘业 Mining and Quarrying	制造业 Manufacturing	电力、煤气及水的生产和供应业 Production and Supply of Electricity, Gas and Water	建筑业 Construction	地质勘查业、水利管理业 Geological Prospecting and Water Conservancy	交通运输、仓储及邮电通信业 Transport, Storage, Post and Telecommunications
1978	2048	56	64	1146	5	176	0.5	204
1980	2425	48	76	1346	6	235	1.0	216
1985	3324	51	89	1608	8	354	1.0	237
1986	3421	48	93	1680	8	364	0.7	241
1987	3488	47	96	1724	8	379	0.3	241
1988	3527	45	96	1745	9	385	0.2	237
1989	3502	45	84	1754	7	357	0.4	232
1990	3549	42	95	1773	8	357	3.3	232
1991	3628	41	107	1782	9	380	3.4	232
1992	3621	39	105	1747	10	414	3.2	226
1993	3393	34	89	1595	8	479	2.0	154
1994	3211	24	81	1515	9	427	2.0	149
1995	3076	23	77	1417	9	427	1.9	138
1996	2954	22	72	1346	11	412	2.1	134
1997	2817	20	72	1244	11	393	3.0	125
1998	1900	16	49	742	11	311	2.1	79
1999	1652	14	42	622	10	278	1.9	67
2000	1447	14	35	519	9	261	1.9	56
2001	1241	12	30	425	8	243	2.0	47
2002	1071	11	30	346	7	218	1.4	39

1-17 续表 continued

单位:万人 (10000 persons)

年 份 Year	批发和零售贸易、餐饮业 Wholesale and Retail Trade & Catering Services	金融、保险业 Finance and Insurance	房地产业 Real Estate Trade	社 会 服务业 Social Services	卫生、体育和社会福利业 Health Care, Sporting and Social Welfare	教育、文化艺术和广播电影电视业 Education, Culture and Arts, Radio, Film and Television	科学研究和综合技术服务业 Scientific Research and Polytechnical Services	国家机关政党机关和社会团体 Government Agencies, Party Agencies and Social Organizations	其 他 Others
1978	172	23	3	59	64	62	0.6	13	
1980	234	26	4	88	70	60	0.8	14	
1985	716	33	4	87	70	37	1.5	27	
1986	718	37	4	91	71	35	1.9	28	
1987	722	41	5	93	69	34	2.0	27	
1988	738	45	4	94	69	32	2.2	26	
1989	748	49	4	94	68	32	2.5	26	
1990	762	51	4	93	69	32	3.0	26	
1991	786	54	5	98	70	30	4.0	28	
1992	796	57	4	96	65	28	5.0	27	
1993	744	55	5	101	60	24	9.0	15	20
1994	716	62	6	102	59	21	7.4	9	22
1995	693	67	6	94	59	26	7.6	8	23
1996	667	73	7	86	60	22	7.4	7	27
1997	637	76	7	87	62	40	7.5	6	27
1998	414	71	7	68	58	41	6.5	5	20
1999	345	70	7	65	57	45	5.8	5	18
2000	285	68	6	61	56	49	5.4	5	16
2001	216	66	6	56	54	53	3.0	4	16
2002	167	64	7	49	51	56	2.4	3	19

1-18 分行业其他单位职工年末人数

STAFF AND WORKERS IN OTHER OWNERSHIP UNITS BY SECTOR AT THE YEAR-END

单位:万人 (10000 persons)

年 份 Year	合 计 Total	农、林、牧、渔业 Farming, Forestry, Animal Husbandry and Fishery	采掘业 Mining and Quarrying	制造业 Manufacturing	电力、煤气及水的生产和供应业 Production and Supply of Electricity, Gas and Water	建筑业 Construction	地质勘查业、水利管理业 Geological Prospecting and Water Conservancy	交通运输、仓储及邮电通信业 Transport, Storage, Post and Telecommunications
1984	36.7			33.1		0.5		0.9
1985	43.7	0.2		36.8		0.6		0.9
1986	55.3	0.2		45.6		0.6		0.9
1987	71.9	0.5		58.3		0.8		1.5
1988	96.7	0.6	1.0	77.0	1.0	1.3		1.0
1989	131.7	0.7	1.0	108.0	1.0	1.5		1.6
1990	163.8	1.1	1.0	135.0	1.0	1.6	0.04	1.6
1991	216.0	1.4	1.0	180.0	1.0	2.7	0.09	2.0
1992	281.8	1.5	1.0	236.0	2.0	4.1	0.10	2.4
1993	535.7	2.2	2.1	429.5	4.0	10.6	0.03	7.7
1994	747.4	2.6	3.2	598.1	5.9	16.3	0.05	9.0
1995	877.0	3.2	4.0	696.0	10.2	21.0	0.08	9.7
1996	941.7	3.9	4.3	728.4	10.7	28.2	0.05	11.8
1997	1085.5	4.1	6.8	826.7	13.8	33.7	0.05	17.1
1998	1627.6	5.1	57.0	1143.6	28.7	91.5	0.10	37.7
1999	1785.4	4.6	82.8	1225.2	34.8	101.4	0.18	47.8
2000	1934.5	6.1	98.0	1305.5	40.1	111.4	0.24	53.8
2001	2141.9	6.6	112.1	1390.8	47.0	153.9	0.46	63.8
2002	2562.9	9.3	159.8	1582.0	58.1	236.0	0.67	76.3

1-18 续表 continued

单位:万人 (10000 persons)

年份 Year	批发和零售贸易、餐饮业 Wholesale and Retail Trade & Catering Services	金融、保险业 Finance and Insurance	房地产业 Real Estate Trade	社会服务业 Social Services	卫生、体育和社会福利业 Health Care, Sporting and Social Welfare	教育、文化艺术和广播电影电视业 Education, Culture and Arts, Radio, Film and Television	科学研究和综合技术服务业 Scientific Research and Polytechnical Services	其他 Others
1984	2.1			0.3				
1985	2.3			2.9				
1986	2.6			5.2				
1987	3.8			7.5				
1988	4.4	0.08		10.6			0.04	
1989	4.9	0.12		12.6			0.19	
1990	6.0	0.05	0.51	15.0	0.05	0.26	0.20	
1991	7.5	0.05	0.79	18.8	0.13	0.38	0.51	
1992	11.0	0.03	1.43	21.1	0.11	0.71	0.86	
1993	38.1	1.87	6.25	28.2	0.15	0.58	3.14	0.26
1994	62.9	2.30	7.22	36.6	0.37	0.66	1.41	0.75
1995	74.4	3.80	9.32	39.7	0.41	0.89	2.90	1.40
1996	85.0	7.72	11.21	44.1	0.51	1.15	3.24	1.43
1997	100.1	12.50	12.80	48.9	0.54	1.25	4.60	2.59
1998	148.9	21.90	19.30	61.0	1.00	1.50	6.40	4.00
1999	157.0	25.14	22.14	69.1	1.05	2.02	6.38	5.66
2000	161.3	25.54	26.37	82.9	1.16	3.19	12.24	6.63
2001	176.9	32.06	32.43	97.5	1.72	3.78	14.11	8.72
2002	201.0	38.32	42.24	122.8	2.69	7.90	15.58	10.25

1-19 分行业职工年末人数

STAFF AND WORKERS BY SECTOR

单位:万人　　　　(10000 persons)

登记注册类型 Registration Status 年份 Year	合计 Total	农、林、牧、渔业 Agriculture, Forestry, Farming of Animals and Fishery	采矿业 Mining	制造业 Manufacturing	电力、燃气及水的生产和供应业 Production & Distribution of Electricity, Gas & Water	建筑业 Construction	交通运输、仓储和邮政业 Traffic, Transport, Storage and Post
全国 National							
2003	10492.0	459.7	481.0	2898.9	292.3	773.5	609.7
2004	10575.9	438.1	491.2	2960.0	294.0	777.7	598.4
2005	10850.3	414.2	497.6	3096.5	293.7	854.3	579.2
2006	11160.6	402.1	518.1	3250.3	296.4	909.8	578.7
国有单位 State-owned Units							
2003	6621.3	433.9	259.7	854.2	220.1	278.7	474.4
2004	6438.2	412.7	263.3	730.0	214.4	260.6	452.1
2005	6232.0	392.7	235.7	599.0	205.7	250.3	421.8
2006	6170.5	382.0	235.1	539.3	204.2	242.9	410.5
集体单位 Collective-owned Units							
2003	951.0	13.9	27.0	287.4	6.8	201.1	36.6
2004	850.7	12.0	25.6	251.0	6.4	183.9	32.6
2005	769.2	8.7	23.5	214.4	5.9	173.9	29.1
2006	726.0	6.9	24.5	197.7	5.9	171.3	25.6
其他单位 Other Ownership Units							
2003	2920.3	11.9	194.3	1757.4	65.4	293.8	98.7
2004	3287.0	13.4	202.2	1979.0	73.2	333.3	113.7
2005	3849.2	12.8	238.4	2283.1	82.1	430.2	128.2
2006	4264.1	13.3	258.5	2513.3	86.4	495.6	142.6

1-19 续表 1 continued

单位:万人 (10000 persons)

登记注册类型 Registration Status / 年 份 Year	信息传输、计算机服务和软件业 Information Transfer, Computer and Software	批发和零售业 Wholesale and Retail Trade	住宿和餐饮业 Accommodation dation and Restaurants	金融业 Finance	房地产业 Real Estate	租赁和商务服务业 Tenancy and Business Services	科学研究、技术服务和地质勘查业 Scientific Research, Technical Service & Geologic Perambulation
全国 National							
2003	104.0	592.0	159.4	286.2	108.3	167.6	206.3
2004	110.6	550.9	162.6	286.9	120.2	176.3	207.6
2005	116.8	508.3	166.5	295.0	132.7	198.8	212.7
2006	125.0	485.6	169.9	299.9	140.4	215.0	219.7
国有单位 State-owned Units							
2003	63.9	286.3	69.2	176.3	48.8	98.7	176.7
2004	66.2	246.3	66.0	166.2	46.8	99.7	179.8
2005	59.3	204.4	63.3	154.9	43.9	104.8	179.7
2006	60.1	178.0	60.1	143.3	41.4	110.8	183.8
集体单位 Collective-owned Units							
2003	1.7	122.4	15.2	63.7	6.8	28.4	3.4
2004	1.2	103.1	14.2	63.5	7.1	28.7	3.2
2005	1.3	85.1	13.1	61.6	7.6	33.2	3.0
2006	1.1	73.4	12.2	60.1	7.5	32.3	3.0
其他单位 Other Ownership Units							
2003	38.4	183.3	75.0	46.2	52.6	40.6	26.2
2004	43.2	201.6	82.4	57.2	66.3	47.9	24.6
2005	56.2	218.9	90.1	78.6	81.1	60.8	29.9
2006	63.8	234.2	97.6	96.5	91.5	71.9	32.9

1-19 续表 2 continued

单位:万人 (10000 persons)

登记注册类型 Registration Status 年份 Year	水利、环境和公共设施管理业 Management of Water Conservancy, Environment & Public Establishment	居民服务和其他服务业 Resident Services and Other Services	教育 Education	卫生、社会保障和社会福利业 Sanitation, Social Security and Social Welfare	文化体育和娱乐业 Culture, Sports and Entertainment	公共管理和社会组织 Public Management and Social Organization
全国 National						
2003	163.9	47.5	1401.7	471.7	122.0	1146.3
2004	164.6	47.5	1424.5	476.8	117.7	1170.2
2005	170.3	47.2	1444.7	491.4	117.0	1213.5
2006	175.6	50.0	1466.3	505.8	116.6	1235.4
国有单位 State-owned Units						
2003	147.9	19.9	1340.1	419.1	112.4	1141.1
2004	148.0	20.5	1371.6	423.0	107.3	1163.9
2005	152.5	21.0	1390.8	437.8	106.2	1208.3
2006	155.9	23.5	1414.3	450.4	105.3	1229.6
集体单位 Collective-owned Units						
2003	9.8	14.0	55.6	49.3	3.0	4.5
2004	9.2	12.6	41.8	47.7	2.6	4.3
2005	8.8	9.5	39.0	46.2	2.4	2.9
2006	9.1	9.0	34.9	46.5	2.2	3.1
其他单位 Other Ownership Units						
2003	6.1	13.6	6.1	3.3	6.6	0.7
2004	7.3	14.4	11.2	6.1	7.8	2.1
2005	9.0	16.6	14.9	7.4	8.5	2.2
2006	10.7	17.5	17.1	8.9	9.1	2.6

1-20 分地区城镇单位使用的农村劳动力年末人数(2006年)

RURAL EMPLOYMENT IN URBAN UNITS BY REGION(2006)

地 区	Region	年末人数(万人) Total (10000 persons)	国有单位 State-owned Units	集体单位 Collective-owned Units	其他单位 Other Owner-ship Units	占就业人员总数(%) Proportion (total=100)	国有单位 State-owned Units	集体单位 Collective-owned Units	其他单位 Other Owner-ship Units
全国总计	**National**	**1735.28**	**298.95**	**151.76**	**1284.57**	**14.81**	**4.65**	**19.87**	**28.43**
北 京	Beijing	85.91	15.54	6.43	63.93	16.72	8.21	34.20	20.92
天 津	Tianjin	15.89	3.06	0.58	12.25	8.15	3.48	6.00	12.57
河 北	Hebei	44.56	13.14	6.47	24.95	8.89	3.81	18.00	20.73
山 西	Shanxi	32.24	15.24	4.37	12.63	8.82	5.99	14.64	15.56
内蒙古	Inner Mongolia	12.79	2.96	0.78	9.04	5.27	1.84	6.82	12.81
辽 宁	Liaoning	46.95	19.23	3.20	24.52	9.43	6.36	8.35	15.56
吉 林	Jilin	8.47	3.05	0.59	4.83	3.19	1.76	2.83	6.79
黑龙江	Heilongjiang	11.40	2.22	3.04	6.13	2.30	0.71	8.33	4.19
上 海	Shanghai	48.62	7.13	1.51	39.98	14.62	5.13	11.30	22.18
江 苏	Jiangsu	117.58	8.58	5.21	103.80	17.31	3.07	14.66	28.48
浙 江	Zhejiang	217.58	11.58	10.48	195.52	35.62	6.22	36.19	49.41
安 徽	Anhui	28.80	5.42	4.58	18.80	8.51	2.67	16.18	17.55
福 建	Fujian	172.31	12.70	5.75	153.85	40.31	8.43	31.56	59.52
江 西	Jiangxi	26.83	8.14	4.12	14.57	9.49	4.08	24.38	22.02
山 东	Shandong	144.68	15.41	11.02	118.25	16.12	3.68	17.91	28.37
河 南	Henan	73.86	14.34	10.46	49.07	10.38	3.57	12.17	21.93
湖 北	Hubei	61.86	13.18	10.45	38.24	11.89	4.41	27.61	20.85
湖 南	Hunan	48.73	11.63	8.88	28.23	11.73	4.44	28.81	22.96
广 东	Guangdong	257.58	28.84	22.01	206.73	26.99	7.50	32.72	41.15
广 西	Guangxi	29.67	8.56	4.62	16.49	10.47	4.34	25.83	24.12
海 南	Hainan	5.35	2.59	0.64	2.12	7.08	4.54	16.72	14.34
重 庆	Chongqing	38.27	7.26	3.21	27.79	17.41	5.89	25.70	33.12
四 川	Sichuan	88.07	22.61	11.29	54.17	16.92	7.15	27.33	33.24
贵 州	Guizhou	25.55	10.41	2.18	12.97	12.14	7.24	22.92	22.62
云 南	Yunnan	35.52	11.64	4.64	19.23	13.70	6.56	34.26	28.18
西 藏	Tibet	1.05	0.79	0.06	0.21	5.55	4.45	10.72	29.77
陕 西	Shaanxi	19.26	7.85	2.81	8.60	5.75	3.19	13.31	12.80
甘 肃	Gansu	12.44	4.44	1.37	6.64	6.40	3.08	15.61	15.87
青 海	Qinghai	1.28	0.53	0.11	0.64	2.96	1.64	5.18	7.54
宁 夏	Ningxia	4.42	1.02	0.23	3.16	7.53	2.79	19.31	15.15
新 疆	Xinjiang	17.76	9.84	0.67	7.24	7.24	5.26	12.68	13.76

1-21 分地区分行业城镇单位使用的农村劳动力年末人数(2006年)

RURAL EMPLOYMENT IN URBAN UNITS BY SECTOR AND REGION(2006)

单位：人 (person)

年份 Year / 地区 Region	合计 Total	农、林、牧、渔业 Agriculture, Forestry, Farming of Animals and Fishery	采矿业 Mining	制造业 Manufacturing	电力、燃气及水的生产和供应业 Production & Distribution of Electricity, Gas & Water	建筑业 Construction	交通运输、仓储和邮政业 Traffic, Transport, Storage and Post
2003	11431773	412318	475036	5458555	123018	2904030	258284
2004	13185972	441791	553959	6797493	107244	2974683	263474
2005	15231102	417400	642144	8235387	116411	3281486	290053
2006	17352775	434369	793540	9492469	127682	3778394	327749
北京 Beijing	859050	12206	8620	318137	2320	73560	67345
天津 Tianjin	158866	78	4517	121169	1681	3491	2087
河北 Hebei	445600	2419	33825	192274	11531	112743	9173
山西 Shanxi	322397	1157	135314	75391	3956	36579	9005
内蒙古 Inner Mongolia	127852	12460	17965	45421	3081	33447	596
辽宁 Liaoning	469469	157364	10465	213027	3470	33994	8198
吉林 Jilin	84716	3055	11144	34149	2519	12215	2852
黑龙江 Heilongjiang	113961	4857	24923	34126	828	36048	863
上海 Shanghai	486180	4261		341543	583	24806	33830
江苏 Jiangsu	1175850	24596	5547	892303	1655	146588	13455
浙江 Zhejiang	2175839	1745	5920	1330971	9881	602729	20444
安徽 Anhui	287977	1930	33194	91422	2082	120881	2707
福建 Fujian	1723053	14527	23734	1364474	7070	208647	12885
江西 Jiangxi	268333	9889	20745	118860	6850	90384	1686
山东 Shandong	1446801	4775	80336	1019008	9004	215738	5391
河南 Henan	738629	5133	80594	257242	10767	295329	5421
湖北 Hubei	618634	64240	45788	301799	3891	132419	7415
湖南 Hunan	487350	3417	27323	138972	1913	245928	6931
广东 Guangdong	2575783	15335	2425	1825335	9921	245759	73571
广西 Guangxi	296693	9455	8566	99684	2915	106134	7820
海南 Hainan	53505	1792	81	12829	688	22768	1393
重庆 Chongqing	382656	502	21934	88089	2637	212645	4689
四川 Sichuan	880744	3359	59569	271978	9168	403162	12167
贵州 Guizhou	255514	1919	25701	73265	5594	102511	2335
云南 Yunnan	355193	14430	24176	102116	2758	109633	7128
西藏 Tibet	10493	1445	280	1406	172	481	181
陕西 Shaanxi	192619	873	34946	56819	3659	40735	4073
甘肃 Gansu	124440	1111	16631	20135	2526	56623	932
青海 Qinghai	12805	465	1325	4295	453	3250	167
宁夏 Ningxia	44182	1046	5753	16423	1991	10352	364
新疆 Xinjiang	177591	54528	22199	29807	2118	38815	2645

1-21 续表 1 continued

单位：人 (person)

年份 Year / 地区 Region	信息传输、计算机服务和软件业 Information Transfer, Computer and Software	批发和零售业 Wholesale and Retail Trade	住宿和餐饮业 Accommodation and Restaurants	金融业 Finance	房地产业 Real Estate	租赁和商务服务业 Tenancy and Business Services	科学研究、技术服务和地质勘查业 Scientific Research, Technical Service & Geologic Perambulation
2003	26790	246567	264025	102658	117951	213074	36099
2004	35683	282837	327016	109700	154995	254866	53336
2005	35024	316683	356464	103275	182916	335335	49643
2006	37482	345985	379384	112441	222889	322725	54691
北京 Beijing	5724	47780	79714	1298	49789	79733	15084
天津 Tianjin	5	2952	1827	449	370	14788	455
河北 Hebei	2060	13317	5526	11857	1193	5961	2207
山西 Shanxi	1308	10317	7021	4415	712	1008	534
内蒙古 Inner Mongolia	125	2036	3618	422	825	1103	275
辽宁 Liaoning	601	4538	5702	3321	2167	4987	438
吉林 Jilin	343	1394	1353	1458	400	431	230
黑龙江 Heilongjiang	10	1009	1322	1528	1025	269	288
上海 Shanghai	1273	10277	8741	692	5726	23615	1181
江苏 Jiangsu	1049	15916	10775	7168	3278	12017	1369
浙江 Zhejiang	2087	25607	35557	11320	9953	38253	3658
安徽 Anhui	907	4305	3676	4161	758	3404	267
福建 Fujian	1246	17121	13693	4288	17829	10371	974
江西 Jiangxi	500	1950	1954	2134	2725	412	290
山东 Shandong	814	22068	17775	10969	6149	8465	839
河南 Henan	1079	15007	14238	6987	5694	9700	1272
湖北 Hubei	1395	13534	5957	2022	6573	3586	1570
湖南 Hunan	491	4461	14124	8467	5609	2022	1623
广东 Guangdong	8421	60455	74434	9652	66980	58689	6985
广西 Guangxi	1453	4078	8590	1448	2445	9727	912
海南 Hainan	22	435	5861	88	1699	190	664
重庆 Chongqing	322	7475	7818	2011	4188	2381	6853
四川 Sichuan	2780	11527	15236	8755	11897	8123	1627
贵州 Guizhou	396	13514	5124	386	3296	1803	1524
云南 Yunnan	1028	20407	11674	1802	3818	9246	1322
西藏 Tibet	20	324	398	11	6	3	175
陕西 Shaanxi	773	6712	8499	2714	4313	651	1118
甘肃 Gansu	334	3058	3733	1274	2100	1289	281
青海 Qinghai	691	284	240	82	250	200	63
宁夏 Ningxia	42	597	1051	329	393	1673	117
新疆 Xinjiang	183	3530	4153	933	729	8625	496

1-21 续表 2 continued

单位：人 (person)

年份 Year 地区 Region	水利、环境和公共设施管理业 Management of Water Conservancy, Environment and Public Establishment	居民服务和其他服务业 Resident Services and Other Services	教育 Education	卫生、社会保障和社会福利业 Sanitation, Social Security and Social Welfare	文化体育和娱乐业 Culture, Sports and Entertainment	公共管理和社会组织 Public Management and Social Organization
2003	152949	43730	279880	89105	33031	194673
2004	167331	59168	278663	90542	38242	194949
2005	190384	67793	274738	93209	37779	204978
2006	213223	73145	264090	102698	42059	227760
北京 Beijing	16035	29069	22327	6919	10371	13019
天津 Tianjin	1790	272	886	348	281	1420
河北 Hebei	11478	978	10447	4192	1708	12711
山西 Shanxi	7585	1983	9764	4547	1453	10348
内蒙古 Inner Mongolia	2125	158	1930	275	178	1812
辽宁 Liaoning	3776	1530	6827	1484	796	6784
吉林 Jilin	2326	126	7188	811	159	2563
黑龙江 Heilongjiang	765	165	2288	992	111	2544
上海 Shanghai	9618	5756	3934	5402	1386	3556
江苏 Jiangsu	9775	488	14546	7294	785	7246
浙江 Zhejiang	18489	2065	21997	13032	1957	20174
安徽 Anhui	3465	134	6944	1752	402	5586
福建 Fujian	6013	4875	4975	4091	2609	3631
江西 Jiangxi	2971	59	3506	686	167	2565
山东 Shandong	14298	1748	9464	6103	1073	12784
河南 Henan	10486	1273	7558	2615	925	7309
湖北 Hubei	6854	1882	8570	1352	263	9524
湖南 Hunan	4153	566	10796	2817	749	6988
广东 Guangdong	25618	10506	31282	13874	9219	27322
广西 Guangxi	7907	845	15818	3266	1059	4571
海南 Hainan	1473	28	618	561	549	1766
重庆 Chongqing	6988	1544	7600	1834	788	2358
四川 Sichuan	17450	2146	22202	6990	1252	11356
贵州 Guizhou	4201	1576	4245	1177	583	6364
云南 Yunnan	7084	966	12488	4778	1860	18479
西藏 Tibet	341		872	661	84	3633
陕西 Shaanxi	4134	2126	7026	2715	575	10158
甘肃 Gansu	1868	78	5144	739	609	5975
青海 Qinghai	83	1	231	106	13	606
宁夏 Ningxia	1778	16	913	478	51	815
新疆 Xinjiang	2296	186	1704	807	44	3793

1-22 分登记注册类型职工工资总额及指数

TOTAL WAGES AND INDEX OF STAFF AND WORKERS BY REGISTRATION STATUS

年 份 Year	工资总额(亿元) Total Wages (100 million yuan)				指数(以上年为100) Index (preceding year=100)			
	合 计 Total	国有单位 State-owned Units	集体单位 Collective-owned Units	其他单位 Other Owner-ship Units	合 计 Total	国有单位 State-owned Units	集体单位 Collective-owned Units	其他单位 Other Owner-ship Units
1952	68.3	67.5	0.8					
1957	190.8	156.4	34.4		120.3	114.6	155.7	
1962	254.3	213.6	40.7		90.6	87.5	111.2	
1965	282.3	235.3	47.0		107.1	105.0	118.4	
1970	334.3	277.5	56.8		103.6	105.5	95.3	
1971	364.0	302.0	62.0		108.9	108.8	109.2	
1972	409.6	340.0	69.6		112.5	112.6	112.3	
1973	429.1	353.3	75.8		104.8	103.9	108.9	
1974	441.9	370.9	71.0		103.0	105.0	93.7	
1975	463.5	386.1	77.4		104.9	104.1	109.0	
1976	489.2	406.1	83.1		105.5	105.2	107.4	
1977	514.8	425.7	89.1		105.2	104.8	107.2	
1978	568.9	468.7	100.2		110.5	110.1	112.5	
1979	646.7	529.5	117.2		113.7	113.0	117.0	
1980	772.4	627.9	144.5		119.4	118.6	123.3	
1981	820.0	660.4	159.6		106.2	105.2	110.4	
1982	882.0	708.9	173.1		107.6	107.3	108.5	
1983	934.6	748.1	186.5		106.0	105.5	107.7	
1984	1133.4	875.8	254.0	3.6	121.3	117.1	136.2	
1985	1383.0	1064.8	312.3	5.9	122.0	121.6	123.0	163.9
1986	1659.7	1288.5	362.8	8.4	120.0	121.0	116.2	142.4
1987	1881.1	1459.3	409.1	12.7	113.3	113.3	112.8	151.2
1988	2316.2	1807.1	487.6	21.5	123.1	123.8	119.2	169.3
1989	2618.5	2050.2	534.4	33.9	113.1	113.5	109.6	157.7
1990	2951.1	2324.1	581.0	46.0	112.7	113.4	108.7	135.7
1991	3323.9	2594.9	658.6	70.4	112.6	111.7	113.4	153.0
1992	3939.2	3090.4	743.2	105.6	118.5	119.1	112.8	150.0
1993	4916.2	3812.7	849.9	253.6	124.8	123.4	114.4	240.2
1994	6656.4	5177.4	1023.3	455.6	135.4	135.8	120.4	179.7
1995	8100.0	6080.2	1182.0	637.8	121.7	117.4	115.5	140.0
1996	9080.0	6792.7	1241.0	761.4	112.1	111.7	105.0	119.4
1997	9405.3	7211.0	1253.4	940.8	103.6	106.2	101.0	123.6
1998	9296.5	6812.5	1021.6	1462.4	100.2	95.8	83.1	156.9
1999	9875.5	7160.8	962.7	1752.0	106.2	105.1	94.2	119.8
2000	10656.2	7612.9	919.0	2124.3	107.9	106.3	95.5	121.3
2001	11830.9	8355.6	864.6	2610.7	111.0	109.8	94.1	22.9
2002	13161.1	8948.6	828.1	3384.4	111.2	107.1	95.8	129.6
2003	14743.5	9693.8	829.4	4220.3	112.0	108.3	100.2	124.7
2004	16900.2	10777.2	838.4	5284.6	114.6	111.2	101.1	125.2
2005	19789.9	12009.2	867.8	6912.8	117.1	111.4	103.5	130.8
2006	23265.9	13600.1	944.9	8720.8	117.6	113.2	108.9	126.2

1-23 分行业职工工资总额

TOTAL WAGES OF STAFF AND WORKERS BY SECTOR

单位:亿元 (100 million yuan)

年 份 Year	合 计 Total	农、林、牧、渔业 Farming, Forestry, Animal Husbandry and Fishery	采掘业 Mining and Quarrying	制造业 Manufacturing	电力、煤气及水的生产和供应业 Production and Supply of Electricity, Gas and Water	建筑业 Construction	地质勘查业、水利管理业 Geological Prospecting and Water Conservancy	交通运输、仓储及邮电通信业 Transport, Storage, Post and Tele-communications
1978	568.9	39.0	44.1	214.8	9.1	43.6	12.6	46.4
1980	772.4	48.9	58.4	289.7	11.9	59.7	16.7	58.8
1985	1383.0	68.7	103.4	504.0	17.1	120.0	27.7	103.0
1986	1659.7	81.8	125.8	601.9	22.0	139.0	31.6	123.1
1987	1881.1	90.1	135.4	695.4	26.5	156.3	35.1	138.3
1988	2316.2	101.1	162.1	866.8	33.6	184.3	40.9	168.3
1989	2618.5	109.1	199.0	983.8	40.0	196.2	44.3	192.0
1990	2951.1	120.3	234.3	1089.3	49.4	211.5	48.8	214.6
1991	3323.9	128.0	262.9	1230.2	57.7	244.5	53.6	243.3
1992	3939.2	139.6	289.3	1443.0	70.9	300.2	64.6	286.0
1993	4916.2	143.0	337.7	1796.3	96.5	433.4	53.5	346.4
1994	6656.4	191.5	417.0	2292.3	146.5	527.1	75.9	470.9
1995	8100.0	230.1	516.2	2760.4	197.0	609.8	79.8	565.6
1996	9080.0	246.4	565.2	2939.5	234.8	647.5	83.9	645.7
1997	9405.3	262.8	574.3	2993.4	268.8	673.3	91.7	702.8
1998	9296.5	249.9	513.9	2724.3	293.4	635.0	92.2	693.5
1999	9875.5	252.9	494.9	2758.9	324.1	633.4	97.5	753.0
2000	10656.2	260.1	496.0	2882.6	361.2	669.6	107.5	820.4
2001	11830.9	268.2	528.2	2990.6	414.2	713.4	114.6	897.9
2002	13161.1	278.1	593.2	3219.0	467.4	790.3	117.5	990.1

1-23 续表 continued

单位:亿元 (100 million yuan)

年 份 Year	批发和零售贸易、餐饮业 Wholesale and Retail Trade & Catering Services	金融、保险业 Finance and Insurance	房地产业 Real Estate Trade	社 会 服务业 Social Services	卫生、体育和社会福利业 Health Care, Sporting and Social Welfare	教育、文化艺术和广播电影电视业 Education, Culture and Arts, Radio, Film and Television	科学研究和综合技术服务业 Scientific Research and Polytechnical Services	国家机关政党机关和社会团体 Government Agencies, Party Agencies and Social Organizations	其 他 Others
1978	59.4	3.6	1.8	9.2	13.7	38.6	5.9	27.0	
1980	83.0	5.9	2.8	14.5	19.9	55.6	8.7	37.9	
1985	149.7	13.8	4.1	29.3	37.7	109.3	16.3	78.7	
1986	175.7	17.9	5.0	36.9	46.6	130.8	20.1	101.5	
1987	198.3	21.2	5.7	42.9	51.9	145.4	22.6	116.0	
1988	250.6	28.4	7.0	53.5	64.5	187.2	27.4	140.4	
1989	275.3	33.3	8.3	62.0	73.8	207.3	30.8	163.3	
1990	308.2	39.7	9.7	72.7	85.1	238.6	36.0	192.9	
1991	346.8	45.5	11.7	86.8	95.3	260.7	39.5	217.5	
1992	400.0	60.6	15.8	107.5	116.5	323.9	49.1	272.3	
1993	468.7	85.1	26.9	147.1	139.5	389.7	63.4	357.7	18.3
1994	637.0	170.1	44.1	220.2	216.8	607.4	106.8	500.2	32.3
1995	758.1	197.9	54.9	264.3	253.8	690.8	121.4	559.5	40.4
1996	823.0	240.4	66.3	305.5	303.2	812.2	141.9	672.1	67.6
1997	848.5	288.0	75.1	357.4	348.1	931.1	161.9	744.0	84.1
1998	746.6	319.6	89.7	374.3	395.3	1070.5	172.6	835.4	90.3
1999	722.3	359.3	103.0	418.8	453.5	1244.9	192.4	971.0	95.5
2000	718.9	399.7	116.5	472.8	517.0	1410.3	224.5	1090.4	108.7
2001	703.0	476.9	136.1	548.4	618.5	1718.1	253.9	1317.7	131.0
2002	703.9	550.4	164.8	646.6	706.2	2002.2	289.5	1474.0	167.8

1-24 分行业国有单位职工工资总额

TOTAL WAGES OF STAFF AND WORKERS IN STATE-OWNED UNITS BY SECTOR

单位:亿元 (100 million yuan)

年 份 Year	合 计 Total	农、林、牧、渔业 Farming, Forestry, Animal Husbandry and Fishery	采掘业 Mining and Quarrying	制造业 Manufacturing	电力、煤气及水的生产和供应业 Production and Supply of Electricity, Gas and Water	建筑业 Construction	地质勘查业、水利管理业 Geological Prospecting and Water Conservancy	交通运输、仓储及邮电通信业 Transport, Storage, Post and Telecommunications
1978	468.7	37.3	41.4	159.3	8.9	33.5	12.6	33.5
1980	627.9	46.7	54.4	209.4	11.7	43.6	16.6	44.1
1985	1064.8	65.0	95.9	347.2	16.6	82.4	27.6	79.1
1986	1288.5	77.6	116.4	419.5	21.1	95.2	31.5	95.7
1987	1459.3	85.4	124.6	486.2	25.3	105.6	35.1	108.3
1988	1807.1	96.0	148.5	611.7	32.1	124.3	40.9	134.2
1989	2050.2	103.6	182.7	693.9	38.1	133.3	44.3	154.6
1990	2324.1	114.8	213.2	771.0	47.0	144.3	48.4	175.3
1991	2594.9	121.9	236.0	861.2	54.2	162.6	53.0	199.1
1992	3090.4	133.2	257.3	1012.2	66.4	197.2	63.9	237.3
1993	3812.7	136.5	317.1	1215.6	91.6	280.7	52.9	301.3
1994	5177.4	184.2	393.8	1482.1	137.1	352.7	75.2	417.8
1995	6080.2	221.4	487.4	1754.3	179.7	399.1	79.0	507.6
1996	6792.7	235.7	535.3	1845.9	213.5	422.6	82.9	580.7
1997	7211.0	252.2	541.4	1804.3	242.5	436.1	89.8	630.0
1998	6812.5	240.2	454.0	1358.4	248.8	373.6	90.7	607.8
1999	7160.8	242.8	413.0	1283.6	266.8	360.7	95.9	647.3
2000	7612.9	247.2	381.1	1250.3	289.7	372.1	105.8	699.8
2001	8355.6	255.8	385.7	1178.9	323.5	359.8	112.8	748.3
2002	8948.6	262.3	370.2	1086.1	346.9	344.8	114.9	804.0

1-24 续表 continued

单位:亿元 (100 million yuan)

年 份 Year	批发和零售贸易、餐饮业 Wholesale and Retail Trade & Catering Services	金融、保险业 Finance and Insurance	房地产业 Real Estate Trade	社会服务业 Social Services	卫生、体育和社会福利业 Health Care, Sporting and Social Welfare	教育、文化艺术和广播电影电视业 Education, Culture and Arts, Radio, Film and Television	科学研究和综合技术服务业 Scientific Research and Polytechnical Services	国家机关政党机关和社会团体 Government Agencies, Party Agencies and Social Organizations	其 他 Others
1978	51.6	2.6	1.7	6.5	10.7	36.7	5.9	26.5	
1980	70.3	4.3	2.5	9.7	15.7	53.0	8.7	37.2	
1985	85.9	10.8	3.7	20.9	31.0	106.4	16.1	76.2	
1986	103.0	13.8	4.5	26.5	38.1	127.5	19.8	98.3	
1987	117.1	16.4	5.1	30.6	43.1	141.8	22.3	112.4	
1988	152.1	22.1	6.3	38.5	53.8	183.3	27.1	136.2	
1989	168.7	25.8	7.4	44.2	61.9	202.9	30.3	158.5	
1990	189.6	30.7	8.7	52.6	71.8	233.7	35.3	187.7	
1991	213.5	35.1	10.3	61.9	80.6	255.6	38.5	211.4	
1992	251.5	47.1	14.1	78.2	101.0	317.9	47.5	265.5	
1993	291.5	67.6	22.3	104.9	122.2	383.4	59.0	353.3	12.9
1994	399.1	133.8	34.3	154.7	191.7	599.5	102.5	496.2	22.9
1995	472.7	151.4	41.1	185.0	224.8	678.9	114.2	555.2	28.3
1996	509.4	180.0	48.7	216.9	269.3	800.2	132.5	668.1	50.9
1997	524.9	209.0	53.4	253.1	309.3	910.1	150.2	740.4	64.2
1998	432.0	226.8	58.7	261.2	354.2	1047.5	158.6	831.8	68.3
1999	410.7	249.9	63.5	287.9	407.7	1217.1	177.5	967.2	69.3
2000	403.0	279.4	69.9	310.5	467.6	1378.4	195.6	1086.2	76.4
2001	375.7	323.8	76.8	348.0	563.4	1674.1	223.7	1314.1	91.1
2002	354.1	365.9	82.8	378.2	647.9	1944.4	253.9	1470.4	121.8

1-25 分行业城镇集体单位职工工资总额

TOTAL WAGES OF STAFF AND WORKERS IN URBAN COLLECTIVE-OWNED UNITS BY SECTOR

单位:亿元 (100 million yuan)

年 份 Year	合 计 Total	农、林、牧、渔业 Farming, Forestry, Animal Husbandry and Fishery	采掘业 Mining and Quarrying	制造业 Manufacturing	电力、煤气及水的生产和供应业 Production and Supply of Electricity, Gas and Water	建筑业 Construction	地质勘查业、水利管理业 Geological Prospecting and Water Conservancy	交通运输、仓储及邮电通信业 Transport, Storage, Post and Telecommunications
1978	100.2	1.7	2.7	55.5	0.2	10.1		12.9
1980	144.5	2.2	4.0	80.4	0.2	16.1	0.1	14.7
1985	312.3	3.7	7.5	151.9	0.5	37.6	0.1	23.7
1986	362.8	4.2	8.6	176.8	0.7	43.6	0.1	27.2
1987	409.1	4.6	9.6	200.8	1.0	50.5		29.8
1988	487.6	5.0	11.6	240.7	1.1	59.6		33.6
1989	534.4	5.3	12.9	266.5	1.3	62.4		36.9
1990	581.0	5.2	16.5	286.2	1.6	66.6	0.4	38.6
1991	658.6	5.6	19.8	319.6	2.2	81.0	0.6	43.1
1992	743.2	5.8	21.2	356.0	2.6	101.2	0.7	47.4
1993	849.9	5.7	20.0	380.7	2.8	147.9	0.6	40.4
1994	1023.3	5.9	21.9	456.6	5.0	165.0	0.7	45.5
1995	1182.0	6.7	26.8	513.8	6.7	196.8	0.8	48.1
1996	1241.0	8.0	27.6	525.3	8.8	205.9	1.0	51.3
1997	1253.4	7.7	29.3	504.7	9.8	212.3	1.9	50.1
1998	1021.6	6.8	21.9	381.1	10.0	181.3	1.4	41.0
1999	962.7	6.9	18.9	335.6	9.4	175.3	1.5	38.4
2000	919.0	7.7	17.2	301.5	9.8	180.8	1.4	33.2
2001	864.6	6.7	17.3	262.7	10.3	178.1	1.2	29.9
2002	828.1	6.8	18.3	237.0	8.9	169.4	1.3	27.4

1-25 续表 continued

单位:亿元 (100 million yuan)

年 份 Year	批发和零售贸易、餐饮业 Wholesale and Retail Trade & Catering Services	金融、保险业 Finance and Insurance	房地产业 Real Estate Trade	社 会服务业 Social Services	卫生、体育和社会福利业 Health Care, Sporting and Social Welfare	教育、文化艺术和广播电影电视业 Education, Culture and Arts, Radio, Film and Television	科学研究和综合技术服务业 Scientific Research and Polytechnical Services	国家机关政党机关和社会团体 Government Agencies, Party Agencies and Social Organizations	其 他 Others
1978	7.8	1.0	0.1	2.7	3.0	1.9		0.5	
1980	12.7	1.6	0.3	4.8	4.2	2.6		0.7	
1985	63.3	3.1	0.4	8.0	6.8	2.9	0.1	2.7	
1986	72.3	4.1	0.5	9.4	8.5	3.3	0.2	3.3	
1987	80.5	4.8	0.6	10.7	8.8	3.5	0.3	3.6	
1988	97.5	6.3	0.6	12.4	10.7	3.9	0.3	4.2	
1989	105.3	7.5	0.7	14.3	11.8	4.3	0.4	4.8	
1990	116.8	9.0	0.8	15.4	13.3	4.8	0.6	5.2	
1991	130.8	10.3	1.1	18.1	14.7	5.0	0.8	6.1	
1992	144.5	13.4	1.1	20.2	15.4	5.7	1.2	6.8	
1993	159.2	16.5	1.7	26.4	17.3	6.1	2.9	4.4	4.9
1994	199.6	34.1	3.3	37.4	24.9	7.3	3.4	4.0	8.7
1995	233.7	42.0	4.2	43.4	28.6	11.1	4.5	4.4	10.5
1996	249.0	48.9	4.8	42.2	33.4	10.8	5.2	4.0	14.8
1997	244.0	57.3	5.5	47.9	38.3	19.7	5.7	3.6	15.7
1998	190.2	57.7	6.0	40.7	39.6	21.2	5.0	3.6	14.0
1999	169.2	63.1	7.5	43.5	44.1	25.4	5.1	3.8	15.0
2000	149.8	66.3	6.7	44.1	47.4	28.3	5.7	4.3	14.9
2001	121.1	72.8	6.8	44.9	52.3	38.1	3.4	3.6	15.4
2002	102.5	80.0	8.5	43.4	54.5	44.7	3.2	3.3	18.7

1-26　分行业其他单位职工工资总额
TOTAL WAGES OF STAFF AND WORKERS IN OTHER OWNERSHIP UNITS BY SECTOR

单位:亿元　　(100 million yuan)

年　份 Year	合　计 Total	农、林、牧、渔业 Farming, Forestry, Animal Husbandry and Fishery	采掘业 Mining and Quarrying	制造业 Manufacturing	电力、煤气及水的生产和供应业 Production and Supply of Electricity, Gas and Water	建筑业 Construction	地质勘查业、水利管理业 Geological Prospect-ing and Water Conservancy	交通运输、仓储及邮电通信业 Transport, Storage, Post and Telecommu-nications
1984	3.61			3.19		0.10		0.09
1985	5.91		0.05	4.59	0.03	0.12		0.17
1986	8.42		0.80	5.60	0.20	0.20		0.23
1987	12.59	0.08	1.20	8.38	0.20	0.20		0.24
1988	21.48	0.14	0.21	16.63	0.10	0.40		0.32
1989	33.87	0.19	0.24	26.63	0.21	0.50		0.50
1990	45.99	0.34	0.18	37.20	0.30	0.55	0.02	0.66
1991	70.43	0.47	0.32	57.12	0.38	0.97	0.03	1.10
1992	105.57	0.59	0.34	86.30	0.60	1.67	0.04	1.31
1993	253.60	0.80	0.60	200.06	2.14	4.83	0.02	4.70
1994	455.62	1.37	1.32	353.63	4.54	9.39	0.02	7.54
1995	637.78	2.10	1.98	492.34	10.59	13.88	0.04	9.81
1996	761.40	2.70	2.22	568.28	12.50	18.97	0.03	13.69
1997	940.80	2.92	3.57	684.36	16.52	25.00	0.03	22.75
1998	1462.43	2.83	37.98	984.80	34.61	80.11	0.07	44.65
1999	1752.00	3.19	62.96	1139.76	47.95	97.34	0.15	67.34
2000	2124.31	5.23	97.77	1330.77	61.76	116.68	0.32	87.32
2001	2610.70	5.71	125.26	1548.97	80.45	175.52	0.56	119.74
2002	3384.39	8.97	204.68	1895.87	111.57	276.11	1.30	158.70

1-26 续表 continued

单位:亿元 (100 million yuan)

年 份 Year	批发和零售贸易、餐饮业 Wholesale and Retail Trade & Catering Services	金融、保险业 Finance and Insurance	房地产业 Real Estate Trade	社会服务业 Social Services	卫生、体育和社会福利业 Health Care, Sporting and Social Welfare	教育、文化艺术和广播电影电视业 Education, Culture and Arts, Radio, Film and Television	科学研究和综合技术服务业 Scientific Research and Polytechnical Services	其 他 Others
1984	0.23			0.05				
1985	0.43			0.40		0.01		
1986	0.45		0.03	0.95		0.01		
1987	0.66		0.04	1.52	0.01	0.01	0.01	
1988	1.03	0.02	0.10	2.60	0.01	0.02	0.01	
1989	1.34	0.05	0.02	3.50	0.06	0.06	0.05	
1990	1.79	0.03	0.19	4.68	0.02	0.10	0.06	
1991	2.42	0.03	0.32	6.78	0.06	0.17	0.17	
1992	4.04	0.03	0.62	9.07	0.06	0.34	0.37	
1993	18.03	1.00	2.83	15.83	0.05	0.30	1.49	0.49
1994	38.37	2.16	6.59	28.13	0.25	0.58	0.98	0.74
1995	51.62	4.56	9.61	35.98	0.35	0.76	2.66	1.49
1996	64.53	11.49	12.88	46.35	0.54	1.11	4.21	1.88
1997	79.59	21.71	16.12	56.36	0.60	1.24	5.95	4.10
1998	124.40	35.09	25.02	72.51	1.51	1.78	9.00	8.03
1999	142.43	46.33	32.03	87.30	1.69	2.52	9.77	11.23
2000	166.18	53.99	39.90	118.16	1.99	3.66	23.23	17.36
2001	206.23	80.33	52.43	155.54	2.86	5.82	26.86	24.41
2002	247.32	104.47	73.52	224.96	3.80	13.09	32.38	27.65

1-27 分行业职工工资总额

TOTAL WAGES OF STAFF AND WORKERS BY SECTOR

单位:亿元 (100 million yuan)

登记注册类型 Registration Status 年 份 Year	合 计 Total	农、林、牧、渔业 Agriculture, Forestry, Farming of Animals and Fishery	采矿业 Mining	制造业 Manufacturing	电力、燃气及水的生产和供应业 Production & Distribution of Electricity, Gas & Water	建筑业 Construction	交通运输、仓储和邮政业 Traffic, Transport, Storage and Post
全国 National							
2003	14743.5	322.6	655.6	3621.4	547.6	905.2	980.7
2004	16900.2	335.4	821.2	4125.9	640.5	1011.6	1102.4
2005	19789.9	346.7	1016.3	4821.7	735.7	1237.9	1230.7
2006	23265.9	379.5	1240.4	5770.1	850.5	1502.9	1419.0
国有单位 State-owned Units							
2003	9693.8	302.2	363.9	1098.4	401.0	363.6	776.5
2004	10777.2	312.8	456.9	1067.4	455.1	382.6	829.7
2005	12009.2	325.8	492.6	1031.1	501.5	414.8	890.7
2006	13600.1	356.2	576.8	1107.9	581.0	460.3	991.9
集体单位 Collective-owned Units							
2003	829.4	8.5	19.3	220.7	10.1	167.9	30.4
2004	838.4	8.5	22.3	217.9	10.8	169.9	29.0
2005	867.8	6.9	26.8	208.7	10.9	176.8	29.2
2006	944.9	6.6	34.0	219.2	11.6	197.8	29.2
其他单位 Other Ownership Units							
2003	4220.3	12.0	272.4	2302.3	136.5	373.7	173.7
2004	5284.6	14.2	341.9	2840.6	174.5	459.1	243.6
2005	6912.8	13.9	497.0	3582.0	223.2	646.3	310.8
2006	8720.8	16.7	629.6	4443.0	257.8	844.9	397.8

1-27 续表 1 continued

单位:亿元 (100 million yuan)

登记注册类型 Registration Status 年份 Year	信息传输、计算机服务和软件业 Information Transfer, Computer and Software	批发和零售业 Wholesale and Retail Trade	住宿和餐饮业 Accommodation and Restaurants	金融业 Finance	房地产业 Real Estate	租赁和商务服务业 Tenancy and Business Services	科学研究、技术服务和地质勘查业 Scientific Research, Technical Service & Geologic Perambulation
全国 National							
2003	331.3	660.5	175.3	646.8	184.0	271.7	427.7
2004	378.9	719.2	202.2	776.1	222.5	312.2	486.4
2005	461.3	776.5	228.8	947.6	269.5	403.6	579.7
2006	547.4	861.4	258.2	1170.4	312.4	494.5	693.8
国有单位 State-owned Units							
2003	169.4	326.0	72.5	413.0	78.5	150.5	356.2
2004	190.7	323.7	80.3	462.8	83.0	166.6	411.5
2005	184.6	326.3	84.5	510.6	88.0	203.6	471.6
2006	203.6	338.5	90.0	540.3	91.4	234.9	556.0
集体单位 Collective-owned Units							
2003	2.1	82.8	12.9	91.5	8.3	30.9	4.9
2004	2.2	76.8	13.3	105.3	9.3	33.2	5.0
2005	3.3	70.7	13.3	116.3	10.4	42.9	6.0
2006	2.8	68.3	14.1	132.7	11.8	45.4	7.4
其他单位 Other Ownership Units							
2003	159.7	251.7	89.9	142.3	97.2	90.2	66.5
2004	186.1	318.8	108.5	207.9	130.2	112.4	69.9
2005	273.4	379.5	131.0	320.7	171.1	157.1	102.1
2006	341.0	454.7	154.2	497.5	209.2	214.2	130.4

1-27 续表 2 continued

单位:亿元 (100 million yuan)

登记注册类型 Registration Status 年份 Year	水利、环境和公共设施管理业 Management of Water Conservancy, Environment and Public Establishment	居民服务和其他服务业 Resident Services and Other Services	教育 Education	卫生、社会保障和社会福利业 Sanitation, Social Security and Social Welfare	文化体育和娱乐业 Culture, Sports and Entertainment	公共管理和社会组织 Public Management and Social Organization
全国 National						
2003	197.6	60.1	2007.3	767.6	210.3	1770.5
2004	218.7	66.3	2306.0	881.8	242.6	2050.3
2005	249.5	78.5	2650.6	1023.7	265.8	2465.8
2006	279.8	94.5	3079.6	1196.0	303.4	2812.3
国有单位 State-owned Units						
2003	178.6	30.0	1946.4	705.3	196.9	1765.0
2004	196.4	35.5	2242.4	810.9	226.3	2042.5
2005	223.0	40.4	2573.4	942.5	246.1	2458.2
2006	246.8	53.1	2990.8	1097.1	280.1	2803.3
集体单位 Collective-owned Units						
2003	10.0	12.1	51.5	57.6	2.8	4.9
2004	9.9	11.2	43.8	61.9	2.9	5.1
2005	9.9	10.5	49.4	68.6	3.2	4.0
2006	11.1	11.3	53.8	80.4	3.1	4.6
其他单位 Other Ownership Units						
2003	9.0	18.1	9.4	4.6	10.5	0.6
2004	12.4	19.6	19.8	9.0	13.5	2.7
2005	16.7	27.6	27.8	12.6	16.4	3.5
2006	22.0	30.0	35.0	18.4	20.3	4.3

1-28 分登记注册类型职工平均工资及指数

AVERAGE WAGE AND INDEX OF STAFF AND WORKERS BY REGISTRATION STATUS

年 份 Year	平均工资（元） Average Wage (yuan)				指数（以上年为100） Index (preceding year=100)			
	合 计 Total	国有单位 State-owned Units	城镇集体单位 Urban Collective-owned Units	其他单位 Other Ownership Units	合 计 Total	国有单位 State-owned Units	城镇集体单位 Urban Collective-owned Units	其他单位 Other Ownership Units
1952	445	446	348					
1957	624	637	571		103.8	104.4	104.4	
1962	551	592	405		108.0	110.2	106.6	
1965	590	652	398		100.7	98.6	111.2	
1970	561	609	405		97.6	98.5	92.3	
1971	560	597	429		99.8	98.0	105.9	
1972	588	622	465		105.0	104.2	108.4	
1973	587	614	489		99.8	98.7	105.2	
1974	584	622	441		99.5	101.3	90.2	
1975	580	613	453		99.3	98.6	102.7	
1976	575	605	464		99.1	98.7	102.4	
1977	576	602	478		100.2	99.5	103.0	
1978	615	644	506		106.8	107.0	105.9	
1979	668	705	542		108.6	109.5	107.1	
1980	762	803	623		114.1	113.9	114.9	
1981	772	812	642		101.3	101.1	103.0	
1982	798	836	671		103.4	103.0	104.5	
1983	826	865	698		103.5	103.5	104.0	
1984	974	1034	811	1048	117.9	119.5	116.2	
1985	1148	1213	967	1436	117.9	117.3	119.2	137.0
1986	1329	1414	1092	1629	115.8	116.6	112.9	113.4
1987	1459	1546	1207	1879	109.8	109.3	110.5	115.3
1988	1747	1853	1426	2382	119.7	119.9	118.1	126.8
1989	1935	2055	1557	2707	110.8	110.9	109.2	113.6
1990	2140	2284	1681	2987	110.6	111.1	108.0	110.3
1991	2340	2477	1866	3468	109.3	108.5	111.0	116.1
1992	2711	2878	2109	3966	115.9	116.2	113.0	114.4
1993	3371	3532	2592	4966	124.3	122.7	122.9	125.2
1994	4538	4797	3245	6302	134.6	135.8	125.2	126.9
1995	5500	5625	3931	7463	121.2	117.3	121.1	118.4
1996	6210	6280	4302	8261	112.9	111.6	109.4	110.7
1997	6470	6747	4512	8789	104.2	107.4	104.9	106.4
1998	7479	7668	5331	8972	106.6	106.1	102.5	97.7
1999	8346	8543	5774	9829	111.6	111.4	108.3	109.6
2000	9371	9552	6262	10984	112.3	111.8	108.5	111.8
2001	10870	11178	6867	12140	116.0	117.0	109.7	110.5
2002	12422	12869	7667	13212	114.3	115.1	111.6	108.8
2003	14040	14577	8678	14574	113.0	113.3	113.2	110.3
2004	16024	16729	9814	16259	114.1	114.8	113.1	111.6
2005	18364	19313	11283	18244	114.6	115.4	115.0	112.2
2006	21001	22112	13014	20755	114.4	114.5	115.3	113.8

1-29 分行业职工平均工资

AVERAGE WAGE OF STAFF AND WORKERS BY SECTOR

单位:元 (yuan)

年 份 Year	合 计 Total	农、林、牧、渔业 Farming, Forestry, Animal Husbandry and Fishery	采掘业 Mining and Quarrying	制造业 Manufacturing	电力、煤气及水的生产和供应业 Production and Supply of Electricity, Gas and Water	建筑业 Construction	地质勘查业、水利管理业 Geological Prospecting and Water Conservancy	交通运输、仓储及邮电通信业 Transport, Storage, Post and Telecommu-nications
1978	615	470	676	597	850	714	708	694
1980	762	616	854	752	1035	855	895	832
1985	1148	878	1324	1112	1239	1362	1406	1275
1986	1329	1048	1569	1275	1497	1536	1604	1476
1987	1459	1143	1663	1418	1677	1684	1768	1621
1988	1747	1280	1964	1710	1971	1959	2025	1941
1989	1935	1389	2378	1900	2241	2166	2199	2197
1990	2140	1541	2718	2073	2656	2384	2465	2426
1991	2340	1652	2942	2289	2922	2649	2707	2686
1992	2711	1828	3209	2635	3392	3066	3222	3114
1993	3371	2042	3711	3348	4319	3779	3717	4273
1994	4538	2819	4679	4283	6155	4894	5450	5690
1995	5500	3522	5757	5169	7843	5785	5962	6948
1996	6210	4050	6482	5642	8816	6249	6581	7870
1997	6470	4311	6833	5933	9649	6655	7160	8600
1998	7479	4528	7242	7064	10478	7456	7951	9808
1999	8346	4832	7521	7794	11513	7982	8821	10991
2000	9371	5184	8340	8750	12830	8735	9622	12319
2001	10870	5741	9586	9774	14590	9484	10957	14167
2002	12422	6398	11017	11001	16440	10279	12303	16044

1-29 续表 continued

单位:元 (yuan)

年 份 Year	批发和零售贸易、餐饮业 Wholesale and Retail Trade & Catering Services	金融、保险业 Finance and Insurance	房地产业 Real Estate Trade	社会服务业 Social Services	卫生、体育和社会福利业 Health Care, Sporting and Social Welfare	教育、文化艺术和广播电影电视业 Education, Culture and Arts, Radio, Film and Television	科学研究和综合技术服务业 Scientific Research and Polytechnical Services	国家机关政党机关和社会团体 Government Agencies, Party Agencies and Social Organizations	其 他 Others
1978	551	610	548	392	573	545	669	655	
1980	692	720	694	475	718	700	851	800	
1985	1007	1154	1028	777	1124	1166	1272	1127	
1986	1148	1353	1216	980	1343	1330	1492	1356	
1987	1270	1458	1327	1085	1446	1409	1620	1468	
1988	1556	1739	1715	1719	1752	1747	1931	1707	
1989	1660	1867	1925	1926	1959	1883	2118	1874	
1990	1818	2097	2243	2170	2209	2117	2403	2113	
1991	1981	2255	2507	2431	2370	2243	2573	2275	
1992	2204	2829	3106	2844	2812	2715	3115	2768	
1993	2679	3740	4320	3588	3413	3278	3904	3505	3371
1994	3537	6712	6288	5026	5126	4923	6162	4962	5213
1995	4248	7376	7330	5982	5860	5435	6846	5526	6295
1996	4661	8406	8337	6778	6790	6144	8048	6340	7184
1997	4845	9734	9190	7553	7599	6759	9049	6981	6838
1998	5865	10633	10302	8333	8493	7474	10241	7773	8481
1999	6417	12046	11505	9263	9664	8510	11601	8978	10068
2000	7190	13478	12616	10339	10930	9482	13620	10043	11098
2001	8192	16277	14096	11869	12933	11452	16437	12142	12590
2002	9398	19135	15501	13499	14795	13290	19113	13975	14215

1-30 分行业职工平均货币工资指数

INDICES OF AVERAGE MONEY WAGE OF STAFF AND WORKERS BY SECTOR

(上年=100) (preceding year=100)

年份 Year	合计 Total	农、林、牧、渔业 Farming, Forestry, Animal Husbandry and Fishery	采掘业 Mining and Quarrying	制造业 Manufacturing	电力、煤气及水的生产和供应业 Production and Supply of Electricity, Gas and Water	建筑业 Construction	地质勘查业、水利管理业 Geological Prospecting and Water Conservancy	交通运输、仓储及邮电通信业 Transport, Storage, Post and Telecommunications
1979	108.6	112.4	111.6	111.1	110.6	107.7	110.5	109.5
1980	114.1	116.7	113.2	113.3	110.0	111.2	114.5	109.5
1985	117.9	114.1	124.2	116.5	93.8	118.0	119.2	117.8
1986	115.8	119.3	118.5	114.6	120.8	112.8	114.1	115.8
1987	109.8	109.1	106.0	111.2	112.1	109.6	110.2	109.8
1988	119.7	112.0	118.1	120.6	117.5	116.3	114.5	119.7
1989	110.8	108.5	121.1	111.1	113.7	110.6	108.6	113.2
1990	110.6	110.9	114.3	109.1	118.5	110.1	112.1	110.4
1991	109.3	107.2	108.3	110.4	110.0	111.1	109.8	110.7
1992	115.9	110.7	109.1	115.1	116.1	115.7	119.0	115.9
1993	124.3	111.7	115.6	127.1	127.3	123.3	115.4	137.2
1994	134.6	138.2	126.0	127.9	142.4	129.5	146.7	133.3
1995	121.2	124.9	123.0	120.7	127.4	118.2	109.4	122.1
1996	112.9	115.0	112.6	109.2	112.4	108.0	110.4	113.3
1997	104.2	106.4	105.4	105.2	109.4	106.5	108.8	109.3
1998	106.6	102.1	98.8	104.5	107.4	103.1	105.4	106.4
1999	111.6	106.7	103.9	110.3	109.9	107.1	110.9	112.1
2000	112.3	107.3	110.9	112.3	111.4	109.4	109.1	112.1
2001	116.0	110.7	114.9	111.7	113.7	108.6	113.9	115.0
2002	114.3	111.4	114.9	112.6	112.7	108.4	112.3	113.2

1-30 续表 continued

(上年=100) (preceding year=100)

年 份 Year	批发和零售贸易、餐饮业 Wholesale and Retail Trade & Catering Services	金融、保险业 Finance and Insurance	房地产业 Real Estate Trade	社会服务业 Social Services	卫生、体育和社会福利业 Health Care, Sporting and Social Welfare	教育、文化艺术和广播电影电视业 Education, Culture and Arts, Radio, Film and Television	科学研究和综合技术服务业 Scientific Research and Polytechnical Services	国家机关政党机关和社会团体 Government Agencies, Party Agencies and Social Organizations	其 他 Others
1979	110.7	106.9	110.6	107.4	104.4	107.2	107.2	104.4	
1980	113.4	110.4	114.5	112.8	120.1	119.9	118.7	117.0	
1985	117.2	118.6	111.9	132.1	118.6	126.7	118.7	114.0	
1986	114.0	117.2	118.3	126.1	119.5	114.1	117.3	120.3	
1987	110.6	107.8	109.1	110.7	107.7	105.9	108.6		
1988	122.5	119.3	129.2	158.4	121.2	124.0	119.2	116.3	
1989	106.7	107.4	112.2	112.0	111.8	107.8	109.7	109.8	
1990	109.5	112.3	116.5	112.7	112.8	112.4	113.5	112.8	
1991	109.0	107.5	111.8	112.0	107.3	106.0	107.1	107.7	
1992	111.3	125.5	123.9	117.0	118.6	121.0	121.1	121.7	
1993	121.6	132.2	139.1	126.2	121.4	120.7	125.3	126.6	
1994	132.0	179.6	145.1	140.0	150.2	150.2	157.9	141.4	154.1
1995	120.1	109.9	116.6	119.0	114.3	110.4	111.1	111.4	120.8
1996	109.7	114.0	113.7	113.3	115.9	113.0	117.6	114.7	114.1
1997	103.9	115.8	110.2	111.4	111.9	110.0	112.4	110.1	95.2
1998	103.7	109.1	108.7	106.5	111.4	110.3	112.0	111.0	112.1
1999	109.4	113.3	111.7	111.2	113.8	113.9	113.3	115.5	118.7
2000	112.0	111.9	109.7	111.6	113.1	111.4	117.4	111.9	110.2
2001	113.9	120.8	111.7	114.8	118.3	120.8	120.7	120.9	113.4
2002	114.7	117.6	110.0	113.7	114.4	116.0	116.3	115.1	112.9

1-31 分行业职工平均实际工资指数

INDICES OF AVERAGE REAL WAGE OF STAFF AND WORKERS BY SECTOR

(上年=100) (preceding year=100)

年 份 Year	合 计 Total	农、林、牧、渔业 Farming, Forestry, Animal Husbandry and Fishery	采掘业 Mining and Quarrying	制造业 Manufacturing	电力、煤气及水的生产和供应业 Production and Supply of Electricity, Gas and Water	建筑业 Construction	地质勘查业、水利管理业 Geological Prospecting and Water Conservancy	交通运输、仓储及邮电通信业 Transport, Storage, Post and Telecommunications
1979	106.7	110.3	109.5	109.1	108.5	105.7	108.5	107.5
1980	106.1	108.6	105.3	105.4	102.3	103.4	106.5	101.8
1985	105.3	102.0	111.0	104.1	83.8	105.5	106.5	105.3
1986	108.3	111.5	110.7	107.1	112.9	105.4	106.6	108.2
1987	101.0	100.3	97.5	102.2	103.0	100.8	101.3	100.9
1988	99.2	92.8	97.8	99.9	97.3	96.4	94.9	99.2
1989	95.2	93.3	104.1	95.5	97.8	95.1	93.4	97.3
1990	109.2	109.5	112.9	107.7	117.0	108.7	110.7	109.0
1991	104.0	102.0	103.0	105.1	104.7	105.7	104.5	105.3
1992	106.7	101.9	100.4	106.0	106.9	106.6	109.6	106.8
1993	107.1	96.2	99.6	109.4	109.7	106.2	99.4	118.2
1994	107.7	110.6	100.8	102.3	113.9	103.6	117.3	106.6
1995	103.8	107.0	105.3	103.3	109.1	101.2	93.7	104.5
1996	103.8	105.7	103.5	100.3	103.3	99.3	101.5	104.1
1997	101.1	103.2	102.2	102.0	106.1	103.3	105.5	106.0
1998	107.2	102.7	99.4	105.1	108.0	103.7	106.0	107.0
1999	113.1	108.1	105.2	111.8	111.3	108.5	112.4	113.5
2000	111.4	106.4	110.0	111.4	110.6	108.6	108.2	111.2
2001	115.2	110.0	114.1	110.9	112.9	107.8	113.1	114.2
2002	115.5	112.6	116.1	113.7	113.8	109.5	113.4	114.4

1-31 续表 continued

(上年=100) (preceding year=100)

年 份 Year	批发和零售贸易、餐饮业 Wholesale and Retail Trade & Catering Services	金融、保险业 Finance and Insurance	房地产业 Real Estate Trade	社会服务业 Social Services	卫生、体育和社会福利业 Health Care, Sporting and Social Welfare	教育、文化艺术和广播电影电视业 Education, Culture and Arts, Radio, Film and Television	科学研究和综合技术服务业 Scientific Research and Polytechnical Services	国家机关政党机关和社会团体 Government Agencies, Party Agencies and Social Organizations	其 他 Others
1979	108.6	104.9	108.5	105.4	102.4	105.2	105.2	102.5	
1980	105.5	102.7	106.5	105.0	111.7	111.5	110.4	108.8	
1985	104.8	106.0	100.0	118.1	106.0	113.3	106.0	101.8	
1986	106.5	109.6	110.5	117.9	111.7	106.6	109.6	112.4	
1987	101.7	99.0	100.3	101.8	99.0	97.4	99.8	99.5	
1988	101.5	98.8	107.1	131.3	100.4	102.7	98.8	96.3	
1989	91.7	92.3	96.5	96.3	96.1	92.7	94.3	94.4	
1990	108.1	110.9	115.0	111.2	111.3	111.0	112.0	111.3	
1991	103.7	102.3	106.3	106.6	102.1	100.8	101.9	102.4	
1992	102.4	115.5	114.1	107.7	109.3	111.5	111.5	112.0	
1993	104.7	113.9	119.8	108.7	104.5	104.0	108.0	109.1	
1994	105.6	143.7	116.1	112.0	120.2	120.1	126.3	113.1	123.3
1995	102.8	94.1	99.8	101.9	97.9	94.5	95.1	95.3	103.4
1996	100.8	104.7	104.5	104.1	106.5	103.9	108.0	105.5	104.9
1997	100.8	112.3	106.9	108.1	108.5	106.7	109.0	106.8	92.3
1998	104.3	109.8	109.4	107.1	112.1	111.0	112.7	111.7	112.8
1999	110.9	114.8	113.1	112.6	115.3	115.4	114.8	117.0	120.3
2000	111.2	111.0	108.8	110.7	112.2	110.5	116.5	111.0	109.4
2001	113.1	119.9	111.0	114.0	117.5	119.9	119.8	120.1	112.7
2002	115.9	118.7	111.1	114.9	115.6	117.2	117.5	116.3	114.0

1-32 分行业国有单位职工平均工资

AVERAGE WAGE OF STAFF AND WORKERS IN STATE-OWEND UNITS BY SECTOR

单位:元 (yuan)

年 份 Year	合 计 Total	农、林、牧、渔业 Farming, Forestry, Animal Husbandry and Fishery	采掘业 Mining and Quarrying	制造业 Manufacturing	电力、煤气及水的生产和供应业 Production and Supply of Electricity, Gas and Water	建筑业 Construction	地质勘查业、水利管理业 Geological Prospecting and Water Conservancy	交通运输、仓储及邮电通信业 Transport, Storage, Post and Telecommunications
1978	644	482	704	663	873	760	712	720
1980	803	628	891	821	1073	924	895	902
1985	1213	892	1384	1190	1272	1532	1408	1383
1986	1414	1062	1638	1382	1518	1731	1607	1610
1987	1546	1154	1734	1543	1692	1882	1773	1773
1988	1853	1291	2038	1872	1994	2192	2025	2140
1989	2055	1401	2449	2081	2248	2419	2199	2423
1990	2284	1559	2763	2289	2648	2667	2463	2697
1991	2477	1665	2982	2505	2883	2924	2718	2967
1992	2878	1845	3239	2889	3354	3406	3235	3452
1993	3532	2043	3856	3562	4317	4182	3729	4604
1994	4797	2821	4863	4508	6124	5498	5476	6212
1995	5625	3527	5944	5352	7734	6512	5987	7572
1996	6280	4038	6709	5798	8701	6992	6610	8546
1997	6747	4304	7091	6008	9541	7388	7180	9303
1998	7668	4522	7499	6981	10324	8171	7968	10302
1999	8543	4813	7732	7611	11239	8734	8843	11345
2000	9552	5132	8283	8554	12458	9512	9651	12613
2001	11178	5702	9446	9590	14132	10299	11005	14318
2002	12869	6326	10601	10876	15799	11231	12296	16030

1-32 续表 continued

单位:元 (yuan)

年份 Year	批发和零售贸易、餐饮业 Wholesale and Retail Trade and Catering Services	金融、保险业 Finance and Insurance	房地产业 Real Estate Trade	社会服务业 Social Services	卫生、体育和社会福利业 Health Care, Sporting and Social Welfare	教育、文化艺术和广播电影电视业 Education, Culture and Arts, Radio, Film and Television	科学研究和综合技术服务业 Scientific Research and Polytechnical Services	国家机关政党机关和社会团体 Government Agencies, Party Agencies and Social Organizations	其他 Others
1978	569	650	630	607	605	566	670	661	
1980	716	754	758	795	751	722	853	807	
1985	1087	1234	1170	1208	1164	1184	1268	1133	
1986	1268	1427	1364	1417	1376	1344	1494	1361	
1987	1398	1540	1500	1545	1481	1422	1624	1472	
1988	1737	1842	1750	1842	1793	1764	1935	1709	
1989	1851	1960	1992	2028	1999	1899	2123	1875	
1990	2028	2200	2247	2307	2263	2134	2411	2115	
1991	2201	2355	2476	2547	2417	2257	2580	2277	
1992	2478	2967	3082	3008	2883	2732	3130	2774	
1993	2933	3885	4278	3661	3494	3292	3898	3512	3793
1994	3856	7017	5997	5098	5267	4944	6212	4967	5744
1995	4568	7595	6884	5949	6009	5457	6835	5528	6854
1996	4940	8679	7897	6695	6967	6161	7984	6344	7643
1997	5134	10012	8570	7425	7794	6810	8974	6985	6891
1998	6150	10898	9441	8136	8704	7537	10146	7776	8258
1999	6678	12249	10475	9054	9899	8590	11543	8982	9762
2000	7414	13729	11626	9847	11234	9599	13221	10048	10198
2001	8220	16605	13111	11254	13340	11591	16218	12152	11488
2002	9444	19648	14465	12239	15281	13473	19006	13987	13559

1-33 分行业国有单位职工平均货币工资指数

INDICES OF AVERAGE MONEY WAGE OF STAFF AND WORKERS IN STATE-OWEND UNITS BY SECTOR

(上年=100) (preceding year=100)

年份 Year	合计 Total	农、林、牧、渔业 Farming, Forestry, Animal Husbandry & Fishery	采掘业 Mining and Quarrying	制造业 Manufacturing	电力、煤气及水的生产和供应业 Production and Supply of Electricity, Gas and Water	建筑业 Construction	地质勘查业、水利管理业 Geological Prospecting and Water Conservancy	交通运输、仓储及邮电通信业 Transport, Storage, Post and Telecommunications
1979	109.5	111.3	111.7	109.4	111.3	107.8	110.5	112.1
1980	113.9	117.1	113.3	113.1	110.5	112.8	113.8	111.6
1985	117.3	113.7	124.4	115.7	93.7	120.1	119.3	118.7
1986	116.6	119.1	118.4	116.2	119.3	113.0	114.1	116.4
1987	109.3	108.7	105.9	111.6	111.5	108.7	110.3	110.1
1988	119.9	111.9	117.5	121.3	117.8	116.5	114.2	120.8
1989	110.9	108.5	120.1	111.2	112.7	110.4	108.6	113.2
1990	111.1	111.3	112.8	110.0	117.8	110.3	112.0	111.3
1991	108.5	106.8	107.9	109.5	108.9	109.6	110.3	110.0
1992	116.2	110.8	108.6	115.3	116.3	116.5	119.0	116.3
1993	122.7	110.7	119.1	123.3	128.7	122.8	115.2	133.4
1994	135.8	138.1	126.1	126.6	141.9	131.5	146.9	134.9
1995	117.3	125.0	122.2	118.7	126.3	118.4	109.3	121.9
1996	111.6	114.5	112.9	108.3	112.5	107.4	110.4	112.9
1997	107.4	106.6	105.7	103.6	109.7	105.7	108.6	108.9
1998	106.1	102.2	99.3	101.7	107.0	100.3	105.2	105.6
1999	111.4	106.4	103.1	109.0	108.9	106.9	111.0	110.1
2000	111.8	106.6	107.1	112.4	110.8	108.9	109.1	111.2
2001	117.0	111.1	114.0	112.1	113.4	108.3	114.0	113.5
2002	115.1	110.9	112.2	113.4	111.8	109.0	111.7	112.0

1-33 续表 continued

(上年=100) (preceding year=100)

年 份 Year	批发和零售贸易、餐饮业 Wholesale and Retail Trade & Catering Services	金融、保险业 Finance and Insurance	房地产业 Real Estate Trade	社 会 服务业 Social Services	卫生、体育和社会福利业 Health Care, Sporting and Social Welfare	教育、文化艺术和广播电影电视业 Education, Culture and Arts, Radio, Film and Television	科学研究和综合技术服务业 Scientific Research and Polytechnical Services	国家机关政党机关和社会团体 Government Agencies, Party Agencies and Social Organizations	其 他 Others
1979	111.2	106.0	109.5	111.2	103.3	107.1	107.3	104.5	
1980	113.2	109.4	109.9	117.7	120.2	119.1	118.6	116.8	
1985	140.2	118.9	110.1	122.3	118.6	126.8	118.1	114.1	
1986	116.6	115.6	116.6	117.3	118.3	113.5	117.8	120.2	
1987	110.2	107.9	110.0	109.1	107.6	105.8	108.7	108.2	
1988	124.3	119.6	116.7	119.2	121.1	124.1	119.2	116.1	
1989	106.5	106.4	113.8	110.1	111.5	107.7	109.7	109.7	
1990	109.6	112.2	112.8	113.8	113.2	112.4	113.6	112.8	
1991	108.5	107.0	110.2	110.4	106.8	105.8	107.0	107.7	
1992	112.6	126.0	124.5	118.1	119.3	121.0	121.3	121.8	
1993	118.4	130.9	138.8	121.7	121.2	120.5	124.5	126.6	
1994	131.5	180.6	140.2	139.3	150.8	150.2	159.4	141.3	151.4
1995	118.5	108.2	114.8	116.7	114.1	110.4	110.0	111.3	119.3
1996	108.1	114.3	114.7	112.5	115.9	112.9	116.8	114.8	111.5
1997	103.9	115.4	108.5	110.9	111.9	110.5	112.4	110.1	90.2
1998	102.6	108.7	107.3	106.2	111.4	110.4	111.9	111.0	107.6
1999	108.6	112.4	111.0	111.3	113.7	114.0	113.8	115.5	118.2
2000	111.0	112.1	111.0	108.8	113.5	111.7	114.5	111.9	104.5
2001	110.9	120.9	112.8	114.3	118.7	120.8	122.7	120.9	112.6
2002	114.9	118.3	110.3	108.8	114.6	116.2	117.2	115.1	118.0

1-34 分行业国有单位职工平均实际工资指数

INDICES OF AVERAGE REAL WAGE OF STAFF AND WORKERS IN STATE-OWNED UNITS BY SECTOR

(上年=100) (preceding year=100)

年份 Year	合计 Total	农、林、牧、渔业 Farming, Forestry, Animal Husbandry and Fishery	采掘业 Mining and Quarrying	制造业 Manufacturing	电力、煤气及水的生产和供应业 Production and Supply of Electricity, Gas and Water	建筑业 Construction	地质勘查业、水利管理业 Geological Prospecting and Water Conservancy	交通运输、仓储及邮电通信业 Transport, Storage, Post and Telecommunications
1979	107.5	109.2	109.6	107.4	109.2	105.8	108.5	110.0
1980	106.0	108.9	105.4	105.2	102.8	104.9	105.8	103.8
1985	104.8	101.6	111.2	103.4	83.8	107.4	106.6	106.1
1986	109.0	111.3	110.6	108.6	111.5	105.6	106.7	108.8
1987	100.5	99.9	97.3	102.6	102.5	100.0	101.4	101.2
1988	99.3	92.7	97.4	100.5	97.6	96.5	94.6	100.0
1989	95.4	93.3	103.3	95.6	96.9	94.9	93.4	97.3
1990	109.7	109.8	111.4	108.6	116.3	108.8	110.6	109.9
1991	103.2	101.7	102.7	104.1	103.6	104.3	105.0	104.7
1992	107.0	102.0	100.0	106.2	107.1	107.2	109.6	107.1
1993	105.7	95.4	102.6	106.2	110.9	105.8	99.3	114.9
1994	108.7	110.5	100.9	101.2	113.5	105.2	117.5	107.9
1995	100.4	107.0	104.6	101.6	108.1	101.4	93.6	104.4
1996	102.6	105.2	103.7	99.6	103.4	98.7	101.5	103.7
1997	104.2	103.4	102.5	100.5	106.4	102.5	105.3	105.6
1998	106.7	102.8	99.9	102.3	107.7	100.9	105.9	106.2
1999	112.9	107.8	104.5	110.5	110.3	108.3	112.4	111.6
2000	110.9	105.8	106.3	111.5	110.0	108.0	108.3	110.3
2001	116.2	110.3	113.2	111.3	112.6	107.5	113.2	112.7
2002	116.3	112.1	113.4	114.6	112.9	110.2	112.9	113.1

1-34 续表 continued

(上年=100) (preceding year=100)

年 份 Year	批发和零售贸易、餐饮业 Wholesale and Retail Trade & Catering Services	金融、保险业 Finance and Insurance	房地产业 Real Estate Trade	社 会服务业 Social Services	卫生、体育和社会福利业 Health Care, Sporting and Social Welfare	教育、文化艺术和广播电影电视业 Education, Culture and Arts, Radio, Film and Television	科学研究和综合技术服务业 Scientific Research and Polytechnical Services	国家机关政党机关和社会团体 Government Agencies, Party Agencies and Social Organizations	其 他 Others
1979	109.1	104.0	107.4	109.2	101.4	105.1	105.3	102.6	
1980	105.3	101.8	102.2	109.5	111.8	110.8	110.4	108.6	
1985	125.3	106.2	98.4	109.3	106.0	113.3	105.5	101.9	
1986	109.0	108.1	108.9	109.6	110.5	106.1	110.1	112.3	
1987	101.3	99.2	101.1	100.2	98.9	97.2	99.9	99.4	
1988	102.9	99.1	96.7	98.8	100.3	102.8	98.7	96.2	
1989	91.6	91.5	97.9	94.6	95.9	92.6	94.3	94.3	
1990	108.2	110.8	111.4	112.3	111.8	110.9	112.1	111.4	
1991	103.3	101.9	104.8	105.1	101.6	100.6	101.8	102.4	
1992	103.7	116.0	114.6	108.7	109.8	111.5	111.7	112.2	
1993	102.0	112.8	119.6	104.8	104.4	103.8	107.3	109.0	
1994	105.2	144.5	112.1	111.4	120.6	120.1	127.5	113.1	121.1
1995	101.4	92.7	98.3	99.9	97.7	94.5	94.2	95.3	102.1
1996	99.4	105.0	105.4	103.4	106.6	103.8	107.4	105.5	102.5
1997	100.8	111.9	105.2	107.6	108.5	107.2	109.0	106.8	87.5
1998	103.2	109.4	107.9	106.8	112.1	111.1	112.6	111.7	108.2
1999	110.0	113.9	112.4	112.7	115.2	115.5	115.3	117.0	119.8
2000	110.1	111.2	110.1	107.9	112.6	110.9	113.6	111.0	103.6
2001	110.1	120.1	112.0	113.5	117.9	119.9	121.8	120.1	111.9
2002	116.1	119.5	111.4	109.9	115.7	117.4	118.4	116.3	119.2

1-35 分行业城镇集体单位职工平均工资
AVERAGE WAGE OF STAFF AND WORKERS IN URBAN COLLECTIVE-OWNED UNITS BY SECTOR

单位:元 (yuan)

年份 Year	合计 Total	农、林、牧、渔业 Farming, Forestry, Animal Husbandry and Fishery	采掘业 Mining and Quarrying	制造业 Manufacturing	电力、煤气及水的生产和供应业 Production and Supply of Electricity, Gas and Water	建筑业 Construction	地质勘查业、水利管理业 Geological Prospecting and Water Conservancy	交通运输、仓储及邮电通信业 Transport, Storage, Post and Telecommunications
1978	506	304	443	503	333	594	600	632
1980	623	458	548	619	333	716	700	676
1985	967	725	852	963	667	1101	900	1009
1986	1092	875	945	1075	875	1232	1286	1139
1987	1207	979	1016	1180	1250	1380	1333	1236
1988	1426	1111	1208	1388	1294	1597	1500	1409
1989	1557	1178	1433	1523	1625	1763	1000	1575
1990	1681	1238	1844	1622	2133	1935	1212	1661
1991	1866	1366	1960	1798	2588	2216	1765	1854
1992	2109	1487	2000	2017	2737	2554	2188	2070
1993	2592	1887	2327	2469	3539	3182	2843	2711
1994	3245	2510	2793	3076	5734	3936	3692	3110
1995	3931	2927	3680	3717	7461	4677	4294	3584
1996	4302	3814	3968	4007	8324	5092	4784	3961
1997	4512	3945	4164	4120	9064	5466	6342	4057
1998	5331	4358	4567	5016	9470	5941	7017	5163
1999	5774	4878	4545	5327	9834	6296	7636	5707
2000	6262	5536	4857	5722	10707	6873	7509	5816
2001	6867	5654	5517	6088	12250	7260	7605	6322
2002	7667	6415	6067	6749	13051	7745	9599	6940

1-35 续表 continued

单位:元 (yuan)

年 份 Year	批发和零售贸易、餐饮业 Wholesale and Retail Trade & Catering Services	金融、保险业 Finance and Insurance	房地产业 Real Estate Trade	社会服务业 Social Services	卫生、体育和社会福利业 Health Care, Sporting and Social Welfare	教育、文化艺术和广播电影电视业 Education, Culture and Arts, Radio, Film and Television	科学研究和综合技术服务业 Scientific Research and Polytechnical Services	国家机关政党机关和社会团体 Government Agencies, Party Agencies and Social Organizations	其 他 Others
1978	453	526	467	451	484	317	500	455	
1980	584	640	638	584	618	433	571	538	
1985	912	945	1050	806	975	779	1052	1046	
1986	1008	1150	1238	1057	1212	945	1286	1227	
1987	1118	1235	1130	1167	1296	1033	1319	1368	
1988	1335	1450	1602	1333	1570	1202	1636	1648	
1989	1417	1597	1967	1521	1774	1352	1710	1860	
1990	1548	1806	1969	1638	1956	1533	1997	2042	
1991	1691	1965	2432	1905	2135	1689	2120	2206	
1992	1827	2428	2763	2082	2416	1987	2392	2565	
1993	2213	3182	4006	2727	2935	2539	3474	3071	2547
1994	2823	5625	5290	3754	4238	3548	4719	4411	4067
1995	3449	6407	6706	4707	4890	4291	6046	5314	4935
1996	3818	6857	6820	5032	5603	4949	7206	5686	5675
1997	3873	7634	7687	5663	6294	4955	7749	6244	5780
1998	4517	8144	9144	5990	6883	5192	8116	7033	7048
1999	4802	9088	10516	6621	7826	5750	8771	7985	8135
2000	5089	9754	10371	7269	8521	5854	10434	8899	9044
2001	5428	10914	10658	7950	9638	7304	12137	9487	9621
2002	5983	12540	11504	8957	10738	8036	12976	10456	10038

1-36 分行业城镇集体单位职工平均货币工资指数
INDICES OF AVERAGE MONEY WAGE OF STAFF AND WORKERS IN URBAN COLLECTIVE-OWEND UNITS BY SECTOR

(上年=100) (preceding year=100)

年份 Year	合计 Total	农、林、牧、渔业 Farming, Forestry, Animal Husbandry and Fishery	采掘业 Mining and Quarrying	制造业 Manufacturing	电力、煤气及水的生产和供应业 Production and Supply of Electricity, Gas and Water	建筑业 Construction	地质勘查业、水利管理业 Geological Prospecting and Water Conservancy	交通运输、仓储及邮电通信业 Transport, Storage, Post and Telecommunications
1979	107.1	139.4	107.9	106.4	109.1	109.7	95.2	103.2
1980	114.9	108.3	114.7	115.6	91.7	109.9	122.5	103.6
1985	119.2	117.4	121.4	119.6	108.3	114.8	100.0	114.9
1986	112.9	120.6	110.9	111.6	131.3	111.9	142.9	112.9
1987	110.5	111.9	107.5	109.7	142.9	112.0	103.7	108.6
1988	118.1	113.5	118.9	117.7	103.5	115.7	112.5	114.0
1989	109.2	106.0	118.6	109.7	125.6	110.4	66.7	111.8
1990	108.0	105.1	128.6	106.5	131.3	109.8	121.2	105.5
1991	111.0	110.3	106.3	110.8	121.3	114.5	145.6	111.6
1992	113.0	108.9	102.0	112.2	105.7	115.3	124.0	111.7
1993	122.9	126.9	116.3	122.4	129.3	124.6	130.0	130.9
1994	125.2	133.0	120.0	124.6	162.0	123.7	129.9	114.7
1995	121.1	116.6	131.8	120.8	130.1	118.8	116.3	115.2
1996	109.4	130.3	107.8	107.8	111.6	108.9	111.4	110.5
1997	104.9	103.4	104.9	102.8	108.9	107.3	132.6	102.4
1998	102.5	104.7	94.2	101.8	102.6	101.6	105.3	104.4
1999	108.3	111.9	99.5	106.2	103.8	106.0	108.8	110.5
2000	108.5	113.5	106.9	107.4	108.9	109.2	98.3	101.9
2001	109.7	102.1	113.6	106.4	114.4	105.6	101.3	108.7
2002	111.6	113.5	110.0	110.9	106.5	106.7	126.2	109.8

1-36 续表 continued

(上年=100) (preceding year=100)

年份 Year	批发和零售贸易、餐饮业 Wholesale and Retail Trade & Catering Services	金融、保险业 Finance and Insurance	房地产业 Real Estate Trade	社会服务业 Social Services	卫生、体育和社会福利业 Health Care, Sporting and Social Welfare	教育、文化艺术和广播电影电视业 Education, Culture and Arts, Radio, Film and Television	科学研究和综合技术服务业 Scientific Research and Polytechnical Services	国家机关政党机关和社会团体 Government Agencies, Party Agencies and Social Organizations	其他 Others
1979	110.0	108.6	101.8	117.8	107.9	106.9	100.0	102.6	
1980	117.1	112.1	134.2	110.0	118.4	127.7	114.2	115.2	
1985	89.7	118.1	122.1	109.5	117.3	122.9	116.9	118.2	
1986	110.5	121.7	117.9	131.1	124.3	121.3	122.2	117.3	
1987	110.9	107.4	91.3	110.4	106.9	109.3	102.6	111.5	
1988	119.4	117.4	141.8	114.3	121.1	116.4	124.0	120.5	
1989	106.1	110.1	122.8	114.1	113.0	112.5	104.5	112.9	
1990	109.2	113.1	100.1	107.7	110.3	113.4	116.8	109.8	
1991	109.3	108.8	123.5	116.3	109.2	110.2	106.2	108.0	
1992	108.0	123.6	113.6	109.3	113.2	117.6	112.8	116.3	
1993	121.1	131.1	145.0	131.0	121.5	127.8	145.2	119.7	
1994	127.6	176.8	132.0	137.6	144.4	139.7	135.8	143.6	159.7
1995	122.2	113.9	126.8	125.4	115.4	120.9	128.1	120.5	121.3
1996	110.7	107.0	101.7	106.9	114.6	115.3	119.2	107.0	115.0
1997	101.4	111.3	112.7	112.5	112.3	100.1	107.5	109.8	101.9
1998	98.5	106.3	110.8	99.3	108.7	104.0	102.5	110.7	112.6
1999	106.3	111.6	115.0	110.5	113.7	110.7	108.1	113.5	115.4
2000	106.0	107.3	98.6	109.8	108.9	101.8	119.0	111.4	111.2
2001	106.7	111.9	102.8	109.4	113.1	124.8	116.3	106.6	106.4
2002	110.2	114.9	107.9	112.7	111.4	110.0	106.9	110.2	104.3

1-37 分行业城镇集体单位职工平均实际工资指数
INDICES OF AVERAGE REAL WAGE OF STAFF AND WORKERS IN URBAN COLLECTIVE-OWNED UNITS BY SECTOR

(上年=100) (preceding year=100)

年 份 Year	合 计 Total	农、林、牧、渔业 Farming, Forestry, Animal Husbandry and Fishery	采掘业 Mining and Quarrying	制造业 Manufacturing	电力、煤气及水的生产和供应业 Production and Supply of Electricity, Gas and Water	建筑业 Construction	地质勘查业、水利管理业 Geological Prospecting and Water Conservancy	交通运输、仓储及邮电通信业 Transport, Storage, Post and Telecommunications
1979	105.1	136.8	105.9	104.4	107.1	107.6	93.5	101.3
1980	106.9	100.8	106.7	107.5	85.3	102.2	114.0	96.4
1985	106.6	104.9	108.5	106.9	96.8	102.6	89.4	102.7
1986	105.5	112.7	103.6	104.3	122.7	104.5	133.5	105.5
1987	101.6	102.8	98.8	100.8	131.3	103.0	95.3	99.8
1988	97.9	94.1	98.5	97.5	85.8	95.9	93.2	94.4
1989	93.9	91.1	102.0	94.3	108.0	94.9	57.3	96.1
1990	106.6	103.8	127.0	105.2	129.6	108.4	119.7	104.1
1991	105.6	105.0	101.2	105.4	115.4	109.0	138.5	106.2
1992	104.1	100.3	93.9	103.3	97.4	106.1	114.1	102.8
1993	105.9	109.3	100.2	105.4	111.4	107.3	112.0	112.8
1994	100.2	106.4	96.0	99.7	129.6	99.0	103.9	91.8
1995	103.7	99.8	112.8	103.5	111.4	101.7	99.6	98.7
1996	100.6	119.8	99.1	99.1	102.5	100.1	102.4	101.6
1997	101.7	100.3	101.7	99.7	105.6	104.1	128.6	99.3
1998	103.1	105.3	94.8	102.4	103.3	102.2	106.0	105.0
1999	109.7	113.4	100.8	107.6	105.2	107.4	110.3	112.0
2000	107.6	112.6	106.0	106.6	108.0	108.3	97.6	101.1
2001	108.9	101.4	112.8	105.7	113.6	104.9	100.6	107.9
2002	112.7	114.6	111.1	112.0	107.6	107.8	127.5	110.9

1-37 续表 continued

(上年=100) (preceding year=100)

年 份 Year	批发和零售贸易、餐饮业 Wholesale and Retail Trade & Catering Services	金融、保险业 Finance and Insurance	房地产业 Real Estate Trade	社会服务业 Social Services	卫生、体育和社会福利业 Health Care, Sporting and Social Welfare	教育、文化艺术和广播电影电视业 Education, Culture and Arts, Radio, Film and Television	科学研究和综合技术服务业 Scientific Research and Polytechnical Services	国家机关政党机关和社会团体 Government Agencies, Party Agencies and Social Organizations	其 他 Others
1979	107.9	106.5	99.9	115.6	105.8	104.9	98.1	100.7	
1980	108.9	104.3	124.8	102.3	110.1	118.8	106.2	107.2	
1985	80.2	105.6	109.1	97.9	104.9	109.8	104.5	105.6	
1986	103.3	113.7	110.1	122.5	116.2	113.4	114.2	109.6	
1987	101.9	98.7	83.9	101.5	98.3	100.5	94.3	102.5	
1988	98.9	97.3	117.5	94.7	100.4	96.4	102.8	99.8	
1989	91.3	94.7	105.6	98.1	97.2	96.7	89.9	97.0	
1990	107.8	111.6	98.8	106.3	108.8	111.9	115.3	108.4	
1991	104.0	103.5	117.5	110.7	103.9	104.8	101.0	102.8	
1992	99.5	113.8	104.6	100.6	104.2	108.3	103.9	107.1	
1993	104.3	112.9	124.9	112.8	104.6	110.1	125.1	103.1	
1994	102.1	141.4	105.6	110.1	115.5	111.8	108.7	114.9	127.8
1995	104.6	97.5	108.5	107.4	98.8	103.5	109.7	103.1	103.9
1996	101.7	98.4	93.5	98.3	105.3	106.0	109.5	98.3	105.7
1997	98.4	108.0	109.3	109.1	108.9	97.1	104.3	106.5	98.8
1998	99.1	107.0	111.5	99.9	109.3	104.7	103.1	111.4	113.3
1999	107.7	113.1	116.5	112.0	115.2	112.2	109.5	115.0	116.9
2000	105.1	106.5	97.8	108.9	108.0	101.0	118.0	110.6	110.3
2001	105.9	111.1	102.1	108.6	112.3	123.9	115.5	105.9	105.6
2002	111.3	116.1	109.0	113.8	112.5	111.1	108.0	111.3	105.4

1-38 分行业其他单位职工平均工资

AVERAGE WAGE OF STAFF AND WORKERS IN OTHER OWNERSHIP UNITS BY SECTOR

单位:元 (yuan)

年 份 Year	合 计 Total	农、林、牧、渔业 Farming, Forestry, Animal Husbandry and Fishery	采掘业 Mining and Quarrying	制造业 Manufacturing	电力、煤气及水的生产和供应业 Production and Supply of Electricity, Gas and Water	建筑业 Construction	地质勘查业、水利管理业 Geological Prospecting and Water Conservancy	交通运输、仓储及邮电通信业 Transport, Storage, Post and Telecommu-nications
1984	1048	543		1007		1513		1696
1985	1436	1519	1270	1328	1270	1000		2429
1986	1629	1806		1528		2299		2543
1987	1879	2106		1789		2503		2760
1988	2382	2560	2239	2462	2104	4000		3368
1989	2707	2938	2427	2889	3232	5000		3846
1990	2987	3778	2270	3055	3088	3571	5714	3667
1991	3468	3760	3855	3626	3333	4641	4615	5500
1992	3966	4069	3579	4154	4238	5061	5263	5955
1993	4966	3905	3423	4874	6309	4464	7441	6450
1994	6303	5394	4233	6096	8005	5766	4362	8713
1995	7463	6992	5174	7245	10746	6798	5408	10492
1996	8261	7389	5217	7945	12030	6937	6464	11931
1997	8789	7061	5385	8367	12127	7517	5770	13734
1998	8972	5685	6749	8556	12158	8983	6909	11858
1999	9829	6740	7651	9316	13856	9540	8439	14241
2000	10984	8519	9842	10192	15486	10391	13064	16173
2001	12140	8473	11246	11074	17256	11139	11892	18737
2002	13212	9553	12870	12027	19271	11358	18553	20864

1-38 续表 continued

单位:元 (yuan)

年 份 Year	批发和零售贸易、餐饮业 Wholesale and Retail Trade & Catering Services	金融、保险业 Finance and Insurance	房地产业 Real Estate Trade	社 会 服务业 Social Services	卫生、体育和社会福利业 Health Care, Sporting and Social Welfare	教育、文化艺术和广播电影电视业 Education, Culture and Arts, Radio, Film and Television	科学研究和综合技术服务业 Scientific Research and Polytechnical Services	其 他 Others
1984	1428	2500		1741				
1985	1955	2107		1904		3184	1728	
1986	1971	2457		2126	1583	2245	2533	
1987	2142	2745		2310	2793	2451	1967	
1988	2512	3902	1296	2856	2903	2498	2544	
1989	2882	4376	1776	3202	2945	3604	3241	
1990	3284	5565	2517	3463	5430	4022	3425	
1991	3585	6041	4923	4004	4817	4560	3906	
1992	4368	9761	5561	4545	5461	5107	5033	
1993	4975	6073	4940	5934	3665	5289	5645	4953
1994	6460	10400	9610	8013	7051	8360	7882	9691
1995	7190	12949	10746	9274	8668	8968	9678	10502
1996	7862	15818	11801	10820	11014	10172	13358	13508
1997	8051	17970	13249	11812	11863	10017	14370	16423
1998	8320	16255	13636	12027	15124	11687	14847	20393
1999	9001	18648	14693	12785	16618	12871	15671	20548
2000	10250	21538	15485	14544	17883	12027	20299	26677
2001	11584	25662	16621	16142	17045	15951	19506	28156
2002	12202	27788	17630	18518	14548	17008	21017	27741

1-39 分行业其他单位职工平均货币工资指数

INDICES OF AVERAGE MONEY WAGE OF STAFF AND WORKERS IN OTHER OWNERSHIP UNITS BY SECTOR

(上年=100) (preceding year=100)

年份 Year	合计 Total	农、林、牧、渔业 Farming, Forestry, Animal Husbandry and Fishery	采掘业 Mining and Quarrying	制造业 Manufacturing	电力、煤气及水的生产和供应业 Production and Supply of Electricity, Gas and Water	建筑业 Construction	地质勘查业、水利管理业 Geological Prospecting and Water Conservancy	交通运输、仓储及邮电通信业 Transport, Storage, Post and Telecommunications
1985	137.0	279.7		131.9		66.1		143.2
1986	113.4	118.9		115.1		229.9		104.7
1987	115.3	116.6		117.1		108.9		108.5
1988	126.8	121.6		137.6		159.8		122.0
1989	113.6	114.8	108.4	117.3	153.6	125.0		114.2
1990	110.3	128.6	93.5	105.7	95.5	71.4		95.3
1991	116.1	99.5	169.8	118.7	107.9	130.0	80.8	150.0
1992	114.4	108.2	92.8	114.6	127.2	109.0	114.0	108.3
1993	125.2	96.0	95.6	117.3	148.9	88.2	141.4	108.3
1994	126.9	138.1	123.7	125.1	126.9	129.2	58.6	135.1
1995	118.4	129.6	122.2	118.8	134.2	117.9	124.0	120.4
1996	110.7	105.7	100.8	109.7	111.9	102.0	119.5	113.7
1997	106.4	95.6	103.2	105.4	100.8	108.4	89.3	115.1
1998	97.7	78.1	117.9	97.6	98.9	113.5	118.8	82.7
1999	109.6	118.6	113.4	108.9	114.0	106.2	122.1	120.1
2000	111.8	126.4	128.6	109.4	111.8	108.9	154.8	113.6
2001	110.5	99.5	114.3	108.7	111.4	107.2	91.0	115.9
2002	108.8	112.7	114.4	108.6	111.7	102.0	156.0	111.4

1-39 续表 continued

(上年=100) (preceding year=100)

年 份 Year	批发和零售贸易、餐饮业 Wholesale and Retail Trade & Catering Services	金融、保险业 Finance and Insurance	房地产业 Real Estate Trade	社 会 服务业 Social Services	卫生、体育和社会福利业 Health Care, Sporting and Social Welfare	教育、文化艺术和广播电影电视业 Education, Culture and Arts, Radio, Film and Television	科学研究和综合技术服务业 Scientific Research and Polytechnical Services	其 他 Others
1985	136.9	84.3		109.4				
1986	100.8	116.6		111.7		70.5	146.6	
1987	108.7	111.7		108.7	176.4	109.2	77.7	
1988	117.3	142.1		123.6	103.9	101.9	129.3	
1989	114.7	112.1	137.0	112.1	101.4	144.3	127.4	
1990	113.9	127.2	141.7	108.2	184.4	111.6	105.7	
1991	109.2	108.6	195.6	115.6	88.7	113.4	114.0	
1992	121.8	161.6	113.0	113.5	113.4	112.0	128.9	
1993	113.9	62.2	88.8	130.6	67.1	103.6	112.2	
1994	129.8	171.2	194.6	135.0	192.4	158.1	139.6	195.7
1995	111.3	124.5	111.8	115.7	122.9	107.3	122.8	108.4
1996	109.3	122.2	109.8	116.7	127.1	113.4	138.0	128.6
1997	102.4	113.6	112.3	109.2	107.7	98.5	107.6	121.6
1998	97.5	90.4	100.0	100.5	127.4	116.5	102.9	124.2
1999	108.2	114.7	107.8	106.3	109.9	110.1	105.5	100.8
2000	113.9	115.5	105.4	113.8	107.6	93.4	129.5	129.8
2001	113.0	119.1	107.3	111.0	95.3	132.6	96.1	105.5
2002	105.3	108.3	106.1	114.7	85.4	106.6	107.7	98.5

1-40 分行业其他单位职工平均实际工资指数

INDICES OF AVERAGE REAL WAGE OF STAFF IN OTHER OWNERSHIP UNITS AND WORKERS BY SECTOR

(上年=100) (preceding year=100)

年 份 Year	合 计 Total	农、林、牧、渔业 Farming, Forestry, Animal Husbandry and Fishery	采掘业 Mining and Quarrying	制造业 Manufacturing	电力、煤气及水的生产和供应业 Production and Supply of Electricity, Gas and Water	建筑业 Construction	地质勘查业、水利管理业 Geological Prospecting and Water Conservancy	交通运输、仓储及邮电通信业 Transport, Storage, Post and Telecommunications
1985	122.5	250.0		117.9		59.1		128.0
1986	106.0	111.1		107.5		214.9		97.8
1987	106.0	107.2		107.6		100.1		99.8
1988	105.0	100.7		114.0		132.4		101.1
1989	97.7	98.7	93.2	100.9	132.1	107.5		98.2
1990	108.9	126.9	92.3	104.4	94.3	70.5		94.1
1991	110.5	94.7	161.6	112.9	102.7	123.7	76.8	142.7
1992	105.3	99.6	85.5	105.5	117.1	100.4	105.0	99.7
1993	107.9	82.7	82.4	101.1	128.2	76.0	121.8	93.3
1994	101.5	110.5	98.9	100.1	101.5	103.3	46.9	108.1
1995	101.4	111.0	104.6	101.8	114.9	100.9	106.1	103.1
1996	101.7	97.1	92.7	100.8	102.9	93.8	109.9	104.5
1997	103.2	92.7	100.1	102.3	97.8	105.1	86.6	111.7
1998	98.3	78.6	118.6	98.2	99.5	114.2	119.5	83.2
1999	111.0	120.1	114.9	110.3	115.5	107.6	123.8	121.7
2000	110.9	125.4	127.6	108.5	110.9	108.1	153.6	112.7
2001	109.7	98.8	113.5	107.9	110.7	106.5	90.4	115.0
2002	109.9	113.9	115.6	109.7	112.8	103.0	157.6	112.5

1-40 续表 continued

(上年=100) (preceding year=100)

年 份 Year	批发和零售贸易、餐饮业 Wholesale and Retail Trade & Catering Services	金融、保险业 Finance and Insurance	房地产业 Real Estate Trade	社 会 服务业 Social Services	卫生、体育和社会福利业 Health Care, Sporting and Social Welfare	教育、文化艺术和广播电影电视业 Education, Culture and Arts, Radio, Film and Television	科学研究和综合技术服务业 Scientific Research and Polytechnical Services	其 他 Others
1985	122.3	75.3		97.7				
1986	94.2	109.0		104.4		65.9	137.0	
1987	99.9	102.7		99.9	162.2	100.3	71.4	
1988	97.2	117.8		102.4	86.1	84.4	107.2	
1989	98.6	96.4	117.8	96.4	87.2	124.1	109.5	
1990	112.5	125.5	139.9	106.8	182.0	110.2	104.3	
1991	103.9	103.3	186.1	110.0	84.4	107.9	108.5	
1992	112.2	148.8	104.0	104.5	104.4	103.1	118.6	
1993	98.1	53.6	76.5	112.5	57.8	89.2	96.6	
1994	103.9	137.0	155.6	108.0	153.9	126.5	111.7	156.5
1995	95.3	106.6	95.7	99.1	105.3	91.8	105.1	92.8
1996	100.5	112.3	100.9	107.2	116.8	104.3	126.9	118.2
1997	99.3	110.2	108.9	105.9	104.5	95.5	104.3	117.9
1998	98.1	90.9	100.6	101.1	128.2	117.2	103.5	124.9
1999	109.6	116.2	109.2	107.7	111.3	111.6	106.9	102.1
2000	113.0	114.6	104.6	112.9	106.8	92.7	128.5	128.8
2001	112.2	118.3	106.6	110.2	94.7	131.7	95.4	104.8
2002	106.4	109.4	107.1	115.9	86.2	107.7	108.8	99.5

1-41 分行业职工平均工资

AVERAGE WAGE OF STAFF AND WORKERS BY SECTOR

单位:元 (yuan)

登记注册类型 Registration Status 年份 Year	合计 Total	农、林、牧、渔业 Agriculture, Forestry, Farming of Animals and Fishery	采矿业 Mining	制造业 Manufacturing	电力、燃气及水的生产和供应业 Production & Distribution of Electricity, Gas & Water	建筑业 Construction	交通运输、仓储和邮政业 Traffic, Transport, Storage and Post
全国 National							
2003	14040	6969	13682	12496	18752	11478	15973
2004	16024	7611	16874	14033	21805	12770	18381
2005	18364	8309	20626	15757	25073	14338	21352
2006	21001	9430	24335	17966	28765	16406	24623
国有单位 State-owned Units							
2003	14577	6912	13888	12601	18226	12739	16234
2004	16729	7538	17304	14486	21223	14400	18283
2005	19313	8230	20992	16963	24378	16361	21160
2006	22112	9315	25098	20317	28535	18511	24252
集体单位 Collective-owned Units							
2003	8678	6125	7178	7600	14911	8375	8212
2004	9814	7052	8772	8598	17024	9234	8846
2005	11283	8113	11268	9698	18401	10171	10063
2006	13014	9861	13689	11012	20010	11608	11352
其他单位 Other Ownership Units							
2003	14574	10022	14321	13263	20923	12345	17621
2004	16259	10298	17345	14569	23933	13405	21537
2005	18244	10894	21207	16012	27302	14823	24578
2006	20755	12516	24684	18008	29898	16996	28107

1-41 续表 1 continued

单位:元 (yuan)

登记注册类型 Registration Status 年 份 Year	信息传输、计算机服务和软件业 Information Transfer, Computer and Software	批发和零售业 Wholesale and Retail Trade	住宿和餐饮业 Accommodation and Restaurants	金融业 Finance	房地产业 Real Estate	租赁和商务服务业 Tenancy and Business Services	科学研究、技术服务和地质勘查业 Scientific Research, Technical Service & Geologic Perambulation
全 国 National							
2003	32244	10939	11083	22457	17182	16501	20636
2004	34988	12923	12535	26982	18712	18131	23593
2005	40558	15241	13857	32228	20581	20992	27434
2006	44763	17736	15206	39280	22578	23648	31909
国有单位 State-owned Units							
2003	26572	11064	10525	23075	16064	15378	19975
2004	29131	12883	12194	27522	17720	16869	22976
2005	31654	15729	13453	32849	20077	19972	26309
2006	34328	18758	14892	37667	22174	21771	30459
集体单位 Collective-owned Units							
2003	12484	6593	8342	14370	12228	11042	14541
2004	18153	7325	9292	16589	13064	11772	15471
2005	25568	8252	10213	18890	13410	13330	19899
2006	24756	9275	11513	22068	15869	14285	23969
其他单位 Other Ownership Units							
2003	42867	13710	12179	31370	18898	23281	26061
2004	44683	15901	13387	37141	20045	24855	29346
2005	50509	17543	14670	41634	21558	27023	35154
2006	55135	19629	15864	52691	23318	30848	41003

1-41 续表 2 continued

单位:元 (yuan)

登记注册类型 Registration Status 年份 Year	水利、环境和公共设施管理业 Management of Water Conservancy, Environment & Public Establishment	居民服务和其他服务业 Resident Services and Other Services	教育 Education	卫生、社会保障和社会福利业 Sanitation, Social Security and Social Welfare	文化体育和娱乐业 Culture, Sports and Entertainment	公共管理和社会组织 Public Management and Social Organization
全国 National						
2003	12095	12900	14399	16352	17268	15533
2004	13336	14152	16277	18617	20730	17609
2005	14753	16642	18470	21048	22885	20505
2006	16140	18935	21134	23898	26126	22883
国有单位 State-owned Units						
2003	12104	15075	14602	16922	17544	15557
2004	13314	17447	16435	19310	21206	17638
2005	14700	19108	18622	21760	23342	20531
2006	16047	22637	21274	24638	26703	22918
集体单位 Collective-owned Units						
2003	10380	8713	9308	11685	9429	10748
2004	10923	8978	10542	12960	10970	11818
2005	11409	10945	12724	14907	13734	13659
2006	12323	12402	15442	17416	14239	15042
其他单位 Other Ownership Units						
2003	14560	14046	16163	14102	16121	8765
2004	16717	13975	18439	15145	17481	13070
2005	18932	16804	19379	17499	19691	16031
2006	20734	17363	21157	20554	22279	15945

1-42 分行业城镇单位就业人员平均劳动报酬

AVERAGE EARNING OF EMPLOYMENT IN URBAN UNITS BY SECTOR

单位:元 (yuan)

登记注册类型 Registration Status 年 份 Year	合 计 Total	农、林、牧、渔业 Farming, Forestry, Animal Husbandry and Fishery	采掘业 Mining and Quarrying	制造业 Manufacturing	电力、煤气及水的生产和供应业 Production and Supply of Electricity, Gas and Water	建筑业 Construction	地质勘查业、水利管理业 Geological Prospecting and Water Conservancy	交通运输、仓储及邮电通信业 Transport, Storage, Post and Telecommunications
全 国 National								
1994	4499	2824	4661	4288	6148	4875	5436	5670
1995	5348	3516	5743	5199	7829	5755	5953	6910
1996	5980	4045	6477	5673	8803	6242	6571	7833
1997	6444	4306	6825	5979	9641	6652	7147	8527
1998	7446	4532	7228	7118	10457	7434	7916	9714
1999	8319	4808	7507	7874	11487	7945	8793	10825
2000	9333	5142	8317	8836	12801	8668	9590	12170
2001	10834	5676	9541	9891	14471	9415	10904	13987
2002	12373	6314	10992	11152	16296	10212	12226	15818
国有单位 State-owned Units								
1994	4733	2824	4846	4501	6113	5457	5462	6176
1995	5553	3520	5933	5347	7720	6453	5977	7511
1996	6207	4031	6709	5792	8686	6961	6601	8482
1997	6679	4297	7086	6006	9527	7363	7166	9189
1998	7579	4525	7485	6950	10298	8129	7934	10180
1999	8443	4787	7718	7578	11210	8686	8815	11141
2000	9441	5087	8258	8513	12419	9431	9617	12418
2001	11045	5633	9426	9550	14001	10189	10952	14099
2002	12701	6234	10580	10825	15636	11139	12219	15758
集体单位 Collective-owned Units								
1994	3248	2518	2794	3080	5724	3937	3695	3112
1995	3934	2926	3675	3730	7438	4673	4283	3593
1996	4312	3805	3956	4018	8315	5103	4780	3977
1997	4516	3939	4160	4134	9045	5476	6343	4067
1998	5314	4359	4577	5004	9434	5940	6966	5130
1999	5758	4863	4556	5326	9795	6279	7555	5682
2000	6241	5529	4867	5726	10680	6822	7464	5807
2001	6851	5626	5515	6101	12233	7225	7622	6311
2002	7636	6434	6036	6757	12912	7698	9579	6895
其他单位 Other Ownership Units								
1994	6446	5624	4241	6194	8161	5915	4359	8996
1995	7728	7264	5221	7483	10740	6862	5503	10825
1996	8521	7514	5238	8175	12036	7044	5870	12240
1997	9092	7192	5385	8640	12204	7617	5961	14095
1998	9241	5817	6745	8797	12179	8988	7070	12077
1999	10142	6877	7646	9592	13843	9508	8953	14366
2000	11238	8600	9827	10450	15513	10330	13483	16399
2001	12437	8649	11087	11361	17192	11120	11583	18826
2002	13486	9392	12846	12338	19212	11291	18115	20900

1-42 续表 continued

单位:元 (yuan)

登记注册类型 Registration Status 年 份 Year	批发和零售贸易、餐饮业 Wholesale and Retail Trade & Catering Services	金融、保险业 Finance and Insurance	房地产业 Real Estate Trade	社 会 服务业 Social Services	卫生、体育和社会福利业 Health Care, Sporting and Social Welfare	教育、文化艺术和广播电影电视业 Education, Culture and Arts, Radio, Film and Television	科学研究和综合技术服务业 Scientific Research and Polytechnical Services	国家机关政党机关和社会团体 Government Agencies, Party Agencies and Social Organizations	其 他 Others
全国 National									
1994	3542	6692	6277	5062	5098	4495	6127	4920	5188
1995	4260	7357	7351	6037	5831	4999	6818	5484	6250
1996	4674	8402	8405	6839	6758	5699	7981	6286	7143
1997	4872	9665	9269	7642	7566	6332	8953	6939	6862
1998	5884	10595	10402	8523	8445	7101	10112	7721	8497
1999	6436	11901	11579	9393	9625	8188	11501	8920	10153
2000	7188	13178	12551	10386	10832	9224	13374	9978	11205
2001	8207	15628	14074	11996	12821	11210	16220	12061	12862
2002	9439	18023	15384	13582	14652	13073	18792	13844	14212
国有单位 State-owned Units									
1994	3854	6979	5967	5081	5242	4511	6182	4926	5723
1995	4567	7558	6861	5932	5980	5026	6807	5486	6827
1996	4941	8638	7861	6676	6932	5714	7941	6296	7563
1997	5141	9904	8554	7406	7757	6402	8921	6943	6854
1998	6132	10801	9368	8142	8651	7182	10061	7725	8178
1999	6647	11865	10374	8975	9856	8278	11440	8925	9635
2000	7364	13215	11462	9709	11156	9341	13059	9983	10049
2001	8162	15678	12897	11130	13243	11339	16048	12071	11293
2002	9371	18313	14144	12067	15121	13237	18792	13858	13258
集体单位 Collective-owned Units									
1994	2833	5643	5239	3707	4211	3412	4678	4315	4036
1995	3461	6432	6643	4659	4869	3722	5871	5213	4848
1996	3838	6858	6740	4979	5602	4609	6738	5009	5667
1997	3901	7570	7654	5676	6264	4226	6805	6166	5761
1998	4530	8074	9056	6195	6846	4556	7000	6952	7049
1999	4820	8941	10391	6640	7775	5310	7921	7922	8124
2000	5110	9571	10270	7221	8347	5642	9198	8811	9007
2001	5450	10707	10516	7902	9474	7192	9522	9304	9638
2002	6017	12283	11315	8849	10680	8042	10228	10199	9642
其他单位 Other Ownership Units									
1994	6600	10796	9702	8808	7274	8244	8042		9887
1995	7403	13035	10996	10189	9518	9149	10080		11629
1996	7976	16495	12426	11708	12182	9592	13372		14185
1997	8264	18194	13726	12747	13914	10386	14659		18939
1998	8492	16419	14142	13012	16691	12367	14773		22038
1999	9137	19375	15021	13777	18281	13477	16240		22977
2000	10235	20904	15402	15086	18158	12413	18916		28972
2001	11634	23300	16791	16839	18482	16449	19523		32267
2002	12349	23772	17613	18947	16114	17854	20879		31279

1-43 分行业城镇单位就业人员平均劳动报酬

AVERAGE EARNING OF EMPLOYMENT IN URBAN UNITS BY SECTOR

单位:元 (yuan)

登记注册类型 Registration Status 年份 Year	合计 Total	农、林、牧、渔业 Agriculture, Forestry, Farming of Animals and Fishery	采矿业 Mining	制造业 Manufacturing	电力、燃气及水的生产和供应业 Production & Distribution of Electricity, Gas & Water	建筑业 Construction	交通运输、仓储和邮政业 Traffic, Transport, Storage and Post
全国 National							
2003	13969	6884	13627	12671	18574	11328	15753
2004	15920	7497	16774	14251	21543	12578	18071
2005	18200	8207	20449	15934	24750	14112	20911
2006	20856	9269	24125	18225	28424	16164	24111
国有单位 State-owned Units							
2003	14358	6819	13819	12520	18030	12495	15973
2004	16445	7417	17198	14374	20933	14076	17938
2005	18978	8122	20843	16831	24105	16032	20716
2006	21706	9145	24827	20117	28145	18166	23723
集体单位 Collective-owned Units							
2003	8627	6127	7194	7594	14774	8311	8100
2004	9723	7027	8628	8581	16898	9111	8777
2005	11176	8042	11067	9671	18323	10071	9920
2006	12866	9789	13626	10978	19880	11428	11062
其他单位 Other Ownership Units							
2003	14843	10077	14285	13596	20805	12227	17573
2004	16519	10332	17308	14944	23757	13271	21165
2005	18362	10952	21044	16294	26822	14593	23968
2006	21004	12677	24513	18394	29663	16780	27578

1-43 续表 1 continued

单位:元 (yuan)

登记注册类型 Registration Status 年 份 Year	信息传输、计算机服务和软件业 Information Transfer, Computer and Software	批发和零售业 Wholesale and Retail Trade	住宿和餐饮业 Accommodation and Restaurants	金融业 Finance	房地产业 Real Estate	租赁和商务服务业 Tenancy and Business Services	科学研究、技术服务和地质勘查业 Scientific Research, Technical Service & Geologic Perambulation
全 国 National							
2003	30897	10894	11198	20780	17085	17020	20442
2004	33449	13012	12618	24299	18467	18723	23351
2005	38799	15256	13876	29229	20253	21233	27155
2006	43435	17796	15236	35495	22238	24510	31644
国有单位 State-owned Units							
2003	24969	10937	10482	21267	15749	15042	19775
2004	27389	12724	12137	25063	17215	16470	22711
2005	29935	15492	13428	30396	19449	19076	25989
2006	32747	18444	14851	34727	21324	20804	30023
集体单位 Collective-owned Units							
2003	12486	6610	8356	14023	12002	10896	12962
2004	17633	7312	9311	16209	12793	11639	13441
2005	24524	8261	10145	18560	13259	13230	18053
2006	24058	9256	11453	21694	15625	14204	23058
其他单位 Other Ownership Units							
2003	41911	13665	12425	25374	18898	25742	25591
2004	43474	16265	13553	28513	19933	27581	29233
2005	48602	17709	14692	33307	21331	29040	34523
2006	53807	19959	15922	42687	23181	34514	40707

1-43 续表 2 continued

单位:元 (yuan)

登记注册类型 Registration Status 年份 Year	水利、环境和公共设施管理业 Management of Water Conservancy, Environment and Public Establishment	居民服务和其他服务业 Resident Services and Other Services	教育 Education	卫生、社会保障和社会福利业 Sanitation, Social Security and Social Welfare	文化体育和娱乐业 Culture, Sports and Entertainment	公共管理和社会组织 Public Management and Social Organization
全国 National						
2003	11774	12665	14189	16185	17098	15355
2004	12884	13680	16085	18386	20522	17372
2005	14322	15747	18259	20808	22670	20234
2006	15630	18030	20918	23590	25847	22546
国有单位 State-owned Units						
2003	11782	14419	14371	16741	17340	15382
2004	12850	16366	16217	19061	20955	17406
2005	14254	17323	18388	21500	23110	20270
2006	15517	20548	21027	24298	26374	22608
集体单位 Collective-owned Units						
2003	10030	8683	9330	11610	9424	10293
2004	10433	8910	10559	12869	10953	11454
2005	11051	10690	12670	14826	13635	12906
2006	11948	12170	15338	17325	14169	14129
其他单位 Other Ownership Units						
2003	14392	14038	17986	15110	16565	8763
2004	16645	13893	19964	15789	18002	12617
2005	18681	16502	20664	18084	19926	14036
2006	20388	17410	23099	21225	22712	11765

1-44 分地区全国就业人员受教育程度构成
EDUCATIONAL ATTAINMENT COMPOSITION OF EMPLOYMENT BY REGION

单位：% (%)

地 区	Region	合 计 Total	男 Male	女 Female	未上过学 Illiterate	小 学 Primary School	初 中 Junior School	高 中 Senior School	大学专科 College	大学本科 University	研究生 Graduate
全 国	**National**	**100.0**	**53.5**	**46.5**	**6.7**	**29.9**	**44.9**	**11.9**	**4.3**	**2.1**	**0.23**
北 京	Beijing	100.0	56.4	43.6	1.5	6.8	31.5	24.5	16.3	16.0	3.41
天 津	Tianjin	100.0	57.0	43.0	1.2	15.4	41.5	24.7	9.7	7.0	0.54
河 北	Hebei	100.0	54.9	45.1	3.3	26.6	55.4	10.4	2.9	1.4	0.04
山 西	Shanxi	100.0	59.2	40.8	1.9	19.4	56.5	14.1	5.3	2.6	0.17
内蒙古	Inner Mongolia	100.0	55.9	44.1	6.8	27.7	44.2	13.9	5.4	1.9	0.06
辽 宁	Liaoning	100.0	56.1	43.9	1.4	22.9	52.3	13.8	6.0	3.3	0.28
吉 林	Jilin	100.0	56.4	43.6	2.6	27.8	47.8	15.4	4.1	2.2	0.20
黑龙江	Heilongjiang	100.0	56.7	43.3	2.2	27.4	49.0	14.1	4.9	2.4	0.09
上 海	Shanghai	100.0	57.3	42.7	1.4	8.1	34.6	27.5	13.9	12.5	1.92
江 苏	Jiangsu	100.0	50.4	49.6	6.4	26.9	44.1	14.4	5.4	2.4	0.34
浙 江	Zhejiang	100.0	57.2	42.8	6.3	31.7	41.1	12.2	5.0	3.1	0.66
安 徽	Anhui	100.0	52.5	47.5	13.6	31.1	44.4	7.2	2.6	1.1	0.05
福 建	Fujian	100.0	56.1	43.9	6.7	36.8	38.8	11.4	4.3	2.0	0.06
江 西	Jiangxi	100.0	53.4	46.6	5.9	38.9	38.8	10.4	3.7	1.8	0.29
山 东	Shandong	100.0	51.8	48.2	5.9	27.0	49.3	12.5	3.6	1.6	0.05
河 南	Henan	100.0	51.6	48.4	5.7	22.6	57.2	10.1	3.4	0.9	0.04
湖 北	Hubei	100.0	53.0	47.0	7.6	29.7	41.0	14.1	4.4	2.5	0.60
湖 南	Hunan	100.0	53.7	46.3	4.1	32.9	45.9	11.7	3.6	1.7	0.17
广 东	Guangdong	100.0	54.1	45.9	2.2	22.7	51.1	16.8	4.6	2.4	0.31
广 西	Guangxi	100.0	52.8	47.2	3.5	32.2	48.5	10.5	4.0	1.2	0.04
海 南	Hainan	100.0	54.2	45.8	6.5	21.3	52.3	13.9	4.0	1.9	0.10
重 庆	Chongqing	100.0	52.2	47.8	7.6	41.8	36.7	8.8	3.2	1.8	0.06
四 川	Sichuan	100.0	51.6	48.4	10.2	44.1	34.6	7.4	2.6	1.1	0.02
贵 州	Guizhou	100.0	52.8	47.2	17.4	41.9	32.3	5.1	2.5	0.9	0.01
云 南	Yunnan	100.0	52.9	47.1	14.2	45.7	30.7	5.7	2.5	1.0	0.07
西 藏	Tibet	100.0	50.8	49.2	44.9	45.2	8.3	1.1	0.5		
陕 西	Shaanxi	100.0	52.4	47.6	7.4	27.3	44.5	13.3	5.0	2.3	0.19
甘 肃	Gansu	100.0	51.6	48.4	21.7	33.1	32.9	8.7	2.8	0.7	0.04
青 海	Qinghai	100.0	53.8	46.2	18.4	34.2	29.3	10.1	5.6	2.3	0.11
宁 夏	Ningxia	100.0	53.4	46.7	14.3	28.3	37.2	11.4	5.8	3.0	0.07
新 疆	Xinjiang	100.0	54.8	45.2	5.2	31.0	41.7	10.9	7.3	3.5	0.36

资料来源：2006年11月劳动力调查资料（下同）。
Data Resource: 2006.11 Survey (the same as below).

1-45 分地区全国男性就业人员受教育程度构成
EDUCATIONAL ATTAINMENT COMPOSITION OF MALE EMPLOYMENT BY REGION

单位：% (%)

地区	Region	合计 Total	未上过学 Illiterate	小学 Primary School	初中 Junior School	高中 Senior School	大学专科 College	大学本科 University	研究生 Graduate
全国	**National**	**100.0**	**3.8**	**26.7**	**48.6**	**13.8**	**4.5**	**2.4**	**0.29**
北京	Beijing	100.0	1.0	6.9	34.9	23.7	14.7	14.9	3.80
天津	Tianjin	100.0	0.6	14.7	44.1	24.5	9.1	6.5	0.58
河北	Hebei	100.0	2.0	22.6	59.1	12.1	2.8	1.4	0.04
山西	Shanxi	100.0	1.7	17.3	58.3	15.2	4.7	2.6	0.18
内蒙古	Inner Mongolia	100.0	3.9	24.4	48.7	15.5	5.5	1.9	0.08
辽宁	Liaoning	100.0	0.9	20.7	54.0	14.8	5.8	3.5	0.30
吉林	Jilin	100.0	1.9	25.3	49.9	16.3	4.0	2.4	0.24
黑龙江	Heilongjiang	100.0	1.5	24.2	51.4	15.5	4.8	2.4	0.12
上海	Shanghai	100.0	0.6	7.4	36.3	28.1	12.8	12.6	2.18
江苏	Jiangsu	100.0	3.0	23.0	46.8	18.0	5.8	3.0	0.47
浙江	Zhejiang	100.0	4.0	30.6	44.0	12.7	4.8	3.0	0.82
安徽	Anhui	100.0	7.3	27.3	51.3	9.5	3.2	1.4	0.07
福建	Fujian	100.0	2.5	32.0	44.7	13.7	4.6	2.4	0.08
江西	Jiangxi	100.0	3.2	31.3	45.2	13.3	4.4	2.2	0.42
山东	Shandong	100.0	2.9	22.0	54.1	14.9	4.0	2.0	0.06
河南	Henan	100.0	3.6	18.9	60.1	12.5	3.7	1.0	0.05
湖北	Hubei	100.0	4.1	26.0	44.5	16.7	5.1	2.8	0.76
湖南	Hunan	100.0	2.1	30.1	48.5	13.3	3.8	2.0	0.21
广东	Guangdong	100.0	1.2	18.1	52.9	19.5	4.9	2.9	0.39
广西	Guangxi	100.0	1.5	27.8	52.3	12.5	4.4	1.5	0.04
海南	Hainan	100.0	3.1	16.7	55.2	17.9	4.6	2.3	0.09
重庆	Chongqing	100.0	4.3	40.1	39.8	10.2	3.4	2.1	0.11
四川	Sichuan	100.0	6.1	43.6	37.3	8.8	3.0	1.3	0.03
贵州	Guizhou	100.0	8.1	40.6	41.2	6.1	2.9	1.1	0.01
云南	Yunnan	100.0	8.4	45.1	36.2	6.3	2.7	1.2	0.08
西藏	Tibet	100.0	34.3	52.4	11.7	1.2	0.5		
陕西	Shaanxi	100.0	4.8	23.3	47.2	16.1	5.6	2.7	0.28
甘肃	Gansu	100.0	13.3	31.7	39.3	11.5	3.3	0.9	0.06
青海	Qinghai	100.0	11.5	34.6	34.6	10.8	5.8	2.4	0.13
宁夏	Ningxia	100.0	8.2	26.6	42.9	12.8	6.1	3.1	0.12
新疆	Xinjiang	100.0	4.7	29.3	43.8	11.7	6.9	3.3	0.39

1-46 分地区全国女性就业人员受教育程度构成

EDUCATIONAL ATTAINMENT COMPOSITION OF FEMALE EMPLOYMENT BY REGION

单位：% (%)

地 区	Region	合 计 Total	未上过学 Illiterate	小 学 Primary School	初 中 Junior School	高 中 Senior School	大学专科 College	大学本科 University	研究生 Graduate
全 国	**National**	**100.0**	**10.2**	**33.7**	**40.6**	**9.6**	**4.0**	**1.8**	**0.16**
北 京	Beijing	100.0	2.1	6.6	27.2	25.6	18.4	17.4	2.88
天 津	Tianjin	100.0	1.9	16.3	38.1	25.0	10.5	7.7	0.48
河 北	Hebei	100.0	5.0	31.4	50.9	8.3	3.0	1.4	0.03
山 西	Shanxi	100.0	2.3	22.4	53.8	12.5	6.2	2.6	0.15
内蒙古	Inner Mongolia	100.0	10.4	32.0	38.4	11.8	5.4	2.0	0.03
辽 宁	Liaoning	100.0	2.0	25.6	50.2	12.5	6.3	3.1	0.26
吉 林	Jilin	100.0	3.5	30.9	45.2	14.2	4.2	2.0	0.15
黑龙江	Heilongjiang	100.0	3.2	31.6	45.8	12.2	5.0	2.3	0.05
上 海	Shanghai	100.0	2.5	9.0	32.4	26.7	15.4	12.4	1.57
江 苏	Jiangsu	100.0	9.9	30.9	41.3	10.9	5.0	1.8	0.20
浙 江	Zhejiang	100.0	9.3	33.2	37.1	11.6	5.2	3.2	0.45
安 徽	Anhui	100.0	20.5	35.3	36.8	4.7	1.9	0.7	0.03
福 建	Fujian	100.0	11.9	42.9	31.2	8.5	4.0	1.5	0.03
江 西	Jiangxi	100.0	9.1	47.7	31.5	7.1	3.0	1.4	0.14
山 东	Shandong	100.0	9.1	32.4	44.3	9.9	3.0	1.2	0.03
河 南	Henan	100.0	7.9	26.6	54.1	7.5	3.1	0.8	0.03
湖 北	Hubei	100.0	11.6	33.9	37.0	11.2	3.6	2.2	0.42
湖 南	Hunan	100.0	6.4	36.1	42.8	9.8	3.4	1.4	0.13
广 东	Guangdong	100.0	3.3	28.2	48.9	13.5	4.2	1.7	0.22
广 西	Guangxi	100.0	5.7	37.3	44.3	8.2	3.5	0.9	0.03
海 南	Hainan	100.0	10.5	26.7	48.8	9.2	3.3	1.4	0.05
重 庆	Chongqing	100.0	11.2	43.7	33.3	7.2	3.1	1.4	0.01
四 川	Sichuan	100.0	14.6	44.7	31.6	5.9	2.2	0.9	0.01
贵 州	Guizhou	100.0	27.8	43.3	22.4	3.9	2.0	0.7	
云 南	Yunnan	100.0	20.8	46.4	24.6	5.0	2.4	0.8	0.06
西 藏	Tibet	100.0	55.9	37.6	5.0	1.0	0.4		
陕 西	Shaanxi	100.0	10.3	31.7	41.4	10.3	4.5	1.8	0.09
甘 肃	Gansu	100.0	30.6	34.6	26.1	5.9	2.3	0.5	0.03
青 海	Qinghai	100.0	26.4	33.8	23.2	9.3	5.3	2.1	0.08
宁 夏	Ningxia	100.0	21.2	30.3	30.6	9.7	5.3	2.9	0.07
新 疆	Xinjiang	100.0	5.9	33.0	39.2	10.0	7.9	3.7	0.32

1-47 按年龄、性别分的全国就业人员受教育程度构成

EDUCATIONAL ATTAINMENT COMPOSITION OF EMPLOYMENT BY AGE AND SEX

单位：%　　(%)

年龄 Age	合计 Total	未上过学 Illiterate	小学 Primary School	初中 Junior School	高中 Senior School	大学专科 College	大学本科 University	研究生 Graduate
总计 Total	**100.0**	**6.7**	**29.9**	**44.9**	**11.9**	**4.3**	**2.1**	**0.2**
16-19	100.0	1.2	14.9	72.9	10.5	0.5	0.1	
20-24	100.0	1.2	11.8	62.6	15.5	6.0	2.7	0.1
25-29	100.0	1.6	14.5	54.7	15.9	8.2	4.6	0.5
30-34	100.0	2.1	20.8	53.6	13.1	6.7	3.4	0.4
35-39	100.0	2.7	26.3	52.1	11.0	4.8	2.8	0.3
40-44	100.0	3.4	25.8	49.6	14.4	4.3	2.2	0.3
45-49	100.0	6.4	32.6	37.8	18.2	3.5	1.4	0.2
50-54	100.0	10.6	46.3	30.3	9.1	2.6	0.9	0.1
55-59	100.0	15.2	56.9	21.4	4.2	1.7	0.6	…
60-64	100.0	22.1	57.1	17.7	2.1	0.5	0.4	…
65+	100.0	37.1	51.9	8.9	1.4	0.3	0.3	…
男 Male	**100.0**	**3.8**	**26.7**	**48.6**	**13.8**	**4.5**	**2.4**	**0.3**
16-19	100.0	0.8	14.4	74.2	10.1	0.5	0.1	
20-24	100.0	0.9	10.7	64.2	16.4	5.1	2.6	0.1
25-29	100.0	1.0	12.3	56.5	17.3	7.7	4.6	0.5
30-34	100.0	1.1	16.7	55.9	14.9	7.0	3.7	0.5
35-39	100.0	1.4	20.6	56.1	13.0	5.1	3.3	0.4
40-44	100.0	1.4	18.6	54.3	17.3	5.1	2.9	0.5
45-49	100.0	2.7	24.6	44.1	22.5	4.2	1.7	0.2
50-54	100.0	4.5	39.2	38.9	12.6	3.5	1.2	0.1
55-59	100.0	7.1	53.7	29.4	6.3	2.6	0.8	0.1
60-64	100.0	11.7	59.2	24.6	3.1	0.7	0.6	0.1
65+	100.0	24.5	60.4	12.2	2.0	0.4	0.4	…
女 Female	**100.0**	**10.2**	**33.7**	**40.6**	**9.6**	**4.0**	**1.8**	**0.2**
16-19	100.0	1.6	15.4	71.4	10.9	0.5	0.1	
20-24	100.0	1.6	13.0	60.9	14.6	7.0	2.8	0.1
25-29	100.0	2.3	16.9	52.8	14.3	8.7	4.6	0.4
30-34	100.0	3.1	25.2	51.0	11.1	6.3	3.0	0.3
35-39	100.0	4.2	32.4	47.8	8.8	4.5	2.2	0.2
40-44	100.0	5.6	33.4	44.6	11.3	3.5	1.5	0.1
45-49	100.0	10.7	42.1	30.5	13.1	2.6	0.9	0.1
50-54	100.0	18.6	55.4	19.1	4.6	1.6	0.6	0.1
55-59	100.0	26.3	61.3	10.5	1.3	0.4	0.2	…
60-64	100.0	36.8	54.2	7.8	0.6	0.2	0.2	…
65+	100.0	58.4	37.6	3.2	0.3	0.2	0.2	

1-48 按受教育程度、性别分的全国就业人员年龄构成

AGE COMPOSITION OF EMPLOYMENT BY EDUCATIONAL ATTAINMENT AND SEX

单位：% (%)

年 龄 Age	合 计 Total	未上过学 Illiterate	小 学 Primary School	初 中 Junior School	高 中 Senior School	大学专科 College	大学本科 University	研究生 Graduate
总计 Total	**100.0**	**100.0**	**100.0**	**100.0**	**100.0**	**100.0**	**100.0**	**100.0**
16-19	4.3	0.8	2.1	7.0	3.8	0.5	0.2	
20-24	8.1	1.5	3.2	11.3	10.6	11.5	10.5	2.0
25-29	9.5	2.3	4.6	11.5	12.7	18.2	20.5	19.3
30-34	12.3	3.8	8.5	14.6	13.6	19.2	19.4	22.7
35-39	15.1	6.2	13.3	17.6	14.0	17.2	19.5	21.6
40-44	15.3	7.8	13.2	16.9	18.7	15.5	15.8	20.8
45-49	9.6	9.1	10.5	8.1	14.8	7.8	6.2	6.7
50-54	10.6	16.8	16.4	7.2	8.2	6.6	4.6	4.1
55-59	7.0	15.8	13.3	3.3	2.5	2.8	1.9	1.3
60-64	4.0	13.2	7.7	1.6	0.7	0.5	0.8	0.8
65+	4.2	22.9	7.2	0.8	0.5	0.3	0.7	0.4
男 Male	**100.0**	**100.0**	**100.0**	**100.0**	**100.0**	**100.0**	**100.0**	**100.0**
16-19	4.2	0.9	2.2	6.3	3.0	0.4	0.1	
20-24	7.6	1.8	3.1	10.0	9.0	8.6	8.4	1.3
25-29	9.2	2.5	4.2	10.7	11.5	15.7	17.7	15.9
30-34	11.9	3.6	7.5	13.7	12.9	18.6	18.7	21.1
35-39	14.6	5.4	11.3	16.9	13.8	16.7	20.3	21.2
40-44	14.8	5.5	10.4	16.6	18.6	16.7	17.7	24.0
45-49	9.7	6.9	8.9	8.8	15.8	9.0	7.0	8.3
50-54	11.2	13.4	16.4	9.0	10.2	8.6	5.5	4.5
55-59	7.6	14.4	15.2	4.6	3.4	4.4	2.7	1.8
60-64	4.4	13.8	9.8	2.2	1.0	0.7	1.0	1.1
65+	4.9	31.8	11.0	1.2	0.7	0.5	0.9	0.7
女 Female	**100.0**	**100.0**	**100.0**	**100.0**	**100.0**	**100.0**	**100.0**	**100.0**
16-19	4.4	0.7	2.0	7.8	5.0	0.6	0.3	
20-24	8.7	1.4	3.4	13.1	13.3	15.3	13.5	3.3
25-29	9.8	2.2	4.9	12.8	14.7	21.4	24.6	26.3
30-34	12.6	3.8	9.5	15.9	14.6	19.9	20.4	26.1
35-39	15.7	6.5	15.1	18.5	14.4	17.8	18.4	22.4
40-44	15.9	8.7	15.8	17.5	18.8	13.9	12.9	14.2
45-49	9.5	10.0	11.9	7.2	13.1	6.2	4.8	3.5
50-54	10.0	18.2	16.4	4.7	4.8	3.9	3.4	3.3
55-59	6.3	16.4	11.5	1.6	0.9	0.6	0.7	0.6
60-64	3.6	13.0	5.7	0.7	0.2	0.2	0.5	0.4
65+	3.3	19.1	3.7	0.3	0.1	0.2	0.4	

1-49 按行业、性别分的全国就业人员受教育程度构成

EDUCATIONAL ATTAINMENT COMPOSITION OF EMPLOYMENT BY SECTOR AND SEX

单位：% (%)

受教育程度	Educational Attainment	合计 Total	农、林、牧、渔业 Farming, Forestry, Animal Husbandry and Fishery	采矿业 Mining and Quarrying	制造业 Manufacturing	电力、燃气及水的生产和供应业 Production and Supply of Electricity Gas and Water	建筑业 Construction	交通运输、仓储和邮政业 Transport, Storage, Post & Telecommu-nications
总　计	**Total**	**100.0**	**100.0**	**100.0**	**100.0**	**100.0**	**100.0**	**100.0**
未上过学	Illiterate	6.7	10.1	1.3	1.3	0.2	1.7	1.0
小　学	Primary School	29.9	40.4	16.9	15.1	4.9	21.6	11.4
初　中	Junior School	44.9	44.4	52.8	55.0	28.0	55.6	53.9
高　中	Senior School	11.8	4.8	21.5	21.0	37.3	15.2	25.5
大学专科	College	4.3	0.2	5.5	5.2	18.8	4.4	6.2
大学本科	University	2.1	…	1.9	2.2	8.8	1.5	2.0
研究生	Graduate	0.2	…	0.1	0.2	2.0	0.1	0.1
男	**Male**	**100.0**	**100.0**	**100.0**	**100.0**	**100.0**	**100.0**	**100.0**
未上过学	Illiterate	3.8	5.9	1.1	0.7	0.2	1.3	0.8
小　学	Primary School	26.7	37.3	18.1	12.5	5.0	21.0	12.0
初　中	Junior School	48.6	49.8	55.1	54.3	31.0	57.9	57.0
高　中	Senior School	13.8	6.7	19.3	23.8	36.3	14.8	23.9
大学专科	College	4.5	0.3	4.6	5.7	16.8	3.7	4.8
大学本科	University	2.4	0.1	1.7	2.8	8.6	1.2	1.4
研究生	Graduate	0.3	…	0.1	0.2	2.0	0.1	0.1
女	**Female**	**100.0**	**100.0**	**100.0**	**100.0**	**100.0**	**100.0**	**100.0**
未上过学	Illiterate	10.2	14.3	2.4	2.1	0.2	4.0	1.7
小　学	Primary School	33.7	43.6	10.8	18.3	4.7	25.4	8.4
初　中	Junior School	40.6	39.0	41.0	55.7	20.8	39.9	36.8
高　中	Senior School	9.6	3.0	32.8	17.6	39.5	17.5	34.3
大学专科	College	4.0	0.1	10.2	4.6	23.5	9.4	13.7
大学本科	University	1.8	…	2.8	1.6	9.2	3.7	5.0
研究生	Graduate	0.2	…		0.1	2.1	0.2	0.1

注：人口变动调查自2003年开始使用新国民经济行业分类。

Note:The new industry classification has been used since 2003 in the Population Changement Sampling Survey(same as below)

1-49 续表 1 continued

单位：% (%)

受教育程度	Educational Attainment	信息传输、计算机服务和软件业 Data Transmission, Computer Service & Software	批发和零售业 Wholesale and Retail Trade	住宿和餐饮业 Hotel and Catering Services	金融业 Banking	房地产业 Real Estate	租赁和商务服务业 Leasing and Business Services	科学研究、技术服务和地质勘查业 Scientific Research, Technical Services,& Geological Prospecting
总 计	**Total**	**100.0**	**100.0**	**100.0**	**100.0**	**100.0**	**100.0**	**100.0**
未上过学	Illiterate	0.3	1.4	1.4		0.5	0.2	0.2
小 学	Primary School	2.6	13.8	13.7	1.2	5.9	6.3	2.0
初 中	Junior School	19.4	49.6	57.1	12.6	28.2	30.8	13.5
高 中	Senior School	30.2	26.8	22.9	28.1	32.5	27.2	25.0
大学专科	College	26.8	6.1	3.9	37.0	22.3	20.0	25.5
大学本科	University	17.9	2.1	1.0	19.7	10.0	13.7	28.1
研究生	Graduate	2.5	0.1	0.1	1.4	0.5	1.7	5.6
男	**Male**	**100.0**	**100.0**	**100.0**	**100.0**	**100.0**	**100.0**	**100.0**
未上过学	Illiterate	0.4	0.7	0.6		0.3	0.2	0.2
小 学	Primary School	2.8	13.2	10.5	1.3	7.1	6.9	2.5
初 中	Junior School	19.8	49.4	58.6	14.0	30.8	35.4	14.9
高 中	Senior School	28.2	27.1	25.1	26.9	32.3	27.3	25.0
大学专科	College	25.3	6.7	3.9	35.4	19.0	16.2	23.2
大学本科	University	20.4	2.6	1.3	20.8	10.0	12.3	27.9
研究生	Graduate	3.0	0.2	0.1	1.6	0.6	1.7	6.3
女	**Female**	**100.0**	**100.0**	**100.0**	**100.0**	**100.0**	**100.0**	**100.0**
未上过学	Illiterate	0.3	2.0	2.0		0.9	0.3	0.3
小 学	Primary School	2.3	14.3	16.4	1.0	3.9	5.4	0.9
初 中	Junior School	19.0	49.7	55.7	11.2	23.8	23.2	10.6
高 中	Senior School	33.3	26.6	21.0	29.1	32.9	27.0	25.2
大学专科	College	29.1	5.6	3.9	38.6	28.0	26.6	30.2
大学本科	University	14.3	1.6	0.8	18.8	10.0	16.0	28.7
研究生	Graduate	1.8	0.1	0.1	1.2	0.5	1.5	4.1

1-49 续表 2 continued

单位：%　　(%)

受教育程度	Educational Attainment	水利、环境和公共设施管理业 Water Conservancy, Environment and public Utility Management	居民服务和其他服务业 Public and other Services	教　育 Education	卫生、社会保障和社会福利业 Public Health Social Securities & Social Welfare	文化、体育和娱乐业 Culture Sports and Entertainment	公共管理和社会组织 Public Administrantion and Social Organizations	国际组织 International Organizations
总　计	**Total**	**100.0**	**100.0**	**100.0**	**100.0**	**100.0**	**100.0**	**100.0**
未上过学	Illiterate	1.6	2.5	0.2	0.3	0.5	0.4	
小　学	Primary School	9.9	16.8	1.3	3.2	5.5	2.9	
初　中	Junior School	34.2	55.9	8.7	16.4	31.4	13.2	
高　中	Senior School	30.9	20.7	22.9	32.4	27.9	27.2	
大学专科	College	15.5	3.1	37.7	31.8	19.6	35.1	20.0
大学本科	University	7.2	1.0	25.0	13.8	13.6	20.2	80.0
研究生	Graduate	0.6	…	4.3	2.1	1.5	1.0	
男	**Male**	**100.0**	**100.0**	**100.0**	**100.0**	**100.0**	**100.0**	**100.0**
未上过学	Illiterate	1.0	1.5	0.1	0.3	0.3	0.4	
小　学	Primary School	9.3	16.5	1.4	4.1	5.2	2.7	
初　中	Junior School	33.9	57.0	8.9	19.8	31.3	13.9	
高　中	Senior School	30.9	21.3	22.5	28.6	29.7	26.7	
大学专科	College	16.7	2.8	36.8	28.2	19.3	34.5	
大学本科	University	7.3	0.9	24.5	16.2	12.9	20.6	100.0
研究生	Graduate	1.0	0.1	5.7	2.9	1.4	1.1	
女	**Female**	**100.0**	**100.0**	**100.0**	**100.0**	**100.0**	**100.0**	**100.0**
未上过学	Illiterate	2.7	3.8	0.3	0.4	0.9	0.4	
小　学	Primary School	10.8	17.2	1.2	2.6	5.7	3.2	
初　中	Junior School	34.7	54.6	8.4	13.7	31.5	11.5	
高　中	Senior School	31.0	19.7	23.2	35.4	25.4	28.4	
大学专科	College	13.7	3.5	38.4	34.6	20.2	36.5	50.0
大学本科	University	7.0	1.2	25.5	11.9	14.7	19.2	50.0
研究生	Graduate	0.1	…	3.0	1.4	1.6	0.8	

1-50 按职业、性别分的全国就业人员受教育程度构成
EDUCATIONAL ATTAINMENT COMPOSITION OF EMPLOYMENT BY OCCUPATION AND SEX

单位：% (%)

受教育程度	Educational Attainment	合计 Total	单位负责人 Unit Head	专业技术人员 Professional and Technical Personnel	办事人员和有关人员 Clerk and Related Workers	商业、服务业人员 Business Service Personnel	农林牧渔水利业生产人员 Agriculture and Water Conservancy Labors	生产运输设备操作人员及有关人员 Production, Transport Equipment Operators and Related Workers	其他 Others
总　计	**Total**	**100.0**	**100.0**	**100.0**	**100.0**	**100.0**	**100.0**	**100.0**	**100.0**
未上过学	Illiterate	6.7	0.3	0.2	0.4	1.6	10.1	1.5	3.3
小　学	Primary School	29.9	5.0	2.6	4.7	13.9	40.4	17.3	16.3
初　中	Junior School	44.9	28.9	16.2	21.0	51.4	44.5	58.7	45.5
高　中	Senior School	11.8	29.4	27.8	29.7	25.5	4.8	18.7	22.6
大学专科	College	4.3	21.6	31.5	27.6	5.7	0.2	2.9	6.7
大学本科	University	2.1	13.3	18.9	15.5	1.8	…	0.8	5.3
研究生	Graduate	0.2	1.5	2.7	1.1	0.1	…	…	0.4
男	**Male**	**100.0**	**100.0**	**100.0**	**100.0**	**100.0**	**100.0**	**100.0**	**100.0**
未上过学	Illiterate	3.8	0.2	0.1	0.4	0.9	5.9	1.0	2.0
小　学	Primary School	26.7	5.0	3.4	5.6	12.9	37.3	15.6	15.8
初　中	Junior School	48.6	29.3	18.7	22.7	51.7	49.8	59.1	46.6
高　中	Senior School	13.8	29.7	25.9	28.4	26.0	6.7	20.4	23.4
大学专科	College	4.5	21.0	28.8	26.2	6.2	0.3	3.1	6.3
大学本科	University	2.4	13.1	19.5	15.6	2.2	…	0.9	5.5
研究生	Graduate	0.3	1.7	3.4	1.2	0.1	…	…	0.4
女	**Female**	**100.0**	**100.0**	**100.0**	**100.0**	**100.0**	**100.0**	**100.0**	**100.0**
未上过学	Illiterate	10.2	0.8	0.2	0.5	2.2	14.3	2.4	5.5
小　学	Primary School	33.7	5.0	1.8	2.9	15.0	43.5	20.7	17.1
初　中	Junior School	40.6	27.5	13.7	17.5	51.0	39.1	58.1	43.6
高　中	Senior School	9.6	28.2	29.7	32.3	25.0	3.0	15.6	21.3
大学专科	College	4.0	23.7	34.3	30.4	5.3	0.1	2.6	7.4
大学本科	University	1.8	14.1	18.3	15.5	1.5	…	0.6	4.9
研究生	Graduate	0.2	0.8	2.0	0.9	0.1	…	…	0.4

1–51 按受教育程度、性别分的全国就业人员职业构成
OCCUPATION COMPOSITION OF EMPLOYMENT BY EDUCATIONAL ATTAINMENT AND SEX

单位：% (%)

受教育程度	Educational Attainment	合 计 Total	单 位 负责人 Unit Head	专业技术人员 Professional and Technical Personnel	办事人员和有关人员 Clerk and Related Workers	商业、服务业人员 Business Service Personnel	农林牧渔水利业生产人员 Agriculture and Water Conservancy Labors	生产运输设备操作人员及有关人员 Production, Transport Equipment Operators and Related Workers	其 他 Others
总 计	**Total**	**100.0**	**1.2**	**5.7**	**3.4**	**11.4**	**62.5**	**15.5**	**0.3**
未上过学	Illiterate	100.0	0.1	0.1	0.2	2.6	93.4	3.4	0.2
小 学	Primary School	100.0	0.2	0.5	0.5	5.3	84.4	8.9	0.2
初 中	Junior School	100.0	0.8	2.1	1.6	13.0	62.0	20.2	0.3
高 中	Senior School	100.0	3.1	13.3	8.6	24.4	25.5	24.4	0.6
大学专科	College	100.0	6.3	42.1	22.3	15.3	2.9	10.6	0.5
大学本科	University	100.0	7.7	50.2	25.0	9.8	0.9	5.7	0.8
研究生	Graduate	100.0	8.2	67.2	16.3	4.7	0.7	2.4	0.5
男	**Male**	**100.0**	**1.8**	**5.4**	**4.3**	**10.7**	**58.4**	**19.0**	**0.4**
未上过学	Illiterate	100.0	0.1	0.2	0.4	2.5	91.7	4.9	0.2
小 学	Primary School	100.0	0.3	0.7	0.9	5.2	81.6	11.1	0.2
初 中	Junior School	100.0	1.1	2.1	2.0	11.4	59.9	23.1	0.4
高 中	Senior School	100.0	3.9	10.1	8.8	20.2	28.3	28.1	0.6
大学专科	College	100.0	8.5	34.5	24.9	14.8	3.6	13.0	0.5
大学本科	University	100.0	10.0	43.8	27.8	9.7	0.9	7.0	0.9
研究生	Graduate	100.0	10.8	63.9	17.2	4.8	0.5	2.5	0.6
女	**Female**	**100.0**	**0.6**	**6.0**	**2.5**	**12.1**	**67.2**	**11.4**	**0.3**
未上过学	Illiterate	100.0	…	0.1	0.1	2.7	94.2	2.7	0.1
小 学	Primary School	100.0	0.1	0.3	0.2	5.4	86.9	7.0	0.1
初 中	Junior School	100.0	0.4	2.0	1.1	15.2	64.8	16.3	0.3
高 中	Senior School	100.0	1.6	18.7	8.3	31.5	20.9	18.4	0.6
大学专科	College	100.0	3.3	52.0	18.9	16.0	1.9	7.4	0.5
大学本科	University	100.0	4.3	59.9	20.7	9.8	0.7	3.8	0.7
研究生	Graduate	100.0	2.9	73.9	14.4	4.7	1.2	2.3	0.6

1-52 按年龄、性别分的全国就业人员就业身份构成

COMPOSITION OF EMPLOYMENT STATUS BY AGE AND SEX

单位：% (%)

年龄 Age	合计 Total	雇员 Employee	雇主 Employer	自营劳动者 Self-employed	家庭帮工 Unpaid Familial Worker
总计 Total	**100.0**	**27.7**	**2.1**	**68.6**	**1.6**
16-19	100.0	36.7	0.4	60.1	2.7
20-24	100.0	41.5	1.2	55.0	2.3
25-29	100.0	40.3	2.2	55.6	1.8
30-34	100.0	35.2	2.8	60.3	1.8
35-39	100.0	30.2	2.9	65.2	1.7
40-44	100.0	28.5	2.9	67.0	1.6
45-49	100.0	26.2	2.2	70.2	1.4
50-54	100.0	18.6	1.6	78.7	1.1
55-59	100.0	12.3	1.2	85.5	1.0
60-64	100.0	5.9	0.7	92.3	1.1
65+	100.0	3.4	0.5	95.0	1.1
男 Male	**100.0**	**30.2**	**2.8**	**66.3**	**0.7**
16-19	100.0	33.7	0.6	62.9	2.8
20-24	100.0	41.3	1.5	55.2	2.0
25-29	100.0	41.7	2.9	54.5	0.9
30-34	100.0	37.8	3.8	57.9	0.5
35-39	100.0	33.1	4.1	62.4	0.4
40-44	100.0	31.9	4.1	63.7	0.3
45-49	100.0	30.8	3.2	65.7	0.3
50-54	100.0	25.0	2.4	72.4	0.3
55-59	100.0	18.3	1.8	79.5	0.4
60-64	100.0	8.3	1.0	90.1	0.6
65+	100.0	4.3	0.7	94.1	0.8
女 Female	**100.0**	**24.9**	**1.2**	**71.2**	**2.7**
16-19	100.0	40.0	0.2	57.1	2.6
20-24	100.0	41.7	0.9	54.9	2.6
25-29	100.0	38.9	1.5	56.8	2.8
30-34	100.0	32.4	1.6	62.8	3.2
35-39	100.0	27.1	1.6	68.2	3.2
40-44	100.0	24.8	1.5	70.6	3.1
45-49	100.0	20.8	1.1	75.4	2.7
50-54	100.0	10.4	0.7	86.7	2.2
55-59	100.0	4.0	0.5	93.8	1.8
60-64	100.0	2.5	0.3	95.3	1.9
65+	100.0	1.7	0.2	96.4	1.6

1-53 按就业身份、性别分的全国就业人员年龄构成

AGE COMPOSITION OF EMPLOYMENT BY EMPLOYMENT STATUS AND SEX

单位：%　　(%)

年龄 Age	合 计 Total	雇 员 Employee	雇 主 Employer	自营劳动者 SelfEmployed	家庭帮工 Unpaid Familial Worker
总计 Total	**100.0**	**100.0**	**100.0**	**100.0**	**100.0**
16-19	4.3	5.7	0.9	3.8	7.1
20-24	8.1	12.2	4.6	6.5	11.4
25-29	9.5	13.8	10.2	7.7	10.8
30-34	12.3	15.6	16.5	10.8	13.3
35-39	15.1	16.5	21.2	14.4	16.2
40-44	15.3	15.7	21.3	15.0	15.5
45-49	9.6	9.1	10.4	9.8	8.4
50-54	10.6	7.1	8.4	12.2	7.3
55-59	7.0	3.1	4.2	8.7	4.4
60-64	4.0	0.9	1.4	5.4	2.7
65+	4.2	0.5	1.1	5.8	2.9
男 Male	**100.0**	**100.0**	**100.0**	**100.0**	**100.0**
16-19	4.2	4.6	0.9	3.9	17.0
20-24	7.6	10.4	3.9	6.3	22.4
25-29	9.2	12.7	9.2	7.5	12.5
30-34	11.9	14.9	16.1	10.4	8.2
35-39	14.6	16.0	20.9	13.8	8.8
40-44	14.8	15.7	21.4	14.2	6.9
45-49	9.7	9.9	10.8	9.6	4.7
50-54	11.2	9.2	9.3	12.2	4.8
55-59	7.6	4.6	4.7	9.1	5.0
60-64	4.4	1.2	1.5	6.0	3.7
65+	4.9	0.7	1.2	6.9	6.1
女 Female	**100.0**	**100.0**	**100.0**	**100.0**	**100.0**
16-19	4.4	7.1	0.8	3.6	4.3
20-24	8.7	14.6	6.5	6.7	8.3
25-29	9.8	15.3	12.9	7.8	10.3
30-34	12.6	16.4	17.9	11.1	14.8
35-39	15.7	17.1	21.9	15.1	18.4
40-44	15.9	15.8	20.9	15.8	18.0
45-49	9.5	7.9	9.1	10.1	9.5
50-54	10.0	4.2	5.8	12.2	8.0
55-59	6.3	1.0	2.7	8.4	4.2
60-64	3.6	0.4	0.9	4.8	2.5
65+	3.3	0.2	0.6	4.5	2.0

1–54 按受教育程度、性别分的全国就业人员就业身份构成
COMPOSITION OF EMPLOYMENT STATUS BY EDUCATIONAL ATTAINMENT AND SEX

单位：%　　(%)

受教育程度	Educational Attainment	合 计 Total	雇 员 Employee	雇 主 Employer	自营劳动者 SelfEmployed	家庭帮工 Unpaid Familial Worker
总 计	**Total**	**100.0**	**27.7**	**2.1**	**68.6**	**1.6**
未上过学	Illiterate	100.0	3.8	0.3	94.7	1.3
小 学	Primary School	100.0	9.5	0.9	88.2	1.5
初 中	Junior School	100.0	25.7	2.3	70.0	1.9
高 中	Senior School	100.0	58.8	4.6	34.8	1.8
大学专科	College	100.0	91.3	2.9	5.2	0.6
大学本科	University	100.0	96.0	2.1	1.7	0.2
研究生	Graduate	100.0	96.7	2.3	0.9	0.1
男	**Male**	**100.0**	**30.2**	**2.8**	**66.3**	**0.7**
未上过学	Illiterate	100.0	5.1	0.5	93.8	0.6
小 学	Primary School	100.0	11.3	1.4	86.9	0.5
初 中	Junior School	100.0	26.4	3.0	69.8	0.8
高 中	Senior School	100.0	54.8	5.5	38.8	0.8
大学专科	College	100.0	89.5	3.8	6.3	0.4
大学本科	University	100.0	95.1	2.7	2.1	0.1
研究生	Graduate	100.0	96.2	3.0	0.8	
女	**Female**	**100.0**	**24.9**	**1.2**	**71.2**	**2.7**
未上过学	Illiterate	100.0	3.2	0.2	95.1	1.6
小 学	Primary School	100.0	7.8	0.5	89.4	2.4
初 中	Junior School	100.0	24.8	1.4	70.4	3.4
高 中	Senior School	100.0	65.4	3.1	28.1	3.4
大学专科	College	100.0	93.6	1.7	3.8	0.8
大学本科	University	100.0	97.3	1.2	1.1	0.3
研究生	Graduate	100.0	97.7	0.8	1.2	0.4

1-55 按就业身份、性别分的全国就业人员受教育程度构成
EDUCATIONAL ATTAINMENT COMPOSITION BY EMPLOYMENT STATUS AND SEX

单位：% (%)

受教育程度	Educational Attainment	合计 Total	雇员 Employee	雇主 Employer	自营劳动者 SelfEmployed	家庭帮工 Unpaid Familial Worker
总　计	**Total**	**100.0**	**100.0**	**100.0**	**100.0**	**100.0**
未上过学	Illiterate	6.7	0.9	0.9	9.3	5.3
小　学	Primary School	29.9	10.2	13.1	38.5	27.1
初　中	Junior School	44.9	41.6	51.1	45.8	52.8
高　中	Senior School	11.9	25.1	26.5	6.0	13.1
大学专科	College	4.3	14.0	5.9	0.3	1.5
大学本科	University	2.1	7.4	2.2	0.1	0.3
研究生	Graduate	0.2	0.8	0.3	…	…
男	**Male**	**100.0**	**100.0**	**100.0**	**100.0**	**100.0**
未上过学	Illiterate	3.8	0.6	0.6	5.3	3.3
小　学	Primary School	26.7	10.0	12.7	35.0	19.1
初　中	Junior School	48.6	42.5	51.3	51.1	57.8
高　中	Senior School	13.8	25.1	26.8	8.1	17.0
大学专科	College	4.5	13.3	6.0	0.4	2.5
大学本科	University	2.4	7.6	2.2	0.1	0.5
研究生	Graduate	0.3	0.9	0.3	…	
女	**Female**	**100.0**	**100.0**	**100.0**	**100.0**	**100.0**
未上过学	Illiterate	10.2	1.3	1.6	13.6	5.9
小　学	Primary School	33.7	10.5	14.2	42.3	29.3
初　中	Junior School	40.6	40.3	50.5	40.1	51.3
高　中	Senior School	9.6	25.2	25.8	3.8	11.9
大学专科	College	4.0	14.9	5.8	0.2	1.2
大学本科	University	1.8	7.2	1.9	…	0.2
研究生	Graduate	0.2	0.6	0.1	…	…

1-56 按年龄、性别分的城镇就业人员就业身份构成

COMPOSITION OF URBAN EMPLOYMENT STATUS BY AGE AND SEX

单位：% (%)

年龄 Age	合计 Total	雇员 Employee	雇主 Employer	自营劳动者 SelfEmployed	家庭帮工 Unpaid Familial Worker
总计 Total	**100.0**	**55.1**	**4.0**	**38.5**	**2.4**
16-19	100.0	68.2	0.8	27.6	3.4
20-24	100.0	69.8	2.1	25.4	2.8
25-29	100.0	66.2	3.7	27.8	2.3
30-34	100.0	60.9	4.6	32.2	2.4
35-39	100.0	55.5	5.0	36.8	2.6
40-44	100.0	54.3	5.3	37.9	2.5
45-49	100.0	52.7	4.2	40.8	2.2
50-54	100.0	43.5	3.6	50.8	2.1
55-59	100.0	33.6	3.2	61.3	1.9
60-64	100.0	16.9	2.1	78.6	2.4
65+	100.0	11.3	1.7	84.7	2.3
男 Male	**100.0**	**56.5**	**5.2**	**37.3**	**0.9**
16-19	100.0	64.0	1.0	31.4	3.6
20-24	100.0	68.2	2.6	26.8	2.4
25-29	100.0	66.1	4.7	28.1	1.1
30-34	100.0	61.4	6.0	32.1	0.6
35-39	100.0	57.0	6.6	35.9	0.6
40-44	100.0	56.4	7.0	36.2	0.5
45-49	100.0	56.7	5.6	37.2	0.5
50-54	100.0	51.5	4.6	43.4	0.5
55-59	100.0	43.8	3.9	51.4	0.8
60-64	100.0	22.4	2.8	73.8	1.1
65+	100.0	14.1	2.1	82.2	1.6
女 Female	**100.0**	**53.2**	**2.5**	**39.9**	**4.4**
16-19	100.0	72.4	0.5	23.8	3.2
20-24	100.0	71.3	1.5	24.0	3.2
25-29	100.0	66.4	2.6	27.4	3.6
30-34	100.0	60.3	2.9	32.3	4.5
35-39	100.0	53.9	3.2	37.9	5.0
40-44	100.0	51.8	3.2	40.0	5.0
45-49	100.0	47.3	2.4	45.8	4.5
50-54	100.0	29.9	1.9	63.5	4.8
55-59	100.0	13.2	1.8	81.0	4.0
60-64	100.0	7.9	1.1	86.6	4.5
65+	100.0	5.8	0.9	89.7	3.6

1-57 按就业身份、性别分的城镇就业人员年龄构成
AGE COMPOSITION OF URBAN EMPLOYMENT BY EMPLOYMENT STATUS AND SEX

单位：%　　(%)

年龄 Age	合计 Total	雇员 Employee	雇主 Employer	自营劳动者 SelfEmployed	家庭帮工 Unpaid Familial Worker
总计 Total	**100.0**	**100.0**	**100.0**	**100.0**	**100.0**
16-19	3.7	4.6	0.7	2.7	5.1
20-24	8.9	11.3	4.6	5.9	10.2
25-29	11.7	14.1	10.7	8.4	11.1
30-34	14.7	16.3	16.8	12.3	14.2
35-39	16.8	16.9	21.1	16.0	17.9
40-44	16.5	16.2	21.6	16.2	17.2
45-49	10.0	9.5	10.5	10.6	9.1
50-54	9.1	7.2	8.1	12.0	7.8
55-59	4.8	2.9	3.9	7.7	3.7
60-64	2.1	0.6	1.1	4.3	2.0
65+	1.8	0.4	0.8	4.0	1.7
男 Male	**100.0**	**100.0**	**100.0**	**100.0**	**100.0**
16-19	3.3	3.8	0.6	2.8	13.0
20-24	7.9	9.5	4.0	5.7	20.8
25-29	11.1	12.9	9.9	8.3	13.3
30-34	14.3	15.6	16.5	12.3	9.1
35-39	16.4	16.5	20.7	15.7	11.0
40-44	16.1	16.1	21.6	15.6	8.4
45-49	10.4	10.4	11.1	10.3	6.2
50-54	10.3	9.4	9.1	12.0	6.3
55-59	5.8	4.5	4.4	7.9	5.1
60-64	2.4	0.9	1.3	4.7	2.8
65+	2.1	0.5	0.9	4.7	3.8
女 Female	**100.0**	**100.0**	**100.0**	**100.0**	**100.0**
16-19	4.2	5.7	0.8	2.5	3.1
20-24	10.2	13.7	6.2	6.2	7.5
25-29	12.5	15.6	13.0	8.6	10.5
30-34	15.2	17.2	17.7	12.3	15.6
35-39	17.3	17.5	22.2	16.4	19.7
40-44	16.9	16.4	21.7	17.0	19.4
45-49	9.5	8.4	9.0	10.9	9.8
50-54	7.5	4.2	5.6	11.9	8.2
55-59	3.6	0.9	2.6	7.3	3.3
60-64	1.8	0.3	0.8	3.8	1.8
65+	1.4	0.1	0.5	3.1	1.1

1-58 按受教育程度、性别分的城镇就业人员就业身份构成
COMPOSITION OF URBAN EMPLOYMENT STATUS BY EDUCATIONAL ATTAINMENT AND SEX

单位：% (%)

受教育程度	Educational Attainment	合计 Total	雇员 Employee	雇主 Employer	自营劳动者 SelfEmployed	家庭帮工 Unpaid Familial Worker
总计	**Total**	**100.0**	**55.1**	**4.0**	**38.5**	**2.4**
未上过学	Illiterate	100.0	12.9	1.1	82.7	3.3
小学	Primary School	100.0	24.1	2.6	70.0	3.2
初中	Junior School	100.0	46.8	4.4	45.7	3.0
高中	Senior School	100.0	73.0	5.6	19.4	2.0
大学专科	College	100.0	93.0	3.0	3.5	0.5
大学本科	University	100.0	96.4	2.1	1.3	0.2
研究生	Graduate	100.0	97.1	2.3	0.6	0.1
男	**Male**	**100.0**	**56.5**	**5.2**	**37.3**	**0.9**
未上过学	Illiterate	100.0	16.5	2.2	80.2	1.1
小学	Primary School	100.0	27.2	3.7	68.1	1.0
初中	Junior School	100.0	47.2	5.6	46.1	1.1
高中	Senior School	100.0	70.4	6.9	21.7	0.9
大学专科	College	100.0	91.7	3.9	4.1	0.3
大学本科	University	100.0	95.5	2.7	1.7	0.1
研究生	Graduate	100.0	96.6	3.1	0.4	
女	**Female**	**100.0**	**53.2**	**2.5**	**39.9**	**4.4**
未上过学	Illiterate	100.0	11.2	0.7	83.8	4.3
小学	Primary School	100.0	21.2	1.6	71.8	5.4
初中	Junior School	100.0	46.3	2.9	45.2	5.6
高中	Senior School	100.0	76.6	3.7	16.1	3.6
大学专科	College	100.0	94.7	1.8	2.8	0.7
大学本科	University	100.0	97.7	1.2	0.8	0.3
研究生	Graduate	100.0	98.0	0.8	0.8	0.4

1-59 按就业身份、性别分的城镇就业人员受教育程度构成
EDUCATIONAL ATTAINMENT COMPOSITION OF URBAN EMPLOYMENT BY EMPLOYMENT STATUS AND SEX

单位：%　　　　(%)

受教育程度	Educational Attainment	合计 Total	雇员 Employee	雇主 Employer	自营劳动者 SelfEmployed	家庭帮工 Unpaid Familial Worker
总　计	**Total**	**100.0**	**100.0**	**100.0**	**100.0**	**100.0**
未上过学	Illiterate	2.8	0.7	0.8	6.1	3.8
小　学	Primary School	16.9	7.4	11.1	30.7	22.2
初　中	Junior School	43.3	36.8	48.0	51.4	54.0
高　中	Senior School	21.2	28.1	29.6	10.7	17.5
大学专科	College	9.9	16.7	7.4	0.9	2.0
大学本科	University	5.3	9.3	2.8	0.2	0.4
研究生	Graduate	0.6	1.0	0.3	…	…
男	**Male**	**100.0**	**100.0**	**100.0**	**100.0**	**100.0**
未上过学	Illiterate	**1.6**	**0.5**	**0.7**	**3.4**	**1.9**
小　学	Primary School	14.8	7.1	10.4	27.0	15.6
初　中	Junior School	44.8	37.4	48.2	55.2	55.5
高　中	Senior School	22.5	28.1	29.8	13.1	23.2
大学专科	College	9.9	16.1	7.5	1.1	3.1
大学本科	University	5.7	9.7	3.0	0.3	0.7
研究生	Graduate	0.7	1.2	0.4	…	
女	**Female**	**100.0**	**100.0**	**100.0**	**100.0**	**100.0**
未上过学	Illiterate	4.4	0.9	1.2	9.2	4.3
小　学	Primary School	19.5	7.8	12.6	35.1	24.0
初　中	Junior School	41.5	36.1	47.4	47.0	53.6
高　中	Senior School	19.6	28.2	29.2	7.9	16.1
大学专科	College	9.8	17.5	7.1	0.7	1.7
大学本科	University	4.8	8.8	2.3	0.1	0.3
研究生	Graduate	0.4	0.8	0.1	…	…

1-60 按年龄、性别分的城镇就业人员行业构成

SECTOR COMPOSITION OF URBAN EMPLOYMENT BY AGE AND SEX

单位：%　　　　(%)

年龄 Age	合计 Total	农、林、牧、渔业 Farming, Forestry, Animal Husbandry and Fishery	采矿业 Mining and Quarrying	制造业 Manufacturing	电力、燃气及水的生产和供应业 Production and Supply of Electricity Gas and Water	建筑业 Construction	交通运输、仓储和邮政业 Transport, Storage, Post & Telecommunication
总计 Total	**100.0**	**27.2**	**1.5**	**22.1**	**1.4**	**4.5**	**5.1**
16-19	100.0	24.5	0.5	41.7	0.2	2.4	1.3
20-24	100.0	18.9	0.8	31.4	1.0	3.2	3.6
25-29	100.0	17.2	1.1	25.6	1.7	4.0	5.2
30-34	100.0	18.9	1.7	24.2	2.1	4.8	6.0
35-39	100.0	22.9	1.9	22.7	1.7	5.4	6.2
40-44	100.0	24.6	1.9	20.4	1.3	5.6	6.0
45-49	100.0	28.9	1.8	19.1	1.3	4.9	6.2
50-54	100.0	40.3	1.5	14.6	1.1	4.6	4.6
55-59	100.0	52.0	0.8	12.2	0.9	3.9	3.1
60-64	100.0	71.9	0.3	7.0	0.4	2.4	1.2
65+	100.0	77.0	0.3	5.1	0.1	0.9	0.6
男 Male	**100.0**	**24.0**	**2.1**	**22.3**	**1.7**	**6.8**	**7.6**
16-19	100.0	27.5	0.8	39.8	0.3	4.2	2.2
20-24	100.0	18.8	1.1	31.9	1.4	5.4	5.7
25-29	100.0	15.7	1.6	26.7	1.9	6.3	8.1
30-34	100.0	16.5	2.4	24.2	2.4	7.1	9.1
35-39	100.0	19.4	2.7	22.1	2.1	8.3	9.3
40-44	100.0	20.3	2.6	20.0	1.7	8.5	8.7
45-49	100.0	23.2	2.7	20.4	1.6	7.2	9.0
50-54	100.0	31.1	2.2	17.9	1.6	6.5	6.6
55-59	100.0	40.7	1.0	15.4	1.3	5.7	4.5
60-64	100.0	65.2	0.4	9.0	0.5	3.7	1.8
65+	100.0	73.2	0.4	6.2	0.1	1.2	0.9
女 Female	**100.0**	**31.2**	**0.7**	**21.9**	**1.0**	**1.6**	**2.1**
16-19	100.0	21.5	0.2	43.5	0.2	0.6	0.4
20-24	100.0	19.1	0.4	30.9	0.5	1.2	1.5
25-29	100.0	18.8	0.5	24.5	1.4	1.4	2.1
30-34	100.0	21.8	1.0	24.2	1.7	2.0	2.4
35-39	100.0	27.1	1.0	23.4	1.3	1.9	2.6
40-44	100.0	29.7	1.1	20.9	0.9	2.3	2.8
45-49	100.0	36.5	0.7	17.2	0.9	1.7	2.4
50-54	100.0	55.9	0.3	8.9	0.4	1.5	1.1
55-59	100.0	74.5	0.3	5.8	0.2	0.5	0.4
60-64	100.0	83.0	…	3.7	0.1	0.2	0.2
65+	100.0	84.4		2.9		0.2	0.1

1-60 续表 1 continued

单位：%　　　　(%)

年龄 Age	信息传输、计算机服务和软件业 Data Transmission, Computer Service & Software	批发和零售业 Wholesale and Retail Trade	住宿和餐饮业 Hotel and Catering Services	金融业 Banking	房地产业 Real Estate	租赁和商务服务业 Leasing and Business Services	科学研究、技术服务和地质勘查业 Scientific Research, Technical Services,& Geological Prospecting
总计 Total	**0.9**	**13.6**	**3.7**	**1.4**	**0.7**	**1.1**	**0.7**
16-19	0.6	11.4	7.8	0.2	0.2	1.1	0.1
20-24	2.2	16.0	5.6	1.0	0.7	1.7	0.5
25-29	2.0	16.3	4.1	1.5	1.0	1.6	0.7
30-34	1.2	15.7	3.8	1.8	0.7	1.2	0.6
35-39	0.7	14.3	3.4	2.0	0.6	0.9	0.8
40-44	0.5	13.7	3.6	1.6	0.7	0.9	1.0
45-49	0.5	12.1	3.2	1.4	1.0	0.9	1.0
50-54	0.3	10.4	2.3	0.8	0.8	0.9	0.8
55-59	0.2	9.0	1.8	0.5	0.7	0.5	0.5
60-64	0.1	6.2	1.6	0.2	0.2	0.5	0.3
65+		6.1	1.1	0.1	0.2	0.2	0.4
男 Male	**1.0**	**11.5**	**3.0**	**1.2**	**0.8**	**1.2**	**0.9**
16-19	0.6	8.2	6.7	0.2	0.2	1.5	0.1
20-24	2.4	12.2	4.9	0.8	0.8	1.9	0.6
25-29	2.3	13.1	3.8	1.2	1.0	1.7	0.9
30-34	1.4	13.0	3.3	1.6	0.8	1.3	0.8
35-39	0.8	12.3	2.6	1.6	0.7	1.1	0.9
40-44	0.6	11.8	2.8	1.6	0.8	1.1	1.2
45-49	0.5	10.8	2.6	1.3	1.1	1.0	1.3
50-54	0.3	10.2	2.1	0.8	1.0	1.1	1.0
55-59	0.3	9.3	1.7	0.7	0.9	0.7	0.7
60-64	0.1	7.3	1.5	0.3	0.2	0.7	0.4
65+		6.3	1.1	0.2	0.2	0.2	0.5
女 Female	**0.8**	**16.2**	**4.5**	**1.6**	**0.6**	**0.9**	**0.5**
16-19	0.7	14.5	8.8	0.1	0.1	0.6	0.1
20-24	2.1	19.7	6.3	1.2	0.7	1.6	0.4
25-29	1.8	19.9	4.4	1.8	1.0	1.5	0.6
30-34	0.9	18.8	4.4	2.1	0.7	1.1	0.5
35-39	0.6	16.7	4.4	2.4	0.6	0.8	0.6
40-44	0.4	16.0	4.6	1.7	0.6	0.6	0.7
45-49	0.4	13.8	4.0	1.4	0.8	0.7	0.8
50-54	0.2	10.9	2.7	0.7	0.4	0.5	0.5
55-59	…	8.5	2.0	0.2	0.1	0.2	0.1
60-64	…	4.4	1.8	…	0.1	0.1	0.1
65+		5.7	1.2		0.2	0.2	0.1

1-60 续表 2 continued

单位：% (%)

年龄 Age	水利、环境和公共设施管理业 Water Conservancy, Environment and Public Utility Management	居民服务和其他服务业 Public and Other Services	教育 Education	卫生、社会保障和社会福利业 Public Health Social Securities & Social Welfare	文化、体育和娱乐业 Culture Sports and Entertainment	公共管理和社会组织 Public Administrantion and Social Organizations	国际组织 International Organizations
总计 Total	**0.7**	**3.4**	**3.9**	**2.2**	**0.9**	**4.9**	…
16-19	0.1	5.7	0.6	0.4	0.8	0.4	
20-24	0.5	4.4	2.9	1.7	1.3	2.4	
25-29	0.5	3.6	5.1	2.6	1.2	4.9	…
30-34	0.6	3.5	4.4	2.5	0.9	5.1	…
35-39	0.6	3.2	4.2	2.4	0.8	5.2	…
40-44	0.9	3.3	4.3	2.2	0.8	6.3	…
45-49	1.2	3.2	4.0	2.4	0.9	6.0	
50-54	1.1	2.6	4.0	2.5	0.7	6.0	
55-59	0.6	2.4	3.2	1.8	0.6	5.2	
60-64	0.4	2.0	1.8	1.6	0.2	1.9	
65+	0.3	2.9	1.1	2.2	0.4	1.0	
男 Male	**0.8**	**3.3**	**3.1**	**1.6**	**0.9**	**6.1**	
16-19	0.1	5.7	0.2	0.2	0.8	0.6	
20-24	0.5	5.0	1.6	0.9	1.3	2.9	
25-29	0.6	3.7	3.1	1.5	1.1	5.7	
30-34	0.6	3.5	3.2	1.7	0.9	6.2	
35-39	0.7	3.2	3.3	1.7	0.8	6.4	…
40-44	1.0	3.0	3.7	1.7	0.8	8.0	…
45-49	1.2	2.9	3.3	1.8	0.9	7.2	
50-54	1.3	2.6	3.5	1.9	0.8	7.4	
55-59	0.8	2.8	3.9	1.9	0.8	7.0	
60-64	0.5	1.9	2.1	1.6	0.2	2.6	
65+	0.4	3.1	1.5	2.6	0.3	1.4	
女 Female	**0.6**	**3.4**	**5.0**	**3.0**	**0.9**	**3.4**	…
16-19	0.1	5.8	1.1	0.6	0.7	0.2	
20-24	0.4	3.9	4.2	2.6	1.2	2.0	
25-29	0.4	3.5	7.3	3.8	1.2	4.0	…
30-34	0.6	3.6	5.8	3.4	0.9	3.9	…
35-39	0.6	3.2	5.3	3.2	0.8	3.7	…
40-44	0.9	3.6	5.0	2.9	0.9	4.2	
45-49	1.3	3.7	5.0	3.2	1.0	4.5	
50-54	0.9	2.6	4.9	3.5	0.5	3.6	
55-59	0.3	1.6	1.9	1.6	0.2	1.4	
60-64	0.3	2.1	1.1	1.6	0.2	0.8	
65+	0.1	2.3	0.4	1.5	0.5	0.1	

1-61 按行业、性别分的城镇就业人员年龄构成

AGE COMPOSITION OF URBAN EMPLOYMENT BY SECTOR AND SEX

单位：% (%)

年龄 Age	合计 Total	农、林、牧、渔业 Farming, Forestry, Animal Husbandry and Fishery	采矿业 Mining and Quarrying	制造业 Manufacturing	电力、燃气及水的生产和供应业 Production and Supply of Electricity Gas and Water	建筑业 Construction	交通运输、仓储和邮政业 Transport, Storage, Post & Telecommu-nications
总计 Total	**100.0**	**100.0**	**100.0**	**100.0**	**100.0**	**100.0**	**100.0**
16-19	3.7	3.3	1.2	7.0	0.6	2.0	0.9
20-24	8.9	6.2	4.7	12.7	6.1	6.4	6.2
25-29	11.7	7.4	8.5	13.6	14.0	10.2	12.0
30-34	14.7	10.2	17.1	16.1	21.9	15.5	17.3
35-39	16.8	14.1	21.8	17.2	21.0	19.9	20.3
40-44	16.5	14.9	21.8	15.2	15.7	20.5	19.5
45-49	10.0	10.6	12.5	8.6	9.6	10.7	12.1
50-54	9.1	13.4	9.1	6.0	7.3	9.3	8.1
55-59	4.8	9.2	2.5	2.6	3.1	4.2	2.9
60-64	2.1	5.6	0.4	0.7	0.5	1.1	0.5
65+	1.8	5.1	0.4	0.4	0.1	0.3	0.2
男 Male	**100.0**	**100.0**	**100.0**	**100.0**	**100.0**	**100.0**	**100.0**
16-19	3.3	3.8	1.2	5.9	0.5	2.1	1.0
20-24	7.9	6.2	4.3	11.3	6.5	6.2	5.9
25-29	11.1	7.2	8.4	13.2	12.4	10.2	11.8
30-34	14.3	9.8	16.2	15.6	20.3	14.8	17.2
35-39	16.4	13.2	21.3	16.3	19.8	19.8	20.0
40-44	16.1	13.6	20.5	14.4	16.2	20.0	18.6
45-49	10.4	10.0	13.5	9.5	9.8	10.8	12.3
50-54	10.3	13.4	10.8	8.3	9.4	9.7	9.0
55-59	5.8	9.8	2.8	4.0	4.2	4.8	3.4
60-64	2.4	6.4	0.4	1.0	0.7	1.3	0.6
65+	2.1	6.5	0.5	0.6	0.2	0.4	0.3
女 Female	**100.0**	**100.0**	**100.0**	**100.0**	**100.0**	**100.0**	**100.0**
16-19	4.2	2.9	1.1	8.3	0.8	1.4	0.7
20-24	10.2	6.3	6.1	14.4	5.2	7.3	7.5
25-29	12.5	7.6	8.6	14.0	17.7	10.6	12.9
30-34	15.2	10.6	20.4	16.8	25.4	18.6	17.9
35-39	17.3	15.0	23.5	18.4	23.4	20.4	21.5
40-44	16.9	16.1	26.6	16.1	14.8	23.2	23.4
45-49	9.5	11.1	8.9	7.4	9.1	9.9	11.0
50-54	7.5	13.4	3.2	3.1	2.9	6.9	3.9
55-59	3.6	8.6	1.3	1.0	0.6	1.1	0.7
60-64	1.8	4.7	0.4	0.3	0.2	0.3	0.2
65+	1.4	3.7		0.2		0.2	…

1-61 续表 1 continued

单位：% (%)

年龄 Age	信息传输、计算机服务和软件业 Data Transmission, Computer Service & Software	批发和零售业 Wholesale and Retail Trade	住宿和餐饮业 Hotel and Catering Services	金融业 Banking	房地产业 Real Estate	租赁和商务服务业 Leasing and Business Services	科学研究、技术服务和地质勘查业 Scientific Research, Technical Services,& Geological Prospecting
总计 Total	**100.0**	**100.0**	**100.0**	**100.0**	**100.0**	**100.0**	**100.0**
16-19	2.6	3.1	7.8	0.4	0.9	3.6	0.6
20-24	21.8	10.6	13.6	6.7	9.0	14.7	6.1
25-29	26.2	14.1	13.1	12.5	16.0	17.9	11.7
30-34	18.7	17.0	15.3	19.7	15.0	16.8	12.8
35-39	12.2	17.7	15.6	23.9	14.8	14.6	17.2
40-44	9.7	16.7	16.4	19.6	15.6	13.2	22.4
45-49	4.9	8.9	8.7	9.8	13.2	8.4	14.2
50-54	2.7	7.0	5.7	5.1	10.1	7.3	10.2
55-59	1.0	3.2	2.4	1.9	4.3	2.2	3.2
60-64	0.2	1.0	0.9	0.3	0.5	0.9	0.8
65+		0.8	0.6	0.1	0.4	0.3	0.9
男 Male	**100.0**	**100.0**	**100.0**	**100.0**	**100.0**	**100.0**	**100.0**
16-19	2.1	2.4	7.3	0.5	1.0	4.0	0.5
20-24	18.9	8.4	12.7	5.4	7.4	12.6	4.9
25-29	25.5	12.6	14.0	10.9	13.9	15.6	10.7
30-34	19.9	16.3	15.7	18.7	13.4	16.1	12.6
35-39	12.6	17.6	14.0	21.6	14.1	14.4	16.5
40-44	10.5	16.6	14.9	20.6	15.0	14.2	22.0
45-49	5.2	9.7	9.0	11.3	14.1	8.8	14.5
50-54	3.3	9.1	7.1	6.9	13.4	9.4	11.7
55-59	1.5	4.7	3.2	3.3	6.6	3.1	4.4
60-64	0.3	1.5	1.2	0.5	0.7	1.3	1.1
65+		1.2	0.8	0.3	0.4	0.3	1.2
女 Female	**100.0**	**100.0**	**100.0**	**100.0**	**100.0**	**100.0**	**100.0**
16-19	3.3	3.7	8.2	0.4	0.8	3.0	0.9
20-24	25.9	12.5	14.4	8.0	11.5	18.1	8.6
25-29	27.1	15.4	12.3	14.0	19.3	21.7	13.6
30-34	17.0	17.7	15.0	20.6	17.6	18.0	13.0
35-39	11.5	17.9	16.8	26.1	16.0	14.8	18.5
40-44	8.6	16.7	17.6	18.5	16.5	11.6	23.5
45-49	4.5	8.1	8.4	8.4	11.8	7.7	13.5
50-54	1.8	5.1	4.6	3.5	5.0	3.8	7.1
55-59	0.1	1.9	1.6	0.5	0.7	0.8	0.8
60-64	0.1	0.5	0.7	0.1	0.3	0.2	0.3
65+		0.5	0.4		0.4	0.3	0.3

1-61 续表 2 continued

单位: % (%)

年龄 Age	水利、环境和公共设施管理业 Water Conservancy, Environment and Public Utility Management	居民服务和其他服务业 Public and Other Services	教 育 Education	卫生、社会保障和社会福 利 业 Public Health Social Securities & Social Welfare	文化、体育和娱乐业 Culture Sports and Entertainment	公共管理和社会组织 Public Administrantion and Social Organizations	国际组织 International Organizations
总计 Total	**100.0**	**100.0**	**100.0**	**100.0**	**100.0**	**100.0**	**100.0**
16-19	0.6	6.3	0.6	0.7	3.2	0.3	
20-24	5.5	11.8	6.7	7.0	12.7	4.4	
25-29	8.7	12.4	15.2	13.6	15.5	11.6	33.3
30-34	12.7	15.4	16.6	16.4	15.3	15.4	16.7
35-39	14.7	15.7	18.1	17.8	15.4	17.6	33.3
40-44	21.1	16.0	18.0	16.5	15.8	21.0	16.7
45-49	16.8	9.5	10.1	10.6	10.3	12.3	
50-54	13.9	6.8	9.3	10.1	7.2	11.1	
55-59	4.1	3.4	4.0	3.9	3.4	5.0	
60-64	1.2	1.2	0.9	1.5	0.5	0.8	
65+	0.7	1.5	0.5	1.8	0.8	0.4	
男 Male	**100.0**	**100.0**	**100.0**	**100.0**	**100.0**	**100.0**	**100.0**
16-19	0.6	5.7	0.2	0.3	3.1	0.3	
20-24	5.2	11.8	4.1	4.3	11.5	3.7	
25-29	8.9	12.1	11.1	10.5	13.8	10.3	
30-34	11.6	15.1	14.9	15.1	14.6	14.5	
35-39	14.7	15.5	17.6	17.1	15.3	17.1	66.7
40-44	19.4	14.7	19.2	16.6	15.2	21.2	33.3
45-49	15.3	9.0	10.9	11.3	10.0	12.2	
50-54	16.3	7.9	11.8	12.1	9.7	12.6	
55-59	5.6	4.8	7.4	6.9	5.4	6.6	
60-64	1.4	1.4	1.6	2.4	0.5	1.0	
65+	1.1	2.0	1.0	3.5	0.8	0.5	
女 Female	**100.0**	**100.0**	**100.0**	**100.0**	**100.0**	**100.0**	**100.0**
16-19	0.6	7.0	0.9	0.9	3.4	0.3	
20-24	6.0	11.7	8.7	8.8	14.3	5.9	
25-29	8.4	12.7	18.4	15.7	17.7	14.5	33.3
30-34	14.5	15.7	17.8	17.3	16.1	17.4	33.3
35-39	14.7	16.0	18.5	18.3	15.5	18.9	33.3
40-44	23.7	17.6	17.1	16.5	16.5	20.7	
45-49	19.1	10.0	9.4	10.1	10.6	12.5	
50-54	10.3	5.6	7.4	8.8	3.9	7.9	
55-59	1.8	1.6	1.3	2.0	0.9	1.5	
60-64	0.8	1.1	0.4	0.9	0.4	0.4	
65+	0.1	0.9	0.1	0.7	0.8	…	

1–62 按受教育程度、性别分的城镇就业人员行业构成
SECTOR COMPOSITION OF URBAN EMPLOYMENT BY EDUCATIONAL ATTAINMENT AND SEX

单位：%　　(%)

受教育程度	Educational Attainment	合计 Total	农、林、牧、渔业 Farming, Forestry, Animal Husbandry and Fishery	采矿业 Mining and Quarrying	制造业 Manufacturing	电力、燃气及水的生产和供应业 Production and Supply of Electricity Gas and Water	建筑业 Construction	交通运输、仓储和邮政业 Transport, Storage, Post & Telecommu-nications
总　计	**Total**	**100.0**	**27.2**	**1.5**	**22.1**	**1.4**	**4.5**	**5.1**
未上过学	Illiterate	100.0	75.7	0.5	7.9	0.1	2.5	1.6
小　学	Primary School	100.0	57.9	0.8	15.2	0.3	5.0	2.9
初　中	Junior School	100.0	30.8	1.6	26.4	0.8	5.3	5.8
高　中	Senior School	100.0	8.5	2.1	26.3	2.6	4.2	7.3
大学专科	College	100.0	1.4	1.3	16.0	3.0	3.2	4.1
大学本科	University	100.0	0.8	0.9	13.3	2.6	2.1	2.5
研究生	Graduate	100.0	0.4	0.4	8.8	5.7	0.9	1.1
男	**Male**	**100.0**	**24.0**	**2.1**	**22.3**	**1.7**	**6.9**	**7.6**
未上过学	Illiterate	100.0	70.9	1.2	7.6	0.3	5.2	3.9
小　学	Primary School	100.0	52.6	1.5	14.6	0.4	8.5	5.2
初　中	Junior School	100.0	28.7	2.3	25.1	1.0	8.1	8.8
高　中	Senior School	100.0	9.2	2.6	27.3	2.9	5.8	9.7
大学专科	College	100.0	1.6	1.6	17.2	3.3	4.2	4.9
大学本科	University	100.0	0.9	1.1	15.1	3.0	2.4	2.5
研究生	Graduate	100.0	0.3	0.6	9.5	5.9	1.0	1.3
女	**Female**	**100.0**	**31.2**	**0.7**	**21.9**	**1.0**	**1.6**	**2.1**
未上过学	Illiterate	100.0	77.8	0.1	8.0	…	1.3	0.6
小　学	Primary School	100.0	62.9	0.2	15.8	0.2	1.8	0.7
初　中	Junior School	100.0	33.5	0.6	28.1	0.4	1.5	1.7
高　中	Senior School	100.0	7.5	1.4	24.8	2.1	1.8	3.9
大学专科	College	100.0	1.2	0.9	14.4	2.5	2.0	3.2
大学本科	University	100.0	0.6	0.5	10.6	2.0	1.6	2.4
研究生	Graduate	100.0	0.6		7.3	5.3	0.8	0.6

1-62 续表 1 continued

单位：% (%)

受教育程度	Educational Attainment	信息传输、计算机服务和软件业 Data Transmission, Computer Service & Software	批发和零售业 Wholesale and Retail Trade	住宿和餐饮业 Hotel and Catering Services	金融业 Banking	房地产业 Real Estate	租赁和商务服务业 Leasing and Business Services	科学研究、技术服务和地质勘查业 Scientific Research, Technical Services,& Geological Prospecting
总　计	**Total**	**0.9**	**13.6**	**3.7**	**1.4**	**0.7**	**1.1**	**0.7**
未上过学	Illiterate	0.1	5.7	1.6		0.1	0.1	…
小　学	Primary School	0.1	9.7	2.6	0.1	0.2	0.3	0.1
初　中	Junior School	0.3	14.8	4.7	0.3	0.5	0.7	0.2
高　中	Senior School	1.3	19.0	4.4	1.8	1.1	1.4	0.9
大学专科	College	2.6	9.9	1.7	5.4	1.7	2.3	1.9
大学本科	University	3.4	6.5	0.9	5.5	1.4	3.0	4.0
研究生	Graduate	4.4	4.0	0.6	3.5	0.7	3.3	7.4
男	**Male**	**1.0**	**11.5**	**3.0**	**1.2**	**0.8**	**1.2**	**0.9**
未上过学	Illiterate	0.2	4.8	1.0		0.2	0.1	0.1
小　学	Primary School	0.2	8.9	1.9	0.1	0.3	0.5	0.1
初　中	Junior School	0.4	12.0	3.8	0.3	0.5	0.9	0.3
高　中	Senior School	1.2	15.1	3.7	1.4	1.2	1.5	1.0
大学专科	College	2.7	9.3	1.4	4.6	1.6	2.1	2.1
大学本科	University	3.8	6.5	0.8	4.7	1.5	2.8	4.5
研究生	Graduate	4.7	4.3	0.3	3.0	0.7	3.2	8.4
女	**Female**	**0.8**	**16.2**	**4.5**	**1.6**	**0.6**	**0.9**	**0.5**
未上过学	Illiterate	0.1	6.1	1.9		0.1	0.1	…
小　学	Primary School	0.1	10.4	3.3	0.1	0.1	0.2	…
初　中	Junior School	0.3	18.5	5.8	0.4	0.3	0.5	0.1
高　中	Senior School	1.4	24.6	5.4	2.4	1.1	1.2	0.7
大学专科	College	2.6	10.7	2.1	6.3	1.8	2.5	1.7
大学本科	University	2.7	6.5	0.9	6.6	1.3	3.3	3.3
研究生	Graduate	3.7	3.3	1.2	4.7	0.8	3.3	5.3

1-62 续表 2 continued

单位: % (%)

受教育程度	Educational Attainment	水利、环境和公共设施管理业 Water Conservancy, Environment and Public Utility Management	居民服务和其他服务业 Public and Other Services	教育 Education	卫生、社会保障和社会福利业 Public Health Social Securities & Social Welfare	文化、体育和娱乐业 Culture Sports and Entertainment	公共管理和社会组织 Public Administrantion and Social Organizations	国际组织 International Organizations
总 计	**Total**	**0.7**	**3.4**	**3.9**	**2.2**	**0.9**	**4.9**	…
未上过学	Illiterate	0.4	2.8	0.3	0.2	0.1	0.4	
小 学	Primary School	0.4	3.0	0.3	0.3	0.2	0.6	
初 中	Junior School	0.5	4.2	0.7	0.7	0.6	1.3	
高 中	Senior School	1.1	3.8	3.5	3.3	1.2	6.1	
大学专科	College	1.2	1.3	14.8	7.9	2.0	18.3	…
大学本科	University	1.1	0.8	22.0	6.7	2.5	20.1	…
研究生	Graduate	0.9	0.3	36.3	9.2	2.6	9.5	
男	**Male**	**0.8**	**3.3**	**3.1**	**1.6**	**0.9**	**6.1**	…
未上过学	Illiterate	0.4	2.8	0.3	0.3	0.1	0.8	
小 学	Primary School	0.4	3.3	0.3	0.3	0.2	0.8	
初 中	Junior School	0.6	4.1	0.6	0.5	0.5	1.6	
高 中	Senior School	1.2	3.6	2.3	1.9	1.2	7.0	
大学专科	College	1.5	1.2	10.9	5.3	2.0	22.6	
大学本科	University	1.1	0.7	16.6	5.8	2.3	23.8	…
研究生	Graduate	1.2	0.4	33.8	8.6	2.1	10.7	
女	**Female**	**0.6**	**3.4**	**5.0**	**3.0**	**0.9**	**3.4**	…
未上过学	Illiterate	0.4	2.8	0.2	0.2	0.1	0.3	
小 学	Primary School	0.3	2.7	0.2	0.3	0.2	0.5	
初 中	Junior School	0.5	4.4	0.8	0.8	0.6	0.9	
高 中	Senior School	1.1	3.9	5.2	5.3	1.2	4.9	
大学专科	College	0.9	1.4	19.7	11.1	2.0	13.0	…
大学本科	University	1.0	1.0	30.1	8.1	2.9	14.5	…
研究生	Graduate	0.2	0.2	41.4	10.6	3.5	7.1	

1-63 按行业、性别分的城镇就业人员受教育程度构成

EDUCATIONAL ATTAINMENT COMPOSITION OF URBAN EMPLOYMENT BY SECTOR AND SEX

单位：% (%)

受教育程度	Educational Attainment	合计 Total	农、林、牧、渔业 Farming, Forestry, Animal Husbandry and Fishery	采矿业 Mining and Quarrying	制造业 Manufacturing	电力、燃气及水的生产和供应业 Production and Supply of Electricity Gas and Water	建筑业 Construction	交通运输、仓储和邮政业 Transport, Storage, Post & Telecommunications
总 计	**Total**	**100.0**	**100.0**	**100.0**	**100.0**	**100.0**	**100.0**	**100.0**
未上过学	Illiterate	2.8	7.9	0.9	1.0	0.2	1.6	0.9
小 学	Primary School	16.9	35.9	9.6	11.6	3.3	18.7	9.6
初 中	Junior School	43.3	48.9	47.1	51.6	24.4	50.5	48.7
高 中	Senior School	21.2	6.7	30.5	25.2	38.8	19.6	30.2
大学专科	College	9.9	0.5	8.8	7.1	20.9	7.1	7.9
大学本科	University	5.3	0.1	3.1	3.2	10.0	2.4	2.6
研究生	Graduate	0.6	…	0.2	0.2	2.4	0.1	0.1
男	**Male**	**100.0**	**100.0**	**100.0**	**100.0**	**100.0**	**100.0**	**100.0**
未上过学	Illiterate	1.6	4.6	0.9	0.5	0.2	1.2	0.8
小 学	Primary School	14.8	32.4	10.4	9.7	3.4	18.3	10.2
初 中	Junior School	44.7	53.5	49.7	50.3	27.1	53.1	52.0
高 中	Senior School	22.5	8.7	28.0	27.6	37.7	19.2	28.7
大学专科	College	9.9	0.7	7.7	7.7	19.1	6.1	6.4
大学本科	University	5.8	0.2	3.0	3.9	10.0	2.0	1.9
研究生	Graduate	0.7	…	0.2	0.3	2.4	0.1	0.1
女	**Female**	**100.0**	**100.0**	**100.0**	**100.0**	**100.0**	**100.0**	**100.0**
未上过学	Illiterate	4.4	11.0	0.7	1.6	0.2	3.4	1.4
小 学	Primary School	19.5	39.2	6.6	14.1	3.1	20.9	7.0
初 中	Junior School	41.5	44.6	37.5	53.2	18.6	37.3	33.5
高 中	Senior School	19.6	4.7	39.1	22.2	41.1	21.6	37.1
大学专科	College	9.8	0.4	12.6	6.4	24.8	12.0	15.2
大学本科	University	4.8	0.1	3.4	2.3	9.9	4.7	5.7
研究生	Graduate	0.4	…		0.1	2.3	0.2	0.1

1-63 续表 1 continued

单位：% (%)

受教育程度	Educational Attainment	信息传输、计算机服务和软件业 Data Transmission, Computer Service & Software	批发和零售业 Wholesale and Retail Trade	住宿和餐饮业 Hotel and Catering Services	金融业 Banking	房地产业 Real Estate	租赁和商务服务业 Leasing and Business Services	科学研究、技术服务和地质勘查业 Scientific Research, Technical Services,& Geological Prospecting
总　计	**Total**	**100.0**	**100.0**	**100.0**	**100.0**	**100.0**	**100.0**	**100.0**
未上过学	Illiterate	0.3	1.2	1.3		0.5	0.2	0.2
小　学	Primary School	2.0	12.0	12.0	0.9	4.8	5.5	1.7
初　中	Junior School	16.2	47.1	55.2	10.3	27.2	28.6	12.5
高　中	Senior School	30.7	29.8	25.6	27.8	33.4	27.5	24.7
大学专科	College	28.4	7.2	4.6	38.4	23.1	21.3	25.9
大学本科	University	19.7	2.5	1.2	21.2	10.4	15.1	29.2
研究生	Graduate	2.8	0.2	0.1	1.5	0.6	1.8	5.8
男	**Male**	**100.0**	**100.0**	**100.0**	**100.0**	**100.0**	**100.0**	**100.0**
未上过学	Illiterate	0.3	0.7	0.5		0.3	0.2	0.2
小　学	Primary School	2.3	11.5	9.2	1.1	5.7	6.0	2.2
初　中	Junior School	16.2	46.6	56.2	11.2	29.9	33.2	13.9
高　中	Senior School	28.4	29.7	27.8	26.2	33.3	27.7	24.5
大学专科	College	27.0	8.1	4.7	37.3	19.8	17.3	23.5
大学本科	University	22.4	3.3	1.5	22.5	10.4	13.6	29.1
研究生	Graduate	3.4	0.3	0.1	1.7	0.6	1.9	6.6
女	**Female**	**100.0**	**100.0**	**100.0**	**100.0**	**100.0**	**100.0**	**100.0**
未上过学	Illiterate	0.3	1.7	1.9		0.7	0.3	0.2
小　学	Primary School	1.4	12.5	14.4	0.8	3.5	4.8	0.6
初　中	Junior School	16.2	47.5	54.3	9.4	23.0	20.8	9.7
高　中	Senior School	34.0	29.8	23.8	29.3	33.6	27.3	25.2
大学专科	College	30.7	6.5	4.6	39.4	28.3	27.8	30.7
大学本科	University	15.6	1.9	1.0	20.0	10.3	17.5	29.3
研究生	Graduate	1.9	0.1	0.1	1.3	0.5	1.6	4.2

1-63 续表 2 continued

单位：% (%)

受教育程度	Educational Attainment	水利、环境和公共设施管理业 Water Conservancy, Environment and Public Utility Management	居民服务和其他服务业 Public and Other Services	教育 Education	卫生、社会保障和社会福利业 Public Health Social Securities & Social Welfare	文化、体育和娱乐业 Culture Sports and Entertainment	公共管理和社会组织 Public Administrantion and Social Organizations	国际组织 International Organizations
总　计	**Total**	**100.0**	**100.0**	**100.0**	**100.0**	**100.0**	**100.0**	**100.0**
未上过学	Illiterate	1.5	2.3	0.2	0.2	0.4	0.3	
小　学	Primary School	8.3	14.9	1.1	2.3	4.0	2.2	
初　中	Junior School	32.4	54.1	7.5	12.9	27.6	11.2	
高　中	Senior School	32.8	23.6	18.9	31.4	29.2	26.5	
大学专科	College	16.5	3.7	37.2	34.9	21.9	36.9	16.7
大学本科	University	7.8	1.3	29.8	15.9	15.3	21.8	66.7
研究生	Graduate	0.7	0.1	5.4	2.4	1.7	1.1	
男	**Male**	**100.0**	**100.0**	**100.0**	**100.0**	**100.0**	**100.0**	**100.0**
未上过学	Illiterate	0.8	1.3	0.1	0.2	0.2	0.2	
小　学	Primary School	7.1	14.5	1.2	2.7	3.7	2.0	
初　中	Junior School	31.7	54.8	8.1	14.6	26.6	11.6	
高　中	Senior School	33.2	24.6	16.9	26.1	31.3	25.9	
大学专科	College	18.0	3.5	35.0	32.2	21.8	36.7	
大学本科	University	8.1	1.2	30.9	20.3	14.8	22.5	100.0
研究生	Graduate	1.1	0.1	7.7	3.7	1.7	1.2	
女	**Female**	**100.0**	**100.0**	**100.0**	**100.0**	**100.0**	**100.0**	**100.0**
未上过学	Illiterate	2.7	3.6	0.2	0.2	0.7	0.3	
小　学	Primary School	10.1	15.3	1.0	1.9	4.3	2.7	
初　中	Junior School	33.5	53.2	7.0	11.7	28.6	10.5	
高　中	Senior School	32.2	22.4	20.4	34.9	26.6	27.9	
大学专科	College	14.2	4.1	38.9	36.7	22.1	37.5	50.0
大学本科	University	7.2	1.4	29.0	13.0	15.9	20.2	50.0
研究生	Graduate	0.1	…	3.5	1.5	1.7	0.9	

1-64 按年龄、性别分的城镇就业人员职业构成

OCCUPATION COMPOSITION OF URBAN EMPLOYMENT BY AGE AND SEX

单位：% (%)

年龄 Age	合计 Total	单位负责人 Unit Head	专业技术人员 Professional and Technical Personnel	办事人员和有关人员 Clerk and Related Workers	商业、服务业人员 Business Service Personnel	农林牧渔水利业生产人员 Agriculture and Water Conservancy Labors	生产运输设备操作人员及有关人员 Production, Transport Equipment Operators and Related Workers	其他 Others
总计 Total	**100.0**	**2.7**	**12.3**	**8.0**	**23.4**	**27.2**	**19.4**	**6.8**
16-19	100.0	0.2	3.5	3.1	25.7	24.8	36.9	5.7
20-24	100.0	1.3	11.4	7.1	28.3	19.1	26.6	6.1
25-29	100.0	2.0	16.3	9.2	27.1	17.3	21.1	6.9
30-34	100.0	2.5	15.1	8.5	25.6	18.9	21.8	7.6
35-39	100.0	2.9	13.9	7.4	24.2	22.9	20.7	8.0
40-44	100.0	3.5	12.8	8.7	24.0	24.7	18.5	7.6
45-49	100.0	3.8	11.6	9.4	22.1	28.8	16.7	7.5
50-54	100.0	3.8	10.2	8.7	18.1	40.2	13.0	6.1
55-59	100.0	3.1	7.5	8.4	15.2	52.1	9.6	4.2
60-64	100.0	1.5	4.4	3.8	10.6	72.0	5.4	2.3
65+	100.0	0.7	4.3	2.9	10.6	76.8	3.2	1.4
男 Male	**100.0**	**3.8**	**10.7**	**9.5**	**20.8**	**24.0**	**22.0**	**9.2**
16-19	100.0	0.1	2.6	3.1	20.8	27.7	39.2	6.5
20-24	100.0	1.2	9.2	6.8	23.9	18.9	31.2	8.6
25-29	100.0	2.4	13.4	9.8	24.1	15.8	24.8	9.6
30-34	100.0	3.4	12.6	9.8	22.9	16.5	24.3	10.4
35-39	100.0	4.0	11.9	8.6	21.8	19.4	23.2	10.9
40-44	100.0	5.2	11.5	10.8	20.8	20.4	20.9	10.3
45-49	100.0	5.5	10.1	11.3	19.4	23.3	20.0	10.3
50-54	100.0	5.3	9.8	11.2	17.9	31.1	17.2	7.5
55-59	100.0	4.2	9.0	11.7	16.2	40.8	12.3	5.6
60-64	100.0	2.1	5.6	5.4	11.9	65.2	7.0	2.7
65+	100.0	0.9	5.3	4.0	11.3	72.8	4.0	1.7
女 Female	**100.0**	**1.3**	**14.3**	**6.2**	**26.7**	**31.2**	**16.2**	**4.0**
16-19	100.0	0.4	4.4	3.1	30.6	21.9	34.6	4.9
20-24	100.0	1.3	13.5	7.4	32.5	19.2	22.3	3.8
25-29	100.0	1.5	19.5	8.6	30.3	18.9	17.1	3.9
30-34	100.0	1.4	17.9	7.0	28.6	21.8	18.8	4.3
35-39	100.0	1.5	16.2	5.8	26.9	27.1	17.8	4.5
40-44	100.0	1.5	14.3	6.3	27.9	29.8	15.8	4.4
45-49	100.0	1.5	13.6	6.8	25.7	36.4	12.1	3.8
50-54	100.0	1.3	10.8	4.5	18.4	55.6	5.8	3.6
55-59	100.0	0.7	4.4	1.7	13.3	74.5	4.0	1.3
60-64	100.0	0.4	2.5	1.2	8.5	83.2	2.6	1.6
65+	100.0	0.3	2.5	0.7	9.3	84.5	1.6	0.9

1-65 按职业、性别分的城镇就业人员年龄构成

AGE COMPOSITION OF URBAN EMPLOYMENT BY OCCUPATION AND SEX

单位：%　　(%)

年龄 Age	合计 Total	单位负责人 Unit Head	专业技术人员 Professional and Technical Personnel	办事人员和有关人员 Clerk and Related Workers	商业、服务业人员 Business Service Personnel	农林牧渔水利业生产人员 Agriculture and Water Conservancy Labors	生产运输设备操作人员及有关人员 Production, Transport Equipment Operators and Related Workers	其他 Others
总计 Total	**100.0**	**100.0**	**100.0**	**100.0**	**100.0**	**100.0**	**100.0**	**100.0**
16-19	3.7	0.3	1.0	1.4	4.1	3.4	7.0	3.1
20-24	8.9	4.2	8.3	7.9	10.8	6.3	12.3	8.0
25-29	11.7	8.7	15.5	13.5	13.5	7.4	12.7	11.8
30-34	14.7	13.4	18.0	15.7	16.1	10.2	16.5	16.3
35-39	16.8	17.8	18.9	15.4	17.3	14.1	17.9	19.6
40-44	16.5	21.6	17.1	18.0	16.9	14.9	15.7	18.3
45-49	10.0	14.0	9.4	11.7	9.4	10.5	8.5	10.9
50-54	9.1	12.8	7.5	9.8	7.0	13.4	6.1	8.0
55-59	4.8	5.5	2.9	5.0	3.1	9.2	2.4	2.9
60-64	2.1	1.1	0.8	1.0	1.0	5.6	0.6	0.7
65+	1.8	0.5	0.6	0.6	0.8	5.1	0.3	0.4
男 Male	**100.0**	**100.0**	**100.0**	**100.0**	**100.0**	**100.0**	**100.0**	**100.0**
16-19	3.3	0.1	0.8	1.1	3.3	3.8	5.9	2.3
20-24	7.9	2.5	6.8	5.6	9.1	6.2	11.2	7.4
25-29	11.1	7.1	13.8	11.4	12.8	7.2	12.5	11.6
30-34	14.3	12.9	16.9	14.8	15.8	9.8	15.9	16.3
35-39	16.4	17.4	18.1	14.9	17.2	13.2	17.3	19.6
40-44	16.1	22.3	17.3	18.4	16.1	13.6	15.3	18.1
45-49	10.4	15.0	9.7	12.3	9.7	10.0	9.4	11.6
50-54	10.3	14.4	9.4	12.1	8.9	13.4	8.1	8.5
55-59	5.8	6.5	4.8	7.1	4.5	9.8	3.2	3.5
60-64	2.4	1.3	1.2	1.4	1.4	6.4	0.8	0.7
65+	2.1	0.5	1.0	0.9	1.2	6.5	0.4	0.4
女 Female	**100.0**	**100.0**	**100.0**	**100.0**	**100.0**	**100.0**	**100.0**	**100.0**
16-19	4.2	1.2	1.3	2.1	4.8	2.9	8.9	5.2
20-24	10.2	10.0	9.7	12.2	12.5	6.3	14.0	9.8
25-29	12.5	14.1	17.1	17.5	14.2	7.6	13.2	12.4
30-34	15.2	15.3	19.1	17.3	16.3	10.6	17.5	16.5
35-39	17.3	19.4	19.6	16.4	17.4	15.0	18.9	19.6
40-44	16.9	19.2	16.9	17.2	17.7	16.1	16.4	18.7
45-49	9.5	10.6	9.0	10.4	9.1	11.0	7.0	9.0
50-54	7.5	7.4	5.7	5.5	5.2	13.4	2.7	6.7
55-59	3.6	1.9	1.1	1.0	1.8	8.6	0.9	1.2
60-64	1.8	0.5	0.3	0.3	0.6	4.7	0.3	0.7
65+	1.4	0.3	0.2	0.1	0.5	3.7	0.1	0.3

1-66 按受教育程度、性别分的城镇就业人员职业构成
OCCUPATION COMPOSITION OF URBAN EMPLOYMENT BY EDUCATIONAL ATTAINMENT AND SEX

单位：% (%)

受教育程度	Educational Attainment	合计 Total	单位负责人 Unit Head	专业技术人员 Professional and Technical Personnel	办事人员和有关人员 Clerk and Related Workers	商业、服务业人员 Business Service Personnel	农林牧渔水利业生产人员 Agriculture and Water Conservancy Labors	生产运输设备操作人员及有关人员 Production, Transport Equipment Operators and Related Workers	其他 Others
总 计	**Total**	**100.0**	**2.7**	**12.3**	**8.0**	**23.4**	**27.3**	**25.6**	**0.6**
未上过学	Illiterate	100.0	0.3	0.6	0.9	11.1	75.8	10.8	0.6
小 学	Primary School	100.0	0.6	1.3	1.7	16.9	58.0	21.1	0.5
初 中	Junior School	100.0	1.5	3.8	3.5	26.5	30.9	33.1	0.6
高 中	Senior School	100.0	3.8	15.5	11.3	31.3	8.7	28.5	0.8
大学专科	College	100.0	6.6	41.2	23.7	16.0	1.1	10.8	0.5
大学本科	University	100.0	7.7	50.2	25.3	9.9	0.4	5.7	0.8
研究生	Graduate	100.0	8.2	67.4	16.4	4.7	0.3	2.4	0.5
男	**Male**	**100.0**	**3.8**	**10.7**	**9.5**	**20.8**	**24.1**	**30.5**	**0.7**
未上过学	Illiterate	100.0	0.5	0.8	1.8	10.1	70.8	15.4	0.6
小 学	Primary School	100.0	1.0	1.6	2.6	15.8	52.7	25.7	0.6
初 中	Junior School	100.0	2.1	3.6	4.4	22.7	28.8	37.8	0.7
高 中	Senior School	100.0	5.1	11.6	12.1	26.6	9.4	34.4	0.8
大学专科	College	100.0	9.0	33.0	26.9	15.6	1.4	13.6	0.6
大学本科	University	100.0	10.0	43.7	28.1	9.9	0.5	6.9	0.9
研究生	Graduate	100.0	10.9	64.1	17.2	4.7	0.1	2.5	0.6
女	**Female**	**100.0**	**1.3**	**14.3**	**6.2**	**26.7**	**31.2**	**19.7**	**0.6**
未上过学	Illiterate	100.0	0.1	0.5	0.5	11.5	78.0	8.7	0.6
小 学	Primary School	100.0	0.3	1.0	0.8	17.9	62.9	16.7	0.4
初 中	Junior School	100.0	0.8	4.0	2.4	31.7	33.6	26.9	0.6
高 中	Senior School	100.0	2.0	21.2	10.2	38.1	7.6	20.2	0.7
大学专科	College	100.0	3.5	51.6	19.7	16.5	0.8	7.4	0.5
大学本科	University	100.0	4.4	59.9	21.0	9.9	0.4	3.8	0.7
研究生	Graduate	100.0	2.9	74.1	14.5	4.7	0.8	2.4	0.6

1-67 按职业、性别分的城镇就业人员受教育程度构成

EDUCATIONAL ATTAINMENT COMPOSITION OF URBAN EMPLOYMENT BY OCCUPATION AND SEX

单位：%　　(%)

受教育程度	Educational Attainment	合计 Total	单位负责人 Unit Head	专业技术人员 Professional and Technical Personnel	办事人员和有关人员 Clerk and Related Workers	商业、服务业人员 Business Service Personnel	农林牧渔水利业生产人员 Agriculture and Water Conservancy Labors	生产运输设备操作人员及有关人员 Production, Transport Equipment Operators and Related Workers	其他 Others
总计	**Total**	**100.0**	**100.0**	**100.0**	**100.0**	**100.0**	**100.0**	**100.0**	**100.0**
未上过学	Illiterate	2.8	0.3	0.1	0.3	1.3	7.9	1.2	2.8
小学	Primary School	16.9	3.9	1.8	3.5	12.2	35.9	13.9	13.2
初中	Junior School	43.3	24.8	13.3	19.0	49.0	49.0	55.9	43.1
高中	Senior School	21.2	30.0	26.8	30.0	28.4	6.7	23.6	25.4
大学专科	College	9.9	24.0	33.1	29.2	6.8	0.4	4.2	8.3
大学本科	University	5.3	15.2	21.7	16.8	2.2	0.1	1.2	6.7
研究生	Graduate	0.6	1.8	3.2	1.2	0.1	…	0.1	0.5
男	**Male**	**100.0**	**100.0**	**100.0**	**100.0**	**100.0**	**100.0**	**100.0**	**100.0**
未上过学	Illiterate	1.6	0.2	0.1	0.3	0.8	4.6	0.8	1.4
小学	Primary School	14.8	3.8	2.3	4.1	11.2	32.4	12.5	12.5
初中	Junior School	44.7	24.9	15.2	20.6	48.8	53.5	55.5	44.3
高中	Senior School	22.5	30.3	24.3	28.7	28.8	8.8	25.4	26.1
大学专科	College	9.9	23.6	30.5	28.0	7.5	0.6	4.4	7.9
大学本科	University	5.8	15.2	23.4	17.0	2.7	0.1	1.3	7.2
研究生	Graduate	0.7	2.0	4.2	1.3	0.2	…	0.1	0.6
女	**Female**	**100.0**	**100.0**	**100.0**	**100.0**	**100.0**	**100.0**	**100.0**	**100.0**
未上过学	Illiterate	4.4	0.4	0.2	0.3	1.9	11.0	2.0	4.9
小学	Primary School	19.5	4.4	1.4	2.4	13.1	39.2	16.5	14.4
初中	Junior School	41.5	24.4	11.6	16.1	49.2	44.7	56.8	41.2
高中	Senior School	19.6	28.8	29.1	32.4	27.9	4.8	20.1	24.5
大学专科	College	9.8	25.7	35.5	31.5	6.1	0.3	3.7	8.8
大学本科	University	4.8	15.4	20.0	16.3	1.8	0.1	0.9	5.8
研究生	Graduate	0.4	0.9	2.2	1.0	0.1	…	0.1	0.4

1-68 城镇就业人员调查周平均工作时间

WEEKLY WORKING HOURS IN URBAN AREA

单位：小时／周　　(hours/per week)

分　组	Group	2003年11月 Nov.2003	2004年11月 Nov.2004	2005年11月 Nov.2005	2006年11月 Nov.2006
全　部	**Total**	**45.4**	**45.5**	**47.8**	**47.26**
一、按年龄分组	**By Age**				
	16-19	48.4	48.7	51.8	49.94
	20-24	46.2	46.4	49.4	48.41
	25-29	45.7	45.9	48.6	48.14
	30-34	45.7	45.9	48.6	48.42
	35-39	45.7	46.0	48.4	48.32
	40-44	45.1	45.3	47.7	47.68
	45-49	44.9	44.7	46.9	46.54
	50-54	44.5	44.5	45.9	45.22
	55-59	44.2	44.0	44.8	43.89
	60-64	42.7	43.0	42.9	41.75
	65+	40.7	40.7		36.82
二、按职业分组	**By Occupation**				
单位负责人	Unit Head	44.3	44.0	47.2	47.26
专业技术人员	Professional and Technical Personnel	42.8	43.4	43.2	44.13
办事人员和有关人员	Clerk and Related Workers	41.8	42.4	44.4	44.38
商业、服务业人员	Business Service Personnel	49.4	49.3	52.0	51.97
农林牧渔水利业生产人员	Agrecultrre and Water Conservancy Labor	44.2	42.9	43.0	41.93
生产、运输设备操作人员及有关人员	Production, Transport Equipment Operators and Related Workers	47.5	48.1	51.4	50.81
其　他	Others	46.7	46.8	48.9	48.42
三、按受教育程度分组	**By Educational Attaiment**				
未上过学	Illiterate	44.9	44.8	44.4	41.48
小　学	Primary School	47.2	46.1	47.8	46.42
初　中	Junior School	47.4	47.4	50.0	49.25
高　中	Senior School	44.4	44.9	47.8	47.72
大　专	College	41.6	42.0	43.2	43.75
大学本科	University	41.1	41.2	41.9	42.12
研究生	Graduate	40.9	40.9	41.3	42.21

1-68 续表 continued

单位：小时／周 (hours/per week)

分　组	Group	2003年11月 Nov.2003	2004年11月 Nov.2004	2005年11月 Nov.2005	2006年11月 Nov.2006
四、按行业分组	**By Sector**				
农、林、牧、渔业	Farming, Forestry, Animal Husbandry and Fishing	44.1	42.9	42.9	41.9
采矿业	Mining and Quarrying	44.1	45.4	47.5	47.8
制造业	Manufacturing	46.4	46.9	51.1	50.4
电力、燃气及水的生产和供应业	Productionand Supply of Electricity, Gas and Water	42.2	42.4	43.4	43.5
建筑业	Construction	48.4	48.0	51.6	51.3
交通运输、仓储和邮政业	Transport, Storage, Post and Telecommunication Services	46.1	46.5	49.9	50.0
信息传输、计算机服务和软件业	Data Transmission, Computer Service and Software	43.1	43.6	45.6	46.3
批发和零售业	Wholesale and Retail Trade	49.2	50.1	52.5	52.5
住宿和餐饮业	Hotel and Catering Services	50.1	49.1	53.9	54.4
金融业	Banking	41.1	41.7	42.4	42.6
房地产业	Real Estate	42.2	42.4	45.8	45.8
租赁和商务服务业	Leasing and Business Service	46.3	45.2	45.8	46.4
科学研究、技术服务和地质勘查业	Scientific Research, Technical Services and Geological Prospecting	42.2	42.2	42.7	42.5
水利、环境和公共设施管理业	Water Conservancy, Environment and Public Utility Management	41.6	42.2	45.3	44.3
居民服务和其他服务业	Personal and Other Services	47.5	47.0	52.3	52.1
教　育	Education	41.0	41.1	42.3	42.4
卫生、社会保障和社会福利业	Public Health, Social Securities and Social Welfare	42.0	43.0	44.6	45.3
文化、体育和娱乐业	Cultrue, Sports and Entertainment	43.2	44.1	46.3	46.8
公共管理和社会组织	Public Administration and Social Organizations	40.9	41.1	42.2	42.0
国际组织	International Organizations	34.6	43.0	43.4	47.8

注：1.因自2002年开始使用GB2002行业分类标准，2002年以前执行GB1994行业分类标准，故2001年数字仅列出可基本对应的相近行业。

2.10月相对应的调查周是9月24日至9月30日，11月相对应的调查周是10月25日至10月31日。

3.甲栏就业身份和行业职业按主业分组，工作时间包括主业和兼职工作时间。

Note: a)Data in 2001(acoording to GB1994 Industry Classification) are the similar series in GB2002 (GB2002 Industry Classification has been used since 2003).

b)The referent week in October is 24th to 30th, September. The referent week in November is 25th to 31st, October.

c)The items about employment status, sectors and occupation are for the first job. The working hours both include the first and sencond job.

1-69　城镇男性就业人员调查周平均工作时间
MALE WEEKLY WORKING HOURS IN URBAN AREA

单位：小时／周

分　组	Group	2003年11月 Nov.2003	2004年11月 Nov.2004	2005年11月 Nov.2005	2006年11月 Nov.2006
全 部	**Total**	**45.8**	**46.0**	**48.7**	**48.3**
一、按年龄分组	**By Age**				
	16-19	48.3	47.9	51.4	49.7
	20-24	46.5	46.9	50.2	49.3
	25-29	46.3	46.6	49.6	49.3
	30-34	46.2	46.4	49.6	49.4
	35-39	46.2	46.6	49.3	49.5
	40-44	45.5	46.0	48.6	48.8
	45-49	45.3	45.3	48.0	47.8
	50-54	44.9	45.0	47.2	46.9
	55-59	44.5	44.3	46.2	45.7
	60-64	43.8	43.7	44.8	43.7
	65+	41.3	41.6		38.8
二、按职业分组	**By Occupation**				
单位负责人	Unit Head	44.1	44.0	47.2	48.3
专业技术人员	Professional and Technical Personnel	43.5	44.0	43.9	44.7
办事人员和有关人员	Clerk and Related Workers	42.0	42.6	45.0	44.9
商业、服务业人员	Business Service Personnel	49.9	50.0	52.2	52.4
农林牧渔水利业生产人员	Agrecultrre and Water Conservancy Labor	45.7	44.6	45.1	44.5
生产、运输设备操作人员及有关人员	Production, Transport Equipment Operators and Related Workers	47.7	48.2	51.4	50.9
其　他	Others	47.0	47.4	49.6	48.9
三、按受教育程度分组	**By Educational Attaiment**				
未上过学	Illiterate	45.0	46.1	46.2	43.3
小　学	Primary School	48.0	46.9	49.2	48.2
初　中	Junior School	47.8	47.9	50.7	50.3
高　中	Senior School	44.8	45.4	48.4	48.3
大　专	College	41.7	42.3	43.6	44.3
大学本科	University	41.3	41.4	42.2	42.5
研究生	Graduate	41.2	41.0	41.7	42.8

1-69 续表 continued

单位：小时／周 (hours/per week)

分　组	Group	2003年11月 Nov.2003	2004年11月 Nov.2004	2005年11月 Nov.2005	2006年11月 Nov.2006
四、按行业分组	**By Sector**				
农、林、牧、渔业	Farming, Forestry, Animal Husbandry and Fishing	45.5	44.4	45.02	44.4
采矿业	Mining and Quarrying	44.5	45.9	48.2	48.8
制造业	Manufacturing	46.2	46.5	51.0	50.3
电力、燃气及水的生产和供应业	Productionand Supply of Electricity, Gas and Water	42.5	42.6	43.9	43.9
建筑业	Construction	49.1	48.6	52.2	51.9
交通运输、仓储和邮政业	Transport, Storage, Post and Telecommunication Services	46.8	47.3	50.8	51.0
信息传输、计算机服务和软件业	Data Transmission, Computer Service and Software	43.3	44.1	45.8	46.5
批发和零售业	Wholesale and Retail Trade	49.6	50.6	52.9	53.0
住宿和餐饮业	Hotel and Catering Services	50.7	49.79	54.5	54.9
金融业	Banking	41.2	41.8	42.7	42.8
房地产业	Real Estate	42.4	42.8	46.6	46.6
租赁和商务服务业	Leasing and Business Service	46.4	45.5	46.7	47.5
科学研究、技术服务和地质勘查业	Scientific Research, Technical Services and Geological Prospecting	42.5	42.4	43.1	43.0
水利、环境和公共设施管理业	Water Conservancy, Environment and Public Utility Management	41.7	42.3	45.2	44.6
居民服务和其他服务业	Personal and Other Services	47.9	47.7	52.7	52.7
教　育	Education	41.1	41.2	42.6	42.9
卫生、社会保障和社会福利业	Public Health, Social Securities and Social Welfare	42.4	43.5	45.6	46.3
文化、体育和娱乐业	Cultrue, Sports and Entertainment	43.2	44.1	46.4	47.3
公共管理和社会组织	Public Administration and Social Organizations	41.0	41.4	42.6	42.3
国际组织	International Organizations	34.5	44.6	44.7	53.8

1-70 城镇女性就业人员调查周平均工作时间

FEMALE WEEKLY WORKING HOURS IN URBAN AREA

单位：小时／周 (hours/per week)

分组	Group	2003年11月 Nov.2003	2004年11月 Nov.2004	2005年11月 Nov.2005	2006年11月 Nov.2006
全部	**Total**	**44.9**	**44.9**	**46.7**	**45.9**
一、按年龄分组	**By Age**				
	16-19	48.5	49.3	52.0	50.2
	20-24	45.8	45.9	48.6	47.5
	25-29	44.9	45.1	47.4	46.8
	30-34	45.2	45.2	47.5	47.2
	35-39	45.1	45.2	47.2	46.9
	40-44	44.6	44.5	46.5	46.4
	45-49	44.3	43.9	45.3	44.8
	50-54	43.7	43.4	43.6	42.4
	55-59	43.5	43.2	41.7	40.4
	60-64	40.2	41.3	39.2	38.4
	65+	39.1	38.4		33.1
二、按职业分组	**By Occupation**				
单位负责人	Unit Head	44.8	44.1	47.1	48.8
专业技术人员	Professional and Technical Personnel	41.8	42.6	42.6	43.6
办事人员和有关人员	Clerk and Related Workers	41.6	42.1	43.0	43.3
商业、服务业人员	Business Service Personnel	48.9	48.7	51.7	51.6
农林牧渔水利业生产人员	Agrecultrre and Water Conservancy Labor	42.8	41.3	40.9	39.5
生产、运输设备操作人员及有关人员	Production, Transport Equipment Operators and Related Workers	47.1	47.8	51.5	50.7
其他	Others	46.2	45.9	47.6	47.8
三、按受教育程度分组	**By Educational Attaiment**				
未上过学	Illiterate	44.8	44.1	43.6	40.7
小学	Primary School	46.2	45.2	46.3	44.7
初中	Junior School	46.8	46.8	48.9	47.9
高中	Senior School	44.0	44.3	46.9	46.8
大专	College	41.3	41.7	42.6	43.1
大学本科	University	40.8	41.0	41.4	41.5
研究生	Graduate	40.2	40.6	40.6	40.9

1-70 续表 continued

单位：小时／周 (hours/per week)

分　组	Group	2003年11月 Nov.2003	2004年11月 Nov.2004	2005年11月 Nov.2005	2006年11月 Nov.2006
四、按行业分组	**By Sector**				
农、林、牧、渔业	Farming, Forestry, Animal Husbandry and Fishing	42.8	41.2	40.8	39.4
采矿业	Mining and Quarrying	42.9	43.6	44.8	44.1
制造业	Manufacturing	46.6	47.5	51.3	50.5
电力、燃气及水的生产和供应业	Production and Supply of Electricity, Gas and Water	41.6	41.9	42.2	42.4
建筑业	Construction	45.2	44.3	47.7	47.9
交通运输、仓储和邮政业	Transport, Storage, Post and Telecommunication Services	43.5	43.3	45.6	45.4
信息传输、计算机服务和软件业	Data Transmission, Computer Service and Software	42.8	42.9	45.3	46.0
批发和零售业	Wholesale and Retail Trade	48.9	49.7	52.2	52.0
住宿和餐饮业	Hotel and Catering Services	49.6	48.6	53.4	53.9
金融业	Banking	40.9	41.6	42.2	42.3
房地产业	Real Estate	41.8	41.9	44.5	44.4
租赁和商务服务业	Leasing and Business Service	46.3	44.9	44.4	44.5
科学研究、技术服务和地质勘查业	Scientific Research, Technical Services and Geological Prospecting	41.7	42.0	41.8	41.6
水利、环境和公共设施管理业	Water Conservancy, Environment and Public Utility Management	41.3	42.0	45.4	43.8
居民服务和其他服务业	Personal and Other Services	47.1	46.3	51.9	51.4
教　育	Education	40.8	41.0	42.0	42.1
卫生、社会保障和社会福利业	Public Health, Social Securities and Social Welfare	41.7	42.7	43.9	44.5
文化、体育和娱乐业	Cultrue, Sports and Entertainment	43.1	44.1	46.1	46.0
公共管理和社会组织	Public Administration and Social Organizations	40.5	40.7	41.3	41.3
国际组织	International Organizations	34.6	39.7	41.7	40.0

1-71 按年龄、性别分的城镇就业人员工作时间构成
COMPOSITION OF URBAN EMPLOYMENT WORKING HOURS BY AGE AND SEX

单位：%　　(%)

年龄 Age	合计 Total	1-8小时 1-8 Hours	9-19小时 9-19 Hours	20-39小时 20-39 Hours	40小时 40 Hours	41-48小时 41-48 Hours	48小时以上 48 Hours+
总计 Total	**100.0**	**0.4**	**1.7**	**11.1**	**31.2**	**16.1**	**39.6**
16-19	100.0	0.9	1.9	10.5	18.7	18.4	49.5
20-24	100.0	0.5	1.3	8.7	28.6	19.2	41.6
25-29	100.0	0.2	1.1	7.6	33.7	17.6	39.8
30-34	100.0	0.2	1.0	8.1	32.6	16.4	41.7
35-39	100.0	0.3	1.1	9.2	31.7	15.5	42.3
40-44	100.0	0.3	1.2	10.0	33.3	15.2	39.9
45-49	100.0	0.4	1.7	11.0	34.8	15.6	36.5
50-54	100.0	0.6	2.2	15.4	32.2	14.8	34.9
55-59	100.0	0.8	3.5	20.1	27.5	14.2	33.8
60-64	100.0	1.2	4.8	27.9	18.8	15.0	32.2
65+	100.0	2.7	12.0	32.7	15.3	11.7	25.5
男 Male	**100.0**	**0.3**	**1.1**	**8.8**	**31.3**	**16.2**	**42.2**
16-19	100.0	0.9	1.8	10.7	18.0	20.7	48.0
20-24	100.0	0.3	0.9	7.9	27.0	19.8	44.1
25-29	100.0	0.1	0.7	6.1	32.1	17.6	43.4
30-34	100.0	0.1	0.6	6.2	31.9	16.3	44.9
35-39	100.0	0.2	0.6	6.7	31.4	15.3	45.8
40-44	100.0	0.2	0.7	7.3	33.8	15.3	42.6
45-49	100.0	0.2	1.0	7.9	35.4	16.2	39.3
50-54	100.0	0.4	1.1	11.0	34.6	15.3	37.6
55-59	100.0	0.5	1.9	15.0	31.7	14.8	36.0
60-64	100.0	0.8	3.4	23.3	20.5	15.8	36.2
65+	100.0	2.2	9.1	30.8	16.8	12.1	28.9
女 Female	**100.0**	**0.6**	**2.4**	**13.8**	**31.0**	**15.8**	**36.3**
16-19	100.0	1.0	2.0	10.4	19.5	16.1	51.0
20-24	100.0	0.8	1.7	9.5	30.1	18.6	39.3
25-29	100.0	0.3	1.5	9.4	35.6	17.6	35.7
30-34	100.0	0.3	1.5	10.3	33.5	16.4	37.9
35-39	100.0	0.4	1.7	12.1	32.0	15.6	38.2
40-44	100.0	0.4	1.8	13.1	32.8	15.2	36.7
45-49	100.0	0.6	2.6	15.4	34.0	14.8	32.6
50-54	100.0	0.8	4.0	22.9	28.2	13.9	30.2
55-59	100.0	1.3	6.6	30.3	19.2	13.1	29.5
60-64	100.0	1.9	7.2	35.5	16.1	13.8	25.6
65+	100.0	3.6	17.5	36.5	12.4	10.8	19.1

1-72 按受教育程度、性别分的城镇就业人员工作时间构成
COMPOSITION OF URBAN EMPLOYMENT WORKING HOURS BY EDUCATIONAL ATTAINMENT AND SEX

单位：%　　　　(%)

受教育程度	Educational Attainment	合　计 Total	1-8小时 1-8 Hours	9-19小时 9-19Hours	20-39小时 20-39 Hours	40小时 40 Hours	41-48小时 41-48 Hours	48小时以上 48 Hours+
总　计	**Total**	**100.0**	**0.4**	**1.7**	**11.1**	**31.2**	**16.1**	**39.6**
未上过学	Illiterate	100.0	1.6	7.8	28.7	13.5	12.9	35.4
小　学	Primary School	100.0	0.7	3.5	20.3	15.3	15.3	45.0
初　中	Junior School	100.0	0.5	1.6	11.4	20.5	17.2	48.8
高　中	Senior School	100.0	0.2	0.6	5.8	40.3	17.6	35.5
大学专科	College	100.0	0.1	0.1	4.3	64.5	13.6	17.4
大学本科	University	100.0	0.5	0.3	4.1	73.9	10.4	10.8
研究生	Graduate	100.0	0.4	0.5	4.6	74.0	8.3	12.2
男	**Male**	**100.0**	**0.3**	**1.1**	**8.8**	**31.3**	**16.2**	**42.2**
未上过学	Illiterate	100.0	1.3	6.6	24.9	13.5	13.0	40.6
小　学	Primary School	100.0	0.5	2.5	16.4	15.3	15.6	49.8
初　中	Junior School	100.0	0.4	1.1	9.2	20.6	17.5	51.3
高　中	Senior School	100.0	0.2	0.6	5.5	38.5	17.2	38.0
大学专科	College	100.0	0.1	0.1	4.1	62.7	13.8	19.3
大学本科	University	100.0	0.2	0.4	4.2	72.7	10.6	11.9
研究生	Graduate	100.0	0.3	0.2	4.3	72.6	8.7	13.8
女	**Female**	**100.0**	**0.6**	**2.4**	**13.8**	**31.0**	**15.8**	**36.3**
未上过学	Illiterate	100.0	1.8	8.3	30.4	13.5	12.9	33.0
小　学	Primary School	100.0	0.9	4.5	23.9	15.3	15.0	40.4
初　中	Junior School	100.0	0.6	2.4	14.4	20.4	16.8	45.4
高　中	Senior School	100.0	0.2	0.7	6.2	42.9	18.2	31.9
大学专科	College	100.0	0.1	0.2	4.5	66.8	13.4	14.9
大学本科	University	100.0	0.8	0.3	3.9	75.7	10.1	9.2
研究生	Graduate	100.0	0.6	1.0	4.8	77.0	7.5	8.9

1-73 按户口性质、性别分的城镇就业人员工作时间构成
COMPOSITION OF URBAN EMPLOYMENT WORKING HOURS BY REGISTRATION TYPE AND SEX

单位：% (%)

户口性质	Registration Type	合 计 Total	1-8小时 1-8 Hours	9-19小时 9-19Hours	20-39小时 20-39 Hours	40小时 40 Hours	41-48小时 41-48 Hours	48小时以上 48 Hours+
总 计	**Total**	**100.0**	**0.4**	**1.7**	**11.1**	**31.2**	**16.1**	**39.6**
农 业	Agriculture	100.0	0.7	2.8	16.5	15.8	16.8	47.4
非农业	Non-Agriculture	100.0	0.2	0.5	5.1	48.2	15.2	30.9
男	**Male**	**100.0**	**0.3**	**1.1**	**8.8**	**31.3**	**16.2**	**42.2**
农 业	Agriculture	100.0	0.5	1.8	12.9	15.2	17.5	52.1
非农业	Non-Agriculture	100.0	0.1	0.4	4.6	47.9	15.0	31.9
女	**Female**	**100.0**	**0.6**	**2.4**	**13.8**	**31.0**	**15.8**	**36.3**
农 业	Agriculture	100.0	0.9	3.9	20.6	16.5	16.1	41.9
非农业	Non-Agriculture	100.0	0.2	0.6	5.6	48.5	15.6	29.5

1-74 按就业身份、性别分的城镇就业人员工作时间构成
COMPOSITION OF URBAN EMPLOYMENT WORKING HOURS BY EMPLOYMENT STATUS AND SEX

单位：% (%)

就业身份	Employment Status	合 计 Total	1-8小时 1-8 Hours	9-19小时 9-19Hours	20-39小时 20-39 Hours	40小时 40 Hours	41-48小时 41-48 Hours	48小时以上 48 Hours+
总 计	**Total**	**100.0**	**0.1**	**0.6**	**6.2**	**20.4**	**17.3**	**55.2**
雇 员	Employee	100.0	0.1	0.4	4.3	24.4	20.7	50.1
雇 主	Employer	100.0	0.1	0.5	4.7	18.9	12.8	63.1
自营劳动者	Self-Employed	100.0	0.2	0.9	9.4	13.5	12.4	63.6
家庭帮工	Unpaid Familial Worker	100.0	0.3	2.2	13.9	14.5	12.9	56.2
男	**Male**	**100.0**	**0.1**	**0.5**	**5.7**	**19.4**	**17.4**	**56.9**
雇 员	Employee	100.0	0.1	0.4	3.8	23.1	20.9	51.7
雇 主	Employer	100.0	0.1	0.3	4.8	19.4	12.9	62.5
自营劳动者	Self-Employed	100.0	0.2	0.8	8.7	13.1	13.0	64.3
家庭帮工	Unpaid Familial Worker	100.0	0.2	2.7	14.0	13.6	12.2	57.3
女	**Female**	**100.0**	**0.2**	**0.7**	**7.0**	**21.8**	**17.3**	**53.0**
雇 员	Employee	100.0	0.1	0.4	4.8	26.0	20.5	48.2
雇 主	Employer	100.0	0.1	0.8	4.4	17.6	12.4	64.6
自营劳动者	Self-Employed	100.0	0.2	1.1	10.7	14.4	11.2	62.4
家庭帮工	Unpaid Familial Worker	100.0	0.3	2.1	13.9	14.7	13.1	55.9

1-75 按行业、性别分的城镇就业人员工作时间构成

单位：%

项　目	Item	合　计 Total	1-8小时 1-8 Hours
总　计	**National Total**	**100.0**	**0.4**
农、林、牧、渔业	Agriculture,Forestry,Farming of Animals	100.0	1.3
采矿业	Mining	100.0	0.1
制造业	Manufacturing	100.0	0.1
电力、燃气及水的生产和供应业	Production and Distribution of Electricity,Gas and Water	100.0	0.1
建筑业	Construction	100.0	0.1
交通运输、仓储和邮政业	Traffic,Transport,Storage and Post	100.0	0.2
信息传输、计算机服务和软件业	Information Transfer, Computer Services	100.0	0.1
批发和零售业	Wholesale and Retail Trade	100.0	0.1
住宿和餐饮业	Accommodation and Restaurants	100.0	0.1
金融业	Financial Intermediation	100.0	…
房地产业	Real Estate	100.0	
租赁和商务服务业	Tenancy and Business Services	100.0	0.1
科学研究、技术服务和地质勘察业	Scientific Research,Technical Service and Geologic Perambulation	100.0	0.2
水利、环境和公共设施管理业	Management of Water Conservancy,	100.0	0.4
居民服务和其他服务业	Resident Services and Other Services	100.0	0.3
教育	Education	100.0	0.5
卫生、社会保障和社会福利业	Sanitation,Social Security & Social Welfare	100.0	0.1
文化体育和娱乐业	Culture, Sports and Entertainment	100.0	0.3
公共管理和社会组织	Public Management & Social Organization	100.0	0.1
国际组织	International Organizations	100.0	
男	**Male**	**100.0**	**0.3**
农、林、牧、渔业	Agriculture,Forestry,Farming of Animals	100.0	1.0
采矿业	Mining	100.0	0.2
制造业	Manufacturing	100.0	0.1
电力、燃气及水的生产和供应业	Production and Distribution of Electricity,Gas and Water	100.0	0.1
建筑业	Construction	100.0	0.1
交通运输、仓储和邮政业	Traffic,Transport,Storage and Post	100.0	0.2
信息传输、计算机服务和软件业	Information Transfer, Computer Services	100.0	
批发和零售业	Wholesale and Retail Trade	100.0	0.1
住宿和餐饮业	Accommodation and Restaurants	100.0	…
金融业	Financial Intermediation	100.0	0.1

COMPOSITION OF URBAN EMPLOYMENT WORKING HOURS BY SECTOR AND SEX

(%)

9-19小时 9-19 Hours	20-39小时 20-39 Hours	40小时 40 Hours	41-48小时 41-48 Hours	48小时以上 48 Hours+
1.7	**11.1**	**31.2**	**16.1**	**39.6**
5.1	26.8	16.2	16.7	33.9
0.4	3.2	45.6	14.0	36.7
0.3	4.1	30.2	20.0	45.3
0.2	5.6	63.5	14.1	16.6
0.4	5.7	24.7	15.0	54.1
0.4	6.7	32.3	14.8	45.6
0.3	3.7	54.3	15.0	26.6
0.5	5.8	21.6	16.0	55.9
0.6	5.5	18.8	15.2	59.8
0.3	5.0	70.0	10.9	13.8
0.3	3.5	52.3	20.1	23.7
0.5	7.8	46.0	15.1	30.5
0.1	4.3	73.4	9.1	12.9
0.5	5.2	59.8	13.8	20.4
1.2	9.1	19.3	14.5	55.6
0.5	4.5	70.1	11.0	13.5
0.2	4.4	55.1	15.4	24.7
0.7	6.5	49.3	12.2	31.0
0.2	6.0	75.1	7.8	10.7
		66.7		33.3
1.1	**8.8**	**31.3**	**16.2**	**42.2**
3.4	21.6	16.1	17.7	40.3
0.2	3.0	41.4	14.5	40.8
0.3	3.5	31.0	20.8	44.4
0.2	5.6	60.5	14.7	18.9
0.4	5.1	22.4	14.9	57.1
0.5	6.4	28.6	14.7	49.7
0.3	3.2	53.4	14.7	28.5
0.5	5.4	21.4	14.9	57.7
0.5	4.7	18.2	15.3	61.2
0.6	4.0	69.6	11.4	14.4

1-75 续表

单位: %

项　目	Item	合　计 Total	1-8小时 1-8 Hours
房地产业	Real Estate	100.0	
租赁和商务服务业	Tenancy and Business Services	100.0	0.1
科学研究、技术服务和地质勘察业	Scientific Research,Technical Service and Geologic Perambulation	100.0	0.3
水利、环境和公共设施管理业	Management of Water Conservancy,	100.0	0.6
居民服务和其他服务业	Resident Services and Other Services	100.0	0.2
教育	Education	100.0	0.3
卫生、社会保障和社会福利业	Sanitation,Social Security & Social Welfare	100.0	
文化体育和娱乐业	Culture, Sports and Entertainment	100.0	0.1
公共管理和社会组织	Public Management & Social Organization	100.0	0.1
国际组织	International Organizations	100.0	
女	**Female**	**100.0**	**0.6**
农、林、牧、渔业	Agriculture,Forestry,Farming of Animals	100.0	1.6
采矿业	Mining	100.0	
制造业	Manufacturing	100.0	0.1
电力、燃气及水的生产和供应业	Production and Distribution of Electricity,Gas and Water	100.0	0.1
建筑业	Construction	100.0	0.1
交通运输、仓储和邮政业	Traffic,Transport,Storage and Post	100.0	0.2
信息传输、计算机服务和软件业	Information Transfer, Computer Services	100.0	0.2
批发和零售业	Wholesale and Retail Trade	100.0	0.1
住宿和餐饮业	Accommodation and Restaurants	100.0	0.2
金融业	Financial Intermediation	100.0	
房地产业	Real Estate	100.0	
租赁和商务服务业	Tenancy and Business Services	100.0	0.2
科学研究、技术服务和地质勘察业	Scientific Research,Technical Service and Geologic Perambulation	100.0	
水利、环境和公共设施管理业	Management of Water Conservancy,	100.0	0.3
居民服务和其他服务业	Resident Services and Other Services	100.0	0.4
教育	Education	100.0	0.6
卫生、社会保障和社会福利业	Sanitation,Social Security & Social Welfare	100.0	0.1
文化体育和娱乐业	Culture, Sports and Entertainment	100.0	0.6
公共管理和社会组织	Public Management & Social Organization	100.0	0.1
国际组织	International Organizations	100.0	

continued

(%)

9-19小时 9-19 Hours	20-39小时 20-39 Hours	40小时 40 Hours	41-48小时 41-48 Hours	48小时以上 48 Hours+
0.4	3.0	50.8	19.1	26.6
0.5	7.6	41.3	15.3	35.3
	4.7	70.2	9.8	15.0
0.3	3.6	60.8	13.7	20.9
1.0	8.3	18.7	14.2	57.7
0.6	4.7	67.6	11.4	15.4
0.2	4.7	50.8	15.0	29.3
0.5	6.6	48.7	10.6	33.6
0.2	5.5	74.1	8.5	11.6
		66.7		66.7
2.4	**13.8**	**31.0**	**15.8**	**36.3**
6.6	31.8	16.4	15.8	27.9
1.5	3.7	61.2	12.2	21.4
0.4	4.8	29.2	19.0	46.5
0.1	5.7	70.0	12.7	11.4
0.5	8.9	36.6	15.1	38.8
0.5	8.0	49.4	15.0	27.0
0.2	4.6	55.7	15.5	23.8
0.6	6.1	21.7	17.1	54.4
0.8	6.1	19.3	15.0	58.6
0.1	6.0	70.3	10.5	13.1
0.1	4.5	54.6	21.6	19.2
0.6	8.2	53.8	14.9	22.4
0.3	3.6	80.3	7.6	8.5
0.7	7.7	58.1	13.9	19.7
1.4	10.1	20.1	14.8	53.1
0.4	4.3	72.0	10.8	11.9
0.3	4.3	58.1	15.7	21.6
1.0	6.4	50.0	14.3	27.6
0.3	7.1	77.3	6.4	8.7
		100.0		

1-76 按职业、性别分的城镇就业人员工作时间构成

COMPOSITION OF URBAN EMPLOYMENT WORKING HOURS BY OCCUPATION AND SEX

单位：%　　(%)

职　业	Occupation	合　计 Total	1-8小时 1-8 Hours	9-19小时 9-19 Hours	20-39小时 20-39 Hours	40小时 40 Hours	41-48小时 41-48 Hours	48小时以上 48 Hours+
合　计	**Total**	**100.0**	**0.4**	**1.7**	**11.1**	**31.2**	**16.1**	**39.6**
单位负责人	Unit Head	100.0	0.1	0.2	3.8	47.0	12.6	36.2
专业技术人员	Professional and Technical Personnel	100.0	0.2	0.3	4.5	61.2	14.0	19.9
办事人员和有关人员	Clerk and Related Workers	100.0	0.2	0.2	4.5	62.6	13.5	19.1
商业、服务业人员	Business Service Personnel	100.0	0.1	0.6	6.2	23.7	15.9	53.4
农林牧渔水利业生产人员	Agriculture and Water Conservancy Labors	100.0	1.3	5.1	26.7	16.1	16.7	34.3
生产运输设备操作人员及有关人员	Production,Transport Equipment Operators and Related Workers	100.0	0.1	0.4	5.2	27.8	17.8	48.7
其　他	Others	100.0	0.2	0.6	6.8	39.5	13.5	39.2
男	**Male**	**100.0**	**0.3**	**1.1**	**8.8**	**31.3**	**16.2**	**42.2**
单位负责人	Unit Head	100.0	0.1	0.2	3.7	46.9	12.1	36.9
专业技术人员	Professional and Technical Personnel	100.0	0.2	0.3	4.4	58.1	14.6	22.4
办事人员和有关人员	Clerk and Related Workers	100.0	0.1	0.1	4.5	60.5	14.0	20.7
商业、服务业人员	Business Service Personnel	100.0	0.1	0.5	5.6	23.9	15.2	54.6
农林牧渔水利业生产人员	Agriculture and Water Conservancy Labors	100.0	0.9	3.4	21.4	15.9	17.6	40.6
生产运输设备操作人员及有关人员	Production,Transport Equipment Operators and Related Workers	100.0	0.1	0.4	4.8	27.7	17.7	49.2
其　他	Others	100.0	0.2	0.5	5.1	41.0	12.5	40.8
女	**Female**	**100.0**	**0.6**	**2.4**	**13.8**	**31.0**	**15.9**	**36.3**
单位负责人	Unit Head	100.0	0.3	0.1	4.1	47.4	14.2	33.8
专业技术人员	Professional and Technical Personnel	100.0	0.2	0.3	4.5	64.2	13.5	17.5
办事人员和有关人员	Clerk and Related Workers	100.0	0.3	0.3	4.6	66.5	12.4	15.9
商业、服务业人员	Business Service Personnel	100.0	0.2	0.8	6.8	23.4	16.6	52.2
农林牧渔水利业生产人员	Agriculture and Water Conservancy Labors	100.0	1.6	6.6	31.7	16.2	15.7	28.2
生产运输设备操作人员及有关人员	Production,Transport Equipment Operators and Related Workers	100.0	0.1	0.5	5.9	27.9	18.0	47.7
其　他	Others	100.0	0.3	1.0	9.6	37.4	15.0	36.9

1-77 按年龄、性别分的城镇失业人员失业原因构成

UNEMPLOYED REASON COMPOSITION OF URBAN UNEMPLOYMENT BY AGE AND SEX

单位：% (%)

年龄 Age	合计 Total	离退休 Retired	料理家务 Take Care of Housework	毕业后未工作 Job-off after Graduated	因单位原因失去工作 Lose Job for Working Unit Reasons	因个人原因失去工作 Lose Job for Individual Reasons	承包土地被征用 Land Expropriated	其他 Others
总计 Total	**100.0**	**2.4**	**11.9**	**21.4**	**33.4**	**13.6**	**2.2**	**15.3**
16-19	100.0		1.1	77.7	1.4	7.6	0.6	11.6
20-24	100.0		5.8	60.2	4.4	15.5	0.7	13.4
25-29	100.0		18.0	22.3	16.9	22.5	2.0	18.4
30-34	100.0		17.6	5.0	34.9	19.3	1.8	21.5
35-39	100.0		17.5	2.1	47.1	14.4	1.9	16.9
40-44	100.0	0.2	15.3	0.8	56.1	9.6	3.3	14.8
45-49	100.0	2.6	8.9	0.2	66.2	9.2	2.5	10.3
50-54	100.0	11.7	6.9		56.5	7.4	5.1	12.4
55-59	100.0	24.4	7.2		43.6	4.2	5.2	15.0
60-64	100.0	59.7	13.4		9.0	3.0	4.5	10.4
65+	100.0	33.3	25.0		12.5	8.3	4.2	20.8
男 Male	**100.0**	**1.9**	**1.1**	**25.7**	**37.4**	**14.8**	**2.3**	**16.7**
16-19	100.0		0.4	82.2	1.0	5.2	1.0	10.1
20-24	100.0			67.2	4.3	14.7	0.6	13.4
25-29	100.0		0.8	30.3	17.0	25.3	2.5	24.1
30-34	100.0		1.0	5.8	40.3	24.9	2.1	25.6
35-39	100.0		1.5	2.8	51.5	20.6	2.2	21.4
40-44	100.0		1.6	0.5	63.5	12.7	3.0	18.7
45-49	100.0	0.2	1.3	0.4	74.5	11.1	2.1	10.5
50-54	100.0	3.9	1.3		68.0	8.8	5.4	12.9
55-59	100.0	14.2	4.0		56.4	4.9	4.4	15.6
60-64	100.0	69.0			9.5	4.8	2.4	14.3
65+	100.0	47.1	11.8		5.9	11.8	5.9	17.6
女 Female	**100.0**	**2.8**	**22.3**	**17.1**	**29.4**	**12.5**	**2.0**	**13.8**
16-19	100.0		2.2	71.2	1.9	11.1		13.9
20-24	100.0		12.3	52.6	4.6	16.3	0.7	13.4
25-29	100.0		29.4	17.0	16.8	20.7	1.7	14.6
30-34	100.0		28.7	4.5	31.2	15.5	1.5	18.8
35-39	100.0		28.5	1.7	44.2	10.2	1.7	13.8
40-44	100.0	0.3	25.6	0.9	50.7	7.3	3.6	11.9
45-49	100.0	5.5	17.3		56.9	7.1	3.0	10.1
50-54	100.0	31.2	21.5		28.0	3.8	4.8	10.8
55-59	100.0	52.4	15.9		8.5	2.4	7.3	12.2
60-64	100.0	44.0	36.0		8.0		8.0	8.0
65+	100.0		57.1		28.6			28.6

1-78 按失业原因、性别分的城镇失业人员年龄构成

AGE COMPOSITION OF URBAN UNEMPLOYMENT BY UNEMPLOYED REASON AND SEX

单位：%　　　　(%)

年龄 Age	合计 Total	离退休 Retired	料理家务 Take Care of Housework	毕业后未工作 Job-off after Graduated	因单位原因失去工作 Lose Job for Working Unit Reasons	因个人原因失去工作 Lose Job for Individual Reasons	承包土地被征用 Land Expropriated	其他 Others
总计 Total	**100.0**	**100.0**	**100.0**	**100.0**	**100.0**	**100.0**	**100.0**	**100.0**
16-19	8.3		0.8	30.2	0.3	4.6	2.4	6.3
20-24	18.3		8.9	51.7	2.4	20.8	5.8	16.1
25-29	12.6		19.1	13.2	6.4	20.9	11.7	15.2
30-34	12.5		18.6	2.9	13.1	17.8	10.2	17.7
35-39	13.8		20.5	1.4	19.5	14.7	12.1	15.3
40-44	13.8	0.9	17.7	0.5	23.2	9.8	21.4	13.4
45-49	9.5	10.7	7.1	0.1	18.9	6.5	11.2	6.5
50-54	6.8	33.8	4.0		11.5	3.7	16.0	5.6
55-59	3.2	33.3	1.9		4.2	1.0	7.8	3.2
60-64	0.7	17.8	0.8		0.2	0.2	1.5	0.5
65+	0.3	3.6	0.5		0.1	0.2	0.5	0.3
男 Male	**100.0**	**100.0**	**100.0**	**100.0**	**100.0**	**100.0**	**100.0**	**100.0**
16-19	10.1		3.8	32.4	0.3	3.6	4.6	6.1
20-24	19.8			51.7	2.3	19.7	5.5	15.9
25-29	10.2		7.7	12.1	4.7	17.5	11.0	14.7
30-34	10.2		9.6	2.3	11.0	17.2	9.2	15.6
35-39	11.4		15.4	1.2	15.7	15.9	11.0	14.6
40-44	12.1		17.3	0.2	20.4	10.3	15.6	13.5
45-49	10.2	1.1	11.5	0.2	20.2	7.6	9.2	6.3
50-54	9.9	20.5	11.5		17.9	5.9	22.9	7.6
55-59	4.8	36.4	17.3		7.2	1.6	9.2	4.4
60-64	0.9	33.0			0.2	0.3	0.9	0.8
65+	0.4	9.1	3.8		0.1	0.3	0.9	0.4
女 Female	**100.0**	**100.0**	**100.0**	**100.0**	**100.0**	**100.0**	**100.0**	**100.0**
16-19	6.5		0.6	27.1	0.4	5.8		6.6
20-24	16.9		9.3	51.9	2.7	22.1	6.1	16.4
25-29	15.0		19.7	14.8	8.5	24.8	12.2	15.8
30-34	14.8		19.0	3.9	15.7	18.3	11.2	20.2
35-39	16.2		20.7	1.6	24.3	13.2	13.3	16.1
40-44	15.5	1.5	17.7	0.8	26.7	9.1	27.6	13.3
45-49	9.0	17.5	6.9		17.3	5.1	13.3	6.6
50-54	3.8	42.3	3.7		3.6	1.2	9.2	3.0
55-59	1.7	31.4	1.2		0.5	0.3	6.1	1.5
60-64	0.5	8.0	0.8		0.1		2.0	0.3
65+	0.1		0.4		0.1			0.3

1-79 按受教育程度、性别分的城镇失业人员失业原因构成
UNEMPLOYED REASON COMPOSITION OF URBAN UNEMPLOMENT BY EDUCATIONAL ATTAINMENT AND SEX

单位：%　　　　(%)

受教育程度	Educational Attainment	合计 Total	离退休 Retired	料理家务 Take Care of Housework	毕业后未工作 Job-off after Graduated	因单位原因失去工作 Lose Job for Working Unit Reasons	因个人原因失去工作 Lose Job for Individual Reasons	承包土地被征用 Land Expropriated	其他 Others
总　计	**Total**	**100.0**	**2.4**	**11.9**	**21.4**	**33.4**	**13.6**	**2.2**	**15.3**
未上过学	Illiterate	100.0		36.8	1.3	10.5	5.3	10.5	36.8
小　学	Primary School	100.0	7.9	17.8	4.5	26.5	15.3	8.3	19.9
初　中	Junior School	100.0	2.2	14.9	16.1	32.7	13.8	2.3	17.9
高　中	Senior School	100.0	1.9	8.5	23.0	39.7	12.7	1.0	13.1
大学专科	College	100.0	1.0	5.6	43.3	27.7	14.8	0.4	7.3
大学本科	University	100.0	1.1	2.1	60.6	14.2	15.6		6.4
研究生	Graduate	100.0			63.6		9.1		18.2
男	**Male**	**100.0**	**1.9**	**1.1**	**25.7**	**37.4**	**14.8**	**2.3**	**16.7**
未上过学	Illiterate	100.0		8.3	4.2	20.8	16.7	4.2	45.8
小　学	Primary School	100.0	7.3	2.2	5.3	38.2	15.4	7.3	24.2
初　中	Junior School	100.0	1.6	1.2	21.0	38.7	14.8	2.8	19.7
高　中	Senior School	100.0	1.5	0.9	27.0	41.0	14.3	1.2	14.2
大学专科	College	100.0	0.9	0.7	46.8	27.2	15.6	0.7	8.0
大学本科	University	100.0			62.4	14.6	14.6		8.3
研究生	Graduate	100.0			66.7		16.7		
女	**Female**	**100.0**	**2.8**	**22.3**	**17.1**	**29.4**	**12.5**	**2.0**	**13.8**
未上过学	Illiterate	100.0		50.0		3.8		13.5	32.7
小　学	Primary School	100.0	8.4	32.3	3.7	15.5	15.2	9.2	15.7
初　中	Junior School	100.0	2.7	27.5	11.5	27.2	12.8	1.9	16.2
高　中	Senior School	100.0	2.3	16.5	18.9	38.5	11.0	0.8	12.1
大学专科	College	100.0	0.9	10.5	39.6	28.0	14.0	0.2	6.6
大学本科	University	100.0	2.4	4.8	59.2	13.6	16.8		4.0
研究生	Graduate	100.0			60.0				40.0

1-80 按失业原因、性别分的城镇失业人员受教育程度构成
EDUCATIONAL ATTAINMENT COMPOSITION OF URBAN UNEMPLOYMENT BY UNEMPLOYED REASON AND SEX

单位：%　　　　(%)

受教育程度	Educational Attainment	合计 Total	离退休 Retired	料理家务 Take Care of Housework	毕业后未工作 Job-off after Graduated	因单位原因失去工作 Lose Job for Working Unit Reasons	因个人原因失去工作 Lose Job for Individual Reasons	承包土地被征用 Land Expropriated	其他 Others
总计	**Total**	**100.0**	**100.0**	**100.0**	**100.0**	**100.0**	**100.0**	**100.0**	**100.0**
未上过学	Illiterate	0.8		2.5	…	0.3	0.3	3.9	1.9
小学	Primary School	7.7	25.8	11.6	1.6	6.1	8.7	29.6	10.1
初中	Junior School	45.3	42.7	57.0	34.1	44.4	45.8	48.5	53.2
高中	Senior School	33.7	26.7	24.1	36.3	40.1	31.4	16.0	29.0
大学专科	College	9.5	4.0	4.5	19.2	7.9	10.3	1.9	4.5
大学本科	University	3.0	1.3	0.5	8.4	1.3	3.4		1.2
研究生	Graduate	0.1			0.3		0.1		0.1
男	**Male**	**100.0**	**100.0**	**100.0**	**100.0**	**100.0**	**100.0**	**100.0**	**100.0**
未上过学	Illiterate	0.5		3.8	0.1	0.3	0.6	0.9	1.4
小学	Primary School	7.6	29.5	15.4	1.6	7.7	7.9	23.9	10.9
初中	Junior School	44.0	38.6	48.1	35.9	45.5	44.0	53.2	51.8
高中	Senior School	35.0	27.3	26.9	36.7	38.3	33.9	18.3	29.6
大学专科	College	9.5	4.5	5.8	17.3	6.9	10.1	2.8	4.6
大学本科	University	3.3			8.1	1.3	3.3		1.6
研究生	Graduate	0.1			0.3		0.1		
女	**Female**	**100.0**	**100.0**	**100.0**	**100.0**	**100.0**	**100.0**	**100.0**	**100.0**
未上过学	Illiterate	1.1		2.4		0.1		7.1	2.5
小学	Primary School	7.9	23.4	11.4	1.7	4.1	9.6	35.7	9.0
初中	Junior School	46.5	45.3	57.4	31.3	43.1	47.9	42.9	54.7
高中	Senior School	32.4	26.3	23.9	35.8	42.4	28.5	13.3	28.4
大学专科	College	9.4	2.9	4.4	21.8	9.0	10.6	1.0	4.5
大学本科	University	2.6	2.2	0.6	8.9	1.2	3.5		0.7
研究生	Graduate	0.1			0.4				0.3

1-81 按年龄、性别分的城镇失业人员受教育程度构成
EDUCATIONAL ATTAINMENT COMPOSITION OF URBAN UNEMPLOYMENT BY AGE AND SEX

单位：% (%)

年龄 Age	合计 Total	未上过学 Illiterate	小学 Primary School	初中 Junior School	高中 Senior School	大专 College	大学本科 University	研究生 Graduate
总计 Total	**100.0**	**0.8**	**7.7**	**45.3**	**33.7**	**9.5**	**3.0**	**0.1**
16-19	100.0	0.1	4.0	58.3	35.8	1.6		
20-24	100.0	0.2	2.3	32.9	33.0	22.5	8.9	0.1
25-29	100.0	0.2	2.1	42.6	34.8	14.3	5.9	0.2
30-34	100.0	0.7	6.9	47.6	35.3	8.1	1.1	0.3
35-39	100.0	0.4	8.0	49.4	33.5	6.9	1.4	0.3
40-44	100.0	1.0	8.5	50.6	35.0	4.2	0.7	
45-49	100.0	1.1	8.7	43.9	42.5	3.5	0.3	
50-54	100.0	1.7	19.2	49.0	24.0	5.2	0.9	
55-59	100.0	2.6	29.0	45.0	17.9	4.2	1.0	
60-64	100.0	9.0	49.3	23.9	14.9	3.0		
65+	100.0	25.0	58.3	20.8				
男 Male	**100.0**	**0.5**	**7.6**	**44.0**	**35.0**	**9.5**	**3.3**	**0.1**
16-19	100.0	0.2	3.8	58.1	36.3	1.7		
20-24	100.0	0.1	2.3	31.0	35.2	21.7	9.5	0.1
25-29	100.0		1.5	37.8	37.1	17.0	6.4	0.4
30-34	100.0	0.6	5.8	44.7	38.9	8.3	1.2	0.2
35-39	100.0	0.2	7.4	44.4	38.5	6.1	3.2	0.4
40-44	100.0	0.7	7.2	50.8	35.6	4.9	0.7	
45-49	100.0	0.6	7.5	44.8	42.7	3.6	0.6	
50-54	100.0	0.6	17.0	51.2	24.7	5.2	1.1	
55-59	100.0	0.4	25.8	49.8	18.7	5.3	0.4	
60-64	100.0	9.5	40.5	23.8	21.4	4.8		
65+	100.0	17.6	64.7	17.6				
女 Female	**100.0**	**1.1**	**7.9**	**46.5**	**32.4**	**9.4**	**2.6**	**0.1**
16-19	100.0	0.3	4.4	58.9	35.1	1.6		
20-24	100.0	0.5	2.2	35.1	30.5	23.5	8.2	0.1
25-29	100.0	0.4	2.5	45.8	33.4	12.3	5.5	0.1
30-34	100.0	0.7	7.7	49.6	32.9	7.9	1.1	0.3
35-39	100.0	0.5	8.4	52.9	30.1	7.4	0.3	0.3
40-44	100.0	1.3	9.5	50.5	34.5	3.6	0.5	
45-49	100.0	1.4	9.9	42.9	42.4	3.5		
50-54	100.0	3.8	24.7	43.5	22.0	5.4	0.5	
55-59	100.0	8.5	37.8	32.9	15.9	2.4	2.4	
60-64	100.0	8.0	64.0	24.0	4.0			
65+	100.0	42.9	42.9	28.6				

1-82 按受教育程度、性别分的城镇失业人员年龄构成
AGE COMPOSITION OF URBAN UNEMPLOYMENT BY EDUCATIONAL ATTAINMENT AND SEX

单位：%　　　　(%)

年龄 Age	合计 Total	未上过学 Illiterate	小学 Primary School	初中 Junior School	高中 Senior School	大专 College	大学本科 University	研究生 Graduate
总计 Total	**100.0**	**100.0**	**100.0**	**100.0**	**100.0**	**100.0**	**100.0**	**100.0**
16-19	8.3	1.3	4.3	10.7	8.8	1.4		
20-24	18.3	5.3	5.4	13.3	18.0	43.6	55.7	18.2
25-29	12.6	4.0	3.4	11.9	13.1	19.0	25.4	18.2
30-34	12.5	10.7	11.2	13.2	13.1	10.7	4.6	27.3
35-39	13.8	6.7	14.4	15.1	13.8	10.1	6.8	36.4
40-44	13.8	17.3	15.2	15.4	14.3	6.2	3.2	
45-49	9.5	13.3	10.7	9.3	12.0	3.5	1.1	
50-54	6.8	14.7	16.9	7.4	4.8	3.8	2.1	
55-59	3.2	10.7	12.1	3.2	1.7	1.4	1.1	
60-64	0.7	8.0	4.5	0.4	0.3	0.2		
65+	0.3	8.0	1.9	0.1				
男 Male	**100.0**	**100.0**	**100.0**	**100.0**	**100.0**	**100.0**	**100.0**	**100.0**
16-19	10.1	4.2	5.1	13.4	10.5	1.8		
20-24	19.8	4.2	5.9	14.0	19.9	45.1	57.1	16.7
25-29	10.2		2.0	8.8	10.9	18.3	19.9	33.3
30-34	10.2	12.5	7.9	10.4	11.4	8.9	3.8	16.7
35-39	11.4	4.2	11.2	11.6	12.6	7.4	10.9	33.3
40-44	12.1	16.7	11.5	13.9	12.3	6.3	2.6	
45-49	10.2	12.5	10.1	10.4	12.4	3.8	1.9	
50-54	9.9	12.5	22.2	11.5	7.0	5.4	3.2	
55-59	4.8	4.2	16.3	5.4	2.6	2.7	0.6	
60-64	0.9	16.7	4.8	0.5	0.5	0.4		
65+	0.4	12.5	3.1	0.1				
女 Female	**100.0**	**100.0**	**100.0**	**100.0**	**100.0**	**100.0**	**100.0**	**100.0**
16-19	6.5	1.9	3.7	8.2	7.1	1.1		
20-24	16.9	7.7	4.7	12.8	15.9	42.3	54.0	16.7
25-29	15.0	5.8	4.7	14.7	15.4	19.5	32.3	16.7
30-34	14.8	9.6	14.4	15.8	15.0	12.5	6.5	33.3
35-39	16.2	7.7	17.3	18.4	15.0	12.7	1.6	33.3
40-44	15.5	19.2	18.6	16.8	16.5	5.9	3.2	
45-49	9.0	11.5	11.3	8.2	11.7	3.3		
50-54	3.8	13.5	12.1	3.6	2.6	2.2	0.8	
55-59	1.7	13.5	8.1	1.2	0.8	0.4	1.6	
60-64	0.5	3.8	4.2	0.3	0.1			
65+	0.1	5.8	0.8	0.1				

1-83 按年龄、性别分的城镇失业人员寻找工作方式构成

SEEKING JOB METHOD COMPOSITION OF URBAN UNEMPLOYMENT BY AGE AND SEX

单位：% (%)

年龄 Age	合计 Total	在职业介绍机构登记 Register in Employment Agency Office	委托亲友找工作 Ask Friends Relatives about Job	参加招聘会 Take Part in Employment Advertise Meeting	应答或刊登广告 Answer or Advertise	为自己经营作准备 Prepare for Own Business	其他 Others
总计 Total	**100.0**	**12.9**	**50.5**	**8.0**	**1.3**	**5.5**	**21.8**
16-19	100.0	8.7	60.1	6.4	1.6	4.9	18.3
20-24	100.0	14.3	45.6	18.5	2.2	4.5	14.8
25-29	100.0	15.1	45.0	10.8	2.3	6.0	20.8
30-34	100.0	10.8	49.3	6.3	1.0	6.8	25.8
35-39	100.0	12.0	50.7	5.1	0.7	6.2	25.3
40-44	100.0	13.4	55.4	4.3	0.8	6.2	20.1
45-49	100.0	15.2	54.6	4.1	1.0	5.4	19.7
50-54	100.0	14.7	53.6	2.5	0.5	5.7	23.0
55-59	100.0	8.5	45.1	2.9	0.7	1.3	41.5
60-64	100.0		31.3			4.5	64.2
65+	100.0		30.4				69.6
男 Male	**100.0**	**14.0**	**49.2**	**8.6**	**1.2**	**6.5**	**20.5**
16-19	100.0	8.8	60.4	7.1	1.5	5.5	16.8
20-24	100.0	16.8	42.4	19.6	2.4	5.6	13.2
25-29	100.0	15.1	43.9	13.3	2.3	6.8	18.6
30-34	100.0	10.6	50.3	6.9	0.4	8.5	23.3
35-39	100.0	11.3	49.0	5.4	0.7	8.2	25.4
40-44	100.0	14.1	51.7	4.6	0.5	7.9	21.2
45-49	100.0	17.2	53.6	2.9	0.6	7.1	18.6
50-54	100.0	19.3	52.1	3.0	0.2	5.6	19.7
55-59	100.0	10.7	47.6	3.6	0.9	1.3	36.0
60-64	100.0		28.6			7.1	64.3
65+	100.0		23.5				76.5
女 Female	**100.0**	**11.7**	**51.8**	**7.5**	**1.4**	**4.5**	**23.0**
16-19	100.0	8.5	59.6	5.4	1.9	3.8	20.8
20-24	100.0	11.5	49.3	17.3	2.1	3.3	16.6
25-29	100.0	15.0	45.7	9.2	2.3	5.4	22.3
30-34	100.0	11.0	48.7	5.8	1.4	5.6	27.4
35-39	100.0	12.5	52.0	5.0	0.5	4.7	25.3
40-44	100.0	12.8	58.1	4.1	0.9	4.8	19.3
45-49	100.0	13.2	55.9	5.1	1.4	3.5	21.0
50-54	100.0	3.7	57.2	1.1	1.1	5.9	31.0
55-59	100.0	3.6	38.6	1.2		1.2	55.4
60-64	100.0		36.0				64.0
65+	100.0		50.0				50.0

1-84 按受教育程度、性别分的城镇失业人员寻找工作方式构成
SEEKING JOB METHOD COMPOSITION OF URBAN UNEMPLOYMENT BY EDUCATIONAL ATTAINMENT AND SEX

单位：% (%)

受教育程度	Educational Attainment	合 计 Total	在职业介绍机构登记 Register in Employment Agency Office	委托亲友找工作 Ask Friends Relatives about Job	参加招聘会 Take Part in Employment Advertise Meeting	应答或刊登广告 Answer or Advertise	为自己经营作准备 Prepare for Own Business	其他 Others
总 计	**Total**	**100.0**	**12.9**	**50.5**	**8.0**	**1.3**	**5.5**	**21.8**
未上过学	Illiterate	100.0	2.6	42.1	2.6		3.9	48.7
小 学	Primary School	100.0	6.9	57.5	1.1	0.4	6.5	27.6
初 中	Junior School	100.0	11.0	55.0	3.9	1.0	5.4	23.7
高 中	Senior School	100.0	14.3	50.8	7.8	1.3	5.7	20.0
大学专科	College	100.0	20.9	32.8	25.4	2.2	4.2	14.6
大学本科	University	100.0	15.7	21.4	38.8	5.3	5.3	13.5
研究生	Graduate	100.0	27.3		27.3		9.1	36.4
男	**Male**	**100.0**	**14.0**	**49.2**	**8.6**	**1.2**	**6.5**	**20.5**
未上过学	Illiterate	100.0	4.2	41.7	4.2		4.2	45.8
小 学	Primary School	100.0	7.0	58.0	1.4	0.6	7.8	25.2
初 中	Junior School	100.0	11.3	54.8	4.0	0.8	6.6	22.5
高 中	Senior School	100.0	16.5	49.0	8.1	1.1	6.6	18.7
大学专科	College	100.0	22.0	28.0	28.2	1.8	4.9	15.1
大学本科	University	100.0	16.7	20.5	34.6	7.1	7.1	14.1
研究生	Graduate	100.0	40.0				20.0	40.0
女	**Female**	**100.0**	**11.7**	**51.8**	**7.5**	**1.4**	**4.5**	**23.0**
未上过学	Illiterate	100.0	1.9	44.2	1.9		3.8	48.1
小 学	Primary School	100.0	7.1	56.7	0.8	0.5	5.2	29.7
初 中	Junior School	100.0	10.8	55.1	3.8	1.2	4.4	24.7
高 中	Senior School	100.0	12.0	52.7	7.4	1.7	4.8	21.5
大学专科	College	100.0	19.7	37.5	22.6	2.6	3.5	14.0
大学本科	University	100.0	14.4	22.4	44.0	3.2	3.2	12.8
研究生	Graduate	100.0	20.0		40.0			40.0

1-85 按年龄、性别分的城镇失业人员行业构成

SECTOR COMPOSITION OF URBAN UNEMPLOYMENT BY AGE AND SEX

单位：% (%)

年龄 Age	合计 Total	农、林、牧、渔业 Farming, Forestry, Animal Husbandry and Fishery	采矿业 Mining and Quarrying	制造业 Manufacturing	电力、燃气及水的生产和供应业 Production and Supply of Electricity Gas and Water	建筑业 Construction	交通运输、仓储和邮政业 Transport, Storage, Post & Telecommunications
总计 Total	**100.0**	**6.7**	**1.6**	**40.3**	**0.8**	**5.8**	**5.7**
16-19	100.0	12.6	1.0	30.1			2.9
20-24	100.0	6.4	0.6	26.9	0.8	3.4	3.4
25-29	100.0	6.0	1.4	34.3		2.6	6.4
30-34	100.0	6.5	0.8	35.6	1.3	5.5	5.3
35-39	100.0	6.2	1.6	41.3	1.0	6.4	5.5
40-44	100.0	6.3	2.5	42.1	0.9	6.4	5.7
45-49	100.0	3.6	1.6	50.0	0.6	8.1	6.8
50-54	100.0	7.9	1.7	43.0	0.7	8.1	7.0
55-59	100.0	12.0	1.5	50.4	1.1	5.1	6.9
60-64	100.0	19.4	3.2	58.1	3.2	6.5	1.6
65+	100.0	47.8		43.5			
男 Male	**100.0**	**6.0**	**1.7**	**40.6**	**0.6**	**8.5**	**8.5**
16-19	100.0	18.9	1.9	24.5			
20-24	100.0	4.8	1.3	27.9	0.4	4.8	5.7
25-29	100.0	5.2	2.2	34.7		5.5	10.7
30-34	100.0	5.0	0.7	35.4	0.5	9.4	8.4
35-39	100.0	4.8	1.5	41.0	0.7	9.0	10.5
40-44	100.0	7.0	2.2	42.6	0.4	9.0	8.0
45-49	100.0	2.7	1.1	49.0	0.7	11.5	8.4
50-54	100.0	6.7	2.4	43.5	0.5	9.8	8.9
55-59	100.0	8.0	2.0	46.3	1.5	5.5	9.0
60-64	100.0	15.4	5.1	53.8	5.1	7.7	2.6
65+	100.0	50.0		37.5			
女 Female	**100.0**	**7.3**	**1.4**	**40.0**	**1.0**	**3.3**	**3.1**
16-19	100.0	4.2		37.5			6.3
20-24	100.0	7.3		26.3	1.1	2.2	1.5
25-29	100.0	6.5	0.9	33.9		0.7	3.7
30-34	100.0	7.6	1.1	35.5	1.8	2.5	2.9
35-39	100.0	7.2	1.7	41.7	1.3	4.6	1.9
40-44	100.0	5.7	2.5	41.8	1.3	4.4	4.0
45-49	100.0	4.5	2.1	51.3	0.5	4.2	5.0
50-54	100.0	11.0		41.7	1.2	3.7	2.5
55-59	100.0	22.4		59.2		3.9	2.6
60-64	100.0	26.1		65.2		4.3	
65+		42.9		57.1			

1-85 续表 1 continued

单位：% (%)

年龄 Age	信息传输、计算机服务和软件业 Data Transmission, Computer Service & Software	批发和零售业 Wholesale and Retail Trade	住宿和餐饮业 Hotel and Catering Services	金融业 Banking	房地产业 Real Estate	租赁和商务服务业 Leasing and Business Services	科学研究、技术服务和地质勘查业 Scientific Research, Technical Services,& Geological Prospecting
总计 Total	**1.0**	**18.9**	**6.1**	**1.0**	**0.9**	**1.4**	**0.5**
16-19	2.9	20.4	16.5	1.0		1.9	
20-24	2.6	27.5	12.4	0.8	0.4	2.0	
25-29	2.0	26.7	7.4	1.1	1.0	1.8	0.6
30-34	0.7	22.4	6.3	1.4	1.5	1.3	0.9
35-39	0.8	18.5	6.9	1.3	0.8	1.6	0.3
40-44	0.4	17.4	5.7	0.8	1.2	1.0	0.4
45-49	0.2	15.3	2.3	0.8	1.1	1.5	0.8
50-54	1.0	12.2	3.6	1.4	0.5	1.4	0.5
55-59	1.1	9.1	3.3		0.4	0.7	0.7
60-64	3.2	1.6					
65+		8.7					
男 Male	**1.4**	**15.5**	**4.9**	**1.1**	**1.2**	**1.1**	**0.5**
16-19	5.7	18.9	9.4			1.9	
20-24	3.1	23.1	9.6	0.4	0.4	0.9	
25-29	4.4	17.0	7.7	2.2	1.8	1.1	0.7
30-34	1.0	17.6	5.2	2.2	2.7	1.5	0.2
35-39	0.9	14.4	5.9	1.3	0.9	0.9	0.2
40-44	0.2	16.4	4.4	0.4	1.0	0.2	0.8
45-49	0.2	13.3	2.7	1.1	0.9	1.6	0.7
50-54	1.4	13.9	2.4	1.0	0.7	1.7	
55-59	1.5	10.9	4.5		0.5	1.0	1.0
60-64	5.1	2.6					
65+		12.5					
女 Female	**0.7**	**22.2**	**7.2**	**1.0**	**0.7**	**1.7**	**0.6**
16-19		20.8	25.0	2.1		2.1	
20-24	2.6	30.7	14.6	1.1	0.4	2.9	
25-29	0.5	32.8	7.2	0.5	0.7	2.5	0.5
30-34	0.5	26.0	7.1	0.9	0.5	1.3	1.5
35-39	0.8	21.4	7.7	1.3	0.6	2.0	0.3
40-44	0.3	18.2	6.8	1.1	1.3	1.7	0.2
45-49	0.5	17.9	1.8	0.5	1.1	1.1	0.8
50-54		8.0	6.7	2.5		0.6	1.8
55-59		3.9					
60-64							
65+							

1-85 续表 2 continued

单位：% (%)

年龄 Age	水利、环境和公共设施管理业 Water Conservancy, Environment and public Utility Management	居民服务和其他服务业 Public and other Services	教 育 Education	卫生、社会保障和社会福利业 Public Health Social Securities & Social Welfare	文化、体育和娱乐业 Culture Sports and Entertainment	公共管理和社会组织 Public Administrantion and Social Organizations	国际组织 International Organizations
总计 Total	**0.4**	**4.7**	**0.9**	**0.7**	**0.8**	**1.7**	**…**
16-19		9.7		1.0			
20-24	0.4	4.0	1.0	0.2	4.4	3.0	
25-29		3.4	1.0	0.4	1.1	2.4	0.3
30-34	0.2	6.2	1.4	1.2	0.2	1.4	
35-39	0.4	4.7	0.7	0.4	0.5	1.2	
40-44	0.6	4.3	1.1	0.8	0.3	2.1	
45-49	0.5	4.0	0.6	0.5	0.4	1.2	
50-54	0.7	6.0	0.5	1.0	0.7	2.1	
55-59	0.4	4.0	1.1	1.1	0.4	0.7	
60-64		1.6				1.6	
65+							
男 Male	**0.4**	**3.8**	**0.6**	**0.6**	**0.8**	**2.3**	
16-19		17.0		1.9			
20-24	0.9	2.6	0.9	0.4	6.6	6.1	
25-29		3.0	0.4		0.7	2.6	
30-34	0.5	5.0	0.7	1.0		3.0	
35-39	0.2	5.2	0.4	0.4	0.4	1.3	
40-44	0.6	2.8	1.0	0.2	0.4	2.4	
45-49		3.2	0.5	0.2	0.2	2.0	
50-54	0.7	3.3	0.2	1.0		1.9	
55-59	0.5	3.5	1.5	1.5	0.5	1.0	
60-64						2.6	
65+							
女 Female	**0.3**	**5.5**	**1.2**	**0.7**	**0.8**	**1.1**	**0.1**
16-19		2.1					
20-24		5.1	1.5		2.6	0.4	
25-29		3.7	1.4	0.7	1.4	2.1	0.5
30-34		7.1	1.8	1.3	0.4	0.2	
35-39	0.5	4.4	0.9	0.2	0.5	1.1	
40-44	0.6	5.4	1.1	1.3	0.3	1.9	
45-49	0.8	5.3	0.8	0.8	0.5	0.5	
50-54	0.6	12.9	1.2	1.2	1.8	2.5	
55-59		6.6				1.3	
60-64		4.3					
65+							

1-86 按受教育程度、性别分的城镇失业人员行业构成

SECTOR COMPOSITION OF URBAN UNEMPLOYMENT BY EDUCATIONAL ATTAINMENT AND SEX

单位：% (%)

受教育程度	Educational Attainment	合计 Total	农、林、牧、渔业 Farming, Forestry, Animal Husbandry and Fishery	采矿业 Mining and Quarrying	制造业 Manufacturing	电力、燃气及水的生产和供应业 Production and Supply of Electricity Gas and Water	建筑业 Construction	交通运输、仓储和邮政业 Transport, Storage, Post & Telecommu-nications
总　计	**Total**	**100.0**	**6.7**	**1.6**	**40.3**	**0.8**	**5.8**	**5.7**
不识字或识字很少	Illiterate and Semi-Illiterate	100.0	35.2		22.2		14.8	5.6
小　学	Primary School	100.0	16.8	1.2	36.2	0.3	7.1	5.6
初　中	Junior School	100.0	7.7	1.9	42.3	0.6	6.2	6.1
高　中	Senior School	100.0	3.1	1.4	41.1	1.1	4.9	5.9
大学专科	College	100.0	1.3	1.1	33.0	1.1	5.1	3.5
大学本科	University	100.0	2.2		30.1	2.2	4.3	3.2
研究生	Graduate	100.0			66.7			
男	**Male**	**100.0**	**6.0**	**1.7**	**40.6**	**0.6**	**8.5**	**8.5**
不识字或识字很少	Illiterate and Semi-Illiterate	100.0	23.8		33.3		14.3	4.8
小　学	Primary School	100.0	16.0	2.0	34.3	0.7	12.0	8.7
初　中	Junior School	100.0	6.7	2.1	42.0	0.3	9.2	9.2
高　中	Senior School	100.0	3.3	1.3	43.0	0.6	7.2	8.6
大学专科	College	100.0	1.8	1.4	32.4	0.9	5.0	5.0
大学本科	University	100.0			36.7	4.1	8.2	4.1
研究生	Graduate	100.0						
女	**Female**	**100.0**	**7.3**	**1.4**	**40.0**	**1.0**	**3.3**	**3.1**
不识字或识字很少	Illiterate and Semi-Illiterate	100.0	42.4		15.2		15.2	6.1
小　学	Primary School	100.0	17.7	0.3	38.5		1.7	2.8
初　中	Junior School	100.0	8.6	1.6	42.6	0.8	3.5	3.4
高　中	Senior School	100.0	3.0	1.5	39.4	1.6	2.6	3.1
大学专科	College	100.0	1.3	0.9	33.3	1.3	5.1	2.6
大学本科	University	100.0	4.4		22.2		2.2	2.2
研究生	Graduate	100.0			100.0			

1-86 续表 1 continued

单位：% (%)

受教育程度	Educational Attainment	信息传输、计算机服务和软件业 Data Transmission, Computer Service & Software	批发和零售业 Wholesale and Retail Trade	住宿和餐饮业 Hotel and Catering Services	金融业 Banking	房地产业 Real Estate	租赁和商务服务业 Leasing and Business Services	科学研究、技术服务和地质勘查业 Scientific Research, Technical Services,& Geological Prospecting
总　计	**Total**	**1.0**	**18.9**	**6.1**	**1.0**	**0.9**	**1.4**	**0.5**
不识字或识字很少	Illiterate and Semi-Illiterate		3.7	1.9				
小　学	Primary School	0.5	14.8	5.9	0.3	0.3	0.5	0.2
初　中	Junior School	0.4	17.1	6.2	0.4	0.7	1.3	0.5
高　中	Senior School	1.3	22.6	6.3	0.9	1.5	1.4	0.5
大学专科	College	3.3	21.8	5.7	4.8	0.9	3.3	1.1
大学本科	University	7.5	16.1	2.2	8.6	2.2	3.2	1.1
研究生	Graduate							
男	**Male**	**1.4**	**15.5**	**4.9**	**1.1**	**1.2**	**1.1**	**0.5**
不识字或识字很少	Illiterate and Semi-Illiterate		4.8					
小　学	Primary School	0.7	11.3	5.0		0.3	0.7	0.3
初　中	Junior School	0.7	13.6	5.0	0.8	0.9	1.0	0.5
高　中	Senior School	1.3	18.1	5.0	0.8	1.7	1.2	0.4
大学专科	College	5.4	20.3	5.0	4.1	0.9	1.8	0.9
大学本科	University	8.2	20.4	4.1	6.1			
研究生	Graduate							
女	**Female**	**0.7**	**22.2**	**7.2**	**1.0**	**0.7**	**1.7**	**0.6**
不识字或识字很少	Illiterate and Semi-Illiterate		3.0	3.0				
小　学	Primary School	0.3	18.1	6.9	0.7	0.3	0.3	
初　中	Junior School	0.1	20.3	7.4	0.1	0.5	1.6	0.6
高　中	Senior School	1.2	27.0	7.8	0.9	1.2	1.6	0.6
大学专科	College	0.9	23.1	6.4	5.6	0.9	4.7	0.9
大学本科	University	6.7	13.3		8.9	2.2	6.7	2.2
研究生	Graduate							

1-86 续表 2 continued

单位：% (%)

受教育程度	Educational Attainment	水利、环境和公共设施管理业 Water Conservancy, Environment and public Utility Management	居民服务和其他服务业 Public and other Services	教育 Education	卫生、社会保障和社会福利业 Public Health Social Securities & Social Welfare	文化、体育和娱乐业 Culture Sports and Entertainment	公共管理和社会组织 Public Administrantion and Social Organizations	国际组织 International Organizations
总　计	**Total**	**0.4**	**4.7**	**0.9**	**0.7**	**0.8**	**1.7**	**…**
不识字或识字很少	Illiterate and Semi-Illiterate		14.8				1.9	
小　学	Primary School	0.2	8.0	0.7	0.2	0.3	0.8	
初　中	Junior School	0.4	5.3	0.7	0.5	0.7	1.0	
高　中	Senior School	0.3	3.5	0.6	0.7	0.8	2.3	
大学专科	College	0.9	2.6	3.1	1.3	1.8	4.2	
大学本科	University			4.3	4.3	2.2	4.3	2.2
研究生	Graduate				33.3			
男	**Male**	**0.4**	**3.8**	**0.6**	**0.6**	**0.8**	**2.3**	
不识字或识字很少	Illiterate and Semi-Illiterate		14.3				4.8	
小　学	Primary School	0.3	5.3	0.7	0.3	0.3	1.0	
初　中	Junior School	0.3	4.6	0.6	0.2	0.7	1.7	
高　中	Senior School	0.4	2.8	0.3	0.8	0.7	2.5	
大学专科	College	1.4	1.4	1.8	0.9	2.7	7.2	
大学本科	University				4.1	2.0	2.0	
研究生	Graduate				100.0			
女	**Female**	**0.3**	**5.5**	**1.2**	**0.7**	**0.8**	**1.1**	**0.1**
不识字或识字很少	Illiterate and Semi-Illiterate		15.2					
小　学	Primary School		10.4	0.7		0.3	0.7	
初　中	Junior School	0.5	5.8	0.9	0.6	0.7	0.5	
高　中	Senior School	0.2	4.1	0.8	0.6	0.8	2.0	
大学专科	College	0.9	3.8	4.3	2.1	0.9	1.3	
大学本科	University			8.9	4.4	4.4	6.7	4.4
研究生	Graduate							

1-87 按年龄、性别分的城镇失业人员职业构成

OCCUPATION COMPOSITION OF URBAN UNEMPLOYMENT BY AGE AND SEX

单位：% (%)

年龄 Age	合计 Total	单位负责人 Unit Head	专业技术人员 Professional and Technical Personnel	办事人员和有关人员 Clerk and Related Workers	商业服务人员 Business Service Personnel	农林牧渔水利业生产人员 Agriculture and Water Conservancy Labors	生产运输设备操作人员及有关人员 Production, Transport Equipment Operators and Related Workers	其他 Others
总计 Total	**100.0**	**1.4**	**9.7**	**6.2**	**34.2**	**6.4**	**32.4**	**9.8**
16-19	100.0		2.9	5.8	40.4	11.5	31.7	7.7
20-24	100.0	0.8	7.1	8.7	47.6	6.3	21.8	7.5
25-29	100.0	1.6	8.8	6.4	41.4	6.6	25.1	10.1
30-34	100.0	0.6	11.8	4.7	37.2	6.1	30.0	9.6
35-39	100.0	1.7	9.0	5.3	35.4	5.5	34.7	8.3
40-44	100.0	0.7	10.5	6.0	33.1	6.1	34.7	8.8
45-49	100.0	1.9	10.6	6.2	26.8	4.1	37.7	12.7
50-54	100.0	2.8	9.0	7.6	27.5	7.3	36.1	9.8
55-59	100.0	2.5	11.6	6.9	23.6	8.7	34.8	12.0
60-64	100.0		6.5	8.1	6.5	19.4	45.2	14.5
65+	100.0			8.7		34.8	17.4	39.1
男 Male	**100.0**	**2.0**	**8.0**	**8.3**	**28.1**	**5.9**	**35.3**	**12.3**
16-19	100.0		1.8	10.7	30.4	17.9	26.8	12.5
20-24	100.0	1.3	7.0	10.4	39.6	5.7	25.2	10.9
25-29	100.0	1.5	7.0	8.9	35.2	6.7	23.7	17.0
30-34	100.0	0.2	8.2	7.2	31.3	4.0	34.2	14.9
35-39	100.0	2.8	8.1	7.4	27.1	4.8	39.1	10.7
40-44	100.0	1.2	9.4	6.8	26.9	6.2	39.8	9.8
45-49	100.0	3.4	7.2	8.8	22.7	4.3	39.6	14.2
50-54	100.0	3.4	7.0	8.9	26.9	6.2	37.2	10.6
55-59	100.0	3.5	13.4	8.5	26.4	6.5	33.3	8.5
60-64	100.0		7.7	12.8	5.1	20.5	38.5	15.4
65+	100.0			12.5		31.3	12.5	43.8
女 Female	**100.0**	**0.8**	**11.3**	**4.3**	**39.8**	**6.8**	**29.7**	**7.4**
16-19	100.0		4.0	2.0	50.0	4.0	38.0	2.0
20-24	100.0	0.7	7.3	6.9	54.4	6.9	19.0	4.7
25-29	100.0	1.6	9.8	4.9	45.6	6.5	25.8	5.8
30-34	100.0	1.1	14.6	2.7	41.3	7.7	27.0	5.6
35-39	100.0	0.8	9.8	3.8	41.4	6.0	31.7	6.6
40-44	100.0	0.5	11.4	5.5	37.9	6.0	30.6	8.1
45-49	100.0	0.5	14.6	3.2	31.5	4.0	35.4	10.8
50-54	100.0	1.2	14.2	4.9	29.0	9.9	32.7	8.0
55-59	100.0		6.8	2.7	16.4	15.1	38.4	20.5
60-64	100.0		4.3		8.7	17.4	56.5	13.0
65+						42.9	28.6	28.6

1-88 按受教育程度、性别分的城镇失业人员职业构成
OCCUPATION COMPOSITION OF URBAN UNEMPLOYMENT BY EDUCATIONAL ATTAINMENT AND SEX

单位：% (%)

受教育程度	Educational Attainment	合计 Total	单位负责人 Unit Head	专业技术人员 Professional and Technical Personnel	办事人员和有关人员 Clerk and Related Workers	商业服务人员 Business Service Personnel	农林牧渔水利业生产人员 Agriculture and Water Conservancy Labors	生产运输设备操作人员及有关人员 Production, Transport Equipment Operators and Related Workers	其他 Others
总计	**Total**	**100.0**	**1.4**	**9.7**	**6.2**	**34.2**	**6.4**	**32.4**	**9.8**
不识字或识字很少	Illiterate and Semi-Illiterate	100.0		1.9	3.8	22.6	35.8	26.4	9.4
小学	Primary School	100.0	1.0	5.4	4.4	30.0	15.3	33.4	10.5
初中	Junior School	100.0	1.0	7.1	4.7	33.4	7.3	35.4	11.0
高中	Senior School	100.0	1.8	10.0	6.7	37.1	3.0	32.1	9.3
大专	College	100.0	1.8	26.4	14.9	33.0	2.0	17.6	4.4
大学本科	University	100.0	6.5	32.3	12.9	26.9	2.2	16.1	3.2
研究生	Graduate	100.0		33.3		66.7			
男	**Male**	**100.0**	**2.0**	**8.0**	**8.3**	**28.1**	**5.9**	**35.3**	**12.3**
不识字或识字很少	Illiterate and Semi-Illiterate	100.0			9.5	19.0	23.8	38.1	9.5
小学	Primary School	100.0	1.3	7.0	6.3	22.6	14.0	34.2	14.6
初中	Junior School	100.0	1.5	6.5	7.3	27.3	6.5	37.2	13.8
高中	Senior School	100.0	2.6	7.7	8.7	29.5	3.4	36.9	11.2
大专	College	100.0	1.4	18.2	16.4	33.6	2.3	20.0	8.2
大学本科	University	100.0	12.0	20.0	6.0	36.0	4.0	20.0	2.0
研究生	Graduate	100.0		100.0					
女	**Female**	**100.0**	**0.8**	**11.3**	**4.3**	**39.8**	**6.8**	**29.7**	**7.4**
不识字或识字很少	Illiterate and Semi-Illiterate	100.0		2.9		26.5	41.2	17.6	11.8
小学	Primary School	100.0	0.7	3.8	2.4	37.7	17.0	32.2	6.2
初中	Junior School	100.0	0.5	7.8	2.5	38.9	8.0	33.9	8.5
高中	Senior School	100.0	1.0	12.2	4.8	44.6	2.6	27.3	7.4
大专	College	100.0	2.1	33.9	13.6	32.2	1.7	15.3	1.3
大学本科	University	100.0		46.5	20.9	16.3		11.6	4.7
研究生	Graduate	100.0				100.0			

1-89 居民消费价格指数和商品零售价格指数
CONSUMER PRICE INDICES AND RETAIL PRICE INDICES

(上年=100) (preceding year=100)

年 份 地 区	Year Region	居民消费价格指数 Consumer Price Index			商品零售价格指数 Retail Price Index		
		全省（区、市） Province	城 市 Urban Areas	农 村 Rural Areas	全省（区、市） Province	城 市 Urban Areas	农 村 Rural Areas
	1994	124.1	125.0	123.4	121.7	120.9	122.9
	1995	117.1	116.8	117.5	114.8	113.5	116.4
	1996	108.3	108.8	107.9	106.1	105.8	106.4
	1997	102.8	103.1	102.5	100.8	100.8	100.7
	1998	99.2	99.4	99.0	97.4	97.4	97.6
	1999	98.6	98.7	98.5	97.0	97.0	97.1
	2000	100.4	100.8	99.9	98.5	98.5	98.5
	2001	100.7	100.7	100.8	99.2	98.9	99.6
	2002	99.2	99.0	99.6	98.7	98.5	99.1
	2003	101.2	100.9	101.6	99.9	99.6	100.5
	2004	103.9	103.3	104.8	102.8	102.1	104.2
	2005	101.8	101.6	102.2	100.8	100.5	101.4
	2006	101.5	101.5	101.5	101.0	100.9	101.4
北 京	Beijing	100.9	100.9		100.2	100.2	
天 津	Tianjin	101.5	101.5		100.4	100.4	
河 北	Hebei	101.7	101.7	101.7	101.5	101.6	101.5
山 西	Shanxi	102.0	101.8	102.5	101.2	101.2	101.2
内蒙古	Inner Mongolia	101.5	101.3	102.0	101.4	101.5	101.2
辽 宁	Liaoning	101.2	101.1	101.6	101.3	101.2	101.9
吉 林	Jilin	101.4	101.2	102.0	101.5	101.4	101.9
黑龙江	Heilongjiang	101.9	101.8	102.4	101.5	101.2	103.4
上 海	Shanghai	101.2	101.2		100.2	100.2	
江 苏	Jiangsu	101.6	101.6	101.7	100.8	100.5	101.3
浙 江	Zhejiang	101.1	101.1	101.0	100.8	100.7	101.0
安 徽	Anhui	101.2	101.4	100.9	100.8	100.8	100.9
福 建	Fujian	100.8	101.1	100.3	100.5	100.3	101.0
江 西	Jiangxi	101.2	100.9	101.6	101.2	101.0	101.4
山 东	Shandong	101.0	101.0	101.0	100.6	100.5	100.9
河 南	Henan	101.3	101.2	101.5	100.9	100.7	101.1
湖 北	Hubei	101.6	101.4	101.9	101.1	100.8	101.6
湖 南	Hunan	101.4	101.6	101.2	101.3	101.2	101.4
广 东	Guangdong	101.8	101.8	101.6	101.5	101.4	101.6
广 西	Guangxi	101.3	101.6	100.9	100.3	100.8	99.8
海 南	Hainan	101.5	101.2	102.3	101.3	100.6	102.3
重 庆	Chongqing	102.4	102.4		101.6	101.6	
四 川	Sichuan	102.3	102.4	102.3	101.7	101.5	101.9
贵 州	Guizhou	101.7	101.6	102.0	100.9	100.4	101.6
云 南	Yunnan	101.9	101.9	101.8	100.8	100.0	101.7
西 藏	Tibet	102.0	101.9	102.4	100.2	99.9	100.8
陕 西	Shaanxi	101.5	102.1	100.4	101.8	101.6	102.2
甘 肃	Gansu	101.3	101.2	101.4	101.2	100.8	102.0
青 海	Qinghai	101.6	101.8	101.1	102.0	102.4	101.1
宁 夏	Ningxia	101.9	101.7	102.3	101.3	101.2	101.8
新 疆	Xinjiang	101.3	101.0	102.0	101.8	100.9	103.5

1-90 商品零售价格分类指数（2006年）

RETAIL PRICE INDICES BY CATEGORY (2006)

(上年=100) (preceding year=100)

项　　目	Item	全国 National Indices	城市 Urban Indices	农村 Rural Indices
商品零售价格总指数	**Retail Price Index**	**101.0**	**100.9**	**101.4**
食品类	**Food**	**102.6**	**102.6**	**102.4**
粮食	Grain	102.5	102.7	102.4
油脂	Oil or Fat	98.7	99.0	98.4
肉禽及其制品	Meat, Poultry and Their Products	97.3	97.3	97.2
蛋	Eggs	96.3	96.2	96.4
水产品	Aquatic Products	101.6	101.9	100.7
菜	Vegetables	108.1	107.9	108.8
调味品	Flavoring	102.2	102.2	102.3
糖	Sugar	111.7	109.8	114.3
干鲜瓜果	Dried and Fresh Melons and Fruits	117.0	116.0	119.5
糕点饼干面包	Cake, Biscuit and Bread	101.2	101.3	101.0
液体乳及乳制品	Milk and Its Products	101.0	101.1	100.9
在外用膳食品	Outward Dinner Food	101.9	102.0	101.5
主食	Staple Food	101.4	101.6	101.1
炒菜	Fried Dishes	102.1	102.2	101.6
地方小吃	Local Snack	101.7	101.7	102.0
其它食品	Other Foods	101.3	101.5	101.0
饮料、烟酒	**Beverages, Tobacco and Liquor**	**100.7**	**100.9**	**100.5**
茶及饮料	Tea and Beverages	101.0	101.0	100.9
烟草	Tobacco	100.2	100.2	100.1
酒	Liquor	101.3	101.7	100.7
服装、鞋帽	**Garments, Shoes and Hats**	**99.8**	**99.8**	**99.6**
服装	Garments	99.4	99.4	99.3
鞋袜帽	Footgear and Hats	100.8	101.0	100.5
纺织品	**Textiles**	**100.0**	**99.8**	**100.3**
衣着材料	Cotton Cloth	100.7	100.7	100.7
床上用品	Blend Cloth	99.6	99.4	100.0
家用电器及音像器材	**Household Appliances, Music and Video Equipment**	**97.3**	**96.7**	**98.6**
文化办公用品	**Cultural and Office Appliances**	**97.6**	**97.2**	**98.8**
日用品	**Articles for Daily Use**	**100.8**	**100.9**	**100.6**
日用百货	General Merchandise for Daily Use	100.5	100.5	100.4
日用杂品	Grocery for Daily Use	101.2	101.3	101.1
体育娱乐用品	**Sports and Recreation Articles**	**98.5**	**98.3**	**99.2**
交通、通信用品	**Transportation and Communication Appliances**	**92.3**	**91.5**	**94.9**
家具	**Furniture**	**100.1**	**99.9**	**100.5**
化妆品	**Cosmetics**	**99.8**	**99.5**	**100.5**
金银珠宝	**Gold, Silver and Jewelry**	**119.7**	**119.2**	**121.1**
中西药品及医疗保健用品	**Traditional Chinese and Western Medicines and Health Care Articles**	**99.1**	**99.2**	**99.1**
医疗器具及用品	Medical Apparatus and Article	98.3	98.9	97.2
中药材及中成药	Traditional Chinese Medicinal Materials and Medicines	100.0	100.1	99.7
西药	Western Medicines	98.4	98.3	98.7
书报杂志及电子出版物	**Books, Newspapers, Magazines and Electronic Publications**	**100.2**	**100.3**	**99.9**
燃料	**Fuels**	**112.4**	**112.5**	**112.0**
建筑材料及五金电料	**Building Materials and Hardware**	**103.0**	**103.0**	**103.0**
建筑装璜材料	Building Decoration Materials	102.8	102.7	103.0
五金电料	Hardware	103.6	103.9	103.0

1-91 商品零售价格分类指数
RETAIL PRICE INDICES BY CATEGORY OF COMMODITIES

(上年=100) (preceding year=100)

年份 Year 地区 Region	总指数 General Index	食品 Food	#粮食 Grain	#油脂 Oil or Fat	#肉禽及其制品 Meat, Poultry and Their Products	#蛋 Eggs	#水产品 Aquatic Products	#菜 Vegetables	#干鲜瓜果 Dried and Fresh Melons and Fruits
1994	121.7	135.2	148.7	161.4			120.7		
1995	114.8	124.7	134.4	116.3			114.2		
1996	106.1	107.7	107.5	92.1			105.6		
1997	100.8	99.8	92.1	101.6			101.2		
1998	97.4	96.8	96.9	100.7			94.2		
1999	97.0	95.8	96.4	94.4			93.6		
2000	98.5	97.5	90.1	86.2			102.7		
2001	99.2	100.6	101.5	89.3			96.3		
2002	98.7	99.9	98.6	100.1			96.2		
2003	99.9	103.4	102.2	112.5	103.0	98.5	100.3	116.3	102.2
2004	102.8	109.9	126.5	116.8	117.1	119.8	112.5	95.2	104.1
2005	100.8	103.1	101.4	94.7	103.0	104.7	105.8	108.1	101.7
2006	101.0	102.6	102.5	98.7	97.3	96.3	101.6	108.1	117.0
北京 Beijing	100.2	103.5	102.6	101.4	99.6	104.1	101.0	112.3	110.5
天津 Tianjin	100.4	102.8	103.7	97.6	96.6	95.5	103.7	110.9	111.9
河北 Hebei	101.5	103.2	103.1	98.8	95.9	95.3	102.2	111.2	124.2
山西 Shanxi	101.2	103.0	101.1	99.6	95.0	94.1	96.7	112.0	123.0
内蒙古 Inner Mongolia	101.4	102.7	102.4	98.5	97.1	99.6	100.8	112.5	116.6
辽宁 Liaoning	101.3	102.5	102.4	99.6	96.1	91.9	99.0	110.2	116.7
吉林 Jilin	101.5	102.4	103.6	99.8	96.4	98.0	96.8	108.3	116.0
黑龙江 Heilongjiang	101.5	103.1	105.0	97.9	96.5	98.0	102.2	110.5	115.2
上海 Shanghai	100.2	102.7	102.4	97.6	100.6	95.4	102.0	105.2	111.5
江苏 Jiangsu	100.8	103.1	103.4	98.2	96.5	95.9	104.9	106.0	118.8
浙江 Zhejiang	100.8	101.7	103.6	98.5	95.9	94.5	102.7	104.4	113.7
安徽 Anhui	100.8	101.7	102.7	97.7	96.0	95.8	97.0	105.3	123.5
福建 Fujian	100.5	102.0	103.6	98.7	97.2	95.2	101.8	104.9	118.3
江西 Jiangxi	101.2	101.7	100.9	98.0	94.8	96.6	97.8	108.8	122.5
山东 Shandong	100.6	102.5	102.6	99.7	96.6	95.8	103.1	108.2	118.5
河南 Henan	100.9	102.1	101.5	99.1	96.6	95.8	100.0	109.9	117.7
湖北 Hubei	101.1	102.2	103.8	96.7	97.5	96.0	96.7	107.7	120.1
湖南 Hunan	101.3	101.6	101.7	95.6	96.6	98.3	98.6	109.5	118.9
广东 Guangdong	101.5	102.6	101.9	100.3	98.2	97.9	102.9	105.7	113.7
广西 Guangxi	100.3	102.0	100.7	100.9	95.5	98.0	101.0	108.2	120.1
海南 Hainan	101.3	102.6	103.7	99.7	98.7	98.4	104.7	101.8	121.2
重庆 Chongqing	101.6	103.1	101.3	98.8	99.6	97.7	98.7	114.2	116.2
四川 Sichuan	101.7	103.1	101.0	98.9	100.5	97.6	100.4	108.5	120.7
贵州 Guizhou	100.9	103.2	103.2	95.0	100.0	95.5	102.8	112.9	121.0
云南 Yunnan	100.8	102.0	101.4	97.6	98.5	97.0	96.3	103.4	118.9
西藏 Tibet	100.2	103.0	97.4	100.8	102.3	101.7	103.2	115.0	108.9
陕西 Shaanxi	101.8	103.0	103.0	99.6	97.1	97.1	98.7	110.7	118.7
甘肃 Gansu	101.2	104.0	102.8	98.0	98.0	94.6	101.6	116.4	117.3
青海 Qinghai	102.0	103.3	105.8	95.5	95.3	96.5	101.5	114.6	113.2
宁夏 Ningxia	101.3	103.7	102.1	98.4	97.9	95.3	95.5	113.0	120.6
新疆 Xinjiang	101.8	104.2	102.6	98.3	98.4	94.2	96.5	115.9	116.4

1-91 续表 1 continued

(上年=100) (preceding year=100)

年 份 地 区	Year Region	饮料烟酒 Beverages, Tobacco and Liquor	服装鞋帽 Garments, Shoes and Hats	纺织品 Textiles	家用电器及音像器材 Household Appliances, Music and Video Equipment	文化办公用品 Cultural and Office Appliances	日用品 Articles for Daily Use	体育娱乐用品 Sports and Recreation Articles	交通、通信用品 Transportation and Communication Appliances
	1994	111.3	119.6	114.7			113.9		
	1995	107.8	116.8	115.4			109.7		
	1996	105.1	108.5	106.4			105.3		
	1997	101.2	103.5	101.9			102.3		
	1998	98.8	99.3	99.1			99.0		
	1999	97.3	97.3	98.0			97.9		
	2000	98.0	99.2	98.6			98.1		
	2001	99.5	98.9	99.1			98.3		
	2002	99.9	97.9	99.4			98.7		
	2003	99.9	97.5	99.3	94.2	95.8	98.5	98.1	91.1
	2004	101.0	98.2	100.0	94.7	96.9	99.6	98.2	91.8
	2005	100.5	97.9	99.8	96.3	96.7	100.2	98.4	91.7
	2006	100.7	99.8	100.0	97.3	97.6	100.8	98.5	92.3
北 京	Beijing	100.4	102.3	99.9	95.7	97.5	100.2	89.2	89.0
天 津	Tianjin	101.4	97.4	97.7	95.0	95.2	101.2	97.7	90.0
河 北	Hebei	101.0	100.1	99.1	97.0	98.0	100.8	98.7	94.4
山 西	Shanxi	102.2	99.4	99.0	97.7	98.3	100.8	98.8	93.1
内蒙古	Inner Mongolia	101.2	99.9	99.7	97.9	98.5	100.9	98.2	96.6
辽 宁	Liaoning	100.6	101.3	100.1	95.4	96.7	100.6	96.6	90.6
吉 林	Jilin	99.5	99.8	100.6	96.3	97.5	100.3	97.4	93.0
黑龙江	Heilongjiang	100.4	101.9	100.5	96.2	99.7	101.3	100.1	88.4
上 海	Shanghai	100.1	106.6	100.1	92.6	95.2	102.5	95.6	87.5
江 苏	Jiangsu	100.0	100.7	100.2	95.6	96.9	100.6	97.8	90.8
浙 江	Zhejiang	100.2	97.6	101.4	97.8	98.0	100.5	98.8	94.0
安 徽	Anhui	100.6	99.2	100.0	98.4	96.7	100.3	98.4	93.5
福 建	Fujian	100.4	96.4	99.6	98.5	96.9	99.9	98.7	92.3
江 西	Jiangxi	100.7	100.4	102.4	98.9	98.5	101.0	98.8	92.3
山 东	Shandong	101.0	97.8	99.3	99.0	97.0	100.6	99.2	93.5
河 南	Henan	100.7	98.8	100.2	98.7	98.6	100.1	99.8	91.1
湖 北	Hubei	100.9	99.0	100.7	98.9	98.5	100.9	99.5	90.4
湖 南	Hunan	101.2	100.6	101.4	99.5	99.2	101.7	100.8	95.4
广 东	Guangdong	101.6	99.6	101.0	98.0	96.3	100.8	99.3	93.0
广 西	Guangxi	99.4	97.0	97.8	95.1	96.6	99.7	97.7	91.4
海 南	Hainan	100.9	96.1	99.4	95.3	97.3	102.3	98.9	92.2
重 庆	Chongqing	100.4	98.4	93.6	96.3	100.0	101.0	98.1	88.8
四 川	Sichuan	100.9	101.7	100.3	99.5	98.9	102.2	99.8	96.5
贵 州	Guizhou	98.7	98.6	98.1	98.5	100.0	98.9	98.2	96.1
云 南	Yunnan	101.5	96.7	96.9	96.1	97.1	101.6	98.5	92.3
西 藏	Tibet	100.4	99.7	99.8	97.7	92.3	98.6	97.0	96.1
陕 西	Shaanxi	102.0	103.2	99.7	99.0	98.7	101.0	98.7	94.7
甘 肃	Gansu	100.0	94.5	100.3	98.6	98.6	97.8	98.6	95.8
青 海	Qinghai	101.7	99.4	99.7	95.4	94.9	100.8	97.9	95.1
宁 夏	Ningxia	100.6	102.2	100.2	93.8	92.2	101.6	96.4	91.5
新 疆	Xinjiang	100.9	97.3	99.2	97.1	98.8	99.3	98.4	93.5

1-91 续表 2 continued

(上年=100) (preceding year=100)

年份 Year 地区 Region	家具 Furniture	化妆品 Cosmetics	金银珠宝 Gold, Silver and Jewelry	中西药品及医疗保健用品 Traditional Chinese and Western Medicines and Health Care Articles	书报杂志及电子出版物 Books, Newspapers, Magazines and Electronic Publications	燃料 Fuels	建筑材料及五金电料 Building Materials and Hardware
1994		116.4				115.1	
1995		109.9				107.4	
1996		105.0				105.0	
1997		102.3				107.3	
1998		100.5				96.1	
1999		99.6				100.4	
2000		98.9				117.7	
2001		98.8				102.4	
2002		98.4				102.0	
2003	97.8	98.9	108.6	98.4	100.3	109.3	99.7
2004	98.8	98.9	111.6	96.7	101.0	112.4	103.7
2005	99.1	99.3	104.4	97.6	100.3	115.4	102.1
2006	100.1	99.8	119.7	99.1	100.2	112.4	103.0
北京 Beijing	98.4	99.8	129.7	99.9	99.5	111.9	100.4
天津 Tianjin	99.7	101.7	123.5	102.3	99.0	106.8	107.7
河北 Hebei	99.5	100.3	124.5	98.6	99.9	112.0	102.2
山西 Shanxi	101.7	98.9	114.9	99.0	100.2	111.4	102.7
内蒙古 Inner Mongolia	99.5	98.7	121.9	98.5	101.5	113.3	100.9
辽宁 Liaoning	99.9	98.8	119.8	100.0	100.0	110.9	103.5
吉林 Jilin	99.1	99.0	117.3	99.2	100.5	115.9	102.9
黑龙江 Heilongjiang	97.8	98.6	117.8	98.8	101.1	112.6	102.3
上海 Shanghai	101.2	98.0	114.7	97.6	100.8	110.0	106.1
江苏 Jiangsu	100.0	100.1	120.8	97.3	99.4	112.2	105.4
浙江 Zhejiang	100.6	99.9	116.0	99.0	99.5	112.6	105.5
安徽 Anhui	100.1	100.4	121.9	98.8	103.0	111.5	101.1
福建 Fujian	100.3	99.9	112.7	98.7	100.1	114.5	102.6
江西 Jiangxi	98.7	100.5	124.8	97.4	100.5	110.5	102.6
山东 Shandong	100.4	99.1	117.5	99.8	101.2	109.9	103.1
河南 Henan	99.6	99.9	119.2	98.2	99.7	111.2	102.8
湖北 Hubei	99.9	100.2	119.4	100.5	99.8	112.9	104.0
湖南 Hunan	99.8	100.5	121.4	98.3	101.1	110.2	103.9
广东 Guangdong	101.3	100.1	118.1	99.8	100.1	113.9	100.5
广西 Guangxi	100.2	101.0	118.9	101.5	98.9	113.0	100.7
海南 Hainan	103.5	100.0	116.5	99.2	99.2	114.6	106.7
重庆 Chongqing	100.5	98.5	123.5	100.2	100.5	116.5	106.4
四川 Sichuan	101.3	103.6	117.1	98.6	99.6	111.7	101.4
贵州 Guizhou	100.5	96.9	120.6	100.5	100.6	113.5	100.4
云南 Yunnan	100.2	99.5	123.5	98.7	99.9	111.8	105.4
西藏 Tibet	97.2	98.7	102.0	99.8	99.0	109.4	100.6
陕西 Shaanxi	102.1	100.2	120.6	100.0	97.5	111.3	102.6
甘肃 Gansu	101.4	101.7	118.3	100.7	100.9	111.2	101.3
青海 Qinghai	98.6	100.1	118.7	101.1	99.0	112.2	101.6
宁夏 Ningxia	99.0	98.6	117.2	98.3	102.4	113.7	100.3
新疆 Xinjiang	97.3	99.5	116.0	97.5	101.0	115.3	104.1

1-92 居民消费价格分类指数（2006年）

CONSUMER PRICE INDICES BY CATEGORY (2006)

(上年=100) (preceding year=100)

项　目	Item	全　国 National Indices	城　市 Urban Indices	农　村 Rural Indices
居民消费价格指数	**Consumer Price Index**	**101.5**	**101.5**	**101.5**
食品	**Food**	**102.3**	**102.5**	**102.1**
粮食	Grain	102.7	102.7	102.9
#大米	Rice	104.3	104.2	104.4
面粉	Flour	99.7	99.7	99.7
淀粉	Starches and Tubers	101.8	100.1	104.3
干豆类及豆制品	Beans and Bean Products	100.8	100.6	101.1
油脂	Oil or Fat	98.6	98.9	98.3
肉禽及其制品	Meal, Poultry and Their Products	97.1	97.1	97.0
蛋	Eggs	96.0	96.0	96.0
水产品	Aquatic Products	101.2	101.5	100.6
菜	Vegetables	108.2	108.2	108.4
#鲜菜	Fresh Vegetables	108.2	108.2	108.2
调味品	Flavoring	102.3	102.1	102.5
糖	Carbohydrate	111.2	109.7	113.4
茶及饮料	Tea and Beverages	101.0	101.1	100.8
茶叶	Tea	101.2	101.2	101.4
饮料	Beverages	100.9	101.1	100.4
干鲜瓜果	Dried and Fresh Melons and Fruits	117.9	117.2	119.9
#鲜果	Fresh Fruits	121.5	120.2	124.9
糕点饼干面包	Cake, Biscuit and Bread	101.3	101.5	101.0
液体乳及乳制品	Milk and Its Products	100.9	100.9	100.8
在外用膳食品	Outward Dinner	101.6	101.7	101.4
其它食品	Other Foods and Manufacturing Services	101.2	101.2	101.2
烟酒及用品	**Tobacco, Liquor and Articles**	**100.6**	**100.8**	**100.3**
烟草	Tobacco	100.2	100.2	100.1
酒	Liquor	101.2	101.9	100.6
吸烟、饮酒用品	Articles for Smoking and Drinking	100.7	100.8	100.3
衣着	**Clothing**	**99.4**	**99.4**	**99.6**
服装	Garments	99.0	99.0	99.1
衣着材料	Clothing Material	100.5	100.2	100.8
鞋袜帽	Footgear and Hats	100.2	100.2	100.4
衣着加工服务费	Clothing Manufacturing Services	101.5	101.6	101.3
家庭设备用品及服务	**Household Facilities, Articles and Services**	**101.2**	**101.3**	**101.0**
耐用消费品	Durable Consumer Goods	100.8	100.9	100.6
家具	Furniture	100.2	100.2	100.3
家庭设备	Household Facilities	101.2	101.3	100.8

1-92 续表 continued

(上年=100) (preceding year=100)

项　目	Item	全 国 National Indices	城 市 Urban Indices	农 村 Rural Indices
室内装饰品	Interior Decorations	100.0	100.0	100.0
床上用品	Bed Articles	99.6	99.4	99.9
家庭日用杂品	Daily Use Household Articles	101.1	101.1	101.2
家庭服务及加工维修服务费	Household Service and Manufacturing Upkeep	105.8	106.0	105.0
医疗保健和个人用品	**Health Care and Personal Articles**	**101.1**	**100.9**	**101.5**
医疗保健	Health Care	100.2	100.0	100.6
医疗器具及用品	Medical Instrument and Articles	97.2	97.6	96.9
中药材及中成药	Traditional Chinese Medicine	99.9	100.0	99.6
西药	Western Medicine	98.4	98.2	98.8
保健器具及用品	Health Care Appliances and Articles	100.3	100.4	100.0
医疗保健服务	Health Care Services	103.0	102.6	103.6
个人用品及服务	Personal Articles and Services	103.2	103.0	103.4
化妆美容用品	Cosmetics	99.7	99.6	100.0
清洁化妆用品	Sanitation Articles	99.9	99.8	99.9
个人饰品	Personal Decorations	110.8	111.5	109.4
个人服务	Personal Services	102.5	102.2	103.0
交通和通信	**Transportation and Communication**	**99.9**	**99.3**	**101.3**
交通	Transportation	103.2	102.6	104.4
交通工具	Transportation Facility	97.8	96.8	99.3
车用燃料及零配件	Fuels and Parts	112.8	113.0	112.4
车辆使用及维修费	Using and Upkeep Fare	102.4	102.6	102.1
市内公共交通费	Incity Traffic Fare	104.8	104.1	107.5
城市间交通费	Intercity Traffic Fare	105.6	104.1	107.8
通信	Communication	96.4	96.1	97.2
通信工具	Communication Facility	82.2	79.6	87.6
通信服务	Communication Service	100.0	99.9	100.3
娱乐教育文化用品及服务	**Recreation, Education and Culture Articles**	**99.5**	**100.0**	**98.6**
文娱用耐用消费品及服务	Durable Consumer Goods for Cultural and Recreational Use and Services	94.2	93.2	96.1
教育	Education	100.0	101.0	98.5
教材及参考书	Teaching Materials and Reference Books	100.3	100.7	99.6
学杂托幼费	Tuition and Child Care	100.0	101.0	98.4
文化娱乐	Cultural and Recreational Articles	101.0	101.1	100.9
文化娱乐用品	Cultural Articles	99.6	99.5	99.8
书报杂志	Newspapers and Magazines	100.7	100.7	100.6
文娱费	Expenditure of Culture and Recreation	102.6	102.5	103.0
旅游	Touring and Outgoing	103.1	103.3	102.1
居住	**Residence**	**104.6**	**104.7**	**104.6**
建房及装修材料	Building and Building Decoration Materials	103.9	103.9	103.9
租房	Renting	102.7	102.5	103.8
自有住房	Private Housing	103.7	103.9	103.3
水电燃料	Water, Electricity and Fuels	105.9	105.9	105.8

1-93 各地区居民消费价格分类指数

CONSUMER PRICE INDICES BY CATEGORY AND REGION

(上年=100) (preceding year=100)

年份 地区	Year Region	总指数 General Index	食品 Food	#粮食 Grain	#油脂 Oil or Fat	#肉禽及其制品 Meal,Poultry and Products	#蛋 Eggs	#水产品 Aquatic Products	#菜 Vegetables	#鲜菜 Fresh Vegetables
	2001	100.7	100.0	99.3	91.7	101.6	106.0	97.1	100.9	101.4
	2002	99.2	99.4	98.3	98.7	99.5	102.6	96.7	98.2	98.1
	2003	101.2	103.4	102.3	112.6	103.3	98.6	100.3	117.7	120.5
	2004	103.9	109.9	126.4	118.2	117.6	120.2	112.7	95.1	93.9
	2005	101.8	102.9	101.4	94.3	102.5	104.6	105.9	109.1	110.4
	2006	101.5	102.3	102.7	98.6	97.1	96.0	101.2	108.2	108.2
北京	Beijing	100.9	102.8	101.6	101.5	99.4	99.7	101.9	112.2	112.8
天津	Tianjin	101.5	102.7	103.7	97.6	96.6	95.5	103.7	110.9	110.9
河北	Hebei	101.7	103.2	103.0	98.5	95.8	94.6	101.7	110.9	112.0
山西	Shanxi	102.0	103.0	101.3	99.6	95.0	94.8	97.5	111.7	111.3
内蒙古	Inner Mongolia	101.5	102.6	102.5	98.8	97.2	98.2	100.0	112.7	114.1
辽宁	Liaoning	101.2	102.4	102.6	99.9	96.5	91.8	99.4	109.8	110.6
吉林	Jilin	101.4	102.4	104.4	100.6	95.6	98.1	96.6	108.5	109.3
黑龙江	Heilongjiang	101.9	103.0	104.9	99.3	96.2	96.9	102.6	112.6	112.7
上海	Shanghai	101.2	102.5	101.9	97.6	100.6	95.4	102.0	105.2	104.8
江苏	Jiangsu	101.6	102.6	103.5	98.1	96.3	95.2	103.8	106.1	106.0
浙江	Zhejiang	101.1	101.9	103.6	99.1	95.7	94.8	102.5	104.8	103.4
安徽	Anhui	101.2	101.6	103.1	97.7	95.8	95.4	97.0	105.5	105.0
福建	Fujian	100.8	102.0	104.4	98.8	97.2	95.2	102.2	105.3	104.5
江西	Jiangxi	101.2	101.1	100.9	97.9	94.4	97.1	97.2	108.8	109.2
山东	Shandong	101.0	102.1	102.8	99.5	95.8	95.7	103.4	107.7	107.9
河南	Henan	101.3	101.7	101.7	99.9	96.3	96.1	99.7	110.4	110.7
湖北	Hubei	101.6	102.0	105.1	96.9	97.2	96.4	96.5	107.7	108.0
湖南	Hunan	101.4	101.4	100.9	96.0	96.6	99.1	97.7	108.0	107.9
广东	Guangdong	101.8	102.4	101.8	100.1	97.8	97.9	101.9	106.0	105.5
广西	Guangxi	101.3	101.9	101.0	101.1	95.8	98.7	101.4	107.2	107.0
海南	Hainan	101.5	102.3	102.1	100.1	98.6	98.2	105.2	103.0	102.6
重庆	Chongqing	102.4	103.1	101.3	98.8	99.6	97.7	98.7	114.2	114.7
四川	Sichuan	102.3	102.9	101.5	96.6	100.6	95.8	100.5	108.8	109.3
贵州	Guizhou	101.7	103.4	102.9	96.6	99.9	94.7	103.3	112.9	111.9
云南	Yunnan	101.9	102.4	101.5	97.3	98.5	97.4	96.3	103.4	103.3
西藏	Tibet	102.0	102.9	97.3	100.7	102.7	101.6	103.6	114.0	114.4
陕西	Shaanxi	101.5	102.9	103.2	99.3	97.2	96.6	99.8	110.9	111.3
甘肃	Gansu	101.3	103.7	103.4	98.9	98.4	95.4	100.3	116.0	118.0
青海	Qinghai	101.6	102.9	104.6	96.2	96.0	96.2	101.7	115.0	116.0
宁夏	Ningxia	101.9	103.9	101.7	98.7	97.5	93.6	97.0	112.8	114.5
新疆	Xinjiang	101.3	102.4	102.0	97.9	97.9	93.1	98.6	112.7	113.1

1-93 续表 1 continued

(上年=100) (preceding year=100)

年 份 地 区	Year Region	#干鲜瓜果 Dried and Fresh Melons and Fruits	#鲜 果 Fresh Fruits	#在外用膳食品 Outward Dinner	烟酒及用品 Tobacco, Liquor and Articles	#烟 草 Tobacco	#酒 Liquor	衣 着 Clothing	服 装 Garments	衣着材料 Clothing Material
	2001	99.9	100.3	100.2	99.7	99.6	99.9	98.1	97.6	98.8
	2002	103.1	103.6	99.9	99.9	99.9	100.1	97.6	97.4	98.9
	2003	103.0	101.8	100.1	99.8	99.8	100.1	97.8	97.6	99.2
	2004	104.0	102.2	104.1	101.2	100.9	102.2	98.5	98.3	100.2
	2005	102.2	101.6	102.4	100.4	100.4	100.6	98.3	98.1	100.0
	2006	117.9	121.5	101.6	100.6	100.2	101.2	99.4	99.0	100.5
北 京	Beijing	110.2	112.0	101.5	99.9	98.6	101.5	99.7	99.0	99.8
天 津	Tianjin	111.9	113.7	102.7	103.0	101.5	102.7	97.5	98.3	100.7
河 北	Hebei	125.2	129.2	101.7	100.6	99.8	101.5	99.9	98.9	99.8
山 西	Shanxi	122.7	126.8	102.1	102.3	101.5	104.3	99.4	98.1	99.3
内蒙古	Inner Mongolia	116.8	121.4	100.8	101.9	101.3	102.8	100.1	99.7	100.5
辽 宁	Liaoning	117.2	119.3	100.6	100.2	99.9	100.6	100.0	100.0	101.9
吉 林	Jilin	116.7	120.2	100.0	99.6	99.8	99.3	99.6	99.3	100.0
黑龙江	Heilongjiang	115.0	117.7	100.2	100.6	100.6	100.6	101.9	100.8	101.8
上 海	Shanghai	111.5	114.8	102.5	100.2	99.8	100.2	106.4	106.3	97.8
江 苏	Jiangsu	119.6	126.5	103.6	99.9	99.3	100.8	100.9	100.6	100.6
浙 江	Zhejiang	114.5	118.6	101.3	99.5	98.2	102.1	97.8	97.2	100.6
安 徽	Anhui	124.1	130.1	101.8	100.6	100.0	101.4	99.8	99.8	101.5
福 建	Fujian	118.7	122.1	101.6	100.6	100.1	101.3	97.3	97.0	102.3
江 西	Jiangxi	122.9	129.2	101.1	100.3	99.4	102.1	99.7	99.5	104.3
山 东	Shandong	118.2	121.3	100.9	100.8	100.4	101.1	97.6	96.7	100.4
河 南	Henan	115.6	120.5	100.7	100.7	100.3	101.3	98.7	98.5	100.2
湖 北	Hubei	119.0	123.4	101.0	101.0	100.1	102.7	99.3	98.8	100.0
湖 南	Hunan	120.0	123.5	100.2	101.2	101.4	100.8	99.9	99.8	101.5
广 东	Guangdong	114.9	117.4	102.7	101.1	101.6	100.7	99.3	99.1	100.9
广 西	Guangxi	119.9	122.2	101.7	98.8	98.4	98.7	97.6	96.3	97.7
海 南	Hainan	122.6	124.9	100.2	100.5	100.1	101.0	95.8	95.7	99.9
重 庆	Chongqing	116.2	121.4	100.9	100.3	99.3	102.6	98.2	100.4	100.0
四 川	Sichuan	121.4	123.8	101.5	101.4	101.2	102.0	101.5	100.9	100.4
贵 州	Guizhou	125.3	127.9	102.3	99.0	98.7	99.5	97.5	97.3	101.2
云 南	Yunnan	121.5	124.5	102.0	101.6	102.0	100.6	97.0	97.1	100.1
西 藏	Tibet	109.0	111.4	101.4	100.3	100.3	100.3	99.7	99.7	99.7
陕 西	Shaanxi	120.2	121.7	100.8	102.0	102.0	101.8	103.1	103.7	100.6
甘 肃	Gansu	116.8	119.6	101.0	99.2	99.8	97.7	94.7	92.8	99.1
青 海	Qinghai	112.0	113.1	102.2	101.7	101.4	102.0	99.4	99.2	99.3
宁 夏	Ningxia	120.9	123.3	101.3	100.7	101.0	99.9	101.7	101.1	100.5
新 疆	Xinjiang	114.0	114.2	100.6	100.5	99.8	101.2	98.0	98.3	99.8

1-93 续表 2 continued

(上年=100) (preceding year=100)

年 份 地 区	Year Region	鞋袜帽 Footgear and Hats	衣着加工服务费 Clothing Manufacturing Service	家庭设备用品及服务 Household Facilities, Articles and Services	耐用消费品 Durable Consumer Goods	室内装饰品 Interior Decorations	床上用品 Bed Articles	家庭日用杂品 Daily Use Household Articles	家庭服务及加工维修服务费 Household Service and Manufacturing Upkeep
	2001	99.0	100.3	97.7	96.1	98.3	99.3	98.6	101.5
	2002	98.0	99.9	97.5	95.9	98.8	98.7	98.0	101.2
	2003	97.7	100.1	97.4	95.8	98.8	98.4	98.3	101.1
	2004	98.3	100.7	98.6	97.1	99.2	99.3	99.8	101.9
	2005	98.3	101.1	99.9	98.8	99.5	99.4	100.4	104.4
	2006	100.2	101.5	101.2	100.8	100.0	99.6	101.1	105.8
北 京	Beijing	101.5	99.6	101.2	100.4	98.1	99.8	100.4	111.7
天 津	Tianjin	94.8	98.3	100.5	98.9	89.6	94.6	103.3	116.3
河 北	Hebei	102.2	100.4	99.7	99.2	99.1	97.9	101.0	102.1
山 西	Shanxi	102.4	107.7	101.8	101.5	100.9	98.9	102.2	105.7
内蒙古	Inner Mongolia	101.1	99.4	100.3	100.4	100.1	99.0	100.6	100.7
辽 宁	Liaoning	99.9	101.2	100.2	99.8	98.9	98.1	100.9	105.0
吉 林	Jilin	100.3	99.3	99.9	98.5	98.9	101.3	101.1	100.6
黑龙江	Heilongjiang	105.2	100.5	101.0	100.5	102.6	98.4	101.4	103.7
上 海	Shanghai	107.9	100.0	102.7	101.2	100.0	100.6	102.8	112.0
江 苏	Jiangsu	101.3	105.8	101.4	101.5	101.1	99.9	100.8	103.7
浙 江	Zhejiang	98.8	100.4	101.8	100.7	100.1	100.7	101.0	110.0
安 徽	Anhui	99.8	100.8	101.0	100.9	99.6	98.9	100.6	105.0
福 建	Fujian	98.3	101.3	100.9	100.6	100.5	99.0	99.8	108.3
江 西	Jiangxi	99.6	101.2	101.5	101.8	100.5	98.3	101.1	105.2
山 东	Shandong	98.7	100.0	101.1	101.3	99.7	99.7	100.4	104.2
河 南	Henan	98.8	102.6	101.2	101.7	99.3	100.0	100.3	104.1
湖 北	Hubei	100.8	101.8	100.7	100.6	101.0	100.0	100.7	102.5
湖 南	Hunan	100.1	100.3	102.7	101.3	101.6	100.8	103.6	110.8
广 东	Guangdong	99.5	100.3	101.7	100.9	101.4	101.1	100.8	105.6
广 西	Guangxi	100.8	106.7	100.9	99.9	96.4	98.9	102.9	104.7
海 南	Hainan	95.5	100.4	101.1	101.3	98.6	99.1	100.8	104.4
重 庆	Chongqing	91.3	102.5	100.3	99.8	98.2	92.7	99.4	109.5
四 川	Sichuan	103.0	100.6	102.5	102.6	99.8	100.2	101.7	106.8
贵 州	Guizhou	97.8	100.3	101.0	100.2	106.7	100.5	101.5	101.8
云 南	Yunnan	95.7	100.2	100.2	100.6	100.0	94.6	100.5	105.6
西 藏	Tibet	99.5	100.0	98.6	97.5	99.7	99.8	99.2	99.7
陕 西	Shaanxi	101.7	107.6	101.6	101.5	98.4	100.4	100.6	106.6
甘 肃	Gansu	98.0	102.0	100.5	100.9	100.0	100.7	101.8	92.9
青 海	Qinghai	99.7	100.2	99.4	98.6	101.3	100.2	100.5	100.5
宁 夏	Ningxia	103.9	98.8	100.6	99.9	100.0	99.4	101.2	106.7
新 疆	Xinjiang	96.7	100.8	99.3	98.4	99.9	99.4	99.9	101.2

1-93 续表 3 continued

(上年=100) (preceding year=100)

年 份 地 区	Year Region	医疗保健和个人用品 Health Care and Personal Articles	医疗保健 Health Care	医疗器具及用品 Medical Appliances and Articles	中药材及中成药 Traditional Chinese Medicine	西 药 Western Medicine	保健器具及用品 Health Care Appliances and Articles	医疗保健服务 Health Care Services	个人用品及服务 Personal Articles and Services
	2001	100.0	100.3	98.3	101.4	94.8	97.3	110.5	99.5
	2002	98.8	98.5	97.2	96.6	94.5	97.1	108.2	99.5
	2003	100.9	101.2	101.0	105.0	94.5	98.2	108.9	100.2
	2004	99.7	99.1	102.3	98.9	94.9	98.6	105.2	101.2
	2005	99.9	99.5	97.4	96.5	97.7	100.0	105.2	100.8
	2006	101.1	100.2	97.2	99.9	98.4	100.3	103.0	103.2
北 京	Beijing	101.1	99.8	101.3	98.7	100.1	99.8	100.0	105.6
天 津	Tianjin	101.4	101.5	99.5	105.0	100.3	103.2	100.0	101.0
河 北	Hebei	100.3	98.8	96.8	98.6	97.6	99.6	100.3	104.4
山 西	Shanxi	104.0	103.3	96.3	102.4	99.2	98.8	109.4	105.8
内蒙古	Inner Mongolia	99.5	98.0	100.1	98.2	96.6	99.3	100.1	102.7
辽 宁	Liaoning	101.0	100.0	98.7	99.8	100.5	100.7	99.4	103.3
吉 林	Jilin	100.0	99.5	98.3	99.8	99.2	99.6	100.0	101.0
黑龙江	Heilongjiang	100.4	98.8	92.2	99.1	97.8	100.2	101.0	105.0
上 海	Shanghai	101.1	98.1	98.9	100.9	95.1	99.7	98.8	107.1
江 苏	Jiangsu	101.5	100.3	97.6	99.1	96.1	98.9	106.3	104.1
浙 江	Zhejiang	101.7	101.3	98.3	100.1	98.1	102.0	105.7	102.7
安 徽	Anhui	100.5	99.5	98.9	100.0	98.2	99.6	100.8	102.6
福 建	Fujian	99.7	98.4	97.9	99.1	98.2	99.6	97.6	102.2
江 西	Jiangxi	101.6	100.1	98.0	96.4	96.9	101.5	107.3	104.4
山 东	Shandong	100.8	100.1	96.1	101.7	99.4	99.5	100.5	102.0
河 南	Henan	100.1	99.0	93.6	99.4	97.1	98.0	100.9	102.5
湖 北	Hubei	103.8	104.2	96.1	97.9	101.1	100.1	116.0	102.8
湖 南	Hunan	100.8	98.8	98.0	97.7	97.7	101.1	100.7	105.0
广 东	Guangdong	100.4	99.5	98.0	100.4	98.0	101.4	100.1	102.4
广 西	Guangxi	105.6	107.0	101.0	102.6	98.5	99.1	127.3	102.8
海 南	Hainan	98.8	97.2	98.5	98.8	99.4	97.6	95.7	103.7
重 庆	Chongqing	100.8	100.1	101.5	98.7	101.1	100.3	99.8	102.8
四 川	Sichuan	101.2	100.3	99.5	100.1	98.4	99.6	102.8	103.0
贵 州	Guizhou	100.1	99.1	99.9	99.5	98.8	101.9	98.6	101.3
云 南	Yunnan	105.3	106.8	95.4	102.5	98.6	98.8	136.5	101.0
西 藏	Tibet	100.8	100.3	100.2	100.7	101.3	96.6	100.4	101.2
陕 西	Shaanxi	100.8	99.9	95.4	99.8	99.5	101.7	101.0	103.7
甘 肃	Gansu	102.8	103.4	99.3	103.2	98.6	100.2	112.5	101.4
青 海	Qinghai	103.5	103.1	96.2	104.1	101.9	98.1	104.1	104.6
宁 夏	Ningxia	100.0	99.0	97.4	99.3	98.1	100.0	100.2	102.3
新 疆	Xinjiang	100.0	98.8	98.7	97.6	97.9	98.8	100.6	102.2

1-93 续表 4 continued

(上年=100) (preceding year=100)

年份 地区	Year Region	化妆美容用品 Cosmetics	清洁化妆用品 Sanitation Articles	个人饰品 Personal Decorations	个人服务 Personal Services	交通和通信 Transportation and Communication	交通 Transportation	交通工具 Transportation Facility
	2001	99.8	97.9	97.8	101.7	99.0	101.0	96.4
	2002	99.7	97.3	99.3	101.2	98.1	99.1	95.0
	2003	99.5	97.1	102.9	100.8	97.8	99.5	95.9
	2004	98.8	98.4	104.5	101.8	98.5	100.4	96.5
	2005	99.4	99.4	101.6	101.9	99.0	101.5	97.3
	2006	99.7	99.9	110.8	102.5	99.9	103.2	97.8
北京	Beijing	99.9	99.7	119.0	99.7	99.3	103.0	95.9
天津	Tianjin	101.1	103.2	100.6	100.2	98.9	103.4	97.3
河北	Hebei	100.3	100.2	114.2	101.6	100.5	104.1	99.7
山西	Shanxi	101.3	100.6	112.5	107.3	100.3	105.4	99.5
内蒙古	Inner Mongolia	99.6	99.8	107.3	103.8	101.1	104.1	100.7
辽宁	Liaoning	99.5	99.7	113.1	101.4	99.3	103.5	98.6
吉林	Jilin	98.1	99.0	108.9	101.0	97.8	101.9	99.3
黑龙江	Heilongjiang	97.3	99.5	111.2	106.1	100.9	103.0	99.2
上海	Shanghai	96.8	99.8	118.8	99.1	97.3	98.9	91.3
江苏	Jiangsu	100.3	99.8	114.7	102.5	99.6	102.9	98.4
浙江	Zhejiang	99.5	97.2	113.5	102.7	100.3	103.4	96.8
安徽	Anhui	98.8	99.7	110.6	101.6	99.8	104.4	98.9
福建	Fujian	99.8	100.0	109.6	100.8	99.3	103.4	99.1
江西	Jiangxi	101.7	100.7	109.0	105.7	99.0	103.3	98.0
山东	Shandong	99.4	100.5	107.6	101.5	98.7	102.9	98.5
河南	Henan	99.7	99.9	109.5	102.4	99.6	103.5	98.8
湖北	Hubei	100.1	100.1	110.2	101.2	100.1	104.4	99.6
湖南	Hunan	99.7	101.9	111.9	107.5	100.9	104.6	100.7
广东	Guangdong	99.6	99.8	110.5	101.5	100.5	102.4	96.5
广西	Guangxi	100.9	100.2	106.9	103.9	99.1	102.6	92.9
海南	Hainan	100.0	99.9	112.8	104.6	101.2	104.8	99.2
重庆	Chongqing	99.9	99.2	114.8	100.0	98.7	102.1	101.2
四川	Sichuan	100.9	100.4	108.0	102.9	101.7	104.5	100.3
贵州	Guizhou	100.8	99.3	103.9	101.8	100.5	103.3	98.7
云南	Yunnan	100.8	98.7	104.4	100.3	100.2	104.6	96.6
西藏	Tibet	99.8	101.3	104.6	99.4	104.0	107.4	99.3
陕西	Shaanxi	99.9	100.9	108.8	103.4	100.2	104.0	100.4
甘肃	Gansu	98.2	99.8	101.5	103.4	100.3	104.9	101.1
青海	Qinghai	101.3	98.3	108.5	107.6	99.3	104.7	100.3
宁夏	Ningxia	99.5	100.2	113.4	101.1	100.3	105.2	101.1
新疆	Xinjiang	100.2	98.3	108.2	101.9	100.5	103.2	99.3

1–93 续表 5 continued

(上年=100) (preceding year=100)

年 份 Year 地 区 Region	车用燃料及零配件 Fuels and Parts	车辆使用及维修费 Using and Upkeep Fare	市内公共交通费 Incity Traffic Fare	城市间交通费 Intercity Traffic Fare	通 信 Communication	通信工具 Communication Facility	通信服务 Communication Services
2001	99.0	100.4	105.8	104.0	96.8	80.5	101.1
2002	98.5	100.0	101.9	101.8	97.2	83.5	100.3
2003	108.3	98.9	100.6	101.4	96.1	82.1	99.4
2004	107.7	101.0	101.0	102.5	96.8	84.3	99.8
2005	110.3	102.0	102.2	103.3	96.6	84.1	99.6
2006	112.8	102.4	104.8	105.6	96.4	82.2	100.0
北 京 Beijing	117.8	99.8	110.2	101.4	94.9	74.3	100.0
天 津 Tianjin	112.3	101.7	112.4	105.8	94.7	68.0	100.0
河 北 Hebei	111.7	103.4	104.5	108.4	97.3	84.9	100.2
山 西 Shanxi	114.7	105.7	110.7	104.8	96.0	75.3	100.6
内蒙古 Inner Mongolia	109.9	102.0	102.5	109.0	98.0	92.8	99.8
辽 宁 Liaoning	112.2	99.8	102.9	105.6	95.6	73.8	100.1
吉 林 Jilin	111.1	100.1	100.6	103.6	94.7	84.1	98.1
黑龙江 Heilongjiang	110.8	100.5	103.0	104.2	97.9	88.0	99.8
上 海 Shanghai	114.2	101.7	102.0	103.2	94.9	70.4	100.0
江 苏 Jiangsu	112.8	100.0	105.6	105.6	96.1	81.6	100.3
浙 江 Zhejiang	114.3	104.6	109.9	104.4	96.1	81.3	100.1
安 徽 Anhui	113.3	100.0	108.8	103.8	96.2	78.6	100.3
福 建 Fujian	114.9	100.7	102.8	103.7	96.2	78.4	99.6
江 西 Jiangxi	112.5	101.1	105.0	105.1	95.8	78.6	100.1
山 东 Shandong	112.2	100.4	104.7	106.5	93.9	81.8	100.1
河 南 Henan	111.3	99.8	104.7	107.5	96.4	80.1	99.9
湖 北 Hubei	112.0	102.3	103.2	108.5	96.3	82.6	99.8
湖 南 Hunan	111.8	101.5	103.6	107.4	97.5	89.2	100.0
广 东 Guangdong	112.7	105.6	105.0	103.3	97.9	84.9	100.4
广 西 Guangxi	111.1	106.3	105.4	104.9	95.3	79.9	100.3
海 南 Hainan	114.2	101.9	100.8	103.7	96.8	82.7	99.7
重 庆 Chongqing	115.2	102.4	100.0	98.2	96.6	70.9	99.8
四 川 Sichuan	112.6	102.9	103.4	106.6	97.7	89.4	100.2
贵 州 Guizhou	110.1	99.8	104.0	103.9	98.3	87.4	100.2
云 南 Yunnan	111.9	102.0	111.7	107.5	96.1	83.3	99.7
西 藏 Tibet	111.8	102.1	102.2	118.2	98.0	94.8	99.5
陕 西 Shaanxi	111.6	100.3	104.2	107.8	96.3	84.6	98.7
甘 肃 Gansu	109.7	106.5	102.7	109.5	96.2	84.3	99.9
青 海 Qinghai	113.6	100.6	103.4	108.4	92.0	83.0	94.2
宁 夏 Ningxia	113.5	106.4	108.2	102.7	95.8	81.9	100.2
新 疆 Xinjiang	112.5	101.2	100.9	105.2	97.6	88.3	100.2

1-93 续表 6 continued

(上年=100) (preceding year=100)

年 份 地 区	Year Region	娱乐教育文化用品及服务 Recreation, Education and Culture	文娱用耐用消费品及服务 Durable Consumer Goods and Service for Recreational Use	教 育 Education	教材及参考书 Teaching Materials and Reference Books	学杂托幼费 Tuition and Child Care	文化娱乐 Cultural and Recreational Articles	文化娱乐用品 Cultural Articles
	2001	106.6	91.2	113.6	106.1	114.1	101.7	99.4
	2002	100.6	90.5	103.7	99.0	104.0	101.2	98.9
	2003	101.3	92.7	104.3	101.7	104.5	101.3	98.7
	2004	101.3	93.3	103.4	102.8	103.4	101.1	99.4
	2005	102.2	93.8	105.1	100.9	105.4	101.2	99.8
	2006	99.5	94.2	100.0	100.3	100.0	101.0	99.6
北 京	Beijing	98.7	93.1	99.8	98.5	99.9	100.4	99.5
天 津	Tianjin	99.0	91.9	100.0	98.0	100.1	97.1	99.2
河 北	Hebei	100.0	94.4	100.9	99.4	101.1	101.6	100.0
山 西	Shanxi	99.8	94.2	100.9	101.1	100.9	100.8	98.3
内蒙古	Inner Mongolia	100.8	97.0	102.6	101.4	102.7	100.1	100.1
辽 宁	Liaoning	98.7	90.9	100.1	100.3	100.0	100.8	99.4
吉 林	Jilin	101.1	94.9	102.5	101.0	102.7	103.2	99.0
黑龙江	Heilongjiang	99.4	94.2	100.0	99.4	100.1	102.6	102.3
上 海	Shanghai	98.2	87.8	100.0	101.5	99.9	101.6	98.7
江 苏	Jiangsu	99.3	90.4	100.7	101.0	100.7	102.1	99.7
浙 江	Zhejiang	98.0	93.8	97.1	98.5	96.9	101.0	99.4
安 徽	Anhui	100.8	94.2	102.5	106.0	102.1	100.2	99.8
福 建	Fujian	97.2	95.9	96.0	100.3	95.6	99.9	98.3
江 西	Jiangxi	99.6	95.4	100.0	99.0	100.1	101.4	100.2
山 东	Shandong	100.0	95.5	101.5	101.3	101.5	101.7	99.8
河 南	Henan	100.1	94.8	100.8	98.8	101.0	100.3	99.8
湖 北	Hubei	99.4	95.3	99.3	99.9	99.2	100.2	100.1
湖 南	Hunan	100.2	98.2	100.5	103.3	100.3	101.8	100.2
广 东	Guangdong	100.0	95.0	99.8	100.0	99.8	99.6	100.0
广 西	Guangxi	99.1	92.0	101.8	97.8	102.4	103.6	95.4
海 南	Hainan	99.0	91.9	101.3	102.2	101.2	99.3	98.5
重 庆	Chongqing	104.3	94.8	106.4	100.4	106.9	102.1	100.5
四 川	Sichuan	100.6	97.5	100.7	99.5	100.8	100.3	99.6
贵 州	Guizhou	101.6	96.2	101.0	99.9	101.0	102.4	100.7
云 南	Yunnan	99.2	92.0	99.4	99.8	99.2	101.0	100.2
西 藏	Tibet	104.8	99.3	112.0	99.4	118.9	99.8	99.3
陕 西	Shaanxi	96.1	95.5	92.6	96.5	92.2	100.5	99.3
甘 肃	Gansu	98.1	97.9	96.3	94.2	96.4	101.5	99.3
青 海	Qinghai	98.3	89.4	97.8	97.0	97.9	102.1	100.6
宁 夏	Ningxia	98.0	86.5	100.3	99.5	100.4	101.7	100.6
新 疆	Xinjiang	99.8	95.8	100.3	101.0	100.3	101.9	99.0

1-93 续表 7 continued

(上年=100) (preceding year=100)

年份 地区	Year Region	书报杂志 Newspapers and Magazines	文娱费 Expenditure of Culture and Recreation	旅游 Touring and Outgoing	居住 Residence	建房及装修材料 Building and Decoration Materials	租房 Renting	自有住房 Private Housing	水电燃料 Water, Electricity and Fuels
	2001	101.9	104.4	100.3	101.2	98.8	108.6	100.0	102.5
	2002	101.0	104.2	95.9	99.9	98.4	104.4	95.4	102.9
	2003	100.4	104.6	95.4	102.1	99.5	103.5	99.1	105.7
	2004	100.6	103.2	100.6	104.9	104.3	103.0	100.9	107.5
	2005	100.8	102.9	99.6	105.4	102.6	101.9	105.6	108.6
	2006	100.7	102.6	103.1	104.6	103.9	102.7	103.7	105.9
北京	Beijing	100.0	101.2	99.1	101.4	100.4	100.1	103.2	100.8
天津	Tianjin	100.0	93.5	111.2	104.4	107.8	100.7	101.7	104.9
河北	Hebei	100.0	104.9	101.8	104.5	103.7	103.6	102.5	106.0
山西	Shanxi	100.0	103.8	100.9	104.4	103.9	100.6	105.1	104.7
内蒙古	Inner Mongolia	100.1	100.2	95.0	103.9	100.8	102.0	103.5	106.6
辽宁	Liaoning	100.2	102.0	100.8	104.2	104.1	103.7	104.3	104.3
吉林	Jilin	100.8	109.8	102.7	105.5	105.7	101.9	105.7	106.1
黑龙江	Heilongjiang	100.1	103.8	99.1	104.9	104.1	117.5	100.7	104.9
上海	Shanghai	101.6	103.2	103.0	102.9	107.0	99.5	102.3	100.4
江苏	Jiangsu	100.2	105.5	103.1	104.5	105.3	101.6	102.3	104.6
浙江	Zhejiang	100.4	102.6	105.4	104.8	105.2	102.7	104.8	104.6
安徽	Anhui	100.8	100.3	102.8	103.8	102.2	102.6	103.7	104.8
福建	Fujian	100.4	101.2	100.9	105.5	104.2	103.1	104.3	106.6
江西	Jiangxi	102.1	102.0	100.3	105.6	103.3	112.7	103.7	105.8
山东	Shandong	102.2	104.9	99.7	104.4	103.8	104.6	103.3	105.2
河南	Henan	100.4	100.7	103.2	105.4	105.0	101.9	105.3	106.2
湖北	Hubei	100.0	100.5	106.0	104.9	104.0	101.0	105.2	106.3
湖南	Hunan	100.0	104.6	99.0	104.7	104.3	102.6	104.4	105.3
广东	Guangdong	100.8	98.4	104.8	104.6	101.9	101.1	103.7	107.6
广西	Guangxi	100.1	114.5	94.5	104.4	100.9	105.9	104.5	106.6
海南	Hainan	99.1	100.2	100.5	107.7	110.6	100.1	107.0	107.0
重庆	Chongqing	100.6	104.7	109.3	106.0	107.5	100.0	102.7	108.0
四川	Sichuan	100.2	101.1	104.6	104.4	102.0	101.3	103.5	107.7
贵州	Guizhou	102.6	103.8	111.8	103.9	101.6	100.2	103.0	106.0
云南	Yunnan	100.6	102.1	106.9	107.1	107.1	105.6	101.7	109.3
西藏	Tibet	99.2	101.2	105.5	103.6	101.0	101.3	107.1	105.1
陕西	Shaanxi	100.2	101.9	111.7	104.3	102.8	102.3	103.7	106.4
甘肃	Gansu	104.9	101.6	104.1	105.2	101.8	101.6	106.4	107.8
青海	Qinghai	100.0	104.3	113.5	104.3	104.5	100.0	101.6	105.5
宁夏	Ningxia	102.9	102.0	107.2	105.2	102.3	101.8	104.2	107.6
新疆	Xinjiang	100.9	104.9	100.4	105.7	103.8	100.5	103.4	109.2

1-94 城镇居民家庭基本情况

BASIC CONDITIONS OF URBAN HOUSEHOLDS

项　目	Item	1990	1995	2000	2005	2006
调查户数(户)	**Number of Households Surveyed (household)**	**35660**	**35520**	**42220**	**54496**	**56094**
平均每户家庭人口(人)	**Average Household Size (person)**	**3.50**	**3.23**	**3.13**	**2.96**	**2.95**
平均每户就业人口(人)	**Average Number of Employed Persons Per Household (persons)**	**1.98**	**1.87**	**1.68**	**1.51**	**1.53**
平均每户就业面(%)	**Proportion of Employment per Household (%)**	**56.57**	**57.89**	**53.67**	**51.01**	**51.86**
平均每一就业者负担人数(包括就业者本人)(人)	**Number of Dependents per Employee (including the employee himself or herself) (person)**	**1.77**	**1.73**	**1.86**	**1.96**	**1.93**
平均每人全部年收入(元)	**Per Capita Annual Income (yuan)**	**1516.21**	**4279.02**	**6295.91**	**11320.77**	**12719.19**
工薪收入	Income of Wages and Salaries	1149.70	3390.21	4480.50	7797.54	8766.96
经营净收入	Net Business Income	22.50	72.62	246.24	679.62	809.56
财产性收入	Income from Properties	15.60	90.43	128.38	192.91	244.01
转移性收入	Income from Transfer	328.41	725.76	1440.78	2650.70	2898.66
#可支配收入	Disposable Income	1510.16	4282.95	6279.98	10493.03	11759.45
平均每人消费性支出(元)	**Per Capita Annual Consumption Expenditures (yuan)**	**1278.89**	**3537.57**	**4998.00**	**7942.88**	**8696.55**
食　品	Food	693.77	1771.99	1971.32	2914.39	3111.92
衣　着	Clothing	170.90	479.20	500.46	800.51	901.78
家庭设备用品及服务	Household Appliances and Service	108.45	263.36	374.49	446.52	498.48
医疗保健	Health Care and Medical Services	25.67	110.11	318.07	600.85	620.54
交通通信	Transport and Communications	40.51	183.22	426.95	996.72	1147.12
教育文化娱乐服务	Education, Cultural and Recreation Services	112.26	331.01	669.58	1097.46	1203.03
居　住	Residence	60.86	283.76	565.29	808.66	904.19
杂项商品与服务	Miscellaneous Goods and Services	66.57	114.92	171.83	277.75	309.49
平均每人消费性支出构成(人均消费性支出=100)	**Composition of Per Capita Annual Consumption Expenditures (%)**					
食　品	Food	54.25	50.09	39.44	36.69	35.78
衣　着	Clothing	13.36	13.55	10.01	10.08	10.37
家庭设备用品及服务	Household Appliances and Service	10.14	7.44	7.49	5.62	5.73
医疗保健	Health Care and Medical Services	2.01	3.11	6.36	7.56	7.14
交通通信	Transport and Communications	1.20	5.18	8.54	12.55	13.19
教育文化娱乐服务	Education, Cultural and Recreation Services	11.12	9.36	13.40	13.82	13.83
居　住	Residence	6.98	8.02	11.31	10.18	10.40
杂项商品与服务	Miscellaneous Goods and Services	0.94	3.25	3.44	3.50	3.56

注：1.本表至10-17表为城镇住户抽样调查资料。
2.从2002年起，城镇住户调查对象由原来的非农业人口改为城市市区和县城关镇，本篇章相关资料均按新口径计算，历史数据作了相应调整。

Note: a)Data from the table to 10-17 are obtained from the sample survey on income and expenditures of urban households.
b)Since 2002, the objects of urban households survey are the permanent residents of city districts and county towns. The relative data in the chapter are calculated according to the new standard, and historical data have been adjusted accordingly.

1-95 各地区城镇居民平均每人全年家庭收入来源（2006年）

PER CAPITA ANNUAL INCOME OF URBAN HOUSEHOLDS BY SOURCES AND REGION (2006)

单位：元 (yuan)

地区	Region	可支配收入 Disposable Income	总收入 Total Income	工薪收入 Income of Wages and Salaries	经营净收入 Net Business Income	财产性收入 Income from Properties	转移性收入 Income from Transfers
全国	**National Average**	**11759.45**	**12719.19**	**8766.96**	**809.56**	**244.01**	**2898.66**
北京	Beijing	19977.52	22417.16	16284.17	236.37	270.52	5626.09
天津	Tianjin	14283.09	15476.04	9259.72	742.97	165.05	5308.30
河北	Hebei	10304.56	10887.19	7065.29	779.27	113.49	2929.14
山西	Shanxi	10027.70	10793.89	7877.30	377.03	159.43	2380.14
内蒙古	Inner Mongolia	10357.99	10811.87	7552.68	955.60	209.77	2093.82
辽宁	Liaoning	10369.61	11230.03	6611.44	688.16	146.49	3783.94
吉林	Jilin	9775.07	10245.28	6576.52	786.22	117.26	2765.28
黑龙江	Heilongjiang	9182.31	9721.90	6028.06	1032.13	99.33	2562.37
上海	Shanghai	20667.91	22808.57	16016.40	958.50	300.26	5533.42
江苏	Jiangsu	14084.26	15248.66	9501.35	1259.84	259.57	4227.90
浙江	Zhejiang	18265.10	19954.03	13015.77	2172.13	888.78	3877.35
安徽	Anhui	9771.05	10574.51	7430.86	680.25	148.27	2315.13
福建	Fujian	13753.28	15102.39	10164.49	956.46	508.74	3472.69
江西	Jiangxi	9551.12	10014.61	6897.94	653.39	106.95	2356.34
山东	Shandong	12192.24	13222.85	10442.06	558.18	220.66	2001.96
河南	Henan	9810.26	10339.20	6861.49	770.40	129.72	2577.60
湖北	Hubei	9802.65	10533.34	7573.56	486.90	122.79	2350.08
湖南	Hunan	10504.67	11146.07	7401.73	929.83	287.22	2527.30
广东	Guangdong	16015.58	17725.56	13031.33	1339.38	565.47	2789.37
广西	Guangxi	9898.75	10624.30	7419.40	890.81	189.81	2124.28
海南	Hainan	9395.13	10081.70	6954.45	727.12	231.24	2168.90
重庆	Chongqing	11569.74	12548.91	9266.42	525.23	192.87	2564.39
四川	Sichuan	9350.11	10117.00	6675.99	644.00	260.22	2536.79
贵州	Guizhou	9116.61	9439.31	6507.12	886.32	120.92	1924.96
云南	Yunnan	10069.89	10848.10	6881.39	536.72	467.25	2962.74
西藏	Tibet	8941.08	9540.86	7512.25	389.88	217.95	1420.78
陕西	Shaanxi	9267.70	9938.19	6958.23	309.04	175.41	2495.52
甘肃	Gansu	8920.59	9586.46	7008.40	403.57	32.14	2142.35
青海	Qinghai	9000.35	9803.13	6316.64	564.08	62.93	2859.48
宁夏	Ningxia	9177.26	10002.03	6450.79	978.99	89.19	2483.06
新疆	Xinjiang	8871.27	9689.07	7490.69	594.81	58.39	1545.18

1-96 农村居民家庭基本情况

BASIC CONDITIONS OF RURAL HOUSEHOLDS

项　　目	Item	1990	1995	2000	2005	2006
调查户数(户)	**Number of Households Surveyed (household)**	**66960**	**67340**	**68116**	**68190**	**68190**
调查户人口(人)	**Number of Residents Surveyed (person)**					
常住人口	Number of Permanent Residents in the Households Surveyed	321429	301878	286162	277759	276460
平均每户常住人口	Average Number of Permanent Residents Per Household	4.80	4.48	4.20	4.07	4.05
平均每户整半劳动力	Average Number of Full/Semi Labour Force Per Household	2.92	2.88	2.76	2.82	2.83
平均每个劳动力负担人口(含本人)	Average Number of Dependents Per Employee (including the laborer himself or herself)	1.64	1.56	1.52	1.44	1.43
平均每人年收入(元)	**Per Capita Annual Income (yuan)**					
总收入	Total Income	990.38	2337.87	3146.21	4631.21	5025.08
工资性收入	Income from Wages and Salaries	138.80	353.70	702.30	1174.53	1374.80
家庭经营收入	Income from Household Operations	815.79	1877.42	2251.28	3164.43	3309.95
财产性收入	Income from Properties	35.79	40.98	45.04	88.45	100.50
转移性收入	Income from Transfers		65.77	147.59	203.81	239.82
现金收入	Cash Income	676.67	1595.56	2381.60	3915.50	4301.93
工资性收入	Income from Wages and Salaries	136.43	352.88	700.41	1173.10	1373.76
家庭经营收入	Income from Household Operations	481.19	1116.73	1498.81	2472.34	2609.41
财产性收入	Income from Properties	59.05	38.19	38.89	71.78	83.80
转移性收入	Income from Transfers		87.76	143.49	198.31	234.96
平均每人年支出(元)	**Per Capita Annual Expenditures (yuan)**					
总支出	Total Expenditure	903.47	2138.33	2652.42	4126.91	4485.44
家庭经营费用支出	Expenditure for Household Operations	241.09	621.71	654.27	1189.70	1242.31
购置生产性固定资产	Purchase of Productive Fixed Assets	20.29	62.33	63.90	131.14	139.63
税费支出	Taxes and Fees	38.66	88.65	95.52	13.10	10.93
生活消费支出	Expenses on Household Consumption	584.63	1310.36	1670.13	2555.40	2829.02
财产性支出	Expenses on Properties	18.80	55.28	19.74	21.97	20.68
转移性支出	Expenses on Transfers			148.86	215.63	242.86
现金支出	Cash Expenditure	639.06	1545.81	2140.37	3567.31	3931.76
家庭经营费用支出	Expenditure for Household Operations	162.90	454.74	544.49	1052.53	1104.07
购买生产性固定资产	Purchase of Productive Fixed Assets	20.46	62.32	63.91	131.14	139.63
税费支出	Taxes and Fees	33.37	76.96	89.81	12.91	10.86
生活消费支出	Expenses on Household Consumption	374.74	859.43	1284.74	2134.58	2415.47
财产性支出	Expenses on Properties	47.59	92.35	9.82	21.97	20.68
转移性支出	Expenses on Transfers			147.60	214.19	241.05
平均每人年纯收入(元)	**Per Capita Annual Net Income (yuan)**	**686.31**	**1577.74**	**2253.42**	**3254.93**	**3587.04**
工资性收入	Income from Wages and Salaries	138.80	353.70	702.30	1174.53	1374.80
家庭经营纯收入	Income from Household Operations	518.55	1125.79	1427.27	1844.53	1930.96
财产性收入	Income from Properties	28.96	40.98	45.04	88.45	100.50
转移性收入	Income from Transfers		57.27	78.81	147.42	180.78

注：本表至10-37表为农村住户抽样调查资料。

Note: Data from this table to 10-37 are obtained from the sample surveys on rural households.

1-97 各地区按来源分农村居民家庭人均纯收入（2006年）

PER CAPITA ANNUAL NET INCOME OF RURAL HOUSEHOLDS BY SOURCES AND REGION (2006)

单位：元 (yuan)

地区	Region	纯收入 Net Income	工资性收入 Income from Wages and Salaries	家庭经营纯收入 Income from Household Operations	财产性收入 Income from Properties	转移性收入 Income from Transfers
全国	**National Average**	**3587.04**	**1374.80**	**1930.96**	**100.50**	**180.78**
北京	Beijing	8275.47	5047.39	1957.09	678.81	592.19
天津	Tianjin	6227.94	3247.92	2707.35	126.37	146.29
河北	Hebei	3801.82	1514.68	2039.64	107.72	139.78
山西	Shanxi	3180.92	1374.34	1622.86	74.51	109.21
内蒙古	Inner Mongolia	3341.88	590.70	2406.21	84.81	260.16
辽宁	Liaoning	4090.40	1499.47	2210.84	141.80	238.30
吉林	Jilin	3641.13	605.11	2556.70	187.74	291.58
黑龙江	Heilongjiang	3552.43	654.86	2521.51	145.69	230.38
上海	Shanghai	9138.65	6685.98	767.71	558.17	1126.80
江苏	Jiangsu	5813.23	3104.77	2271.37	178.51	258.58
浙江	Zhejiang	7334.81	3575.14	3084.28	311.60	363.80
安徽	Anhui	2969.08	1184.11	1617.76	52.78	114.43
福建	Fujian	4834.75	1855.53	2481.62	113.52	384.09
江西	Jiangxi	3459.53	1441.34	1863.50	35.13	119.57
山东	Shandong	4368.33	1671.54	2409.78	127.60	159.40
河南	Henan	3261.03	1022.74	2108.26	40.37	89.66
湖北	Hubei	3419.35	1199.16	2095.15	25.91	99.13
湖南	Hunan	3389.62	1449.65	1743.39	42.49	154.09
广东	Guangdong	5079.78	2906.15	1693.64	220.87	259.12
广西	Guangxi	2770.48	974.32	1705.75	22.45	69.96
海南	Hainan	3255.53	555.72	2486.94	49.44	163.43
重庆	Chongqing	2873.83	1309.91	1349.57	27.29	187.07
四川	Sichuan	3002.38	1219.51	1586.54	52.84	143.50
贵州	Guizhou	1984.62	715.49	1112.81	36.93	119.38
云南	Yunnan	2250.46	441.81	1631.60	82.19	94.85
西藏	Tibet	2434.96	568.39	1410.51	156.00	300.06
陕西	Shaanxi	2260.19	848.26	1219.33	52.56	140.04
甘肃	Gansu	2134.05	637.37	1291.85	52.56	152.27
青海	Qinghai	2358.37	653.30	1374.36	100.66	230.05
宁夏	Ningxia	2760.14	823.09	1662.07	53.35	221.63
新疆	Xinjiang	2737.28	254.07	2323.01	58.69	101.51

二、就业与失业

EMPLOYMENT AND UNEMPLOYMENT

2-1 各地区城镇劳动力供给情况(2006年)

URBAN LABOUR FORCE RESOURCES BY REGION(2006)

单位：人 (person)

地 区	Region	高等学校毕业生 Graduates of Colleges and Universities	复员、转业军人 Demobilized and Transferred Armymen	中等职业学校毕业生 Graduates of Technical Secondary Schools	未能升学的初高中毕业生 Graduates Nonentering Higher School of High Schools	农转非人员中的劳动力 Labour Force from Rural to Urban Areas	城镇登记失业人员 Registered Urban Unemployment	上年结转 Laidoff Workers at Last Year-end	本年新增 Laidoff Workers Newly Added This Year
全 国	**National**	**3766816**	**543463**	**4480473**	**4842172**	**3049463**	**17161752**	**10846896**	**6314856**
北 京	Beijing	172000	5900	87800	16000	80000	320700	105700	215000
天 津	Tianjin	70008	3000	56506	2000	8500	250300	162700	87600
河 北	Hebei	214000	22075	144600	81000	65563	328800	278200	50600
山 西	Shanxi	108341	11000	129041	359184	43691	155800	143000	12800
内蒙古	InnerMongolia	38977	5771	49854	30244	44153	527624	177483	350141
辽 宁	Liaoning	220000	20000	160000	120000	300000	1220000	600000	620000
吉 林	Jilin	91084	15000	53549	51321	64232	739235	647484	91751
黑龙江	Heilongjiang	97498	19482	75748	89666	27200	1297934	959442	338492
上 海	Shanghai	100300	6065	97000	2000	84400	278000	275000	3000
江 苏	Jiangsu	276000	36732	281200	125155	186296	1110087	416290	693797
浙 江	Zhejiang	155795	23295	179941	106216	147126	714857	281249	433608
安 徽	Anhui	135564	22408	162216	351046	252734	757964	427872	330092
福 建	Fujian	79112	10079	110394	138253	23547	382460	238818	143642
江 西	Jiangxi	164309	9775	125306	371619	136848	707130	488098	219032
山 东	Shandong	272826	30842	297234	295502	209339	964194	587169	377025
河 南	Henan	156529	36532	319477	270887	187340	764381	330266	434115
湖 北	Hubei	262604	35670	168632	390217	20000	1183476	619370	564106
湖 南	Hunan	238241	122893	909623	859846	307431	1196617	1138310	58307
广 东	Guangdong	188872	20349	252819	388207	88007	1094070	460436	633634
广 西	Guangxi	84824	5556	126427	130746	54206	361103	183790	177313
海 南	Hainan	14451	2530	8646	29113	9559	108524	80400	28124
重 庆	Chongqing	115800	7181	127770	130000	332500	371797	207802	163995
四 川	Sichuan	173300	18655	222400	47100	141599	1034000	1034000	
贵 州	Guizhou	33914	8959	67166	67293	33280	318175	198222	119953
云 南	Yunnan	79200	3658	88700	63787	51461	137905	129705	8200
西 藏	Tibet	7550	2081	816	8312	4424	20281	8879	11402
陕 西	Shaanxi	73871	19739	77832	153266	30979	394702	384121	10581
甘 肃	Gansu	60582	6300	19545	62692	30566	222467	92554	129913
青 海	Qinghai	8760	1850	10000	13500	21600	37311	36323	988
宁 夏	Ningxia	12000	2086	17219	6000	29149	45000	42000	3000
新 疆	Xinjiang	60504	8000	53012	82000	33733	116858	112213	4645

2-2 年末城镇登记失业人数及登记失业率

URBAN REGISTERED UNEMPLOYMENT AND UNEMPLOYMENT RATE AT THE YEAR-END

单位：万人、%　　　　(10000 persons,%)

年 份 Year	登记失业人数 Urban Registered Unemployment		比上年增长 Increase over Preceeding year		登记失业率 Registered Unemployment Rate
	合 计 Total	#失业青年 Youth	合 计 Total	#失业青年 Youth	
1978	530.0	249.1			5.3
1979	567.6	258.2	7.1	3.7	5.4
1980	541.5	382.5	-4.6	48.1	4.9
1981	439.5	343.0	-18.8	-10.3	3.8
1982	379.4	293.8	-13.7	-14.3	3.2
1983	271.4	222.0	-28.5	-24.4	2.3
1984	235.7	195.9	-13.2	-11.8	1.9
1985	238.5	196.9	1.2	0.5	1.8
1986	264.4	209.3	10.9	6.3	2.0
1987	276.6	235.1	4.6	12.3	2.0
1988	296.2	245.3	7.1	4.3	2.0
1989	377.9	309.0	27.6	26.0	2.6
1990	383.2	312.7	1.4	1.2	2.5
1991	352.2	288.4	-8.1	-7.8	2.3
1992	363.9	299.8	3.3	4.0	2.3
1993	420.1	331.9	15.4	10.7	2.6
1994	476.4	301.0	13.4	-9.3	2.8
1995	519.6	310.2	9.1	3.1	2.9
1996	552.8		6.3		3.0
1997	576.8		4.3		3.1
1998	571.0		-1.0		3.1
1999	575.0		0.7		3.1
2000	595.0		3.5		3.1
2001	681.0		14.4		3.6
2002	770.0		13.1		4.0
2003	800.0		3.9		4.3
2004	827.0		3.4		4.2
2005	839.0		1.5		4.2
2006	847.0		1.0		4.1

2-3 各地区年末城镇登记失业人数及登记失业率

URBAN REGISTERED UNEMPLOYMENT AND UNEMPLOYMENT RATE AT THE YEAR-END BY REGION

单位：万人、%　　　　(10000 persons,%)

地　区	Region	登记失业人员 Unemployment			登记失业率 Unemployment Rate		
		2000	2005	2006	2000	2005	2006
北　京	Beijing	3.3	10.6	10.4	0.8	2.1	2.0
天　津	Tianjin	10.5	11.7	11.7	3.2	3.7	3.6
河　北	Hebei	17.4	27.8	28.7	2.8	3.9	3.8
山　西	Shanxi	9.7	14.3	15.6	2.2	3.0	3.2
内蒙古	InnerMongolia	12.6	17.7	18.0	3.3	4.3	4.1
辽　宁	Liaoning	41.2	60.4	54.1	3.7	5.6	5.1
吉　林	Jilin	23.0	27.6	26.3	3.7	4.2	4.2
黑龙江	Heilongjiang	25.3	31.3	31.2	3.3	4.4	4.4
上　海	Shanghai	20.1	27.5	27.8	3.5		4.4
江　苏	Jiangsu	30.4	41.6	40.4	3.2	3.6	3.4
浙　江	Zhejiang	21.8	29.0	29.1	3.5	3.7	3.5
安　徽	Anhui	16.5	27.8	28.2	3.3	4.4	4.3
福　建	Fujian	9.1	14.9	15.1	2.6	4.0	3.9
江　西	Jiangxi	16.7	22.8	25.3	2.9	3.5	3.6
山　东	Shandong	37.5	42.9	43.7	3.2	3.3	3.3
河　南	Henan	21.4	33.0	35.4	2.6	3.5	3.5
湖　北	Hubei	36.6	52.6	52.6	3.5	4.3	4.2
湖　南	Hunan	27.6	41.9	43.3	3.7	4.3	4.3
广　东	Guangdong	30.2	34.5	36.2	2.5	2.6	2.6
广　西	Guangxi	11.3	18.5	20.0	3.2	4.2	4.2
海　南	Hainan	3.7	5.1	5.2	3.2	3.6	3.6
重　庆	Chongqing	10.1	16.9	15.4	3.5	4.1	4.0
四　川	Sichuan	30.8	34.3	36.1	4.0	4.6	4.5
贵　州	Guizhou	10.2	12.1	12.1	3.8	4.2	4.1
云　南	Yunnan	6.8	13.0	13.8	2.6	4.2	4.3
西　藏	Tibet	1.0			4.1		
陕　西	Shaanxi	11.4	21.5	21.5	2.7	4.2	4.0
甘　肃	Gansu	7.4	9.3	9.7	2.7	3.3	3.6
青　海	Qinghai	1.8	3.6	3.7	2.4	3.9	3.9
宁　夏	Ningxia	3.8	4.4	4.2	4.6	4.5	4.3
新　疆	Xinjiang	11.0	11.1	11.6	3.8	3.9	3.9
新疆兵团	Xingjiang Production and Construction Crops	2.0	2.7	3.0	2.0	2.8	3.0

2-4 各地区城镇登记失业人员情况(2006年)

BASIC CONDITIONS OF URBAN REGISTERED UNEMPLOYMENT BY REGION(2006)

单位：人 (person)

地区	Region	上年末结转登记失业人员 Unemployment at Last Year-end	本年新登记的失业人员 Unemployment Newly Regis-tered This Year	#女性 Female	#就业转失业人数 Unemploy-employed
北京	Beijing	105652	214965	96405	119602
天津	Tianjin	117158	85080	44242	69000
河北	Hebei	278238	506268	220578	188709
山西	Shanxi	142789	203139	84360	67667
内蒙古	InnerMongolia	177483	350141	165549	89931
辽宁	Liaoning	604015	1219864	517385	870148
吉林	Jilin	276432	265797	130418	142355
黑龙江	Heilongjiang	313011	561080	215420	224037
上海	Shanghai	275021	316601	139221	205748
江苏	Jiangsu	416290	693797	330627	429863
浙江	Zhejiang	289749	433608	168246	147836
安徽	Anhui	277768	329639	168928	147106
福建	Fujian	148633	232248	105093	61418
江西	Jiangxi	228374	438157	219398	67209
山东	Shandong	429088	891387	431989	346461
河南	Henan	330266	434115	199756	156717
湖北	Hubei	526478	564106	275805	171110
湖南	Hunan	418617	352129	147812	107547
广东	Guangdong	344904	617199	290596	253074
广西	Guangxi	185065	240474	109725	75243
海南	Hainan	50837	19823	9872	10321
重庆	Chongqing	168865	163995	75847	88735
四川	Sichuan	343033	658052	296621	325055
贵州	Guizhou	121318	105071	47026	27278
云南	Yunnan	129705	194628	91424	73550
陕西	Shaanxi	215414	105949	42309	47579
甘肃	Gansu	92554	129913	57785	37219
青海	Qinghai	36323	49696	18885	20132
宁夏	Ningxia	43573	61427	29098	31781
新疆	Xinjiang	111324	285195	128220	99331
新疆兵团	Xingjiang Production and Construction Crops	27284	23961	12301	16392

2-4 续表 continued

单位：人 (person)

地区	Region	本年失业人员就业人数 From the Unemployed This Year	#女性 Female	本年末登记失业人数 Unemployment at the Year-end	#女性 Female	#长期失业者 Long-term Unemployment
北京	Beijing	191102	86672	103986	38580	68904
天津	Tianjin	85533	38490	116705	60687	46682
河北	Hebei	492760	218146	286897	127295	60904
山西	Shanxi	190112	71268	155816	60753	48572
内蒙古	InnerMongolia	320781	148356	179786	88842	41329
辽宁	Liaoning	1219194	594184	541200	346796	81180
吉林	Jilin	275286	124869	263017	128345	57193
黑龙江	Heilongjiang	560093	230781	311981	121825	41923
上海	Shanghai	258583	102784	278206	132719	153433
江苏	Jiangsu	686470	320875	403991	190671	127468
浙江	Zhejiang	364754	149691	291011	140577	151163
安徽	Anhui	319975	164874	282253	135869	117315
福建	Fujian	226388	102361	151295	73605	69725
江西	Jiangxi	411747	217510	252682	106113	38319
山东	Shandong	869023	411401	436775	202431	179164
河南	Henan	410322	187832	354059	225578	159926
湖北	Hubei	555257	267279	525560	267008	109674
湖南	Hunan	282447	129785	433317	205723	62470
广东	Guangdong	568351	271033	362498	166257	116683
广西	Guangxi	217444	88331	200051	102443	65167
海南	Hainan	18424	9151	52236	21927	23582
重庆	Chongqing	156130	65500	154141	81190	89838
四川	Sichuan	614162	278076	360883	164671	101605
贵州	Guizhou	98504	43463	121172	54041	26871
云南	Yunnan	186306	79814	137905	63471	50095
陕西	Shaanxi	95851	36801	215432	58167	49376
甘肃	Gansu	123175	53088	96866	46193	23309
青海	Qinghai	48708	21153	37311	18895	18060
宁夏	Ningxia	62843	29760	42157	20832	9273
新疆	Xinjiang	280550	126929	115969	40462	24640
新疆兵团	Xingjiang Production and Construction Crops	21250	10202	29995	10034	5460

2-5 各城市城镇年末登记失业人员情况(2006年)

URBAN EMPLOYMENT AND REGISTERED UNEMPLOYMENT AT THE YEAR-END BY CITY(2006)

单位：万人、% (10000 persons,%)

城市	City	登记失业人员 Registered Unemployment	登记失业率 Unemployment Rate
石家庄	Shijiazhuang	3.1	3.5
太原	Taiyuan	4.3	3.6
呼和浩特	Huhhot	2.5	4.1
沈阳	Shenyang	11.7	5.1
长春	Changchun	7.5	3.9
哈尔滨	Haerbin	8.1	3.5
南京	Nanjing	6.0	3.3
杭州	Hangzhou	6.3	3.5
合肥	Hefei	4.7	4.3
福州	Fuzhou	3.6	3.3
南昌	Nanchang	3.7	3.0
济南	Jinan	5.8	3.9
郑州	Zhengzhou	5.6	3.5
武汉	Wuhan	11.2	4.2
长沙	Changsha	4.8	3.6
广州	Guangzhou	5.8	2.1
南宁	Guiyang	2.9	4.0
海口	Haikou	2.3	3.5
成都	Chengdu	6.7	2.8
贵阳	Guiyang	3.1	3.9
昆明	Kunming	3.5	2.7
西安	Xian	8.7	4.3
兰州	Lanzhou	2.3	3.3
西宁	Xining	2.2	4.0
银川	Yingchuan	1.7	3.1
乌鲁木齐	Urumqi	2.4	3.1
大连	Dalian	6.0	2.8
宁波	Ningbo	4.5	3.3
厦门	Xiamen	2.3	3.7
青岛	Qingdao	6.0	3.0
深圳	Shenzhen	2.8	2.3

2-6 职业介绍工作情况(2006年)

BASIC CONDITIONS OF LABOUR EXCHANGES(2006)

单位：个、万人 (unit,10000 persons)

指 标	Item	本年末职业介绍机构数 Number of Labor Exchanges	本年末职业介绍机构人数 Staff and Workers of Labor Exchanges	本年登记招聘人数 Total Registered Job Vacancies This Year	本年登记求职人数 Total Registered Job Seekers This Year	#女 性 Female
总 计	**Total**	**37450**	**12.3**	**4951.2**	**4735.9**	**2000.6**
劳动保障部门办	Run by Labor Departments	24777	7.8	3462.7	3428.4	1444.2
县(区)及以上	by Counties and Above	3869	2.7	2777.2	2743.1	1153.1
街 道	by Subdistrict Office	6208	1.8	281.0	269.7	120.3
乡 镇	by Small Towns	14700	3.3	404.5	415.6	170.8
其他组织办	Run by Other Organs	2984	1.2	263.1	259.0	118.3
公民个人办	Run by Private	9689	3.3	1225.4	1048.5	438.1

2-6 续表 1 continued

单位：万人 (10000 persons)

指 标	Item	#下岗职工 Laid-off Workers	#失业人员 Unemployment	#农村劳动者 Rural Workers	#获得职业资格人员 Person with Certificates
总 计	**Total**	**356.6**	**1478.1**	**2015.1**	**908.7**
劳动保障部门办	Run by Labor Departments	306.0	1185.8	1367.9	685.1
县(区)及以上	by Counties and Above	251.4	996.1	1016.8	585.9
街 道	by Subdistrict Office	36.7	129.0	67.2	52.8
乡 镇	by Small Towns	17.9	60.7	284.0	46.5
其他组织办	Run by Other Organs	19.0	86.7	85.8	49.8
公民个人办	Run by Private	31.6	205.6	561.3	173.7

2-6 续表 2 continued

单位：万人 (10000 persons)

指 标	Item	本年职业指导人员 Person times of Vocational Guidance	#农村劳动者 Rural Workers	本年介绍成功人数 Placed Job Seekers	#女 性 Female
总 计	**Total**	**2582.4**	**1107.8**	**2493.0**	**1060.4**
劳动保障部门办	Run by Labor Departments	2028.8	846.5	1844.9	793.3
县(区)及以上	by Counties and Above	1583.8	601.0	1411.1	614.3
街 道	by Subdistrict Office	182.8	53.1	149.5	67.6
乡 镇	by Small Towns	262.2	192.4	284.3	111.4
其他组织办	Run by Other Organs	122.5	45.2	124.9	56.4
公民个人办	Run by Private	431.1	216.1	523.2	210.7

2-6 续表 3 continued

单位：万人 (10000 persons)

指 标	Item	#下岗职工 Laid-off Workers	#失业人员 Unemployment	#农村劳动者 Rural Workers	#获得职业资格证书人员 Person with Certificates
总 计	**Total**	**199.2**	**764.5**	**1168.9**	**499.1**
劳动保障部门办	Run by Labor Departments	170.5	645.6	823.4	372.7
县(区)及以上	by Counties and Above	135.7	541.6	572.9	303.6
街 道	by Subdistrict Office	23.4	70.0	34.8	27.8
乡 镇	by Small Towns	11.4	34.1	215.7	41.3
其他组织办	Run by Other Organs	10.0	36.6	45.7	23.9
公民个人办	Run by Private	18.7	82.3	299.8	102.5

2-7 各地区职业介绍工作情况(2006年)

BASIC CONDITIONS OF LABOUR EXCHANGES(2006)

单位：个、万人 (unit,10000 persons)

地 区	Region	本年末职业介绍机构个数 Number of Labor Exchanges	本年末职业介绍机构人数 Staff and Workers of Labor Exchanges	本年登记招聘人数 Total Registered Job Vacancies This Year	本年登记求职人数 Total Registered Job Seekers This Year	#女 性 Female
全 国	**National**	**37450**	**12.3**	**4951.2**	**4735.9**	**2000.6**
北 京	Beijing	632	0.4	63.9	52.2	20.9
天 津	Tianjin	166	0.1	47.0	64.8	33.0
河 北	Hebei	2360	0.7	175.0	190.0	76.5
山 西	Shanxi	317	0.3	57.9	60.9	21.8
内 蒙 古	InnerMongolia	1281	0.3	77.4	83.0	34.8
辽 宁	Liaoning	2113	0.5	180.2	187.1	94.3
吉 林	Jilin	1411	0.4	74.0	88.5	40.4
黑 龙 江	Heilongjiang	1258	0.3	114.2	131.7	55.5
上 海	Shanghai	493	0.5	149.1	168.4	61.3
江 苏	Jiangsu	3584	1.2	329.3	319.7	155.8
浙 江	Zhejiang	2538	0.6	691.5	497.0	153.6
安 徽	Anhui	2030	0.6	122.1	127.5	61.3
福 建	Fujian	1017	0.3	301.5	211.2	94.8
江 西	Jiangxi	1445	0.4	155.0	158.2	70.5
山 东	Shandong	2150	0.7	329.8	308.0	141.2
河 南	Henan	1536	1.1	113.3	136.8	61.3
湖 北	Hubei	918	0.3	160.0	163.9	75.6
湖 南	Hunan	932	0.3	97.1	149.9	70.5
广 东	Guangdong	1899	0.9	990.6	839.0	365.0
广 西	Guangxi	392	0.2	132.4	103.1	49.9
海 南	Hainan	62		22.5	35.5	17.0
重 庆	Chongqing	392	0.1	46.0	46.3	18.8
四 川	Sichuan	1775	0.5	154.1	140.7	55.4
贵 州	Guizhou	449	0.2	26.7	25.2	10.5
云 南	Yunnan	1715	0.4	74.1	76.1	32.9
西 藏	Tibet	28		3.6	3.1	1.5
陕 西	Shaanxi	2380	0.6	111.8	130.5	53.4
甘 肃	Gansu	817	0.2	33.5	42.1	21.0
青 海	Qinghai	314	0.1	44.9	51.6	9.9
宁 夏	Ningxia	262	0.1	24.9	34.6	16.0
新 疆	Xinjiang	535	0.1	34.4	43.4	18.6
新疆兵团	Xingjiang Production and Construction Crops	249	0.1	13.2	66.1	7.6

2-7 续表 1 continued

单位：万人 (10000 persons)

地 区	Region	本年登记求职人数 Total Registered Jobseekers This Year				本年职业指导人员 Persontimes of Vocational Guidance	
		#下岗职工 Laid-off Workers	#失业人员 Unemployment	#农村劳动者 Rural Workers	#获得职业资格人员 Person with Certificates		#农村劳动者 Rural Workers
全 国	**National**	**356.6**	**1478.1**	**2015.1**	**908.7**	**2582.4**	**1107.8**
北 京	Beijing		23.8	10.1	8.6	47.5	8.6
天 津	Tianjin	1.8	47.1	12.6	36.0	49.3	14.0
河 北	Hebei	11.4	28.4	79.7	25.5	90.0	54.0
山 西	Shanxi	15.0	19.3	16.5	8.3	40.2	12.8
内蒙古	InnerMongolia	8.3	36.4	36.1	2.8	50.4	24.2
辽 宁	Liaoning	23.6	61.4	33.1	24.8	111.0	13.9
吉 林	Jilin	15.9	29.0	38.4	9.6	77.1	39.1
黑龙江	Heilongjiang	38.9	58.5	16.5	6.3	76.2	10.5
上 海	Shanghai	21.7	85.4	23.3	24.4	110.4	20.7
江 苏	Jiangsu	1.5	131.8	160.1	69.2	175.5	83.1
浙 江	Zhejiang	6.2	59.9	260.4	68.4	196.3	136.7
安 徽	Anhui	15.8	47.1	45.3	13.7	63.5	28.3
福 建	Fujian	14.2	27.9	156.1	13.1	113.4	76.6
江 西	Jiangxi	22.4	53.1	57.9	21.5	91.6	27.7
山 东	Shandong	3.0	128.2	124.2	62.4	155.6	56.9
河 南	Henan	37.3	25.2	41.4	19.7	68.5	25.6
湖 北	Hubei	20.5	61.6	63.6	37.1	115.1	53.0
湖 南	Hunan	30.0	68.8	44.7	125.9	123.5	48.0
广 东	Guangdong	15.9	291.2	408.2	234.3	274.8	104.8
广 西	Guangxi	5.8	20.8	49.2	16.5	64.9	38.7
海 南	Hainan	1.3	7.6	11.1	5.3	16.3	5.2
重 庆	Chongqing	2.0	21.5	18.7	6.9	36.7	10.0
四 川	Sichuan	12.1	54.8	42.4	24.9	95.9	36.4
贵 州	Guizhou	3.6	8.3	10.6	2.4	16.2	7.2
云 南	Yunnan	4.7	19.3	28.8	13.4	72.6	27.4
西 藏	Tibet		1.8		0.0	3.2	
陕 西	Shaanxi	13.8	16.2	71.2	13.8	85.4	56.1
甘 肃	Gansu	4.2	10.8	23.6	3.8	41.6	22.1
青 海	Qinghai	1.5	5.9	42.2	1.8	48.2	38.9
宁 夏	Ningxia	0.8	6.0	15.9	1.3	33.8	15.9
新 疆	Xinjiang	3.3	18.1	11.1	5.9	32.8	10.3
新疆兵团	Xingjiang Production and Construction Crops	0.2	2.7	62.4	1.1	4.9	1.1

2-7 续表 2 continued

单位：万人 (10000 persons)

地　区	Region	本年介绍成功人数 Placed Job Seekers	#女　性 Female	#下岗职工 Laid-off Workers	#失业人员 Unemployment	#农村劳动者 Rural Workers	#获得职业资格人员 Person with Certificates
全　国	**National**	**2493.0**	**1060.4**	**199.2**	**764.5**	**1168.9**	**499.1**
北　京	Beijing	28.6	11.4		14.3	6.6	6.6
天　津	Tianjin	10.7	3.7	0.4	6.7	1.5	5.1
河　北	Hebei	102.8	38.1	5.5	20.0	48.7	22.9
山　西	Shanxi	40.6	13.4	8.2	12.2	13.5	5.8
内蒙古	InnerMongolia	53.2	19.9	5.5	20.2	26.9	1.7
辽　宁	Liaoning	90.9	44.0	9.6	40.5	14.7	14.1
吉　林	Jilin	59.0	25.0	11.6	21.5	24.5	6.7
黑龙江	Heilongjiang	74.8	31.9	23.2	34.1	9.8	4.1
上　海	Shanghai	59.5	28.6	10.1	38.1	4.8	16.6
江　苏	Jiangsu	183.5	91.9	0.8	73.3	91.5	41.5
浙　江	Zhejiang	226.5	77.3	3.8	37.3	120.1	43.7
安　徽	Anhui	61.1	27.1	8.0	21.8	23.3	7.4
福　建	Fujian	137.0	67.0	9.3	16.6	101.0	11.2
江　西	Jiangxi	94.9	45.4	13.9	29.8	37.8	19.4
山　东	Shandong	164.5	78.7	1.4	73.7	63.5	36.7
河　南	Henan	78.8	31.5	22.4	18.2	25.4	13.3
湖　北	Hubei	101.2	46.8	14.4	37.4	42.1	25.7
湖　南	Hunan	56.4	29.9	12.4	28.3	14.8	41.2
广　东	Guangdong	360.2	170.6	6.8	114.4	206.4	119.0
广　西	Guangxi	60.3	29.1	2.9	12.2	30.5	10.6
海　南	Hainan	13.8	6.0	1.3	2.4	5.9	2.3
重　庆	Chongqing	23.1	10.3	1.5	10.3	10.1	4.4
四　川	Sichuan	66.4	29.8	7.0	27.9	22.8	13.8
贵　州	Guizhou	12.0	5.1	1.8	3.6	6.2	1.6
云　南	Yunnan	60.5	17.4	3.4	13.2	23.2	6.3
西　藏	Tibet	1.9	0.6		1.0		
陕　西	Shaanxi	82.7	34.0	8.0	9.8	49.0	7.0
甘　肃	Gansu	29.8	14.6	2.4	5.5	19.7	3.0
青　海	Qinghai	45.2	7.5	0.7	3.7	40.3	1.8
宁　夏	Ningxia	23.4	9.1	0.4	2.9	14.7	0.9
新　疆	Xinjiang	26.7	9.4	2.4	11.8	9.0	3.7
新疆兵团	Xingjiang Production and Construction Crops	62.8	4.9	0.1	1.7	60.6	1.0

2-8 劳动就业服务企业、社区就业实体和生产自救基地综合情况(2006年)

GENERAL CONDITIONS ABOUT THE LABOUR EMPLOYMENT SERVICE COMPANIES,THE COMMUNITY EMPLOYMENT UNITS AND SELF-RELIEVED BASES (2006)

单位: 个、万人 (unit,10000 persons)

项目	Item	年末实有 实体数 Number of Units at the Year-end	#本年新举办 Newly Run This Year	上年末 就业人数 Employment of Last Year-end	#女性 Female
总计	**Total**	**255580**	**39569**	**480.5**	**212.6**
按企业类型分组	Grouped by the Type of Enterprise				
劳动就业服务企业	Labour Employment Service Companies	28536	1540	234.1	106.2
#股份合作制企业	Share-holding and Cooperative Enterprises	6182	330	42.2	14.2
社区就业实体	Community Employment Units	207342	35845	204.7	90.0
生产自救基地	Self-relieved Bases	19702	2184	41.7	16.3
按产业分组	Grouped by Industry				
第一产业	Primary Industry	4253	376	8.8	2.7
第二产业	Secondary Industry	25183	1892	135.1	58.9
第三产业	Tertiary Industry	226144	37301	336.6	151.0

2-8 续表 1 continued

单位：万人 (10000 persons)

项　目	Item	本年增加就业人数 Newly Added This Year	#女　性 Female	#失业人员 Unemployment	#下岗职工 Laid-off Workers	#富余人员 Surplus Staff and Workers	#其他人员 Others
总　计	**Total**	**93.0**	**42.6**	**45.0**	**27.1**	**8.8**	
按企业类型分组	Grouped by the Type of Enterprise						
劳动就业服务企业	Labour Employment Service Companies	23.1	9.8	10.6	6.1	2.4	
#股份合作制企业	Share-holding and Cooperative Enterprises	4.3	1.5	1.6	1.1	0.7	
社区就业实体	Community Employment Units	60.6	28.9	30.3	17.9	5.5	
生产自救基地	Self-relieved Bases	9.2	3.9	4.0	3.1	1.0	
按产业分组	Grouped by Industry						
第一产业	Primary Industry	1.3	0.5	0.5	0.3	0.1	
第二产业	Secondary Industry	16.9	7.4	8.5	4.1	1.7	
第三产业	Tertiary Industry	74.7	34.6	36.0	22.6	7.0	

2-8 续表 2 continued

单位：万人 (10000 persons)

项　目	Item	本年减少就业人数 Employment Decreased This Year	年末实有就业人数 Employment at This Year-end	#女　性 Female	#残疾人 The Disabled
总　计	**Total**	**69.0**	**504.5**	**224.4**	**3.3**
按企业类型分组	Grouped by the Type of Enterprise				
劳动就业服务企业	Labour Employment Service Companies	37.6	219.6	97.8	1.9
#股份合作制企业	Share-holding and Cooperative Enterprises	4.9	41.6	12.9	0.3
社区就业实体	Community Employment Units	25.9	239.4	109.0	1.2
生产自救基地	Self-relieved Bases	5.4	45.5	17.7	0.2
按产业分组	Grouped by Industry				
第一产业	Primary Industry	2.0	8.1	3.0	0.1
第二产业	Secondary Industry	24.5	127.5	58.4	1.1
第三产业	Tertiary Industry	42.4	368.9	162.9	2.1

2-9 各地区劳动就业服务企业、社区就业实体和生产自救基地综合情况(2006年)

ABOUT THE LABOUR EMPLOYMENT SERVICE COMPANIES, THE COMMUNITYEMPLOYMENT UNITS AND SELF-RELIEVED BASES BY REGION(2006)

单位：个、人 (unit,person)

地区	Region	年末实有实体数 Number of Units at the Year-end	#本年新举办 Newly Run This Year	上年末就业人数 Employment of Last Year-end	本年增加就业人数 Newly Added This Year	本年减少就业人数 Employment Decreased This Year	年末实有就业人数 Employment at This Year-end
全国	**National**	**255580**	**39569**	**4805064**	**929782**	**689919**	**5044927**
北京	Beijing						
天津	Tianjin	1443	159	65416	15160	5000	75576
河北	Hebei	27504	4692	268451	51658	19812	300297
山西	Shanxi	1213	67	129134	2894	3181	128847
内蒙古	Inner Mongolia	37451	3593	280350	20305	14809	285846
辽宁	Liaoning	40551	5253	302385	119700	65009	357076
吉林	Jilin	15000	509	319783	32782	28324	324241
黑龙江	Heilongjiang	7184	660	259416	44567	70707	233276
上海	Shanghai	38975	14511	416212	114438	62192	468458
江苏	Jiangsu	5615	388	193380	19586	45231	167735
浙江	Zhejiang	461	2	29271	857	7483	22645
安徽	Anhui	3709	902	327522	10020	7353	330189
福建	Fujian	2249	436	27092	3026	1048	29070
江西	Jiangxi	1493	223	51726	12923	5668	58981
山东	Shandong	3391	409	258310	15910	49713	224507
河南	Henan	6048	373	243870	28356	25339	246887
湖北	Hubei	4096	621	223626	51930	34228	241328
湖南	Hunan	7809	2137	533280	187395	32541	688134
广东	Guangdong	2761	653	29950	9917	7356	32511
广西	Guangxi	193	1	20689	5821	4810	21700
海南	Hainan	17	1	1883		140	1743
重庆	Chongqing	482	10	54403	5347	4906	54844
四川	Sichuan	34947	3038	435261	134955	76473	493743
贵州	Guizhou	211	5	24252	876	10493	14635
云南	Yunnan	647	31	34434	5093	9260	30267
陕西	Shaanxi	3663	159	145072	17576	71518	91130
甘肃	Gansu	735	158	41436	8746	7509	42673
青海	Qinghai	69	14	693	512	25	1180
宁夏	Ningxia	7166	468	49948	4626	4127	50447
新疆	Xinjiang	497	96	37819	4806	15664	26961

三、城镇单位就业人员和劳动报酬

EMPLOYMENT AND EARNINGS IN URBAN UNITS

3-1 分行业就业人员和劳动报酬(2006年)

EMPLOYMENT AND EARNINGS BY SECTOR(2006)

项　目	Item	年末人数(千人) Year-end Figures (1000 persons)	#女性 Female	劳动报酬(亿元) Earnings (100 million yuan)	平均劳动报酬(元) Average Earning (yuan)
全国总计	**National Total**	**117132**	**44457**	**24262.3**	**20856**
#国有控股	State-owned & Controlling Share Hold Enterprises	42897	14049	9806.9	22849
按企、事业和机关分组	**Grouped by Enterprises,Institutionsand Agencies**				
企　业	Enterprises	77681	28280	15817.1	20495
事　业	Institutions	28333	13239	5901.9	20988
机　关	Agencies and Organizations	11118	2938	2543.3	23039
按国民经济行业分组	**Grouped by Sector**				
农、林、牧、渔业	**Agriculture,Forestry,Farming of Animals and Fishing**	**4352**	**1635**	**403.3**	**9269**
农　业	Agriculture	2192	938	187.2	8435
林　业	Forestry	1057	346	85.3	8220
畜牧业	Farming of Animals	320	120	28.4	8784
渔　业	Fishing	69	19	8.5	12374
农、林、牧、渔服务业	Service Activities for Agriculture, Forestry, Farming of Animals and Fishing	714	213	93.9	13373
采矿业	**Mining**	**5297**	**1150**	**1259.6**	**24125**
煤炭开采和洗选业	Mining and Washing of Coal	3612	692	819.7	23224
石油和天然气开采业	Extraction of Petroleum and Natural Gas	931	288	311.6	33180
黑色金属矿采选业	Mining of Ferrous Metal Ores	178	37	34.7	19331
有色金属矿采选业	Mining of Non-ferrous Metal Ores	322	71	57.9	18220
非金属矿采选业	Mining and Processing of Nonmetal Ores	243	60	34.1	13917
其它采矿业	Mining of Other Ores	11	2	1.7	15845
制造业	**Manufacturing**	**33516**	**14640**	**6035.8**	**18225**
农副食品加工业	Processing of Food from Agricultural Products	1129	499	141.6	12955
食品制造业	Manufacture of Foods	748	376	111.1	15292
饮料制造业	Manufacture of Beverage	731	293	110.9	15382
烟草制品业	Manufacture of Tobacco	178	70	82	46089
纺织业	Manufacture of Textile	2849	1857	340.8	12035
纺织服装、鞋、帽制造业	Manufacture of Textile Wearing Apparel, Footware,and Caps	1985	1413	279	14349
皮革、毛皮、羽毛(绒)及其制品业	Manufacture of Leather,Fur,Feather & Its Products	953	639	135.5	14415
木材加工及木、竹、藤、棕、草制品业	Processing of Timbers,Manufacture of Wood, Bamboo,Rattan,Palm,and Straw Products	350	145	39.2	11290
家具制造业	Manufacture of Furniture	327	114	47.1	14684
造纸及纸制品业	Manufacture of Paper and Paper Products	602	226	87.4	14599
印刷业和记录媒介的复制	Printing,Reproduction of Recording Media	420	193	70.8	16820
文教体育用品制造业	Manufacture of Articles for Culture, Education and Sport Activity	444	266	67.3	15015

注:不含城镇私营和个体就业人员(以下各表同)。

Note: Exclude urban private and individuals employment.(same as below)

3-1 续表 1 continued

项 目	Item	年末人数(千人) Year-end Figures (1000 persons)	#女 性 Female	劳动报酬(亿元) Earnings (100 million yuan)	平均劳动报酬(元) Average Earning (yuan)
石油加工、炼焦及核燃料加工业	Processing of Petroleum ,Coking,Processing of Nucleus Fuel	555	170	157.4	28335
化工原料及化学制品制造业	Manufacture of Chemical Raw Material and Chemical Products	2130	691	394.1	18475
医药制造业	Manufacture of Medicines	927	437	174.5	19104
化学纤维制造业	Manufacture of Chemical Fiber	213	89	36.4	16964
橡胶制品业	Manufacture of Rubber	401	155	64.2	16251
塑料制品业	Manufacture of Plastic	777	386	118.1	15455
非金属矿物制品业	Manufacture of Non-metallic Mineral Products	2112	674	282.0	13403
黑色金属冶炼及压延加工业	Manufacture and Processing of Ferrous Metals	1877	450	506.0	26999
有色金属冶炼及压延加工业	Manufacture & Processing of Non-ferrous Metals	811	220	165.4	20543
金属制品业	Manufacture of Metal Products	1002	330	161.3	16287
通用设备制造业	Manufacture of General Purpose Machinery	1970	592	380.2	19332
专用设备制造业	Manufacture of Special Purpose Machinery	1713	540	322.6	19103
交通运输设备制造业	Manufacture of Transport Equipment	2571	769	584.6	22990
电气机械及器材制造业	Manufacture of Electrical Machinery & Equipment	1789	802	326.8	18533
通信设备、计算机及其他电子设备制造业	Manufacture of Communication Equipment, Computer and Other Electronic Equipment	2661	1548	618.4	24119
仪器仪表及文化、办公用机械制造业	Manufacture of Measuring Instrument and Machinery for Cultural Activity & Office Work	642	326	138.3	21933
工艺品及其他制造业	Manufacture of Artwork,Other Manufacture	633	363	89.8	14392
废弃资源和废旧材料回收加工业	Recycling and Disposal of Waste	18	7	3.0	15841
电力、燃气及水的生产和供应业	**Production and Distribution of Electricity, Gas and Water**	**3025**	**913**	**858.0**	**28424**
电力、热力的生产和供应业	Production and Supply of Electric Power and Heat Power	2342	652	718.5	30755
燃气生产和供应业	Production and Distribution of Gas	167	56	39.9	23774
水的生产和供应业	Production and Distribution of Water	516	205	99.7	19360
建筑业	**Construction**	**9887**	**1381**	**1612.1**	**16164**
房屋和土木工程建筑业	Construction of Building & Civil Engineering	8575	1150	1360.0	15675
建筑安装业	Architectural Installation	876	157	177.8	20596
建筑装饰业	Architectural Decoration	247	44	41.3	16504
其他建筑业	Other Construction	189	30	32.9	17975
交通运输、仓储和邮政业	**Traffic,Transport,Storage and Post**	**6127**	**1647**	**1471.5**	**24111**
铁路运输业	Transport Via Railway	1717	296	483.2	28107
道路运输业	Transport Via Road	1554	488	250.2	16107
城市公共交通业	Urban Public Traffic	977	297	175.4	18251
水上运输业	Water Transport	493	91	175.4	35080
航空运输业	Air Transport	225	73	131.2	60109
管道运输业	Transport Via Pipeline	18	6	6.9	38877

3-1 续表 2 continued

项目	Item	年末人数（千人）Year-end Figures (1000 persons)	#女性 Female	劳动报酬（亿元）Earnings (100 million yuan)	平均劳动报酬（元）Average Earning (yuan)
装卸搬运和其他运输服务业	Loading,Unloading,Portage and Other Transport Services	321	92	75.2	23539
仓储业	Storage	244	71	44.2	17960
邮政业	Post	579	232	129.9	22843
信息传输、计算机服务和软件业	**Information Transfer, Computer Services and Software**	**1382**	**524**	**587.4**	**43435**
电信和其他信息传输服务业	Telecom & Other Information Transfer Services	1069	419	400.9	38157
计算机服务业	Computer Services	109	39	66.7	63241
软件业	Software Industry	205	65	119.7	61057
批发和零售业	**Wholesale and Retail Trade**	**5157**	**2303**	**920.0**	**17796**
批发业	Wholesale	2681	998	574.3	21209
零售业	Retail Trade	2476	1305	345.7	14041
住宿和餐饮业	**Accommodation and Restaurants**	**1839**	**995**	**280.0**	**15236**
住宿业	Accommodation	1180	642	189.2	15993
餐饮业	Restaurants	660	354	90.8	13869
金融业	**Finance**	**3674**	**1786**	**1292.9**	**35495**
银行业	Bank	2527	1147	974.0	38594
证券业	Securities	71	30	61.2	86705
保险业	Insurance	1030	592	232.6	23175
其他金融活动	Other Financial Activities	46	17	25.1	56180
房地产业	**Real Estate**	**1539**	**508**	**338.4**	**22238**
房地产开发经营	Real Estate Exploitation Management	725	228	176.8	24572
物业管理	Management Concerning Dwelling	605	198	112.7	18987
房地产中介服务	Real Estate Agency Service	55	25	13.7	25468
租赁和商务服务业	**Tenancy and Business Services**	**2367**	**780**	**565.6**	**24510**
租赁业	Tenancy	34	9	6.6	19296
商务服务业	Business Service	2333	771	559.0	24587
科学研究、技术服务和地质勘查业	**Scientific Research,Technical Service and Geologic Perambulation**	**2355**	**749**	**736.9**	**31644**
研究与试验发展	Research and Experimental Development	647	223	211.6	33002
#自然科学研究与试验发展	Research and Experimental Development on Physical Science	149	51	52.6	35573
工程和技术研究与试验发展	Research and Experimental Development on Engineering and Technical Research	315	104	114.7	36866
农业科学研究与试验发展	Research and Experimental Development on Agricultural Science Research	102	36	21.3	20746
医学研究与试验发展	Research and Experimental Development on Medical Research	26	13	8.0	31097
社会人文科学研究与试验发展	Research and Experimental Development on Social Science and Humanities	54	20	15.0	27866

3-1 续表 3 continued

项 目	Item	年末人数（千人）Year-end Figures (1000 persons)	#女 性 Female	劳动报酬（亿元）Earnings (100 million yuan)	平均劳动报酬（元）Average Earning (yuan)
专业技术服务业	Professional Technique Services	1066	327	358.0	34130
#气象服务	Weather Services	52	19	12.9	24725
地震服务	Earthquake Services	18	5	4.3	24837
海洋服务	Ocean Services	7	1	2.7	37538
测绘服务	Plotting Services	37	11	9.8	26536
技术检测	Technique Detection	170	60	48.2	28933
环境监测	Environmental Monitoring	47	17	11.0	23438
工程技术与规划管理	Engineering Technic & Programming Management	625	176	229.0	37349
科技交流和推广服务业	Services of Science and Technique Intercommunion and Generalization	330	121	89.9	27504
地质勘查业	Geologic Perambulation	312	78	77.5	24830
水利、环境和公共设施管理业	**Management of Water Conservancy, Environment and Public Establishment**	**1870**	**766**	**289.8**	**15630**
水利管理业	Management of Water Conservancy	470	132	75.1	15962
环境管理业	Environmental Management	838	418	111.3	13464
公共设施管理业	Management of Public Establishment	561	216	103.5	18564
居民服务和其他服务业	**Resident Services and Other Services**	**566**	**219**	**102.5**	**18030**
居民服务业	Resident Services	270	106	50.3	18427
其他服务业	Other Services	295	113	52.2	17665
教 育	**Education**	**15044**	**7338**	**3127.8**	**20918**
#初等教育	Primary Education	6096	3168	1064.9	17488
中等教育	Secondary Education	6467	2946	1336.0	20802
高等教育	Higher Education	1658	723	548.2	33685
卫生、社会保障和社会福利业	**Sanitation,Social Security & Social Welfare**	**5254**	**3129**	**1226.1**	**23590**
卫 生	Sanitation	4993	3008	1172.6	23752
社会保障业	Social Security	139	61	28.8	20734
社会福利业	Social Welfare	122	61	24.7	20254
文化体育和娱乐业	**Culture, Sports and Entertainment**	**1224**	**507**	**314.9**	**25847**
新闻出版业	Journalism and Publishing Activities	253	104	94.6	37630
广播、电影、电视和音像业	Broadcasting,Movies,Television and Audiovisual Activities	400	149	100.9	25368
文化艺术业	Culture and Art	403	185	82.6	20547
体 育	Sports Activities	85	30	21.8	25667
娱乐业	Entertainment	82	39	15.0	18227
公共管理和社会组织	**Public Management & Social Organization**	**12656**	**3486**	**2839.7**	**22546**
#中国共产党机关	Chinese Communist Party Organs	536	125	119.9	22561
国家机构	Organ of State	11660	3171	2626.0	22607
人民政协和民主党派	People's Political Consultative Conference and Democratic Parties	88	21	21.8	25055
群众社团、社会团体和宗教组织	Mass Communities, Social Communities and Religion Organizations	224	95	52.9	23818

3-2 分行业在岗职工人数和工资(2006年)

ON-POST STAFF AND WORKERS AND WAGES BY SECTOR(2006)

项 目	Item	年末人数(千人) Year-end Figures (1000 persons)	工资总额(亿元) Total Wages (100 million yuan)	平均人数(千人) Average Figures (1000 persons)	平均工资(元) Average Wage (yuan)
全 国 总 计	**National Total**	**111606**	**23265.9**	**110784**	**21001**
#国有控股	State-owned & Controlling Share Hold Enterprises	40255	9405.1	40275	23352
按企、事业和机关分组	**Grouped by Enterprises,Institutions and Agencies**				
企 业	Enterprises	73250	14948.6	72727	20555
事 业	Institutions	27480	5795.7	27263	21259
机 关	Agencies and Organizations	10876	2521.6	10795	23360
按国民经济行业分组	**Grouped by Sector**				
农、林、牧、渔业	**Agriculture,Forestry,Farming of Animals and Fishing**	**4021**	**379.5**	**4024**	**9430**
农 业	Agriculture	1955	171.0	1986	8610
林 业	Forestry	1038	84.1	1018	8254
畜牧业	Farming of Animals	268	23.7	270	8760
渔 业	Fishing	64	8.0	65	12415
农、林、牧、渔服务业	Service Activities for Agriculture, Forestry, Farming of Animals and Fishing	697	92.8	685	13539
采矿业	**Mining**	**5181**	**1240.4**	**5097**	**24335**
煤炭开采和洗选业	Mining and Washing of Coal	3574	813.5	3491	23305
石油和天然气开采业	Extraction of Petroleum and Natural Gas	879	301.6	880	34262
黑色金属矿采选业	Mining of Ferrous Metal Ores	174	34.2	175	19533
有色金属矿采选业	Mining of Non-ferrous Metal Ores	307	56.1	304	18470
非金属矿采选业	Mining and Processing of Nonmetal Ores	236	33.4	237	14053
其他采矿业	Mining of Other Ores	10	1.6	10	16374
制造业	**Manufacturing**	**32503**	**5770.1**	**32116**	**17966**
农副食品加工业	Processing of Food from Agricultural Products	1093	136.9	1058	12942
食品制造业	Manufacture of Foods	704	103.4	686	15062
饮料制造业	Manufacture of Beverage	718	108.4	705	15367
烟草制品业	Manufacture of Tobacco	174	81.6	175	46725
纺织业	Manufacture of Textile	2799	332.5	2779	11964
纺织服装、鞋、帽制造业	Manufacture of Textile Wearing Apparel, Footware,and Caps	1943	270.1	1902	14199
皮革、毛皮、羽毛(绒)及其制品业	Manufacture of Leather,Fur,Feather and Its Products	945	131.7	931	14138
木材加工及木、竹、藤、棕、草制品业	Processing of Timbers,Manufacture of Wood, Bamboo,Rattan,Palm,and Straw Products	338	37.5	335	11213
家具制造业	Manufacture of Furniture	317	44.6	311	14354
造纸及纸制品业	Manufacture of Paper and Paper Products	585	83.1	582	14274
印刷业和记录媒介的复制	Printing,Reproduction of Recording Media	407	68.0	407	16687
文教体育用品制造业	Manufacture of Articles for Culture, Education and Sport Activity	437	64.5	440	14652

3-2 续表 1 continued

项 目	Item	年末人数（千人）Year-end Figures (1000 persons)	工资总额（亿元）Total Wages (100 million yuan)	平均人数（千人）Average Figures (1000 persons)	平均工资（元）Average Wage (yuan)
石油加工、炼焦及核燃料加工业	Processing of Petroleum ,Coking,Processing of Nucleus Fuel	542	155.5	544	28596
化工原料及化学制品制造业	Manufacture of Chemical Raw Material and Chemical Products	2076	378.4	2078	18212
医药制造业	Manufacture of Medicines	901	167.8	886	18941
化学纤维制造业	Manufacture of Chemical Fiber	210	35.2	211	16670
橡胶制品业	Manufacture of Rubber	387	60.6	381	15896
塑料制品业	Manufacture of Plastic	747	109.9	735	14955
非金属矿物制品业	Manufacture of Non-metallic Mineral Products	2056	272.8	2046	13334
黑色金属冶炼及压延加工业	Manufacture and Processing of Ferrous Metals	1855	501.8	1851	27111
有色金属冶炼及压延加工业	Manufacture & Processing of Non-ferrous Metals	794	162.6	788	20632
金属制品业	Manufacture of Metal Products	972	153.9	960	16027
通用设备制造业	Manufacture of General Purpose Machinery	1907	364.2	1905	19119
专用设备制造业	Manufacture of Special Purpose Machinery	1644	307.3	1624	18922
交通运输设备制造业	Manufacture of Transport Equipment	2457	550.5	2433	22628
电气机械及器材制造业	Manufacture of Electrical Machinery & Equipment	1718	307.7	1695	18148
通信设备、计算机及其他电子设备制造业	Manufacture of Communication Equipment, Computer and Other Electronic Equipment	2543	567.2	2450	23153
仪器仪表及文化、办公用机械制造业	Manufacture of Measuring Instrument and Machinery for Cultural Activity & Office Work	603	123.9	591	20969
工艺品及其他制造业	Manufacture of Artwork,Other Manufacture	617	85.7	609	14078
废弃资源和废旧材料回收加工业	Recycling and Disposal of Waste	17	2.8	17	16001
电力、燃气及水的生产和供应业	**Production and Distribution of Electricity, Gas and Water**	**2964**	**850.5**	**2957**	**28765**
电力、热力的生产和供应业	Production and Supply of Electric Power and Heat Power	2292	712.3	2285	31179
燃气生产和供应业	Production and Distribution of Gas	163	39.3	164	24018
水的生产和供应业	Production and Distribution of Water	510	98.8	508	19442
建筑业	**Construction**	**9098**	**1502.9**	**9161**	**16406**
房屋和土木工程建筑业	Construction of Building & Civil Engineering	7885	1267.5	7966	15911
建筑安装业	Architectural Installation	819	167.7	806	20810
建筑装饰业	Architectural Decoration	222	37.0	224	16529
其他建筑业	Other Construction	172	30.6	165	18600
交通运输、仓储和邮政业	**Traffic,Transport,Storage and Post**	**5787**	**1419.0**	**5763**	**24623**
铁路运输业	Transport Via Railway	1653	473.2	1652	28640
道路运输业	Transport Via Road	1512	244.8	1512	16186
城市公共交通业	Urban Public Traffic	920	168.5	904	18641
水上运输业	Water Transport	479	172.3	485	35497
航空运输业	Air Transport	221	129.7	215	60387
管道运输业	Transport Via Pipeline	18	6.9	18	39263

项　目	Item	年末人数（千人）Year-end Figures (1000 persons)	工资总额（亿元）Total Wages (100 million yuan)	平均人数（千人）Average Figures (1000 persons)	平均工资（元）Average Wage (yuan)
装卸搬运和其他运输服务业	Loading,Unloading,Portage and Other Transport Services	282	68.6	277	24774
仓储业	Storage	234	42.3	236	17955
邮政业	Post	469	112.7	464	24290
信息传输、计算机服务和软件业	**Information Transfer, Computer Services and Software**	**1250**	**547.4**	**1223**	**44763**
电信和其他信息传输服务业	Telecom & Other Information Transfer Services	956	378.7	941	40242
计算机服务业	Computer Services	101	59.6	98	60749
软件业	Software Industry	192	109.1	184	59385
批发和零售业	**Wholesale and Retail Trade**	**4856**	**861.4**	**4857**	**17736**
批发业	Wholesale	2549	538.3	2567	20975
零售业	Retail Trade	2308	323.1	2290	14107
住宿和餐饮业	**Accommodation and Restaurants**	**1699**	**258.2**	**1698**	**15206**
住宿业	Accommodation	1115	176.0	1117	15760
餐饮业	Restaurants	583	82.2	582	14142
金融业	**Finance**	**2999**	**1170.4**	**2980**	**39280**
银行业	Bank	2416	943.4	2413	39096
证券业	Securities	68	57.5	67	85522
保险业	Insurance	470	145.0	456	31774
其他金融活动	Other Financial Activities	44	24.5	43	56856
房地产业	**Real Estate**	**1404**	**312.4**	**1384**	**22578**
#房地产开发经营	Real Estate Exploitation Management	677	163.9	670	24475
物业管理	Management Concerning Dwelling	528	101.8	516	19716
房地产中介服务	Real Estate Agency Service	53	12.9	51	25154
租赁和商务服务业	**Tenancy and Business Services**	**2150**	**494.5**	**2091**	**23648**
租赁业	Tenancy	30	6.0	31	19418
商务服务业	Business Service	2119	488.5	2060	23711
科学研究、技术服务和地质勘查业	**Scientific Research,Technical Service and Geologic Perambulation**	**2197**	**693.8**	**2174**	**31909**
研究与试验发展	Research and Experimental Development	613	203.7	608	33497
#自然科学研究与试验发展	Research and Experimental Development on Physical Science	138	49.6	137	36355
工程和技术研究与试验发展	Research and Experimental Development on Engineering and Technical Research	298	110.7	295	37477
农业科学研究与试验发展	Research and Experimental Development on Agricultural Science Research	101	21.0	100	20929
医学研究与试验发展	Research and Experimental Development on Medical Research	24	7.6	24	31844
社会人文科学研究与试验发展	Research and Experimental Development on Social Science and Humanities	52	14.8	52	28398

3-2 续表 3 continued

项　目	Item	年末人数(千人) Year-end Figures (1000 persons)	工资总额(亿元) Total Wages (100 million yuan)	平均人数(千人) Average Figures (1000 persons)	平均工资(元) Average Wage (yuan)
专业技术服务业	Professional Technique Services	963	329.6	949	34723
#气象服务	Weather Services	51	12.7	51	25000
地震服务	Earthquake Services	17	4.2	17	25242
海洋服务	Ocean Services	7	2.7	7	37951
测绘服务	Plotting Services	36	9.6	35	27075
技术检测	Technique Detection	162	46.5	159	29294
环境监测	Environmental Monitoring	46	10.9	45	24069
工程技术与规划管理	Engineering Technic & Programming Management	553	209.5	545	38461
科技交流和推广服务业	Services of Science and Technique Intercommunion and Generalization	314	83.8	310	27045
地质勘查业	Geologic Perambulation	307	76.7	307	24971
水利、环境和公共设施管理业	**Management of Water Conservancy, Environment and Public Establishment**	**1756**	**279.8**	**1734**	**16140**
水利管理业	Management of Water Conservancy	463	74.4	463	16078
环境管理业	Environmental Management	755	104.8	740	14167
公共设施管理业	Management of Public Establishment	538	100.6	531	18943
居民服务和其他服务业	**Resident Services and Other Services**	**500**	**94.5**	**499**	**18935**
居民服务业	Resident Services	248	47.0	245	19151
其他服务业	Other Services	252	47.5	254	18725
教　育	**Education**	**14663**	**3079.6**	**14572**	**21134**
#初等教育	Primary Education	5969	1056.5	5959	17729
中等教育	Secondary Education	6336	1319.6	6290	20979
高等教育	Higher Education	1585	533.6	1557	34272
卫生、社会保障和社会福利业	**Sanitation,Social Security & Social Welfare**	**5058**	**1196.0**	**5005**	**23898**
卫　生	Sanitation	4814	1144.1	4761	24030
社会保障业	Social Security	128	27.9	128	21837
社会福利业	Social Welfare	116	24.0	116	20742
文化体育和娱乐业	**Culture, Sports and Entertainment**	**1166**	**303.4**	**1161**	**26126**
新闻出版业	Journalism and Publishing Activities	239	91.2	237	38482
广播、电影、电视和音像业	Broadcasting,Movies,Television and Audiovisual Activities	384	97.5	383	25465
文化艺术业	Culture and Art	387	80.6	385	20905
体　育	Sports Activities	79	20.5	79	26002
娱乐业	Entertainment	77	13.7	77	17678
公共管理和社会组织	**Public Management & Social Organization**	**12354**	**2812.3**	**12290**	**22883**
#中国共产党机关	Chinese Communist Party Organs	530	119.3	525	22737
国家机构	Organ of State	11397	2602.1	11350	22927
人民政协和民主党派	People's Political Consultative Conference and Democratic Parties	86	21.7	86	25366
群众社团、社会团体和宗教组织	Mass Communities, Social Communities and Religion Organizations	209	50.7	207	24467

3-3 分地区分行业就业人员和劳动报酬(2006年)
EMPLOYMENT AND EARNINGS BY SECTOR AND REGION(2006)

地区	Region	总计 Total 年末人数(人) Year-end Figures (person)	#女性 Female	劳动报酬(千元) Earnings (1000 yuan)	平均劳动报酬(元) Average Earning (yuan)	企业 Enterprises 年末人数(人) Year-end Figures (person)	#女性 Female	劳动报酬(千元) Earnings (1000 yuan)	平均劳动报酬(元) Average Earning (yuan)
全国	**National**	**117131713**	**44457132**	**2426232307**	**20856**	**77680508**	**28280483**	**1581709173**	**20495**
北京	Beijing	5137740	2000508	202343879	39684	3980907	1443720	152464059	38416
天津	Tianjin	1949970	702780	53029141	27628	1487611	495515	39810805	27265
河北	Hebei	5012171	1939776	82554255	16456	2944527	1000798	49765570	16811
山西	Shanxi	3655438	1285741	65531835	18106	2349971	710138	44176039	19006
内蒙古	Inner Mongolia	2425981	907895	45092697	18382	1438460	485659	25494511	17395
辽宁	Liaoning	4980200	1871698	96763498	19365	3446719	1191864	66785605	19243
吉林	Jilin	2659089	1011414	43698831	16393	1603924	536820	26786902	16567
黑龙江	Heilongjiang	4965430	1750274	78730171	15894	3723031	1216954	56576657	15238
上海	Shanghai	3325153	1328407	124880448	37585	2599797	970243	95763806	36814
江苏	Jiangsu	6793726	2924945	159091288	23657	4780624	2111993	101980794	21587
浙江	Zhejiang	6108441	2361946	164304191	27570	4656906	1735560	105340170	23254
安徽	Anhui	3382782	1128631	59003968	17610	1966353	635541	34465481	17757
福建	Fujian	4274288	1931959	81608551	19424	3275066	1536402	59172563	18458
江西	Jiangxi	2827549	989822	42857467	15370	1579054	558725	23340121	14994
山东	Shandong	8975777	3577313	170206950	19135	6264071	2533637	112343325	18118
河南	Henan	7112565	2588830	117065379	16791	4385802	1459905	72504468	16990
湖北	Hubei	5202561	1914326	81986905	15779	3419411	1228930	51561964	15092
湖南	Hunan	4155284	1430261	71414183	17400	2362246	747157	38958746	16761
广东	Guangdong	9544388	4116722	248283862	26400	6963250	2996153	170703050	24919
广西	Guangxi	2834933	1050579	49305262	17571	1543137	515090	26276517	17252
海南	Hainan	755429	283574	11927133	15843	494731	184579	6878209	13882
重庆	Chongqing	2197392	722815	41567789	19172	1464662	441084	26882961	18614
四川	Sichuan	5205584	1764485	91008981	17612	3102424	950701	52727762	17140
贵州	Guizhou	2105276	674674	35782515	16481	1195875	351348	20592063	16213
云南	Yunnan	2592290	931195	46856829	18262	1347350	439840	24642575	18511
西藏	Tibet	189150	62495	5428954	29119	53961	16782	1413999	26388
陕西	Shaanxi	3347721	1174148	55644959	16646	2035360	671166	35325722	17367
甘肃	Gansu	1945213	636437	32967047	16991	1088519	331383	18054433	16565
青海	Qinghai	432057	158359	9490287	21981	225158	74373	4857766	21304
宁夏	Ningxia	586707	209479	12427194	20900	353201	114774	7986369	21996
新疆	Xinjiang	2451428	1025644	45377858	17704	1548400	593649	28076161	16841

3-3 续表 1 continued

地区	Region	事业 Institutions 年末人数(人) Year-end Figures (person)	#女性 Female	劳动报酬(千元) Earnings (1000 yuan)	平均劳动报酬(元) Average Earning (yuan)	机关 Agencies and Organizations 年末人数(人) Year-end Figures (person)	#女性 Female	劳动报酬(千元) Earnings (1000 yuan)	平均劳动报酬(元) Average Earning (yuan)
全国	**National**	**28333387**	**13239111**	**590189044**	**20988**	**11117818**	**2937538**	**254334090**	**23039**
北京	Beijing	900537	474704	38030637	43363	256296	82084	11849183	46803
天津	Tianjin	336160	176044	9432087	28259	126199	31221	3786249	30178
河北	Hebei	1450646	773788	22872857	15842	616998	165190	9915828	16185
山西	Shanxi	898973	460739	14603007	16378	406494	114864	6752789	16742
内蒙古	Inner Mongolia	703028	339005	13790081	19549	284493	83231	5808105	20593
辽宁	Liaoning	1127336	573889	21143270	18845	406145	105945	8834623	21855
吉林	Jilin	809464	411345	12686980	15740	245701	63249	4224949	17401
黑龙江	Heilongjiang	896408	436223	15346858	17165	345991	97097	6806656	19650
上海	Shanghai	572508	308374	22713447	39915	152848	49790	6403195	42062
江苏	Jiangsu	1522278	702549	39389216	26030	490824	110403	17721278	36355
浙江	Zhejiang	1041767	529071	39648681	38644	409768	97315	19315340	47849
安徽	Anhui	1045526	406742	17594678	16927	370903	86348	6943809	18756
福建	Fujian	706331	326361	15418461	21893	292891	69196	7017527	24084
江西	Jiangxi	887508	346425	13768972	15735	360987	84672	5748374	16116
山东	Shandong	1941498	854434	41201866	21363	770208	189242	16661759	21761
河南	Henan	1869132	884138	30830713	16615	857631	244787	13730198	16173
湖北	Hubei	1317355	570192	21071628	16045	465795	115204	9353313	20073
湖南	Hunan	1277389	554318	22988381	18146	515649	128786	9467056	18451
广东	Guangdong	1804290	921425	50283196	28177	776848	199144	27297616	35458
广西	Guangxi	999973	459768	17158361	17298	291823	75721	5870384	20168
海南	Hainan	179754	78582	3335685	18851	80944	20413	1713239	21312
重庆	Chongqing	544294	234328	10398155	19291	188436	47403	4286673	23186
四川	Sichuan	1500912	643903	26618442	17851	602248	169881	11662777	19444
贵州	Guizhou	624842	250163	10224872	16534	284559	73163	4965580	17570
云南	Yunnan	858894	385417	15330528	17988	386046	105938	6883726	18005
西藏	Tibet	69410	27890	1890874	27636	65779	17823	2124081	32965
陕西	Shaanxi	913129	393612	14202092	15579	399232	109370	6117145	15398
甘肃	Gansu	602325	235797	10315676	17276	254369	69257	4596938	18151
青海	Qinghai	139060	62773	3053950	22339	67839	21213	1578571	23558
宁夏	Ningxia	169882	76035	3172716	18852	63624	18670	1268109	20064
新疆	Xinjiang	622778	341077	11672677	18878	280250	90918	5629020	20273

3-3 续表 2 continued

地 区	Region	农、林、牧、渔业 Agriculture Forestry,Farming of Animals & Fishing 年末人数（人） Year-end Figures (person)	#女 性 Female	劳动报酬（千元） Earnings (1000 yuan)	平均劳动报酬（元） Average Earning (yuan)	农 业 Agriculture 年末人数（人） Year-end Figures (person)	#女 性 Female	劳动报酬（千元） Earnings (1000 yuan)	平均劳动报酬（元） Average Earning (yuan)
全 国	**National**	**4352472**	**1635276**	**40333504**	**9269**	**2192288**	**937839**	**18715904**	**8435**
北 京	Beijing	26650	11462	533280	19147	6693	3192	104059	14550
天 津	Tianjin	7317	2170	135367	17975	1618	519	29514	18040
河 北	Hebei	82405	29183	551075	6622	50056	19326	206566	4062
山 西	Shanxi	35418	10535	417489	11806	6053	1745	73776	12134
内蒙古	Inner Mongolia	292069	100658	2944258	10148	111472	42772	1023614	9228
辽 宁	Liaoning	289231	120390	1906413	6619	216634	97775	1097486	5119
吉 林	Jilin	188010	60702	1474854	7866	47026	14776	289256	6196
黑龙江	Heilongjiang	905260	318433	6180066	7093	432972	172771	3203282	7614
上 海	Shanghai	12994	2973	299254	22271	4444	1170	76561	17440
江 苏	Jiangsu	146328	63557	1500449	10181	110397	52955	1012935	9123
浙 江	Zhejiang	16778	4540	421531	24760	2381	793	36900	15210
安 徽	Anhui	81314	30529	711799	8685	46721	19462	356563	7480
福 建	Fujian	69957	24813	750640	10717	33914	14897	207621	6175
江 西	Jiangxi	147773	51368	1211173	8208	80313	31592	587333	7292
山 东	Shandong	57062	18436	829059	14519	6511	2142	85745	12836
河 南	Henan	88051	29549	817191	9405	34306	13514	273076	8060
湖 北	Hubei	291618	126533	2042795	6993	223426	105457	1482440	6624
湖 南	Hunan	85282	34940	671974	7923	46016	22457	274255	5971
广 东	Guangdong	102688	37973	1143305	11113	44724	18927	356194	8012
广 西	Guangxi	134910	50320	1340120	9917	71173	30299	581396	8176
海 南	Hainan	184917	80428	1355590	7157	14022	4454	87284	6120
重 庆	Chongqing	21354	5788	262671	12253	976	361	9655	9733
四 川	Sichuan	90515	23868	1016525	11224	3793	1496	52382	13666
贵 州	Guizhou	29573	8532	365603	12361	4831	1909	37943	7877
云 南	Yunnan	161899	60716	1989327	12219	42869	18584	339429	7836
西 藏	Tibet	5616	1251	78998	14316	851	401	13911	16270
陕 西	Shaanxi	64701	19439	712121	11016	8386	2373	134352	16063
甘 肃	Gansu	65568	19118	598195	10867	25109	10439	227939	9095
青 海	Qinghai	22939	6629	351923	15332	7854	1827	71587	8991
宁 夏	Ningxia	30397	12351	360078	11757	20268	8854	202886	9884
新 疆	Xinjiang	613878	268092	7360381	11297	486479	220600	6179964	11774

3-3 续表 3 continued

地区 Region	林业 Forestry				畜牧业 Farming of Animals			
	年末人数（人） Year-end Figures (person)	#女性 Female	劳动报酬（千元） Earnings (1000 yuan)	平均劳动报酬（元） Average Earning (yuan)	年末人数（人） Year-end Figures (person)	#女性 Female	劳动报酬（千元） Earnings (1000 yuan)	平均劳动报酬（元） Average Earning (yuan)
全国 National	**1057127**	**345944**	**8533436**	**8220**	**320166**	**119617**	**2836349**	**8784**
北京 Beijing	3577	1100	86369	21030	9785	5019	177908	17667
天津 Tianjin	588	165	11814	20092	1049	334	18798	17454
河北 Hebei	7142	1722	69735	9794	3739	1471	30138	8093
山西 Shanxi	9757	2398	105020	10701	2908	998	22897	7754
内蒙古 Inner Mongolia	106512	31321	986002	9408	33619	12270	341889	10078
辽宁 Liaoning	13439	4071	136640	9755	19188	6282	77571	3988
吉林 Jilin	92600	29229	729584	7871	7667	3018	58731	7604
黑龙江 Heilongjiang	342699	97902	1791517	5604	96868	37562	836111	8467
上海 Shanghai	921	345	21353	20492	2121	574	47036	20274
江苏 Jiangsu	8909	3032	86684	9624	4058	1745	44554	11031
浙江 Zhejiang	3546	993	59286	16607	933	341	19670	19153
安徽 Anhui	12331	4613	94471	7795	1345	532	9741	7232
福建 Fujian	15313	3841	219484	14105	1039	408	11966	11183
江西 Jiangxi	38585	11736	348289	9018	6137	2288	53247	9124
山东 Shandong	5422	1460	63205	11843	1407	509	16554	11892
河南 Henan	9727	2662	97341	10131	6029	1765	56593	9484
湖北 Hubei	12413	4121	95272	7691	7101	2331	54232	7600
湖南 Hunan	12644	4014	108504	8770	4810	1882	53954	11593
广东 Guangdong	22049	7594	250053	11171	5152	1552	143084	26571
广西 Guangxi	31845	11282	324313	10095	2554	863	33866	13137
海南 Hainan	163787	74043	1202951	7152	508	191	4253	8389
重庆 Chongqing	2688	705	28153	10497	863	220	10719	12278
四川 Sichuan	25789	6954	279858	10940	3790	1278	37879	9602
贵州 Guizhou	6539	2106	83422	12619	660	234	6669	10260
云南 Yunnan	67015	26949	808747	11987	1614	563	20230	12828
西藏 Tibet	669	26	5367	8010	449	174	8654	19317
陕西 Shaanxi	11519	2912	115313	9937	8012	1735	79180	9967
甘肃 Gansu	13656	3572	124819	9608	1219	328	11279	8656
青海 Qinghai	2907	837	51663	17693	2915	932	36484	12668
宁夏 Ningxia	3685	1471	45518	12359	143	40	2094	14643
新疆 Xinjiang	8854	2768	102689	11616	82484	32178	510368	6209

3-3 续表 4 continued

地 区	Region	渔业 Fishing 年末人数(人) Year-end Figures (person)	#女性 Female	劳动报酬(千元) Earnings (1000 yuan)	平均劳动报酬(元) Average Earning (yuan)	农、林、牧、渔服务业 Service Activities for Agriculture, Forestry,Farming of Animals & Fishing 年末人数(人) Year-end Figures (person)	#女性 Female	劳动报酬(千元) Earnings (1000 yuan)	平均劳动报酬(元) Average Earning (yuan)
全 国	**National**	**68667**	**19276**	**854628**	**12374**	**714224**	**212600**	**9393187**	**13373**
北 京	Beijing	467	112	17871	35742	6128	2039	147073	24419
天 津	Tianjin	606	93	8979	13625	3456	1059	66262	18556
河 北	Hebei	1914	283	15521	7903	19554	6381	229115	11718
山 西	Shanxi	247	41	2089	10043	16453	5353	213707	13106
内蒙古	Inner Mongolia	4652	2010	32459	7012	35814	12285	560294	15632
辽 宁	Liaoning	11274	2742	280478	25148	28696	9520	314238	10832
吉 林	Jilin	3672	1328	22093	6008	37045	12351	375190	10216
黑龙江	Heilongjiang	5181	1299	41417	8172	27540	8899	307739	11347
上 海	Shanghai	2199	48	45682	19716	3309	836	108622	32251
江 苏	Jiangsu	3365	666	35169	9910	19599	5159	321107	16254
浙 江	Zhejiang	570	157	10910	18093	9348	2256	294765	31361
安 徽	Anhui	1710	558	13016	7625	19207	5364	238008	12452
福 建	Fujian	1366	335	19437	14115	18325	5332	292132	15863
江 西	Jiangxi	3927	1480	27304	6960	18811	4272	195000	10462
山 东	Shandong	4512	889	72866	15755	39210	13436	590689	15120
河 南	Henan	2834	975	28695	10136	35155	10633	361486	10447
湖 北	Hubei	9956	2632	80622	8022	38722	11992	330229	8523
湖 南	Hunan	3840	1731	33961	8851	17972	4856	201300	11170
广 东	Guangdong	2445	652	33618	13633	28318	9248	360356	12786
广 西	Guangxi	527	109	4963	9382	28811	7767	395582	13740
海 南	Hainan	2097	814	13644	6528	4503	926	47458	10875
重 庆	Chongqing	79	17	911	11532	16748	4485	213233	12683
四 川	Sichuan	346	106	3591	10439	56797	14034	642815	11305
贵 州	Guizhou	204	62	1252	6107	17339	4221	236317	13665
云 南	Yunnan	97	27	1201	12381	50304	14593	819720	16281
西 藏	Tibet					3647	650	51066	14405
陕 西	Shaanxi	83	19	896	10795	36701	12400	382380	10434
甘 肃	Gansu	27	2	349	12926	25557	4777	233809	14929
青 海	Qinghai	79	7	1298	16430	9184	3026	190891	20947
宁 夏	Ningxia	75	25	989	13930	6226	1961	108591	17503
新 疆	Xinjiang	316	57	3347	10394	35745	12489	564013	15978

3-3 续表 5 continued

地 区 Region	采矿业 Mining				煤炭开采和洗选业 Mining and Washing of Coal			
	年末人数（人） Year-end Figures (person)	#女 性 Female	劳动报酬（千元） Earnings (1000 yuan)	平均劳动报酬（元） Average Earning (yuan)	年末人数（人） Year-end Figures (person)	#女 性 Female	劳动报酬（千元） Earnings (1000 yuan)	平均劳动报酬（元） Average Earning (yuan)
全 国 National	**5296735**	**1150289**	**125956912**	**24125**	**3612385**	**691757**	**81968269**	**23224**
北 京 Beijing	20969	1964	600554	29887	15163	1091	418551	29259
天 津 Tianjin	74871	21319	2507840	34097	116	31	4422	40944
河 北 Hebei	276510	52633	7093570	25719	198530	35305	4867894	24637
山 西 Shanxi	682438	129536	18124855	26925	673209	127919	17987267	27106
内蒙古 Inner Mongolia	171301	34247	3614701	21582	126192	26266	2934425	23807
辽 宁 Liaoning	301785	63771	7187448	23900	164058	25162	3488186	21328
吉 林 Jilin	168240	35061	3557102	22018	77614	11128	1271671	17209
黑龙江 Heilongjiang	487905	92765	10055190	21120	348467	51467	5261324	15952
上 海 Shanghai	440	109	31678	69929				
江 苏 Jiangsu	146998	54280	3889754	26385	101591	39865	2872107	28265
浙 江 Zhejiang	16816	3045	370946	21318	2842	609	60525	18600
安 徽 Anhui	298571	61162	8761283	29537	271273	54798	8171426	30345
福 建 Fujian	44536	8382	809071	18055	28203	3171	570653	20071
江 西 Jiangxi	95556	17085	1508359	15882	67265	10768	1131235	16915
山 东 Shandong	622056	178076	16566500	27105	411111	89933	10384472	26109
河 南 Henan	492862	113220	12642836	26040	369836	78313	9080897	24967
湖 北 Hubei	130705	27890	2116236	16163	20936	2362	262238	12230
湖 南 Hunan	109533	20446	1688135	15341	81944	14062	1191711	14503
广 东 Guangdong	33405	7095	884613	26705	272	78	4135	14928
广 西 Guangxi	49509	12844	848587	17361	15224	3013	261988	16872
海 南 Hainan	8346	2498	166405	16699	254	60	1824	7097
重 庆 Chongqing	87437	15843	1535444	17709	75364	13413	1204624	16141
四 川 Sichuan	220137	43715	4181052	18682	140571	27050	1915933	13886
贵 州 Guizhou	106983	18767	2073167	18067	93152	15110	1820484	18251
云 南 Yunnan	72982	15167	1308727	18387	29391	6906	473897	16334
西 藏 Tibet	1933	490	32903	17336	37	6	695	18784
陕 西 Shaanxi	195493	38875	4742949	24325	93847	16817	2064766	21459
甘 肃 Gansu	130108	18442	2059979	20573	102075	14341	1437736	20112
青 海 Qinghai	16769	3518	409348	24021	7037	1043	110852	15405
宁 夏 Ningxia	56611	12539	1928825	34339	56611	12539	1928825	34339
新 疆 Xinjiang	174930	45505	4658855	26701	40200	9131	783506	19472

3-3 续表 6 continued

地 区	Region	石油和天然气开采业 Extraction of Petroleum and Natural Gas 年末人数(人) Year-end Figures (person)	#女性 Female	劳动报酬(千元) Earnings (1000 yuan)	平均劳动报酬(元) Average Earning (yuan)	黑色金属矿采选业 Mining of Ferrous Metal Ores 年末人数(人) Year-end Figures (person)	#女性 Female	劳动报酬(千元) Earnings (1000 yuan)	平均劳动报酬(元) Average Earning (yuan)
全 国	**National**	**931019**	**288306**	**31157338**	**33180**	**178353**	**36943**	**3465219**	**19331**
北 京	Beijing	684	104	64166	103828	3058	404	85093	28130
天 津	Tianjin	61589	18918	2219922	36776				
河 北	Hebei	38135	9576	1515380	40274	17776	3339	390475	21509
山 西	Shanxi	805	109	11724	14564	3724	400	39734	11043
内蒙古	Inner Mongolia	4377	962	83261	18677	10280	1306	136489	14786
辽 宁	Liaoning	91515	28737	2917942	31890	20108	5043	437057	21763
吉 林	Jilin	71089	19337	2040405	29839	7476	1590	107481	14701
黑龙江	Heilongjiang	122610	35309	4637377	35807	1448	339	12418	8807
上 海	Shanghai	282	79	28730	100807				
江 苏	Jiangsu	16531	5863	612551	36500	5092	2016	75013	15365
浙 江	Zhejiang					1547	297	52168	32976
安 徽	Anhui	72	26	959	13319	16229	3888	447695	27342
福 建	Fujian					3088	646	73167	23880
江 西	Jiangxi	168	50	1734	10321	268	64	5743	21672
山 东	Shandong	128702	70943	4459546	33997	13672	2697	366870	26855
河 南	Henan	83517	25225	2924577	35045	3464	653	70109	20404
湖 北	Hubei	32335	10752	941741	28668	29260	4777	435808	14903
湖 南	Hunan					1337	162	15487	12301
广 东	Guangdong	8446	1608	302060	37626	3907	729	120375	31209
广 西	Guangxi					6214	1380	74154	13044
海 南	Hainan	98	16	2069	21112	5413	1733	137838	19649
重 庆	Chongqing	8311	1764	275313	33550	514	19	6217	12335
四 川	Sichuan	47736	8804	1748144	31972	7772	1795	120440	15411
贵 州	Guizhou	195	53	6241	31520	2418	802	28254	8531
云 南	Yunnan	173	57	4651	27041	3848	848	62238	16713
西 藏	Tibet					729	126	8868	13041
陕 西	Shaanxi	73151	15078	2141027	30516	5025	839	64415	12735
甘 肃	Gansu	15524	1140	461977	29759	1135	136	14350	12643
青 海	Qinghai	3036	812	141894	47824	350	56	5800	10721
宁 夏	Ningxia								
新 疆	Xinjiang	121938	32984	3613947	29876	3201	859	71463	21300

3-3 续表 7 continued

地 区 Region	有色金属矿采选业 Mining of Non-ferrous Metal Ores				非金属矿采选业 Mining and Processing of Nonmetal Ores			
	年末人数（人） Year-end Figures (person)	#女 性 Female	劳动报酬（千元） Earnings (1000 yuan)	平均劳动报酬（元） Average Earning (yuan)	年末人数（人） Year-end Figures (person)	#女 性 Female	劳动报酬（千元） Earnings (1000 yuan)	平均劳动报酬（元） Average Earning (yuan)
全 国 National	**321783**	**71236**	**5793932**	**18220**	**242520**	**60182**	**3406512**	**13917**
北 京 Beijing	24	3	303	12625	2040	362	32441	15288
天 津 Tianjin	2769	810	45344	16137	10397	1560	238152	23191
河 北 Hebei	8007	1356	112165	14214	14062	3057	207656	14273
山 西 Shanxi	2488	503	60164	24191	2212	605	25966	9743
内蒙古 Inner Mongolia	21049	3453	310083	14593	9403	2260	150443	16194
辽 宁 Liaoning	14856	2116	201503	14196	11208	2703	142671	12551
吉 林 Jilin	8915	2017	112893	12909	2275	539	19163	8200
黑龙江 Heilongjiang	6344	2626	61977	9866	9019	3019	81982	9052
上 海 Shanghai					158	30	2948	17548
江 苏 Jiangsu	1555	538	37423	23776	22056	5943	288090	12858
浙 江 Zhejiang	2869	462	67119	23592	9558	1677	191134	19664
安 徽 Anhui	4691	1065	69937	15164	6306	1385	71266	11341
福 建 Fujian	2384	378	35752	14903	10535	4135	125188	11821
江 西 Jiangxi	21754	4555	288229	13422	3168	892	34696	10904
山 东 Shandong	48047	10612	1087677	22567	20521	3891	267906	13113
河 南 Henan	26126	7199	421056	16652	6288	1575	83995	13413
湖 北 Hubei	12779	2396	152199	12463	33835	7544	304188	9046
湖 南 Hunan	17781	4267	366056	20279	8215	1909	108951	13131
广 东 Guangdong	9852	1960	263396	26913	10922	2719	194517	17414
广 西 Guangxi	21555	6686	429353	20297	6456	1760	82453	12777
海 南 Hainan	443	76	5313	11966	2127	613	19071	8933
重 庆 Chongqing	238	25	1981	8119	2809	592	43418	14718
四 川 Sichuan	9042	1944	192419	22419	14787	4079	200852	13828
贵 州 Guizhou	3317	605	38164	11871	7825	2184	178217	21736
云 南 Yunnan	31948	4932	591596	19362	7572	2413	175389	22867
西 藏 Tibet	999	307	20232	20032	168	51	3108	18175
陕 西 Shaanxi	22499	5909	462873	20636	965	229	9832	8834
甘 肃 Gansu	10562	2546	135185	12100	613	213	5875	9584
青 海 Qinghai	3615	704	103317	28755	2711	900	47276	17355
宁 夏 Ningxia								
新 疆 Xinjiang	5275	1186	120223	21930	4309	1343	69668	15695

3-3 续表 8 continued

地 区 Region	其他采矿业 Mining of Other Ores				制造业 Manufacturing			
	年末人数（人） Year-end Figures (person)	#女性 Female	劳动报酬（千元） Earnings (1000 yuan)	平均劳动报酬（元） Average Earning (yuan)	年末人数（人） Year-end Figures (person)	#女性 Female	劳动报酬（千元） Earnings (1000 yuan)	平均劳动报酬（元） Average Earning (yuan)
全 国 National	**10675**	**1865**	**165642**	**15845**	**33516145**	**14640196**	**603577386**	**18225**
北 京 Beijing					996621	374911	29926261	29619
天 津 Tianjin					784782	292901	18584563	24354
河 北 Hebei					1213562	464207	18113822	14985
山 西 Shanxi					730041	252856	10570600	14764
内蒙古 Inner Mongolia					423852	163444	6674596	15678
辽 宁 Liaoning	40	10	89	2225	1472688	547179	27328950	18515
吉 林 Jilin	871	450	5489	6202	597256	213388	9964219	16643
黑龙江 Heilongjiang	17	5	112	6588	994242	368607	14984237	14998
上 海 Shanghai					1177079	489203	40487521	34206
江 苏 Jiangsu	173	55	4570	27530	2908478	1454493	56115428	19647
浙 江 Zhejiang					2455019	1180292	44325067	18507
安 徽 Anhui					690034	267554	10743494	15736
福 建 Fujian	326	52	4311	13224	2177208	1215797	34995425	16297
江 西 Jiangxi	2933	756	46722	15548	679790	288965	9042548	13661
山 东 Shandong	3		29	9667	3451372	1668569	52921793	15633
河 南 Henan	3631	255	62202	18546	1590850	652063	23154170	14853
湖 北 Hubei	1560	59	20062	12860	1521982	615408	22067568	14526
湖 南 Hunan	256	46	5930	22293	816318	316585	13474357	16762
广 东 Guangdong	6	1	130	21667	3910713	2031009	77989927	20349
广 西 Guangxi	60	5	639	10650	566151	214089	9292172	16805
海 南 Hainan	11		290	18125	68796	29920	1029589	15438
重 庆 Chongqing	201	30	3891	22888	530752	191438	9693097	18367
四 川 Sichuan	229	43	3264	14253	1186911	445416	19292616	16404
贵 州 Guizhou	76	13	1807	24093	410642	137372	6750973	15734
云 南 Yunnan	50	11	956	21727	462394	160712	8670493	18837
西 藏 Tibet					8810	2982	133727	15252
陕 西 Shaanxi	6	3	36	6000	843496	310329	13155062	15825
甘 肃 Gansu	199	66	4856	24402	431808	136466	7221464	16929
青 海 Qinghai	20	3	209	10450	67114	22595	1152063	17184
宁 夏 Ningxia					110300	36300	1742494	15903
新 疆 Xinjiang	7	2	48	6857	237084	95146	3979090	16751

3-3 续表 9 continued

地区 Region	农副食品加工业 Processing of Food from Agricultural Products				食品制造业 Manufacture of Foods			
	年末人数（人） Year-end Figures (person)	#女性 Female	劳动报酬（千元） Earnings (1000 yuan)	平均劳动报酬（元） Average Earning (yuan)	年末人数（人） Year-end Figures (person)	#女性 Female	劳动报酬（千元） Earnings (1000 yuan)	平均劳动报酬（元） Average Earning (yuan)
全国 National	**1129293**	**499397**	**14158416**	**12955**	**747609**	**375585**	**11111105**	**15292**
北京 Beijing	24327	9839	459615	18989	35895	15640	1052829	26147
天津 Tianjin	11627	3444	238679	20649	17439	7122	364180	20586
河北 Hebei	31178	14689	327691	10797	19819	8650	228662	11592
山西 Shanxi	8300	3092	62841	7569	7828	3010	67888	8716
内蒙古 Inner Mongolia	22207	8375	235258	10438	28282	11777	334577	12034
辽宁 Liaoning	39621	20174	465128	11604	20871	9962	268664	13616
吉林 Jilin	35619	15839	360928	10394	12790	6195	136050	10963
黑龙江 Heilongjiang	59692	21764	613139	10418	42133	21158	594109	14406
上海 Shanghai	6731	2255	172810	24987	24911	10939	845041	33171
江苏 Jiangsu	48201	21990	646075	13486	32561	15955	538648	16591
浙江 Zhejiang	31438	14770	514008	16529	38236	22239	520537	16701
安徽 Anhui	24912	12379	254963	10581	26142	11177	291118	10932
福建 Fujian	59133	36678	715589	12433	49200	28817	719272	15221
江西 Jiangxi	15463	5841	155635	10127	17103	8157	181673	11067
山东 Shandong	238016	128070	3192671	13808	73631	37806	924585	12996
河南 Henan	90476	36185	1151212	12995	67669	37814	673840	10385
湖北 Hubei	53609	18977	504327	9421	44464	22449	474869	10796
湖南 Hunan	22112	8252	265710	12223	28690	19035	321844	14562
广东 Guangdong	79409	30684	1097275	14879	65893	34307	1405048	22202
广西 Guangxi	89749	32491	1177248	15160	9693	4501	111783	11350
海南 Hainan	12168	5276	106722	9947	2785	1506	24811	9416
重庆 Chongqing	11987	6157	148057	12542	7395	3525	101999	13633
四川 Sichuan	29609	12080	323661	11461	23029	11002	306931	13700
贵州 Guizhou	9322	3830	83910	9353	5855	2672	65233	10752
云南 Yunnan	31536	11447	452216	13974	8706	4192	117012	13244
西藏 Tibet	223	81	2999	13329	95	39	1678	16451
陕西 Shaanxi	8523	2876	76455	8744	16017	7080	160955	10002
甘肃 Gansu	8881	3451	83776	9171	4753	2060	39046	8550
青海 Qinghai	1251	495	9504	7573	490	218	3845	7659
宁夏 Ningxia	2377	1207	21592	9554	3670	1980	43178	11198
新疆 Xinjiang	21596	6709	238722	12469	11564	4601	191200	15015

3-3 续表 10 continued

地区	Region	饮料制造业 Manufacture of Beverage 年末人数(人) Year-end Figures (person)	#女性 Female	劳动报酬(千元) Earnings (1000 yuan)	平均劳动报酬(元) Average Earning (yuan)	烟草制品业 Manufacture of Tobacco 年末人数(人) Year-end Figures (person)	#女性 Female	劳动报酬(千元) Earnings (1000 yuan)	平均劳动报酬(元) Average Earning (yuan)
全国	**National**	**730770**	**292935**	**11087861**	**15382**	**177911**	**69935**	**8202241**	**46089**
北京	Beijing	24940	8719	585147	23079	750	267	61037	80101
天津	Tianjin	12136	3811	310647	25961	986	307	48677	49925
河北	Hebei	25770	11072	274078	10434	6923	2586	227158	33347
山西	Shanxi	14822	5583	228996	15691	1473	656	53196	35488
内蒙古	Inner Mongolia	16207	6437	158168	10006	2623	944	99367	37611
辽宁	Liaoning	18411	7279	261840	14396	2896	1055	109304	37979
吉林	Jilin	19255	7555	227137	12052	4388	1530	188956	45335
黑龙江	Heilongjiang	31629	12287	343542	10985	5252	1833	139574	26355
上海	Shanghai	8722	2831	443270	50200	4474	1387	420312	92153
江苏	Jiangsu	43211	16594	713003	16764	7546	3174	478862	62629
浙江	Zhejiang	33916	11539	809722	25312	2740	1046	222016	80998
安徽	Anhui	38641	15094	384846	10398	7976	2446	321742	38089
福建	Fujian	18388	8661	322147	17461	4624	2291	307991	64799
江西	Jiangxi	16300	7461	175525	11663	7962	3928	268979	32887
山东	Shandong	73982	33393	893593	12105	7973	2952	367758	48632
河南	Henan	45497	17715	482373	10818	13559	5840	572805	44712
湖北	Hubei	35179	16169	380557	10751	7512	2901	269327	34689
湖南	Hunan	12286	4640	179149	14914	9111	2617	561076	59562
广东	Guangdong	31203	10778	982509	31383	4738	1701	406184	82642
广西	Guangxi	17137	6747	229151	14774	2726	1203	123896	45973
海南	Hainan	5573	2672	93367	16560	531	220	29505	53940
重庆	Chongqing	11459	4746	190492	16973	6421	2743	194992	32188
四川	Sichuan	79363	30776	1206885	15818	7718	3431	300804	45085
贵州	Guizhou	21933	8953	455483	18794	17795	8162	576321	28945
云南	Yunnan	28818	13326	221275	7588	29354	10835	1562634	55552
西藏	Tibet	292	23	6931	22950				
陕西	Shaanxi	16554	6426	199551	12367	6597	2590	183422	27222
甘肃	Gansu	15253	5812	130925	8619	2174	879	67133	28987
青海	Qinghai	990	400	17100	17221				
宁夏	Ningxia	2393	1129	27692	11467	380	186	19246	50781
新疆	Xinjiang	10510	4307	152760	14636	709	225	19967	28938

3-3 续表 11 continued

地区 Region	纺织业 Manufacture of Textile				纺织服装、鞋、帽制造业 Manufacture of Textile Wearing Apparel, Footware and Caps			
	年末人数(人) Year-end Figures (person)	#女性 Female	劳动报酬(千元) Earnings (1 000 yuan)	平均劳动报酬(元) Average Earning (yuan)	年末人数(人) Year-end Figures (person)	#女性 Female	劳动报酬(千元) Earnings (1 000 yuan)	平均劳动报酬(元) Average Earning (yuan)
全国 National	**2849154**	**1857021**	**34081062**	**12035**	**1984645**	**1412553**	**27899881**	**14349**
北京 Beijing	27782	17788	540922	17334	61157	46085	913702	14438
天津 Tianjin	36916	19671	545561	14372	29916	15363	405113	14388
河北 Hebei	137815	87195	1178982	8513	21893	16499	184584	8419
山西 Shanxi	41356	27010	267273	6389	7566	4656	57056	7673
内蒙古 Inner Mongolia	43057	31587	589730	13270	4074	2870	47287	11359
辽宁 Liaoning	39781	26162	387075	9626	71458	55213	913571	12791
吉林 Jilin	15275	10414	113807	7433	10929	8342	93154	8797
黑龙江 Heilongjiang	47903	26451	457676	9407	6353	4056	44295	6822
上海 Shanghai	47757	29457	1009542	19306	68516	50425	1297613	18897
江苏 Jiangsu	348003	231962	4786275	13796	251848	196316	3451003	14195
浙江 Zhejiang	271424	169840	4314124	16120	259811	191421	4153398	16362
安徽 Anhui	70886	47162	693298	9550	17489	13994	187316	10909
福建 Fujian	140706	92737	1955564	14251	436305	278301	6528409	15278
江西 Jiangxi	59715	42773	576500	9768	45178	29829	352107	8973
山东 Shandong	572102	372662	6783992	12289	205867	159568	2950902	14614
河南 Henan	194926	131719	1895100	9898	21349	14692	227529	11146
湖北 Hubei	215070	147268	1892722	8832	81193	59883	752973	9418
湖南 Hunan	50783	35137	545519	10867	9876	8304	109831	11372
广东 Guangdong	203497	120622	2837590	13999	333803	230574	4782686	14489
广西 Guangxi	30044	22064	283779	9244	6188	4421	60714	9898
海南 Hainan	1645	639	17650	10697	5178	4693	68469	13423
重庆 Chongqing	23391	16105	246719	9926	2858	1748	29313	11455
四川 Sichuan	79994	54377	712886	9016	7495	5070	81051	10734
贵州 Guizhou	5429	3613	41856	7341	4491	1757	52619	11793
云南 Yunnan	14250	9365	133562	8457	3121	2021	30559	9300
西藏 Tibet	313	289	3044	9633	144	104	819	5688
陕西 Shaanxi	74213	46941	703835	9771	6622	3518	75089	11729
甘肃 Gansu	11681	7474	82016	6935	560	424	5155	9156
青海 Qinghai	3047	1644	37390	12381	718	392	12657	17506
宁夏 Ningxia	553	477	5427	9657	790	635	8430	10564
新疆 Xinjiang	39840	26416	441646	10591	1899	1379	22477	12330

3-3 续表 12 continued

地区 Region	皮革、毛皮、羽毛(绒)及其制品业 Manufacture of Leather, Fur, Feather and Its Products				木材加工及木、竹、藤、棕、草制品业 Processing of Timbers,Manufacture of Wood, Bamboo, Rattan, Palm, and Straw Products			
	年末人数(人) Year-end Figures (person)	#女性 Female	劳动报酬(千元) Earnings (1000 yuan)	平均劳动报酬(元) Average Earning (yuan)	年末人数(人) Year-end Figures (person)	#女性 Female	劳动报酬(千元) Earnings (1000 yuan)	平均劳动报酬(元) Average Earning (yuan)
全国 National	**953419**	**639473**	**13548302**	**14415**	**349580**	**145233**	**3915680**	**11290**
北京 Beijing	4476	2709	72654	16276	4399	1287	81142	17783
天津 Tianjin	17175	10518	331510	20441	3394	1015	60161	17910
河北 Hebei	6243	4013	61669	9918	2848	1153	31727	11896
山西 Shanxi	1299	702	5106	3851	795	373	6803	8579
内蒙古 Inner Mongolia	1689	1154	15716	9618	10954	5107	75193	6942
辽宁 Liaoning	14283	10575	179590	12731	12953	5282	168843	13357
吉林 Jilin	1746	960	11427	6900	33661	12845	304408	8704
黑龙江 Heilongjiang	4446	2079	26162	5848	63166	26357	404830	6715
上海 Shanghai	10329	6843	161311	16112	7814	2730	166297	21320
江苏 Jiangsu	58556	38250	860136	15076	18511	9444	210482	11484
浙江 Zhejiang	172229	96108	2709064	15842	28107	14315	431809	15756
安徽 Anhui	7349	5662	83358	12063	4842	1993	49416	10355
福建 Fujian	219458	161023	3018145	14072	42566	20775	595176	13711
江西 Jiangxi	22421	17284	185900	9879	11610	3568	108449	9220
山东 Shandong	128910	100963	2015254	16125	17970	7434	243111	13786
河南 Henan	9344	5151	115308	12375	8930	3523	82401	9314
湖北 Hubei	9902	6058	78309	8040	10365	3504	98120	9568
湖南 Hunan	8378	6380	84353	10519	10949	3704	111215	10178
广东 Guangdong	227993	148985	3240481	13964	18120	6770	247766	13619
广西 Guangxi	3605	1994	31139	8643	9820	4120	109646	11106
海南 Hainan	133	10	2277	17120	1422	554	15500	10993
重庆 Chongqing	3445	1975	37759	11122	1148	484	14077	12220
四川 Sichuan	12518	6531	137237	10807	5955	1559	104737	17861
贵州 Guizhou	157	69	859	5403	3782	1668	37226	9809
云南 Yunnan	1028	689	9109	8809	10201	3943	100252	9944
西藏 Tibet	112	47	1422	12696	1563	543	26000	17508
陕西 Shaanxi	2270	819	20942	8973	989	270	8042	8123
甘肃 Gansu	1908	1002	21067	11041	1213	435	8399	6845
青海 Qinghai	74	33	585	8239	33	6	378	11455
宁夏 Ningxia	1026	564	20711	20608	12	2	109	9083
新疆 Xinjiang	917	323	9742	10624	1488	470	13965	9618

3-3 续表 13 continued

地区 Region	家具制造业 Manufacture of Furniture				造纸及纸制品业 Manufacture of Paper and Paper Products			
	年末人数（人） Year-end Figures (person)	#女性 Female	劳动报酬（千元） Earnings (1000 yuan)	平均劳动报酬（元） Average Earning (yuan)	年末人数（人） Year-end Figures (person)	#女性 Female	劳动报酬（千元） Earnings (1000 yuan)	平均劳动报酬（元） Average Earning (yuan)
全国 National	**327124**	**114218**	**4708479**	**14684**	**602266**	**226323**	**8744165**	**14599**
北京 Beijing	15608	4695	283392	18656	10475	4660	199364	18616
天津 Tianjin	12978	4355	206843	16562	6110	1834	108501	18291
河北 Hebei	5393	2345	46107	8549	20251	7581	290463	14348
山西 Shanxi	1295	555	8255	6202	2420	1013	17657	7198
内蒙古 Inner Mongolia	1197	344	11920	9933	7860	2419	96631	10908
辽宁 Liaoning	19808	6982	247675	12645	14734	5641	154630	9091
吉林 Jilin	3150	1458	32489	10236	8503	2736	90981	10707
黑龙江 Heilongjiang	23344	10243	239234	10284	25392	8081	253239	9726
上海 Shanghai	10202	2583	188862	18633	10417	4529	265287	24256
江苏 Jiangsu	11303	4392	183021	16485	40803	13333	1004054	25228
浙江 Zhejiang	63585	21751	1024755	16861	44501	15237	833841	19082
安徽 Anhui	920	404	8518	9289	9153	3685	113726	12994
福建 Fujian	36772	13603	579386	15288	44883	18133	638891	14733
江西 Jiangxi	2426	1037	24037	9284	10227	4899	98490	9699
山东 Shandong	23797	9164	296610	13064	93200	33868	1190688	12798
河南 Henan	3408	993	41566	12735	35776	13877	415306	11712
湖北 Hubei	7035	1812	83151	11923	31977	11581	325615	10159
湖南 Hunan	5910	2248	82820	14162	29204	10406	441278	15421
广东 Guangdong	59794	19372	913358	15714	53152	23742	976014	18617
广西 Guangxi	1459	646	15354	10524	22868	8546	274709	12345
海南 Hainan	677	173	9136	12977	4929	2075	141767	31532
重庆 Chongqing	691	183	8745	10836	4497	2236	48142	11204
四川 Sichuan	9342	2799	94615	10943	22928	8202	260989	11325
贵州 Guizhou	1067	394	12306	10948	4615	1339	46248	10010
云南 Yunnan	1848	362	18301	10044	8578	3037	98946	11409
西藏 Tibet	156	28	1635	10757				
陕西 Shaanxi	1276	537	10239	7968	10174	4234	83706	8371
甘肃 Gansu	339	148	3113	9023	2667	1214	24569	9117
青海 Qinghai	129	52	1312	9865	547	212	4421	7689
宁夏 Ningxia	254	91	2431	10570	16407	5977	189639	12670
新疆 Xinjiang	1961	469	29293	14780	5018	1996	56373	10659

3-3 续表 14 continued

地 区	Region	印刷业和记录媒介的复制 Printing, Reproduction of Recording Media				文教体育用品制造业 Manufacture of Articles for Culture, Education and Sport Activity			
		年末人数（人） Year-end Figures (person)	#女性 Female	劳动报酬（千元） Earnings (1000 yuan)	平均劳动报酬（元） Average Earning (yuan)	年末人数（人） Year-end Figures (person)	#女性 Female	劳动报酬（千元） Earnings (1000 yuan)	平均劳动报酬（元） Average Earning (yuan)
全 国	**National**	**420109**	**193106**	**7083244**	**16820**	**444470**	**265755**	**6729921**	**15015**
北 京	Beijing	40487	16906	981349	23780	10229	4842	193053	18549
天 津	Tianjin	7130	2722	136613	18714	11317	4270	169493	15368
河 北	Hebei	18905	9498	257783	13826	2332	1200	21780	10121
山 西	Shanxi	8007	4397	76984	9834	1763	653	16791	9360
内蒙古	Inner Mongolia	4167	2307	48129	11408	36	29	397	11028
辽 宁	Liaoning	13483	6855	203821	14642	3607	1576	46624	12753
吉 林	Jilin	9226	4701	97929	11157	337	180	3061	9110
黑龙江	Heilongjiang	13150	6217	144665	10735	4486	2026	34278	7434
上 海	Shanghai	17624	6683	542363	30537	24553	12287	511167	20416
江 苏	Jiangsu	22788	10916	395540	17656	53973	35541	758545	14121
浙 江	Zhejiang	24271	10081	393611	16935	36581	21771	615741	16729
安 徽	Anhui	9552	3809	151594	15673	4399	2251	41839	9511
福 建	Fujian	17095	7473	245312	14367	65623	36746	970596	15350
江 西	Jiangxi	7357	3307	107100	14807	5843	3490	61904	10569
山 东	Shandong	24093	11985	356001	14339	51793	36627	744364	14105
河 南	Henan	19096	9125	254045	13620	1008	430	12427	12390
湖 北	Hubei	24780	11783	326542	13261	4153	1938	42663	10464
湖 南	Hunan	11199	5264	194462	17436	884	559	7517	9292
广 东	Guangdong	50834	24120	971822	19451	156482	96987	2399467	14879
广 西	Guangxi	8721	3955	116286	12895	746	485	5875	7087
海 南	Hainan	2078	937	22666	10929				
重 庆	Chongqing	6191	2653	81967	13058	151	55	2482	15513
四 川	Sichuan	17067	7530	335312	19888	2521	912	52480	20883
贵 州	Guizhou	7154	3206	84367	10673	1022	649	11028	10503
云 南	Yunnan	12918	6144	218951	17100	282	100	3035	10430
西 藏	Tibet	434	53	8081	18706	31	29	90	2903
陕 西	Shaanxi	10716	4576	177923	14684	109	40	748	6862
甘 肃	Gansu	4536	2273	50880	11229	196	72	2339	10779
青 海	Qinghai	1310	741	13903	10637				
宁 夏	Ningxia	812	484	11287	14162	13	10	137	10538
新 疆	Xinjiang	4928	2405	75956	15292				

3-3 续表 15 continued

地区 Region	石油加工、炼焦及核燃料加工业 Processing of Petroleum ,Coking, Processing of Nucleus Fuel				化工原料及化学制品制造业 Manufacture of Chemical Raw Material and Chemical Products			
	年末人数(人) Year-end Figures (person)	#女性 Female	劳动报酬(千元) Earnings (1000 yuan)	平均劳动报酬(元) Average Earning (yuan)	年末人数(人) Year-end Figures (person)	#女性 Female	劳动报酬(千元) Earnings (1000 yuan)	平均劳动报酬(元) Average Earning (yuan)
全 国 National	**554829**	**170107**	**15738450**	**28335**	**2129860**	**691354**	**39409339**	**18475**
北 京 Beijing	19815	6124	894266	42012	41734	15971	1260788	29840
天 津 Tianjin	14105	4684	556347	39232	41959	10964	1210937	28271
河 北 Hebei	19247	5726	415936	21949	110257	34913	1420158	12828
山 西 Shanxi	53895	12083	847312	16238	103669	32956	1278242	12423
内蒙古 Inner Mongolia	6523	1718	107187	18392	35181	11362	426696	12006
辽 宁 Liaoning	76642	25868	2287326	29379	111188	35951	2102239	18579
吉 林 Jilin	5738	1880	122784	21447	44072	12949	1132334	25988
黑龙江 Heilongjiang	69919	23814	2034209	29557	47116	16310	567231	11815
上 海 Shanghai	24540	6723	1129620	45169	53344	15974	2245527	40776
江 苏 Jiangsu	17614	4446	686321	38398	183635	59218	4108646	22406
浙 江 Zhejiang	7693	2155	404199	52168	107920	31958	2493802	23292
安 徽 Anhui	1928	535	23364	11347	56190	17855	808939	14238
福 建 Fujian	2834	957	122178	42824	50729	18852	846231	16385
江 西 Jiangxi	6444	1111	195816	30144	32565	9230	359176	10716
山 东 Shandong	59806	19060	1233191	20701	230412	75343	3856187	16917
河 南 Henan	19219	6881	444914	23270	127345	44558	1648360	13104
湖 北 Hubei	12958	4185	363738	26730	103493	29908	1181198	11430
湖 南 Hunan	14631	5093	397474	26340	93041	35007	1384311	14951
广 东 Guangdong	21154	6421	1055277	48545	100476	34478	3484766	34061
广 西 Guangxi	2098	625	57888	26738	51992	18547	738167	14030
海 南 Hainan	629	81	19798	31425	4053	1307	95343	23306
重 庆 Chongqing	972	294	24079	25616	39960	13660	685510	17062
四 川 Sichuan	8264	1985	174020	20836	111463	36117	1681789	15192
贵 州 Guizhou	4746	834	65149	13774	43072	11929	622689	13569
云 南 Yunnan	2625	865	34762	14711	58089	19109	1010292	17605
西 藏 Tibet					23	3	134	6091
陕 西 Shaanxi	10632	3159	291980	27540	52869	16036	737856	14933
甘 肃 Gansu	36415	11219	798566	21861	42122	13823	995530	23638
青 海 Qinghai	1463	522	72735	51258	14131	4588	299448	20730
宁 夏 Ningxia	4164	1209	84356	19952	18496	5599	307667	16821
新 疆 Xinjiang	28116	9850	793658	28869	19264	6879	419146	21466

3-3 续表 16 continued

地区 Region	医药制造业 Manufacture of Medicines				化学纤维制造业 Manufacture of Chemical Fiber			
	年末人数（人） Year-end Figures (person)	#女性 Female	劳动报酬（千元） Earnings (1000 yuan)	平均劳动报酬（元） Average Earning (yuan)	年末人数（人） Year-end Figures (person)	#女性 Female	劳动报酬（千元） Earnings (1000 yuan)	平均劳动报酬（元） Average Earning (yuan)
全 国 National	**926623**	**436608**	**17454382**	**19104**	**213091**	**89057**	**3642010**	**16964**
北 京 Beijing	36649	18821	1688521	45697	560	262	12200	22976
天 津 Tianjin	28868	12328	1029550	36478	597	193	11879	15881
河 北 Hebei	59802	30853	975636	16248	8226	3507	104291	12637
山 西 Shanxi	18390	9922	182140	9988	1222	350	12982	10641
内蒙古 Inner Mongolia	14084	6630	168461	12222				
辽 宁 Liaoning	29355	12104	419261	14430	9557	4793	157678	16247
吉 林 Jilin	36975	20186	369339	9946	9641	3359	125241	12815
黑龙江 Heilongjiang	45470	21407	748244	16201	1970	625	17025	8309
上 海 Shanghai	32769	15508	1286670	38620	2608	1108	51570	18658
江 苏 Jiangsu	61011	26779	1234133	20403	29345	11935	712641	22820
浙 江 Zhejiang	59776	26202	1243325	21219	40203	18196	705112	18223
安 徽 Anhui	27375	13311	348790	12958	4059	1072	57106	13925
福 建 Fujian	13465	6816	274843	20770	11559	4778	212783	18003
江 西 Jiangxi	44656	21415	557700	12654	11200	4664	127295	11359
山 东 Shandong	73540	35011	1106203	15426	13995	6057	201184	14148
河 南 Henan	55672	27541	653921	12171	22696	9697	414827	18761
湖 北 Hubei	43951	20687	564152	13018	7362	3035	84636	11315
湖 南 Hunan	16135	7451	229498	14270	5414	2229	71968	13076
广 东 Guangdong	54528	26296	1588373	29844	9263	3689	132820	14735
广 西 Guangxi	25338	12880	406060	15989	547	264	5360	10171
海 南 Hainan	6128	3080	83663	13886	1149	468	13423	11582
重 庆 Chongqing	14147	6437	278876	19709	4983	2170	176108	35074
四 川 Sichuan	43639	18827	710917	16879	10760	4790	152586	13282
贵 州 Guizhou	17651	7692	242509	14091	152	55	1233	8112
云 南 Yunnan	12660	5997	212677	16726	359	64	15657	43613
西 藏 Tibet	788	366	16055	20583				
陕 西 Shaanxi	38259	15112	587253	16578	660	230	3828	5800
甘 肃 Gansu	8291	3937	142182	17163	2865	848	30390	11087
青 海 Qinghai	2193	1102	31541	14815				
宁 夏 Ningxia	3079	1149	43775	14048	157	58	1899	11869
新 疆 Xinjiang	1979	761	30114	15027	1982	561	28288	14130

3-3 续表 17 continued

地 区 Region	橡胶制品业 Manufacture of Rubber				塑料制品业 Manufacture of Plastic			
	年末人数（人） Year-end Figures (person)	#女 性 Female	劳动报酬（千元） Earnings (1000 yuan)	平均劳动报酬（元） Average Earning (yuan)	年末人数（人） Year-end Figures (person)	#女 性 Female	劳动报酬（千元） Earnings (1000 yuan)	平均劳动报酬（元） Average Earning (yuan)
全 国 National	**400682**	**155448**	**6416168**	**16251**	**776708**	**385891**	**11809920**	**15455**
北 京 Beijing	8873	3535	181575	20904	20253	8424	379601	18217
天 津 Tianjin	10536	3084	198637	18706	30762	15236	571703	17859
河 北 Hebei	16031	7767	134804	8240	27160	12912	297890	11003
山 西 Shanxi	8804	2888	112809	11766	3597	1797	24321	6748
内蒙古 Inner Mongolia	407	149	4969	11637	1132	432	8809	7837
辽 宁 Liaoning	21048	7624	303499	14074	22313	11107	311033	14047
吉 林 Jilin	2863	1098	34574	11513	9095	4056	92675	10230
黑龙江 Heilongjiang	8953	2996	121887	13223	15409	6545	194052	13162
上 海 Shanghai	23015	9019	541645	23983	43299	24514	857723	20132
江 苏 Jiangsu	27127	8871	499581	18673	52728	27111	951010	18359
浙 江 Zhejiang	36722	11982	637897	18110	80262	40355	1280260	16111
安 徽 Anhui	10685	2889	185535	17658	13389	6052	201122	15016
福 建 Fujian	47235	23940	773534	16200	101555	55679	1520462	15447
江 西 Jiangxi	2731	1092	24689	9370	7550	3524	66042	8979
山 东 Shandong	65298	25637	998393	16000	53541	27986	785009	14907
河 南 Henan	17698	6021	253991	14736	37818	17975	411884	11386
湖 北 Hubei	7739	3188	77711	9998	24692	12480	223132	9193
湖 南 Hunan	7969	3415	100006	12275	9838	4622	136157	13824
广 东 Guangdong	36884	15480	702332	19632	161076	78756	2777885	17697
广 西 Guangxi	3610	1662	55212	17083	8325	4657	81535	9431
海 南 Hainan	1770	840	16476	9624	1158	561	13941	12305
重 庆 Chongqing	4084	1347	55420	13406	4639	1865	52227	12101
四 川 Sichuan	7199	3072	61978	9043	13508	5524	180414	13813
贵 州 Guizhou	9236	2905	150706	18350	4201	1787	42317	10197
云 南 Yunnan	2001	733	20163	9722	6829	3196	75821	11211
西 藏 Tibet								
陕 西 Shaanxi	5034	2007	57053	11163	5901	2262	52807	8875
甘 肃 Gansu	1003	369	4274	4352	4924	2388	54371	10653
青 海 Qinghai	66	16	417	6415	110	89	720	6545
宁 夏 Ningxia	4305	1159	70388	16096	885	498	11739	13000
新 疆 Xinjiang	1756	663	36013	19908	10759	3501	153258	14667

3-3 续表 18 continued

地 区	Region	非金属矿物制品业 Manufacture of Non-metallic Mineral Products				黑色金属冶炼及压延加工业 Manufacture & Processing of Ferrous Metals			
		年末人数（人） Year-end Figures (person)	#女 性 Female	劳动报酬（千元） Earnings (1000 yuan)	平均劳动报酬（元） Average Earning (yuan)	年末人数（人） Year-end Figures (person)	#女 性 Female	劳动报酬（千元） Earnings (1000 yuan)	平均劳动报酬（元） Average Earning (yuan)
全 国	**National**	**2111943**	**673805**	**28199596**	**13403**	**1877029**	**449606**	**50600289**	**26999**
北 京	Beijing	57216	13055	1291877	22148	61971	12784	2405638	38665
天 津	Tianjin	21089	3861	421421	22530	45884	8711	1286961	28297
河 北	Hebei	123314	47527	1352238	11098	182087	40826	4860945	27017
山 西	Shanxi	49734	14337	458743	9192	88317	19433	2389182	26807
内蒙古	Inner Mongolia	34850	9865	499172	13297	75925	21533	1803908	24506
辽 宁	Liaoning	69177	21165	851614	12234	214214	38630	5613442	26098
吉 林	Jilin	36754	9670	429777	11350	33545	8236	509984	15432
黑龙江	Heilongjiang	59299	17881	577619	9256	28874	6238	430867	14921
上 海	Shanghai	35150	8180	955747	27166	55590	9417	3971947	70636
江 苏	Jiangsu	98780	34237	1773980	18186	82513	18874	1969592	23876
浙 江	Zhejiang	78903	22225	1356048	17094	21298	3792	403862	19434
安 徽	Anhui	44025	13969	564082	12748	65486	12654	1890765	28780
福 建	Fujian	108850	41577	1689497	15741	26185	6562	601986	22920
江 西	Jiangxi	72056	20319	751998	10840	56082	17417	1332785	23422
山 东	Shandong	217564	70935	3064249	14060	126503	29716	3287411	26161
河 南	Henan	167018	55248	2318367	14135	90755	26522	2178357	24248
湖 北	Hubei	131736	42310	1354636	10352	106627	23535	3672719	34444
湖 南	Hunan	98596	36488	1057773	11101	60407	17712	1570598	24798
广 东	Guangdong	135494	43626	2096740	15468	41222	8688	1111890	27310
广 西	Guangxi	63007	24355	706605	11050	32760	8872	1040536	31383
海 南	Hainan	4622	1456	58831	12262	509	15	8297	16142
重 庆	Chongqing	46935	16071	615893	13034	40090	10122	1123231	28088
四 川	Sichuan	129693	41983	1504429	11758	149689	48967	3141436	21049
贵 州	Guizhou	45730	11751	508667	10425	57842	16258	913075	15614
云 南	Yunnan	40413	11774	514791	12614	40220	11073	1029185	26373
西 藏	Tibet	4054	1045	59927	14753				
陕 西	Shaanxi	47468	14316	407007	8495	23322	5905	391243	16535
甘 肃	Gansu	48029	11261	414067	9884	36549	6935	993853	27319
青 海	Qinghai	7971	2559	84743	10564	10470	2837	165139	17132
宁 夏	Ningxia	9097	2644	114816	12024	4521	1263	54661	11932
新 疆	Xinjiang	25319	8115	344242	13188	17572	6079	446794	25393

3-3 续表 19 continued

地 区	Region	有色金属冶炼及压延加工业 Manufacture and Processing of Non-ferrous Metals				金属制品业 Manufacture of Metal Products			
		年末人数（人） Year-end Figures (person)	#女 性 Female	劳动报酬（千元） Earnings (1000 yuan)	平均劳动报酬（元） Average Earning (yuan)	年末人数（人） Year-end Figures (person)	#女 性 Female	劳动报酬（千元） Earnings (1000 yuan)	平均劳动报酬（元） Average Earning (yuan)
全 国	**National**	**811151**	**220274**	**16541302**	**20543**	**1001597**	**330269**	**16128745**	**16287**
北 京	Beijing	6439	1735	143418	21779	40503	9798	829799	19892
天 津	Tianjin	3841	1135	75169	19454	32235	6913	711721	23182
河 北	Hebei	8807	2237	124433	14244	42847	13253	541457	12898
山 西	Shanxi	50262	14936	954842	18922	11675	4455	131674	10577
内蒙古	Inner Mongolia	27024	7530	454660	17826	5562	1886	56619	11078
辽 宁	Liaoning	38143	8464	516886	13106	47207	17211	743531	16035
吉 林	Jilin	6628	1429	104179	15461	6478	2064	74267	11364
黑龙江	Heilongjiang	10733	3067	179590	16919	28428	9887	294672	9119
上 海	Shanghai	8782	2314	272121	25515	46036	19744	1005428	22102
江 苏	Jiangsu	29695	8917	520095	18687	87067	28823	1570564	18625
浙 江	Zhejiang	31513	8375	601407	19608	98754	33183	1648357	17066
安 徽	Anhui	29999	6294	632661	21445	11308	4369	148227	13454
福 建	Fujian	15307	3031	410395	27948	51142	16389	902471	17497
江 西	Jiangxi	33868	9160	766124	22749	15383	5166	217632	14190
山 东	Shandong	23410	6344	316873	14118	83835	25213	1253580	15570
河 南	Henan	65083	18168	1604501	25559	33583	11922	386875	11934
湖 北	Hubei	30050	7644	499230	16805	55710	16343	626069	11299
湖 南	Hunan	53598	14077	1105527	20447	13463	4069	216413	16291
广 东	Guangdong	28474	8253	591716	21122	182111	64145	3149645	17598
广 西	Guangxi	27584	6876	469789	17193	10214	2167	172220	18056
海 南	Hainan	64	19	716	10848	1196	218	20669	17561
重 庆	Chongqing	12854	3991	369128	28635	12619	3836	185314	14931
四 川	Sichuan	26550	8190	528958	19884	26048	9040	368952	14224
贵 州	Guizhou	30949	7986	813569	25558	12598	3350	184915	14592
云 南	Yunnan	67721	18168	1429792	21822	6337	1759	93877	14805
西 藏	Tibet	71	21	694	9775				
陕 西	Shaanxi	19410	5802	339310	17417	23790	9942	389864	15894
甘 肃	Gansu	97617	29884	2121567	21465	3637	1042	40255	10933
青 海	Qinghai	11834	2871	264677	22428	3212	1515	31228	9747
宁 夏	Ningxia	10291	2151	241103	23768	5622	1524	86549	15163
新 疆	Xinjiang	4550	1205	88172	18954	2997	1043	45901	15382

3-3 续表 20 continued

地区 Region	通用设备制造业 Manufacture of General Purpose Machinery				专用设备制造业 Manufacture of Special Purpose Machinery			
	年末人数（人） Year-end Figures (person)	#女性 Female	劳动报酬（千元） Earnings (1000 yuan)	平均劳动报酬（元） Average Earning (yuan)	年末人数（人） Year-end Figures (person)	#女性 Female	劳动报酬（千元） Earnings (1000 yuan)	平均劳动报酬（元） Average Earning (yuan)
全国 National	**1969987**	**592477**	**38023592**	**19332**	**1712683**	**539886**	**32256496**	**19103**
北京 Beijing	64224	17141	1826005	28578	70843	21511	2251082	31828
天津 Tianjin	35692	7979	946495	26888	43639	12417	954542	22834
河北 Hebei	84948	25459	1077577	12655	76852	20520	1275310	16650
山西 Shanxi	54397	17770	693238	12806	116561	44047	1680385	16352
内蒙古 Inner Mongolia	15862	6047	250590	15237	40914	13502	813540	19662
辽宁 Liaoning	144580	40348	2486512	17249	93858	26946	1784626	18986
吉林 Jilin	18957	7391	192414	9801	22880	6167	280897	12238
黑龙江 Heilongjiang	139802	47714	3068674	22010	70586	18101	977969	13453
上海 Shanghai	87549	21453	3450707	38850	72457	26633	2364378	32706
江苏 Jiangsu	231914	77745	4995241	21044	120118	39650	2597507	22339
浙江 Zhejiang	181904	52135	3861421	21860	61345	18738	1235062	20798
安徽 Anhui	44068	12534	668081	15341	24106	7467	371347	14914
福建 Fujian	34952	10097	646045	18566	45125	16107	855859	18762
江西 Jiangxi	24923	7730	300085	12304	19326	5929	199498	10692
山东 Shandong	235408	70256	3879538	16567	175065	50444	2613619	15078
河南 Henan	97707	31591	1321747	13751	125184	40066	2156435	17404
湖北 Hubei	84093	23765	1171980	13741	48831	14791	591422	12029
湖南 Hunan	43659	11822	642440	15173	61075	17250	1093520	18322
广东 Guangdong	77696	23572	1730525	22771	100409	42779	2254076	22651
广西 Guangxi	25866	6967	661331	25461	37453	9717	863233	23077
海南 Hainan	124	29	928	7607	1216	408	13813	11501
重庆 Chongqing	38077	11168	712019	18429	56099	18762	1070583	20522
四川 Sichuan	85383	25439	1593327	18669	57129	17490	1257166	22162
贵州 Guizhou	16016	5168	208206	12939	16440	4471	195812	10610
云南 Yunnan	18369	5028	317690	17664	23912	7057	425024	17598
西藏 Tibet					23	2	134	4963
陕西 Shaanxi	48302	15988	777572	15776	90688	29058	1574572	16897
甘肃 Gansu	16475	4754	211276	13064	29672	6579	314049	10961
青海 Qinghai	4140	1241	61939	13070	1047	353	18579	17864
宁夏 Ningxia	10356	2814	197042	18613	5653	1779	113068	20087
新疆 Xinjiang	4544	1332	72947	16545	4177	1145	59389	13928

3-3 续表 21 continued

地区 Region	交通运输设备制造业 Manufacture of Transport Equipment 年末人数(人) Year-end Figures (person)	#女性 Female	劳动报酬(千元) Earnings (1000 yuan)	平均劳动报酬(元) Average Earning (yuan)	电气机械及器材制造业 Manufacture of Electrical Machinery and Equipment 年末人数(人) Year-end Figures (person)	#女性 Female	劳动报酬(千元) Earnings (1000 yuan)	平均劳动报酬(元) Average Earning (yuan)
全国 National	**2570589**	**768636**	**58458882**	**22990**	**1789185**	**802047**	**32679421**	**18533**
北京 Beijing	108959	28513	3727683	34579	42534	15716	1274104	29260
天津 Tianjin	85995	24048	1998184	24836	45754	14748	1027621	23078
河北 Hebei	85007	23136	1462698	17008	37093	13824	536299	15010
山西 Shanxi	39643	12822	570047	14356	15945	6346	200415	12222
内蒙古 Inner Mongolia	11086	3324	200674	17871	3901	1465	57940	14895
辽宁 Liaoning	143210	38503	3290454	23132	76281	39172	1283387	16952
吉林 Jilin	174633	48884	4213900	24119	12031	4455	145952	11789
黑龙江 Heilongjiang	67648	24257	1212374	18225	41909	14646	924263	22323
上海 Shanghai	139274	32419	6429292	46607	78943	34716	2383082	30179
江苏 Jiangsu	159077	47755	3746289	23954	174899	76554	3479935	20551
浙江 Zhejiang	124387	43071	2660447	22041	254282	131415	4401986	17752
安徽 Anhui	74939	20588	1387402	19428	39278	16605	583094	15693
福建 Fujian	61268	20707	1392254	23326	103772	56471	1736916	16224
江西 Jiangxi	54505	16115	967008	18059	17843	6155	253183	14017
山东 Shandong	183608	58868	3531330	19717	131776	61649	2170047	16526
河南 Henan	91296	22658	1602559	17712	54155	18458	781678	14718
湖北 Hubei	237231	68957	4990130	20984	45737	15491	547290	11926
湖南 Hunan	68287	21557	1409202	20878	39763	15746	619480	15757
广东 Guangdong	141504	42709	4245473	31370	417508	204723	7390290	18234
广西 Guangxi	46980	11829	1106092	24100	11456	4387	191809	16560
海南 Hainan	5895	1454	88634	15136	1688	487	37479	22059
重庆 Chongqing	132634	42313	2468632	18662	18002	6607	300171	16707
四川 Sichuan	88282	28349	1718117	19081	39404	13387	873983	21929
贵州 Guizhou	45592	17321	923171	18570	7656	3215	109513	13396
云南 Yunnan	15115	4061	225485	14876	9300	3011	181866	19503
西藏 Tibet	33	17	440	14667				
陕西 Shaanxi	164628	58587	2631086	15968	43025	14232	849953	19950
甘肃 Gansu	13612	3929	177630	12461	18630	6048	249445	13433
青海 Qinghai	1112	329	12814	12146	166	62	1416	8045
宁夏 Ningxia	827	218	9983	12219	2209	835	24297	11625
新疆 Xinjiang	4322	1338	59398	13842	4245	1421	62527	14754

3-3 续表 22 continued

地区 Region	通信设备、计算机及其他电子设备制造业 Manufacture of Communication Equipment, Computer and Other Electronic Equipment				仪器仪表及文化、办公用机械制造业 Manufacture of Measuring Instrument and Machinery for Cultural Activity & Office Work			
	年末人数（人） Year-end Figures (person)	#女性 Female	劳动报酬（千元） Earnings (1000 yuan)	平均劳动报酬（元） Average Earning (yuan)	年末人数（人） Year-end Figures (person)	#女性 Female	劳动报酬（千元） Earnings (1000 yuan)	平均劳动报酬（元） Average Earning (yuan)
全　国 National	**2660945**	**1547757**	**61839227**	**24119**	**641771**	**325961**	**13834554**	**21933**
北　京 Beijing	109334	50503	4805269	45212	32954	12347	1205124	36287
天　津 Tianjin	142215	80047	4008256	29592	17838	7063	390272	22249
河　北 Hebei	12896	6001	210463	16354	10602	3970	111150	10379
山　西 Shanxi	10586	4324	98070	9864	2320	884	30284	13201
内蒙古 Inner Mongolia	5554	3272	70639	11158	65	35	758	11844
辽　宁 Liaoning	69001	44283	1271582	19058	22021	10261	338720	14942
吉　林 Jilin	6102	3056	107728	15667	12935	4078	333663	25453
黑龙江 Heilongjiang	9183	3899	115168	12131	15751	4811	168863	10486
上　海 Shanghai	163975	96054	4925386	30513	51813	24329	2213093	43460
江　苏 Jiangsu	509397	321779	11137699	22881	76799	46365	1693748	22868
浙　江 Zhejiang	170541	98881	3338435	20488	48855	23067	859399	17947
安　徽 Anhui	14495	8028	199209	14446	3046	1508	47020	16059
福　建 Fujian	162846	105149	3017297	18821	57181	36440	1326156	24062
江　西 Jiangxi	17278	8857	169844	10096	12085	5558	143831	12098
山　东 Shandong	150991	96177	2883848	19935	24271	9710	440117	18219
河　南 Henan	24055	7909	427667	17890	23795	11329	307119	13152
湖　北 Hubei	35180	14828	628004	18254	14799	6379	200696	13480
湖　南 Hunan	17055	7636	289301	16756	8289	2784	179110	21239
广　东 Guangdong	859605	520748	21072962	25600	129849	86422	2540527	20188
广　西 Guangxi	3431	1330	65864	19174	5939	3771	70614	12166
海　南 Hainan	939	507	20905	22797	68	16	209	3074
重　庆 Chongqing	6406	2735	124325	19435	17124	6787	327247	19123
四　川 Sichuan	79405	32997	1257151	15843	8136	3272	119383	15327
贵　州 Guizhou	8427	3499	168210	18906	2367	899	28536	12159
云　南 Yunnan	1382	435	38411	28390	4006	1872	57016	13253
西　藏 Tibet								
陕　西 Shaanxi	58957	20301	1227167	23340	30092	8772	611506	20833
甘　肃 Gansu	9272	3877	105063	11540	4726	1612	31381	6255
青　海 Qinghai	47	31	903	19213	60	26	432	7200
宁　夏 Ningxia	13	5	210	16154	1871	601	30439	15039
新　疆 Xinjiang	2377	609	54191	22992	2114	993	28141	16593

3-3 续表 23 continued

地 区	Region	工艺品及其他制造业 Manufacture of Artwork, Other Manufacture				废弃资源和废旧材料回收加工业 Recycling and Disposal of Waste			
		年末人数（人） Year-end Figures (person)	#女 性 Female	劳动报酬（千元） Earnings (1000 yuan)	平均劳动报酬（元） Average Earning (yuan)	年末人数（人） Year-end Figures (person)	#女 性 Female	劳动报酬（千元） Earnings (1000 yuan)	平均劳动报酬（元） Average Earning (yuan)
全 国	**National**	**632775**	**362586**	**8975610**	**14392**	**18347**	**6893**	**299046**	**15841**
北 京	Beijing	12086	4988	295176	23531	1149	246	29929	22847
天 津	Tianjin	16021	4968	245483	15722	628	90	13407	26976
河 北	Hebei	7860	5002	68208	8750	1156	293	13645	11184
山 西	Shanxi	3656	1634	33549	9129	444	172	3519	7926
内蒙古	Inner Mongolia	3347	1311	37009	10062	82	33	592	7220
辽 宁	Liaoning	12187	7764	151576	12255	800	229	8819	11234
吉 林	Jilin	1559	758	17240	10417	1491	917	16944	11582
黑龙江	Heilongjiang	6180	3839	56230	9068	66	18	557	8439
上 海	Shanghai	15228	8021	356790	23549	657	128	22920	29883
江 苏	Jiangsu	28439	17346	390761	13831	1016	221	22041	21651
浙 江	Zhejiang	41394	23859	609291	14688	2428	585	42131	17474
安 徽	Anhui	1567	704	16982	11070	1830	1064	28034	15302
福 建	Fujian	148130	86911	2062883	14049	320	96	7157	22296
江 西	Jiangxi	29061	13604	304800	11056	629	345	8743	12331
山 东	Shandong	90143	65197	1326941	14916	872	474	14544	16622
河 南	Henan	25772	17775	309034	12580	961	680	8022	8365
湖 北	Hubei	5887	3337	54873	9111	667	222	6777	10160
湖 南	Hunan	5491	3043	64177	11964	225	38	2628	11680
广 东	Guangdong	126785	70869	1773761	14134	1757	713	30669	18689
广 西	Guangxi	6725	3992	59490	8932	70	18	787	11243
海 南	Hainan	431	212	4024	10788	38	7	570	16286
重 庆	Chongqing	1317	653	12134	9615	176	10	7456	13035
四 川	Sichuan	4818	1717	50410	10546	2	1	12	6000
贵 州	Guizhou	5270	1931	104245	20105	75	9	995	14214
云 南	Yunnan	2319	1021	21309	9285	97	28	823	8485
西 藏	Tibet	449	292	3598	7672	6		46	7667
陕 西	Shaanxi	26055	8585	520975	22258	344	128	3123	7866
甘 肃	Gansu	3746	2674	17800	4866	62	43	1347	21726
青 海	Qinghai	284	181	2537	9126	219	80	1700	8500
宁 夏	Ningxia	67	52	623	9299				
新 疆	Xinjiang	501	346	3701	8134	80	5	1109	14787

3-3 续表 24 continued

地 区 Region	电力、燃气及水的生产和供应业 Production and Distribution of Electricity,Gas and Water				电力、热力的生产和供应业 Production and Supply of Electric Power and Heat Power			
	年末人数（人） Year-end Figures (person)	#女 性 Female	劳动报酬（千元） Earnings (1000 yuan)	平均劳动报酬（元） Average Earning (yuan)	年末人数（人） Year-end Figures (person)	#女 性 Female	劳动报酬（千元） Earnings (1000 yuan)	平均劳动报酬（元） Average Earning (yuan)
全 国 National	**3025425**	**912559**	**85800161**	**28424**	**2342446**	**651710**	**71845481**	**30755**
北 京 Beijing	59329	16643	3297939	55727	45112	11857	2677368	59709
天 津 Tianjin	34740	8578	1791517	53764	24531	5395	1454583	63177
河 北 Hebei	181156	51357	4725002	26282	145289	36230	4179867	28987
山 西 Shanxi	102813	32973	2227843	21918	79515	23483	1914960	24273
内蒙古 Inner Mongolia	93947	30266	3057769	32959	79204	24089	2814860	36133
辽 宁 Liaoning	166276	44702	4317329	26112	117566	27257	3545990	30582
吉 林 Jilin	81612	21456	1739476	21489	60340	13990	1420355	23764
黑龙江 Heilongjiang	152375	42325	3212678	21004	110064	28558	2508027	22695
上 海 Shanghai	53539	13464	2657699	49670	27624	5449	1586260	57045
江 苏 Jiangsu	130166	35766	5123981	39066	94915	23109	4191999	43561
浙 江 Zhejiang	109788	27736	6796300	62318	84030	19265	5989240	71841
安 徽 Anhui	95552	27163	2066574	21491	73748	18973	1719822	23179
福 建 Fujian	81930	24609	2397703	29453	66303	18972	2022594	30764
江 西 Jiangxi	94713	28741	1877060	19766	75175	21378	1618772	21420
山 东 Shandong	198499	59554	5019593	25251	154623	42641	4207045	27303
河 南 Henan	219274	68347	4685810	21878	176359	49376	4013782	23290
湖 北 Hubei	128510	43830	2737861	21272	99441	31098	2288630	22971
湖 南 Hunan	107420	36990	2183558	20269	83262	26573	1723667	20656
广 东 Guangdong	202399	58574	7670862	37480	151862	39620	6214454	40307
广 西 Guangxi	80608	25048	2020504	24938	65212	18884	1751365	26763
海 南 Hainan	20696	6180	492488	23741	15252	3852	408862	26918
重 庆 Chongqing	59058	20330	1478604	25079	42861	13865	1110478	25856
四 川 Sichuan	150546	51852	3243090	21469	117471	39047	2638562	22399
贵 州 Guizhou	65850	19466	1946323	29359	54893	14953	1771063	32073
云 南 Yunnan	70378	23286	2034195	29105	59658	19096	1828639	30885
西 藏 Tibet	7735	2122	217589	28083	5425	1914	134963	24755
陕 西 Shaanxi	96661	30510	2204353	22539	78583	22644	1916028	24009
甘 肃 Gansu	67837	22892	1518582	22326	57561	18283	1377922	23854
青 海 Qinghai	17395	4974	497450	27047	15147	4093	467335	28896
宁 夏 Ningxia	36728	11130	1243347	34783	32204	9337	1172032	37383
新 疆 Xinjiang	57895	21695	1317082	23247	49216	18429	1175957	24503

3-3 续表 25 continued

地 区	Region	燃气生产和供应业 Production and Distribution of Gas 年末人数（人）Year-end Figures (person)	#女性 Female	劳动报酬（千元）Earnings (1000 yuan)	平均劳动报酬（元）Average Earning (yuan)	水的生产和供应业 Production and Distribution of Water 年末人数（人）Year-end Figures (person)	#女性 Female	劳动报酬（千元）Earnings (1000 yuan)	平均劳动报酬（元）Average Earning (yuan)
全 国	**National**	**166563**	**55868**	**3985668**	**23774**	**516416**	**204981**	**9969012**	**19360**
北 京	Beijing	7874	2432	382161	48820	6343	2354	238410	36611
天 津	Tianjin	6250	1705	191180	29970	3959	1478	145754	37192
河 北	Hebei	9772	3503	157060	16132	26095	11624	388075	15014
山 西	Shanxi	6731	2587	79057	11995	16567	6903	233826	14469
内蒙古	Inner Mongolia	1807	579	34463	19189	12936	5598	208446	15939
辽 宁	Liaoning	13671	5128	236679	16679	35039	12317	534660	15190
吉 林	Jilin	3254	875	69562	21041	18018	6591	249559	13961
黑龙江	Heilongjiang	9323	3213	140998	14914	32988	10554	563653	17084
上 海	Shanghai	11350	2630	419759	36869	14565	5385	651680	45524
江 苏	Jiangsu	9080	2918	268049	30254	26171	9739	663933	25468
浙 江	Zhejiang	3471	1119	111575	29048	22287	7352	695485	31830
安 徽	Anhui	4494	1558	79838	17326	17310	6632	266914	15381
福 建	Fujian	2880	708	80002	27502	12747	4929	295107	23137
江 西	Jiangxi	4574	1117	64138	14390	14964	6246	194150	13001
山 东	Shandong	9777	3341	213400	20553	34099	13572	599148	17459
河 南	Henan	8327	3339	167415	21867	34588	15632	504613	14761
湖 北	Hubei	3911	1362	73915	19385	25158	11370	375316	14856
湖 南	Hunan	2785	1448	61324	21367	21373	8969	398567	18617
广 东	Guangdong	8902	2742	289518	31296	41635	16212	1166890	28299
广 西	Guangxi	903	290	18591	19694	14493	5874	250548	17117
海 南	Hainan	480	104	12924	26925	4964	2224	70702	13931
重 庆	Chongqing	7025	2765	183078	26622	9172	3700	185048	20264
四 川	Sichuan	14556	5464	277359	18850	18519	7341	327169	17642
贵 州	Guizhou	2498	876	56464	21877	8459	3637	118796	13988
云 南	Yunnan	2688	869	63194	23518	8032	3321	142362	17804
西 藏	Tibet	1882		71818	38160	428	208	10808	26106
陕 西	Shaanxi	4220	1749	93760	22560	13858	6117	194565	14055
甘 肃	Gansu	1014	357	24336	24000	9262	4252	116324	12588
青 海	Qinghai	124	53	1913	16491	2124	828	28202	13410
宁 夏	Ningxia	1137	400	20454	18714	3387	1393	50861	15408
新 疆	Xinjiang	1803	637	41684	23287	6876	2629	99441	14468

3-3 续表 26 continued

地 区	Region	建筑业 Construction 年末人数(人) Year-end Figures (person)	#女性 Female	劳动报酬(千元) Earnings (1000 yuan)	平均劳动报酬(元) Average Earning (yuan)	房屋和土木工程建筑业 Construction of Building and Civil Engineering 年末人数(人) Year-end Figures (person)	#女性 Female	劳动报酬(千元) Earnings (1000 yuan)	平均劳动报酬(元) Average Earning (yuan)
全 国	**National**	**9886725**	**1381173**	**161206319**	**16164**	**8575070**	**1150384**	**136001071**	**15675**
北 京	Beijing	342963	54629	9904181	26538	257521	39593	7624404	27095
天 津	Tianjin	89315	16719	2779322	30613	60192	11712	1927236	31154
河 北	Hebei	358075	49454	5011747	13249	316408	40741	4325291	12835
山 西	Shanxi	201127	40221	3015690	14349	180116	34960	2808542	14962
内蒙古	Inner Mongolia	143900	26716	2408675	13290	133783	24592	2229981	13225
辽 宁	Liaoning	294844	59595	4982975	15194	225533	44291	3786626	14715
吉 林	Jilin	144516	38385	1935958	11801	109861	26289	1527181	11906
黑龙江	Heilongjiang	361343	81397	6084471	15926	295261	65740	5036373	15898
上 海	Shanghai	128585	18774	4745816	37379	91903	13382	3226738	35815
江 苏	Jiangsu	372339	55509	6723565	18260	308074	43501	5201995	17078
浙 江	Zhejiang	1012690	76202	19745601	20415	943210	69112	18263911	20246
安 徽	Anhui	313248	44701	4298288	14245	275512	38816	3773592	14254
福 建	Fujian	362624	54118	6435305	19494	284806	42857	5065563	19301
江 西	Jiangxi	219836	30498	2737743	12615	187251	25898	2271651	12308
山 东	Shandong	692063	87396	10868389	15400	598258	72131	9057194	14920
河 南	Henan	712438	85162	9489419	14282	602358	67590	7677023	13738
湖 北	Hubei	517594	80023	7104257	13757	456540	68430	6202784	13636
湖 南	Hunan	584759	72409	7420720	13192	535322	64863	6696938	13006
广 东	Guangdong	603628	70185	11499162	19491	518025	57264	9101944	17948
广 西	Guangxi	213854	24285	3242143	15809	193248	21974	2922729	15697
海 南	Hainan	55749	5566	679661	12511	48123	4819	573596	12226
重 庆	Chongqing	364778	43920	5337631	15018	333504	38853	4838068	14921
四 川	Sichuan	804546	109084	10107408	12839	743112	97667	9124649	12575
贵 州	Guizhou	227361	26363	3088926	12008	200021	22628	2687698	11440
云 南	Yunnan	201190	29137	2595462	13662	178884	25059	2307293	13686
西 藏	Tibet	7374	1710	130725	17920	7354	1699	129987	17868
陕 西	Shaanxi	204395	38616	2590294	12570	181616	33584	2165889	11856
甘 肃	Gansu	144421	19058	1604196	10526	128050	15844	1310209	9676
青 海	Qinghai	29006	6552	516138	16291	26567	5921	449408	15313
宁 夏	Ningxia	36829	5893	671196	13835	29613	5110	588373	13776
新 疆	Xinjiang	141335	28896	3451255	15696	125044	25464	3098205	15329

3-3 续表 27 continued

地区 Region	建筑安装业 Architectural Installation				建筑装饰业 Architectural Decoration			
	年末人数（人） Year-end Figures (person)	#女性 Female	劳动报酬（千元） Earnings (1000 yuan)	平均劳动报酬（元） Average Earning (yuan)	年末人数（人） Year-end Figures (person)	#女性 Female	劳动报酬（千元） Earnings (1000 yuan)	平均劳动报酬（元） Average Earning (yuan)
全 国 National	**875741**	**156642**	**17783068**	**20596**	**247238**	**44375**	**4129816**	**16504**
北 京 Beijing	48474	9163	1450026	28875	25902	4773	593930	19932
天 津 Tianjin	23326	4280	719339	31285	2596	446	38252	16018
河 北 Hebei	36165	7680	626418	17524	2889	718	29855	10374
山 西 Shanxi	17276	4446	168841	9449	2337	493	26000	8002
内蒙古 Inner Mongolia	7346	1764	148323	14495	974	175	8012	11782
辽 宁 Liaoning	56197	12871	1007891	17419	6514	1540	87244	13662
吉 林 Jilin	19271	6310	272764	12962	3161	468	38978	13173
黑龙江 Heilongjiang	42800	8256	713026	17175	18591	6394	269962	14186
上 海 Shanghai	27607	3954	1296562	46829	6852	1078	153539	22133
江 苏 Jiangsu	51138	9422	1245816	24942	8907	1694	151407	16129
浙 江 Zhejiang	36991	3698	981190	27673	17421	2746	279750	16511
安 徽 Anhui	29084	4484	416396	14548	4931	595	57752	12588
福 建 Fujian	39444	6954	636064	19447	14663	1817	296577	20756
江 西 Jiangxi	9278	1316	105177	11864	4679	799	50235	10600
山 东 Shandong	67211	10928	1357451	18810	11136	2221	171106	15397
河 南 Henan	75621	12309	1308938	18208	19175	2676	302864	15983
湖 北 Hubei	43763	8706	659353	15018	9920	1327	128384	12676
湖 南 Hunan	32267	4433	453295	14761	9143	1431	142555	16133
广 东 Guangdong	50212	6607	1437808	29972	30943	5622	710505	23319
广 西 Guangxi	12256	1332	175866	17316	3736	362	38741	13027
海 南 Hainan	1908	268	34473	18125	5617	462	70526	13041
重 庆 Chongqing	19169	3313	316017	16474	7832	1234	107427	14316
四 川 Sichuan	41097	7861	713187	17248	16458	3032	227384	13515
贵 州 Guizhou	19966	2746	317848	20214	3246	639	33747	10782
云 南 Yunnan	12544	2588	178647	14998	6264	1010	67895	10463
西 藏 Tibet								
陕 西 Shaanxi	18399	3909	324259	17175	1032	243	12034	10437
甘 肃 Gansu	14446	2958	273972	18411	899	115	8520	7948
青 海 Qinghai	2310	591	65741	29828	101	32	462	4574
宁 夏 Ningxia	6311	608	62876	13551	536	66	10102	14641
新 疆 Xinjiang	13864	2887	315504	20760	783	167	16071	14147

3-3 续表 28 continued

地区 Region	其他建筑业 Other Construction				交通运输、仓储和邮政业 Traffic, Transport, Storage and Post			
	年末人数（人） Year-end Figures (person)	#女性 Female	劳动报酬（千元） Earnings (1000 yuan)	平均劳动报酬（元） Average Earning (yuan)	年末人数（人） Year-end Figures (person)	#女性 Female	劳动报酬（千元） Earnings (1000 yuan)	平均劳动报酬（元） Average Earning (yuan)
全国 National	**188676**	**29772**	**3292364**	**17975**	**6127345**	**1647098**	**147153963**	**24111**
北京 Beijing	11066	1100	235821	20002	415019	103191	13692904	33687
天津 Tianjin	3201	281	94495	26633	115790	25616	3924610	34260
河北 Hebei	2613	315	30183	11459	257107	68683	4478248	17510
山西 Shanxi	1398	322	12307	9143	215791	59293	4427195	20950
内蒙古 Inner Mongolia	1797	185	22359	13068	150514	40316	3385097	22570
辽宁 Liaoning	6600	893	101214	15872	338440	88446	7489157	22219
吉林 Jilin	12223	5318	97035	8234	178280	50559	3034706	17180
黑龙江 Heilongjiang	4691	1007	65110	13806	276077	66209	5254295	18936
上海 Shanghai	2223	360	68977	30711	321882	63274	11236545	34915
江苏 Jiangsu	4220	892	124347	29162	327445	92490	8136757	24811
浙江 Zhejiang	15068	646	220750	17371	198409	55150	6216015	31652
安徽 Anhui	3721	806	50548	13358	150773	44367	2276758	15065
福建 Fujian	23711	2490	437101	21150	151496	41902	3788622	25189
江西 Jiangxi	18628	2485	310680	16472	160288	44275	3276581	20568
山东 Shandong	15458	2116	282638	18389	295376	82410	7288971	24826
河南 Henan	15284	2587	200594	13572	315045	93395	6124457	19399
湖北 Hubei	7371	1560	113736	15110	276803	71106	5479217	19422
湖南 Hunan	8027	1682	127932	15878	219595	64106	4250354	19379
广东 Guangdong	4448	692	248905	56454	482778	125072	16580446	34656
广西 Guangxi	4614	617	104807	18218	174720	45390	3537645	20201
海南 Hainan	101	17	1066	10554	41254	12707	1012171	24626
重庆 Chongqing	4273	520	76119	16930	131791	38298	2445518	18496
四川 Sichuan	3879	524	42188	12282	230299	77273	4761508	20776
贵州 Guizhou	4128	350	49633	14420	84881	25132	1699667	19975
云南 Yunnan	3498	480	41627	13871	129355	33440	2922039	22443
西藏 Tibet	20	11	738	36900	7548	1655	216920	29101
陕西 Shaanxi	3348	880	88112	26310	197233	42629	3605506	17958
甘肃 Gansu	1026	141	11495	11085	110463	32142	2279281	22655
青海 Qinghai	28	8	527	18821	32957	12407	792816	24278
宁夏 Ningxia	369	109	9845	20726	29015	9462	640372	23082
新疆 Xinjiang	1644	378	21475	14893	110921	36703	2899585	25062

3-3 续表 29 continued

地区 Region	铁路运输业 Transport Via Railway 年末人数（人） Year-end Figures (person)	#女性 Female	劳动报酬（千元） Earnings (1000 yuan)	平均劳动报酬（元） Average Earning (yuan)	道路运输业 Transport Via Road 年末人数（人） Year-end Figures (person)	#女性 Female	劳动报酬（千元） Earnings (1000 yuan)	平均劳动报酬（元） Average Earning (yuan)
全国 National	**1716859**	**296359**	**48323700**	**28107**	**1553868**	**488039**	**25015138**	**16107**
北京 Beijing	89649	9460	3067871	34744	35185	8584	797112	22950
天津 Tianjin	16935	3715	540733	32034	15680	3253	340472	22003
河北 Hebei	75719	12409	1246149	16727	91170	26212	1208410	13170
山西 Shanxi	117044	22714	3161378	27903	44793	13472	541601	12040
内蒙古 Inner Mongolia	82201	15306	2254586	27557	31589	10480	487001	15305
辽宁 Liaoning	111116	17942	2953688	26771	62844	20109	789364	12527
吉林 Jilin	71204	15071	1582691	22208	30541	9537	305425	10056
黑龙江 Heilongjiang	121300	18326	2982460	24590	70741	21452	892916	12660
上海 Shanghai	28288	4921	983951	34656	23059	3499	554848	23941
江苏 Jiangsu	63224	18036	1522852	23921	82313	23485	1703774	20542
浙江 Zhejiang	24016	3870	832878	34519	68124	19504	1776172	26370
安徽 Anhui	31945	5927	622281	19583	47725	14374	591014	12309
福建 Fujian	31791	5848	896267	28781	33965	9240	620739	18431
江西 Jiangxi	62374	12421	1820364	28864	47204	14420	688287	14821
山东 Shandong	70408	10859	2135563	30333	80119	26773	1192841	14883
河南 Henan	103307	17177	3336024	31547	116312	40645	1470124	12734
湖北 Hubei	75975	4217	2361355	30017	82455	28024	1165266	14085
湖南 Hunan	81675	15933	2112068	25681	62299	22108	908236	14592
广东 Guangdong	56927	7868	2257596	40054	130370	40839	3235674	24849
广西 Guangxi	47860	8210	1457690	30388	57581	18768	878505	15242
海南 Hainan	3560	713	77481	22087	11837	3959	198059	16487
重庆 Chongqing	21790	4792	602375	27268	36737	11176	505687	13859
四川 Sichuan	47352	11683	1391756	29733	90142	30822	1288858	14306
贵州 Guizhou	30205	6706	826507	26999	24521	7492	332709	13623
云南 Yunnan	41982	2772	1427042	33534	47112	16626	673141	14087
西藏 Tibet	145	49	3486	28341	3703	1008	90734	24596
陕西 Shaanxi	97719	10568	2113466	21007	53514	16967	687196	12783
甘肃 Gansu	45847	11942	1456967	31547	24339	8496	322756	13170
青海 Qinghai	13775	4163	480077	34496	9870	4086	168625	17787
宁夏 Ningxia	12012	2831	370471	30765	7595	2600	113382	14946
新疆 Xinjiang	39514	9910	1445627	36499	30429	10029	486210	15906

3-3 续表 30 continued

地区 Region	城市公共交通业 Urban Public Traffic 年末人数（人） Year-end Figures (person)	#女性 Female	劳动报酬（千元） Earnings (1000 yuan)	平均劳动报酬（元） Average Earning (yuan)	水上运输业 Water Transport 年末人数（人） Year-end Figures (person)	#女性 Female	劳动报酬（千元） Earnings (1000 yuan)	平均劳动报酬（元） Average Earning (yuan)
全 国 National	**977342**	**296995**	**17536408**	**18251**	**493432**	**90777**	**17540381**	**35080**
北 京 Beijing	186050	48551	3733987	20542	45	11	5159	114644
天 津 Tianjin	20671	5891	380344	18461	25218	3633	1502799	58813
河 北 Hebei	22108	9141	256344	11929	23119	5324	1015770	44187
山 西 Shanxi	16632	8034	186975	11404	68	11	612	9000
内蒙古 Inner Mongolia	11013	4819	149533	13666	155	51	3162	20400
辽 宁 Liaoning	41480	16747	529055	12835	30011	6160	856594	28601
吉 林 Jilin	15574	5716	220338	13853	558	162	5936	10695
黑龙江 Heilongjiang	13060	4577	157346	11942	4017	843	61940	15309
上 海 Shanghai	136796	21899	2395873	17529	56794	7080	3473158	59859
江 苏 Jiangsu	41134	13784	946532	23240	69416	14595	1902296	26948
浙 江 Zhejiang	35206	11151	858424	24945	23153	4165	1115214	47594
安 徽 Anhui	26518	9311	348552	13034	11733	3167	168094	14029
福 建 Fujian	20050	6226	371134	17787	13831	2084	388691	28357
江 西 Jiangxi	12729	3597	191525	15443	6381	1890	64581	10338
山 东 Shandong	44215	16416	715977	16414	43002	8072	1751722	40951
河 南 Henan	36306	15679	474306	13129	3030	994	24957	8313
湖 北 Hubei	35932	13030	507172	13966	30182	6047	570212	17545
湖 南 Hunan	25102	9957	390060	15685	8929	2374	114347	12798
广 东 Guangdong	88335	20704	2654792	30556	80506	11772	3488036	42744
广 西 Guangxi	16088	3968	277455	17314	20007	3728	287114	14285
海 南 Hainan	2177	734	28534	13290	7860	1647	162513	20036
重 庆 Chongqing	22294	7608	351202	15530	25764	4474	465029	17848
四 川 Sichuan	32725	12721	549932	16884	7341	2054	91730	12632
贵 州 Guizhou	10349	3888	154652	14878	1478	226	10649	7133
云 南 Yunnan	12119	3833	159427	13434	529	128	6276	11842
西 藏 Tibet	563	288	6895	13520	20	5	573	28650
陕 西 Shaanxi	10705	3807	122209	11900	202	46	2347	11619
甘 肃 Gansu	21161	5245	149525	13445	70	27	725	10357
青 海 Qinghai	4566	2241	53488	11593	13	7	145	11154
宁 夏 Ningxia	2348	1372	26338	12536				
新 疆 Xinjiang	13336	6060	188482	12169				

3-3 续表 31 continued

地区 Region	航空运输业 Air Transport				管道运输业 Transport Via Pipeline			
	年末人数（人）Year-end Figures (person)	#女性 Female	劳动报酬（千元）Earnings (1000 yuan)	平均劳动报酬（元）Average Earning (yuan)	年末人数（人）Year-end Figures (person)	#女性 Female	劳动报酬（千元）Earnings (1000 yuan)	平均劳动报酬（元）Average Earning (yuan)
全国 National	**225103**	**73390**	**13121600**	**60109**	**17732**	**6123**	**692990**	**38877**
北京 Beijing	28455	9885	2878891	102521	122	36	14240	116721
天津 Tianjin	2468	658	115735	48792	91	15	3597	39527
河北 Hebei	1687	629	64136	38636	1015	245	53349	53031
山西 Shanxi	3642	1271	153963	43690				
内蒙古 Inner Mongolia	3166	818	142941	46379				
辽宁 Liaoning	10802	4174	584658	53776	3281	977	136772	41283
吉林 Jilin	4509	1364	212799	48707	1501	363	55798	37398
黑龙江 Heilongjiang	3529	1000	188464	53014	494	132	18184	37416
上海 Shanghai	25900	10009	1984804	81398				
江苏 Jiangsu	8059	1791	443820	56574	7064	3173	279347	39512
浙江 Zhejiang	5408	1430	273979	52396				
安徽 Anhui	2099	642	95870	46381				
福建 Fujian	9583	3181	435027	46984				
江西 Jiangxi	2535	730	124509	49843				
山东 Shandong	9068	2930	468930	55155	1154	328	34819	30094
河南 Henan	2030	574	58095	28618				
湖北 Hubei	6134	2172	240263	40030	546	184	15902	28195
湖南 Hunan	3003	732	100489	33463				
广东 Guangdong	36891	10141	2091234	59659	165	30	8450	51212
广西 Guangxi	3422	1145	120417	33674				
海南 Hainan	10157	3461	429951	43482				
重庆 Chongqing	2451	815	113253	46799	156	75	1368	8769
四川 Sichuan	14148	5043	773559	55994	910	187	28269	31692
贵州 Guizhou	2815	1101	110005	39742	143	64	1838	12944
云南 Yunnan	6159	2254	254007	41936	3	3	67	22333
西藏 Tibet	731	243	26593	36579				
陕西 Shaanxi	4666	1746	189804	41715	555	190	20769	37557
甘肃 Gansu	3000	600	103386	34462				
青海 Qinghai	775	276	17006	21527				
宁夏 Ningxia	562	257	17530	29813				
新疆 Xinjiang	7249	2318	307482	45688	532	121	20221	32987

3-3 续表 32 continued

地区 Region	装卸搬运和其他运输服务业 Loading, Unloading,Portage and Other Transport Services				仓储业 Storage			
	年末人数（人）Year-end Figures (person)	#女性 Female	劳动报酬（千元）Earnings (1000 yuan)	平均劳动报酬（元）Average Earning (yuan)	年末人数（人）Year-end Figures (person)	#女性 Female	劳动报酬（千元）Earnings (1000 yuan)	平均劳动报酬（元）Average Earning (yuan)
全　国 National	**320822**	**92484**	**7517067**	**23539**	**243584**	**71227**	**4415750**	**17960**
北　京 Beijing	24009	8927	1093158	46790	11037	2786	296128	26599
天　津 Tianjin	19377	4574	511205	28295	10713	2338	356320	32922
河　北 Hebei	7313	1264	89025	11862	8960	3019	123403	13625
山　西 Shanxi	3500	1117	40761	11832	8237	2977	75430	8918
内蒙古 Inner Mongolia	1521	658	16560	11122	7898	2199	88359	11312
辽　宁 Liaoning	42549	9092	918736	21897	14478	3686	239884	16263
吉　林 Jilin	22450	8700	247101	11787	16772	3552	178287	10723
黑龙江 Heilongjiang	16999	4234	286321	15839	22571	5506	199314	8640
上　海 Shanghai	14016	3908	511044	36655	11774	3551	391345	32228
江　苏 Jiangsu	13991	3123	369100	26017	8865	2652	197929	22355
浙　江 Zhejiang	10186	3558	384656	38066	4419	1102	134911	30571
安　徽 Anhui	5473	1987	66134	11944	7100	1995	104867	14762
福　建 Fujian	13992	3312	441595	31074	5753	1515	135054	23586
江　西 Jiangxi	4262	1041	42479	9763	5700	2242	63954	10847
山　东 Shandong	9897	2905	248734	25056	13465	4554	247740	18675
河　南 Henan	10822	2612	113472	10508	16346	6003	218750	13621
湖　北 Hubei	18355	6989	218026	11902	7439	2348	95554	12781
湖　南 Hunan	10595	2160	124923	12069	5435	1596	89915	16516
广　东 Guangdong	26520	9336	940037	36239	17722	5147	598077	34457
广　西 Guangxi	7167	1185	138424	17399	6122	1766	76783	12814
海　南 Hainan	1777	489	38942	22471	441	166	4556	11005
重　庆 Chongqing	5077	2003	98160	19667	3259	986	45771	13866
四　川 Sichuan	7892	2632	110784	14187	6452	2095	100153	14977
贵　州 Guizhou	1792	475	21909	12031	3360	1118	58191	17105
云　南 Yunnan	5554	1314	105256	19186	3404	1247	69877	19486
西　藏 Tibet					225	62	4530	20223
陕　西 Shaanxi	3616	986	40453	11197	7050	2121	97434	12276
甘　肃 Gansu	4309	1453	88388	23266	4662	1508	56095	11422
青　海 Qinghai	39	13	817	23343	1107	386	17149	15647
宁　夏 Ningxia	2804	791	44297	23906	528	169	9222	17270
新　疆 Xinjiang	4968	1646	166570	21607	2290	835	40768	17618

3-3 续表 33 continued

地 区 Region	邮政业 Post 年末人数(人) Year-end Figures (person)	邮政业 Post #女性 Female	邮政业 Post 劳动报酬(千元) Earnings (1000 yuan)	邮政业 Post 平均劳动报酬(元) Average Earning (yuan)	信息传输、计算机服务和软件业 Information Transfer, Computer Services & Software 年末人数(人) Year-end Figures (person)	信息传输、计算机服务和软件业 #女性 Female	信息传输、计算机服务和软件业 劳动报酬(千元) Earnings (1000 yuan)	信息传输、计算机服务和软件业 平均劳动报酬(元) Average Earning (yuan)
全 国 National	**578603**	**231704**	**12990929**	**22843**	**1381913**	**523822**	**58740948**	**43435**
北 京 Beijing	40467	14951	1806358	46406	213604	77667	17163527	83394
天 津 Tianjin	4637	1539	173405	36950	23009	8933	925597	40591
河 北 Hebei	26016	10440	421662	16349	52728	20050	1381525	26628
山 西 Shanxi	21875	9697	266475	12600	38891	16948	814621	21220
内蒙古 Inner Mongolia	12971	5985	242955	18883	30924	13835	773558	25962
辽 宁 Liaoning	21879	9559	480406	22184	51012	18609	1985692	39360
吉 林 Jilin	15171	6094	226331	14998	33063	12663	840576	25792
黑龙江 Heilongjiang	23366	10139	467350	20105	44089	16285	1411881	32034
上 海 Shanghai	25255	8407	941522	37529	44296	16241	3258809	74360
江 苏 Jiangsu	33379	11851	771107	24038	67894	26043	2674945	40801
浙 江 Zhejiang	27897	10370	839781	30748	63304	25629	3136252	52141
安 徽 Anhui	18180	6964	279946	15638	36128	14465	785739	23113
福 建 Fujian	22531	10496	500115	22922	41457	16616	1582084	39147
江 西 Jiangxi	19103	7934	280882	15263	31031	12939	614372	20428
山 东 Shandong	24048	9573	492645	20700	54302	18725	1965934	35191
河 南 Henan	26892	9711	428729	16182	50569	19268	1137607	22995
湖 北 Hubei	19785	8095	305467	15633	58347	21413	1653044	29379
湖 南 Hunan	22557	9246	410316	18448	43967	17881	1303145	30502
广 东 Guangdong	45342	19235	1306550	29130	149034	55531	7780238	52641
广 西 Guangxi	16473	6620	301257	18989	37718	12714	1021968	27096
海 南 Hainan	3445	1538	72135	21939	8251	2814	348072	42635
重 庆 Chongqing	14263	6369	262673	18627	24095	8943	755035	34147
四 川 Sichuan	23337	10036	426467	18344	50671	18918	1639402	32229
贵 州 Guizhou	10218	4062	183207	18260	14741	5164	329295	22464
云 南 Yunnan	12493	5263	226946	18403	33313	13907	860044	26580
西 藏 Tibet	2161		84109	38921	2944	869	179737	66031
陕 西 Shaanxi	19206	6198	331828	17203	33342	10839	1213562	36618
甘 肃 Gansu	7075	2871	101439	14452	17037	6566	272110	15999
青 海 Qinghai	2812	1235	55509	20475	8064	2968	230326	29897
宁 夏 Ningxia	3166	1442	59132	19458	5067	2097	169172	33686
新 疆 Xinjiang	12603	5784	244225	19277	19021	8282	533079	28120

3-3 续表 34 continued

地区 Region		电信和其他信息传输服务业 Telecom and Other Information Transfer Services				计算机服务业 Computer Services			
		年末人数（人） Year-end Figures (person)	#女性 Female	劳动报酬（千元） Earnings (1000 yuan)	平均劳动报酬（元） Average Earning (yuan)	年末人数（人） Year-end Figures (person)	#女性 Female	劳动报酬（千元） Earnings (1000 yuan)	平均劳动报酬（元） Average Earning (yuan)
全国	**National**	**1068511**	**419167**	**40091570**	**38157**	**108576**	**39379**	**6674990**	**63241**
北京	Beijing	61663	25263	4861290	81111	56635	20125	4924679	89921
天津	Tianjin	15490	6427	763255	49277	1661	590	21704	12722
河北	Hebei	51677	19720	1366917	26879	561	182	6329	11026
山西	Shanxi	37020	16412	783431	21470	1293	350	20038	15716
内蒙古	Inner Mongolia	30585	13735	767646	26109	128	57	2101	16543
辽宁	Liaoning	37392	14354	1493884	40186	4106	1101	140805	35929
吉林	Jilin	28967	11377	766496	26869	461	158	7352	16123
黑龙江	Heilongjiang	40019	14960	1326572	33338	2185	746	37682	17012
上海	Shanghai	28606	11312	2276547	78975	3904	1255	214378	56864
江苏	Jiangsu	60539	23727	2386302	40777	2415	904	93693	39734
浙江	Zhejiang	52569	22522	2707496	54045	3014	889	104517	37610
安徽	Anhui	35031	14219	764100	23169	18	3	268	14889
福建	Fujian	37423	15343	1448925	39770	1528	499	59204	39976
江西	Jiangxi	28220	12091	574054	20849	1832	626	33614	20347
山东	Shandong	48994	17244	1818406	35926	1898	549	52262	25936
河南	Henan	46373	17988	1075325	23690	1928	601	28814	15070
湖北	Hubei	54912	20495	1574390	29753	1365	416	32934	24127
湖南	Hunan	37931	15660	1096785	29783	259	86	7370	29016
广东	Guangdong	101522	37828	5482563	53223	14647	7641	645240	45347
广西	Guangxi	36261	12474	991427	27326	494	101	10977	23013
海南	Hainan	6960	2605	328779	48039	707	110	7677	10168
重庆	Chongqing	23173	8696	708700	33330	445	119	27043	65321
四川	Sichuan	48923	18369	1597497	32515	884	315	15861	18231
贵州	Guizhou	13558	4917	312558	23176	743	129	10972	14867
云南	Yunnan	29931	12967	786436	27104	1696	501	27407	16285
西藏	Tibet	2944	869	179737	66031				
陕西	Shaanxi	24577	8355	686279	28045	2566	925	115404	46703
甘肃	Gansu	16561	6417	263238	15923	359	109	6635	18482
青海	Qinghai	7896	2930	226370	30034	168	38	3956	23689
宁夏	Ningxia	4774	1982	163341	34467	189	90	3662	20573
新疆	Xinjiang	18020	7909	512824	28694	487	164	12412	21968

3-3 续表 35 continued

地区 Region	软件业 Software Industry 年末人数(人) Year-end Figures (person)	#女性 Female	劳动报酬(千元) Earnings (1000 yuan)	平均劳动报酬(元) Average Earning (yuan)	批发和零售业 Wholesale and Retail Trade 年末人数(人) Year-end Figures (person)	#女性 Female	劳动报酬(千元) Earnings (1000 yuan)	平均劳动报酬(元) Average Earning (yuan)
全国 National	**204826**	**65276**	**11974388**	**61057**	**5157284**	**2302693**	**91999830**	**17796**
北京 Beijing	95306	32279	7377558	80973	364807	170061	13966318	38446
天津 Tianjin	5858	1916	140638	25078	110420	39537	2534003	22677
河北 Hebei	490	148	8279	18236	252680	127345	2448756	9539
山西 Shanxi	578	186	11152	17815	191708	79534	1813666	9513
内蒙古 Inner Mongolia	211	43	3811	14273	73196	35113	978484	13631
辽宁 Liaoning	9514	3154	351003	37512	160892	72838	2623252	16691
吉林 Jilin	3635	1128	66728	18500	93712	42500	1192566	12877
黑龙江 Heilongjiang	1885	579	47627	23042	225545	98108	3227369	14222
上海 Shanghai	11786	3674	767884	68384	219972	106502	6772885	30174
江苏 Jiangsu	4940	1412	194950	41638	273008	129997	5319893	19163
浙江 Zhejiang	7721	2218	324239	44575	202938	97594	5377957	27070
安徽 Anhui	1079	243	21371	21414	152332	64753	1730860	11318
福建 Fujian	2506	774	73955	29582	114883	46132	2144274	18535
江西 Jiangxi	979	222	6704	7541	101351	41926	1261566	12336
山东 Shandong	3410	932	95266	29467	361762	178551	4945304	13489
河南 Henan	2268	679	33468	15423	460318	195570	5172569	11536
湖北 Hubei	2070	502	45720	23010	230361	113479	2739581	11978
湖南 Hunan	5777	2135	198990	35263	123580	56208	2101368	16935
广东 Guangdong	32865	10062	1652435	54079	398188	166725	10576246	26655
广西 Guangxi	963	139	19564	20400	128106	52629	1710358	13133
海南 Hainan	584	99	11616	20559	27648	10667	342521	12405
重庆 Chongqing	477	128	19292	44452	99698	46657	1598568	16263
四川 Sichuan	864	234	26044	30039	179286	77136	2822482	15682
贵州 Guizhou	440	118	5765	13253	119898	50034	1711701	13131
云南 Yunnan	1686	439	46201	27849	115792	50410	2029206	17514
西藏 Tibet					6262	2487	134306	21157
陕西 Shaanxi	6199	1559	411879	66443	182666	68898	2078792	11137
甘肃 Gansu	117	40	2237	19120	75385	31677	821420	10729
青海 Qinghai					15476	7914	216341	13850
宁夏 Ningxia	104	25	2169	20657	18919	10431	300190	15909
新疆 Xinjiang	514	209	7843	15083	76495	31280	1307028	17122

3-3 续表 36 continued

地 区 Region		批发业 Wholesale				零售业 Retail Trade			
		年末人数（人） Year-end Figures (person)	#女性 Female	劳动报酬（千元） Earnings (1000 yuan)	平均劳动报酬（元） Average Earning (yuan)	年末人数（人） Year-end Figures (person)	#女性 Female	劳动报酬（千元） Earnings (1000 yuan)	平均劳动报酬（元） Average Earning (yuan)
全 国	**National**	**2681160**	**998017**	**57433492**	**21209**	**2476124**	**1304676**	**34566338**	**14041**
北 京	Beijing	168469	66351	9419687	56490	196338	103710	4546631	23136
天 津	Tianjin	63374	21495	1723637	27030	47046	18042	810366	16891
河 北	Hebei	124240	50716	1405274	10769	128440	76629	1043482	8267
山 西	Shanxi	118776	41210	1329652	11226	72932	38324	484014	6703
内蒙古	Inner Mongolia	38431	15288	639421	16517	34765	19825	339063	10253
辽 宁	Liaoning	75346	28982	1463455	18977	85546	43856	1159797	14490
吉 林	Jilin	46925	16265	699008	14957	46787	26235	493558	10759
黑龙江	Heilongjiang	107416	35041	1605679	14855	118129	63067	1621690	13647
上 海	Shanghai	87497	33521	3694311	40098	132475	72981	3078574	23264
江 苏	Jiangsu	130332	48242	3035310	22669	142676	81755	2284583	15897
浙 江	Zhejiang	108315	41902	3639123	34129	94623	55692	1738834	18893
安 徽	Anhui	96600	33731	1217190	12560	55732	31022	513670	9170
福 建	Fujian	67524	23657	1525096	22048	47359	22475	619178	13312
江 西	Jiangxi	57727	21579	795658	13720	43624	20347	465908	10524
山 东	Shandong	163093	61702	2674285	16172	198669	116849	2271019	11284
河 南	Henan	255918	97376	3205853	12800	204400	98194	1966716	9937
湖 北	Hubei	106669	42529	1433537	13388	123692	70950	1306044	10737
湖 南	Hunan	55152	20329	1102478	19962	68428	35879	998890	14507
广 东	Guangdong	249182	95422	7278469	29120	149006	71303	3297777	22458
广 西	Guangxi	65757	24444	970364	14540	62349	28185	739994	11655
海 南	Hainan	16706	5990	240547	14242	10942	4677	101974	9512
重 庆	Chongqing	47422	16341	970424	20500	52276	30316	628144	12327
四 川	Sichuan	107353	40179	1827334	17064	71933	36957	995148	13653
贵 州	Guizhou	66351	23971	1138922	15378	53547	26063	572779	10175
云 南	Yunnan	66512	25242	1471018	21593	49280	25168	558188	11693
西 藏	Tibet	3448	1326	92351	26401	2814	1161	41955	14721
陕 西	Shaanxi	80957	24583	1127875	13515	101709	44315	950917	9214
甘 肃	Gansu	36378	13657	445797	12164	39007	18020	375623	9411
青 海	Qinghai	7480	3394	134625	17850	7996	4520	81716	10116
宁 夏	Ningxia	9066	4014	161214	18200	9853	6417	138976	13882
新 疆	Xinjiang	52744	19538	965898	18273	23751	11742	341130	14530

3-3 续表 37 continued

地区 Region	住宿和餐饮业 Accommodation and Restaurants 年末人数（人） Year-end Figures (person)	#女性 Female	劳动报酬（千元） Earnings (1000 yuan)	平均劳动报酬（元） Average Earning (yuan)	住宿业 Accommodation 年末人数（人） Year-end Figures (person)	#女性 Female	劳动报酬（千元） Earnings (1000 yuan)	平均劳动报酬（元） Average Earning (yuan)
全国 National	**1839052**	**995287**	**28004675**	**15236**	**1179521**	**641611**	**18923406**	**15993**
北京 Beijing	244109	122129	5264921	21698	142444	71161	3606300	25090
天津 Tianjin	34280	15958	523155	15424	14183	6478	259405	18364
河北 Hebei	50138	27880	525568	10398	35320	19516	391706	10949
山西 Shanxi	35237	18740	307254	8797	26540	14323	238400	9109
内蒙古 Inner Mongolia	26193	15596	310927	12004	20375	12133	244618	12122
辽宁 Liaoning	59478	32415	814763	13683	36589	19681	570657	15450
吉林 Jilin	29320	16282	335200	11466	20598	11728	254694	12441
黑龙江 Heilongjiang	38681	21381	529187	13665	23419	13338	240836	10175
上海 Shanghai	76773	37907	1869724	24255	45159	20612	1276396	27871
江苏 Jiangsu	87702	47321	1443401	16577	57913	31113	1022442	17778
浙江 Zhejiang	107838	59798	1840726	17331	82585	45858	1439154	17680
安徽 Anhui	26437	15332	301739	11344	20614	12221	249116	12044
福建 Fujian	48568	27845	704114	14432	31644	18295	479934	15044
江西 Jiangxi	24807	13214	268756	10861	18792	10852	204562	10834
山东 Shandong	112983	59818	1560817	13807	63440	33111	902130	14162
河南 Henan	106537	58159	1237862	11796	69722	38838	800624	11659
湖北 Hubei	79003	46729	785454	10032	35864	21053	354678	9865
湖南 Hunan	70171	40058	1002963	14224	47700	27799	696862	14549
广东 Guangdong	230702	126482	4306364	18693	125382	68236	2579704	20576
广西 Guangxi	48474	26935	521090	10737	38447	21761	431063	11102
海南 Hainan	34007	17826	411854	12241	30379	15720	372457	12404
重庆 Chongqing	31535	17801	400512	12830	19013	10861	253882	13417
四川 Sichuan	49423	27587	627647	12555	35020	19648	466857	13090
贵州 Guizhou	28279	15874	319632	9672	17679	9562	206765	10074
云南 Yunnan	43492	24552	473781	11030	38089	21408	426703	11355
西藏 Tibet	3776	1882	58682	15443	3638	1772	57260	15666
陕西 Shaanxi	50721	24952	508680	9974	28659	15228	269330	9386
甘肃 Gansu	21543	12694	239011	11120	18874	11079	215638	11421
青海 Qinghai	4116	2236	54161	13133	3542	2000	48204	13598
宁夏 Ningxia	6537	4055	73822	11150	4477	2822	53697	11758
新疆 Xinjiang	28192	15849	382908	13454	23421	13404	309332	13167

3-3 续表 38 continued

地 区	Region	餐饮业 Restaurants				金融业 Finance			
		年末人数（人） Year-end Figures (person)	#女 性 Female	劳动报酬（千元） Earnings (1000 yuan)	平均劳动报酬（元） Average Earning (yuan)	年末人数（人） Year-end Figures (person)	#女 性 Female	劳动报酬（千元） Earnings (1000 yuan)	平均劳动报酬（元） Average Earning (yuan)
全 国	**National**	**659531**	**353676**	**9081269**	**13869**	**3673915**	**1786233**	**129292488**	**35495**
北 京	Beijing	101665	50968	1658621	16768	184587	99965	15548301	88408
天 津	Tianjin	20097	9480	263750	13326	51515	26571	2551403	49810
河 北	Hebei	14818	8364	133862	9062	190608	90279	4299718	22699
山 西	Shanxi	8697	4417	68854	7865	121073	59478	2653641	22080
内蒙古	Inner Mongolia	5818	3463	66309	11584	83364	43574	1941995	23521
辽 宁	Liaoning	22889	12734	244106	10796	186951	95982	5230720	28549
吉 林	Jilin	8722	4554	80506	9187	89450	44593	1982865	21709
黑龙江	Heilongjiang	15262	8043	288351	19153	115411	55136	2821190	24362
上 海	Shanghai	31614	17295	593328	18963	171376	80212	11003551	66016
江 苏	Jiangsu	29789	16208	420959	14241	229014	112038	8400669	36760
浙 江	Zhejiang	25253	13940	401572	16183	202510	109044	10680775	53667
安 徽	Anhui	5823	3111	52623	8898	115846	55732	2614487	22642
福 建	Fujian	16924	9550	224180	13277	99472	48411	3730107	37393
江 西	Jiangxi	6015	2362	64194	10949	88245	41995	1998832	22921
山 东	Shandong	49543	26707	658687	13349	248396	120158	6992246	28207
河 南	Henan	36815	19321	437238	12054	207198	97652	4965941	24238
湖 北	Hubei	43139	25676	430776	10173	130112	61590	2904312	22161
湖 南	Hunan	22471	12259	306101	13536	139720	67303	3180825	22846
广 东	Guangdong	105320	58246	1726660	16445	304590	144569	16007357	53079
广 西	Guangxi	10027	5174	90027	9274	78970	36651	2218265	28118
海 南	Hainan	3628	2106	39397	10886	17199	6165	581120	33667
重 庆	Chongqing	12522	6940	146630	11926	68480	33117	2260632	33511
四 川	Sichuan	14403	7939	160790	11221	163700	80079	4639567	28282
贵 州	Guizhou	10600	6312	112867	9012	49921	22194	1404951	28612
云 南	Yunnan	5403	3144	47078	8755	72094	31689	1997178	27792
西 藏	Tibet	138	110	1422	9807	6427	2169	359906	56768
陕 西	Shaanxi	22062	9724	239350	10731	99762	42766	2446220	24411
甘 肃	Gansu	2669	1615	23373	8948	58394	26060	1116262	19343
青 海	Qinghai	574	236	5957	10288	14530	7054	368789	25721
宁 夏	Ningxia	2060	1233	20125	9798	25300	12448	841332	33365
新 疆	Xinjiang	4771	2445	73576	14810	59700	31559	1549331	26146

3-3 续表 39 continued

地区 Region	银行业 Bank				证券业 Securities			
	年末人数(人) Year-end Figures (person)	#女性 Female	劳动报酬(千元) Earnings (1000 yuan)	平均劳动报酬(元) Average Earning (yuan)	年末人数(人) Year-end Figures (person)	#女性 Female	劳动报酬(千元) Earnings (1000 yuan)	平均劳动报酬(元) Average Earning (yuan)
全国 National	**2527370**	**1146754**	**97402697**	**38594**	**71305**	**29613**	**6118335**	**86705**
北京 Beijing	85771	43851	9175479	111422	11237	4971	2059025	179451
天津 Tianjin	35131	16361	2032951	57449	892	392	51717	58437
河北 Hebei	135826	58940	3463550	25473	1707	768	44090	26449
山西 Shanxi	91652	41169	2222370	24431	1580	637	58587	37104
内蒙古 Inner Mongolia	63794	30244	1619558	25397	504	234	10299	20115
辽宁 Liaoning	125156	58090	3906185	31283	2558	1117	147867	58147
吉林 Jilin	74081	35315	1730439	22724	1370	671	37667	26601
黑龙江 Heilongjiang	84865	36426	2357176	27388	649	291	17753	27312
上海 Shanghai	77313	35604	6768158	91320	11889	5098	1055392	90405
江苏 Jiangsu	140800	63900	6217622	44377	3450	1498	212026	62105
浙江 Zhejiang	143594	74669	8806378	62460	2529	1063	156045	62070
安徽 Anhui	77099	32499	1949872	25101	1634	625	81908	50938
福建 Fujian	70516	31436	3107980	43800	1792	657	96917	54478
江西 Jiangxi	65997	29711	1638675	24765	1732	790	48208	27850
山东 Shandong	161638	67754	5481787	34038	2453	951	114934	45955
河南 Henan	154695	70226	4103674	26680	1642	677	58553	35834
湖北 Hubei	97129	43797	2345126	23885	1530	608	75558	49127
湖南 Hunan	95006	43204	2513523	26223	1096	475	32691	29855
广东 Guangdong	219255	103978	11687335	53382	13506	5370	1425031	110527
广西 Guangxi	61693	27310	1860908	29753	963	405	35599	37276
海南 Hainan	14889	5174	530389	35204	267	117	9233	34451
重庆 Chongqing	41645	19604	1656124	39546	1623	530	108285	68752
四川 Sichuan	117192	53730	3732804	31590	1120	521	42253	38658
贵州 Guizhou	40128	16967	1226434	30757	307	117	10407	33571
云南 Yunnan	60275	25441	1791417	29720	483	227	24899	51765
西藏 Tibet	5999	2012	346305	58409	101	47	3431	33970
陕西 Shaanxi	68561	27849	1996554	28771	1907	403	74425	39399
甘肃 Gansu	47238	19208	971814	20691	49	17	1001	20429
青海 Qinghai	12120	5447	324918	26633				
宁夏 Ningxia	18661	8420	701277	37893	41	19	1110	25814
新疆 Xinjiang	39651	18418	1135915	28714	694	317	23424	33752

3-3 续表 40 continued

地区 Region	保险业 Insurance				其他金融活动 Other Financial Activities			
	年末人数（人） Year-end Figures (person)	#女性 Female	劳动报酬（千元） Earnings (1000 yuan)	平均劳动报酬（元） Average Earning (yuan)	年末人数（人） Year-end Figures (person)	#女性 Female	劳动报酬（千元） Earnings (1000 yuan)	平均劳动报酬（元） Average Earning (yuan)
全　国 National	**1029622**	**592469**	**23257224**	**23175**	**45618**	**17397**	**2514232**	**56180**
北　京 Beijing	74608	46680	3199564	45866	12971	4463	1114233	90684
天　津 Tianjin	15186	9730	432503	29547	306	88	34232	109367
河　北 Hebei	52163	30257	776589	15266	912	314	15489	16891
山　西 Shanxi	27288	17458	362299	13374	553	214	10385	18951
内蒙古 Inner Mongolia	18181	12634	294386	16916	885	462	17752	20173
辽　宁 Liaoning	57400	35844	1120502	20733	1837	931	56166	31786
吉　林 Jilin	13655	8486	196833	14655	344	121	17926	52724
黑龙江 Heilongjiang	29176	18114	429577	15140	721	305	16684	23302
上　海 Shanghai	78355	38052	2808910	36396	3819	1458	371091	99917
江　苏 Jiangsu	81136	45387	1838898	22591	3628	1253	132123	36691
浙　江 Zhejiang	54941	32683	1646051	30444	1446	629	72301	50035
安　徽 Anhui	35298	21788	544527	15840	1815	820	38180	21129
福　建 Fujian	25884	15802	481086	18693	1280	516	44124	34499
江　西 Jiangxi	20214	11390	308261	16222	302	104	3688	12172
山　东 Shandong	82691	50634	1347899	16303	1614	819	47626	28656
河　南 Henan	49783	26326	740768	15318	1078	423	62946	58283
湖　北 Hubei	30193	16855	462516	15378	1260	330	21112	16822
湖　南 Hunan	42396	23092	608901	14828	1222	532	25710	21108
广　东 Guangdong	68734	34019	2665950	39951	3095	1202	229041	75942
广　西 Guangxi	14814	8331	273465	19704	1500	605	48293	31940
海　南 Hainan	1860	803	34359	19792	183	71	7139	37377
重　庆 Chongqing	24140	12592	458681	20003	1072	391	37542	34923
四　川 Sichuan	44551	25508	827840	18829	837	320	36670	44502
贵　州 Guizhou	9142	4944	161267	18826	344	166	6843	19440
云　南 Yunnan	10668	5775	164618	15765	668	246	16244	24575
西　藏 Tibet	292	98	9030	32836	35	12	1140	32571
陕　西 Shaanxi	28061	14136	358709	12954	1233	378	16532	13397
甘　肃 Gansu	10783	6728	137352	13329	324	107	6095	15709
青　海 Qinghai	2410	1607	43871	20520				
宁　夏 Ningxia	6492	3984	136385	20790	106	25	2560	24151
新　疆 Xinjiang	19127	12732	385627	20537	228	92	4365	19229

3-3 续表 41 continued

地区 Region	房地产业 Real Estate				房地产开发经营 Real Estate Exploitation Management			
	年末人数（人） Year-end Figures (person)	#女性 Female	劳动报酬（千元） Earnings (1000 yuan)	平均劳动报酬（元） Average Earning (yuan)	年末人数（人） Year-end Figures (person)	#女性 Female	劳动报酬（千元） Earnings (1000 yuan)	平均劳动报酬（元） Average Earning (yuan)
全国 National	**1539451**	**507868**	**33836544**	**22238**	**725086**	**227738**	**17680265**	**24572**
北京 Beijing	243384	89600	7476169	31180	60361	22951	3285094	53925
天津 Tianjin	22255	7196	522405	24184	17237	6392	443655	26796
河北 Hebei	28707	10574	444782	15593	13416	4793	194119	14402
山西 Shanxi	13554	5540	161713	11999	8030	3201	89949	11232
内蒙古 Inner Mongolia	13895	5001	216653	15145	5727	1662	77418	12696
辽宁 Liaoning	64330	21064	1067498	16635	24785	7053	460451	18594
吉林 Jilin	32609	11075	473934	14626	12528	4231	212314	16581
黑龙江 Heilongjiang	49193	17082	710833	14214	18997	6600	283331	14398
上海 Shanghai	78557	24763	2620504	33461	25623	8075	1261913	49330
江苏 Jiangsu	58774	21489	1627776	27991	34704	12362	1093071	31768
浙江 Zhejiang	70038	24728	2010104	29144	30904	11022	1126292	36968
安徽 Anhui	30839	11467	502366	16990	14934	4514	259302	17632
福建 Fujian	59513	16805	1252919	21860	36035	9337	830383	23825
江西 Jiangxi	26573	8279	367144	13918	15981	4601	218067	13736
山东 Shandong	81513	27100	1571165	19225	54912	16669	1138070	20674
河南 Henan	59262	19392	901018	15451	39827	11468	649433	16599
湖北 Hubei	57177	18819	940714	16744	34470	10016	544991	16344
湖南 Hunan	61933	17721	1071667	17415	48780	12618	830002	17172
广东 Guangdong	228523	64082	5902969	26380	60217	18933	1979574	33584
广西 Guangxi	32744	10395	540616	16508	18196	5329	319022	17569
海南 Hainan	15788	5036	254033	16476	8571	2847	163469	19279
重庆 Chongqing	31662	10849	560747	18232	20904	6910	388395	19148
四川 Sichuan	48001	14254	779240	16765	37266	10122	577437	16117
贵州 Guizhou	39365	12552	525173	11980	27828	8436	407104	12496
云南 Yunnan	22369	8217	327930	14142	11727	4111	193244	15350
西藏 Tibet	337	132	11655	35105	149	42	7078	50199
陕西 Shaanxi	25838	8562	438492	17229	18417	5192	348361	19632
甘肃 Gansu	14846	4365	130252	12182	12216	3225	92033	11420
青海 Qinghai	1975	820	25386	12712	1050	433	12495	12038
宁夏 Ningxia	5856	2224	96386	15338	2615	990	43618	16269
新疆 Xinjiang	20041	8685	304301	15315	8679	3603	150580	16806

地区 Region	物业管理 Management Concerning Dwelling				房地产中介服务 Real Estate Agency Service			
	年末人数（人） Year-end Figures (person)	#女性 Female	劳动报酬（千元） Earnings (1000 yuan)	平均劳动报酬（元） Average Earning (yuan)	年末人数（人） Year-end Figures (person)	#女性 Female	劳动报酬（千元） Earnings (1000 yuan)	平均劳动报酬（元） Average Earning (yuan)
全 国 National	**605182**	**197772**	**11271620**	**18987**	**55360**	**24542**	**1370421**	**25468**
北 京 Beijing	149934	53163	3161629	21647	10315	4985	285583	30534
天 津 Tianjin	4289	488	53834	12444	80	27	2696	32095
河 北 Hebei	10515	3848	172806	16695	972	470	11144	11768
山 西 Shanxi	3257	1281	42439	13107	507	223	7562	15034
内蒙古 Inner Mongolia	4144	1691	58090	14008	906	371	15472	17172
辽 宁 Liaoning	26060	8933	378635	14527	2152	887	37112	17473
吉 林 Jilin	13962	4455	164926	12168	1279	526	20361	15759
黑龙江 Heilongjiang	21378	7495	286289	13358	333	148	4428	13218
上 海 Shanghai	45358	13792	1007887	22356	2009	1094	89173	42403
江 苏 Jiangsu	16137	6303	315811	19948	1435	641	32773	23112
浙 江 Zhejiang	27442	9230	491987	18283	1436	718	39150	26944
安 徽 Anhui	11055	5115	166343	16638	991	367	12832	12819
福 建 Fujian	17983	5370	290330	16915	1260	493	26653	21740
江 西 Jiangxi	6309	2130	80626	12919	1615	623	25827	16102
山 东 Shandong	19468	7600	309361	15902	2481	1097	40122	16224
河 南 Henan	10030	4052	111706	11309	2213	895	33724	15357
湖 北 Hubei	14205	5185	263836	18360	1863	718	25345	13730
湖 南 Hunan	7024	2522	122363	17329	1437	740	32451	22693
广 东 Guangdong	134287	32590	2976640	22620	14956	6382	523343	36013
广 西 Guangxi	10023	3320	142391	14282	845	333	14206	17075
海 南 Hainan	6228	1803	75648	12712	304	107	4899	15854
重 庆 Chongqing	8736	3106	130263	15356	705	324	13441	19883
四 川 Sichuan	5821	2145	95460	16634	807	331	15826	19684
贵 州 Guizhou	7907	2614	78612	10272	537	233	6647	12758
云 南 Yunnan	7605	2753	101709	13411	1715	753	15465	9060
西 藏 Tibet	85	42	1374	14935				
陕 西 Shaanxi	2912	1249	31197	11320	645	302	7229	11225
甘 肃 Gansu	1422	622	14907	10505	105	51	1695	16143
青 海 Qinghai	726	293	8831	11574	140	66	2839	20723
宁 夏 Ningxia	2363	813	33488	14317	598	300	11255	19540
新 疆 Xinjiang	8517	3769	102202	12560	719	337	11168	16496

3-3 续表 43 continued

地区 Region	租赁和商务服务业 Tenancy and Business Services				租赁业 Tenancy			
	年末人数(人) Year-end Figures (person)	#女性 Female	劳动报酬(千元) Earnings (1000 yuan)	平均劳动报酬(元) Average Earning (yuan)	年末人数(人) Year-end Figures (person)	#女性 Female	劳动报酬(千元) Earnings (1000 yuan)	平均劳动报酬(元) Average Earning (yuan)
全国 National	**2367468**	**779836**	**56556125**	**24510**	**34094**	**9289**	**655266**	**19296**
北京 Beijing	515752	192354	20851261	42522	6246	1652	150830	24125
天津 Tianjin	65329	9574	1024644	15810	398	114	9848	24197
河北 Hebei	54441	17442	669082	12474	825	230	8359	10047
山西 Shanxi	58668	25862	668571	12087	304	111	2823	9348
内蒙古 Inner Mongolia	26179	8047	436758	17398	609	130	12702	31597
辽宁 Liaoning	104092	34984	1319571	12918	975	288	22288	21576
吉林 Jilin	29879	9786	507603	16750	684	221	12899	18858
黑龙江 Heilongjiang	43775	16100	601957	13304	1247	385	11375	6890
上海 Shanghai	171950	49730	5470319	32351	4062	173	86770	23553
江苏 Jiangsu	89198	29560	1897027	21928	2055	404	44277	22272
浙江 Zhejiang	176958	60331	4021692	23308	532	130	10331	19492
安徽 Anhui	42543	15719	613680	15453	23	17	257	9179
福建 Fujian	57472	18984	1099210	19931	363	72	5737	17817
江西 Jiangxi	21942	7546	290020	13324	928	284	24406	26471
山东 Shandong	106075	39382	1802184	17085	3829	1601	83080	21686
河南 Henan	103596	27711	1570598	15261	3174	1124	49512	15463
湖北 Hubei	61399	18946	872161	14032	779	215	6444	8272
湖南 Hunan	48561	16329	735213	15778	1049	407	19063	18277
广东 Guangdong	255734	69516	6803319	27023	1208	273	32620	26629
广西 Guangxi	61191	21203	856720	14170	285	70	4110	14124
海南 Hainan	14477	4159	231622	16560	456	127	5360	11678
重庆 Chongqing	18769	7478	324647	17519	86	40	1645	19583
四川 Sichuan	58484	19892	1099554	19556	814	243	10284	12696
贵州 Guizhou	25572	8879	393266	15626	667	205	6858	10085
云南 Yunnan	35809	10363	656107	18642	534	151	8053	14968
西藏 Tibet	711	204	13295	19075				
陕西 Shaanxi	28908	9488	408059	14665	868	291	10744	12450
甘肃 Gansu	24949	9451	321486	12366	257	74	2185	8502
青海 Qinghai	6962	1880	112162	17468	93	50	722	7763
宁夏 Ningxia	9152	2295	115518	13398	26	12	1062	40846
新疆 Xinjiang	48941	16641	768819	16099	718	195	10622	14335

3-3 续表 44 continued

地区 Region	商务服务业 Business Service 年末人数(人) Year-end Figures (person)	#女性 Female	劳动报酬(千元) Earnings (1000 yuan)	平均劳动报酬(元) Average Earning (yuan)	科学研究、技术服务和地质勘查业 Scientific Research,Technical Service and Geologic Perambulation 年末人数(人) Year-end Figures (person)	#女性 Female	劳动报酬(千元) Earnings (1000 yuan)	平均劳动报酬(元) Average Earning (yuan)
全国 National	**2333374**	**770547**	**55900859**	**24587**	**2354549**	**749249**	**73691131**	**31644**
北京 Beijing	509506	190702	20700431	42760	335918	114464	16625573	50853
天津 Tianjin	64931	9460	1014796	15757	53522	15452	2190361	41473
河北 Hebei	53616	17212	660723	12513	74749	23244	1918573	25895
山西 Shanxi	58364	25751	665748	12102	60160	20406	1135671	19008
内蒙古 Inner Mongolia	25570	7917	424056	17167	39588	14149	936347	23721
辽宁 Liaoning	103117	34696	1297283	12830	96237	30084	2525417	26377
吉林 Jilin	29195	9565	494704	16702	60594	19986	1208573	19956
黑龙江 Heilongjiang	42528	15715	590582	13546	97280	28846	2129811	21992
上海 Shanghai	167888	49557	5383549	32547	141123	57126	6691790	47822
江苏 Jiangsu	87143	29156	1852750	21920	92161	28640	3310768	36220
浙江 Zhejiang	176426	60201	4011361	23320	83807	22550	3271881	39682
安徽 Anhui	42520	15702	613423	15458	51904	14399	1079291	20970
福建 Fujian	57109	18912	1093473	19943	41365	11295	1121168	27159
江西 Jiangxi	21014	7262	265614	12742	55428	16087	1106687	20372
山东 Shandong	102246	37781	1719104	16912	80640	23788	2135824	26764
河南 Henan	100422	26587	1521086	15254	114068	37452	2538978	22524
湖北 Hubei	60620	18731	865717	14105	98413	30357	2385536	24385
湖南 Hunan	47512	15922	716150	15721	62667	18402	1334703	21407
广东 Guangdong	254526	69243	6770699	27025	130848	38518	5948524	46668
广西 Guangxi	60906	21133	852610	14170	54196	15889	1193509	22046
海南 Hainan	14021	4032	226262	16725	16046	5187	261191	16647
重庆 Chongqing	18683	7438	323002	17510	49880	15685	1342697	27813
四川 Sichuan	57670	19649	1089270	19656	114904	36456	3397425	29754
贵州 Guizhou	24905	8674	386408	15779	36463	10164	731288	20308
云南 Yunnan	35275	10212	648054	18699	58670	18600	1178181	20422
西藏 Tibet	711	204	13295	19075	5433	1639	188246	34427
陕西 Shaanxi	28040	9197	397315	14736	125696	41526	2958081	23486
甘肃 Gansu	24692	9377	319301	12405	49236	14133	1005260	20167
青海 Qinghai	6869	1830	111440	17611	17811	4922	620113	35029
宁夏 Ningxia	9126	2283	114456	13315	11418	3639	254070	22540
新疆 Xinjiang	48223	16446	758197	16127	44324	16164	965594	21312

3-3 续表 45 continued

地区 Region	研究与试验发展 Research and Experimental Development				自然科学研究与试验发展 Research and Experimental Development on Physical Science			
	年末人数(人) Year-end Figures (person)	#女性 Female	劳动报酬(千元) Earnings (1000 yuan)	平均劳动报酬(元) Average Earning (yuan)	年末人数(人) Year-end Figures (person)	#女性 Female	劳动报酬(千元) Earnings (1000 yuan)	平均劳动报酬(元) Average Earning (yuan)
全国 National	**646535**	**223295**	**21161154**	**33002**	**149223**	**50518**	**5261144**	**35573**
北京 Beijing	109703	39972	5566680	51381	24478	8908	1240664	50679
天津 Tianjin	12995	4210	387024	30470	5456	1499	161871	30797
河北 Hebei	13611	4573	408645	31671	2054	594	69530	34033
山西 Shanxi	18708	7075	393772	21214	4228	1956	75403	17932
内蒙古 Inner Mongolia	8996	3410	207819	23179	425	253	8239	18984
辽宁 Liaoning	27833	8241	935643	33702	11020	3489	334853	30586
吉林 Jilin	16489	5404	413548	24979	4923	1518	144122	29383
黑龙江 Heilongjiang	17070	5459	379848	22418	5852	1993	140937	24096
上海 Shanghai	41737	13764	2099000	50808	27539	9159	1370321	50162
江苏 Jiangsu	28530	9746	1254762	44318	7179	3062	245936	34296
浙江 Zhejiang	11842	4153	487701	41401	1061	318	55257	50928
安徽 Anhui	12038	3763	235197	19839	4751	1405	114897	24961
福建 Fujian	6439	2080	175308	27260	1152	351	41713	36367
江西 Jiangxi	17246	5565	361665	21809	6829	1806	138553	21975
山东 Shandong	16927	5846	495646	29363	4797	1572	152385	31800
河南 Henan	30877	10718	798562	26062	6540	2166	145434	22454
湖北 Hubei	25824	9197	558787	21818	2916	800	64515	22645
湖南 Hunan	14597	5382	299529	20578	1443	500	34785	24600
广东 Guangdong	21353	7258	865785	41232	2824	934	134363	47935
广西 Guangxi	15542	5212	350205	22803	4305	1406	109650	25619
海南 Hainan	7247	2680	94829	13116	115	34	1986	17421
重庆 Chongqing	8581	2869	242554	28422	2456	841	54060	21317
四川 Sichuan	53012	17929	1556041	29476	3295	1152	88883	26845
贵州 Guizhou	4373	1299	75628	17774	993	366	17282	17635
云南 Yunnan	15448	5450	363132	23632	3218	1127	57959	18056
西藏 Tibet	1163	452	35555	30598	179	61	6928	38921
陕西 Shaanxi	64457	23980	1599400	24866	5638	2078	166988	29430
甘肃 Gansu	13312	3717	305519	21947	1366	366	31090	22578
青海 Qinghai	2269	724	55015	24182	576	149	16394	28611
宁夏 Ningxia	2017	758	40087	19894	449	195	11027	25061
新疆 Xinjiang	6299	2409	118268	18835	1166	460	25119	22054

3-3 续表 46 continued

地 区 Region	工程和技术研究与试验发展 Research and Experimental Development on Engineering and Technical Research				农业科学研究与试验发展 Research and Experimental Development on Agricultural Science Research			
	年末人数（人） Year-end Figures (person)	#女 性 Female	劳动报酬（千元） Earnings (1000 yuan)	平均劳动报酬（元） Average Earning (yuan)	年末人数（人） Year-end Figures (person)	#女 性 Female	劳动报酬（千元） Earnings (1000 yuan)	平均劳动报酬（元） Average Earning (yuan)
全 国 National	**314581**	**104056**	**11472018**	**36866**	**102446**	**35828**	**2127497**	**20746**
北 京 Beijing	65855	22248	3498076	54156	4062	1741	182431	45302
天 津 Tianjin	3882	1248	129365	33733	1216	466	26299	21645
河 北 Hebei	7695	2576	260430	37167	2706	939	57337	21252
山 西 Shanxi	9268	3020	209864	23166	3045	1123	61043	19416
内蒙古 Inner Mongolia	3643	1252	77094	21373	3015	1176	62733	20835
辽 宁 Liaoning	11354	3057	488157	43101	4322	1247	86011	19691
吉 林 Jilin	5423	1589	148837	27446	3933	1315	69161	17221
黑龙江 Heilongjiang	5315	1454	122226	23966	4588	1382	89033	18959
上 海 Shanghai	9980	3093	570586	58372	1431	481	48322	33650
江 苏 Jiangsu	16108	4776	858416	53782	2993	811	76811	25587
浙 江 Zhejiang	4097	1208	161706	40650	3670	1294	140520	37482
安 徽 Anhui	2071	587	44779	21539	1607	646	22680	14052
福 建 Fujian	1346	480	30556	22888	2302	677	53506	23143
江 西 Jiangxi	3258	956	111963	36001	4772	2060	57929	12122
山 东 Shandong	5865	1954	169382	29118	3057	1036	71758	23496
河 南 Henan	11656	4021	432379	37313	6367	2226	103463	16423
湖 北 Hubei	16622	5698	399580	24062	4403	1720	61886	14282
湖 南 Hunan	3940	1236	102380	25919	7362	2751	114808	15627
广 东 Guangdong	9023	3155	369630	41865	6468	2105	222631	35049
广 西 Guangxi	1219	352	36693	30476	5294	1694	91197	17217
海 南 Hainan	374	122	9689	25837	5548	1986	67532	12208
重 庆 Chongqing	4598	1481	151609	33925	557	179	12075	21259
四 川 Sichuan	39818	13076	1248612	31460	4422	1500	80839	18456
贵 州 Guizhou	957	205	18194	21557	1938	520	29489	15084
云 南 Yunnan	5960	1751	194348	32746	4016	1592	64214	16110
西 藏 Tibet	203	77	6651	32764	630	267	16302	25876
陕 西 Shaanxi	54463	20375	1375501	25339	1182	370	16878	14219
甘 肃 Gansu	8113	2149	196446	22513	2948	821	58791	19970
青 海 Qinghai	943	310	19275	20268	580	205	15081	26047
宁 夏 Ningxia	424	123	7022	16445	781	306	11760	14943
新 疆 Xinjiang	1108	427	22572	20557	3231	1192	54977	16906

3-3 续表 47 continued

地区 Region	医学研究与试验发展 Research and Experimental Development on Medical Research				社会人文科学研究与试验发展 Research and Experimental Development on Social Science and Humanities			
	年末人数(人) Year-end Figures (person)	#女性 Female	劳动报酬(千元) Earnings (1000 yuan)	平均劳动报酬(元) Average Earning (yuan)	年末人数(人) Year-end Figures (person)	#女性 Female	劳动报酬(千元) Earnings (1000 yuan)	平均劳动报酬(元) Average Earning (yuan)
全国 National	**26016**	**12775**	**800163**	**31097**	**54269**	**20118**	**1500332**	**27866**
北京 Beijing	6572	3426	285110	43251	8736	3649	360399	41669
天津 Tianjin	1240	565	27620	23055	1201	432	41869	34949
河北 Hebei	222	105	3668	16448	934	359	17680	18970
山西 Shanxi	579	357	12738	22230	1588	619	34724	21963
内蒙古 Inner Mongolia	388	195	10218	28462	1525	534	49535	31855
辽宁 Liaoning	121	71	2195	18922	1016	377	24427	24330
吉林 Jilin	767	398	15343	19926	1443	584	36085	25024
黑龙江 Heilongjiang	146	85	3135	21327	1169	545	24517	21282
上海 Shanghai	1324	482	51595	39087	1463	549	58176	39765
江苏 Jiangsu	1581	856	50126	33108	669	241	23473	35298
浙江 Zhejiang	881	427	33462	39321	2133	906	96756	45704
安徽 Anhui	154	82	2922	18852	3455	1043	49919	14665
福建 Fujian	304	157	8970	28750	1335	415	40563	30614
江西 Jiangxi	1347	358	28411	21014	1040	385	24809	23924
山东 Shandong	1414	674	44874	32007	1794	610	57247	31541
河南 Henan	514	203	9755	18979	5800	2102	107531	18662
湖北 Hubei	878	638	8951	10605	1005	341	23855	24367
湖南 Hunan	1221	713	33174	27214	631	182	14382	22974
广东 Guangdong	1230	522	45248	38088	1808	542	93913	51431
广西 Guangxi	1381	580	33842	24559	3343	1180	78823	24640
海南 Hainan	42	15	725	17262	1168	523	14897	12765
重庆 Chongqing	144	40	1764	12600	826	328	23046	28071
四川 Sichuan	1401	762	40219	29486	4076	1439	97488	24095
贵州 Guizhou	87	43	1590	19157	398	165	9073	23087
云南 Yunnan	1064	537	25574	23991	1190	443	21037	17996
西藏 Tibet					151	47	5674	37576
陕西 Shaanxi	562	258	9378	16687	2612	899	30655	11732
甘肃 Gansu	357	192	7789	21941	528	189	11403	21971
青海 Qinghai					170	60	4265	24797
宁夏 Ningxia	34	16	689	20879	329	118	9589	29235
新疆 Xinjiang	61	18	1078	18271	733	312	14522	19866

3-3 续表 48 continued

地区 Region	专业技术服务业 Professional Technique Services				气象服务 Weather Services			
	年末人数（人） Year-end Figures (person)	#女性 Female	劳动报酬（千元） Earnings (1000 yuan)	平均劳动报酬（元） Average Earning (yuan)	年末人数（人） Year-end Figures (person)	#女性 Female	劳动报酬（千元） Earnings (1000 yuan)	平均劳动报酬（元） Average Earning (yuan)
全国 National	**1065632**	**326823**	**35795010**	**34130**	**52494**	**19089**	**1287529**	**24725**
北京 Beijing	155766	50098	7847701	51685	2448	1079	114988	48416
天津 Tianjin	30582	9192	1288399	42254	413	147	9785	23750
河北 Hebei	31101	10498	610960	19708	1800	738	29582	16462
山西 Shanxi	25912	9172	489308	19081	1883	816	31520	16847
内蒙古 Inner Mongolia	16973	6366	401969	23796	2338	971	59917	25693
辽宁 Liaoning	45751	14960	1109578	24409	1688	645	42802	25615
吉林 Jilin	32453	10928	616794	19053	1115	394	19947	18150
黑龙江 Heilongjiang	29914	9100	520916	17449	1576	586	26701	16761
上海 Shanghai	34972	10480	2405627	69903	508	215	13819	27638
江苏 Jiangsu	48748	15106	1692041	35238	1971	678	66366	34227
浙江 Zhejiang	56267	14528	2213428	40187	1946	631	75070	38876
安徽 Anhui	25836	7279	637928	24903	1452	427	33222	22770
福建 Fujian	26428	6898	781547	29653	1429	464	31800	22347
江西 Jiangxi	15680	4527	337165	21846	1740	527	33303	19273
山东 Shandong	43009	12421	1168679	27609	1879	655	41152	22065
河南 Henan	53316	17441	1175257	22397	2246	835	49893	22323
湖北 Hubei	53513	15871	1547827	29188	2035	666	46831	23104
湖南 Hunan	32097	8966	816604	25622	1788	591	37667	21499
广东 Guangdong	90377	25529	4489157	51365	2437	778	87674	36668
广西 Guangxi	24250	6643	595130	24521	2160	801	51506	23912
海南 Hainan	6642	1747	128453	19729	439	149	8650	19794
重庆 Chongqing	24206	9113	742525	32537	778	281	21424	27644
四川 Sichuan	45315	13947	1534254	34101	3006	997	67538	22588
贵州 Guizhou	16821	4513	367148	22242	1507	470	32359	20985
云南 Yunnan	24559	7690	491833	20835	2187	776	42538	20132
西藏 Tibet	2583	764	92172	36089	1052	426	46064	43787
陕西 Shaanxi	27218	7854	629874	23249	2480	911	46860	19236
甘肃 Gansu	14579	4570	323285	22340	1643	553	27595	16816
青海 Qinghai	4021	1449	96589	24534	1532	661	36499	23965
宁夏 Ningxia	5690	1786	148994	26943	560	191	10605	19212
新疆 Xinjiang	21053	7387	493868	23593	2458	1030	43852	17833

3-3 续表 49 continued

地区 Region	地震服务 Earthquake Services 年末人数(人) Year-end Figures (person)	#女性 Female	劳动报酬(千元) Earnings (1000 yuan)	平均劳动报酬(元) Average Earning (yuan)	海洋服务 Ocean Services 年末人数(人) Year-end Figures (person)	#女性 Female	劳动报酬(千元) Earnings (1000 yuan)	平均劳动报酬(元) Average Earning (yuan)
全国 National	**17519**	**5233**	**429589**	**24837**	**7232**	**1454**	**270160**	**37538**
北京 Beijing	1285	474	49774	42688	438	153	20398	46571
天津 Tianjin	432	112	10461	24104	680	220	14524	21710
河北 Hebei	668	199	15753	23582	58	15	1307	22534
山西 Shanxi	728	309	12031	16572				
内蒙古 Inner Mongolia	742	233	20222	27327				
辽宁 Liaoning	628	174	12236	19422	291	59	6269	21469
吉林 Jilin	261	61	5450	21289	38	5	986	25947
黑龙江 Heilongjiang	256	51	4726	18533				
上海 Shanghai	17		363	21353	660	127	15684	23764
江苏 Jiangsu	561	143	18997	33863	98	9	4932	49818
浙江 Zhejiang	146	26	7376	51222	1650	174	77500	46998
安徽 Anhui	453	104	11031	24459				
福建 Fujian	666	228	15382	23131	361	49	21505	59406
江西 Jiangxi	171	46	4310	25353				
山东 Shandong	624	120	16910	27407	1222	209	37345	31095
河南 Henan	654	223	15546	23844				
湖北 Hubei	430	133	8136	19234				
湖南 Hunan	192	57	3945	20873				
广东 Guangdong	458	142	22022	48938	1538	398	66084	42801
广西 Guangxi	280	83	6438	23496	21	2	429	22579
海南 Hainan	71	15	1354	19070	165	27	2996	19205
重庆 Chongqing	11	2	283	25727				
四川 Sichuan	2434	767	69695	29186				
贵州 Guizhou	221	73	7494	34064	12	7	201	16750
云南 Yunnan	863	263	16784	19448				
西藏 Tibet	85	25	2720	32000				
陕西 Shaanxi	1966	475	18552	9460				
甘肃 Gansu	1202	393	30049	25125				
青海 Qinghai	258	78	6544	25663				
宁夏 Ningxia	310	88	6529	20994				
新疆 Xinjiang	446	136	8476	18962				

3-3 续表 50 continued

地 区 Region	测绘服务 Plotting Services 年末人数（人）Year-end Figures (person)	#女性 Female	劳动报酬（千元）Earnings (1000 yuan)	平均劳动报酬（元）Average Earning (yuan)	技术检测 Technique Detection 年末人数（人）Year-end Figures (person)	#女性 Female	劳动报酬（千元）Earnings (1000 yuan)	平均劳动报酬（元）Average Earning (yuan)
全 国 National	**36884**	**10779**	**975280**	**26536**	**169710**	**59634**	**4822559**	**28933**
北 京 Beijing	1998	662	80459	39890	23156	9366	1066414	48126
天 津 Tianjin	101	31	4482	44376	3785	1323	128677	34872
河 北 Hebei	1013	273	16958	17043	6797	2212	117192	17310
山 西 Shanxi	751	294	18089	24412	3921	1574	71007	18249
内蒙古 Inner Mongolia	906	326	34277	37875	3937	1525	84860	21533
辽 宁 Liaoning	1693	599	25403	15040	12883	4479	256684	20124
吉 林 Jilin	1703	491	35443	20002	6398	2348	102945	16123
黑龙江 Heilongjiang	2671	796	44009	16797	5655	1892	90627	16094
上 海 Shanghai	580	110	30003	51287	4619	1560	201194	44170
江 苏 Jiangsu	2054	459	63558	31125	8552	2876	290732	34349
浙 江 Zhejiang	3172	667	97185	31687	7835	2755	284016	37331
安 徽 Anhui	385	96	9292	24325	4618	1457	102663	22411
福 建 Fujian	973	243	24124	24921	3077	973	70374	23142
江 西 Jiangxi	889	285	15725	17869	2807	822	53483	19845
山 东 Shandong	1909	538	78833	41491	7343	2664	179614	24802
河 南 Henan	2233	721	47817	21656	12155	4246	192127	16098
湖 北 Hubei	1111	380	25150	22781	5060	1627	111030	22277
湖 南 Hunan	1672	399	38228	22946	3141	809	68229	21729
广 东 Guangdong	2482	674	93557	38359	16795	5725	776945	47627
广 西 Guangxi	1366	318	32429	23313	3720	1114	79769	21670
海 南 Hainan	259	78	8005	31392	1046	390	19524	19029
重 庆 Chongqing	504	117	17292	30178	1628	428	75255	47211
四 川 Sichuan	1239	402	22303	17842	5288	1926	115088	21690
贵 州 Guizhou	687	181	13279	19357	1618	510	29241	18241
云 南 Yunnan	886	284	14819	16917	3178	1134	59907	19294
西 藏 Tibet					101	47	3055	30248
陕 西 Shaanxi	2049	767	52808	25760	3088	1012	37711	12212
甘 肃 Gansu	248	98	4585	18488	2376	824	50169	21643
青 海 Qinghai	83	28	2369	28542	540	215	12398	23481
宁 夏 Ningxia	267	111	4454	16808	1072	392	24409	23425
新 疆 Xinjiang	1000	351	20345	20447	3521	1409	67220	19146

3-3 续表 51 continued

地区 Region	环境监测 Environmental Monitoring 年末人数(人) Year-end Figures (person)	#女性 Female	劳动报酬(千元) Earnings (1000 yuan)	平均劳动报酬(元) Average Earning (yuan)	工程技术与规划管理 Engineering Technic & Programming Management 年末人数(人) Year-end Figures (person)	#女性 Female	劳动报酬(千元) Earnings (1000 yuan)	平均劳动报酬(元) Average Earning (yuan)
全国 National	**47440**	**17437**	**1104738**	**23438**	**624619**	**176110**	**22901766**	**37349**
北京 Beijing	1573	573	80706	50663	86227	24630	4720021	56864
天津 Tianjin	433	191	13371	30809	22682	6584	1053645	46768
河北 Hebei	1621	630	26783	16604	18213	6157	379243	20864
山西 Shanxi	2245	970	35240	15781	13424	4287	287305	21943
内蒙古 Inner Mongolia	1500	695	34120	22869	7263	2512	162737	22618
辽宁 Liaoning	3299	1113	65659	19981	21454	6951	629669	29484
吉林 Jilin	1546	628	25492	16521	20000	6549	399536	20185
黑龙江 Heilongjiang	1309	457	18203	13645	15174	4400	279856	18366
上海 Shanghai	1467	556	56379	38669	20771	6246	1580240	77357
江苏 Jiangsu	3673	1599	94381	25745	27936	7970	1038278	37665
浙江 Zhejiang	2610	615	86323	33550	37918	9329	1552943	41824
安徽 Anhui	1916	610	36389	20306	15751	4081	418552	26632
福建 Fujian	1378	481	30640	22235	15495	3495	517186	33363
江西 Jiangxi	1349	474	21174	15743	8118	2249	199261	24787
山东 Shandong	1710	498	56645	32461	26260	7092	689373	26832
河南 Henan	4202	1491	64667	15467	28666	8916	755316	26859
湖北 Hubei	2868	1272	46068	16187	38572	10793	1134547	29898
湖南 Hunan	845	304	20116	24033	22425	6197	611110	27463
广东 Guangdong	3314	1122	124438	38597	53246	13366	2828180	55250
广西 Guangxi	1331	419	29049	21486	12824	3231	333781	25945
海南 Hainan	154	54	3336	22093	4290	984	80569	19165
重庆 Chongqing	71	34	2033	28634	9759	2298	380862	39893
四川 Sichuan	1519	565	33456	22127	31478	9179	1220119	39129
贵州 Guizhou	452	166	8227	18529	11361	2708	259622	23514
云南 Yunnan	1157	468	22722	19690	14946	4329	307176	21382
西藏 Tibet	55	21	1874	32877	1290	245	38459	30547
陕西 Shaanxi	1525	517	19567	12907	15684	4047	435887	27911
甘肃 Gansu	950	306	18796	19827	8010	2339	189397	23764
青海 Qinghai	267	125	6574	25780	1294	323	31111	24929
宁夏 Ningxia	274	115	5268	19368	2417	790	82525	35648
新疆 Xinjiang	827	368	17042	20533	11671	3833	305260	26313

3-3 续表 52 continued

地区 Region	科技交流和推广服务业 Services of Science and Technique Intercommunion and Generalization 年末人数(人) Year-end Figures (person)	#女性 Female	劳动报酬(千元) Earnings (1000 yuan)	平均劳动报酬(元) Average Earning (yuan)	地质勘查业 Geologic Perambulation 年末人数(人) Year-end Figures (person)	#女性 Female	劳动报酬(千元) Earnings (1000 yuan)	平均劳动报酬(元) Average Earning (yuan)
全国 National	**330219**	**121088**	**8987465**	**27504**	**312163**	**78043**	**7747502**	**24830**
北京 Beijing	64775	22835	2946332	48151	5674	1559	264860	47602
天津 Tianjin	4145	1167	141137	35749	5800	883	373801	65903
河北 Hebei	2981	1069	42358	14186	27056	7104	856610	31493
山西 Shanxi	3801	1574	58815	15413	11739	2585	193776	16527
内蒙古 Inner Mongolia	3699	1406	80443	21824	9920	2967	246116	24788
辽宁 Liaoning	13565	5033	301756	22454	9088	1850	178440	19643
吉林 Jilin	6085	2351	83966	13899	5567	1303	94265	16854
黑龙江 Heilongjiang	6025	2204	89833	15035	44271	12083	1139214	25850
上海 Shanghai	62863	32599	2123561	33873	1551	283	63602	42037
江苏 Jiangsu	7576	2233	201800	26518	7307	1555	162165	21723
浙江 Zhejiang	9802	2734	378653	38753	5896	1135	192099	32990
安徽 Anhui	5590	1503	81107	14437	8440	1854	125059	14925
福建 Fujian	4936	1574	83086	16788	3562	743	81227	22913
江西 Jiangxi	2397	875	31559	13574	20105	5120	376298	18831
山东 Shandong	7968	2463	134119	16828	12736	3058	337380	26725
河南 Henan	15250	5443	260450	17153	14625	3850	304709	21124
湖北 Hubei	11041	3139	155791	14099	8035	2150	123131	15130
湖南 Hunan	7172	1992	83612	11707	8801	2062	134958	15369
广东 Guangdong	10873	4069	380480	34926	8245	1662	213102	26064
广西 Guangxi	10596	3054	171247	16146	3808	980	76927	19715
海南 Hainan	1410	593	21409	17826	747	167	16500	22059
重庆 Chongqing	11541	2326	220793	19238	5552	1377	136825	25133
四川 Sichuan	7058	2129	108452	15266	9519	2451	198678	21363
贵州 Guizhou	9416	2655	136237	14475	5853	1697	152275	26097
云南 Yunnan	11617	3749	183798	15662	7046	1711	139418	19957
西藏 Tibet	456	187	14044	30202	1231	236	46475	36111
陕西 Shaanxi	6827	2252	89098	13108	27194	7440	639709	23059
甘肃 Gansu	11036	3463	198304	18072	10309	2383	178152	16996
青海 Qinghai	545	196	17657	32398	10976	2553	450852	41189
宁夏 Ningxia	811	270	15699	19358	2900	825	49290	16903
新疆 Xinjiang	8362	3951	151869	16231	8610	2417	201589	23068

3-3 续表 53 continued

地区 Region	水利、环境和公共设施管理业 Management of Water Conservancy, Environment and Public Establishment				水利管理业 Management of Water Conservancy			
	年末人数（人） Year-end Figures (person)	#女性 Female	劳动报酬（千元） Earnings (1000 yuan)	平均劳动报酬（元） Average Earning (yuan)	年末人数（人） Year-end Figures (person)	#女性 Female	劳动报酬（千元） Earnings (1000 yuan)	平均劳动报酬（元） Average Earning (yuan)
全国 National	**1870049**	**766005**	**28982950**	**15630**	**470271**	**132172**	**7505322**	**15962**
北京 Beijing	76875	27372	2104471	28427	7982	2208	274632	34350
天津 Tianjin	35650	10421	776823	22215	6603	1698	163432	24781
河北 Hebei	88870	37147	1138751	12929	19044	5722	271142	14209
山西 Shanxi	53243	21543	631596	11973	16962	4810	210684	12501
内蒙古 Inner Mongolia	58864	26663	869000	14624	17116	5788	283984	16314
辽宁 Liaoning	111149	48566	1521552	13672	18543	5226	282520	15142
吉林 Jilin	67605	29245	751216	10964	16627	5052	177298	10677
黑龙江 Heilongjiang	79986	31387	881252	10996	15947	4220	176931	11217
上海 Shanghai	53163	18412	1545253	29508	3983	1003	166716	42196
江苏 Jiangsu	102136	40157	2055118	20234	28922	7059	622790	21626
浙江 Zhejiang	63122	23779	1505036	24377	9110	1871	337186	37180
安徽 Anhui	60482	24344	750739	12559	21512	5892	270861	12660
福建 Fujian	39266	15394	685897	17476	8469	2159	148322	17405
江西 Jiangxi	49518	21792	596064	12319	11219	3127	132294	11806
山东 Shandong	108351	45924	1650780	15278	23448	6507	413388	17448
河南 Henan	113372	46365	1491657	13459	30389	8909	451153	15183
湖北 Hubei	96257	39897	1168418	12254	34786	10602	416471	12073
湖南 Hunan	71475	28955	961363	13497	20737	5819	254956	12256
广东 Guangdong	124291	52303	2493059	20299	28813	6962	542283	18873
广西 Guangxi	53323	24641	680809	12846	13196	3260	155724	11775
海南 Hainan	19404	9572	225565	11881	4191	1297	31936	7593
重庆 Chongqing	28048	12638	340702	12293	2959	911	35949	12186
四川 Sichuan	78681	35071	1015636	13014	16097	4824	254657	15532
贵州 Guizhou	27326	12366	337129	12781	6035	1636	94040	15528
云南 Yunnan	43447	19332	547788	12778	11212	2838	184369	16488
西藏 Tibet	1718	922	27953	15478	179	31	4830	27443
陕西 Shaanxi	53845	19259	622892	11581	24360	7783	283108	11627
甘肃 Gansu	41174	13592	550945	13444	19041	4703	283445	14851
青海 Qinghai	7701	2964	116335	15386	4383	1050	73769	17268
宁夏 Ningxia	18504	7984	278276	14959	6900	2020	127217	18195
新疆 Xinjiang	43203	17998	660875	15022	21506	7185	379235	17263

3-3 续表 54 continued

地 区	Region	环境管理业 Environmental Management				公共设施管理业 Management of Public Establishment			
		年末人数（人） Year-end Figures (person)	#女 性 Female	劳动报酬（千元） Earnings (1000 yuan)	平均劳动报酬（元） Average Earning (yuan)	年末人数（人） Year-end Figures (person)	#女 性 Female	劳动报酬（千元） Earnings (1000 yuan)	平均劳动报酬（元） Average Earning (yuan)
全 国	**National**	**838497**	**418047**	**11132232**	**13464**	**561281**	**215786**	**10345396**	**18564**
北 京	Beijing	31882	11644	862358	27132	37011	13520	967481	28245
天 津	Tianjin	12427	4335	222904	18779	16620	4388	390487	23660
河 北	Hebei	30985	15375	342019	11219	38841	16050	525590	13649
山 西	Shanxi	22243	10946	204110	9355	14038	5787	216802	15399
内蒙古	Inner Mongolia	30935	16418	373267	12012	10813	4457	211749	19352
辽 宁	Liaoning	53551	28341	637498	12054	39055	14999	601534	15134
吉 林	Jilin	33343	17906	313275	9546	17635	6287	260643	13650
黑龙江	Heilongjiang	45430	20303	459043	10161	18609	6864	245278	12780
上 海	Shanghai	33520	12396	863309	26341	15660	5013	515228	32937
江 苏	Jiangsu	42702	21704	667453	15819	30512	11394	764875	25016
浙 江	Zhejiang	33378	14881	599271	18532	20634	7027	568579	27961
安 徽	Anhui	24214	13123	252386	10568	14756	5329	227492	15687
福 建	Fujian	19118	8992	309628	16237	11679	4243	227947	19553
江 西	Jiangxi	22554	12108	233619	10716	15745	6557	230151	14963
山 东	Shandong	45044	23835	536628	11929	39859	15582	700764	17798
河 南	Henan	47540	23097	511164	11092	35443	14359	529340	15109
湖 北	Hubei	39695	20282	436662	11149	21776	9013	315285	14535
湖 南	Hunan	30468	15145	379372	12592	20270	7991	327035	16114
广 东	Guangdong	57388	30522	997436	17474	38090	14819	953340	25767
广 西	Guangxi	28437	16270	336262	11908	11690	5111	188823	16368
海 南	Hainan	10122	6037	120219	12244	5091	2238	73410	14797
重 庆	Chongqing	14960	8149	154730	10600	10129	3578	150023	14753
四 川	Sichuan	41329	22217	407506	10011	21255	8030	353473	16879
贵 州	Guizhou	14679	8204	128153	9176	6612	2526	114936	18086
云 南	Yunnan	18852	10659	192223	10311	13383	5835	171196	13123
西 藏	Tibet	1202	685	18179	13867	337	206	4944	15498
陕 西	Shaanxi	15702	6560	155090	9961	13783	4916	184694	13316
甘 肃	Gansu	14465	5418	150537	10523	7668	3471	116963	15410
青 海	Qinghai	2801	1659	33092	11938	517	255	9474	18325
宁 夏	Ningxia	7180	3997	89241	12297	4424	1967	61818	14198
新 疆	Xinjiang	12351	6839	145598	11921	9346	3974	136042	13863

3-3 续表 55 continued

地区 Region	居民服务和其他服务业 Resident Services and Other Services				居民服务业 Resident Services			
	年末人数（人） Year-end Figures (person)	#女性 Female	劳动报酬（千元） Earnings (1000 yuan)	平均劳动报酬（元） Average Earning (yuan)	年末人数（人） Year-end Figures (person)	#女性 Female	劳动报酬（千元） Earnings (1000 yuan)	平均劳动报酬（元） Average Earning (yuan)
全　国 National	**565556**	**218982**	**10250126**	**18030**	**270299**	**106110**	**5025768**	**18427**
北　京 Beijing	99656	41401	1940404	19428	29037	13601	498407	17289
天　津 Tianjin	50829	16152	720193	14775	5424	2090	110735	20690
河　北 Hebei	20723	9372	464632	22506	6315	2532	77895	12331
山　西 Shanxi	11995	5201	161449	13950	3351	1728	32506	9674
内蒙古 Inner Mongolia	18517	6023	356942	19671	16384	4946	333614	20850
辽　宁 Liaoning	21683	7220	343724	15524	10694	4141	168894	15705
吉　林 Jilin	11940	5654	174309	14479	4325	1695	93188	21667
黑龙江 Heilongjiang	51516	18808	748593	13653	37101	12223	618605	15244
上　海 Shanghai	37257	16801	778959	20762	13753	6186	288762	20248
江　苏 Jiangsu	11621	4574	241072	20691	8279	3540	162880	19629
浙　江 Zhejiang	10394	4561	247979	24288	7163	3238	176743	25166
安　徽 Anhui	4289	1610	63645	14919	3339	1208	51193	15373
福　建 Fujian	12612	4999	219215	17669	5859	2528	105365	17934
江　西 Jiangxi	6003	2377	68856	11569	2642	1131	24809	9513
山　东 Shandong	32024	6021	803397	25080	23427	3303	631099	26964
河　南 Henan	17175	6745	256789	15159	10544	4298	135082	12945
湖　北 Hubei	13782	6228	207094	15088	7116	3430	102251	14369
湖　南 Hunan	6978	2734	106943	15374	4142	1856	60530	14660
广　东 Guangdong	45029	20441	997321	22512	28406	13411	614367	21707
广　西 Guangxi	7515	2917	116169	14930	4034	1508	67550	16720
海　南 Hainan	776	284	12273	15918	573	230	8961	16002
重　庆 Chongqing	6065	1994	85073	15100	5511	1831	76690	15156
四　川 Sichuan	19858	6315	345343	17605	8576	3049	124749	14718
贵　州 Guizhou	7610	3073	77506	10484	4549	2110	50032	11436
云　南 Yunnan	5286	2069	65353	12380	2819	1245	36033	12883
西　藏 Tibet	65	8	1802	28156	26	4	601	23115
陕　西 Shaanxi	20907	8222	293550	12820	7631	4088	135992	17998
甘　肃 Gansu	6441	3789	156607	20252	3577	2125	62805	17852
青　海 Qinghai	2922	1343	125329	48111	2747	1293	122346	50265
宁　夏 Ningxia	602	159	20478	15728	430	92	18224	16170
新　疆 Xinjiang	3486	1887	49127	14182	2525	1450	34860	13961

3-3 续表 56 continued

地 区 Region	其他服务业 Other Services				教 育 Education			
	年末人数（人） Year-end Figures (person)	#女 性 Female	劳动报酬（千元） Earnings (1000 yuan)	平均劳动报酬（元） Average Earning (yuan)	年末人数（人） Year-end Figures (person)	#女 性 Female	劳动报酬（千元） Earnings (1000 yuan)	平均劳动报酬（元） Average Earning (yuan)
全 国 National	**295257**	**112872**	**5224358**	**17665**	**15044142**	**7338378**	**312781628**	**20918**
北 京 Beijing	70619	27800	1441997	20296	376680	217017	15129139	40856
天 津 Tianjin	45405	14062	609458	14045	167513	98910	4807870	28752
河 北 Hebei	14408	6840	386737	26992	839490	501064	13450714	16060
山 西 Shanxi	8644	3473	128943	15700	469750	270656	8164067	17478
内蒙古 Inner Mongolia	2133	1077	23328	10876	331810	176816	7104409	21289
辽 宁 Liaoning	10989	3079	174830	15352	510585	290884	10345534	20297
吉 林 Jilin	7615	3959	81121	10483	376869	215202	6715267	17875
黑龙江 Heilongjiang	14415	6585	129988	9124	432926	239779	8372424	19389
上 海 Shanghai	23504	10615	490197	21077	257704	152087	9764953	37819
江 苏 Jiangsu	3342	1034	78192	23320	833641	401044	21070370	25352
浙 江 Zhejiang	3231	1323	71236	22352	534805	290233	20407201	38638
安 徽 Anhui	950	402	12452	13303	582570	215215	10067980	17375
福 建 Fujian	6753	2471	113850	17430	425404	202282	9230263	21771
江 西 Jiangxi	3361	1246	44047	13172	464855	182883	7367980	16027
山 东 Shandong	8597	2718	172298	19967	1054050	468341	22780951	21772
河 南 Henan	6631	2447	121707	18710	1096008	535575	18641604	17151
湖 北 Hubei	6666	2798	104843	15861	652512	273511	10907568	16754
湖 南 Hunan	2836	878	46413	16418	670665	292512	12333452	18529
广 东 Guangdong	16623	7030	382954	23938	1012297	540401	26474030	26359
广 西 Guangxi	3481	1409	48619	12996	551658	255937	9050663	16495
海 南 Hainan	203	54	3312	15697	87749	36413	1763695	20560
重 庆 Chongqing	554	163	8383	14605	320847	139152	6041990	19003
四 川 Sichuan	11282	3266	220594	19802	807017	346383	13149698	16374
贵 州 Guizhou	3061	963	27474	9103	387309	150454	6253359	16316
云 南 Yunnan	2467	824	29320	11813	489743	218171	8900603	18344
西 藏 Tibet	39	4	1201	31605	33761	13915	939625	28375
陕 西 Shaanxi	13276	4134	157558	10270	511263	242133	8643403	16897
甘 肃 Gansu	2864	1664	93802	22254	298379	115065	5458777	18545
青 海 Qinghai	175	50	2983	17444	62753	29341	1502074	24173
宁 夏 Ningxia	172	67	2254	12880	75828	33559	1586399	20935
新 疆 Xinjiang	961	437	14267	14754	327701	193443	6355566	19612

3-3 续表 57 continued

地区 Region	初等教育 Primary Education				中等教育 Secondary Education			
	年末人数（人） Year-end Figures (person)	#女性 Female	劳动报酬（千元） Earnings (1000 yuan)	平均劳动报酬（元） Average Earning (yuan)	年末人数（人） Year-end Figures (person)	#女性 Female	劳动报酬（千元） Earnings (1000 yuan)	平均劳动报酬（元） Average Earning (yuan)
全 国 National	**6095885**	**3168316**	**106491066**	**17488**	**6467149**	**2946416**	**133598197**	**20802**
北 京 Beijing	59515	42791	2024780	34144	109635	67826	4173976	38289
天 津 Tianjin	35117	24839	899382	25489	59117	36003	1676174	28490
河 北 Hebei	364316	234415	5270950	14479	379684	216534	6063335	16022
山 西 Shanxi	211564	133065	3352368	15816	192190	101568	3345147	17632
内蒙古 Inner Mongolia	143466	79832	2691528	18648	144424	73212	3105453	21379
辽 宁 Liaoning	171586	111316	2811559	16292	224661	124523	4267391	19029
吉 林 Jilin	163459	102502	2606417	15828	141412	77428	2382381	17044
黑龙江 Heilongjiang	160884	93199	2684958	16704	177758	100270	3229200	17932
上 海 Shanghai	40982	30287	1562936	37929	89582	51792	3528078	39011
江 苏 Jiangsu	306174	166358	6663810	21687	383585	164911	9814455	25685
浙 江 Zhejiang	181974	113260	6352469	35231	250776	122356	9865543	39835
安 徽 Anhui	271079	105854	4320237	15909	254791	84426	4593408	18191
福 建 Fujian	175348	95771	3336823	18872	193545	76701	4151301	21604
江 西 Jiangxi	217680	91398	2970791	13752	174843	61783	2697706	15585
山 东 Shandong	389576	176979	6944661	17908	520487	222940	11304670	21814
河 南 Henan	468543	243078	7117412	15261	516271	239536	8918560	17441
湖 北 Hubei	207552	97097	2802955	13456	305625	114495	4769346	15664
湖 南 Hunan	264053	124351	3807894	14469	302795	122161	5698081	19016
广 东 Guangdong	444500	266270	9530354	21411	430550	198664	11348623	26670
广 西 Guangxi	250886	119989	3701331	14713	241619	107053	4030570	16844
海 南 Hainan	42137	17381	769838	18699	34341	13950	709930	21084
重 庆 Chongqing	138149	63519	2020769	14686	132101	52919	2383680	18258
四 川 Sichuan	360392	160350	5015383	13943	346385	137498	5920774	17196
贵 州 Guizhou	211743	82882	3207387	15277	139253	48058	2345218	17072
云 南 Yunnan	251442	108032	4387987	17502	171953	75622	3209625	18971
西 藏 Tibet	19652	8324	510416	26638	10438	4006	322077	31161
陕 西 Shaanxi	214440	108999	3019759	14033	209335	97122	3298382	15726
甘 肃 Gansu	122218	47678	2003794	16617	131144	47462	2377137	18390
青 海 Qinghai	28562	13504	681012	24050	25277	11505	590680	23673
宁 夏 Ningxia	34434	15077	680695	19573	30644	12957	647509	21291
新 疆 Xinjiang	144462	89919	2740411	19082	142928	81135	2829787	20107

3-3 续表 58 continued

地 区	Region	高等教育 Higher Education 年末人数(人) Year-end Figures (person)	#女 性 Female	劳动报酬(千元) Earnings (1000 yuan)	平均劳动报酬(元) Average Earning (yuan)	卫生、社会保障和社会福利业 Sanitation,Social Security & Social Welfare 年末人数(人) Year-end Figures (person)	#女 性 Female	劳动报酬(千元) Earnings (1000 yuan)	平均劳动报酬(元) Average Earning (yuan)
全 国	**National**	**1658317**	**722953**	**54820087**	**33685**	**5254252**	**3129102**	**122609317**	**23590**
北 京	Beijing	135389	62139	6762794	51179	172449	116622	7831786	46495
天 津	Tianjin	36365	17258	1304787	36419	77592	46677	2219748	28959
河 北	Hebei	66804	30632	1662986	25101	233178	139775	3919352	16829
山 西	Shanxi	40327	18698	1021936	25718	142422	88357	2188534	15482
内蒙古	Inner Mongolia	27091	12683	929655	34055	105864	62109	2174109	20414
辽 宁	Liaoning	85358	38165	2666553	31805	225940	142189	4561634	20355
吉 林	Jilin	55101	25074	1416929	26056	145617	89128	2228580	15412
黑龙江	Heilongjiang	64014	29352	1932422	30700	174399	109240	3197724	18262
上 海	Shanghai	79662	34670	3177027	40045	157250	103303	6583972	41849
江 苏	Jiangsu	107306	46949	3694859	35052	305913	176129	8686537	28718
浙 江	Zhejiang	68614	29995	3202523	47652	252385	156025	10230488	41483
安 徽	Anhui	40837	15812	868847	21900	181523	99481	3117577	17301
福 建	Fujian	37717	16517	1294772	35607	127650	73349	2952256	23374
江 西	Jiangxi	45966	20441	1310911	29386	145505	77312	2582085	18242
山 东	Shandong	96749	42417	3442763	36542	359296	208116	8074365	22690
河 南	Henan	67760	28182	1841787	27863	341185	194383	5763214	17094
湖 北	Hubei	100370	42316	2745601	27692	261379	150978	4544484	17493
湖 南	Hunan	77609	32745	2343922	30544	242631	141897	5232159	21846
广 东	Guangdong	89959	40326	4389966	50531	401035	247170	13107598	33188
广 西	Guangxi	33583	13546	847757	26188	175430	108458	3488324	20318
海 南	Hainan	6745	2889	206950	31912	31898	18779	638763	20305
重 庆	Chongqing	38343	15412	1450950	38643	92648	51029	1991416	21813
四 川	Sichuan	69449	29519	1689475	24681	270370	151503	5674750	21205
贵 州	Guizhou	22662	10883	473430	21124	93181	53586	1690461	18346
云 南	Yunnan	29347	13356	633939	21978	132090	82890	2552244	19464
西 藏	Tibet	1555	567	55766	36688	13604	6721	364897	27231
陕 西	Shaanxi	69015	24106	1914165	28098	148037	84953	2374884	16187
甘 肃	Gansu	26161	10325	698695	27142	79012	44609	1363603	17322
青 海	Qinghai	5946	2711	157861	26598	25120	14866	585932	23810
宁 夏	Ningxia	7020	3145	180449	26209	26931	16356	489813	18295
新 疆	Xinjiang	25493	12123	499610	19992	112718	73112	2198028	19852

3-3 续表 59 continued

地区 Region	卫生 Sanitation				社会保障业 Social Security			
	年末人数（人） Year-end Figures (person)	#女性 Female	劳动报酬（千元） Earnings (1000 yuan)	平均劳动报酬（元） Average Earning (yuan)	年末人数（人） Year-end Figures (person)	#女性 Female	劳动报酬（千元） Earnings (1000 yuan)	平均劳动报酬（元） Average Earning (yuan)
全国 National	**4993358**	**3007660**	**117261457**	**23752**	**138823**	**60871**	**2881457**	**20734**
北京 Beijing	162117	110592	7528638	47558	3618	2075	116269	32919
天津 Tianjin	67453	43913	2028035	30482	7892	1828	134360	17016
河北 Hebei	223014	135273	3753338	16881	4254	1916	66542	15832
山西 Shanxi	133515	84138	2042595	15417	5696	2795	92866	16376
内蒙古 Inner Mongolia	99060	59149	2056078	20637	3930	1703	65614	16363
辽宁 Liaoning	211082	135568	4307566	20571	6820	3113	120134	17947
吉林 Jilin	137523	85434	2114167	15440	3691	1624	50111	14760
黑龙江 Heilongjiang	164962	104809	3052600	18410	5288	2547	83417	16175
上海 Shanghai	139881	94673	6144298	44370	11843	5184	290354	21790
江苏 Jiangsu	289567	168700	8135319	28417	9740	4141	355866	36870
浙江 Zhejiang	244164	151700	9960820	41775	3905	1762	150028	38410
安徽 Anhui	176440	97010	3028866	17294	2200	904	43042	19717
福建 Fujian	121252	70204	2818737	23502	3438	1627	71052	20745
江西 Jiangxi	138890	74309	2482265	18388	3066	1213	47181	15546
山东 Shandong	347243	203046	7773041	22603	6554	2614	161359	24867
河南 Henan	326745	188556	5522386	17106	6990	3079	118675	17207
湖北 Hubei	245563	142903	4258427	17451	8122	3969	171446	21182
湖南 Hunan	233516	137520	5071500	22010	5377	2470	92841	17357
广东 Guangdong	384068	238369	12611717	33356	5985	2571	191158	32554
广西 Guangxi	166087	103336	3335831	20545	5853	2942	93542	15957
海南 Hainan	30825	18271	616167	20279	514	225	10262	19888
重庆 Chongqing	88767	49197	1923266	21996	1848	854	37006	20112
四川 Sichuan	259631	146417	5478726	21324	5841	2742	110280	18981
贵州 Guizhou	91003	52605	1650194	18338	846	375	17676	21635
云南 Yunnan	125683	80323	2459502	19710	4002	1418	53439	13522
西藏 Tibet	13139	6534	355583	27473	8	5	225	28125
陕西 Shaanxi	141223	82242	2292887	16387	3320	1196	38603	11673
甘肃 Gansu	73794	41767	1311842	17844	4025	2403	29999	7477
青海 Qinghai	23976	14369	563923	24016	584	281	11801	20667
宁夏 Ningxia	25636	15736	467140	18316	735	318	13513	18716
新疆 Xinjiang	107539	70997	2116003	20028	2838	977	42796	15433

3-3 续表 60 continued

地 区	Region	社会福利业 Social Welfare 年末人数(人) Year-end Figures (person)	#女 性 Female	劳动报酬(千元) Earnings (1000 yuan)	平均劳动报酬(元) Average Earning (yuan)	文化、体育和娱乐业 Culture, Sports and Entertainment 年末人数(人) Year-end Figures (person)	#女 性 Female	劳动报酬(千元) Earnings (1000 yuan)	平均劳动报酬(元) Average Earning (yuan)
全 国	**National**	**122071**	**60571**	**2466403**	**20254**	**1223566**	**507352**	**31485317**	**25847**
北 京	Beijing	6714	3955	186879	28285	137295	62708	6452729	47028
天 津	Tianjin	2247	936	57353	25800	18372	7377	516372	28349
河 北	Hebei	5910	2586	99472	15662	47400	20104	726593	15290
山 西	Shanxi	3211	1424	53073	16611	43221	19288	736442	17130
内蒙古	Inner Mongolia	2874	1257	52417	18353	31351	13629	652852	20776
辽 宁	Liaoning	8038	3508	133934	16727	50901	21231	1126645	22095
吉 林	Jilin	4403	2070	64302	15031	37224	15695	583773	15710
黑龙江	Heilongjiang	4149	1884	61707	14909	37532	15582	659954	17629
上 海	Shanghai	5526	3446	149320	27031	44684	18172	1952067	43701
江 苏	Jiangsu	6606	3288	195352	29893	50016	18727	1580535	31667
浙 江	Zhejiang	4316	2563	119640	28012	48321	20456	1903938	39896
安 徽	Anhui	2883	1567	45669	15874	34988	13698	621156	17807
福 建	Fujian	2960	1518	62467	21197	33341	13049	806054	24453
江 西	Jiangxi	3549	1790	52639	14971	34687	13388	661127	19117
山 东	Shandong	5499	2456	139965	25555	58634	22423	1435282	24853
河 南	Henan	7450	2748	122153	16489	70214	30000	1240868	17996
湖 北	Hubei	7694	4106	114611	14919	48789	18862	860757	17597
湖 南	Hunan	3738	1907	67818	18182	42447	17713	904688	21355
广 东	Guangdong	10982	6230	304723	27760	87674	37144	3032084	35485
广 西	Guangxi	3490	2180	58951	17038	32171	13331	645966	20115
海 南	Hainan	559	283	12334	22144	12376	4732	250895	20302
重 庆	Chongqing	2033	978	31144	15433	19780	7935	448574	23075
四 川	Sichuan	4898	2344	85744	17560	43776	17138	882193	20204
贵 州	Guizhou	1332	606	22591	16846	18981	7105	339460	17954
云 南	Yunnan	2405	1149	39303	16438	33374	13908	548829	16427
西 藏	Tibet	457	182	9089	20243	5881	2177	168139	29075
陕 西	Shaanxi	3494	1515	43394	12445	38277	14932	577461	14846
甘 肃	Gansu	1193	439	21762	18287	22379	9006	373508	16767
青 海	Qinghai	560	216	10208	18327	6457	2682	147203	23073
宁 夏	Ningxia	560	302	9160	16746	8298	3794	159510	19337
新 疆	Xinjiang	2341	1138	39229	17093	24725	11366	489663	19154

3-3 续表 61 continued

地 区	Region	新闻出版业 Journalism and Publishing Activities				广播、电影、电视和音像业 Broadcasting, Movies, Television and Audiovisual Activities			
		年末人数（人） Year-end Figures (person)	#女性 Female	劳动报酬（千元） Earnings (1000 yuan)	平均劳动报酬（元） Average Earning (yuan)	年末人数（人） Year-end Figures (person)	#女性 Female	劳动报酬（千元） Earnings (1000 yuan)	平均劳动报酬（元） Average Earning (yuan)
全 国	**National**	**253400**	**103698**	**9460554**	**37630**	**400083**	**148758**	**10087549**	**25368**
北 京	Beijing	63372	29926	3379851	53500	22119	9314	1299127	59100
天 津	Tianjin	3290	1246	141238	42709	3769	1576	80666	21363
河 北	Hebei	7282	2989	179823	24783	17827	7057	231588	13142
山 西	Shanxi	6585	2718	152987	23229	14932	6370	273495	18362
内蒙古	Inner Mongolia	4704	1768	122072	25874	11213	4571	245356	21872
辽 宁	Liaoning	10360	4063	327683	31749	16751	6499	359459	21468
吉 林	Jilin	10041	4608	175633	17621	10613	3745	152367	14217
黑龙江	Heilongjiang	6678	2702	163412	24529	11774	4332	193308	16498
上 海	Shanghai	8412	3422	523246	62011	12215	4623	646067	54064
江 苏	Jiangsu	8868	3336	394985	44470	19565	6360	630938	32202
浙 江	Zhejiang	9639	3781	482495	50704	17859	6368	780516	44451
安 徽	Anhui	4347	1554	108004	24943	17205	6403	291661	17001
福 建	Fujian	4690	1637	171875	37018	13067	4442	332024	25970
江 西	Jiangxi	6029	2234	147668	24591	15294	5481	303883	20038
山 东	Shandong	12368	4161	365132	31131	20797	7123	501595	24382
河 南	Henan	15165	6037	406255	26908	25086	10692	401086	16372
湖 北	Hubei	6311	2246	130780	20861	18658	6496	359367	19226
湖 南	Hunan	6932	2271	217799	31397	15892	6008	313590	19719
广 东	Guangdong	18971	7715	937438	50626	22570	7822	835533	40124
广 西	Guangxi	5414	2280	146964	27100	8905	3165	199858	22443
海 南	Hainan	3632	1327	95532	26478	4295	1519	89653	20469
重 庆	Chongqing	2814	1169	70347	25070	7125	2481	187855	27400
四 川	Sichuan	6877	2715	177898	25925	15606	5133	338862	21997
贵 州	Guizhou	3092	971	68303	22967	7039	2516	123115	17513
云 南	Yunnan	3131	1219	56684	17961	11576	4135	195995	16642
西 藏	Tibet	594	220	21243	35823	2823	1008	79467	28772
陕 西	Shaanxi	4476	1388	105170	23408	11959	3922	182064	14487
甘 肃	Gansu	2804	1072	46296	16964	7844	2737	132773	16832
青 海	Qinghai	823	334	15572	18990	2851	1135	72487	25714
宁 夏	Ningxia	1165	529	26222	23022	3176	1490	59608	18804
新 疆	Xinjiang	4534	2060	101947	22915	9678	4235	194186	18101

3-3 续表 62 continued

地区 Region	文化艺术业 Culture and Art 年末人数(人) Year-end Figures (person)	#女性 Female	劳动报酬(千元) Earnings (1000 yuan)	平均劳动报酬(元) Average Earning (yuan)	体育 Sports Activities 年末人数(人) Year-end Figures (person)	#女性 Female	劳动报酬(千元) Earnings (1000 yuan)	平均劳动报酬(元) Average Earning (yuan)
全 国 National	**403399**	**185150**	**8262094**	**20547**	**84981**	**30306**	**2178830**	**25667**
北 京 Beijing	26295	12157	1080512	41062	9771	3573	355903	35516
天 津 Tianjin	6320	2795	165694	26280	2764	868	81999	30472
河 北 Hebei	15764	7185	221729	14028	3057	1106	47832	15248
山 西 Shanxi	19073	9135	259143	13743	2249	879	45993	20217
内蒙古 Inner Mongolia	13389	6536	242919	18147	1640	586	34560	20498
辽 宁 Liaoning	17623	8322	307328	17376	3260	1002	93008	29065
吉 林 Jilin	12605	6039	189813	15073	3094	1011	54056	18031
黑龙江 Heilongjiang	13087	6068	201140	15401	3521	1061	55486	15831
上 海 Shanghai	13087	5682	434713	32975	7484	2857	257309	34031
江 苏 Jiangsu	15913	6971	394285	24870	3168	1060	91852	30096
浙 江 Zhejiang	16218	8278	505171	31239	2160	822	87130	42461
安 徽 Anhui	10830	4772	168806	15639	1784	592	45457	25226
福 建 Fujian	9748	4297	198665	20418	2638	992	53198	20258
江 西 Jiangxi	10867	4792	164944	15046	2212	746	40957	18900
山 东 Shandong	19670	8736	436232	22275	3246	1109	84828	26271
河 南 Henan	25807	11532	365443	14484	2544	904	50964	20072
湖 北 Hubei	18285	7941	283843	15385	3381	1182	55989	16698
湖 南 Hunan	15559	7639	294845	19069	1562	605	28677	18489
广 东 Guangdong	20843	9588	624858	30073	10245	3940	348437	33984
广 西 Guangxi	11848	5251	198793	16834	2344	915	41004	17621
海 南 Hainan	2108	895	37406	17770	277	88	5990	21941
重 庆 Chongqing	9134	3986	176502	19436	321	97	5751	18552
四 川 Sichuan	17737	7903	300036	16948	2326	806	42553	17207
贵 州 Guizhou	5264	2222	93335	17877	1959	648	37656	19331
云 南 Yunnan	12816	6348	221654	17394	2078	750	29302	14273
西 藏 Tibet	2087	854	55787	27200	377	95	11642	30881
陕 西 Shaanxi	17386	7902	208305	11980	1651	601	19144	11581
甘 肃 Gansu	9550	4331	157711	16620	1616	583	28383	17728
青 海 Qinghai	2242	1034	47734	21668	526	173	11109	21200
宁 夏 Ningxia	3163	1470	58679	18587	713	286	13472	19136
新 疆 Xinjiang	9081	4489	166069	18557	1013	369	19189	20284

3-3 续表 63 continued

地区 Region	娱乐业 Entertainment				公共管理和社会组织 Public Management & Social Organization			
	年末人数(人) Year-end Figures (person)	#女性 Female	劳动报酬(千元) Earnings (1000 yuan)	平均劳动报酬(元) Average Earning (yuan)	年末人数(人) Year-end Figures (person)	#女性 Female	劳动报酬(千元) Earnings (1000 yuan)	平均劳动报酬(元) Average Earning (yuan)
全 国 National	**81703**	**39440**	**1496290**	**18227**	**12655669**	**3485734**	**283972983**	**22546**
北 京 Beijing	15738	7738	337336	21460	311073	106348	14034161	45682
天 津 Tianjin	2229	892	46775	21898	132869	32719	3993348	30294
河 北 Hebei	3470	1767	45621	12333	709644	199983	11192745	15908
山 西 Shanxi	382	186	4824	12728	447888	128774	7310938	16495
内蒙古 Inner Mongolia	405	168	7945	19145	310653	91693	6255567	20336
辽 宁 Liaoning	2907	1345	39167	12888	473686	131549	10085224	21414
吉 林 Jilin	871	292	11904	13451	293293	80054	4998054	17281
黑龙江 Heilongjiang	2472	1419	46608	18711	397895	112804	7667059	19289
上 海 Shanghai	3486	1588	90732	25652	176529	59354	7109149	41018
江 苏 Jiangsu	2502	1000	68475	27065	560894	133131	19293243	34765
浙 江 Zhejiang	2445	1207	48626	20060	482521	120253	21794702	45876
安 徽 Anhui	822	377	7228	9035	433409	106940	7896513	18282
福 建 Fujian	3198	1681	50292	15820	285534	67177	6904224	24308
江 西 Jiangxi	285	135	3675	12940	379648	89152	6020514	16025
山 东 Shandong	2553	1294	47495	18011	1001323	264525	20994396	21150
河 南 Henan	1612	835	17120	10794	954543	278822	15232791	16135
湖 北 Hubei	2154	997	30778	14309	547818	148727	10469848	19140
湖 南 Hunan	2502	1190	49777	19816	647582	167072	11456596	17810
广 东 Guangdong	15045	8079	285818	18960	840832	223932	29086438	34975
广 西 Guangxi	3660	1720	59347	16264	353685	96903	6979634	19833
海 南 Hainan	2064	903	22314	11202	90052	24641	1869625	20905
重 庆 Chongqing	386	202	8119	20979	210715	53920	4664231	22537
四 川 Sichuan	1230	581	22844	18694	638459	182545	12333845	19405
贵 州 Guizhou	1627	748	17051	9833	331340	87597	5744635	17469
云 南 Yunnan	3773	1456	45194	12278	408613	114629	7199342	17800
西 藏 Tibet					69215	19160	2169849	31964
陕 西 Shaanxi	2805	1119	62778	22453	426480	117220	6070598	14343
甘 肃 Gansu	565	283	8345	14666	286233	97312	5876109	17587
青 海 Qinghai	15	6	301	21500	71990	22694	1666398	23544
宁 夏 Ningxia	81	19	1529	19354	74415	22763	1455916	19780
新 疆 Xinjiang	419	213	8272	16813	306838	103341	6147291	20251

3-3 续表 64 continued

地 区 Region		中国共产党机关 Chinese Communist Party Organs				国家机构 Organ of State			
		年末人数（人） Year-end Figures (person)	#女 性 Female	劳动报酬（千元） Earnings (1000 yuan)	平均劳动报酬（元） Average Earning (yuan)	年末人数（人） Year-end Figures (person)	#女 性 Female	劳动报酬（千元） Earnings (1000 yuan)	平均劳动报酬（元） Average Earning (yuan)
全 国	**National**	**536395**	**125054**	**11987543**	**22561**	**11660039**	**3170835**	**262603445**	**22607**
北 京	Beijing	10031	3228	463601	45878	274831	91824	12550500	46267
天 津	Tianjin	3625	930	114487	31591	126474	30783	3793264	30238
河 北	Hebei	29114	5561	498513	17261	655215	183452	10331925	15886
山 西	Shanxi	19114	4720	332072	17411	417101	119128	6773329	16424
内蒙古	Inner Mongolia	17153	4457	348140	20373	284881	84206	5734258	20339
辽 宁	Liaoning	20591	4903	462377	22596	416400	108825	9065140	21866
吉 林	Jilin	12735	3120	220471	17611	266678	70174	4583247	17378
黑龙江	Heilongjiang	13947	3328	282675	20269	371306	103718	7153710	19269
上 海	Shanghai	2547	847	101010	38686	167570	55192	6801893	41390
江 苏	Jiangsu	14368	2903	528085	36937	525241	120755	18207806	34899
浙 江	Zhejiang	16785	3742	746306	45151	446218	109474	20439959	46527
安 徽	Anhui	17104	3222	334289	19578	402610	98101	7338711	18278
福 建	Fujian	13428	2954	306810	22982	261930	60176	6310460	24224
江 西	Jiangxi	22612	5838	349077	16156	345231	79378	5464380	15960
山 东	Shandong	38833	7612	891529	23039	931416	248087	19630209	21268
河 南	Henan	35832	7380	617830	17505	889098	260130	14117775	16045
湖 北	Hubei	13200	2460	282744	21401	507015	134348	9813234	19388
湖 南	Hunan	26719	8226	429293	16795	610554	155269	10822962	17817
广 东	Guangdong	25007	5440	902830	36412	779243	199908	27183365	35185
广 西	Guangxi	15923	3789	322014	20120	323445	86016	6440567	19981
海 南	Hainan	4083	788	92549	23045	79676	20230	1670456	21094
重 庆	Chongqing	7336	1624	176848	24319	199229	50982	4397556	22486
四 川	Sichuan	31321	7959	620547	19843	591606	168943	11398520	19356
贵 州	Guizhou	15952	3801	297071	18781	307995	81144	5301627	17340
云 南	Yunnan	20242	5381	388954	19400	375561	104822	6592305	17732
西 藏	Tibet	6928	1939	328495	48124	57817	15537	1751149	30920
陕 西	Shaanxi	30131	6027	534942	17796	385914	108121	5374976	14042
甘 肃	Gansu	23583	5105	397767	16955	254978	89905	5334750	17606
青 海	Qinghai	5375	1484	140227	26255	64183	20483	1462415	23199
宁 夏	Ningxia	4300	1108	89859	21564	67870	20889	1315614	19576
新 疆	Xinjiang	18476	5178	386131	21074	272753	90835	5447383	20162

3-3 续表 65 continued

地 区 Region		人民政协和民主党派 People's Political Consultative Conference and Democratic Parties				群众社团、社会团体和宗教组织 Mass Communities, Social Communities and Religion Organizations			
		年末人数(人) Year-end Figures (person)	#女 性 Female	劳动报酬(千元) Earnings (1000 yuan)	平均劳动报酬(元) Average Earning (yuan)	年末人数(人) Year-end Figures (person)	#女 性 Female	劳动报酬(千元) Earnings (1000 yuan)	平均劳动报酬(元) Average Earning (yuan)
全 国	**National**	**87683**	**21000**	**2184217**	**25055**	**223796**	**95066**	**5291202**	**23818**
北 京	Beijing	2032	732	111211	54865	24179	10564	908849	38156
天 津	Tianjin	813	260	23359	28803	1915	735	61903	32684
河 北	Hebei	5853	1483	109226	18729	7858	3078	133944	17175
山 西	Shanxi	3274	883	63440	19407	8399	4043	142097	16753
内蒙古	Inner Mongolia	2953	788	66906	22780	5457	2171	103487	19006
辽 宁	Liaoning	3134	802	75579	24201	7838	3130	163313	20897
吉 林	Jilin	1871	479	39050	20916	4602	1926	81158	17582
黑龙江	Heilongjiang	2732	716	65155	23771	4842	2063	101385	21069
上 海	Shanghai	895	320	36942	41508	3389	1527	125355	37419
江 苏	Jiangsu	2511	575	109870	43843	7454	2876	273613	36835
浙 江	Zhejiang	2600	629	121511	47354	8037	3256	330893	41554
安 徽	Anhui	2327	517	51705	22229	6239	2342	117327	18686
福 建	Fujian	2324	612	66200	28498	7852	3435	220754	28122
江 西	Jiangxi	3270	731	62550	19312	7258	2882	108918	15088
山 东	Shandong	4949	810	133678	27181	11935	4115	287263	24172
河 南	Henan	5185	979	106335	20676	13954	5647	273028	19722
湖 北	Hubei	3368	656	75928	22638	8913	3320	153506	17186
湖 南	Hunan	3412	765	72077	21293	6897	2812	132264	19306
广 东	Guangdong	3059	891	129369	42500	12335	5089	466909	37703
广 西	Guangxi	2603	659	58204	22933	7925	3983	122147	15413
海 南	Hainan	484	104	11117	23404	5809	3519	95503	16601
重 庆	Chongqing	1075	291	26282	24426	3075	1023	63545	20924
四 川	Sichuan	6082	1674	130294	21508	9447	3969	184439	19625
贵 州	Guizhou	3010	766	64602	21929	4383	1886	81335	18702
云 南	Yunnan	4770	1204	98785	21032	6693	2940	112877	17123
西 藏	Tibet	848	278	29270	35436	3622	1406	60935	16936
陕 西	Shaanxi	4718	837	79563	16782	5641	2127	80457	14326
甘 肃	Gansu	3421	627	62398	18229	4078	1627	78752	19445
青 海	Qinghai	1215	238	34480	28662	1217	484	28525	23890
宁 夏	Ningxia	831	181	20760	24744	1414	585	29683	21278
新 疆	Xinjiang	2064	513	48371	23550	11139	6506	167038	15785

3-4 分地区分行业在岗职工人数和工资(2006年)

ON-POST STAFF AND WORKERS AND WAGES BY SECTOR AND REGION(2006)

地 区	Region	总计 Total				企业 Enterprises			
		年末人数(人) Year-end Figures (person)	平均人数(人) Average Figures (person)	工资总额(千元) Total Wages (1000 yuan)	平均工资(元) Average Wage (yuan)	年末人数(人) Year-end Figures (person)	平均人数(人) Average Figures (person)	工资总额(千元) Total Wages (1000 yuan)	平均工资(元) Average Wage (yuan)
全 国	**National**	**111605842**	**110783930**	**2326591849**	**21001**	**73249593**	**72726622**	**1494863160**	**20555**
北 京	Beijing	4530617	4500575	180549367	40117	3472513	3465097	132711138	38299
天 津	Tianjin	1720277	1699515	48745980	28682	1289125	1271741	35856474	28195
河 北	Hebei	4880737	4879844	80957846	16590	2830042	2840546	48316909	17010
山 西	Shanxi	3571680	3532639	64645612	18300	2284092	2256042	43413780	19243
内蒙古	Inner Mongolia	2392851	2419968	44694799	18469	1413881	1441270	25153648	17452
辽 宁	Liaoning	4760262	4769160	93588321	19624	3261062	3279079	63963343	19506
吉 林	Jilin	2599392	2599526	43108875	16583	1554469	1562777	26302442	16831
黑龙江	Heilongjiang	4591646	4563071	75314818	16505	3371609	3347947	53382758	15945
上 海	Shanghai	2644713	2652210	109240391	41188	2008430	2017974	81806618	40539
江 苏	Jiangsu	6457098	6393050	152038801	23782	4507882	4455941	95767095	21492
浙 江	Zhejiang	5806977	5674006	157852331	27820	4409169	4297267	99970591	23264
安 徽	Anhui	3208870	3181386	57104013	17949	1845289	1824428	32983433	18079
福 建	Fujian	4122069	4055228	78339604	19318	3154334	3090910	56279690	18208
江 西	Jiangxi	2719451	2675272	41707491	15590	1504710	1476877	22519359	15248
山 东	Shandong	8743313	8656750	166449661	19228	6086987	6018629	109018648	18114
河 南	Henan	6920510	6784351	115205067	16981	4227671	4113429	70950666	17249
湖 北	Hubei	4952971	4947209	79392816	16048	3234776	3231393	49525699	15326
湖 南	Hunan	3899543	3852214	68760995	17850	2153828	2120216	36800575	17357
广 东	Guangdong	9350500	9217400	241362868	26186	6818724	6710163	164547672	24522
广 西	Guangxi	2677610	2643482	47752404	18064	1440322	1417765	25136366	17730
海 南	Hainan	739157	735307	11684117	15890	485190	485107	6695171	13801
重 庆	Chongqing	2129655	2099409	40340574	19215	1409061	1388348	25796840	18581
四 川	Sichuan	5008817	4959443	88535582	17852	2959321	2923777	50808487	17378
贵 州	Guizhou	2018693	2082382	35015775	16815	1138202	1211035	19983747	16501
云 南	Yunnan	2479824	2451099	45861690	18711	1272869	1254167	23839368	19008
西 藏	Tibet	170141	167834	5289799	31518	46725	46415	1355242	29198
陕 西	Shaanxi	3237380	3232691	54691928	16918	1960048	1960006	34639682	17673
甘 肃	Gansu	1902343	1890004	32594336	17246	1063066	1058630	17776828	16792
青 海	Qinghai	411831	410307	9305214	22679	211440	213428	4712528	22080
宁 夏	Ningxia	567419	572580	12161185	21239	339462	346664	7763648	22395
新 疆	Xinjiang	2389495	2486018	44299589	17819	1495294	1599554	27084715	16933

3-4 续表 1 continued

地区 Region	非农企业 Nonagricultural Enterprises				事业 Institutions			
	年末人数(人) Year-end Figures (person)	平均人数(人) Average Figures (person)	工资总额(千元) Total Wages (1000 yuan)	平均工资(元) Average Wage (yuan)	年末人数(人) Year-end Figures (person)	平均人数(人) Average Figures (person)	工资总额(千元) Total Wages (1000 yuan)	平均工资(元) Average Wage (yuan)
全 国 National	**69228142**	**68702614**	**1456916143**	**21206**	**27480292**	**27262768**	**579570373**	**21259**
北 京 Beijing	3446516	3438218	132196461	38449	820147	800086	36162571	45198
天 津 Tianjin	1281912	1264328	35722360	28254	318022	315452	9208626	29192
河 北 Hebei	2747689	2757450	47766753	17323	1438207	1431032	22759272	15904
山 西 Shanxi	2249098	2221269	42999587	19358	884124	876454	14501642	16546
内蒙古 Inner Mongolia	1122141	1151452	22211800	19290	696888	699247	13749018	19663
辽 宁 Liaoning	2973046	2992282	62066141	20742	1101687	1094808	20856982	19051
吉 林 Jilin	1367492	1376428	24834439	18043	801255	796186	12598929	15824
黑龙江 Heilongjiang	2699343	2704870	48920426	18086	879884	875071	15167096	17332
上 海 Shanghai	2000602	2009843	81577788	40589	494447	492963	21187000	42979
江 苏 Jiangsu	4364286	4311253	94291549	21871	1471012	1462205	38693339	26462
浙 江 Zhejiang	4392815	4280738	99555832	23257	998955	984180	38797920	39422
安 徽 Anhui	1765247	1743758	32279419	18511	1008372	1002483	17294844	17252
福 建 Fujian	3088374	3024990	55562989	18368	681418	679468	15105770	22232
江 西 Jiangxi	1361384	1334168	21328611	15986	860605	849102	13506123	15906
山 东 Shandong	6031416	5963078	108202621	18145	1897999	1884875	40843639	21669
河 南 Henan	4141923	4028694	70142763	17411	1845674	1832255	30602060	16702
湖 北 Hubei	2963084	2958799	47623093	16095	1264659	1262154	20630291	16345
湖 南 Hunan	2077847	2044705	36150391	17680	1239755	1228670	22585816	18382
广 东 Guangdong	6719509	6610720	163435356	24723	1760176	1742435	49590680	28461
广 西 Guangxi	1319964	1297358	23923295	18440	955866	945499	16812912	17782
海 南 Hainan	302234	297814	5351274	17969	174481	171384	3286576	19177
重 庆 Chongqing	1387820	1367033	25535115	18679	533554	527614	10271781	19468
四 川 Sichuan	2869708	2834213	49800288	17571	1464376	1452842	26208335	18039
贵 州 Guizhou	1110156	1182989	19622830	16587	602467	595390	10106530	16975
云 南 Yunnan	1124374	1104611	21901278	19827	834022	827780	15202707	18366
西 藏 Tibet	43248	42956	1283389	29877	61946	61203	1847664	30189
陕 西 Shaanxi	1896019	1896219	33932064	17895	884248	881652	13981295	15858
甘 肃 Gansu	998424	1004522	17183450	17106	589217	582835	10245064	17578
青 海 Qinghai	189134	191152	4363962	22830	134708	132054	3026072	22915
宁 夏 Ningxia	309256	316215	7404684	23417	166177	164527	3139259	19081
新 疆 Xinjiang	884081	950489	19746135	20775	615944	610862	11600560	18990

3-4 续表 2 continued

地区 Region	机关 Agencies and Organizations 年末人数(人) Year-end Figures (person)	平均人数(人) Average Figures (person)	工资总额(千元) Total Wages (1000 yuan)	平均工资(元) Average Wage (yuan)	农、林、牧、渔业 Agriculture,Forestry,Farming of Animals and Fishing 年末人数(人) Year-end Figures (person)	平均人数(人) Average Figures (person)	工资总额(千元) Total Wages (1000 yuan)	平均工资(元) Average Wage (yuan)
全国 National	**10875957**	**10794540**	**252158316**	**23360**	**4021451**	**4024008**	**37947017**	**9430**
北京 Beijing	237957	235392	11675658	49601	25997	26879	514677	19148
天津 Tianjin	113130	112322	3680880	32771	7213	7413	134114	18092
河北 Hebei	612488	608266	9881665	16246	82353	83096	550156	6621
山西 Shanxi	403464	400143	6730190	16819	34994	34773	414193	11911
内蒙古 Inner Mongolia	282082	279451	5792133	20727	291740	289818	2941848	10151
辽宁 Liaoning	397513	395273	8767996	22182	288016	286797	1897202	6615
吉林 Jilin	243668	240563	4207504	17490	186977	186349	1468003	7878
黑龙江 Heilongjiang	340153	340053	6764964	19894	672266	643077	4462332	6939
上海 Shanghai	141836	141273	6246773	44218	7828	8131	228830	28143
江苏 Jiangsu	478204	474904	17578367	37015	143596	144688	1475546	10198
浙江 Zhejiang	398853	392559	19083820	48614	16354	16529	414759	25093
安徽 Anhui	355209	354475	6825736	19256	80042	80670	704014	8727
福建 Fujian	286317	284850	6954144	24413	65960	65920	716701	10872
江西 Jiangxi	354136	349293	5682009	16267	143326	142709	1190748	8344
山东 Shandong	758327	753246	16587374	22021	55571	55551	816027	14690
河南 Henan	847165	838667	13652341	16279	85748	84735	807903	9534
湖北 Hubei	453536	453662	9236826	20361	271692	272594	1902606	6980
湖南 Hunan	505960	503328	9374604	18625	75981	75511	650184	8610
广东 Guangdong	771600	764802	27224516	35597	99215	99443	1112316	11185
广西 Guangxi	281422	280218	5803126	20709	120358	120407	1213071	10075
海南 Hainan	79486	78816	1702370	21599	182956	187293	1343897	7175
重庆 Chongqing	187040	183447	4271953	23287	21241	21315	261725	12279
四川 Sichuan	585120	582824	11518760	19764	89613	89564	1008199	11257
贵州 Guizhou	278024	275957	4925498	17849	28046	28046	360917	12869
云南 Yunnan	372933	369152	6819615	18474	148495	149556	1938090	12959
西藏 Tibet	61470	60216	2086893	34657	3477	3459	71853	20773
陕西 Shaanxi	393084	391033	6070951	15525	64029	63787	707618	11093
甘肃 Gansu	250060	248539	4572444	18397	64642	54108	593378	10967
青海 Qinghai	65683	64825	1566614	24167	22306	22276	348566	15648
宁夏 Ningxia	61780	61389	1258278	20497	30206	30449	358964	11789
新疆 Xinjiang	278257	275602	5614314	20371	611213	649065	7338580	11306

3-4 续表 3 continued

地区	Region	采矿业 Mining 年末人数(人) Year-end Figures (person)	平均人数(人) Average Figures (person)	工资总额(千元) Total Wages (1000 yuan)	平均工资(元) Average Wage (yuan)	制造业 Manufacturing 年末人数(人) Year-end Figures (person)	平均人数(人) Average Figures (person)	工资总额(千元) Total Wages (1000 yuan)	平均工资(元) Average Wage (yuan)
全国	**National**	**5180518**	**5096941**	**124036365**	**24335**	**32503349**	**32115955**	**577005021**	**17966**
北京	Beijing	19197	18247	552402	30274	930525	941192	27408039	29121
天津	Tianjin	63637	63735	2284692	35847	728969	713676	16803740	23545
河北	Hebei	275714	275011	7083382	25757	1195261	1190189	17814683	14968
山西	Shanxi	678070	668483	17998184	26924	720058	705656	10480187	14852
内蒙古	Inner Mongolia	170468	166516	3592928	21577	422586	424196	6652632	15683
辽宁	Liaoning	297842	297350	7147129	24036	1405048	1407009	26155099	18589
吉林	Jilin	167171	160493	3545512	22091	586693	586467	9815895	16737
黑龙江	Heilongjiang	486641	474778	10044334	21156	950687	956149	14475237	15139
上海	Shanghai	374	386	30811	79821	948402	957573	33948805	35453
江苏	Jiangsu	144794	145215	3862503	26599	2812244	2762120	52802476	19117
浙江	Zhejiang	16505	17091	366821	21463	2396118	2339818	42627047	18218
安徽	Anhui	291108	288985	8691149	30075	667916	661324	10459701	15816
福建	Fujian	43537	43795	792111	18087	2150644	2119950	33784260	15936
江西	Jiangxi	91518	90818	1467182	16155	665816	646487	8908344	13780
山东	Shandong	613093	603109	16420375	27226	3417926	3353047	51571733	15381
河南	Henan	487151	479833	12512304	26076	1556501	1525024	22848119	14982
湖北	Hubei	127138	126870	2039267	16074	1477622	1475118	21487159	14566
湖南	Hunan	106088	105859	1651963	15605	787261	774510	13188726	17028
广东	Guangdong	32726	32413	866195	26724	3872985	3798255	75147318	19785
广西	Guangxi	46880	46110	817833	17737	544155	532792	9112680	17104
海南	Hainan	8261	9873	165851	16798	67461	65308	950791	14559
重庆	Chongqing	86711	85887	1522171	17723	516949	513278	9322501	18163
四川	Sichuan	204863	202552	3913567	19321	1170664	1158789	19053039	16442
贵州	Guizhou	105063	112872	2040528	18078	399494	417499	6662481	15958
云南	Yunnan	67877	66078	1235932	18704	446897	444203	8497968	19131
西藏	Tibet	1067	1060	22504	21230	8013	7984	129058	16165
陕西	Shaanxi	192752	192307	4718151	24534	824826	813507	12979801	15955
甘肃	Gansu	127597	96908	2036571	21016	425276	419052	7145933	17053
青海	Qinghai	16390	16662	406553	24400	63598	63600	1116817	17560
宁夏	Ningxia	54730	53605	1896648	35382	108669	107914	1723383	15970
新疆	Xinjiang	155555	154040	4310812	27985	234085	234269	3931369	16781

3-4 续表 4 continued

地 区	Region	电力、燃气及水的生产和供应业 Production and Distribution of Electricity,Gas and Water				建 筑 业 Construction			
		年末人数 (人) Year-end Figures (person)	平均人数 (人) Average Figures (person)	工资总额 (千元) Total Wages (1000 yuan)	平均工资 (元) Average Wage (yuan)	年末人数 (人) Year-end Figures (person)	平均人数 (人) Average Figures (person)	工资总额 (千元) Total Wages (1000 yuan)	平均工资 (元) Average Wage (yuan)
全 国	**National**	**2964042**	**2956584**	**85045319**	**28765**	**9098220**	**9160780**	**150288901**	**16406**
北 京	Beijing	57823	57759	3248259	56238	283710	314130	8742375	27830
天 津	Tianjin	31784	30793	1754317	56971	81793	83332	2675577	32107
河 北	Hebei	175691	173999	4674586	26866	319785	334483	4512000	13489
山 西	Shanxi	102282	101092	2221544	21975	195636	201869	2945445	14591
内蒙古	Inner Mongolia	93642	92475	3053697	33022	142014	179631	2391094	13311
辽 宁	Liaoning	165419	164198	4306941	26230	288058	316206	4842069	15313
吉 林	Jilin	81021	80451	1732616	21536	136636	153880	1892555	12299
黑龙江	Heilongjiang	149959	150566	3195267	21222	345242	354833	5795716	16334
上 海	Shanghai	51985	52007	2623570	50446	93510	93985	4070839	43314
江 苏	Jiangsu	129340	130323	5106831	39186	327183	323238	6000339	18563
浙 江	Zhejiang	105986	105391	6705633	63626	927990	888517	18404467	20714
安 徽	Anhui	93604	94249	2050618	21757	279515	270273	3800995	14064
福 建	Fujian	79839	79263	2370656	29909	319754	293345	5566412	18976
江 西	Jiangxi	91501	91836	1829367	19920	202197	197767	2534558	12816
山 东	Shandong	196246	196029	5001453	25514	659180	668451	10456529	15643
河 南	Henan	215459	210529	4661914	22144	664115	623391	8979515	14404
湖 北	Hubei	124928	125067	2701195	21598	458291	457214	6537159	14298
湖 南	Hunan	105349	105655	2156589	20412	490005	472224	6465377	13691
广 东	Guangdong	201774	204069	7656231	37518	584723	569746	11088385	19462
广 西	Guangxi	76117	76227	1980957	25988	194823	182966	3010731	16455
海 南	Hainan	19912	19920	485340	24364	52747	51067	647906	12687
重 庆	Chongqing	58745	58487	1472293	25173	359820	350367	5256608	15003
四 川	Sichuan	146702	147103	3200085	21754	761231	742223	9700506	13070
贵 州	Guizhou	63407	63877	1916763	30007	205224	234481	2856729	12183
云 南	Yunnan	68567	68090	2015264	29597	188745	177725	2484671	13980
西 藏	Tibet	6756	6753	204429	30272	6527	6384	123210	19300
陕 西	Shaanxi	91942	93165	2157536	23158	189968	191444	2447573	12785
甘 肃	Gansu	66875	67090	1511242	22526	139508	144991	1543548	10646
青 海	Qinghai	17261	18254	495989	27172	25982	27528	486777	17683
宁 夏	Ningxia	36410	35467	1240560	34978	35968	46230	649250	14044
新 疆	Xinjiang	57716	56400	1313577	23290	138340	208859	3379986	16183

3-4 续表 5 continued

地 区	Region	交通运输、仓储和邮政业 Traffic,Transport,Storage and Post				信息传输、计算机服务和软件业 Information Transfer, Computer Services and Software			
		年末人数 (人) Year-end Figures (person)	平均人数 (人) Average Figures (person)	工资总额 (千元) Total Wages (1000 yuan)	平均工资 (元) Average Wage (yuan)	年末人数 (人) Year-end Figures (person)	平均人数 (人) Average Figures (person)	工资总额 (千元) Total Wages (1000 yuan)	平均工资 (元) Average Wage (yuan)
全 国	**National**	**5786860**	**5762706**	**141895599**	**24623**	**1249511**	**1222933**	**54742630**	**44763**
北 京	Beijing	384142	377893	12868650	34054	196764	189193	15485711	81851
天 津	Tianjin	99611	99359	3643093	36666	21046	20833	903451	43366
河 北	Hebei	252487	251427	4436311	17645	50092	49390	1352985	27394
山 西	Shanxi	202893	200601	4292047	21396	34471	33871	765020	22586
内蒙古	Inner Mongolia	148446	147629	3349356	22688	30648	29530	771879	26139
辽 宁	Liaoning	327496	324869	7346610	22614	49422	48914	1943886	39741
吉 林	Jilin	167791	166588	2992641	17964	30593	30376	814300	26807
黑龙江	Heilongjiang	267499	267399	5138128	19215	42059	41856	1378164	32926
上 海	Shanghai	255068	256030	10123099	39539	35797	35249	2944168	83525
江 苏	Jiangsu	307336	308840	7829540	25351	57267	55868	2469472	44202
浙 江	Zhejiang	185511	184882	5981233	32352	51557	49648	2831268	57027
安 徽	Anhui	143657	143784	2215522	15409	28385	27434	704906	25695
福 建	Fujian	139687	139252	3618789	25987	37537	36802	1502155	40817
江 西	Jiangxi	151964	150197	3164994	21072	27566	26668	581630	21810
山 东	Shandong	289041	286491	7197815	25124	49915	50625	1848936	36522
河 南	Henan	308491	307464	6052559	19685	45937	45042	1100662	24436
湖 北	Hubei	264165	269289	5324599	19773	54892	53085	1609947	30328
湖 南	Hunan	199096	198708	4031052	20286	38519	37511	1207038	32178
广 东	Guangdong	464555	461764	16159323	34995	140823	139358	7402873	53121
广 西	Guangxi	164552	165736	3421183	20642	28687	28393	878489	30940
海 南	Hainan	40314	39816	997695	25058	8012	7927	345781	43621
重 庆	Chongqing	126604	126794	2376590	18744	23180	21078	737643	34996
四 川	Sichuan	222141	220313	4662436	21163	45695	45842	1560807	34048
贵 州	Guizhou	80614	80792	1646961	20385	13264	12859	309477	24067
云 南	Yunnan	123768	123497	2873211	23265	27648	27018	753274	27880
西 藏	Tibet	6987	6923	210991	30477	2904	2682	179377	66882
陕 西	Shaanxi	188734	192104	3513518	18290	31216	30994	1192777	38484
甘 肃	Gansu	109431	99243	2271972	22893	15482	15187	256142	16866
青 海	Qinghai	31857	31668	784850	24784	6832	6627	219218	33080
宁 夏	Ningxia	28830	27422	637601	23251	4743	4660	166186	35662
新 疆	Xinjiang	104092	105932	2733230	25802	18558	18413	525008	28513

3-4 续表 6 continued

地区	Region	批发和零售业 Wholesale and Retail Trade				住宿和餐饮业 Accommodation and Restaurants			
		年末人数 (人) Year-end Figures (person)	平均人数 (人) Average Figures (person)	工资总额 (千元) Total Wages (1000 yuan)	平均工资 (元) Average Wage (yuan)	年末人数 (人) Year-end Figures (person)	平均人数 (人) Average Figures (person)	工资总额 (千元) Total Wages (1000 yuan)	平均工资 (元) Average Wage (yuan)
全 国	**National**	**4856329**	**4856925**	**86143678**	**17736**	**1698912**	**1698110**	**25820824**	**15206**
北 京	Beijing	323341	320095	11801942	36870	200857	200879	4460651	22206
天 津	Tianjin	87483	87977	2089465	23750	23007	23094	422292	18286
河 北	Hebei	248741	252772	2424376	9591	49279	49672	518147	10431
山 西	Shanxi	186494	185440	1779929	9598	34740	34282	303941	8866
内蒙古	Inner Mongolia	72360	70842	964614	13616	26064	25708	309011	12020
辽 宁	Liaoning	156641	152791	2567876	16806	56363	55571	758367	13647
吉 林	Jilin	90825	89590	1170106	13061	29079	28991	329513	11366
黑龙江	Heilongjiang	217404	217758	3158271	14504	36771	37218	511680	13748
上 海	Shanghai	142471	146297	5483681	37483	44048	45062	1360776	30198
江 苏	Jiangsu	259959	263393	5126160	19462	79390	78514	1333449	16984
浙 江	Zhejiang	192269	188016	5176205	27531	103796	102030	1764259	17292
安 徽	Anhui	145401	146055	1674409	11464	24776	24956	283741	11370
福 建	Fujian	109920	110349	2062912	18694	46847	47103	671439	14255
江 西	Jiangxi	96918	96500	1216830	12610	23876	23878	261322	10944
山 东	Shandong	349112	353231	4826855	13665	108477	108601	1502479	13835
河 南	Henan	445691	433816	5087560	11727	103374	101741	1208653	11880
湖 北	Hubei	219620	218035	2656812	12185	76612	75909	761448	10031
湖 南	Hunan	118323	118555	2047689	17272	67986	68140	983718	14437
广 东	Guangdong	388698	387338	10201937	26339	225356	224858	4173450	18560
广 西	Guangxi	120359	121610	1630226	13405	46998	46773	503348	10762
海 南	Hainan	27185	27164	338331	12455	33669	33314	396845	11912
重 庆	Chongqing	96904	95020	1555861	16374	31130	30767	386083	12549
四 川	Sichuan	174024	174518	2767542	15858	47891	48426	599933	12389
贵 州	Guizhou	114588	124899	1660713	13296	26777	31538	302447	9590
云 南	Yunnan	110382	109384	1962076	17938	41766	41135	455660	11077
西 藏	Tibet	5694	5791	127812	22071	3675	3713	57832	15576
陕 西	Shaanxi	176410	180462	2043812	11325	48551	48661	494099	10154
甘 肃	Gansu	72985	74101	799704	10792	20635	20314	227082	11179
青 海	Qinghai	14204	14037	198862	14167	3780	3804	51737	13601
宁 夏	Ningxia	18287	18223	294017	16134	6426	6511	72992	11211
新 疆	Xinjiang	73636	72866	1247093	17115	26916	26947	354430	13153

3-4 续表 7 continued

地 区	Region	金融业 Finance 年末人数(人) Year-end Figures (person)	金融业 Finance 平均人数(人) Average Figures (person)	金融业 Finance 工资总额(千元) Total Wages (1000 yuan)	金融业 Finance 平均工资(元) Average Wage (yuan)	房地产业 Real Estate 年末人数(人) Year-end Figures (person)	房地产业 Real Estate 平均人数(人) Average Figures (person)	房地产业 Real Estate 工资总额(千元) Total Wages (1000 yuan)	房地产业 Real Estate 平均工资(元) Average Wage (yuan)
全 国	**National**	**2998589**	**2979681**	**117041979**	**39280**	**1403907**	**1383800**	**31243256**	**22578**
北 京	Beijing	123974	119168	13476947	113092	204019	200108	6458406	32275
天 津	Tianjin	35760	36074	2157066	59796	16718	15915	444642	27939
河 北	Hebei	154776	153992	3862285	25081	27159	26990	429868	15927
山 西	Shanxi	100185	98551	2427126	24628	13127	13045	157737	12092
内蒙古	Inner Mongolia	71624	71245	1773188	24889	13801	14194	215703	15197
辽 宁	Liaoning	138510	136966	4421859	32284	60041	59878	1012677	16912
吉 林	Jilin	79703	81541	1854789	22747	32215	31643	467105	14762
黑龙江	Heilongjiang	96583	97277	2606301	26793	45308	45760	671101	14666
上 海	Shanghai	148212	144403	9970014	69043	41657	41709	2019567	48420
江 苏	Jiangsu	168566	169428	7369214	43495	54629	54017	1536433	28444
浙 江	Zhejiang	164867	161746	9690211	59910	63372	62305	1873462	30069
安 徽	Anhui	89400	89740	2291261	25532	29683	28473	490557	17229
福 建	Fujian	82184	82050	3475559	42359	55923	53906	1163737	21588
江 西	Jiangxi	73254	73321	1838051	25069	26103	25929	361291	13934
山 东	Shandong	183930	183874	6123831	33304	79477	79410	1527942	19241
河 南	Henan	176462	173478	4681911	26988	58362	56532	885160	15658
湖 北	Hubei	115545	116291	2746643	23619	53934	52933	895900	16925
湖 南	Hunan	108477	109025	2830946	25966	57936	57457	1024523	17831
广 东	Guangdong	275870	273409	15176393	55508	225141	220360	5792364	26286
广 西	Guangxi	70864	70818	2094505	29576	31339	31168	515854	16551
海 南	Hainan	16674	16786	574235	34209	15424	15062	248572	16503
重 庆	Chongqing	51139	50572	2010487	39755	30178	29262	528261	18053
四 川	Sichuan	127851	128321	4042457	31503	45068	43676	742188	16993
贵 州	Guizhou	47325	46685	1379516	29549	36432	40826	491490	12039
云 南	Yunnan	68176	67900	1955300	28797	20885	21511	308601	14346
西 藏	Tibet	5945	5907	354524	60018	310	305	10612	34793
陕 西	Shaanxi	85426	85994	2314730	26917	23943	23636	423554	17920
甘 肃	Gansu	56138	55146	1093323	19826	14650	10493	128427	12239
青 海	Qinghai	12505	12498	341457	27321	1903	1924	24933	12959
宁 夏	Ningxia	19757	19473	732730	37628	5656	6028	94185	15625
新 疆	Xinjiang	48907	48002	1375120	28647	19514	19345	298404	15425

3-4 续表 8 continued

地区	Region	租赁和商务服务业 Tenancy and Business Services				科学研究、技术服务和地质勘查业 Scientific Research,Technical Service and Geologic Perambulation			
		年末人数（人）Year-end Figures (person)	平均人数（人）Average Figures (person)	工资总额（千元）Total Wages (1000 yuan)	平均工资（元）Average Wage (yuan)	年末人数（人）Year-end Figures (person)	平均人数（人）Average Figures (person)	工资总额（千元）Total Wages (1000 yuan)	平均工资（元）Average Wage (yuan)
全 国	**National**	**2149976**	**2090973**	**49448217**	**23648**	**2197031**	**2174265**	**69379105**	**31909**
北 京	Beijing	448779	425458	16013370	37638	277314	269681	14625169	54231
天 津	Tianjin	50096	48538	850789	17528	46876	46127	2075407	44993
河 北	Hebei	53115	52418	654871	12493	73119	72538	1893375	26102
山 西	Shanxi	58125	54753	664707	12140	58116	57529	1111223	19316
内蒙古	Inner Mongolia	25208	24162	431590	17862	39387	39269	933515	23772
辽 宁	Liaoning	76854	74834	1146612	15322	92031	91517	2454734	26823
吉 林	Jilin	29551	29938	502501	16785	59450	59240	1187530	20046
黑龙江	Heilongjiang	37775	38580	546074	14154	92284	91809	2067220	22517
上 海	Shanghai	122895	120864	4495853	37198	126649	125852	6070310	48234
江 苏	Jiangsu	85203	82470	1838057	22288	85537	84946	3156167	37155
浙 江	Zhejiang	168627	166042	3908245	23538	76531	75407	3083662	40894
安 徽	Anhui	38971	36037	568854	15785	50202	49658	1052631	21198
福 建	Fujian	55317	52950	1069874	20205	39377	39255	1087395	27701
江 西	Jiangxi	19051	18978	266481	14042	53984	52810	1087475	20592
山 东	Shandong	104287	103627	1780694	17184	77885	77131	2081473	26986
河 南	Henan	100839	99483	1535976	15440	112164	110676	2513787	22713
湖 北	Hubei	57758	58506	844181	14429	92721	91887	2268949	24693
湖 南	Hunan	46476	44502	713976	16044	59325	59179	1281542	21655
广 东	Guangdong	251860	247920	6497772	26209	125346	122662	5714460	46587
广 西	Guangxi	57691	56952	832247	14613	51908	51835	1166194	22498
海 南	Hainan	14034	13603	228137	16771	15602	15269	254242	16651
重 庆	Chongqing	17946	17680	310630	17570	42290	41978	1155451	27525
四 川	Sichuan	57142	54981	1073195	19519	111001	110101	3321115	30164
贵 州	Guizhou	24700	24192	383616	15857	35603	35188	718211	20411
云 南	Yunnan	33728	33112	625628	18894	54650	53568	1131463	21122
西 藏	Tibet	557	547	11533	21084	5169	5213	180501	34625
陕 西	Shaanxi	28231	27148	403626	14868	123051	123151	2919332	23705
甘 肃	Gansu	24345	25153	310643	12350	47800	48352	986546	20403
青 海	Qinghai	6125	5603	100945	18016	17559	17463	617350	35352
宁 夏	Ningxia	7331	6805	95930	14097	11285	11134	252409	22670
新 疆	Xinjiang	47359	45137	741610	16430	42815	43840	930267	21220

3-4 续表 9 continued

地区	Region	水利、环境和公共设施管理业 Management of Water Conservancy, Environment and Public Establishment				居民服务和其他服务业 Resident Services and Other Services			
		年末人数 (人) Year-end Figures (person)	平均人数 (人) Average Figures (person)	工资总额 (千元) Total Wages (1000 yuan)	平均工资 (元) Average Wage (yuan)	年末人数 (人) Year-end Figures (person)	平均人数 (人) Average Figures (person)	工资总额 (千元) Total Wages (1000 yuan)	平均工资 (元) Average Wage (yuan)
全 国	**National**	**1756389**	**1733613**	**27981299**	**16140**	**499578**	**499055**	**9449498**	**18935**
北 京	Beijing	70766	67223	2002913	29795	86592	86087	1703838	19792
天 津	Tianjin	31318	30021	732556	24401	30242	30034	567345	18890
河 北	Hebei	87734	86666	1130377	13043	20462	20318	462872	22781
山 西	Shanxi	52795	52257	628851	12034	11863	11435	160439	14031
内蒙古	Inner Mongolia	58370	58900	864909	14684	14396	14382	310824	21612
辽 宁	Liaoning	107014	106226	1482803	13959	19723	20150	327844	16270
吉 林	Jilin	65583	64153	723963	11285	10752	10846	171114	15777
黑龙江	Heilongjiang	75078	74618	850239	11395	50552	49462	694373	14039
上 海	Shanghai	38185	38197	1357791	35547	27357	27390	643738	23503
江 苏	Jiangsu	95768	95336	1996979	20947	9361	9387	218932	23323
浙 江	Zhejiang	56283	55501	1443282	26005	9910	9709	239883	24707
安 徽	Anhui	54204	53597	710378	13254	3798	3775	60395	15999
福 建	Fujian	35895	35835	657747	18355	12215	11998	210830	17572
江 西	Jiangxi	45113	44480	569422	12802	5817	5432	58461	10762
山 东	Shandong	101883	100865	1610525	15967	31838	31826	800967	25167
河 南	Henan	110794	108568	1480936	13641	16551	16315	253432	15534
湖 北	Hubei	86011	85307	1095682	12844	12973	13180	201345	15277
湖 南	Hunan	66684	66467	930818	14004	6698	6676	104352	15631
广 东	Guangdong	122260	120727	2458850	20367	44116	43364	973705	22454
广 西	Guangxi	50803	48881	653123	13361	6271	6504	98154	15091
海 南	Hainan	18781	18301	222049	12133	765	760	11819	15551
重 庆	Chongqing	27450	26631	334561	12563	6027	5596	84278	15060
四 川	Sichuan	73854	72850	978577	13433	15240	15157	314774	20768
贵 州	Guizhou	24018	23034	317990	13805	7378	7160	75645	10565
云 南	Yunnan	40660	40132	531677	13248	4773	4768	60828	12758
西 藏	Tibet	1546	1638	26418	16128	63	62	1795	28952
陕 西	Shaanxi	50760	50641	609328	12032	20768	22779	291251	12786
甘 肃	Gansu	40281	39946	545209	13649	6388	7614	155554	20430
青 海	Qinghai	6549	6314	111395	17643	2881	2561	125071	48837
宁 夏	Ningxia	17441	17400	268982	15459	360	933	17961	19251
新 疆	Xinjiang	42508	42901	652969	15220	3448	3395	47679	14044

3-4 续表 10 continued

地区	Region	教育 Education 年末人数(人) Year-end Figures (person)	平均人数(人) Average Figures (person)	工资总额(千元) Total Wages (1000 yuan)	平均工资(元) Average Wage (yuan)	卫生、社会保障和社会福利业 Sanitation, Social Security and Social Welfare 年末人数(人) Year-end Figures (person)	平均人数(人) Average Figures (person)	工资总额(千元) Total Wages (1000 yuan)	平均工资(元) Average Wage (yuan)
全 国	**National**	**14663256**	**14572006**	**307958052**	**21134**	**5058163**	**5004506**	**119599034**	**23898**
北 京	Beijing	331313	327746	13950549	42565	158527	155335	7482062	48167
天 津	Tianjin	159816	159495	4706942	29512	68484	67918	2125751	31299
河 北	Hebei	833560	831592	13402791	16117	230209	230008	3882137	16878
山 西	Shanxi	460022	457432	8108557	17726	140275	139137	2167979	15582
内蒙古	Inner Mongolia	329635	331443	7090422	21393	104757	105367	2161091	20510
辽 宁	Liaoning	500140	498799	10212139	20473	217976	216447	4467267	20639
吉 林	Jilin	374314	373019	6677544	17901	143123	142402	2204830	15483
黑龙江	Heilongjiang	427509	424995	8306635	19545	170845	170986	3150543	18426
上 海	Shanghai	228307	228757	9210471	40263	133159	134421	6084842	45267
江 苏	Jiangsu	814821	812243	20831334	25647	289811	286800	8430146	29394
浙 江	Zhejiang	517288	510945	20041102	39224	241845	236549	9938746	42016
安 徽	Anhui	568758	565801	9957431	17599	172949	171662	3032782	17667
福 建	Fujian	416442	415385	9110566	21933	119752	118642	2856446	24076
江 西	Jiangxi	454998	449784	7266588	16156	140415	136506	2508567	18377
山 东	Shandong	1042198	1034995	22642983	21877	350224	346759	7958274	22950
河 南	Henan	1085618	1076479	18529546	17213	335684	331589	5696845	17180
湖 北	Hubei	627575	626220	10694871	17078	252207	250832	4447970	17733
湖 南	Hunan	655474	650030	12147929	18688	235255	232102	5135000	22124
广 东	Guangdong	984415	977188	26096316	26706	393402	387048	12895870	33319
广 西	Guangxi	523747	520467	8868438	17039	169748	165704	3428451	20690
海 南	Hainan	85844	83852	1744783	20808	30761	30016	621653	20711
重 庆	Chongqing	315925	312868	5986228	19133	89077	87734	1950118	22228
四 川	Sichuan	792099	787166	13028794	16552	259850	257186	5513161	21436
贵 州	Guizhou	375204	370803	6199523	16719	89300	88267	1662398	18834
云 南	Yunnan	478145	473647	8840885	18666	127349	126555	2519995	19912
西 藏	Tibet	31375	30775	925170	30062	11229	11124	356688	32065
陕 西	Shaanxi	496582	496648	8558054	17232	143352	142103	2328120	16383
甘 肃	Gansu	289912	285580	5425259	18997	77606	77172	1349820	17491
青 海	Qinghai	62054	61307	1496909	24417	24149	23584	579321	24564
宁 夏	Ningxia	74746	74796	1572694	21026	26132	25900	483357	18662
新 疆	Xinjiang	325420	321749	6326599	19663	110711	108651	2178804	20053

3-4 续表 11 continued

地 区	Region	文化体育和娱乐业 Culture, Sports and Entertainment				公共管理和社会组织 Public Management and Social Organization			
		年末人数 (人) Year-end Figures (person)	平均人数 (人) Average Figures (person)	工资总额 (千元) Total Wages (1000 yuan)	平均工资 (元) Average Wage (yuan)	年末人数 (人) Year-end Figures (person)	平均人数 (人) Average Figures (person)	工资总额 (千元) Total Wages (1000 yuan)	平均工资 (元) Average Wage (yuan)
全 国	**National**	**1166168**	**1161285**	**30339534**	**26126**	**12353593**	**12289804**	**281226521**	**22883**
北 京	Beijing	122881	122633	6071054	49506	284096	280869	13682353	48714
天 津	Tianjin	16176	16032	483329	30148	120248	119149	3891412	32660
河 北	Hebei	46926	47000	718895	15296	704274	698283	11153749	15973
山 西	Shanxi	42897	42637	733413	17201	444637	439796	7285090	16565
内蒙古	Inner Mongolia	31248	31315	651800	20814	306457	303346	6234698	20553
辽 宁	Liaoning	49417	49461	1086131	21959	464251	461177	10011076	21708
吉 林	Jilin	36920	36832	579732	15740	290995	286727	4978626	17364
黑龙江	Heilongjiang	36574	36387	650680	17882	390610	389563	7612523	19541
上 海	Shanghai	34990	35166	1642878	46718	163819	160731	6930348	43118
江 苏	Jiangsu	47561	47441	1545250	32572	544732	538783	19109973	35469
浙 江	Zhejiang	44540	43890	1848133	42108	467628	459990	21513913	46770
安 徽	Anhui	33725	33627	609620	18129	412776	411286	7745049	18831
福 建	Fujian	32239	31869	781528	24523	279000	277559	6840487	24645
江 西	Jiangxi	34049	33905	648419	19125	371985	367267	5947761	16195
山 东	Shandong	57085	56282	1412697	25100	975945	966846	20868073	21584
河 南	Henan	68284	66802	1220192	18266	943285	932854	15148093	16238
湖 北	Hubei	47381	47517	849692	17882	531906	531355	10327391	19436
湖 南	Hunan	41075	40905	889600	21748	633535	629198	11319973	17991
广 东	Guangdong	83263	82563	2959585	35846	833972	824915	28989525	35142
广 西	Guangxi	30937	30933	631023	20400	341373	339206	6895897	20330
海 南	Hainan	12241	12199	248768	20392	88514	87777	1857422	21161
重 庆	Chongqing	19347	18910	443743	23466	208992	205185	4645342	22640
四 川	Sichuan	42353	42129	866461	20567	621535	618546	12188746	19705
贵 州	Guizhou	18778	18591	336685	18110	323478	320773	5693685	17750
云 南	Yunnan	32627	32689	541405	16562	394686	390531	7129762	18257
西 藏	Tibet	5358	5269	164621	31243	63489	62245	2130871	34234
陕 西	Shaanxi	36839	37425	568691	15195	420000	416735	6020357	14446
甘 肃	Gansu	21946	21602	368618	17064	280846	327952	5845365	17824
青 海	Qinghai	6236	6168	145042	23515	69660	68429	1653422	24163
宁 夏	Ningxia	8118	8065	158345	19634	72324	71565	1444991	20191
新 疆	Xinjiang	24157	25041	483504	19308	304545	301166	6130548	20356

3-5 分地区分登记注册类型专业技术人员年末人数(2006年)

NUMBER OF TECHNICAL PERSONNEL BY REGISTRATION STATUS AND REGION (2006)

单位：人 (person)

地区 Region	年末人数 Year-end Figures				女性 Female			
	合计 Total	国有单位 State-owned Units	城镇集体单位 Urban Collective-owned Units	其他单位 Other Ownership Units	合计 Total	国有单位 State-owned Units	城镇集体单位 Urban Collective-owned Units	其他单位 Other Ownership Units
全国 National	**32568482**	**23754028**	**1652149**	**7162305**	**14130817**	**11051235**	**677089**	**2402493**
北京 Beijing	1496672	699944	36379	760349	658287	369333	16848	272106
天津 Tianjin	472430	318259	14440	139731	226346	167454	6184	52708
河北 Hebei	1646371	1380487	71660	194224	830356	734485	28571	67300
山西 Shanxi	972095	785664	56733	129698	476640	404106	25153	47381
内蒙古 Inner Mongolia	715232	570896	27416	116920	333871	282129	12598	39144
辽宁 Liaoning	1298906	956112	66546	276248	631922	501341	29893	100688
吉林 Jilin	829681	676741	35059	117881	406659	350528	17122	39009
黑龙江 Heilongjiang	1073976	862053	28840	183083	511083	431965	12723	66395
上海 Shanghai	688536	431069	21260	236207	320170	230708	11958	77504
江苏 Jiangsu	1966717	1200841	101486	664390	831398	549233	46558	235607
浙江 Zhejiang	1413744	802964	72475	538305	626830	417354	33302	176174
安徽 Anhui	1007778	791644	65147	150987	364942	297279	25511	42152
福建 Fujian	1004989	640708	45455	318826	425795	288302	17728	119765
江西 Jiangxi	858308	730819	31379	96110	329579	287283	10486	31810
山东 Shandong	2321191	1638760	123571	558860	958082	711015	47617	199450
河南 Henan	2041056	1391643	322726	326687	902234	646724	147940	107570
湖北 Hubei	1536226	1170454	69647	296125	577877	471653	21395	84829
湖南 Hunan	1267910	996758	65927	205225	514834	427369	25424	62041
广东 Guangdong	2304229	1482567	102328	719334	1012540	745561	35179	231800
广西 Guangxi	971013	818892	36979	115142	419812	370232	11676	37904
海南 Hainan	184791	151522	6635	26634	73620	62008	2395	9217
重庆 Chongqing	619701	452312	29009	138380	237774	191277	9906	36591
四川 Sichuan	1613820	1254681	105544	253595	654623	539505	38206	76912
贵州 Guizhou	664820	556705	13181	94934	254987	221993	3894	29100
云南 Yunnan	900600	749039	28193	123368	384924	335959	8669	40296
西藏 Tibet	41652	40825	433	394	17678	17372	155	151
陕西 Shaanxi	1067171	862635	40882	163654	439379	377444	17467	44468
甘肃 Gansu	555996	479725	13922	62349	209578	184717	5073	19788
青海 Qinghai	141428	123756	4677	12995	61428	55678	1803	3947
宁夏 Ningxia	185369	147587	3002	34780	76660	64461	1011	11188
新疆 Xinjiang	706074	587966	11218	106890	360909	316767	4644	39498

3-6 分地区分行业专业技术人员年末人数(2006年)

NUMBER OF TECHNICAL PERSONNEL BY SECTOR AND REGION(2006)

单位:人 (person)

地 区	Region	合 计 Total	农、林、牧、渔业 Agriculture, Forestry, Farming of Animals and Fishery	采矿业 Mining	制造业 Manufacturing	电力、燃气及水的生产和供应业 Production and Distribution of Electricity, Gas and Water	建筑业 Construction
全国总计	**National**	**32568482**	**667088**	**638986**	**4668992**	**695171**	**1811397**
北 京	Beijing	1496672	5896	2254	188739	16430	120299
天 津	Tianjin	472430	2759	15647	96840	7954	27726
河 北	Hebei	1646371	13677	32239	185539	38345	74733
山 西	Shanxi	972095	11424	89814	110612	23089	50845
内蒙古	Inner Mongolia	715232	52728	19329	67313	23306	28416
辽 宁	Liaoning	1298906	21557	30817	214087	32839	58273
吉 林	Jilin	829681	39859	16594	91541	19816	29173
黑龙江	Heilongjiang	1073976	102992	46097	109470	28956	49189
上 海	Shanghai	688536	2285	127	144012	9971	32145
江 苏	Jiangsu	1966717	15415	22280	479011	30896	83846
浙 江	Zhejiang	1413744	7362	2362	261639	32893	122542
安 徽	Anhui	1007778	12441	32551	100006	24249	49683
福 建	Fujian	1004989	13379	4927	233169	21052	64829
江 西	Jiangxi	858308	17599	10728	92453	18990	34433
山 东	Shandong	2321191	17359	82455	396310	46689	118186
河 南	Henan	2041056	16805	52155	235001	43844	110220
湖 北	Hubei	1536226	29068	18728	221070	38181	109563
湖 南	Hunan	1267910	7988	10505	124794	23381	99904
广 东	Guangdong	2304229	15519	5116	442904	42110	114582
广 西	Guangxi	971013	24293	8796	81694	20274	41291
海 南	Hainan	184791	21899	1789	8563	2704	6644
重 庆	Chongqing	619701	8521	9191	92049	12894	64067
四 川	Sichuan	1613820	35816	22650	206532	36753	125282
贵 州	Guizhou	664820	10670	12948	69543	16023	30382
云 南	Yunnan	900600	44575	8426	77705	19616	38489
西 藏	Tibet	41652	846	117	668	1080	522
陕 西	Shaanxi	1067171	20213	30027	212369	23363	48770
甘 肃	Gansu	555996	9812	10718	63991	13230	23374
青 海	Qinghai	141428	7859	1934	10917	3846	9050
宁 夏	Ningxia	185369	6646	9465	15006	8405	10271
新 疆	Xinjiang	706074	69826	28200	35445	13992	34668

3-6 续表 1 continued

单位:人 (person)

地区	Region	交通运输、仓储和邮政业 Traffic, Transport, Storage and post	信息传输、计算机服务和软件业 Information Transfer, Computer and Software	批发和零售业 Wholesale and Retail Trade	住宿和餐饮业 Accommodation and Restaurants	金融业 Finance	房地产业 Real Estate	租赁和商务服务业 Tenancy and Business Services
全国总计	**National**	**824713**	**508497**	**792603**	**185661**	**1577008**	**340281**	**395544**
北京	Beijing	42325	116822	75957	26311	90375	53118	98585
天津	Tianjin	22186	9257	14974	2603	25756	3623	4509
河北	Hebei	41568	18111	38223	7363	83791	7877	9715
山西	Shanxi	25197	10388	26169	2674	46606	3967	9754
内蒙古	Inner Mongolia	17337	9810	8874	3086	35459	3157	6165
辽宁	Liaoning	47303	19902	27722	8117	85803	14322	14625
吉林	Jilin	22432	11587	14909	1913	46609	6889	8248
黑龙江	Heilongjiang	30884	16194	24509	2335	48075	8876	8552
上海	Shanghai	34106	14758	22827	3231	63818	8986	14689
江苏	Jiangsu	53520	21242	42923	10595	97883	18526	17567
浙江	Zhejiang	29526	25135	44700	13130	93711	22016	33579
安徽	Anhui	18878	9525	18338	2333	40500	6942	4384
福建	Fujian	20058	12455	20164	5149	46478	12133	12716
江西	Jiangxi	23008	8761	15254	2764	38807	4743	3513
山东	Shandong	46547	16098	57902	12145	89864	22839	17547
河南	Henan	31666	13522	58704	11426	74726	13679	11493
湖北	Hubei	48576	23803	33035	7717	66422	13030	11629
湖南	Hunan	23172	14383	20046	7720	48886	13502	8003
广东	Guangdong	70627	57434	71627	18480	139377	39043	41232
广西	Guangxi	23399	10033	24232	4909	42155	8866	11196
海南	Hainan	8643	4052	3967	2937	7534	2936	2845
重庆	Chongqing	17036	3871	13346	3658	20615	8421	2853
四川	Sichuan	31760	15946	25564	5459	64974	11517	10331
贵州	Guizhou	10162	4568	14894	2144	22797	9799	4576
云南	Yunnan	20490	11387	21870	4539	44009	5300	7023
西藏	Tibet	516	670	468	269	4425	82	122
陕西	Shaanxi	25393	11101	22740	4727	41234	5724	6003
甘肃	Gansu	12730	5207	7842	2799	23189	2554	2699
青海	Qinghai	4602	2954	2355	366	7854	566	1213
宁夏	Ningxia	4089	2446	2945	894	11281	2033	1285
新疆	Xinjiang	16977	7075	15523	3868	23995	5215	8893

3-6 续表 2 continued

单位:人 (person)

地区	Region	科学研究、技术服务和地质勘查业 Scientific Research, Technical Service and Geologic Perambulation	水利、环境和公共设施管理业 Management of Water Conservancy, Environment and Public Establishment	居民服务和其他服务业 Resident Services and Other Services	教育 Education	卫生、社会保障和社会福利业 Sanitation, Social Security and Social Welfare	文化体育和娱乐业 Culture, Sports and Entertainment	公共管理和社会组织 Public Management and Social Organization
全国总计	**National**	**1183645**	**281777**	**58589**	**12213537**	**3763717**	**536706**	**1424570**
北京	Beijing	177638	9829	14396	240494	120823	63771	32610
天津	Tianjin	27901	5680	2367	131848	55569	7910	7321
河北	Hebei	36903	16382	3143	748139	173704	19739	97180
山西	Shanxi	32251	8292	1600	374557	102023	21280	21553
内蒙古	Inner Mongolia	21203	9620	1673	275889	80060	16813	34994
辽宁	Liaoning	51109	15249	2990	422177	161039	25511	45464
吉林	Jilin	36732	9952	1293	311426	104724	17663	38321
黑龙江	Heilongjiang	33180	10851	1771	368067	120967	19729	43282
上海	Shanghai	43037	5543	1231	169548	96351	12072	9799
江苏	Jiangsu	52027	16989	1633	680305	224662	23222	74175
浙江	Zhejiang	49670	9204	1816	435080	185572	22990	20817
安徽	Anhui	26685	9005	642	456773	129957	17559	47327
福建	Fujian	23524	5818	1546	373175	88396	13168	32853
江西	Jiangxi	24294	6571	626	391526	105443	16129	42666
山东	Shandong	44211	20743	1731	854109	267538	28143	180775
河南	Henan	51251	12858	2704	911888	230095	25131	133888
湖北	Hubei	49682	18150	1874	539133	197573	25527	83465
湖南	Hunan	30932	9440	988	551121	176942	14951	81252
广东	Guangdong	72131	14573	5112	804446	294342	27961	27613
广西	Guangxi	30250	8142	1071	439272	126022	15716	49402
海南	Hainan	5737	1204	265	71523	20757	4870	5922
重庆	Chongqing	18199	2276	646	258389	64158	6618	12893
四川	Sichuan	61670	9346	1883	671793	192051	17971	66522
贵州	Guizhou	19567	3460	833	316149	66331	8214	41760
云南	Yunnan	35085	8338	763	404123	99023	15400	34439
西藏	Tibet	1914	107	31	19117	5361	2573	2764
陕西	Shaanxi	62628	11683	1676	377055	100280	14033	48152
甘肃	Gansu	23807	6103	895	233395	53970	8593	51088
青海	Qinghai	7394	2291	244	52124	16531	3601	5727
宁夏	Ningxia	6134	4252	72	66915	20188	4954	8088
新疆	Xinjiang	26899	9826	1074	263981	83265	14894	42458

3-7 分地区分行业女性专业技术人员年末人数(2006年)

NUMBER OF FEMALE TECHNICAL PERSONNEL BY SECTOR AND REGION(2006)

单位:人 (person)

地 区	Region	合 计 Total	农、林、牧、渔业 Agriculture, Forestry, Farming of Animals and Fishery	采矿业 Mining	制造业 Manufacturing	电力、燃气及水的生产和供应业 Production and Distribution of Electricity, Gas & Water	建筑业 Construction
全国总计	**National**	**14130817**	**216802**	**208257**	**1590395**	**209798**	**378189**
北 京	Beijing	658287	2281	322	64513	5726	28516
天 津	Tianjin	226346	951	5243	37503	2731	7487
河 北	Hebei	830356	4974	11676	64307	12300	17624
山 西	Shanxi	476640	4078	36438	39764	7305	11955
内蒙古	Inner Mongolia	333871	19420	4704	23648	7939	7445
辽 宁	Liaoning	631922	7313	8914	73528	11201	16522
吉 林	Jilin	406659	14351	5772	30032	5412	8033
黑龙江	Heilongjiang	511083	37648	14678	40613	9522	14330
上 海	Shanghai	320170	637	22	43666	2578	6245
江 苏	Jiangsu	831398	4191	10053	172450	8214	14975
浙 江	Zhejiang	626830	1880	1119	86893	9903	19881
安 徽	Anhui	364942	3288	7714	29549	6330	10072
福 建	Fujian	425795	3877	1034	94716	6126	13453
江 西	Jiangxi	329579	5171	2886	30192	5696	7436
山 东	Shandong	958082	5541	25029	146853	13969	21079
河 南	Henan	902234	4807	16488	84281	13304	21714
湖 北	Hubei	577877	6915	1854	67393	10586	18447
湖 南	Hunan	514834	2099	2498	40459	6598	17202
广 东	Guangdong	1012540	4207	2049	139590	10943	21886
广 西	Guangxi	419812	6864	2369	25879	6793	8322
海 南	Hainan	73620	8413	692	2660	674	1020
重 庆	Chongqing	237774	2161	2303	28753	3886	10755
四 川	Sichuan	654623	8924	6092	70977	12220	25875
贵 州	Guizhou	254987	3034	3905	23084	4470	6215
云 南	Yunnan	384924	13904	2353	24806	6026	9172
西 藏	Tibet	17678	259	25	278	291	123
陕 西	Shaanxi	439379	6972	13988	61005	5671	11922
甘 肃	Gansu	209578	3102	3092	22099	4281	5782
青 海	Qinghai	61428	2910	497	3362	1240	2292
宁 夏	Ningxia	76660	2054	3189	4776	2385	2381
新 疆	Xinjiang	360909	24576	11259	12766	5478	10028

3-7 续表 1 continued

单位:人 (person)

地区	Region	交通运输、仓储和邮政业 Traffic, Transport, Storage and Post	信息传输、计算机服务和软件业 Information Transfer, Computer and Software	批发和零售业 Wholesale and Retail Trade	住宿和餐饮业 Accommodation and Restaurants	金融业 Finance	房地产业 Real Estate	租赁和商务服务业 Tenancy and Business Services
全国总计	**National**	**248198**	**167623**	**333200**	**74077**	**722115**	**117066**	**160082**
北京	Beijing	14651	35329	34115	9856	44798	17632	44394
天津	Tianjin	5616	3344	6712	1178	12268	1147	1965
河北	Hebei	13758	6388	17722	3035	37246	3312	3790
山西	Shanxi	8263	3795	11406	1137	21448	1647	3858
内蒙古	Inner Mongolia	5670	3852	3777	1156	16596	1225	2646
辽宁	Liaoning	15327	7211	13494	3533	39695	5737	6629
吉林	Jilin	7484	4359	6032	762	21646	2762	3149
黑龙江	Heilongjiang	10338	6202	10934	1069	22721	3659	3493
上海	Shanghai	6774	5021	9285	1343	32421	2949	5081
江苏	Jiangsu	14210	7194	17759	4106	44862	6821	6456
浙江	Zhejiang	8853	8884	19474	5753	47902	7971	12976
安徽	Anhui	4882	2750	6424	865	15444	2171	1456
福建	Fujian	5204	3716	8218	2292	19731	3767	4731
江西	Jiangxi	7278	2950	5862	1113	16442	1818	1201
山东	Shandong	14358	4935	24253	4859	36797	7750	6100
河南	Henan	10382	5641	23743	4696	33413	4704	4416
湖北	Hubei	13943	8506	12391	2893	31223	3971	3964
湖南	Hunan	7279	4753	8291	3334	21909	4301	3451
广东	Guangdong	18061	15682	29713	6629	66955	12347	16986
广西	Guangxi	7085	2799	9917	1964	18241	3306	4871
海南	Hainan	2971	1611	1427	648	2792	932	826
重庆	Chongqing	4406	1082	5243	1242	9247	2465	1081
四川	Sichuan	9922	5807	10120	2115	29771	3674	3929
贵州	Guizhou	3326	1568	5725	799	9736	3083	1669
云南	Yunnan	7041	3784	8511	2085	18934	1928	3017
西藏	Tibet	178	343	156	111	1730	25	73
陕西	Shaanxi	9037	3876	10071	1806	17960	1889	2333
甘肃	Gansu	3314	1855	3070	1217	9461	874	960
青海	Qinghai	1498	972	1115	155	3593	266	459
宁夏	Ningxia	1181	925	1311	476	4996	735	508
新疆	Xinjiang	5908	2489	6929	1850	12137	2198	3614

3-7 续表 2 continued

单位:人 (person)

地 区	Region	科学研究、技术服务和地质勘查业 Scientific Research, Technical Service and Geologic Perambulation	水利、环境和公共设施管理业 Management of Water Conservancy, Environment and Public Establishment	居民服务和其他服务业 Resident Services and Other Services	教育 Education	卫生、社会保障和社会福利业 Sanitation, Social Security & Social Welfare	文化体育和娱乐业 Culture, Sports and Entertainment	公共管理和社会组织 Public Management & Social Organization
全国总计	**National**	**388899**	**101213**	**24730**	**6044468**	**2386991**	**236730**	**521984**
北 京	Beijing	63864	4137	5082	148980	88305	31273	14513
天 津	Tianjin	9543	2453	1189	81332	39018	3644	3022
河 北	Hebei	13205	6857	1776	454355	110112	8954	38965
山 西	Shanxi	12638	3274	718	223453	66926	9533	9004
内蒙古	Inner Mongolia	8358	3943	656	152019	50409	7993	12415
辽 宁	Liaoning	18543	6554	1331	253077	113096	11777	18440
吉 林	Jilin	13129	3770	582	187164	69291	8095	14834
黑龙江	Heilongjiang	12064	4188	837	211492	81088	8964	17243
上 海	Shanghai	14329	1933	534	106481	69405	5408	6058
江 苏	Jiangsu	15830	5687	723	323235	139230	8968	26434
浙 江	Zhejiang	14139	2891	971	236591	122910	10313	7526
安 徽	Anhui	7263	2714	270	166817	74999	6753	15181
福 建	Fujian	6204	1790	647	178979	53827	5479	12004
江 西	Jiangxi	7194	2242	242	150915	58728	6976	15237
山 东	Shandong	13648	7082	642	385739	165850	11434	62164
河 南	Henan	17836	4800	1216	448080	141846	11494	49373
湖 北	Hubei	15228	5726	716	222803	115294	10058	25966
湖 南	Hunan	8979	3001	348	241425	105929	6063	26915
广 东	Guangdong	19852	4292	2257	431950	187594	11682	9865
广 西	Guangxi	9360	3126	445	202646	82161	6891	16773
海 南	Hainan	1514	311	128	29808	12917	1871	2405
重 庆	Chongqing	4946	716	264	114335	38060	2782	4047
四 川	Sichuan	20343	3275	712	293003	115972	7705	24187
贵 州	Guizhou	5742	1045	322	123602	40819	3592	13251
云 南	Yunnan	11872	2776	361	182309	65920	7155	12970
西 藏	Tibet	557	35	4	8073	3502	1048	867
陕 西	Shaanxi	19874	4265	760	182756	60709	5891	18594
甘 肃	Gansu	7279	1895	436	86516	31844	3732	18769
青 海	Qinghai	2590	763	98	25440	10295	1592	2291
宁 夏	Ningxia	2060	1435	31	29290	13306	2438	3183
新 疆	Xinjiang	10916	4237	432	161803	57629	7172	19488

3-8 分地区分行业不在岗职工人数及生活费(2006年)

NOT-ON-POST STAFF AND WORKERS AND LIVING SUBSIDIES BY SECTOR AND REGION(2006)

地 区	Region	总 计 Total		农、林、牧、渔业 Agriculture,Forestry, Farming of Animals and Fishing		采矿业 Mining		制造业 Manufacturing	
		年末人数（人） Year-end Figures (person)	平均生活费（元） Average Living Subsidy (yuan)	年末人数（人） Year-end Figures (person)	平均生活费（元） Average Living Subsidy (yuan)	年末人数（人） Year-end Figures (person)	平均生活费（元） Average Living Subsidy (yuan)	年末人数（人） Year-end Figures (person)	平均生活费（元） Average Living Subsidy (yuan)
全 国	**National**	**11760599**	**4870**	**621608**	**1558**	**620900**	**5860**	**4493621**	**3743**
北 京	Beijing	235245	11269	1221	8889	671	11282	62188	8841
天 津	Tianjin	273820	3977	1665	7635	4407	11041	173471	2329
河 北	Hebei	664840	5010	4605	3438	31612	6601	288906	3404
山 西	Shanxi	584174	3967	2272	2720	48455	8554	234935	3301
内蒙古	Inner Mongolia	198613	5926	25053	2315	10505	5795	65526	3891
辽 宁	Liaoning	1206681	3003	25646	1559	96916	1854	593638	2537
吉 林	Jilin	481581	4222	70787	1760	34845	5091	152822	3234
黑龙江	Heilongjiang	868051	3142	191160	677	73747	927	245587	1930
上 海	Shanghai	544917	6144	2713	7262	84	4159	274575	4472
江 苏	Jiangsu	539341	6518	13176	3920	36837	6929	218348	5684
浙 江	Zhejiang	133099	9812	2174	4545	4843	6167	36020	6373
安 徽	Anhui	327949	4088	7248	2423	38464	7142	110540	3863
福 建	Fujian	128701	4317	11641	1776	3382	1532	36427	4324
江 西	Jiangxi	539121	2609	60454	1257	21010	3593	232726	2068
山 东	Shandong	828065	6662	23941	1696	54362	12385	279585	4588
河 南	Henan	768119	3121	15614	871	41197	4412	255440	3053
湖 北	Hubei	602464	5280	21973	1785	8368	4553	230244	4363
湖 南	Hunan	609377	4533	18317	2208	21262	3580	215296	3869
广 东	Guangdong	385208	6103	10488	2374	5171	12233	106868	3197
广 西	Guangxi	213435	4125	13522	2231	5253	3667	64195	4253
海 南	Hainan	114388	2581	46369	579	3876	4147	14429	1663
重 庆	Chongqing	137873	5261	683	4059	5320	4589	57157	4509
四 川	Sichuan	323849	7043	3931	4875	16824	5824	114567	6531
贵 州	Guizhou	155194	5154	1746	3945	5730	3938	65672	4915
云 南	Yunnan	159441	8959	13499	4435	3975	7040	60839	8701
西 藏	Tibet	2092	17338	2	29000	179	12961	32	9967
陕 西	Shaanxi	460267	3871	4816	2700	19553	7555	214551	2768
甘 肃	Gansu	130527	7073	1899	4104	5089	16294	60602	6513
青 海	Qinghai	21729	9476	853	2131	258	2388	6759	6149
宁 夏	Ningxia	27145	8755	5514	3568	1607	13040	6570	7849
新 疆	Xinjiang	95293	9602	18626	2093	17098	18783	15106	6533

3-8 续表 1 continued

地 区 Region	电力、燃气及水的生产和供应业 Production & Distribution of Electricity,Gas & Water		建筑业 Construction		交通运输、仓储和邮政业 Traffic,Transport, Storage and Post		信息传输、计算机服务和软件业 Information Transfer, Computer Services and Software	
	年末人数（人） Year-end Figures (person)	平均生活费（元） Average Living Subsidy (yuan)	年末人数（人） Year-end Figures (person)	平均生活费（元） Average Living Subsidy (yuan)	年末人数（人） Year-end Figures (person)	平均生活费（元） Average Living Subsidy (yuan)	年末人数（人） Year-end Figures (person)	平均生活费（元） Average Living Subsidy (yuan)
全 国 National	**244983**	**10073**	**893014**	**3383**	**902855**	**6557**	**86394**	**13523**
北 京 Beijing	3959	9698	29105	9207	18303	13514	3465	19538
天 津 Tianjin	2227	12406	14287	6090	27187	4326	1262	16387
河 北 Hebei	6577	11562	49123	2973	40403	3947	3713	12271
山 西 Shanxi	6919	7838	51003	2899	41488	6640	1913	10602
内蒙古 Inner Mongolia	7503	14378	15939	2404	16824	9553	3376	13567
辽 宁 Liaoning	22556	9114	134857	1496	67670	5129	5510	16632
吉 林 Jilin	9560	8652	41694	1764	41708	5597	1441	10940
黑龙江 Heilongjiang	10978	6348	66376	1042	74560	7522	7988	11911
上 海 Shanghai	1175	17304	19023	8591	39457	9103	1149	18865
江 苏 Jiangsu	4824	13705	31892	6828	56993	8200	3382	15829
浙 江 Zhejiang	2340	11616	7749	5988	14264	8159	1592	21011
安 徽 Anhui	4064	8131	31880	3690	25303	3154	1396	11363
福 建 Fujian	2880	9245	12490	2418	13133	5580	1094	12310
江 西 Jiangxi	12822	6299	38516	1750	32506	4830	2143	9706
山 东 Shandong	20289	11677	35166	4970	47998	7336	8565	16518
河 南 Henan	23900	7909	31500	2988	54963	4081	4883	8751
湖 北 Hubei	17995	11555	37150	4443	63409	6486	7721	10378
湖 南 Hunan	17930	8242	41718	3298	48152	4748	3522	12028
广 东 Guangdong	12280	13631	23842	4347	33650	9461	4001	18518
广 西 Guangxi	7014	9687	14880	3902	14458	5900	2861	9370
海 南 Hainan	3883	12392	2159	1321	6900	7123	1308	7190
重 庆 Chongqing	4638	9995	15964	2403	18483	5981	567	12045
四 川 Sichuan	14949	9917	38954	4116	27923	6270	2742	12981
贵 州 Guizhou	4192	11052	16104	2904	9341	6834	1284	11806
云 南 Yunnan	6290	13052	14580	6041	12838	9739	2996	15437
西 藏 Tibet	260	22062	474	14318	185	11527	197	37036
陕 西 Shaanxi	5779	10253	48982	2810	30002	4953	2676	11551
甘 肃 Gansu	2736	13008	14991	3460	10126	11667	1359	10939
青 海 Qinghai	282	13198	2114	5154	2876	16503	541	16746
宁 夏 Ningxia	592	14326	2343	4923	2154	14864	189	8000
新 疆 Xinjiang	3590	11866	8159	5557	9598	10423	1558	13375

3-8 续表 2 continued

地区	Region	批发和零售业 Wholesale and Retail Trade 年末人数(人) Year-end Figures (person)	批发和零售业 平均生活费(元) Average Living Subsidy (yuan)	住宿和餐饮业 Accommodation and Restaurants 年末人数(人) Year-end Figures (person)	住宿和餐饮业 平均生活费(元) Average Living Subsidy (yuan)	金融业 Finance 年末人数(人) Year-end Figures (person)	金融业 平均生活费(元) Average Living Subsidy (yuan)	房地产业 Real Estate 年末人数(人) Year-end Figures (person)	房地产业 平均生活费(元) Average Living Subsidy (yuan)
全国	**National**	**1834849**	**2245**	**153134**	**3682**	**245755**	**18057**	**133552**	**4847**
北京	Beijing	31196	9798	7723	10185	4380	33177	12268	10099
天津	Tianjin	22385	4653	3112	4331	2459	20225	1183	7464
河北	Hebei	126554	1957	8057	2468	17768	17676	1557	9630
山西	Shanxi	105806	886	7308	1856	9153	15621	3317	1649
内蒙古	Inner Mongolia	7465	4547	1062	3164	4098	15616	395	10919
辽宁	Liaoning	120157	1137	8124	2300	16421	17149	12201	2650
吉林	Jilin	49204	1466	4098	1521	8081	17429	1824	3836
黑龙江	Heilongjiang	63487	1486	4268	1388	10169	16387	6987	2501
上海	Shanghai	72826	4371	10554	5754	4611	29111	8016	6266
江苏	Jiangsu	97238	3392	8047	4697	11409	18832	3239	7201
浙江	Zhejiang	14476	4471	4160	4953	9352	26760	3637	6362
安徽	Anhui	69444	1809	5211	2206	8268	13406	1591	4270
福建	Fujian	28232	2411	3374	3355	2572	19532	895	6101
江西	Jiangxi	74434	1226	5645	3020	8048	12121	6181	2488
山东	Shandong	184245	1851	10582	4205	19779	22455	8332	7088
河南	Henan	227790	989	12673	2114	16842	13012	4743	2279
湖北	Hubei	74964	2390	4717	2920	16436	13469	9146	4017
湖南	Hunan	80462	2191	9101	3638	10048	15348	19126	3457
广东	Guangdong	105033	1542	5822	4423	17287	23071	8621	6009
广西	Guangxi	55362	1458	5564	2693	6481	15699	2500	3503
海南	Hainan	22177	911	2059	1622	2100	19114	1232	3331
重庆	Chongqing	18427	4349	3508	3059	4513	18616	1136	8515
四川	Sichuan	38303	4886	3757	3813	10217	17974	1187	8388
贵州	Guizhou	29336	3675	2325	4162	4217	17899	6369	2384
云南	Yunnan	16667	8694	2163	4102	3664	18486	1500	6734
西藏	Tibet	196	10452	122	8720	3	16000	16	5882
陕西	Shaanxi	76134	2189	6507	2420	7530	15347	3875	1521
甘肃	Gansu	12355	3399	1955	3651	3627	13478	711	7307
青海	Qinghai	1780	6100	260	7181	1050	21121	8	3625
宁夏	Ningxia	2827	5068	319	5242	1667	21708	606	6955
新疆	Xinjiang	5887	7581	957	6977	3505	19268	1153	6719

3-8 续表 3 continued

地区	Region	租赁和商务服务业 Tenancy and Business Services		科学研究、技术服务和地质勘查业 Scientific Research,Technical Service & Geologic Perambulation		水利、环境和公共设施管理业 Management of Water Conservancy,Environment & Public Establishment		居民服务和其他服务业 Resident Services and Other Services	
		年末人数（人） Year-end Figures (person)	平均生活费（元） Average Living Subsidy (yuan)	年末人数（人） Year-end Figures (person)	平均生活费（元） Average Living Subsidy (yuan)	年末人数（人） Year-end Figures (person)	平均生活费（元） Average Living Subsidy (yuan)	年末人数（人） Year-end Figures (person)	平均生活费（元） Average Living Subsidy (yuan)
全 国	**National**	**381979**	**4505**	**148433**	**8006**	**103625**	**7183**	**57662**	**3817**
北 京	Beijing	24026	10074	10819	14257	5112	14991	3883	8128
天 津	Tianjin	5022	6551	2952	12697	1509	11474	2509	10135
河 北	Hebei	8481	2418	7740	8991	3381	8078	825	4578
山 西	Shanxi	43976	2812	4516	4697	954	5171	1663	640
内蒙古	Inner Mongolia	10064	4149	5758	6150	563	9495	2915	2047
辽 宁	Liaoning	32801	2153	10288	5032	9029	6405	5329	582
吉 林	Jilin	7868	5752	5699	9416	5467	4059	2583	2755
黑龙江	Heilongjiang	28178	1187	4722	5694	8833	2381	6320	1842
上 海	Shanghai	62235	6569	5718	10215	5779	17569	16176	3601
江 苏	Jiangsu	17505	4547	3042	8035	3522	11431	1773	4943
浙 江	Zhejiang	9182	8179	2481	8358	2151	12592	301	3350
安 徽	Anhui	5112	2910	4183	6379	1788	3720	790	2219
福 建	Fujian	2066	5588	2145	8502	743	11543	682	3079
江 西	Jiangxi	10817	1143	5316	3715	4510	6051	622	1764
山 东	Shandong	16058	3848	5847	7835	4481	11275	2425	3697
河 南	Henan	13033	2766	5387	6426	4738	2372	1706	1035
湖 北	Hubei	15004	4378	10147	6520	11811	4783	960	4706
湖 南	Hunan	15996	4179	10233	5167	14991	4998	1077	2534
广 东	Guangdong	15138	3714	3647	11940	3905	5022	660	7558
广 西	Guangxi	7376	2969	2821	6192	1792	4427	508	3402
海 南	Hainan	2585	1340	744	3548	455	3111	46	5362
重 庆	Chongqing	795	2965	1743	8445	479	3611	207	3142
四 川	Sichuan	5514	7359	10336	8358	2582	9430	866	13266
贵 州	Guizhou	1511	4406	2967	6738	200	5327	534	3182
云 南	Yunnan	5333	6417	4319	7465	223	8604	232	11784
西 藏	Tibet	7	12857	39	27231				
陕 西	Shaanxi	6483	4855	7621	11547	3568	6214	1269	2964
甘 肃	Gansu	5254	3935	3637	8123	317	7748	361	14773
青 海	Qinghai	2432	12267	1090	11548	87	8898	97	9667
宁 夏	Ningxia	43	9568	584	10858	225	9560		
新 疆	Xinjiang	2084	10060	1892	6006	430	6007	343	4345

3-8 续表 4 continued

地区	Region	教育 Education		卫生、社会保障和社会福利业 Sanitation, Social Security & Social Welfare		文化体育和娱乐业 Culture, Sports and Entertainment		公共管理和社会组织 Public Management & Social Organization	
		年末人数(人) Year-end Figures (person)	平均生活费(元) Average Living Subsidy (yuan)	年末人数(人) Year-end Figures (person)	平均生活费(元) Average Living Subsidy (yuan)	年末人数(人) Year-end Figures (person)	平均生活费(元) Average Living Subsidy (yuan)	年末人数(人) Year-end Figures (person)	平均生活费(元) Average Living Subsidy (yuan)
全国	**National**	**210205**	**13201**	**144123**	**7345**	**56151**	**8014**	**427756**	**12738**
北京	Beijing	7777	19374	2494	11503	3630	17421	3025	22963
天津	Tianjin	3362	13392	2866	8559	642	11924	1313	14840
河北	Hebei	8188	13283	5236	7643	2001	7136	50113	16200
山西	Shanxi	5060	15596	2431	6669	2070	3681	10935	10863
内蒙古	Inner Mongolia	5527	12237	1826	5996	797	7193	13417	13462
辽宁	Liaoning	9684	10810	18925	4870	2366	7529	14563	11070
吉林	Jilin	19762	9083	5303	6115	2125	7752	16710	14409
黑龙江	Heilongjiang	23057	15090	7280	5067	1442	8654	32912	15532
上海	Shanghai	8841	20405	6213	16747	3594	19616	2178	13928
江苏	Jiangsu	9137	14161	4154	9546	2125	9630	12698	16689
浙江	Zhejiang	5323	17497	4496	7234	1352	9294	7206	26055
安徽	Anhui	2326	6246	2914	4215	881	2867	6546	6548
福建	Fujian	2550	9549	1852	4533	630	2894	1913	10680
江西	Jiangxi	6110	7418	4163	5747	2436	5542	10662	7148
山东	Shandong	26613	18427	9219	11400	3446	8049	67132	14200
河南	Henan	6903	9172	8464	3288	4274	2040	34069	5523
湖北	Hubei	12290	9009	17557	6293	4594	6907	37978	9226
湖南	Hunan	20476	9490	14774	6258	5244	4847	41652	7666
广东	Guangdong	2293	17778	4577	6339	2869	7349	19056	20973
广西	Guangxi	1203	8353	1418	8220	2639	1886	3588	8775
海南	Hainan	384	7345	721	6665	785	6061	2176	14878
重庆	Chongqing	1605	9161	1184	7656	540	5371	924	8683
四川	Sichuan	13072	12151	7463	10092	1727	9241	8935	10543
贵州	Guizhou	1042	10737	552	9145	421	2167	1651	12733
云南	Yunnan	1132	12387	1017	12681	1269	13791	6905	17521
西藏	Tibet	89	25845	33	25848			258	15234
陕西	Shaanxi	3291	11486	5110	11965	1477	6513	11043	9404
甘肃	Gansu	730	16107	555	10130	299	7755	3924	10851
青海	Qinghai	330	14698	124	20656	54	9569	734	10171
宁夏	Ningxia	502	17239	339	12390	177	8521	887	13082
新疆	Xinjiang	1546	18793	863	12257	245	8987	2653	18186

3-9 分地区分行业其他就业人员和平均劳动报酬(2006年)

OTHER EMPLOYMENT AND AVERAGE EARNING BY SECTOR AND REGION(2006)

地 区	Region	总计 Total				农、林、牧、渔业 Agriculture,Forestry, Farming of Animals and Fishing			
		年末人数(人) Year-end Figures (person)	#聘用的离退休人员 Hired Retirement	平均劳动报酬(元) Average Earning (yuan)	#聘用的离退休人员 Hired Retirement	年末人数(人) Year-end Figures (person)	#聘用的离退休人员 Hired Retirement	平均劳动报酬(元) Average Earning (yuan)	#聘用的离退休人员 Hired Retirement
全 国	**National**	**5525871**	**611133**	**17956**	**18099**	**331021**	**2434**	**7290**	**11235**
北 京	Beijing	607123	144405	36424	21724	653	175	19119	12471
天 津	Tianjin	229693	32966	19481	12711	104	31	10619	12222
河 北	Hebei	131434	12099	11662	12859	52	20	7533	8217
山 西	Shanxi	83758	6841	10224	11238	424	32	5605	3778
内蒙古	Inner Mongolia	33130	3012	12009	13733	329	25	7675	8160
辽 宁	Liaoning	219938	24074	13948	12455	1215	93	7606	8126
吉 林	Jilin	59697	6667	8920	13569	1033	17	5963	4167
黑龙江	Heilongjiang	373784	16787	8749	12930	232994	104	7526	9375
上 海	Shanghai	680440	86734	23330	21203	5166	94	13273	21551
江 苏	Jiangsu	336628	27529	21256	20239	2732	51	9251	13712
浙 江	Zhejiang	301464	39243	22590	22578	424	88	13653	16339
安 徽	Anhui	173912	10552	11230	13943	1272	26	6049	8185
福 建	Fujian	152219	14990	22359	20475	3997	125	8228	10746
江 西	Jiangxi	108098	8889	10167	11638	4447	124	4210	4322
山 东	Shandong	232464	16600	15780	15649	1491	96	8402	12548
河 南	Henan	192055	19605	9910	10051	2303	118	4314	11000
湖 北	Hubei	249590	16403	10433	12859	19926	129	7177	5704
湖 南	Hunan	255741	12143	10528	14076	9301	22	2342	6652
广 东	Guangdong	193888	26800	36937	27875	3473	139	9016	13643
广 西	Guangxi	157323	8402	9549	14174	14552	101	8628	8186
海 南	Hainan	16272	2238	13881	17212	1961	73	5508	6394
重 庆	Chongqing	67737	14362	17861	15857	113	25	7691	7259
四 川	Sichuan	196767	18129	11899	16103	902	87	8309	9477
贵 州	Guizhou	86583	7376	8641	11653	1527	7	3063	6286
云 南	Yunnan	112466	14230	8675	13097	13404	78	3868	10333
西 藏	Tibet	19009	233	7479	17276	2139	1	3470	18000
陕 西	Shaanxi	110341	9402	8647	12835	672	34	5267	9028
甘 肃	Gansu	42870	2883	7416	11601	926	6	5141	4909
青 海	Qinghai	20226	368	8634	12746	633	1	4951	27000
宁 夏	Ningxia	19288	2164	12086	13839	191	24	6258	7200
新 疆	Xinjiang	61933	5007	13988	16464	2665	488	8819	19695

3-9 续表 1 continued

地 区	Region	采矿业 Mining				制造业 Manufacturing			
		年末人数(人) Year-end Figures (person)	#聘用的离退休人员 Hired Retirement	平均劳动报酬(元) Average Earning (yuan)	#聘用的离退休人员 Hired Retirement	年末人数(人) Year-end Figures (person)	#聘用的离退休人员 Hired Retirement	平均劳动报酬(元) Average Earning (yuan)	#聘用的离退休人员 Hired Retirement
全 国	**National**	**116217**	**13912**	**15485**	**10599**	**1012796**	**161363**	**26511**	**17097**
北 京	Beijing	1772	41	26070	27950	66096	23064	36393	22144
天 津	Tianjin	11234	259	22733	13869	55813	10839	36034	13518
河 北	Hebei	796	45	12767	16178	18301	5080	16045	13254
山 西	Shanxi	4368	309	27130	11956	9983	2025	8747	8860
内蒙古	Inner Mongolia	833	307	22470	13390	1266	690	14207	18138
辽 宁	Liaoning	3943	164	11922	16952	67640	9358	16999	12039
吉 林	Jilin	1069	282	10924	20451	10563	2664	12126	10681
黑龙江	Heilongjiang	1264	460	8199	12237	43555	5782	11851	13261
上 海	Shanghai	66	3	12940	53000	228677	22068	28925	22734
江 苏	Jiangsu	2204	39	12342	9579	96234	9600	35213	19273
浙 江	Zhejiang	311	63	13306	18140	58901	12108	30765	21297
安 徽	Anhui	7463	1436	9180	16601	22118	2569	13257	14033
福 建	Fujian	999	200	16693	14387	26564	4959	44227	19188
江 西	Jiangxi	4038	1317	9915	9611	13974	1560	8704	10854
山 东	Shandong	8963	219	18042	17248	33446	4800	41873	15718
河 南	Henan	5711	4209	23001	684	34349	4679	9033	11817
湖 北	Hubei	3567	205	18944	4919	44360	5532	13165	11207
湖 南	Hunan	3445	708	8645	8449	29057	3548	9733	13612
广 东	Guangdong	679	139	25868	22692	37728	5489	82598	24206
广 西	Guangxi	2629	288	11107	19261	21996	1479	8905	16376
海 南	Hainan	85	31	6022	4838	1335	232	56894	15359
重 庆	Chongqing	726	450	16206	20185	13803	5459	25613	12090
四 川	Sichuan	15274	459	12587	16434	16247	5226	13872	14584
贵 州	Guizhou	1920	67	17407	11419	11148	2247	7656	10638
云 南	Yunnan	5105	1725	14276	21545	15497	4326	10719	12979
西 藏	Tibet	866		12409		797	5	5955	13600
陕 西	Shaanxi	2741	234	9260	10664	18670	3721	9846	12525
甘 肃	Gansu	2511	21	7265	7571	6532	999	10056	9550
青 海	Qinghai	379	6	7375	4500	3516	64	10243	14565
宁 夏	Ningxia	1881	110	12545	8618	1631	538	11520	13626
新 疆	Xinjiang	19375	116	17025	5879	2999	653	14589	20372

地 区	Region	电力、燃气及水的生产和供应业 Production and Distribution of Electricity, Gas and Water				建筑业 Construction			
		年末人数(人) Year-end Figures (person)	#聘用的离退休人员 Hired Retirement	平均劳动报酬(元) Average Earning (yuan)	#聘用的离退休人员 Hired Retirement	年末人数(人) Year-end Figures (person)	#聘用的离退休人员 Hired Retirement	平均劳动报酬(元) Average Earning (yuan)	#聘用的离退休人员 Hired Retirement
全 国	**National**	**61383**	**5554**	**12172**	**19636**	**788505**	**39860**	**13438**	**18856**
北 京	Beijing	1506	540	34961	19551	59253	8360	19667	21873
天 津	Tianjin	2956	512	14709	11997	7522	1860	13911	13531
河 北	Hebei	5465	176	8722	22339	38290	611	11416	20348
山 西	Shanxi	531	89	11411	19254	5491	294	8461	12269
内蒙古	Inner Mongolia	305	52	13528	14019	1886	250	10886	8038
辽 宁	Liaoning	857	361	9128	9429	6786	1039	11991	12158
吉 林	Jilin	591	66	13775	15197	7880	264	4266	10109
黑龙江	Heilongjiang	2416	75	7276	11000	16101	1483	10608	16184
上 海	Shanghai	1554	571	22753	26061	35075	3121	20467	32450
江 苏	Jiangsu	826	210	20465	20862	45156	858	16083	23021
浙 江	Zhejiang	3802	431	24718	38573	84700	2369	17047	22368
安 徽	Anhui	1948	84	8350	13552	33733	712	15804	15522
福 建	Fujian	2091	247	12603	16917	42870	1970	23632	25749
江 西	Jiangxi	3212	83	15242	4318	17639	858	10547	9382
山 东	Shandong	2253	45	6580	18000	32883	1744	11052	13702
河 南	Henan	3815	320	6545	15944	48323	1785	12428	15609
湖 北	Hubei	3582	409	10065	20546	59303	1027	9578	13090
湖 南	Hunan	2071	84	13016	11610	94754	1588	10581	11269
广 东	Guangdong	625	200	24631	28393	18905	2076	20298	33832
广 西	Guangxi	4491	93	8251	19229	19031	449	10462	9752
海 南	Hainan	784	63	8675	10046	3002	131	9744	15565
重 庆	Chongqing	313	100	13399	19270	4958	1566	16035	14320
四 川	Sichuan	3844	195	10871	19469	43315	2637	9036	14208
贵 州	Guizhou	2443	58	12230	65667	22137	496	10201	14778
云 南	Yunnan	1811	106	10511	17055	12445	712	9038	11898
西 藏	Tibet	979	18	13226	6778	847	59	8249	10800
陕 西	Shaanxi	4719	155	10096	11994	14427	958	9759	6688
甘 肃	Gansu	962	29	7892	12000	4913	95	8180	12560
青 海	Qinghai	134	62	10587	15029	3024	42	7068	14889
宁 夏	Ningxia	318	36	9989	10348	861	182	9609	13071
新 疆	Xinjiang	179	84	13745	14589	2995	264	6463	13041

3-9 续表 3 continued

地 区	Region	交通运输、仓储和邮政业 Traffic, Transport, Storage and Post				信息传输、计算机服务和软件业 Information Transfer, Computer Services and Software			
		年末人数(人) Year-end Figures (person)	#聘用的离退休人员 Hired Retirement	平均劳动报酬(元) Average Earning (yuan)	#聘用的离退休人员 Hired Retirement	年末人数(人) Year-end Figures (person)	#聘用的离退休人员 Hired Retirement	平均劳动报酬(元) Average Earning (yuan)	#聘用的离退休人员 Hired Retirement
全 国	**National**	**340485**	**11227**	**15439**	**18109**	**132402**	**5806**	**30890**	**25069**
北 京	Beijing	30877	1683	28843	17107	16840	2965	100958	32558
天 津	Tianjin	16179	418	18526	18699	1963	363	11242	1975
河 北	Hebei	4620	412	9708	11203	2636	74	11453	7829
山 西	Shanxi	12898	41	12607	11722	4420	11	10976	18091
内蒙古	Inner Mongolia	2068	99	15209	13453	276	10	6312	11400
辽 宁	Liaoning	10944	525	11691	19226	1590	129	27217	19098
吉 林	Jilin	10489	18	4184	7367	2470	108	11868	17964
黑龙江	Heilongjiang	8578	545	11531	11440	2030	205	15202	12885
上 海	Shanghai	66814	2239	16923	22482	8499	354	36689	32031
江 苏	Jiangsu	20109	300	16072	14520	10627	68	21198	29595
浙 江	Zhejiang	12898	396	20407	22064	11747	171	29041	42880
安 徽	Anhui	7116	182	8343	8598	7743	10	12318	12500
福 建	Fujian	11809	249	15226	25172	3920	125	22129	26451
江 西	Jiangxi	8324	298	12253	15531	3465	75	9610	9338
山 东	Shandong	6335	198	12824	20059	4387	59	22332	13533
河 南	Henan	6554	270	8723	4245	4632	262	8338	4567
湖 北	Hubei	12638	408	12056	17020	3455	154	13544	24707
湖 南	Hunan	20499	143	10635	4439	5448	10	18440	10900
广 东	Guangdong	18223	1270	25268	30213	8211	132	44717	33690
广 西	Guangxi	10168	212	12411	10461	9031	19	15388	21053
海 南	Hainan	940	16	11257	86063	239	9	9667	41000
重 庆	Chongqing	5187	407	12706	11356	915	33	16836	35344
四 川	Sichuan	8158	366	11166	11122	4976	91	15638	14103
贵 州	Guizhou	4267	46	12263	18577	1477	34	11010	13278
云 南	Yunnan	5587	145	7284	10480	5665	77	19998	14062
西 藏	Tibet	561	7	11166	10000	40		9000	
陕 西	Shaanxi	8499	160	10604	6080	2126	144	9681	11752
甘 肃	Gansu	1032	37	5347	2868	1555	64	8769	13813
青 海	Qinghai	1100	13	8063	19417	1232		10314	
宁 夏	Ningxia	185	11	8632	19364	324	35	8249	8306
新 疆	Xinjiang	6829	113	17034	17165	463	15	14836	19000

3-9 续表 4 continued

地 区	Region	批发和零售业 Wholesale and Retail Trade				住宿和餐饮业 Accommodation and Restaurants			
		年末人数(人) Year-end Figures (person)	#聘用的离退休人员 Hired Retirement	平均劳动报酬(元) Average Earning (yuan)	#聘用的离退休人员 Hired Retirement	年末人数(人) Year-end Figures (person)	#聘用的离退休人员 Hired Retirement	平均劳动报酬(元) Average Earning (yuan)	#聘用的离退休人员 Hired Retirement
全 国	**National**	**300955**	**45291**	**18719**	**15123**	**140140**	**17791**	**15610**	**13569**
北 京	Beijing	41466	13559	50133	16578	43252	8522	19254	13634
天 津	Tianjin	22937	4171	18705	10120	11273	654	9318	8613
河 北	Hebei	3939	545	6174	7140	859	163	8481	10135
山 西	Shanxi	5214	248	6483	6859	497	70	5144	9925
内蒙古	Inner Mongolia	836	76	14755	8243	129	38	9826	11000
辽 宁	Liaoning	4251	737	12672	11313	3115	464	14191	8776
吉 林	Jilin	2887	241	7435	13498	241	39	23307	9500
黑龙江	Heilongjiang	8141	1248	7542	10430	1910	132	11617	10647
上 海	Shanghai	77501	11653	16493	18192	32725	2555	15893	13523
江 苏	Jiangsu	13049	1470	13626	14012	8312	790	12848	14411
浙 江	Zhejiang	10669	2562	18946	18456	4042	1254	18285	18139
安 徽	Anhui	6931	372	8218	7880	1661	118	10961	8976
福 建	Fujian	4963	780	15242	14463	1721	213	19392	17995
江 西	Jiangxi	4433	128	7757	7944	931	51	8574	6370
山 东	Shandong	12650	501	8845	14709	4506	589	13121	12459
河 南	Henan	14627	608	5841	9041	3163	272	9125	8610
湖 北	Hubei	10741	198	7749	7529	2391	66	10049	11074
湖 南	Hunan	5257	341	9707	7850	2185	157	8113	9945
广 东	Guangdong	9490	2237	39622	19510	5346	462	24105	21769
广 西	Guangxi	7747	234	9295	8800	1476	130	10075	11481
海 南	Hainan	463	113	9374	11132	338	84	45208	40463
重 庆	Chongqing	2794	439	13036	10320	405	201	32064	11612
四 川	Sichuan	5262	590	10062	13572	1532	121	17686	13357
贵 州	Guizhou	5310	593	9347	12605	1502	111	11381	10992
云 南	Yunnan	5410	957	10364	11546	1726	380	9957	9739
西 藏	Tibet	568	42	11659	30450	101	2	9770	10000
陕 西	Shaanxi	6256	175	5652	6959	2170	47	6237	11596
甘 肃	Gansu	2400	72	8820	13000	908	6	10118	9333
青 海	Qinghai	1272	24	11042	7840	336	1	7575	12000
宁 夏	Ningxia	632	59	9556	6754	111	25	7545	6241
新 疆	Xinjiang	2859	318	17262	11902	1276	74	18810	9698

3-9 续表 5　continued

地　区	Region	金融业 Finance 年末人数(人) Year-end Figures (person)	#聘用的离退休人员 Hired Retirement	平均劳动报酬(元) Average Earning (yuan)	#聘用的离退休人员 Hired Retirement	房地产业 Real Estate 年末人数(人) Year-end Figures (person)	#聘用的离退休人员 Hired Retirement	平均劳动报酬(元) Average Earning (yuan)	#聘用的离退休人员 Hired Retirement
全　国	**National**	**675326**	**9687**	**18480**	**19464**	**135544**	**31711**	**18826**	**18303**
北　京	Beijing	60613	506	36531	34816	39365	13047	25660	18630
天　津	Tianjin	15755	90	26031	12011	5537	663	13676	18119
河　北	Hebei	35832	282	12347	3606	1548	193	9716	12821
山　西	Shanxi	20888	883	10471	17976	427	77	9204	5354
内蒙古	Inner Mongolia	11740	26	14912	6059	94	15	8559	13056
辽　宁	Liaoning	48441	222	17487	12381	4289	738	12767	12128
吉　林	Jilin	9747	75	13073	10373	394	153	8986	14121
黑龙江	Heilongjiang	18828	292	11599	6788	3885	394	9353	12844
上　海	Shanghai	23164	1448	46397	25387	36900	4872	16416	17434
江　苏	Jiangsu	60448	474	17454	33067	4145	1126	22085	19871
浙　江	Zhejiang	37643	1165	26574	26932	6666	2074	20495	24883
安　徽	Anhui	26446	324	12562	15462	1156	143	10784	12704
福　建	Fujian	17288	133	14379	18459	3590	1049	26161	18562
江　西	Jiangxi	14991	226	11579	5231	470	171	12978	7401
山　东	Shandong	64466	506	13565	20402	2036	821	18655	21622
河　南	Henan	30736	580	9044	4068	900	306	8889	18801
湖　北	Hubei	14567	404	10679	9347	3243	489	13797	16193
湖　南	Hunan	31243	166	11585	16515	3997	360	11552	14727
广　东	Guangdong	28720	402	29501	28649	3382	1045	32426	24213
广　西	Guangxi	8106	271	15328	10602	1405	442	15662	14515
海　南	Hainan	525	7	14495	7286	364	147	15340	14123
重　庆	Chongqing	17341	184	14813	12371	1484	808	21730	20874
四　川	Sichuan	35849	246	16714	13504	2933	377	13214	19718
贵　州	Guizhou	2596	189	10519	6240	2933	921	11187	14670
云　南	Yunnan	3918	82	10573	9095	1484	681	11519	10969
西　藏	Tibet	482		12430		27		38630	
陕　西	Shaanxi	14336	371	9251	2204	1895	243	8230	15616
甘　肃	Gansu	2256	13	8947	20438	196	44	9171	17600
青　海	Qinghai	2025	2	14854	7000	72	1	6205	17000
宁　夏	Ningxia	5543	83	18910	12614	200	71	8598	10828
新　疆	Xinjiang	10793	35	15479	14056	527	240	11254	10282

3-9 续表 6 continued

地区	Region	租赁和商务服务业 Tenancy and Business Services 年末人数（人）Year-end Figures (person)	#聘用的离退休人员 Hired Retirement	平均劳动报酬(元) Average Earning (yuan)	#聘用的离退休人员 Hired Retirement	科学研究、技术服务和地质勘查业 Scientific Research,Technical Service and Geologic Perambulation 年末人数（人）Year-end Figures (person)	#聘用的离退休人员 Hired Retirement	平均劳动报酬(元) Average Earning (yuan)	#聘用的离退休人员 Hired Retirement
全 国	**National**	**217492**	**26142**	**32826**	**21746**	**157518**	**60774**	**27906**	**26560**
北 京	Beijing	66973	10332	74537	25346	58604	22903	34940	29410
天 津	Tianjin	15233	1162	10685	12448	6646	3826	17191	15001
河 北	Hebei	1326	214	11658	8241	1630	997	16236	21049
山 西	Shanxi	543	184	6888	7644	2044	408	11023	10680
内蒙古	Inner Mongolia	971	90	5486	12936	201	111	13882	14706
辽 宁	Liaoning	27238	446	6332	11040	4206	2298	16730	17937
吉 林	Jilin	328	196	13940	17135	1144	464	15918	19206
黑龙江	Heilongjiang	6000	637	8381	12208	4996	2350	12431	15054
上 海	Shanghai	49055	4596	20205	21795	14474	7108	44145	35891
江 苏	Jiangsu	3995	786	14597	23189	6624	2258	23932	31255
浙 江	Zhejiang	8331	2154	17448	20753	7276	2933	26717	26261
安 徽	Anhui	3572	238	12198	46450	1702	512	14721	15191
福 建	Fujian	2155	328	13322	21153	1988	740	16670	23550
江 西	Jiangxi	2891	63	8440	16254	1444	225	12681	23465
山 东	Shandong	1788	522	11579	13323	2755	979	20341	17934
河 南	Henan	2757	507	10082	11507	1904	1203	12294	15212
湖 北	Hubei	3641	219	7664	10733	5692	1428	19621	20243
湖 南	Hunan	2085	67	10132	10629	3342	1085	16765	22333
广 东	Guangdong	3874	1051	79549	30139	5502	2078	48723	43048
广 西	Guangxi	3500	265	6974	17282	2288	542	11871	17756
海 南	Hainan	443	59	9076	14373	444	219	16506	20010
重 庆	Chongqing	823	321	16471	16787	7590	1068	29731	40333
四 川	Sichuan	1342	295	21155	36565	3903	1537	18685	25069
贵 州	Guizhou	872	289	9887	9964	860	481	15928	13831
云 南	Yunnan	2081	514	14632	15901	4020	839	11326	15361
西 藏	Tibet	154	3	11747		264	6	30373	38833
陕 西	Shaanxi	677	61	6548	10281	2645	616	13829	33998
甘 肃	Gansu	604	23	12847	15875	1436	778	12518	12541
青 海	Qinghai	837	16	13713	4000	252	56	11513	15857
宁 夏	Ningxia	1821	239	10780	14970	133	95	12036	13854
新 疆	Xinjiang	1582	265	10393	15216	1509	631	24065	28581

3-9 续表 7 continued

地 区	Region	水利、环境和公共设施管理业 Management of Water Conservancy, Environment and Public Establishment				居民服务和其他服务业 Resident Services and Other Services			
		年末人数(人) Year-end Figures (person)	#聘用的离退休人员 Hired Retirement	平均劳动报酬(元) Average Earning (yuan)	#聘用的离退休人员 Hired Retirement	年末人数(人) Year-end Figures (person)	#聘用的离退休人员 Hired Retirement	平均劳动报酬(元) Average Earning (yuan)	#聘用的离退休人员 Hired Retirement
全 国	**National**	**113660**	**6590**	**8300**	**11741**	**65978**	**8554**	**11530**	**13293**
北 京	Beijing	6109	1912	14915	12091	13064	3661	17155	14021
天 津	Tianjin	4332	93	8946	6387	20587	593	8169	6202
河 北	Hebei	1136	63	5939	6791	261	80	5382	7713
山 西	Shanxi	448	42	5545	13000	132	21	7319	7238
内蒙古	Inner Mongolia	494	25	7807	6231	4121	262	12252	20721
辽 宁	Liaoning	4135	336	7650	7976	1960	165	7972	11600
吉 林	Jilin	2022	92	6244	8311	1188	4	2678	13250
黑龙江	Heilongjiang	4908	191	5613	5449	964	53	10104	7728
上 海	Shanghai	14978	868	13229	18225	9900	2508	13351	13409
江 苏	Jiangsu	6368	355	9329	13832	2260	82	9779	14890
浙 江	Zhejiang	6839	381	9896	13885	484	208	16160	15454
安 徽	Anhui	6278	84	6530	11321	491	10	6619	7700
福 建	Fujian	3371	153	8245	14432	397	140	20501	13088
江 西	Jiangxi	4405	652	6819	3786	186	4	19990	11000
山 东	Shandong	6468	148	5603	14256	186	51	11683	9946
河 南	Henan	2578	182	4735	4065	624	25	5371	7875
湖 北	Hubei	10246	183	7241	7863	809	56	10529	25731
湖 南	Hunan	4791	106	6418	16858	280	30	9254	13200
广 东	Guangdong	2031	267	16391	20509	913	178	25204	21287
广 西	Guangxi	2520	62	6723	13500	1244	73	14107	9014
海 南	Hainan	623	24	5133	13875	11	7	41273	13714
重 庆	Chongqing	598	47	5660	26796	38	31	20921	12419
四 川	Sichuan	4827	85	7135	8823	4618	79	6856	12228
贵 州	Guizhou	3308	42	5725	11184	232	89	7987	8978
云 南	Yunnan	2787	68	5884	9952	513	65	8855	11078
西 藏	Tibet	172		9137		2		3500	
陕 西	Shaanxi	3085	60	4310	5063	139	29	19319	13483
甘 肃	Gansu	893	1	5542	12000	53	8	8849	7125
青 海	Qinghai	1152	3	3962	16000	41	4	5864	7250
宁 夏	Ningxia	1063	4	7726	33750	242	11	6821	8333
新 疆	Xinjiang	695	61	7227	25034	38	27	20986	17917

3-9 续表 8 continued

地区	Region	教育 Education 年末人数(人) Year-end Figures (person)	#聘用的离退休人员 Hired Retirement	平均劳动报酬(元) Average Earning (yuan)	#聘用的离退休人员 Hired Retirement	卫生、社会保障和社会福利业 Sanitation,Social Security and Social Welfare 年末人数(人) Year-end Figures (person)	#聘用的离退休人员 Hired Retirement	平均劳动报酬(元) Average Earning (yuan)	#聘用的离退休人员 Hired Retirement
全国	**National**	**380886**	**57654**	**12663**	**16857**	**196089**	**64409**	**15588**	**20383**
北京	Beijing	45367	13955	27694	21406	13922	7178	26682	24925
天津	Tianjin	7697	4163	13065	10527	9108	1829	10762	15740
河北	Hebei	5930	773	8052	8978	2969	1441	12913	14010
山西	Shanxi	9728	577	5743	14965	2147	926	9259	12872
内蒙古	Inner Mongolia	2175	155	6167	7775	1107	549	11500	16822
辽宁	Liaoning	10445	2428	12216	8277	7964	3686	12327	14868
吉林	Jilin	2555	641	14155	17666	2494	921	10791	15302
黑龙江	Heilongjiang	5417	691	9655	10875	3554	1376	11449	16542
上海	Shanghai	29397	10165	18833	16703	24091	5876	21789	19503
江苏	Jiangsu	18820	2342	12676	17700	16102	5522	16359	19829
浙江	Zhejiang	17517	3027	21266	20768	10540	5372	28971	30263
安徽	Anhui	13812	853	8098	11330	8574	2127	9937	12774
福建	Fujian	8962	1102	13944	26541	7898	1781	12500	23887
江西	Jiangxi	9857	1039	10210	19058	5090	1134	14593	16188
山东	Shandong	11852	1676	12135	15116	9072	2754	12757	16043
河南	Henan	10390	890	10752	19642	5501	2440	11954	18028
湖北	Hubei	24937	2529	8568	11306	9172	1591	10772	18954
湖南	Hunan	15191	1366	11904	14306	7376	1619	13138	22392
广东	Guangdong	27882	2865	13900	24020	7633	5132	26811	32301
广西	Guangxi	27911	991	6453	20541	5682	1227	10009	16070
海南	Hainan	1905	290	9794	15689	1137	471	11865	21582
重庆	Chongqing	4922	1081	10992	15802	3571	1534	11594	15728
四川	Sichuan	14918	965	7607	12305	10520	3710	15487	17787
贵州	Guizhou	12105	679	4323	6571	3881	686	7236	13537
云南	Yunnan	11598	629	5168	11293	4741	1191	7055	14182
西藏	Tibet	2386	4	6180	23500	2375	5	3607	14200
陕西	Shaanxi	14681	680	5732	11631	4685	1115	10140	15996
甘肃	Gansu	8467	246	3818	8892	1406	273	8898	12504
青海	Qinghai	699	2	6215	400	971	44	6450	9378
宁夏	Ningxia	1082	195	13956	26686	799	272	7395	16571
新疆	Xinjiang	2281	655	12497	11435	2007	627	9300	16499

3-9 续表 9 continued

地 区	Region	文化体育和娱乐业 Culture, Sports and Entertainment				公共管理和社会组织 Public Management and Social Organization			
		年末人数(人) Year-end Figures (person)	#聘用的离退休人员 Hired Retirement	平均劳动报酬(元) Average Earning (yuan)	#聘用的离退休人员 Hired Retirement	年末人数(人) Year-end Figures (person)	#聘用的离退休人员 Hired Retirement	平均劳动报酬(元) Average Earning (yuan)	#聘用的离退休人员 Hired Retirement
全 国	**National**	**57398**	**9073**	**20150**	**16637**	**302076**	**33301**	**8994**	**12524**
北 京	Beijing	14414	3887	26182	20187	26977	8115	13355	17002
天 津	Tianjin	2196	376	15137	13879	12621	1064	8045	11126
河 北	Hebei	474	67	14804	11313	5370	863	7347	7794
山 西	Shanxi	324	68	8556	11636	3251	536	7534	6952
内蒙古	Inner Mongolia	103	21	9741	6238	4196	211	4893	8233
辽 宁	Liaoning	1484	166	26480	10065	9435	719	7578	7553
吉 林	Jilin	304	54	12320	12818	2298	368	7790	14957
黑龙江	Heilongjiang	958	103	8849	7689	7285	666	6887	8147
上 海	Shanghai	9694	1479	32536	14573	12710	5156	14204	14307
江 苏	Jiangsu	2455	271	14285	12456	16162	927	11328	15006
浙 江	Zhejiang	3781	570	14563	16195	14893	1917	18611	12499
安 徽	Anhui	1263	67	9192	7250	20633	685	7341	7428
福 建	Fujian	1102	139	22419	9488	6534	557	9848	9295
江 西	Jiangxi	638	39	18716	7205	7663	842	8626	9986
山 东	Shandong	1549	155	15374	12236	25378	737	4893	9897
河 南	Henan	1930	97	9612	13946	11258	852	7548	8687
湖 北	Hubei	1408	56	7921	8831	15912	1320	9099	8246
湖 南	Hunan	1372	107	10334	10907	14047	636	9714	9354
广 东	Guangdong	4411	529	25138	23506	6860	1109	14443	20313
广 西	Guangxi	1234	173	12664	10290	12312	1351	6588	8089
海 南	Hainan	135	31	13377	15000	1538	231	7360	10584
重 庆	Chongqing	433	56	9115	16217	1723	552	10672	10449
四 川	Sichuan	1423	180	10242	15445	16924	883	8506	11304
贵 州	Guizhou	203	51	8782	8759	7862	290	6306	8236
云 南	Yunnan	747	137	10297	7934	13927	1518	4997	5788
西 藏	Tibet	523	2	6844	17500	5726	79	6912	16564
陕 西	Shaanxi	1438	89	5958	6352	6480	510	7704	10810
甘 肃	Gansu	433	31	7255	11882	5387	137	4994	21213
青 海	Qinghai	221	3	10193	6667	2330	24	5526	11708
宁 夏	Ningxia	180	16	6332	8125	2091	158	5353	6955
新 疆	Xinjiang	568	53	11776	9934	2293	288	7023	8996

3-10 分地区分登记注册类型城镇单位年末人数(2006年)

EMPLOYMENT AND NOT-ON-POST STAFF AND WORKERS IN URBAN UNITS BY REGISTRATION STATUS AND REGION(2006)

单位:千人 (1000 persons)

地区	Region	就业人员 Employment 合计 Total	国有单位 State-owned Units	集体单位 Collective-owned Units	其他单位 Other Ownership Units	在岗职工 On-post Staff and Workers 合计 Total	国有单位 State-owned Units	集体单位 Collective-owned Units	其他单位 Other Ownership Units
全国	**National**	**117132**	**64305**	**7636**	**45191**	**111606**	**61705**	**7260**	**42641**
北京	Beijing	5138	1893	188	3057	4531	1729	164	2638
天津	Tianjin	1950	879	96	975	1720	780	78	863
河北	Hebei	5012	3449	360	1204	4881	3396	349	1135
山西	Shanxi	3655	2545	298	812	3572	2491	288	792
内蒙古	Inner Mongolia	2426	1605	115	705	2393	1585	113	695
辽宁	Liaoning	4980	3022	383	1575	4760	2925	372	1464
吉林	Jilin	2659	1740	209	711	2599	1711	192	696
黑龙江	Heilongjiang	4965	3136	365	1464	4592	2840	359	1393
上海	Shanghai	3325	1389	134	1802	2645	1167	101	1377
江苏	Jiangsu	6794	2794	355	3645	6457	2684	336	3437
浙江	Zhejiang	6108	1862	290	3957	5807	1775	275	3757
安徽	Anhui	3383	2029	283	1071	3209	1933	267	1009
福建	Fujian	4274	1507	182	2585	4122	1441	172	2509
江西	Jiangxi	2828	1997	169	662	2719	1919	160	640
山东	Shandong	8976	4192	615	4169	8743	4093	596	4055
河南	Henan	7113	4016	859	2238	6921	3918	839	2164
湖北	Hubei	5203	2990	379	1834	4953	2859	356	1738
湖南	Hunan	4155	2618	308	1230	3900	2497	276	1127
广东	Guangdong	9544	3848	673	5024	9351	3744	664	4943
广西	Guangxi	2835	1973	179	683	2678	1864	160	653
海南	Hainan	755	569	38	148	739	558	37	145
重庆	Chongqing	2197	1233	125	839	2130	1204	122	804
四川	Sichuan	5206	3163	413	1630	5009	3044	401	1564
贵州	Guizhou	2105	1437	95	573	2019	1379	89	551
云南	Yunnan	2592	1774	136	683	2480	1710	126	644
西藏	Tibet	189	177	5	7	170	161	5	5
陕西	Shaanxi	3348	2465	211	672	3237	2396	197	645
甘肃	Gansu	1945	1439	88	418	1902	1409	84	410
青海	Qinghai	432	326	21	84	412	312	20	80
宁夏	Ningxia	587	366	12	209	567	355	11	201
新疆	Xinjiang	2451	1872	53	526	2389	1829	52	508

3-10 续表 continued

单位:千人 (1000 persons)

地 区	Region	其他就业人员 Others				不在岗职工 Not-on-post Staff and Workers			
		合 计 Total	国有单位 State-owned Units	集体单位 Collective-owned Units	其他单位 Other Ownership Units	合 计 Total	国有单位 State-owned Units	集体单位 Collective-owned Units	其他单位 Other Ownership Units
全 国	**National**	**5526**	**2600**	**376**	**2549**	**11761**	**6583**	**2616**	**2562**
北 京	Beijing	607	165	24	419	235	113	14	108
天 津	Tianjin	230	99	18	112	274	156	58	59
河 北	Hebei	131	53	10	69	665	417	113	134
山 西	Shanxi	84	54	10	20	584	323	136	125
内蒙古	Inner Mongolia	33	21	2	10	199	93	52	53
辽 宁	Liaoning	220	98	11	111	1207	433	607	166
吉 林	Jilin	60	28	17	14	482	258	152	71
黑龙江	Heilongjiang	374	296	6	71	868	494	242	133
上 海	Shanghai	680	222	33	425	545	297	80	168
江 苏	Jiangsu	337	109	19	208	539	232	86	222
浙 江	Zhejiang	301	87	15	200	133	64	19	50
安 徽	Anhui	174	96	16	62	328	162	74	92
福 建	Fujian	152	66	10	76	129	75	32	21
江 西	Jiangxi	108	78	9	22	539	400	87	53
山 东	Shandong	232	99	20	114	828	394	164	271
河 南	Henan	192	98	20	74	768	432	166	171
湖 北	Hubei	250	132	22	95	602	410	71	121
湖 南	Hunan	256	121	32	103	609	410	102	98
广 东	Guangdong	194	103	9	82	385	215	115	55
广 西	Guangxi	157	109	19	30	213	138	40	36
海 南	Hainan	16	11	2	3	114	94	14	6
重 庆	Chongqing	68	29	3	36	138	72	26	40
四 川	Sichuan	197	119	13	65	324	202	37	85
贵 州	Guizhou	87	58	6	22	155	105	17	33
云 南	Yunnan	112	64	9	39	159	97	13	49
西 藏	Tibet	19	16		2	2	2		
陕 西	Shaanxi	110	69	14	27	460	305	86	69
甘 肃	Gansu	43	31	4	8	131	84	8	39
青 海	Qinghai	20	14	2	4	22	15	1	5
宁 夏	Ningxia	19	11	1	8	27	18	1	8
新 疆	Xinjiang	62	43	1	18	95	71	2	22

3-11 分地区分登记注册类型城镇单位劳动报酬和生活费(2006年)

EARNINGS AND LIVING SUBSIDIES IN URBAN UNITS BY REGISTRATION STATUS AND REGION(2006)

单位:亿元 (100 million yuan)

地 区	Region	就业人员劳动报酬 Earnings of Employment				在岗职工工资总额 Wages of On-post Staff and Workers			
		合 计 Total	国有单位 State-owned Units	集体单位 Collective-owned Units	其他单位 Other Ownership Units	合 计 Total	国有单位 State-owned Units	集体单位 Collective-owned Units	其他单位 Other Ownership Units
全 国	**National**	**24262.3**	**13920.6**	**983.8**	**9357.9**	**23265.9**	**13600.1**	**944.9**	**8720.8**
北 京	Beijing	2023.4	770.7	34.8	1218.0	1805.5	738.0	30.5	1036.9
天 津	Tianjin	530.3	254.8	18.0	257.5	487.5	243.8	15.7	228.0
河 北	Hebei	825.5	587.8	37.8	200.0	809.6	582.0	37.0	190.6
山 西	Shanxi	655.3	468.7	35.5	151.0	646.5	463.0	34.7	148.7
内蒙古	Inner Mongolia	450.9	310.0	14.4	126.5	446.9	307.8	14.1	125.0
辽 宁	Liaoning	967.6	614.5	42.5	310.6	935.9	605.1	41.7	289.1
吉 林	Jilin	437.0	294.6	19.5	122.9	431.1	291.7	19.2	120.2
黑龙江	Heilongjiang	787.3	485.0	34.4	267.9	753.1	460.6	33.4	259.1
上 海	Shanghai	1248.8	559.0	31.1	658.6	1092.4	517.9	25.8	548.6
江 苏	Jiangsu	1590.9	783.8	54.6	752.5	1520.4	768.9	52.6	699.0
浙 江	Zhejiang	1643.0	771.3	62.3	809.4	1578.5	753.7	60.5	764.4
安 徽	Anhui	590.0	352.9	32.7	204.5	571.0	342.8	31.2	197.0
福 建	Fujian	816.1	351.7	27.9	436.6	783.4	342.5	26.6	414.3
江 西	Jiangxi	428.6	321.9	16.8	89.9	417.1	313.6	16.0	87.4
山 东	Shandong	1702.1	940.9	80.9	680.3	1664.5	929.9	78.8	655.8
河 南	Henan	1170.7	700.8	104.8	365.1	1152.1	690.6	103.2	358.3
湖 北	Hubei	819.9	531.0	38.5	250.4	793.9	517.8	36.8	239.3
湖 南	Hunan	714.1	479.3	37.6	197.2	687.6	467.7	34.7	185.2
广 东	Guangdong	2482.8	1186.3	96.3	1200.3	2413.6	1165.9	94.9	1152.8
广 西	Guangxi	493.1	361.2	21.5	110.3	477.5	351.1	19.8	106.6
海 南	Hainan	119.3	87.2	3.6	28.4	116.8	86.1	3.5	27.2
重 庆	Chongqing	415.7	258.0	16.9	140.8	403.4	254.2	16.5	132.6
四 川	Sichuan	910.1	627.8	51.3	231.0	885.4	612.6	50.1	222.7
贵 州	Guizhou	357.8	256.1	11.9	89.8	350.2	251.4	11.4	87.4
云 南	Yunnan	468.6	344.3	15.4	108.8	458.6	339.9	14.7	104.0
西 藏	Tibet	54.3	52.5	0.6	1.2	52.9	51.2	0.5	1.1
陕 西	Shaanxi	556.4	418.9	19.3	118.2	546.9	412.9	18.5	115.5
甘 肃	Gansu	329.7	255.2	10.4	64.0	325.9	252.8	10.0	63.1
青 海	Qinghai	94.9	78.8	2.3	13.8	93.1	77.5	2.2	13.3
宁 夏	Ningxia	124.3	76.2	2.4	45.7	121.6	75.0	2.3	44.3
新 疆	Xinjiang	453.8	339.4	7.9	106.4	443.0	331.9	7.8	103.3

3-11 续表 continued

单位:亿元 (100 million yuan)

地 区	Region	其他就业人员劳动报酬 Earnings of Others				不在岗职工生活费 Living Subsidies of Not-on-post Staff and Workers			
		合计 Total	国有单位 State-owned Units	集体单位 Collective-owned Units	其他单位 Other Ownership Units	合计 Total	国有单位 State-owned Units	集体单位 Collective-owned Units	其他单位 Other Ownership Units
全 国	**National**	**996.4**	**320.5**	**38.9**	**637.1**	**582.1**	**404.3**	**28.9**	**148.8**
北 京	Beijing	217.9	32.7	4.2	181.0	27.8	14.9	0.9	11.9
天 津	Tianjin	42.8	11.0	2.3	29.6	11.7	6.9	0.7	4.1
河 北	Hebei	16.0	5.8	0.8	9.4	33.8	26.2	1.3	6.3
山 西	Shanxi	8.9	5.7	0.8	2.4	23.2	13.7	1.7	7.7
内蒙古	Inner Mongolia	4.0	2.2	0.2	1.5	11.8	8.4	0.3	3.1
辽 宁	Liaoning	31.8	9.4	0.8	21.5	37.1	26.8	2.3	8.0
吉 林	Jilin	5.9	2.9	0.2	2.7	20.0	14.4	0.5	5.1
黑龙江	Heilongjiang	34.2	24.4	0.9	8.8	28.3	24.2	0.8	3.3
上 海	Shanghai	156.4	41.1	5.3	110.0	36.2	21.9	2.6	11.7
江 苏	Jiangsu	70.5	15.0	2.0	53.5	35.6	18.0	2.5	15.1
浙 江	Zhejiang	64.5	17.6	1.9	45.0	13.3	8.3	0.9	4.1
安 徽	Anhui	19.0	10.0	1.5	7.5	13.7	7.4	1.2	5.1
福 建	Fujian	32.7	9.1	1.3	22.3	5.8	4.2	0.5	1.1
江 西	Jiangxi	11.5	8.2	0.7	2.5	13.9	10.6	0.7	2.6
山 东	Shandong	37.6	11.0	2.0	24.6	55.0	37.9	2.6	14.6
河 南	Henan	18.6	10.2	1.6	6.8	23.3	16.6	1.2	5.5
湖 北	Hubei	25.9	13.1	1.7	11.1	32.4	25.8	1.3	5.4
湖 南	Hunan	26.5	11.6	2.9	12.0	27.6	20.3	1.6	5.7
广 东	Guangdong	69.2	20.4	1.4	47.4	23.9	17.0	1.0	5.9
广 西	Guangxi	15.5	10.1	1.7	3.7	9.0	6.7	0.5	1.8
海 南	Hainan	2.4	1.0	0.2	1.2	2.9	2.4	0.1	0.5
重 庆	Chongqing	12.3	3.7	0.4	8.2	7.5	5.3	0.4	1.8
四 川	Sichuan	24.7	15.2	1.2	8.4	23.1	17.4	1.1	4.6
贵 州	Guizhou	7.7	4.7	0.6	2.4	8.2	6.1	0.3	1.8
云 南	Yunnan	10.0	4.5	0.7	4.8	14.6	10.6	0.5	3.5
西 藏	Tibet	1.4	1.3	…	0.1	0.4	0.3	…	0.1
陕 西	Shaanxi	9.5	6.0	0.8	2.7	18.1	14.3	1.3	2.5
甘 肃	Gansu	3.7	2.4	0.4	0.9	9.6	7.0	0.2	2.4
青 海	Qinghai	1.9	1.3	0.1	0.5	2.2	1.7	…	0.5
宁 夏	Ningxia	2.7	1.2	0.1	1.4	2.4	1.7	…	0.7
新 疆	Xinjiang	10.8	7.6	0.1	3.1	9.4	7.0	0.1	2.3

3-12 分地区分登记注册类型城镇单位平均劳动报酬和平均生活费(2006年)

AVERAGE EARNING AND AVERAGE LIVING SUBSIDY IN URBAN UNITS BY REGISTRATION STATUS AND REGION(2006)

单位:元 (yuan)

地 区	Region	就业人员平均劳动报酬 Average Earning of Employment				在岗职工平均工资 Average Wage of On-post Staff and Workers			
		合 计 Total	国有单位 State-owned Units	集体单位 Collective-owned Units	其他单位 Other Ownership Units	合 计 Total	国有单位 State-owned Units	集体单位 Collective-owned Units	其他单位 Other Ownership Units
全 国	**National**	**20856**	**21706**	**12866**	**21004**	**21001**	**22112**	**13014**	**20755**
北 京	Beijing	39684	41313	17550	40127	40117	43298	17781	39513
天 津	Tianjin	27628	29005	17752	27406	28682	31240	19125	27236
河 北	Hebei	16456	17057	10255	16632	16590	17152	10337	16882
山 西	Shanxi	18106	18540	12014	18992	18300	18719	12162	19225
内蒙古	Inner Mongolia	18382	19275	12404	17360	18469	19386	12469	17391
辽 宁	Liaoning	19365	20305	10793	19703	19624	20681	10888	19797
吉 林	Jilin	16393	16983	9106	17138	16583	17118	9787	17190
黑龙江	Heilongjiang	15894	15555	9194	18331	16505	16374	9182	18696
上 海	Shanghai	37585	40141	22959	36707	41188	44097	25318	39882
江 苏	Jiangsu	23657	28143	15279	21006	23782	28722	15550	20691
浙 江	Zhejiang	27570	41920	22006	21098	27820	42962	22360	20946
安 徽	Anhui	17610	17425	11722	19536	17949	17755	11869	19946
福 建	Fujian	19424	23500	15549	17284	19318	23926	15695	16880
江 西	Jiangxi	15370	16227	10000	14116	15590	16491	10102	14220
山 东	Shandong	19135	22552	13024	16586	19228	22804	13132	16482
河 南	Henan	16791	17702	12377	16850	16981	17886	12483	17088
湖 北	Hubei	15779	17708	10265	13741	16048	18064	10416	13854
湖 南	Hunan	17400	18459	12490	16346	17850	18862	12883	16788
广 东	Guangdong	26400	31057	14545	24380	26186	31352	14520	23794
广 西	Guangxi	17571	18384	12025	16656	18064	18972	12428	16829
海 南	Hainan	15843	15254	9604	19848	15890	15398	9580	19518
重 庆	Chongqing	19172	21168	13471	17089	19215	21402	13522	16805
四 川	Sichuan	17612	19884	12624	14403	17852	20230	12726	14480
贵 州	Guizhou	16481	17248	12590	15180	16815	17638	12873	15365
云 南	Yunnan	18262	19520	11859	16196	18711	20017	12193	16447
西 藏	Tibet	29119	30131	10767	17255	31518	32355	11125	23680
陕 西	Shaanxi	16646	16894	8879	18308	16918	17139	9086	18634
甘 肃	Gansu	16991	17836	11411	15315	17246	18108	11514	15515
青 海	Qinghai	21981	24195	10780	16334	22679	24984	11322	16588
宁 夏	Ningxia	20900	20998	18504	20881	21239	21370	19427	21123
新 疆	Xinjiang	17704	17640	14058	18268	17819	17704	14209	18566

3-12 续表 continued

单位:元 (yuan)

地区	Region	其他就业人员平均劳动报酬 Average Earning of Others				不在岗职工平均生活费 Average Living Subsidy of Not-On-post Staff and Workers			
		合计 Total	国有单位 State-owned Units	集体单位 Collective-owned Units	其他单位 Other Ownership Units	合计 Total	国有单位 State-owned Units	集体单位 Collective-owned Units	其他单位 Other Ownership Units
全国	**National**	**17956**	**12197**	**10090**	**25118**	**4870**	**6020**	**1101**	**5699**
北京	Beijing	36424	20298	16044	44050	11269	12846	6512	10282
天津	Tianjin	19481	11219	11845	28790	3977	4076	1139	6484
河北	Hebei	11662	10951	7451	12776	5010	6185	1145	4558
山西	Shanxi	10224	10455	7867	10744	3967	4246	1251	6189
内蒙古	Inner Mongolia	12009	10755	9248	15201	5926	8393	598	6152
辽宁	Liaoning	13948	9353	7462	18529	3003	5947	371	4763
吉林	Jilin	8920	9535	1366	15122	4222	5622	339	6973
黑龙江	Heilongjiang	8749	8000	9648	11653	3142	4623	316	2580
上海	Shanghai	23330	18841	15814	26273	6144	6759	3055	6492
江苏	Jiangsu	21256	13817	10534	26215	6518	7758	3018	6548
浙江	Zhejiang	22590	20580	14549	24063	9812	12813	4506	8018
安徽	Anhui	11230	10663	9326	12658	4088	4475	1602	5378
福建	Fujian	22359	14085	13023	31140	4317	5341	1396	5181
江西	Jiangxi	10167	10074	8147	11289	2609	2700	808	4798
山东	Shandong	15780	11648	9847	19922	6662	9677	1568	5368
河南	Henan	9910	10437	7959	9728	3121	3906	736	3397
湖北	Hubei	10433	9957	7811	11694	5280	6170	1751	4332
湖南	Hunan	10528	9918	9158	11639	4533	4968	1585	5752
广东	Guangdong	36937	20208	16476	60748	6103	7745	891	10437
广西	Guangxi	9549	8849	8763	12853	4125	4795	1167	4798
海南	Hainan	13881	8596	10176	31523	2581	2534	411	8928
重庆	Chongqing	17861	12092	11490	23511	5261	7012	1596	4437
四川	Sichuan	11899	11764	9428	12632	7043	8418	3131	5319
贵州	Guizhou	8641	7918	8876	10484	5154	5667	1489	5332
云南	Yunnan	8675	6762	7545	12158	8959	10711	3374	7017
西藏	Tibet	7479	8087	7101	3088	17338	17707	9909	16073
陕西	Shaanxi	8647	8496	5877	10550	3871	4629	1418	3635
甘肃	Gansu	7416	6966	9220	8150	7073	7945	2723	6038
青海	Qinghai	8634	8293	4951	11496	9476	10547	2541	7845
宁夏	Ningxia	12086	10043	8578	15228	8755	9425	2904	8125
新疆	Xinjiang	13988	15247	8410	11908	9602	9763	5052	9565

3-13 分地区城镇单位就业人员增加来源(2006年)

INCREASE OF EMPLOYMENT IN URBAN UNITS BY REGION(2006)

单位：人 (person)

地区	Region	合计 Total	从农村招收 Recruited from Countryside	从城镇招收 Recruited from Cities and Towns	录用的复员转业军人 Recruited Demobilized and Transferred Armymen	录用的大、中专、技工学校毕业生 Recruited Graduates	调入 Transferred Into	#由外省、自治区、直辖市调入 Transferred from Other Regions	其他 Others
全国	**National**	**14680495**	**5469954**	**2448038**	**245975**	**2380969**	**1848785**	**124669**	**2286774**
北京	Beijing	1253002	399378	219871	7596	147773	218170	56629	260214
天津	Tianjin	286767	68061	32698	2069	53577	59751	4396	70611
河北	Hebei	363824	135347	45939	12349	75418	56566	1545	38205
山西	Shanxi	238527	41219	25702	8429	76548	30290	1016	56339
内蒙古	Inner Mongolia	256138	73793	54861	4952	20648	47786	543	54098
辽宁	Liaoning	438071	121326	77941	10698	76559	73870	1280	77677
吉林	Jilin	192885	35296	43527	5919	24312	45738	457	38093
黑龙江	Heilongjiang	445252	42456	96775	9709	38288	110819	815	147205
上海	Shanghai	793355	111512	182123	3068	74735	91519	9645	330398
江苏	Jiangsu	1107633	378846	194028	13907	323309	74784	7542	122759
浙江	Zhejiang	1108823	596476	157631	9893	154315	63232	6786	127276
安徽	Anhui	232139	55903	50093	7710	60122	26954	1204	31357
福建	Fujian	1062333	664758	158587	9890	121472	36843	2107	70783
江西	Jiangxi	243721	57464	40107	5219	35094	36370	663	69467
山东	Shandong	1036240	432159	163775	18860	179138	169760	3485	72548
河南	Henan	384721	137672	44915	16760	90876	54057	3084	40441
湖北	Hubei	395756	132404	68452	9127	57022	76807	1451	51944
湖南	Hunan	276910	83395	35615	10466	43798	47922	1480	55714
广东	Guangdong	1997227	1016458	388176	34725	361038	77386	10676	119444
广西	Guangxi	252141	71106	46320	3913	42561	37025	719	51216
海南	Hainan	147547	12531	11815	1549	13175	97725	1931	10752
重庆	Chongqing	375119	147509	87693	5566	38681	51167	1665	44503
四川	Sichuan	448263	175721	65714	8570	66665	68958	1209	62635
贵州	Guizhou	195309	62590	30508	3540	36046	28951	423	33674
云南	Yunnan	323763	121648	31446	4692	44030	46022	1260	75925
西藏	Tibet	14330	2114	1331	390	4915	3336	71	2244
陕西	Shaanxi	171572	33820	15795	7579	46531	25855	462	41992
甘肃	Gansu	107726	26229	9749	3901	27499	26806	266	13542
青海	Qinghai	39971	4185	5171	868	6222	11232	100	12293
宁夏	Ningxia	73310	35466	10735	1237	8873	9697	489	7302
新疆	Xinjiang	418120	193112	50945	2824	31729	43387	1270	96123

3-14 分地区城镇单位就业人员减少去向(2006年)

DECREASE OF EMPLOYMENT IN URBAN UNITS BY REGION(2006)

单位: 人 (person)

地区	Region	合计 Total	离休、退休、退职 Retired and Resigned	开除、除名、辞退 Expelled Expunged and Dismissed	终止、解除合同 Contract Closed or Terminated	不在岗职工 Not-on-post Staff & Workers	死亡 Death	调出 Transferred Out	#调到外省、自治区、直辖市 Transferred to Other Regions	其他 Others
全国	**National**	**13638054**	**1927071**	**1190363**	**5556402**	**718852**	**109690**	**1667600**	**70691**	**2468076**
北京	Beijing	1159153	93048	62378	515449	12098	2870	144447	15401	328863
天津	Tianjin	291076	35645	14076	97579	20159	1668	54578	1816	67371
河北	Hebei	368165	69708	60680	107292	31381	5143	51421	1975	42540
山西	Shanxi	210382	39963	12509	54024	26991	3481	30474	2462	42940
内蒙古	Inner Mongolia	236465	30750	26089	81311	27200	2743	38130	950	30242
辽宁	Liaoning	435525	92357	29454	149373	37019	7260	70823	1559	49239
吉林	Jilin	232037	34771	16986	91028	22410	3645	37473	2477	25724
黑龙江	Heilongjiang	446597	64334	16548	108146	56886	7193	100241	1647	93249
上海	Shanghai	779468	67120	22203	286170	38497	2940	87594	5145	274944
江苏	Jiangsu	947630	130240	59558	502793	37845	5140	68414	2610	143640
浙江	Zhejiang	1011491	247493	104086	476201	18365	2513	54561	1958	108272
安徽	Anhui	234825	46030	14398	95644	14375	3923	28467	1212	31988
福建	Fujian	904132	83914	135086	457854	12183	2192	39533	898	173370
江西	Jiangxi	204851	36420	12696	48511	30952	3682	30858	940	41732
山东	Shandong	875931	96114	114279	296151	51377	7883	154369	7163	155758
河南	Henan	410202	83187	36577	150448	42122	6220	47381	1944	44267
湖北	Hubei	389636	61391	19886	134949	44109	5071	75240	2145	48990
湖南	Hunan	259237	45624	13573	90312	24347	4823	45877	1812	34681
广东	Guangdong	1740866	252654	207103	1018045	30331	5251	69260	4893	158222
广西	Guangxi	261910	39758	24102	88054	19230	3441	36853	730	50472
海南	Hainan	135811	12682	4285	14326	11529	898	85391	893	6700
重庆	Chongqing	360993	25243	37486	159706	10854	2097	57455	1544	68152
四川	Sichuan	407369	64121	27956	164056	22060	4346	66080	1305	58750
贵州	Guizhou	193682	25025	15383	57014	9660	2488	30585	1426	53527
云南	Yunnan	292462	28478	40074	77770	15999	3025	43896	314	83220
西藏	Tibet	8308	935	160	1366	154	292	3409	34	1992
陕西	Shaanxi	194931	46319	11730	58661	24914	3751	25370	893	24186
甘肃	Gansu	123810	27067	6663	33834	10960	1923	24878	2349	18485
青海	Qinghai	34847	2945	3112	6900	2527	325	10256	1291	8782
宁夏	Ningxia	76378	7045	18772	18376	4985	554	11796	151	14850
新疆	Xinjiang	409884	36690	22475	115059	7333	2909	42490	754	182928

3-15 分地区国有控股企业就业人员和劳动报酬(2006年)

EMPLOYMENT AND EARNINGS IN STATE-OWNED CONTROLLING SHARE HOLD ENTERPRISES BY REGION(2006)

地 区	Region	就业人员（人） Employment (person)								
		年末人数 Year-end Figures	#女 性 Female	在岗职工 On-post Staff and Workers	#专业技术人员 Technical Personnel	其他就业人员 Other Employment	#离退休反聘人员 Hired Retirement	#港澳台外籍人员 Hong kong Macao Taiwan & Foreign Personnel	不在岗职工 Not-on-post Staff and Workers	#内 退 Inner-retirement
全 国	**National**	**42896600**	**14049357**	**40254768**	**9290306**	**2641832**	**205921**	**9330**	**7013648**	**2740532**
北 京	Beijing	1916040	617907	1665578	506447	250462	44454	1241	159197	89860
天 津	Tianjin	810655	215300	702223	171158	108432	10195	1168	190087	50936
河 北	Hebei	1883965	616624	1821679	373478	62286	3246	48	412633	169052
山 西	Shanxi	1849206	539690	1800490	345326	48716	2747	8	394296	127823
内蒙古	Inner Mongolia	970916	326954	948642	174538	22274	851	1	107510	59050
辽 宁	Liaoning	3621235	1304324	3497201	1083232	124034	13118	272	537477	229131
吉 林	Jilin	987085	288772	962797	202117	24288	1327	97	235582	94698
黑龙江	Heilongjiang	2499235	759574	2204147	337717	295088	3416	5	471547	103481
上 海	Shanghai	1539749	479740	1194502	287886	345247	36458	959	397328	98208
江 苏	Jiangsu	2071484	774862	1935210	549035	136274	6422	354	331337	172937
浙 江	Zhejiang	1655735	532329	1546311	354060	109424	12700	232	83824	43827
安 徽	Anhui	1459823	452983	1373566	319634	86257	4307	130	216998	89679
福 建	Fujian	730563	241239	680433	152811	50130	2980	55	70067	28911
江 西	Jiangxi	1170556	380272	1112517	279270	58039	3653	14	396486	105692
山 东	Shandong	2444234	797289	2345064	445509	99170	3441	223	375207	197713
河 南	Henan	2172813	722742	2094709	395042	78104	9056	78	423953	138742
湖 北	Hubei	2013314	703944	1896471	520815	116843	5041	66	383699	186677
湖 南	Hunan	1308391	419587	1187427	245048	120964	4990	71	356802	113479
广 东	Guangdong	2220102	743517	2142818	504847	77284	7943	2921	196783	68935
广 西	Guangxi	1025492	358887	950393	235421	75099	2273	57	143719	56062
海 南	Hainan	359934	133825	354444	57447	5490	606	9	94870	18721
重 庆	Chongqing	583681	178181	556855	112919	26826	4006	3	69258	36104
四 川	Sichuan	1632437	524008	1547585	369407	84852	5172	40	197461	112031
贵 州	Guizhou	821446	238641	783300	155313	38146	2328	15	126918	53698
云 南	Yunnan	915407	299444	870923	234503	44484	5411	31	108998	75217
西 藏	Tibet	114418	37212	103548	23916	10870	161	6	1955	1425
陕 西	Shaanxi	1494800	482906	1434032	396820	60768	4592	24	326570	97149
甘 肃	Gansu	853360	201682	838738	117093	14622	1437	1190	85911	53501
青 海	Qinghai	162603	54893	153504	43222	9099	147		15259	7485
宁 夏	Ningxia	248105	80374	236792	50736	11313	687	6	19579	9998
新 疆	Xinjiang	1359816	541655	1312869	245539	46947	2756	6	82337	50310

3-15 续表 continued

地区	Region	劳动报酬和生活费 Earnings and Living Subsidies 就业人员劳动报酬(千元) Earnings of Employment (1000 yuan)	在岗职工工资总额 Wages of On-post Staff and Workers	其他就业人员劳动报酬 Earnings of Others	不在岗职工生活费(千元) Living Subsidies of Not-on-post Staff and Workers (1000 yuan)	就业人员平均报酬(元) Average Earnings of Employment (yuan)	在岗职工平均工资(元) Average Wage of On-post Staff and Workers (yuan)	不在岗职工平均生活费(元) Average Living Subsidy of Not-on-post Staff and Workers (yuan)
全国	**National**	**980690279**	**940508686**	**40181593**	**39457091**	**22849**	**23352**	**5503**
北京	Beijing	77944280	70862491	7081789	1848441	41084	42840	10999
天津	Tianjin	24031962	22432770	1599192	886177	30125	32399	4292
河北	Hebei	36276689	35541082	735607	2016987	19188	19437	4777
山西	Shanxi	38347987	37776562	571425	1847866	20838	21095	4673
内蒙古	Inner Mongolia	18447085	18148077	299008	754097	18807	18917	7045
辽宁	Liaoning	76148413	74816441	1331972	3362591	20976	21353	6051
吉林	Jilin	19261135	18941408	319727	1237728	19368	19573	5207
黑龙江	Heilongjiang	38807214	36322295	2484919	1594840	15617	16633	3230
上海	Shanghai	63101469	56483798	6617671	2681264	40592	46567	6188
江苏	Jiangsu	52893522	50769198	2124324	2218048	25512	26143	6702
浙江	Zhejiang	50433245	48178598	2254647	779937	31027	31730	9108
安徽	Anhui	30187980	29132090	1055890	1090306	20728	21224	4879
福建	Fujian	18132186	17314045	818141	393851	25136	25708	5401
江西	Jiangxi	18948403	18310275	638128	1066137	16158	16495	2722
山东	Shandong	56917616	55681259	1236357	2912880	23278	23679	7821
河南	Henan	41297194	40493439	803755	1459947	19395	19701	3459
湖北	Hubei	35021387	33799123	1222264	2246543	17303	17730	5751
湖南	Hunan	24814900	23574235	1240665	1686967	19117	19950	4689
广东	Guangdong	74309600	71889208	2420392	1439337	33612	33696	7147
广西	Guangxi	19569658	18744780	824878	682232	19143	19839	4716
海南	Hainan	4735309	4672556	62753	224793	12949	13002	2389
重庆	Chongqing	12885102	12517243	367859	498039	22373	22816	6879
四川	Sichuan	34479673	33255263	1224410	1547990	21074	21554	7568
贵州	Guizhou	16029765	15627772	401993	711066	18771	19173	5464
云南	Yunnan	18977280	18563372	413908	1068866	20850	21492	9513
西藏	Tibet	3347772	3245395	102377	33558	29580	31713	16948
陕西	Shaanxi	27007415	26417666	589749	1346289	17881	18222	4060
甘肃	Gansu	12642789	12485780	157009	655576	14727	14840	7410
青海	Qinghai	4180445	4080210	100235	162097	25422	26439	10658
宁夏	Ningxia	6234831	6040882	193949	178586	25247	25879	9293
新疆	Xinjiang	25277973	24391373	886600	824055	17616	17662	9726

四、国有单位就业人员和劳动报酬

EMPLOYMENT AND EARNINGS IN STATE-OWNED UNITS

4-1 分行业国有单位就业人员和劳动报酬(2006年)

EMPLOYMENT AND EARNINGS IN STATE-OWNED UNITS BY SECTOR (2006)

项　目	Item	年末人数(千人) Year-end Figures (1000 persons)	#女性 Female	劳动报酬(亿元) Earnings (100 million yuan)	平均劳动报酬(元) Average Earning (yuan)
全国总计	**National Total**	**64305**	**23869**	**13920.6**	**21706**
按隶属关系分组	**Grouped by Administrtive Relationship**				
中　央	Under Central Government	11693	3780	3564.9	30391
省、自治区、直辖市	Under Provincial Government	10775	3596	2566.2	23977
地　区	Under Perfectural Government	12248	4835	2797.1	22871
县及县以下	At and Below County Level	29342	11562	4937.7	16895
其　他	Other	248	96	54.8	22356
按企、事业和机关分组	**Grouped by Enterprises,Institutions & Agencies**				
企　业	Enterprises	26157	8335	5692.2	21668
#地方	Local	16138	5251	2780.3	17201
事　业	Institutions	27051	12605	5688.8	21191
#地方	Local	24898	11697	5037.9	20366
机　关	Agencies and Organizations	11096	2930	2539.7	23051
#地方	Local	10357	2712	2316.4	22525
按国民经济行业分组	**Grouped by Sector**				
农、林、牧、渔业	**Agriculture,Forestry,Farming of Animals and Fishing**	**4142**	**1566**	**378.8**	**9145**
农　业	Agriculture	2141	919	182.0	8398
林　业	Forestry	1034	339	82.8	8161
畜牧业	Farming of Animals	280	104	22.6	7992
渔　业	Fishing	46	14	5.3	11423
农、林、牧、渔服务业	Service Activities for Agriculture, Forestry, Farming of Animals and Fishing	642	190	86.1	13646
采矿业	**Mining**	**2417**	**558**	**588.6**	**24827**
煤炭开采和洗选业	Mining and Washing of Coal	1545	303	342.5	23014
石油和天然气开采业	Extraction of Petroleum and Natural Gas	575	181	189.2	32618
黑色金属矿采选业	Mining of Ferrous Metal Ores	67	16	16.5	23940
有色金属矿采选业	Mining of Non-ferrous Metal Ores	134	32	25.7	19118
非金属矿采选业	Mining and Processing of Nonmetal Ores	93	26	14.0	14793
其他采矿业	Mining of Other Ores	4	1	0.7	15820
制造业	**Manufacturing**	**5540**	**1863**	**1126.3**	**20117**
农副食品加工业	Processing of Food from Agricultural Products	143	50	14.6	10350
食品制造业	Manufacture of Foods	88	38	11.1	12487
饮料制造业	Manufacture of Beverage	126	50	17.3	13822
烟草制品业	Manufacture of Tobacco	147	56	73.4	49031
纺织业	Manufacture of Textile	323	200	34.3	10386
纺织服装、鞋、帽制造业	Manufacture of Textile Wearing Apparel, Footware,and Caps	52	31	7.0	13278
皮革、毛皮、羽毛(绒)及其制品业	Manufacture of Leather,Fur,Feather & Its Products	20	9	2.3	11873
木材加工及木、竹、藤、棕、草制品业	Processing of Timbers,Manufacture of Wood, Bamboo,Rattan,Palm,and Straw Products	53	18	5.4	9987

4-1 续表 1 continued

项 目	Item	年末人数（千人）Year-end Figures (1000 persons)	#女性 Female	劳动报酬（亿元）Earnings (100 million yuan)	平均劳动报酬（元）Average Earning (yuan)
家具制造业	Manufacture of Furniture	10	4	1.5	14282
造纸及纸制品业	Manufacture of Paper and Paper Products	76	29	11.1	14569
印刷业和记录媒介的复制	Printing,Reproduction of Recording Media	126	56	24.4	19049
文教体育用品制造业	Manufacture of Articles for Culture, Education and Sport Activity	9	4	1.2	13832
石油加工、炼焦及核燃料加工业	Processing of Petroleum ,Coking,Processing of Nucleus Fuel	179	52	48.9	27056
化工原料及化学制品制造业	Manufacture of Chemical Raw Material and Chemical Products	472	154	82.1	17255
医药制造业	Manufacture of Medicines	119	57	20.8	17412
化学纤维制造业	Manufacture of Chemical Fiber	27	10	4.4	16179
橡胶制品业	Manufacture of Rubber	34	13	5.0	14530
塑料制品业	Manufacture of Plastic	27	11	3.4	12575
非金属矿物制品业	Manufacture of Non-metallic Mineral Products	404	124	57.3	14226
黑色金属冶炼及压延加工业	Manufacture and Processing of Ferrous Metals	651	149	197.3	30098
有色金属冶炼及压延加工业	Manufacture & Processing of Non-ferrous Metals	252	68	59.0	23297
金属制品业	Manufacture of Metal Products	85	27	15.4	17683
通用设备制造业	Manufacture of General Purpose Machinery	409	121	79.3	19058
专用设备制造业	Manufacture of Special Purpose Machinery	528	155	99.0	18569
交通运输设备制造业	Manufacture of Transport Equipment	791	226	179.1	22276
电气机械及器材制造业	Manufacture of Electrical Machinery & Equipment	146	52	29.1	19533
通信设备、计算机及其他电子设备制造业	Manufacture of Communication Equipment, Computer and Other Electronic Equipment	131	55	22.4	16883
仪器仪表及文化、办公用机械制造业	Manufacture of Measuring Instrument and Machinery for Cultural Activity & Office Work	76	28	13.3	17298
工艺品及其他制造业	Manufacture of Artwork,Other Manufacture	38	17	6.4	17670
废弃资源和废旧材料回收加工业	Recycling and Disposal of Waste	1	1	0.2	18940
电力、燃气及水的生产和供应业	**Production and Distribution of Electricity, Gas and Water**	**2088**	**634**	**586.1**	**28145**
电力、热力的生产和供应业	Production and Supply of Electric Power and Heat Power	1582	437	491.7	31141
燃气生产和供应业	Production and Distribution of Gas	94	31	20.7	22070
水的生产和供应业	Production and Distribution of Water	411	166	73.7	17991
建筑业	**Construction**	**2628**	**438**	**488.3**	**18166**
房屋和土木工程建筑业	Construction of Building & Civil Engineering	2241	367	404.5	17529
建筑安装业	Architectural Installation	292	55	63.9	22578
建筑装饰业	Architectural Decoration	30	5	5.5	17167
其他建筑业	Other Construction	66	11	14.5	22025
交通运输、仓储和邮政业	**Traffic,Transport,Storage and Post**	**4330**	**1136**	**1024.3**	**23723**
铁路运输业	Transport Via Railway	1614	269	452.6	27990
道路运输业	Transport Via Road	1010	321	160.6	15893
城市公共交通业	Urban Public Traffic	446	152	77.1	17748
水上运输业	Water Transport	268	48	100.0	36977

4-1 续表 2 continued

项 目	Item	年末人数（千人）Year-end Figures (1000 persons)	#女 性 Female	劳动报酬（亿元）Earnings (100 million yuan)	平均劳动报 酬（元）Average Earning (yuan)
航空运输业	Air Transport	111	34	51.1	46980
管道运输业	Transport Via Pipeline	12	5	4.4	36886
装卸搬运和其他运输服务业	Loading,Unloading,Portage and Other Transport Services	139	33	32.1	22918
仓储业	Storage	173	51	25.7	14626
邮政业	Post	558	225	120.7	21992
信息传输、计算机服务和软件业	**Information Transfer, Computer Services and Software**	**656**	**231**	**212.6**	**32747**
电信和其他信息传输服务业	Telecom & Other Information Transfer Services	626	221	200.6	32362
计算机服务业	Computer Services	22	7	8.7	40215
软件业	Software Industry	8	3	3.3	42698
批发和零售业	**Wholesale and Retail Trade**	**1867**	**711**	**349.9**	**18444**
批发业	Wholesale	1271	439	266.7	20571
零售业	Retail Trade	596	272	83.2	13849
住宿和餐饮业	**Accommodation and Restaurants**	**638**	**343**	**95.5**	**14851**
住宿业	Accommodation	524	284	80.0	15144
餐饮业	Restaurants	114	59	15.5	13497
金融业	**Finance**	**1651**	**754**	**573.8**	**34727**
银行业	Bank	1338	592	510.0	37914
证券业	Securities	14	5	8.7	63039
保险业	Insurance	284	151	49.0	17604
其他金融活动	Other Financial Activities	15	6	6.1	40549
房地产业	**Real Estate**	**450**	**154**	**96.0**	**21324**
房地产开发经营	Real Estate Exploitation Management	150	47	35.2	23250
物业管理	Management Concerning Dwelling	174	59	32.9	18994
房地产中介服务	Real Estate Agency Service	20	9	3.8	18769
租赁和商务服务业	**Tenancy and Business Services**	**1210**	**344**	**246.3**	**20804**
租赁业	Tenancy	10	3	2.0	20539
商务服务业	Business Service	1201	341	244.3	20806
科学研究、技术服务和地质勘查业	**Scientific Research,Technical Service and Geologic Perambulation**	**1930**	**621**	**575.5**	**30023**
研究与试验发展	Research and Experimental Development	598	207	192.9	32502
#自然科学研究与试验发展	Research and Experimental Development on Physical Science	144	49	50.7	35501
工程和技术研究与试验发展	Research and Experimental Development on Engineering and Technical Research	281	93	100.5	36095
农业科学研究与试验发展	Research and Experimental Development on Agricultural Science Research	100	35	20.9	20836
医学研究与试验发展	Research and Experimental Development on Medical Research	20	10	6.2	30659
社会人文科学研究与试验发展	Research and Experimental Development on Social Science and Humanities	52	19	14.6	28249

4-1 续表 3 continued

项　目	Item	年末人数（千人）Year-end Figures (1000 persons)	#女 性 Female	劳动报酬（亿元）Earnings (100 million yuan)	平均劳动报酬（元）Average Earning (yuan)
专业技术服务业	Professional Technique Services	783	244	252.2	32609
#气象服务	Weather Services	52	19	12.7	24689
地震服务	Earthquake Services	17	5	4.1	24945
海洋服务	Ocean Services	7	1	2.6	37863
测绘服务	Plotting Services	34	10	8.9	26443
技术检测	Technique Detection	145	50	41.1	28649
环境监测	Environmental Monitoring	46	17	10.5	23068
工程技术与规划管理	Engineering Technic & Programming Management	438	128	156.0	36100
科技交流和推广服务业	Services of Science and Technique Intercommunion and Generalization	247	94	57.7	23347
地质勘查业	Geologic Perambulation	303	76	72.8	24011
水利、环境和公共设施管理业	**Management of Water Conservancy, Environment and Public Establishment**	**1654**	**674**	**254.4**	**15517**
水利管理业	Management of Water Conservancy	456	128	72.7	15949
环境管理业	Environmental Management	728	363	95.2	13289
公共设施管理业	Management of Public Establishment	471	182	86.5	18508
居民服务和其他服务业	**Resident Services and Other Services**	**277**	**86**	**57.4**	**20548**
居民服务业	Resident Services	160	50	34.6	21314
其他服务业	Other Services	117	35	22.8	19484
教　育	**Education**	**14480**	**7048**	**3027.3**	**21027**
#初等教育	Primary Education	5828	3034	1024.5	17596
中等教育	Secondary Education	6315	2874	1305.3	20810
高等教育	Higher Education	1614	701	537.7	33906
卫生、社会保障和社会福利业	**Sanitation,Social Security & Social Welfare**	**4668**	**2804**	**1121.2**	**24298**
卫　生	Sanitation	4430	2694	1071.5	24473
社会保障业	Social Security	125	55	26.2	21190
社会福利业	Social Welfare	112	55	23.4	20901
文化体育和娱乐业	**Culture, Sports and Entertainment**	**1101**	**451**	**288.9**	**26374**
新闻出版业	Journalism and Publishing Activities	241	98	90.0	37637
广播、电影、电视和音像业	Broadcasting,Movies,Television and Audiovisual Activities	378	140	95.4	25363
文化艺术业	Culture and Art	382	176	79.1	20779
体育	Sports Activities	77	27	19.6	25442
娱乐业	Entertainment	22	9	4.8	21431
公共管理和社会组织	**Public Management & Social Organization**	**12575**	**3454**	**2829.5**	**22608**
#中国共产党机关	Chinese Communist Party Organs	536	125	119.9	22562
国家机构	Organ of State	11645	3166	2623.6	22615
人民政协和民主党派	People's Political Consultative Conference and Democratic Parties	88	21	21.8	25056
群众社团、社会团体和宗教组织	Mass Communities, Social Communities and Religion Organizations	203	86	49.5	24532

4-2 分行业国有单位在岗职工人数和工资(2006年)

ON-POST STAFF AND WORKERS AND WAGES IN STATE-OWNED UNITS BY SECTOR (2006)

项目	Item	年末人数 (千人) Year-end Figures (1000 persons)	工资总额 (亿元) Total Wages (100 million yuan)	平均人数 (千人) Average Figures (1000 persons)	平均工资 (元) Average Wage (yuan)
全国总计	**National Total**	**61705**	**13600.1**	**61505**	**22112**
按隶属关系分组	**Grouped by Administrtive Relationship**				
中央	Under Central Government	10998	3447.1	11021	31279
省、自治区、直辖市	Under Provincial Government	10112	2486.4	10047	24748
地区	Under Perfectural Government	11768	2738.4	11739	23327
县及县以下	At and Below County Level	28599	4875.9	28473	17125
其他	Other	228	52.3	226	23155
按企、事业和机关分组	**Grouped by Enterprises,Institutions and Agencies**				
企业	Enterprises	24560	5484.7	24655	22246
#地方	Local	15178	2677.5	15199	17616
事业	Institutions	26288	5597.4	26076	21466
#地方	Local	24214	4962.4	24048	20635
机关	Agencies and Organizations	10856	2518.0	10775	23370
#地方	Local	10125	2295.7	10050	22843
按国民经济行业分组	**Grouped by Sector**				
农、林、牧、渔业	**Agriculture,Forestry,Farming of Animals and Fishing**	**3820**	**356.2**	**3824**	**9315**
农业	Agriculture	1905	166.1	1937	8576
林业	Forestry	1015	81.8	997	8205
畜牧业	Farming of Animals	230	18.2	232	7865
渔业	Fishing	43	5.1	44	11586
农、林、牧、渔服务业	Service Activities for Agriculture, Forestry, Farming of Animals and Fishing	626	85.0	615	13825
采矿业	**Mining**	**2351**	**576.8**	**2298**	**25098**
煤炭开采和洗选业	Mining and Washing of Coal	1523	338.7	1468	23080
石油和天然气开采业	Extraction of Petroleum and Natural Gas	538	182.2	536	34007
黑色金属矿采选业	Mining of Ferrous Metal Ores	65	16.3	67	24250
有色金属矿采选业	Mining of Non-ferrous Metal Ores	129	25.0	130	19242
非金属矿采选业	Mining and Processing of Nonmetal Ores	91	13.9	93	14888
其他采矿业	Mining of Other Ores	4	0.7	4	16233
制造业	**Manufacturing**	**5393**	**1107.9**	**5453**	**20317**
农副食品加工业	Processing of Food from Agricultural Products	137	14.2	135	10524
食品制造业	Manufacture of Foods	85	10.7	85	12576
饮料制造业	Manufacture of Beverage	124	17.1	123	13906
烟草制品业	Manufacture of Tobacco	144	73.1	147	49737
纺织业	Manufacture of Textile	317	33.9	324	10453
纺织服装、鞋、帽制造业	Manufacture of Textile Wearing Apparel, Footware,and Caps	50	6.8	51	13395
皮革、毛皮、羽毛(绒)及其制品业	Manufacture of Leather,Fur,Feather & Its Products	19	2.2	19	11844
木材加工及木、竹、藤、棕、草制品业	Processing of Timbers,Manufacture of Wood, Bamboo,Rattan,Palm,and Straw Products	51	5.3	53	10155

4-2 续表 1 continued

项　目	Item	年末人数（千人）Year-end Figures (1000 persons)	工资总额（亿元）Total Wages (100 million yuan)	平均人数（千人）Average Figures (1000 persons)	平均工资（元）Average Wage (yuan)
家具制造业	Manufacture of Furniture	10	1.5	10	14069
造纸及纸制品业	Manufacture of Paper and Paper Products	72	10.8	73	14892
印刷业和记录媒介的复制	Printing,Reproduction of Recording Media	122	24.0	125	19243
文教体育用品制造业	Manufacture of Articles for Culture, Education and Sport Activity	8	1.1	8	13701
石油加工、炼焦及核燃料加工业	Processing of Petroleum ,Coking,Processing of Nucleus Fuel	171	48.0	174	27624
化工原料及化学制品制造业	Manufacture of Chemical Raw Material and Chemical Products	461	80.8	464	17414
医药制造业	Manufacture of Medicines	116	20.3	116	17470
化学纤维制造业	Manufacture of Chemical Fiber	26	4.3	27	16221
橡胶制品业	Manufacture of Rubber	33	4.8	33	14504
塑料制品业	Manufacture of Plastic	25	3.3	26	12622
非金属矿物制品业	Manufacture of Non-metallic Mineral Products	392	56.0	391	14328
黑色金属冶炼及压延加工业	Manufacture and Processing of Ferrous Metals	648	196.8	653	30147
有色金属冶炼及压延加工业	Manufacture & Processing of Non-ferrous Metals	247	58.5	249	23475
金属制品业	Manufacture of Metal Products	83	15.1	85	17803
通用设备制造业	Manufacture of General Purpose Machinery	399	77.9	406	19219
专用设备制造业	Manufacture of Special Purpose Machinery	512	96.8	516	18746
交通运输设备制造业	Manufacture of Transport Equipment	763	174.9	778	22483
电气机械及器材制造业	Manufacture of Electrical Machinery & Equipment	142	28.6	145	19698
通信设备、计算机及其他电子设备制造业	Manufacture of Communication Equipment, Computer and Other Electronic Equipment	128	21.9	130	16901
仪器仪表及文化、办公用机械制造业	Manufacture of Measuring Instrument and Machinery for Cultural Activity & Office Work	71	12.7	73	17520
工艺品及其他制造业	Manufacture of Artwork,Other Manufacture	35	6.3	36	17674
废弃资源和废旧材料回收加工业	Recycling and Disposal of Waste	1	0.2	1	19170
电力、燃气及水的生产和供应业	**Production and Distribution of Electricity, Gas and Water**	**2042**	**581.0**	**2036**	**28535**
电力、热力的生产和供应业	Production and Supply of Electric Power and Heat Power	1544	487.5	1540	31649
燃气生产和供应业	Production and Distribution of Gas	92	20.4	91	22347
水的生产和供应业	Production and Distribution of Water	406	73.2	405	18082
建筑业	**Construction**	**2429**	**460.3**	**2486**	**18511**
房屋和土木工程建筑业	Construction of Building & Civil Engineering	2065	380.5	2129	17871
建筑安装业	Architectural Installation	277	61.0	267	22825
建筑装饰业	Architectural Decoration	25	4.7	27	17798
其他建筑业	Other Construction	63	14.0	63	22116
交通运输、仓储和邮政业	**Traffic,Transport,Storage and Post**	**4105**	**991.9**	**4090**	**24252**
铁路运输业	Transport Via Railway	1554	443.3	1554	28528
道路运输业	Transport Via Road	990	158.6	991	16002
城市公共交通业	Urban Public Traffic	435	76.1	423	17976
水上运输业	Water Transport	263	99.3	266	37381

4-2 续表 2 continued

项　目	Item	年末人数（千人）Year-end Figures (1000 persons)	工资总额（亿元）Total Wages (100 million yuan)	平均人数（千人）Average Figures (1000 persons)	平均工资（元）Average Wage (yuan)
航空运输业	Air Transport	111	51.1	109	47041
管道运输业	Transport Via Pipeline	12	4.4	12	36905
装卸搬运和其他运输服务业	Loading,Unloading,Portage and Other Transport Services	122	29.3	118	24819
仓储业	Storage	168	25.3	171	14782
邮政业	Post	450	104.4	446	23434
信息传输、计算机服务和软件业	**Information Transfer, Computer Services and Software**	**601**	**203.6**	**593**	**34328**
电信和其他信息传输服务业	Telecom & Other Information Transfer Services	574	192.2	566	33947
计算机服务业	Computer Services	20	8.3	20	41894
软件业	Software Industry	7	3.2	7	43385
批发和零售业	**Wholesale and Retail Trade**	**1780**	**338.5**	**1805**	**18758**
批发业	Wholesale	1220	259.7	1240	20941
零售业	Retail Trade	561	78.8	564	13959
住宿和餐饮业	**Accommodation and Restaurants**	**601**	**90.0**	**604**	**14892**
住宿业	Accommodation	493	75.4	496	15201
餐饮业	Restaurants	107	14.5	108	13471
金融业	**Finance**	**1433**	**540.3**	**1434**	**37667**
银行业	Bank	1278	495.9	1284	38629
证券业	Securities	14	8.5	13	63741
保险业	Insurance	127	29.8	123	24344
其他金融活动	Other Financial Activities	15	6.0	15	41099
房地产业	**Real Estate**	**414**	**91.4**	**412**	**22174**
#房地产开发经营	Real Estate Exploitation Management	141	33.7	141	23830
物业管理	Management Concerning Dwelling	151	30.4	150	20292
房地产中介服务	Real Estate Agency Service	20	3.7	20	19000
租赁和商务服务业	**Tenancy and Business Services**	**1108**	**234.9**	**1079**	**21771**
租赁业	Tenancy	9	1.9	9	21194
商务服务业	Business Service	1099	233.1	1070	21776
科学研究、技术服务和地质勘查业	**Scientific Research,Technical Service and Geologic Perambulation**	**1838**	**556.0**	**1826**	**30459**
研究与试验发展	Research and Experimental Development	568	186.5	564	33065
#自然科学研究与试验发展	Research and Experimental Development on Physical Science	133	48.0	132	36397
工程和技术研究与试验发展	Research and Experimental Development on Engineering and Technical Research	267	97.5	265	36813
农业科学研究与试验发展	Research and Experimental Development on Agricultural Science Research	99	20.7	98	21006
医学研究与试验发展	Research and Experimental Development on Medical Research	19	6.0	19	31685
社会人文科学研究与试验发展	Research and Experimental Development on Social Science and Humanities	50	14.4	50	28722

4-2 续表 3 continued

项　目	Item	年末人数（千人）Year-end Figures (1000 persons)	工资总额（亿元）Total Wages (100 million yuan)	平均人数（千人）Average Figures (1000 persons)	平均工资（元）Average Wage (yuan)
专业技术服务业	Professional Technique Services	732	240.9	723	33310
#气象服务	Weather Services	51	12.5	50	24958
地震服务	Earthquake Services	16	4.1	16	25328
海洋服务	Ocean Services	7	2.6	7	38284
测绘服务	Plotting Services	33	8.7	32	26989
技术检测	Technique Detection	140	40.0	138	28979
环境监测	Environmental Monitoring	44	10.4	44	23620
工程技术与规划管理	Engineering Technic & Programming Management	401	147.5	396	37191
科技交流和推广服务业	Services of Science and Technique Intercommunion and Generalization	239	56.5	239	23602
地质勘查业	Geologic Perambulation	299	72.1	299	24131
水利、环境和公共设施管理业	**Management of Water Conservancy, Environment and Public Establishment**	**1559**	**246.8**	**1538**	**16047**
水利管理业	Management of Water Conservancy	449	72.1	449	16067
环境管理业	Environmental Management	657	90.0	642	14022
公共设施管理业	Management of Public Establishment	453	84.7	447	18929
居民服务和其他服务业	**Resident Services and Other Services**	**235**	**53.1**	**235**	**22637**
居民服务业	Resident Services	148	32.8	146	22484
其他服务业	Other Services	87	20.3	89	22889
教　育	**Education**	**14143**	**2990.8**	**14058**	**21274**
#初等教育	Primary Education	5706	1016.9	5697	17850
中等教育	Secondary Education	6195	1292.1	6151	21007
高等教育	Higher Education	1555	525.9	1528	34413
卫生、社会保障和社会福利业	**Sanitation,Social Security & Social Welfare**	**4504**	**1097.1**	**4453**	**24638**
卫　生	Sanitation	4282	1048.9	4233	24779
社会保障业	Social Security	115	25.3	113	22424
社会福利业	Social Welfare	107	22.9	107	21402
文化体育和娱乐业	**Culture, Sports and Entertainment**	**1053**	**280.1**	**1049**	**26703**
新闻出版业	Journalism and Publishing Activities	229	87.0	227	38381
广播、电影、电视和音像业	Broadcasting,Movies,Television and Audiovisual Activities	364	92.5	363	25456
文化艺术业	Culture and Art	367	77.2	365	21144
体　育	Sports Activities	72	18.7	72	25944
娱乐业	Entertainment	21	4.7	21	21677
公共管理和社会组织	**Public Management & Social Organization**	**12296**	**2803.3**	**12232**	**22918**
#中国共产党机关	Chinese Communist Party Organs	530	119.3	524	22738
国家机构	Organ of State	11384	2599.7	11336	22933
人民政协和民主党派	People's Political Consultative Conference and Democratic Parties	86	21.7	86	25367
群众社团、社会团体和宗教组织	Mass Communities, Social Communities and Religion Organizations	194	48.0	193	24931

4-3 各地区分行业国有单位就业人员和劳动报酬(2006年)

EMPLOYMENT AND EARNINGS IN STATE-OWNED UNITS BY SECTOR AND REGION (2006)

地区	Region	总计 Total 年末人数(人) Year-end Figures (person)	#女性 Female	劳动报酬(千元) Earnings (1000 yuan)	平均劳动报酬(元) Average Earning (yuan)	中央属单位 Units Under Central Government 年末人数(人) Year-end Figures (person)	#女性 Female	劳动报酬(千元) Earnings (1000 yuan)	平均劳动报酬(元) Average Earning (yuan)
全国	**National**	**64304735**	**23869265**	**1392062629**	**21706**	**11692880**	**3780106**	**356488343**	**30391**
北京	Beijing	1893249	757446	77070007	41313	888359	333187	41953668	48163
天津	Tianjin	878942	301598	25478096	29005	183842	49544	7778657	42196
河北	Hebei	3448980	1389934	58777816	17057	581288	177691	14320368	24547
山西	Shanxi	2545187	918139	46873925	18540	430014	133001	10131211	23656
内蒙古	Inner Mongolia	1605388	623135	31004903	19275	248001	81739	6480714	26209
辽宁	Liaoning	3022398	1119656	61450544	20305	742329	196793	22253242	29876
吉林	Jilin	1739834	661399	29459435	16983	363875	107909	9548332	26230
黑龙江	Heilongjiang	3136169	1147732	48502433	15555	689699	194324	16342137	23747
上海	Shanghai	1389178	544796	55902963	40141	472094	156135	22537607	47898
江苏	Jiangsu	2793524	1068500	78383227	28143	389591	129846	13738228	35210
浙江	Zhejiang	1861843	744649	77133393	41920	199587	69042	9679430	48645
安徽	Anhui	2028679	682415	35287008	17425	236070	71536	5589676	23740
福建	Fujian	1507109	551540	35165518	23500	168535	56236	5635009	33617
江西	Jiangxi	1996905	669648	32187992	16227	250054	73482	6156733	24706
山东	Shandong	4191785	1507464	94087397	22552	591052	205235	18399544	30895
河南	Henan	4015722	1506332	70078448	17702	497798	148920	14642302	29403
湖北	Hubei	2990483	1088844	53095020	17708	590162	187613	14724659	24823
湖南	Hunan	2617631	928595	47932713	18459	301932	96426	8191791	27361
广东	Guangdong	3847792	1509480	118626926	31057	453093	152577	22252541	49671
广西	Guangxi	1972666	758705	36122744	18384	192323	58797	5565978	28986
海南	Hainan	568937	213522	8718480	15254	33580	12329	903854	27148
重庆	Chongqing	1233015	429935	25795609	21168	277969	89811	7542767	27780
四川	Sichuan	3162813	1129062	62781201	19884	679735	222999	19932281	28999
贵州	Guizhou	1436965	476747	25610067	17248	199517	60357	5445674	26337
云南	Yunnan	1774163	665611	34434308	19520	189163	56921	5852993	31655
西藏	Tibet	177015	59142	5253771	30131	15095	3906	708581	49050
陕西	Shaanxi	2464910	862308	41889599	16894	642371	192531	14407171	22321
甘肃	Gansu	1439453	472929	25524522	17836	225049	76699	5803821	25421
青海	Qinghai	326277	123830	7875489	24195	73947	23998	2372195	32460
宁夏	Ningxia	365845	141585	7616469	20998	68869	23417	2166617	31570
新疆	Xinjiang	1871878	814587	33942606	17640	817887	337105	15430562	17802

4-3 续表 1 continued

地 区	Region	省、自治区、直辖市属单位 Units Under Provincial Government				地区属单位 Units Under Prefectural Government			
		年末人数（人）Year-end Figures (person)	#女 性 Female	劳动报酬（千元）Earnings (1000 yuan)	平均劳动报酬（元）Average Earning (yuan)	年末人数（人）Year-end Figures (person)	#女 性 Female	劳动报酬（千元）Earnings (1000 yuan)	平均劳动报酬（元）Average Earning (yuan)
全 国	**National**	**10774830**	**3595541**	**256617985**	**23977**	**12247666**	**4835376**	**279711403**	**22871**
北 京	Beijing	431297	139582	15972253	37202	469305	238536	16451537	35509
天 津	Tianjin	408110	111057	10521613	25788	192430	101895	4882460	25499
河 北	Hebei	412342	126029	9267505	22338	661364	272191	10714497	16192
山 西	Shanxi	659491	187878	15755494	24180	396152	158202	6053399	15364
内蒙古	Inner Mongolia	275439	93008	6020583	21713	341935	132275	6153497	17901
辽 宁	Liaoning	292775	92080	7484369	25557	801844	300326	15349401	19158
吉 林	Jilin	261647	81514	4862354	18830	359505	141779	5655177	15723
黑龙江	Heilongjiang	1075141	398916	11337384	10756	603028	248841	11002490	18027
上 海	Shanghai	428205	152898	15851698	36550	454317	220456	16404923	36145
江 苏	Jiangsu	372481	140946	12157463	32663	527801	205929	17190167	32781
浙 江	Zhejiang	221777	81741	11755359	53420	339632	133381	13711333	40944
安 徽	Anhui	317397	99567	6552099	20625	404561	152462	7034645	17399
福 建	Fujian	218821	70824	6102729	27840	343023	119001	8884196	26678
江 西	Jiangxi	346568	110182	6902590	20043	357327	132382	5692809	15985
山 东	Shandong	587682	183489	17004354	29628	783285	285093	18879321	24177
河 南	Henan	353918	121248	8119408	23674	879486	346337	15395465	17840
湖 北	Hubei	277697	99803	5549922	19858	585289	219721	12930531	22000
湖 南	Hunan	410750	127213	9328103	23055	464596	174358	8274052	17980
广 东	Guangdong	417603	152639	17046464	41196	940887	356228	33600521	35936
广 西	Guangxi	275153	103377	5609747	20729	444812	163281	9610427	21787
海 南	Hainan	296898	115855	3777469	12485	60966	22455	1330181	22199
重 庆	Chongqing	291733	94446	6991637	23957				
四 川	Sichuan	368344	121631	7980550	21856	526708	197624	10246629	19492
贵 州	Guizhou	252619	74368	4828350	18470	182120	68850	3045923	16120
云 南	Yunnan	401160	146096	8048331	19894	192030	78001	3674430	19273
西 藏	Tibet	42843	14380	1260943	29591	39480	16204	1307439	33415
陕 西	Shaanxi	382920	127484	7224398	18716	401528	148718	7111594	17377
甘 肃	Gansu	357604	95575	6107186	18510	197830	70440	3419655	15705
青 海	Qinghai	75638	29873	1811328	23527	36350	15686	783786	21430
宁 夏	Ningxia	95659	36406	1893482	19840	69060	29338	1252111	18839
新 疆	Xinjiang	165118	65436	3492820	20895	191015	85386	3668807	18734

4-3 续表 2 continued

地 区	Region	县及县以下属单位 Units at and Below County Level				其他隶属关系单位 Other Units			
		年末人数（人） Year-end Figures (person)	#女 性 Female	劳动报酬（千元） Earnings (1000 yuan)	平均劳动报酬（元） Average Earning (yuan)	年末人数（人） Year-end Figures (person)	#女 性 Female	劳动报酬（千元） Earnings (1000 yuan)	平均劳动报酬（元） Average Earning (yuan)
全 国	**National**	**29341521**	**11561961**	**493765155**	**16895**	**247838**	**96281**	**5479743**	**22356**
北 京	Beijing	52926	24576	1284232	24806	51362	21565	1408317	28146
天 津	Tianjin	89626	37641	2115841	23606	4934	1461	179525	36371
河 北	Hebei	1791288	812949	24444315	13708	2698	1074	31131	11182
山 西	Shanxi	1059202	438896	14930660	14165	328	162	3161	10263
内蒙古	Inner Mongolia	737770	315451	12308459	16676	2243	662	41650	19273
辽 宁	Liaoning	1179302	528535	16193415	13708	6148	1922	170117	27491
吉 林	Jilin	753030	329791	9376686	12487	1777	406	16886	9519
黑龙江	Heilongjiang	764496	304358	9743176	12793	3805	1293	77246	19345
上 海	Shanghai	33171	14901	1038200	31281	1391	406	70535	51410
江 苏	Jiangsu	1503651	591779	35297369	23556				
浙 江	Zhejiang	1080950	452809	41299115	38718	19897	7676	688156	35395
安 徽	Anhui	1054083	352524	15879299	15105	16568	6326	231289	14180
福 建	Fujian	775600	305046	14521774	18724	1130	433	21810	22187
江 西	Jiangxi	1042287	353467	13426878	12994	669	135	8982	13386
山 东	Shandong	2215945	828505	39562148	17919	13821	5142	242030	17350
河 南	Henan	2250569	877467	31208748	14050	33951	12360	712525	21155
湖 北	Hubei	1518622	573468	19741290	12994	18713	8239	148618	7934
湖 南	Hunan	1432215	527711	21964138	15419	8138	2887	174629	21739
广 东	Guangdong	2005586	835063	44936568	22552	30623	12973	790832	26171
广 西	Guangxi	1057612	431962	15293417	14451	2766	1288	43175	15337
海 南	Hainan	175507	62055	2661604	15312	1986	828	45372	23304
重 庆	Chongqing	663313	245678	11261205	17186				
四 川	Sichuan	1578242	583385	24488857	15602	9784	3423	132884	13868
贵 州	Guizhou	800213	272217	12254588	14851	2496	955	35532	14139
云 南	Yunnan	991569	384528	16855826	17136	241	65	2728	11708
西 藏	Tibet	79597	24652	1976808	25286				
陕 西	Shaanxi	1031699	391358	13028237	12622	6392	2217	118199	18035
甘 肃	Gansu	656625	229309	10164938	15576	2345	906	28922	11839
青 海	Qinghai	140342	54273	2908180	20944				
宁 夏	Ningxia	132231	52410	2303825	17430	26	14	434	16692
新 疆	Xinjiang	694252	325197	11295359	16348	3606	1463	55058	16089

4-3 续表 3 continued

地区	Region	企业 Enterprises 年末人数（人） Year-end Figures (person)	#女性 Female	劳动报酬（千元） Earnings (1000 yuan)	平均劳动报酬（元） Average Earning (yuan)	非农企业 Nonagricultural Enterprises 年末人数（人） Year-end Figures (person)	#女性 Female	劳动报酬（千元） Earnings (1000 yuan)	平均劳动报酬（元） Average Earning (yuan)
全国	**National**	**26157380**	**8334938**	**569215789**	**21668**	**22015161**	**6769068**	**531338499**	**24012**
北京	Beijing	797182	236207	28996939	36535	788680	233394	28765752	36640
天津	Tianjin	423188	97680	12362176	29033	416141	95598	12231709	29224
河北	Hebei	1405483	462845	26258679	18573	1327215	434940	25737013	19281
山西	Shanxi	1274284	360556	25880966	20420	1240524	350378	25475962	20650
内蒙古	Inner Mongolia	637581	210515	11637600	18168	356086	113618	8790554	24350
辽宁	Liaoning	1511566	452123	31714426	20825	1231909	334466	29971004	24085
吉林	Jilin	706892	199109	12798934	18076	524701	140123	11368441	21601
黑龙江	Heilongjiang	1902839	619089	26472603	14031	1019454	308787	20448944	19728
上海	Shanghai	709035	210980	28260629	39407	702201	209188	28103714	39571
江苏	Jiangsu	899640	318120	23580589	26129	765271	257932	22212764	28973
浙江	Zhejiang	486919	159939	20276795	41773	471834	155860	19891265	42311
安徽	Anhui	665379	214059	11382194	17026	585544	183982	10695648	18188
福建	Fujian	538978	170163	13292960	25015	475717	147771	12626982	26984
江西	Jiangxi	769037	247674	12906254	16721	624009	196970	11715476	18689
山东	Shandong	1598801	514448	37921124	23709	1556661	502599	37262411	23935
河南	Henan	1606393	530926	30166270	19215	1536161	508053	29515137	19673
湖北	Hubei	1260134	428208	23258042	18288	981481	305630	21317993	21478
湖南	Hunan	864703	265731	16106770	18821	785367	232519	15506229	19963
广东	Guangdong	1317341	416838	42104057	32006	1223924	381816	41159724	33683
广西	Guangxi	696047	230451	13311166	19101	567653	182563	12058143	21210
海南	Hainan	317358	119142	3796836	11746	135923	39848	2469728	17991
重庆	Chongqing	520071	156699	11363172	22103	502594	151858	11141553	22437
四川	Sichuan	1133989	347613	25525101	22376	1054441	325834	24615325	23198
贵州	Guizhou	533285	156420	10493359	17802	504220	148063	10132543	18083
云南	Yunnan	537980	178658	12338756	22930	381712	119521	10412983	27316
西藏	Tibet	41833	13430	1238905	29842	36509	12300	1164263	32082
陕西	Shaanxi	1187171	374497	21940227	18211	1126031	356285	21256952	18586
甘肃	Gansu	587679	170095	10675352	18231	524041	151474	10106243	18976
青海	Qinghai	120832	40648	3269129	26529	102114	34413	2957551	28295
宁夏	Ningxia	133690	47473	3193484	24096	103627	35237	2837555	27756
新疆	Xinjiang	972070	384602	16692295	16185	363416	118048	9388938	24400

4-3 续表 4 continued

地区 Region	企业中地方 Local Enterprises 年末人数（人） Year-end Figures (person)	#女性 Female	劳动报酬（千元） Earnings (1000 yuan)	平均劳动报酬（元） Average Earning (yuan)	事业 Institutions 年末人数（人） Year-end Figures (person)	#女性 Female	劳动报酬（千元） Earnings (1000 yuan)	平均劳动报酬（元） Average Earning (yuan)
全国 National	**16138163**	**5251065**	**278032839**	**17201**	**27051128**	**12604526**	**568879967**	**21191**
北京 Beijing	293619	76521	7023460	23617	839771	439155	36223885	44246
天津 Tianjin	273976	60666	5887714	21359	329555	172697	9329671	28520
河北 Hebei	898864	310939	13620555	15055	1427076	762026	22609103	15920
山西 Shanxi	879687	239790	16436738	18818	865074	442922	14252555	16610
内蒙古 Inner Mongolia	416942	140136	5828314	13855	683539	329465	13564245	19768
辽宁 Liaoning	850592	286853	11740039	13673	1105033	561685	20907521	19014
吉林 Jilin	403883	117686	4855356	12012	787821	399148	12444531	15865
黑龙江 Heilongjiang	1260297	442143	11338523	9109	887868	431698	15233853	17203
上海 Shanghai	342199	98035	10560459	30246	528812	284623	21301149	40585
江苏 Jiangsu	599178	221134	13209258	22066	1405148	640819	37138175	26577
浙江 Zhejiang	326472	104451	12417111	38229	965398	487496	37553492	39481
安徽 Anhui	473568	156183	6814835	14296	993359	382365	16973681	17193
福建 Fujian	401890	124683	8739775	22161	675240	312181	14855031	22051
江西 Jiangxi	555962	185666	7389288	13291	868260	337587	13546125	15816
山东 Shandong	1090989	340246	22070980	20369	1824364	804360	39521418	21852
河南 Henan	1162926	401692	16906960	15023	1556272	732474	26249208	16996
湖北 Hubei	780298	285570	11555384	14674	1267100	546466	20514852	16241
湖南 Hunan	624468	192577	9909853	16061	1237279	534078	22358887	18210
广东 Guangdong	973622	307448	25932767	26636	1753938	893722	49234346	28384
广西 Guangxi	531543	182132	8500955	15980	984880	452559	16942327	17341
海南 Hainan	295710	111815	3174714	10519	171533	74349	3209079	19009
重庆 Chongqing					524834	225894	10151385	19523
四川 Sichuan	584659	175911	9652449	16592	1426734	611607	25595505	18063
贵州 Guizhou	342060	99206	5303073	13990	619199	247202	10153409	16568
云南 Yunnan	336679	113192	6578236	19356	851203	381321	15227683	18028
西藏 Tibet	32263	11061	701276	21775	69407	27889	1890831	27637
陕西 Shaanxi	654083	203735	10542771	15767	879193	378635	13839362	15758
甘肃 Gansu	346508	105969	5540249	15978	597422	233580	10252503	17312
青海 Qinghai	55422	20028	1085604	18541	137659	61988	3028866	22384
宁夏 Ningxia	72471	26608	1179003	16537	168531	75442	3154876	18892
新疆 Xinjiang	277333	108989	3537140	12376	619626	339093	11622413	18891

4-3 续表 5 continued

地 区 Region	事业中地方 Local Institutions				机 关 Agencies and Organizations			
	年末人数（人）Year-end Figures (person)	#女 性 Female	劳动报酬（千元）Earnings (1000 yuan)	平均劳动报 酬（元）Average Earning (yuan)	年末人数（人）Year-end Figures (person)	#女 性 Female	劳动报酬（千元）Earnings (1000 yuan)	平均劳动报 酬（元）Average Earning (yuan)
全 国 National	**24897570**	**11696837**	**503788276**	**20366**	**11096227**	**2929801**	**253966873**	**23051**
北 京 Beijing	450111	259157	17022842	38706	256296	82084	11849183	46803
天 津 Tianjin	306450	163685	8455491	27787	126199	31221	3786249	30178
河 北 Hebei	1382180	744353	21593708	15696	616421	165063	9910034	16191
山 西 Shanxi	845524	435781	13913954	16572	405829	114661	6740404	16738
内蒙古 Inner Mongolia	667776	322858	13227233	19728	284268	83155	5803058	20591
辽 宁 Liaoning	1051512	539218	19498740	18623	405799	105848	8828597	21858
吉 林 Jilin	740319	377182	11152179	15153	245121	63142	4215970	17408
黑龙江 Heilongjiang	853072	418420	14381403	16889	345462	96945	6795977	19649
上 海 Shanghai	429529	243200	16830879	39307	151331	49193	6341185	42088
江 苏 Jiangsu	1335313	613252	34673638	26064	488736	109561	17664463	36395
浙 江 Zhejiang	944338	479408	36737672	39480	409526	97214	19303106	47847
安 徽 Anhui	960547	371521	16255001	17020	369941	85991	6931133	18770
福 建 Fujian	661888	307665	14331241	21699	292891	69196	7017527	24084
江 西 Jiangxi	844202	330442	13188755	15775	359608	84387	5735613	16142
山 东 Shandong	1754953	775939	37602367	21580	768620	188656	16644855	21784
河 南 Henan	1522306	718760	25381432	16795	853057	242932	13662970	16180
湖 北 Hubei	1159916	500546	17821667	15398	463249	114170	9322126	20115
湖 南 Hunan	1198927	517007	21091050	17716	515649	128786	9467056	18451
广 东 Guangdong	1670491	855618	45446480	27468	776513	198920	27288523	35463
广 西 Guangxi	969025	445372	16588406	17249	291739	75695	5869251	20169
海 南 Hainan	161390	69508	3025955	19064	80046	20031	1712565	21544
重 庆 Chongqing					188110	47342	4281052	23196
四 川 Sichuan	1317581	567595	22204596	16946	602090	169842	11660595	19445
贵 州 Guizhou	613223	244930	9988470	16461	284481	73125	4963299	17567
云 南 Yunnan	833298	373932	14877504	17989	384980	105632	6867869	18014
西 藏 Tibet	68782	27661	1865752	27522	65775	17823	2124035	32967
陕 西 Shaanxi	759794	352995	10928031	14382	398546	109176	6110010	15410
甘 肃 Gansu	570357	221545	9679175	17118	254352	69254	4596667	18151
青 海 Qinghai	132388	59774	2923550	22425	67786	21194	1577494	23561
宁 夏 Ningxia	164263	73945	3078741	18901	63624	18670	1268109	20064
新 疆 Xinjiang	528115	285568	10022364	19082	280182	90892	5627898	20274

4-3 续表 6 continued

地区 Region	机关中地方 Local Organizations 年末人数(人) Year-end Figures (person)	#女性 Female	劳动报酬(千元) Earnings (1000 yuan)	平均劳动报酬(元) Average Earning (yuan)	农、林、牧、渔业 Agriculture Forestry, Farming of Animals and Fishing 年末人数(人) Year-end Figures (person)	#女性 Female	劳动报酬(千元) Earnings (1000 yuan)	平均劳动报酬(元) Average Earning (yuan)
全国 National	**10356505**	**2711830**	**231635403**	**22525**	**4142219**	**1565870**	**37877290**	**9145**
北京 Beijing	209798	67016	9661719	46626	8502	2813	231187	26961
天津 Tianjin	114674	27703	3356234	29414	7047	2082	130467	18008
河北 Hebei	586648	156951	9243185	15876	78268	27905	521666	6610
山西 Shanxi	389634	109405	6388861	16524	33760	10178	405004	12003
内蒙古 Inner Mongolia	269478	77578	5398849	20217	281495	96897	2847046	10184
辽宁 Liaoning	377965	96792	7958523	21172	279657	117657	1743422	6259
吉林 Jilin	231712	58608	3903226	17164	182191	58986	1430493	7869
黑龙江 Heilongjiang	329296	91552	6363124	19298	883385	310302	6023659	7085
上海 Shanghai	145356	47426	5974018	41262	6834	1792	156915	22610
江苏 Jiangsu	469442	104268	16762103	35963	134369	60188	1367825	10071
浙江 Zhejiang	391446	91748	18299180	47443	15085	4079	385530	25213
安徽 Anhui	358494	83175	6627496	18522	79835	30077	686546	8531
福建 Fujian	273666	62523	6437683	23584	63261	22392	665978	10496
江西 Jiangxi	346687	80058	5453216	15923	145028	50704	1190778	8211
山东 Shandong	740970	180902	15772476	21414	42140	11849	658713	15464
河南 Henan	832692	236960	13147755	15953	70232	22873	651133	9354
湖北 Hubei	441394	106876	8844692	20031	278653	122578	1940049	6949
湖南 Hunan	492304	122585	8740019	17844	79336	33212	600541	7599
广东 Guangdong	719963	180864	24204306	33935	93417	35022	944333	10098
广西 Guangxi	276968	71104	5423790	19630	128394	47888	1253023	9762
海南 Hainan	76271	19042	1568585	20701	181435	79294	1327108	7137
重庆 Chongqing					17477	4841	221619	12647
四川 Sichuan	571040	159178	10856293	19100	79548	21779	909776	11430
贵州 Guizhou	279262	71422	4839011	17448	29065	8357	360816	12393
云南 Yunnan	366302	99203	6497228	17916	156268	59137	1925773	12274
西藏 Tibet	60875	16514	1978162	33014	5324	1130	74642	14283
陕西 Shaanxi	381828	104059	5827365	15343	61140	18212	683275	11192
甘肃 Gansu	249061	67762	4469950	18027	63638	18621	569109	10742
青海 Qinghai	64520	20030	1494140	23530	18718	6235	311578	16659
宁夏 Ningxia	60216	17601	1191674	19896	30063	12236	355929	11746
新疆 Xinjiang	248543	82925	4952540	20107	608654	266554	7303357	11296

4-3 续表 7 continued

地区 Region	采矿业 Mining 年末人数(人) Year-end Figures (person)	#女性 Female	劳动报酬(千元) Earnings (1000 yuan)	平均劳动报酬(元) Average Earning (yuan)	制造业 Manufacturing 年末人数(人) Year-end Figures (person)	#女性 Female	劳动报酬(千元) Earnings (1000 yuan)	平均劳动报酬(元) Average Earning (yuan)
全 国 National	**2417262**	**557865**	**58862306**	**24827**	**5539974**	**1862643**	**112628864**	**20117**
北 京 Beijing	1687	315	50642	29913	112893	34662	3688654	31406
天 津 Tianjin	11275	1254	487360	43221	118545	31206	2593777	21172
河 北 Hebei	130691	21011	3088891	23836	431491	156479	7227900	16644
山 西 Shanxi	437503	83245	11746237	27289	218177	80006	2748576	12518
内蒙古 Inner Mongolia	41132	9501	884815	21441	32164	11400	498274	15290
辽 宁 Liaoning	173102	40816	4371097	25207	359289	85069	8552063	23466
吉 林 Jilin	65953	9209	1122374	17933	144226	39982	3007264	20508
黑龙江 Heilongjiang	21072	4736	299989	14496	283429	98205	4569427	16046
上 海 Shanghai	402	103	30609	75392	178493	47253	6714595	35871
江 苏 Jiangsu	97534	32899	2794781	28635	169227	55746	4400173	26129
浙 江 Zhejiang	2284	412	36182	15582	51680	16709	1316851	25619
安 徽 Anhui	39055	5059	956484	24521	154183	52883	2587260	16499
福 建 Fujian	21368	5714	319764	14822	62273	23215	1475368	23424
江 西 Jiangxi	71446	13409	1171276	16416	177394	66512	2739064	15363
山 东 Shandong	422688	141550	12470612	30323	343547	122664	6286414	18093
河 南 Henan	158988	36690	3849836	24736	355906	138957	5908867	16800
湖 北 Hubei	54155	14403	1292076	23437	345822	116380	7617861	21832
湖 南 Hunan	66787	13208	1092537	16361	183324	62299	3912803	21302
广 东 Guangdong	18949	4352	468284	24882	149875	57346	3473274	23096
广 西 Guangxi	28178	6311	458418	16265	180922	60945	3675982	20360
海 南 Hainan	8085	2439	161851	16691	17017	6546	169979	9978
重 庆 Chongqing	50797	8842	966379	19322	172404	55613	3819396	22483
四 川 Sichuan	120841	26530	2850740	22602	324326	113712	7345169	22373
贵 州 Guizhou	25771	6412	494443	16050	141051	50998	2620611	16900
云 南 Yunnan	33993	8911	681841	20402	116928	41386	3410826	29154
西 藏 Tibet	1699	462	31070	18096	4846	1698	72334	14865
陕 西 Shaanxi	154425	33336	3707754	24030	404308	147180	6368896	15386
甘 肃 Gansu	52990	4564	255787	11138	232990	58685	4355690	19090
青 海 Qinghai	7387	1971	215008	29063	15743	5438	385470	24068
宁 夏 Ningxia	2115	195	32358	18747	14896	5098	293102	19429
新 疆 Xinjiang	94910	20006	2472811	26373	42605	18371	792944	18287

4-3 续表 8 continued

地区	Region	电力、燃气及水的生产和供应业 Production and Distribution of Electricity, Gas and Water				建筑业 Construction			
		年末人数(人) Year-end Figures (person)	#女性 Female	劳动报酬(千元) Earnings (1000 yuan)	平均劳动报酬(元) Average Earning (yuan)	年末人数(人) Year-end Figures (person)	#女性 Female	劳动报酬(千元) Earnings (1000 yuan)	平均劳动报酬(元) Average Earning (yuan)
全国	**National**	**2087603**	**633967**	**58606532**	**28145**	**2628375**	**438332**	**48827927**	**18166**
北京	Beijing	10797	3048	606503	59194	77632	13871	2528837	31782
天津	Tianjin	24278	5709	1271138	54668	31763	5866	1093536	34080
河北	Hebei	146938	41517	3590121	24639	125645	24079	2303450	18033
山西	Shanxi	77382	25573	1747451	22911	122737	25086	2049565	15920
内蒙古	Inner Mongolia	63759	20857	1870913	29718	33056	7463	606973	15060
辽宁	Liaoning	110051	28775	2946189	27107	94121	17515	1937964	18884
吉林	Jilin	58670	15889	1300197	22185	44955	8568	715137	14858
黑龙江	Heilongjiang	116809	33000	2487564	21200	128220	28989	2417009	17665
上海	Shanghai	38337	9728	1785101	46133	56189	8461	1891345	34765
江苏	Jiangsu	76104	20465	3136075	40760	52049	10072	1458736	26274
浙江	Zhejiang	67721	16651	5142069	76594	37742	5148	1184178	29752
安徽	Anhui	67464	18944	1505756	22157	87711	14301	1581519	17927
福建	Fujian	55267	16722	1708263	31153	93273	15098	1823268	21097
江西	Jiangxi	75775	23157	1483749	19491	90276	11370	1405231	15548
山东	Shandong	145390	43208	3605633	24897	146727	23355	2801282	18423
河南	Henan	158998	51435	3366036	21687	195508	32095	3037352	16597
湖北	Hubei	95544	33098	1893736	19810	123208	26317	1961623	15726
湖南	Hunan	79903	27977	1588783	19850	153032	20714	1970421	13605
广东	Guangdong	130920	39031	4893380	37228	145881	18356	3452882	23922
广西	Guangxi	68398	21656	1672335	24409	39204	6721	597764	15318
海南	Hainan	13679	4631	308096	22430	34701	2431	474578	13881
重庆	Chongqing	35110	12289	958027	27350	65499	8097	1042565	16228
四川	Sichuan	82271	28052	1999448	24328	223711	34162	3569092	15964
贵州	Guizhou	53721	16147	1577399	29130	120216	12520	1866270	12710
云南	Yunnan	35507	12105	1051550	29561	61663	8872	1035600	17599
西藏	Tibet	7735	2122	217589	28083	3362	991	58231	17748
陕西	Shaanxi	76288	24383	1788235	23107	100141	18576	1513323	14954
甘肃	Gansu	55858	18726	1218346	21715	56980	9799	724700	12460
青海	Qinghai	11187	3212	354413	28046	18832	4845	392090	19744
宁夏	Ningxia	25226	8024	975360	38840	16700	3414	262904	17260
新疆	Xinjiang	22516	7836	557077	25010	47641	11180	1070502	16806

4-3 续表 9 continued

地区 Region	交通运输、仓储和邮政业 Traffic, Transport, Storage and Post: 年末人数(人) Year-end Figures (person)	#女性 Female	劳动报酬(千元) Earnings (1000 yuan)	平均劳动报酬(元) Average Earning (yuan)	信息传输、计算机服务和软件业 Information Transfer, Computer Services and Software: 年末人数(人) Year-end Figures (person)	#女性 Female	劳动报酬(千元) Earnings (1000 yuan)	平均劳动报酬(元) Average Earning (yuan)
全国 National	**4329921**	**1136142**	**102432006**	**23723**	**655857**	**231090**	**21256524**	**32747**
北京 Beijing	117343	22035	3942068	34107	13385	5048	796216	61389
天津 Tianjin	73675	17885	2585762	34654	3870	1343	133672	34675
河北 Hebei	221894	59927	3841538	17421	35307	12463	922917	26461
山西 Shanxi	192947	50655	4129172	21891	32092	12887	706568	22392
内蒙古 Inner Mongolia	133690	33439	3190331	23956	27550	11820	671397	25249
辽宁 Liaoning	286791	72113	6459973	22629	20728	6652	728895	35507
吉林 Jilin	134112	31781	2599312	19693	24143	9017	629966	26628
黑龙江 Heilongjiang	247287	56248	4855517	19480	31662	11067	941808	29926
上海 Shanghai	116638	21482	4292726	36883	16239	5545	1230192	71398
江苏 Jiangsu	194776	57694	5152673	26546	28222	8814	1002213	35633
浙江 Zhejiang	115961	32404	3909728	34123	15585	5447	825482	53512
安徽 Anhui	111213	32679	1713533	15456	26235	10200	548969	22149
福建 Fujian	115146	32646	2923867	25639	17863	5047	728372	41010
江西 Jiangxi	142846	38883	3041026	21421	21394	7914	373133	17567
山东 Shandong	202968	51520	5180774	25647	21383	6576	713745	32739
河南 Henan	266069	79062	5545827	20751	28809	9715	527608	18499
湖北 Hubei	211768	49584	4579783	21124	41664	15165	1155133	28454
湖南 Hunan	176521	50846	3623667	20535	20021	7681	529023	27166
广东 Guangdong	260205	67497	8593225	33132	61737	19103	3102219	49091
广西 Guangxi	126179	30673	2761764	21942	22031	5377	630090	28557
海南 Hainan	25078	8523	534940	21466	5823	1909	231099	40233
重庆 Chongqing	101958	30913	2017691	19706	19784	7540	611110	33986
四川 Sichuan	166920	54934	3727745	22484	38648	13852	1280428	32947
贵州 Guizhou	73795	21509	1558424	21032	5921	2276	119750	20286
云南 Yunnan	90171	20833	2249477	24691	19013	7810	514057	27454
西藏 Tibet	7441	1619	215416	29324	2944	869	179737	66031
陕西 Shaanxi	177323	36648	3240026	17876	20036	6456	592329	29855
甘肃 Gansu	94548	25135	2086710	24646	10865	4122	170404	15367
青海 Qinghai	27485	9759	731030	26924	6578	2510	189948	30363
宁夏 Ningxia	26960	8560	614303	24010	4538	1858	145199	32266
新疆 Xinjiang	90213	28656	2533978	26813	11787	5007	324845	27618

4-3 续表 10 continued

地 区	Region	批发和零售业 Wholesale and Retail Trade 年末人数（人）Year-end Figures (person)	#女性 Female	劳动报酬（千元）Earnings (1000 yuan)	平均劳动报酬（元）Average Earning (yuan)	住宿和餐饮业 Accommodation and Restaurants 年末人数（人）Year-end Figures (person)	#女性 Female	劳动报酬（千元）Earnings (1000 yuan)	平均劳动报酬（元）Average Earning (yuan)
全 国	**National**	**1867330**	**710960**	**34989892**	**18444**	**638408**	**343280**	**9545150**	**14851**
北 京	Beijing	63596	27009	3005956	46747	63959	31577	1408129	21700
天 津	Tianjin	34344	9669	876604	25006	7223	3293	114458	15658
河 北	Hebei	123266	57499	1391381	10807	32015	17899	340132	10500
山 西	Shanxi	115936	42663	1203840	10429	22120	11779	195485	8962
内蒙古	Inner Mongolia	38490	15844	623757	15921	12909	7449	159019	12432
辽 宁	Liaoning	52506	20742	1002062	18702	18155	9337	264654	14450
吉 林	Jilin	35124	11250	537324	15359	14416	7828	170823	11817
黑龙江	Heilongjiang	89843	27358	1381845	15355	20717	10992	280758	13720
上 海	Shanghai	40485	15323	1640259	38856	29075	12995	829887	28115
江 苏	Jiangsu	61342	24761	1287556	20685	22692	11572	366831	16264
浙 江	Zhejiang	31604	10718	1376360	43399	23091	13083	432560	18710
安 徽	Anhui	73911	27318	890872	12001	11967	6827	143571	11722
福 建	Fujian	48468	16635	1114289	22320	14347	8527	227576	15636
江 西	Jiangxi	63498	23408	923894	14207	16509	8122	175521	10545
山 东	Shandong	104445	43567	1831994	17283	51509	26920	723277	13955
河 南	Henan	204408	82413	2694949	13562	51319	26557	608358	11999
湖 北	Hubei	66191	24656	808617	12069	17293	10370	155276	8888
湖 南	Hunan	44931	17060	937354	20561	25898	14579	395528	15076
广 东	Guangdong	117168	43654	3431445	28563	48474	27184	948127	19457
广 西	Guangxi	61633	22765	887449	14106	21685	12933	242063	11195
海 南	Hainan	13045	4682	167484	12654	8454	4536	92385	10764
重 庆	Chongqing	34046	12614	750229	21702	8540	5061	106810	12722
四 川	Sichuan	73498	27482	1465698	20068	16769	9300	230444	13976
贵 州	Guizhou	57923	22744	1022526	15799	11014	5980	123506	9436
云 南	Yunnan	43278	15261	1151250	24864	14417	8585	159046	11063
西 藏	Tibet	5455	2232	121941	22272	3594	1741	56895	15756
陕 西	Shaanxi	90808	29522	1162985	12402	18673	9873	174609	9333
甘 肃	Gansu	34465	12540	451897	13181	11468	6917	145865	12349
青 海	Qinghai	9871	4648	158502	15899	2341	1217	34326	14508
宁 夏	Ningxia	9967	5047	168934	16758	2419	1356	27417	10954
新 疆	Xinjiang	23785	9876	520639	21068	15346	8891	211814	13998

4-3 续表 11 continued

地区 Region	金融业 Finance 年末人数(人) Year-end Figures (person)	#女性 Female	劳动报酬(千元) Earnings (1000 yuan)	平均劳动报酬(元) Average Earning (yuan)	房地产业 Real Estate 年末人数(人) Year-end Figures (person)	#女性 Female	劳动报酬(千元) Earnings (1000 yuan)	平均劳动报酬(元) Average Earning (yuan)
全 国 National	**1651013**	**753665**	**57381261**	**34727**	**450275**	**154452**	**9599295**	**21324**
北 京 Beijing	20083	8722	1750541	91032	35551	12281	1126063	31813
天 津 Tianjin	23612	11084	1427967	59063	7640	1641	169152	22031
河 北 Hebei	102014	45300	2544484	24947	18778	7259	305791	16496
山 西 Shanxi	65076	30636	1533633	23746	8769	3462	109434	12616
内蒙古 Inner Mongolia	45884	22588	1151467	25177	8034	3164	143661	17721
辽 宁 Liaoning	78802	36356	2465918	31326	30319	9798	482900	16006
吉 林 Jilin	50313	24101	1263387	24508	13956	5048	192743	13827
黑龙江 Heilongjiang	52089	22561	1656084	31124	25199	8014	390152	15583
上 海 Shanghai	42958	22641	3792522	89394	28667	8940	953080	33147
江 苏 Jiangsu	94318	42032	3094577	33008	20296	7070	575566	28335
浙 江 Zhejiang	73493	38134	4246549	58356	18070	6254	645792	35012
安 徽 Anhui	56046	24117	1321845	23558	12494	4573	203620	16421
福 建 Fujian	54017	25023	2160375	39637	14685	4640	364026	25861
江 西 Jiangxi	50517	22738	1137190	22693	13721	5119	217160	15841
山 东 Shandong	89236	38140	2777498	30517	25375	9552	474619	18452
河 南 Henan	94940	43026	2728404	28921	20884	7282	346512	16479
湖 北 Hubei	66751	28974	1485278	21932	18190	6917	296764	16241
湖 南 Hunan	48046	21470	1124643	23157	14512	5133	261321	18022
广 东 Guangdong	150497	69266	8171521	54443	43748	13578	1099847	25365
广 西 Guangxi	47563	22662	1418721	29723	13783	4105	238004	17107
海 南 Hainan	8921	3136	283766	31558	5005	1614	72183	14376
重 庆 Chongqing	31527	15866	1069697	33883	8715	3074	149886	17690
四 川 Sichuan	87072	41109	2671753	30830	13078	4498	250280	19248
贵 州 Guizhou	21559	8596	656221	30159	5006	1707	76746	12717
云 南 Yunnan	44732	20670	1378498	30736	3979	1670	63984	16322
西 藏 Tibet	6034	2024	347445	58257	293	111	10911	38829
陕 西 Shaanxi	56458	22140	1396559	24931	10960	3417	197568	18061
甘 肃 Gansu	30126	12080	608571	20492	3388	1462	51526	15159
青 海 Qinghai	10273	4668	273009	26442	743	330	11407	15605
宁 夏 Ningxia	14717	6911	495429	33712	1393	507	26567	19520
新 疆 Xinjiang	33339	16894	947709	28312	5044	2232	92030	18510

4-3 续表 12 continued

地 区	Region	租赁和商务服务业 Tenancy and Business Services 年末人数(人) Year-end Figures (person)	#女 性 Female	劳动报酬(千元) Earnings (1000 yuan)	平均劳动报酬(元) Average Earning (yuan)	科学研究、技术服务和地质勘查业 Scientific Research,Technical Service and Geologic Perambulation 年末人数(人) Year-end Figures (person)	#女 性 Female	劳动报酬(千元) Earnings (1000 yuan)	平均劳动报酬(元) Average Earning (yuan)
全 国	**National**	**1210465**	**344085**	**24632084**	**20804**	**1930188**	**620515**	**57552038**	**30023**
北 京	Beijing	224069	64499	6162136	29093	185662	65058	9668144	53062
天 津	Tianjin	47653	4167	588904	12633	39636	12482	1522386	38706
河 北	Hebei	28068	7800	377381	13569	70783	21568	1842377	26274
山 西	Shanxi	30961	10207	417596	13795	58905	20036	1119707	19153
内蒙古	Inner Mongolia	18364	5713	345633	19659	37523	13457	900677	24043
辽 宁	Liaoning	79486	27430	975983	12491	82351	25612	2020559	24649
吉 林	Jilin	17887	5067	332462	18414	52959	17623	1067426	20172
黑龙江	Heilongjiang	20374	7107	304486	14849	88751	26628	1997832	22630
上 海	Shanghai	74549	15432	1916507	26194	123366	51800	5316014	43299
江 苏	Jiangsu	37499	10735	905431	24737	71693	22925	2510893	35170
浙 江	Zhejiang	63719	18490	1729418	27532	58478	16043	2408004	41811
安 徽	Anhui	22269	8765	350758	15646	49323	13698	1017368	20826
福 建	Fujian	32520	10321	654679	20569	35430	9740	985001	27824
江 西	Jiangxi	17221	6289	240956	14163	53771	15712	1077191	20347
山 东	Shandong	42912	11286	793046	18577	68188	20017	1888959	27871
河 南	Henan	51344	15232	787289	15290	103910	34165	2346470	22856
湖 北	Hubei	33375	9900	519007	15483	87585	27774	2099536	24105
湖 南	Hunan	33058	10201	484942	15549	58249	17285	1237481	21349
广 东	Guangdong	148629	33424	3466817	23818	88410	25615	4039782	46501
广 西	Guangxi	34303	11235	516851	15102	49690	14792	1106886	22294
海 南	Hainan	7503	2452	127170	17058	13003	4120	210872	16340
重 庆	Chongqing	6682	2202	135102	20066	24670	7096	674022	27502
四 川	Sichuan	42394	15050	901122	22195	108915	34882	3235562	29911
贵 州	Guizhou	13148	4603	250580	18859	30359	8909	626768	20737
云 南	Yunnan	12804	3597	241012	19309	51013	16622	1032971	20584
西 藏	Tibet	548	145	10229	18803	5433	1639	188246	34427
陕 西	Shaanxi	20425	6788	300636	14749	116830	38789	2765627	23641
甘 肃	Gansu	16291	5801	201566	12100	47444	13668	967844	20140
青 海	Qinghai	4196	1218	92974	22654	17426	4780	608129	35051
宁 夏	Ningxia	3618	1342	53218	14701	9907	3140	191628	19433
新 疆	Xinjiang	24596	7587	448193	18037	40525	14840	877676	21152

4-3 续表 13 continued

地 区	Region	水利、环境和公共设施管理业 Management of Water Conservancy, Environment and Public Establishment				居民服务和其他服务业 Resident Services and Other Services			
		年末人数 (人) Year-end Figures (person)	#女 性 Female	劳动报酬 (千元) Earnings (1000 yuan)	平均劳动报酬 (元) Average Earning (yuan)	年末人数 (人) Year-end Figures (person)	#女 性 Female	劳动报酬 (千元) Earnings (1000 yuan)	平均劳动报酬 (元) Average Earning (yuan)
全 国	**National**	**1654167**	**673707**	**25443276**	**15517**	**277210**	**85562**	**5735694**	**20548**
北 京	Beijing	55972	20861	1488032	28518	19201	7348	489600	26438
天 津	Tianjin	32727	9877	713918	22205	27813	3065	380955	14778
河 北	Hebei	82458	34014	1061132	12974	15074	6813	401796	26977
山 西	Shanxi	49778	19413	599719	12162	5261	1865	74818	14157
内蒙古	Inner Mongolia	54515	24788	822938	14885	14827	3771	321570	22293
辽 宁	Liaoning	105963	46521	1452353	13710	13402	3321	246272	17470
吉 林	Jilin	59210	24633	663814	11083	7570	2980	141079	18454
黑龙江	Heilongjiang	72666	27643	810911	11138	32928	9255	608075	16707
上 海	Shanghai	41018	13787	1233894	30687	12197	5705	293793	23895
江 苏	Jiangsu	79808	29385	1709802	21539	7891	2996	168434	21337
浙 江	Zhejiang	42260	15194	1129275	27301	4688	1825	157513	33954
安 徽	Anhui	55794	22730	687483	12422	3590	1296	57299	16037
福 建	Fujian	34544	13979	616659	17819	8061	3293	148956	18905
江 西	Jiangxi	42755	18056	529053	12632	4471	1880	51597	11561
山 东	Shandong	99906	42270	1513800	15236	22334	2709	619717	27778
河 南	Henan	109639	44915	1441740	13430	10417	3532	158739	15325
湖 北	Hubei	85310	35121	1033001	12194	5610	1943	100406	17888
湖 南	Hunan	64349	26375	843173	13142	4745	1938	77749	16504
广 东	Guangdong	96382	40272	1975762	20751	14710	5398	405503	27566
广 西	Guangxi	51261	23768	655039	12861	1719	620	38853	22668
海 南	Hainan	16728	8405	196144	11945	370	89	6791	18305
重 庆	Chongqing	25166	11448	311368	12552	3905	640	52677	14957
四 川	Sichuan	70514	31292	936187	13333	13914	3859	276398	19946
贵 州	Guizhou	24947	11244	317401	13223	1415	570	17886	13142
云 南	Yunnan	38271	16666	486042	12888	1731	600	25361	14660
西 藏	Tibet	1718	922	27953	15478	61	8	1756	29267
陕 西	Shaanxi	52617	18746	610242	11611	8310	2346	88015	10513
甘 肃	Gansu	40941	13561	548416	13459	5717	3430	151604	21630
青 海	Qinghai	7456	2851	110423	15095	2557	1121	120232	53579
宁 夏	Ningxia	18224	7863	274580	14984	365	38	17548	16633
新 疆	Xinjiang	41270	17107	643022	15324	2356	1308	34702	14686

4-3 续表 14 continued

地区 Region	教育 Education 年末人数(人) Year-end Figures (person)	#女性 Female	劳动报酬(千元) Earnings (1000 yuan)	平均劳动报酬(元) Average Earning (yuan)	卫生、社会保障和社会福利业 Sanitation,Social Security and Social Welfare 年末人数(人) Year-end Figures (person)	#女性 Female	劳动报酬(千元) Earnings (1000 yuan)	平均劳动报酬(元) Average Earning (yuan)
全国 National	**14480119**	**7048488**	**302732350**	**21027**	**4667789**	**2804022**	**112117697**	**24298**
北京 Beijing	325348	187304	13570549	42248	147804	100251	7121628	49379
天津 Tianjin	164239	96653	4745025	28956	74736	45152	2174339	29452
河北 Hebei	837788	500082	13426692	16063	216376	130369	3721064	17228
山西 Shanxi	464772	267839	8087954	17500	121120	75904	1978867	16460
内蒙古 Inner Mongolia	328189	174760	7055336	21375	92273	55099	2010874	21633
辽宁 Liaoning	507797	288995	10286335	20290	210230	132943	4390520	21117
吉林 Jilin	373517	213503	6659499	17886	132460	80990	2079235	15820
黑龙江 Heilongjiang	429993	238350	8318710	19404	157895	99478	2860696	18006
上海 Shanghai	244532	144920	9464637	38577	129601	86772	5652791	44112
江苏 Jiangsu	818859	391882	20767134	25429	223529	130347	6986555	31677
浙江 Zhejiang	511770	276190	19762178	39078	211843	132534	9038811	43697
安徽 Anhui	579493	213878	10019577	17381	135325	76976	2554704	19053
福建 Fujian	418309	198923	9058786	21706	103581	61597	2539858	24822
江西 Jiangxi	459739	180976	7291064	16035	137485	73182	2470381	18465
山东 Shandong	1016014	452225	22181665	21984	307360	179253	7284631	23931
河南 Henan	801699	392004	14281030	17988	316041	180442	5424523	17366
湖北 Hubei	634532	264878	10685164	16874	247417	142515	4329741	17599
湖南 Hunan	660037	286915	12104495	18468	218282	128456	4865463	22528
广东 Guangdong	990223	525828	25957718	26416	381400	234696	12596620	33547
广西 Guangxi	545601	252639	8968082	16516	172056	106748	3430964	20380
海南 Hainan	84002	34407	1695380	20651	27365	16485	571235	21155
重庆 Chongqing	318372	137843	6007790	19040	79282	44502	1812232	23096
四川 Sichuan	800358	342889	13017379	16340	220195	126973	4931566	22688
贵州 Guizhou	382883	148299	6198558	16360	90808	52079	1658416	18476
云南 Yunnan	484940	215736	8833806	18387	128220	80346	2498223	19633
西藏 Tibet	33761	13915	939625	28375	13604	6721	364897	27231
陕西 Shaanxi	501984	237335	8488510	16892	133457	77768	2227823	16858
甘肃 Gansu	297904	114821	5452854	18554	75979	42954	1321557	17455
青海 Qinghai	62659	29256	1500578	24186	24506	14463	573950	23914
宁夏 Ningxia	75302	33222	1579304	20983	26728	16219	487303	18340
新疆 Xinjiang	325503	192021	6326936	19652	110831	71808	2158230	19830

4-3 续表 15 continued

地 区	Region	文化体育和娱乐业 Culture, Sports and Entertainment				公共管理和社会组织 Public Management and Social Organization			
		年末人数（人） Year-end Figures (person)	#女 性 Female	劳动报酬（千元） Earnings (1000 yuan)	平均劳动报酬（元） Average Earning (yuan)	年末人数（人） Year-end Figures (person)	#女 性 Female	劳动报酬（千元） Earnings (1000 yuan)	平均劳动报酬（元） Average Earning (yuan)
全 国	**National**	**1101085**	**450752**	**28893986**	**26374**	**12575475**	**3453868**	**282948457**	**22608**
北 京	Beijing	105760	47815	5578910	53089	304005	102929	13856212	46126
天 津	Tianjin	16705	6654	482712	29009	132161	32516	3985964	30401
河 北	Hebei	43498	18182	689796	15798	708628	199768	11179307	15912
山 西	Shanxi	40334	18039	716827	17852	447557	128666	7303472	16490
内蒙古	Inner Mongolia	30981	13459	647323	20869	310553	91666	6252899	20334
辽 宁	Liaoning	47398	19552	1049142	22148	472250	130452	10074243	21456
吉 林	Jilin	35598	15046	560864	15772	292574	79898	4986036	17283
黑龙江	Heilongjiang	36609	15185	643327	17616	397241	112614	7654584	19289
上 海	Shanghai	36622	14533	1701378	46218	172976	57584	7006718	41277
江 苏	Jiangsu	43244	16124	1423853	32966	560072	132793	19274119	34782
浙 江	Zhejiang	44564	18715	1804904	40933	472205	116619	21602009	46460
安 徽	Anhui	32729	12723	596630	18259	430042	105371	7863214	18351
福 建	Fujian	29352	10903	748517	25735	285344	67125	6901916	24316
江 西	Jiangxi	34448	13306	659129	19191	378611	88911	6010599	16042
山 东	Shandong	54242	20659	1361820	25590	985421	260144	20919198	21417
河 南	Henan	67077	28574	1207485	18322	949534	277363	15166290	16151
湖 北	Hubei	45974	17506	828912	17981	531441	140765	10313057	19437
湖 南	Hunan	39301	16278	832096	21289	647299	166968	11450693	17809
广 东	Guangdong	67814	26745	2557594	38990	839353	223113	29048593	34993
广 西	Guangxi	29131	11783	614221	21110	350935	95084	6956235	19923
海 南	Hainan	9680	3626	219682	22569	89043	24197	1867737	21117
重 庆	Chongqing	19263	7728	436413	23063	209818	53726	4652596	22579
四 川	Sichuan	41596	16224	851562	20539	638245	182483	12330852	19407
贵 州	Guizhou	17281	6311	322656	18869	331082	87486	5741090	17472
云 南	Yunnan	30278	12819	514479	16934	406957	113985	7180512	17825
西 藏	Tibet	5857	2177	167966	29166	67306	18616	2166888	32844
陕 西	Shaanxi	34865	13726	519363	14629	425862	117067	6063824	14347
甘 肃	Gansu	22043	8843	370223	16878	285818	97200	5871853	17596
青 海	Qinghai	6343	2620	146179	23329	71976	22688	1666243	23547
宁 夏	Ningxia	8292	3792	159470	19346	74415	22763	1455916	19780
新 疆	Xinjiang	24206	11105	480553	19196	306751	103308	6145588	20252

4-4 各地区分行业国有单位在岗职工人数和工资(2006年)

ON-POST STAFF AND WORKERS AND WAGES IN STATE-OWNED UNITS BY SECTOR AND REGION (2006)

地 区	Region	总计 Total				企业 Enterprises			
		年末人数 (人) Year-end Figures (person)	平均人数 (人) Average Figures (person)	工资总额 (千元) Total Wages (1000 yuan)	平均工资 (元) Average Wage (yuan)	年末人数 (人) Year-end Figures (person)	平均人数 (人) Average Figures (person)	工资总额 (千元) Total Wages (1000 yuan)	平均工资 (元) Average Wage (yuan)
全 国	**National**	**61704688**	**61505349**	**1360012661**	**22112**	**24560495**	**24654715**	**548474009**	**22246**
北 京	Beijing	1728635	1704518	73801685	43298	712962	710324	27165983	38244
天 津	Tianjin	779734	780336	24377980	31240	353432	357435	11566301	32359
河 北	Hebei	3396280	3392826	58195182	17152	1369286	1377298	25819074	18746
山 西	Shanxi	2491486	2473659	46303248	18719	1237976	1230780	25429774	20662
内蒙古	Inner Mongolia	1584738	1587879	30782539	19386	624995	628167	11468749	18257
辽 宁	Liaoning	2924520	2925902	60510264	20681	1447504	1457934	31122673	21347
吉 林	Jilin	1711435	1703776	29165001	17118	687749	688131	12594187	18302
黑龙江	Heilongjiang	2839822	2813155	46062315	16374	1628652	1606844	24251524	15093
上 海	Shanghai	1166694	1174535	51793319	44097	564154	574860	25577849	44494
江 苏	Jiangsu	2684116	2676884	76886433	28722	845705	849443	22819079	26864
浙 江	Zhejiang	1775060	1754318	75369472	42962	449124	448101	19493313	43502
安 徽	Anhui	1932820	1930961	34283916	17755	619363	624168	10772800	17259
福 建	Fujian	1440642	1431586	34252304	23926	501443	495402	12709845	25656
江 西	Jiangxi	1919270	1901869	31363964	16491	724607	723022	12406852	17160
山 东	Shandong	4092996	4077633	92987451	22804	1539168	1545313	37183728	24062
河 南	Henan	3917735	3861042	69058124	17886	1537605	1501145	29414206	19595
湖 北	Hubei	2858539	2866627	51783418	18064	1186765	1197700	22455853	18749
湖 南	Hunan	2497051	2479825	46773570	18862	790085	785451	15425939	19640
广 东	Guangdong	3744331	3718684	116587567	31352	1261609	1260211	40801779	32377
广 西	Guangxi	1863769	1850773	35113132	18972	640740	639124	12707009	19882
海 南	Hainan	557780	559472	8614718	15398	312649	318007	3748142	11786
重 庆	Chongqing	1203732	1187948	25424652	21402	502496	495680	11126556	22447
四 川	Sichuan	3043913	3028384	61264019	20230	1066265	1064528	24529587	23043
贵 州	Guizhou	1378579	1425259	25138630	17638	503650	559422	10178574	18195
云 南	Yunnan	1709767	1697977	33987707	20017	510832	508917	12073920	23725
西 藏	Tibet	160669	158385	5124555	32355	37258	36971	1190080	32190
陕 西	Shaanxi	2395575	2409423	41294163	17139	1150715	1168882	21595487	18475
甘 肃	Gansu	1408662	1396199	25281754	18108	574133	569502	10526842	18484
青 海	Qinghai	311996	310123	7747980	24984	112950	114590	3180522	27756
宁 夏	Ningxia	355218	350801	7496663	21370	128572	126146	3115899	24701
新 疆	Xinjiang	1829124	1874590	33186936	17704	938051	991217	16021883	16164

4-4 续表 1 continued

地 区 Region	非农企业 Nonagricultural Enterprises				事 业 Institutions			
	年末人数 (人) Year-end Figures (person)	平均人数 (人) Average Figures (person)	工资总额 (千元) Total Wages (1000 yuan)	平均工资 (元) Average Wage (yuan)	年末人数 (人) Year-end Figures (person)	平均人数 (人) Average Figures (person)	工资总额 (千元) Total Wages (1000 yuan)	平均工资 (元) Average Wage (yuan)
全 国 National	**20740670**	**20831148**	**512856968**	**24620**	**26288304**	**26076092**	**559738248**	**21466**
北 京 Beijing	704598	701984	26937462	38373	777716	758802	34960044	46073
天 津 Tianjin	346437	350243	11436384	32653	313172	310579	9130799	29399
河 北 Hebei	1291052	1298477	25298229	19483	1415082	1407849	22500231	15982
山 西 Shanxi	1204524	1197510	25027401	20900	850679	843364	14155489	16785
内蒙古 Inner Mongolia	343696	348791	8623318	24723	677886	680483	13526704	19878
辽 宁 Liaoning	1168985	1180511	29387397	24894	1079844	1073036	20625595	19222
吉 林 Jilin	506536	507339	11168908	22015	780598	775663	12372289	15951
黑龙江 Heilongjiang	977819	984365	19935606	20252	871543	866776	15056486	17371
上 海 Shanghai	559880	570410	25451851	44620	462101	459816	20028170	43557
江 苏 Jiangsu	713801	716062	21473814	29989	1362245	1354586	36545189	26979
浙 江 Zhejiang	434394	433238	19113416	44118	927317	913890	36804407	40272
安 徽 Anhui	540723	544898	10093563	18524	958894	952962	16696719	17521
福 建 Fujian	441587	435518	12064597	27702	652882	651334	14588315	22398
江 西 Jiangxi	584026	582855	11236499	19278	841884	830881	13287648	15992
山 东 Shandong	1497746	1503505	36530755	24297	1796754	1780328	39233230	22037
河 南 Henan	1469401	1433459	28771661	20071	1537457	1525642	26058483	17080
湖 北 Hubei	927757	937729	20654097	22026	1220281	1217307	20118852	16527
湖 南 Hunan	719835	715507	14844209	20746	1201006	1191046	21973027	18449
广 东 Guangdong	1171596	1170046	39886744	34090	1711457	1694025	48570365	28672
广 西 Guangxi	526804	525398	11572224	22026	941691	931514	16604130	17825
海 南 Hainan	132300	133204	2426501	18216	166543	163547	3164880	19352
重 庆 Chongqing	485113	478255	10905760	22803	514521	509141	10031751	19703
四 川 Sichuan	987553	985869	23624891	23964	1392685	1381187	25217850	18258
贵 州 Guizhou	476111	531837	9822429	18469	596981	589957	10036800	17013
云 南 Yunnan	367397	364715	10196860	27958	827045	820887	15109463	18406
西 藏 Tibet	34073	33804	1122583	33209	61943	61200	1847621	30190
陕 西 Shaanxi	1090136	1108576	20916301	18868	852445	850245	13634704	16036
甘 肃 Gansu	511389	517429	9962164	19253	584486	578175	10182739	17612
青 海 Qinghai	94865	96565	2872301	29745	133416	130761	3001921	22957
宁 夏 Ningxia	98692	96015	2761011	28756	164866	163266	3122486	19125
新 疆 Xinjiang	331844	347034	8738032	25179	612884	607843	11551861	19005

4-4 续表 2 continued

地区	Region	机关 Agencies and Organizations				农、林、牧、渔业 Agriculture Forestry, Farming of Animals and Fishing			
		年末人数（人）Year-end Figures (person)	平均人数（人）Average Figures (person)	工资总额（千元）Total Wages (1000 yuan)	平均工资（元）Average Wage (yuan)	年末人数（人）Year-end Figures (person)	平均人数（人）Average Figures (person)	工资总额（千元）Total Wages (1000 yuan)	平均工资（元）Average Wage (yuan)
全国	**National**	**10855889**	**10774542**	**251800404**	**23370**	**3819825**	**3823567**	**35617041**	**9315**
北京	Beijing	237957	235392	11675658	49601	8364	8340	228521	27401
天津	Tianjin	113130	112322	3680880	32771	6995	7192	129917	18064
河北	Hebei	611912	607679	9875877	16252	78234	78821	520845	6608
山西	Shanxi	402831	399515	6717985	16815	33452	33270	402373	12094
内蒙古	Inner Mongolia	281857	279229	5787086	20725	281299	279376	2845431	10185
辽宁	Liaoning	397172	394932	8761996	22186	278519	277423	1735276	6255
吉林	Jilin	243088	239982	4198525	17495	181213	180792	1425279	7884
黑龙江	Heilongjiang	339627	339535	6754305	19893	650833	622479	4315918	6933
上海	Shanghai	140439	139859	6187300	44240	4274	4450	125998	28314
江苏	Jiangsu	476166	472855	17522165	37056	131904	133381	1345265	10086
浙江	Zhejiang	398619	392327	19071752	48612	14730	14863	379897	25560
安徽	Anhui	354563	353831	6814397	19259	78640	79270	679237	8569
福建	Fujian	286317	284850	6954144	24413	59856	59884	645248	10775
江西	Jiangxi	352779	347966	5669464	16293	140581	140167	1170353	8350
山东	Shandong	757074	751992	16570493	22035	41422	41808	652973	15618
河南	Henan	842673	834255	13585435	16285	68204	67686	642545	9493
湖北	Hubei	451493	451620	9208713	20390	259008	259971	1801756	6931
湖南	Hunan	505960	503328	9374604	18625	70250	69944	581730	8317
广东	Guangdong	771265	764448	27215423	35601	90013	90165	915035	10148
广西	Guangxi	281338	280135	5801993	20711	113936	113726	1134785	9978
海南	Hainan	78588	77918	1701696	21840	180349	184803	1321641	7152
重庆	Chongqing	186715	183127	4266345	23297	17383	17425	220796	12671
四川	Sichuan	584963	582669	11516582	19765	78712	78659	904696	11501
贵州	Guizhou	277948	275880	4923256	17846	27539	27585	356145	12911
云南	Yunnan	371890	368173	6804324	18481	143435	144202	1877060	13017
西藏	Tibet	61468	60214	2086854	34657	3185	3167	67497	21313
陕西	Shaanxi	392415	390296	6063972	15537	60579	60306	679186	11262
甘肃	Gansu	250043	248522	4572173	18397	62744	52073	564678	10844
青海	Qinghai	65630	64772	1565537	24170	18085	18025	308221	17100
宁夏	Ningxia	61780	61389	1258278	20497	29880	30131	354888	11778
新疆	Xinjiang	278189	275530	5613192	20372	606207	644183	7283851	11307

4-4 续表 3 continued

地区	Region	采矿业 Mining 年末人数(人) Year-end Figures (person)	平均人数(人) Average Figures (person)	工资总额(千元) Total Wages (1000 yuan)	平均工资(元) Average Wage (yuan)	制造业 Manufacturing 年末人数(人) Year-end Figures (person)	平均人数(人) Average Figures (person)	工资总额(千元) Total Wages (1000 yuan)	平均工资(元) Average Wage (yuan)
全国	**National**	**2350893**	**2298294**	**57683622**	**25098**	**5393057**	**5453083**	**110791166**	**20317**
北京	Beijing	1671	1679	50083	29829	104707	109191	3531638	32344
天津	Tianjin	11230	11232	486591	43322	114312	117490	2536138	21586
河北	Hebei	130467	129397	3086031	23849	428687	431601	7191758	16663
山西	Shanxi	434457	426894	11634926	27255	215221	216781	2726251	12576
内蒙古	Inner Mongolia	40801	40936	871886	21299	32074	32489	496853	15293
辽宁	Liaoning	173099	173402	4371082	25208	353701	359055	8506293	23691
吉林	Jilin	65865	62492	1120418	17929	141537	143852	2987666	20769
黑龙江	Heilongjiang	21064	20687	299923	14498	272968	274548	4458700	16240
上海	Shanghai	337	340	29766	87547	151481	160178	6181310	38590
江苏	Jiangsu	96520	96585	2775036	28732	167523	166867	4375593	26222
浙江	Zhejiang	2264	2302	35885	15589	49131	48997	1275476	26032
安徽	Anhui	37741	37703	943996	25038	149598	152495	2532385	16606
福建	Fujian	20590	20797	307220	14772	59879	60392	1441473	23869
江西	Jiangxi	68448	68261	1139853	16698	172531	173114	2696657	15577
山东	Shandong	414846	404322	12337853	30515	338754	344096	6237329	18127
河南	Henan	154726	151342	3748672	24770	347784	342931	5846556	17049
湖北	Hubei	51707	52581	1226368	23323	337698	341589	7535011	22059
湖南	Hunan	64352	64296	1067107	16597	176408	176784	3860437	21837
广东	Guangdong	18368	18193	457510	25148	146979	147403	3419961	23201
广西	Guangxi	26169	26060	433807	16646	174415	174321	3626062	20801
海南	Hainan	8010	9615	161406	16787	16678	16695	169120	10130
重庆	Chongqing	50269	49383	955766	19354	168284	165796	3777230	22782
四川	Sichuan	106261	105641	2596592	24579	318441	322139	7263667	22548
贵州	Guizhou	25320	30358	488322	16085	134960	148900	2587782	17379
云南	Yunnan	32113	31558	645625	20458	115013	115175	3391566	29447
西藏	Tibet	988	1006	21840	21710	4346	4376	69752	15940
陕西	Shaanxi	152206	152146	3688971	24246	397875	407748	6302422	15457
甘肃	Gansu	51811	21787	253336	11628	231089	225870	4328382	19163
青海	Qinghai	7387	7398	215008	29063	14281	14620	366175	25046
宁夏	Ningxia	2115	1726	32358	18747	14753	14959	290752	19437
新疆	Xinjiang	79691	78175	2200385	28147	41949	42631	780771	18315

4-4 续表 4 continued

地区	Region	电力、燃气及水的生产和供应业 Production and Distribution of Electricity, Gas and Water				建筑业 Construction			
		年末人数（人） Year-end Figures (person)	平均人数（人） Average Figures (person)	工资总额（千元） Total Wages (1000 yuan)	平均工资（元） Average Wage (yuan)	年末人数（人） Year-end Figures (person)	平均人数（人） Average Figures (person)	工资总额（千元） Total Wages (1000 yuan)	平均工资（元） Average Wage (yuan)
全 国	**National**	**2041843**	**2036219**	**58104049**	**28535**	**2429497**	**2486368**	**46025981**	**18511**
北 京	Beijing	10339	9828	601252	61177	67157	66910	2323041	34719
天 津	Tianjin	22065	21326	1249049	58569	28727	29105	1059138	36390
河 北	Hebei	141617	140125	3544105	25292	124167	125899	2268348	18017
山 西	Shanxi	77282	76136	1746168	22935	121602	126307	2032749	16094
内蒙古	Inner Mongolia	63512	62706	1867592	29783	32324	39845	604127	15162
辽 宁	Liaoning	109705	108279	2941596	27167	93200	101620	1924767	18941
吉 林	Jilin	58408	58377	1297221	22221	44147	46973	703269	14972
黑龙江	Heilongjiang	115857	116458	2478605	21283	121098	126325	2325810	18411
上 海	Shanghai	37118	37542	1762430	46946	40078	40108	1640161	40894
江 苏	Jiangsu	75796	76632	3131910	40869	50440	53824	1424799	26471
浙 江	Zhejiang	64835	64306	5067799	78808	30709	32001	1049354	32791
安 徽	Anhui	66193	66711	1495675	22420	75217	76251	1306874	17139
福 建	Fujian	54050	53547	1690015	31561	86579	81298	1670012	20542
江 西	Jiangxi	72733	73163	1437966	19654	83563	81670	1321607	16182
山 东	Shandong	143245	142202	3589829	25245	135229	145398	2718239	18695
河 南	Henan	155478	151828	3347447	22048	172693	164787	2776359	16848
湖 北	Hubei	92821	92848	1864359	20080	109921	110180	1803386	16368
湖 南	Hunan	78273	78500	1570737	20009	126557	121854	1733920	14229
广 东	Guangdong	130682	131200	4889257	37266	136402	134075	3238909	24157
广 西	Guangxi	64686	64559	1640436	25410	36512	34259	527258	15390
海 南	Hainan	13138	13156	303714	23086	33379	32464	454025	13985
重 庆	Chongqing	34973	34856	956939	27454	65104	63878	1036891	16232
四 川	Sichuan	80653	80466	1981923	24631	213046	211304	3464252	16395
贵 州	Guizhou	51347	51798	1551700	29957	108617	135393	1721211	12713
云 南	Yunnan	34683	34758	1042915	30005	60547	57612	1020165	17708
西 藏	Tibet	6756	6753	204429	30272	2565	2420	51001	21075
陕 西	Shaanxi	72047	73217	1754313	23960	95541	96708	1460957	15107
甘 肃	Gansu	54991	55274	1211751	21923	54116	54226	689807	12721
青 海	Qinghai	11158	12609	354363	28104	17283	17510	375231	21430
宁 夏	Ningxia	24944	24869	972948	39123	16529	14157	253074	17876
新 疆	Xinjiang	22458	22190	555606	25039	46448	62007	1047240	16889

4-4 续表 5 continued

地区	Region	交通运输、仓储和邮政业 Traffic, Transport, Storage and Post				信息传输、计算机服务和软件业 Information Transfer, Computer Services and Software			
		年末人数(人) Year-end Figures (person)	平均人数(人) Average Figures (person)	工资总额(千元) Total Wages (1000 yuan)	平均工资(元) Average Wage (yuan)	年末人数(人) Year-end Figures (person)	平均人数(人) Average Figures (person)	工资总额(千元) Total Wages (1000 yuan)	平均工资(元) Average Wage (yuan)
全国	**National**	**4104726**	**4089909**	**99190424**	**24252**	**601117**	**593220**	**20364215**	**34328**
北京	Beijing	103216	102726	3603605	35080	12208	11908	753778	63300
天津	Tianjin	70796	71825	2542484	35398	3698	3652	131806	36091
河北	Hebei	217669	216578	3806365	17575	34119	33869	911549	26914
山西	Shanxi	180154	178008	3994868	22442	28666	27930	665134	23814
内蒙古	Inner Mongolia	131737	130943	3156695	24107	27278	26329	669793	25439
辽宁	Liaoning	276940	274580	6339175	23087	20332	20125	724476	35999
吉林	Jilin	129094	127424	2558589	20079	21935	21678	608303	28061
黑龙江	Heilongjiang	239684	240091	4749851	19784	30645	30347	928905	30609
上海	Shanghai	93916	94267	3859812	40946	14679	14425	1169219	81055
江苏	Jiangsu	180027	180290	4940076	27401	25429	25149	945491	37596
浙江	Zhejiang	106874	106382	3747999	35232	14105	13958	811911	58168
安徽	Anhui	105988	105380	1671327	15860	21081	20465	495660	24220
福建	Fujian	103749	103265	2762033	26747	16601	16508	706703	42810
江西	Jiangxi	134604	132939	2929922	22040	19184	19024	355142	18668
山东	Shandong	197268	195531	5112282	26146	18816	18979	645003	33985
河南	Henan	260525	259875	5481382	21092	26204	25994	507492	19523
湖北	Hubei	200453	205259	4438722	21625	39201	38257	1124501	29393
湖南	Hunan	161044	161017	3454431	21454	17744	17323	493167	28469
广东	Guangdong	247784	248100	8366079	33721	58470	59869	2955476	49366
广西	Guangxi	116957	117628	2656383	22583	15754	15559	540242	34722
海南	Hainan	24213	24059	527309	21917	5602	5525	229323	41506
重庆	Chongqing	96994	97284	1953909	20085	18996	17156	600103	34979
四川	Sichuan	161473	159716	3659766	22914	35524	35712	1235294	34590
贵州	Guizhou	70065	70226	1510200	21505	5540	5217	114864	22017
云南	Yunnan	86042	85860	2213306	25778	17051	16859	484502	28738
西藏	Tibet	6880	6815	209487	30739	2904	2682	179377	66882
陕西	Shaanxi	170045	173804	3155271	18154	18539	18302	577169	31536
甘肃	Gansu	93556	83385	2079852	24943	9699	9657	158176	16379
青海	Qinghai	26440	26202	723562	27615	5411	5244	179894	34305
宁夏	Ningxia	26775	25301	611888	24184	4216	4140	142231	34355
新疆	Xinjiang	83764	85149	2373794	27878	11486	11378	319531	28083

4-4 续表 6 continued

地区 Region	批发和零售业 Wholesale and Retail Trade 年末人数(人) Year-end Figures (person)	平均人数(人) Average Figures (person)	工资总额(千元) Total Wages (1000 yuan)	平均工资(元) Average Wage (yuan)	住宿和餐饮业 Accommodation and Restaurants 年末人数(人) Year-end Figures (person)	平均人数(人) Average Figures (person)	工资总额(千元) Total Wages (1000 yuan)	平均工资(元) Average Wage (yuan)
全国 National	**1780357**	**1804623**	**33850217**	**18758**	**600622**	**604101**	**8996322**	**14892**
北京 Beijing	57836	58460	2874892	49177	57069	58177	1289180	22160
天津 Tianjin	23557	24177	686180	28382	6118	6204	99417	16025
河北 Hebei	121548	127058	1379629	10858	31513	31910	335560	10516
山西 Shanxi	113141	112263	1187794	10580	21694	21310	192840	9049
内蒙古 Inner Mongolia	37798	38381	611411	15930	12816	12634	157921	12500
辽宁 Liaoning	51516	52512	990324	18859	17533	17517	257073	14676
吉林 Jilin	34516	34491	532588	15441	14362	14403	170447	11834
黑龙江 Heilongjiang	87437	86779	1362300	15698	19086	19247	266097	13825
上海 Shanghai	33040	34666	1515875	43728	20988	21467	675035	31445
江苏 Jiangsu	57931	58492	1243120	21253	21740	21567	355107	16465
浙江 Zhejiang	29656	29742	1338013	44987	22100	22108	412929	18678
安徽 Anhui	70844	71180	862025	12110	11184	11465	132519	11559
福建 Fujian	45136	46198	1059168	22927	13658	13883	220598	15890
江西 Jiangxi	60471	61700	892177	14460	15690	15877	170049	10710
山东 Shandong	99467	101434	1798298	17729	49963	49986	702147	14047
河南 Henan	198369	192417	2649218	13768	49224	48566	586906	12085
湖北 Hubei	61439	62302	767750	12323	16587	16764	149567	8922
湖南 Hunan	42784	43534	915694	21034	24140	24507	380200	15514
广东 Guangdong	115099	118124	3392863	28723	47636	47827	920961	19256
广西 Guangxi	56505	57127	834709	14611	20968	20673	233596	11300
海南 Hainan	12737	12956	166140	12823	8338	8468	91590	10816
重庆 Chongqing	33796	34148	746540	21862	8375	8217	105351	12821
四川 Sichuan	71138	70397	1434880	20383	15622	15325	215926	14090
贵州 Guizhou	55969	62726	1006399	16044	9754	11833	109188	9227
云南 Yunnan	41405	43468	1123954	25857	13884	13750	153872	11191
西藏 Tibet	5039	5069	117210	23123	3493	3524	56045	15904
陕西 Shaanxi	88089	90912	1145200	12597	17822	17592	170149	9672
甘肃 Gansu	33616	33389	439067	13150	10570	10915	136897	12542
青海 Qinghai	8742	8525	142050	16663	2215	2242	33521	14951
宁夏 Ningxia	9577	9667	164289	16995	2326	2411	26916	11164
新疆 Xinjiang	22159	22329	470460	21069	14154	13732	188718	13743

4-4 续表 7 continued

地区 Region	金融业 Finance				房地产业 Real Estate			
	年末人数（人）Year-end Figures (person)	平均人数（人）Average Figures (person)	工资总额（千元）Total Wages (1000 yuan)	平均工资（元）Average Wage (yuan)	年末人数（人）Year-end Figures (person)	平均人数（人）Average Figures (person)	工资总额（千元）Total Wages (1000 yuan)	平均工资（元）Average Wage (yuan)
全 国 National	**1432591**	**1434428**	**54029962**	**37667**	**414037**	**412282**	**9141949**	**22174**
北 京 Beijing	19935	19086	1744851	91420	29665	29390	1043867	35518
天 津 Tianjin	20876	21442	1353227	63111	4062	3908	132551	33918
河 北 Hebei	84884	84402	2310487	27375	17776	17553	298741	17019
山 西 Shanxi	55902	55240	1438863	26047	8668	8571	108863	12701
内蒙古 Inner Mongolia	41829	41693	1097090	26314	7979	8055	143286	17788
辽 宁 Liaoning	64027	64078	2281203	35600	29982	29662	478542	16133
吉 林 Jilin	44216	45296	1188697	26243	13862	13481	189909	14087
黑龙江 Heilongjiang	50541	51589	1626789	31534	22968	22967	373979	16283
上 海 Shanghai	36565	36324	3566693	98191	15822	15978	770888	48247
江 苏 Jiangsu	73194	72999	2813290	38539	19805	19744	565685	28651
浙 江 Zhejiang	67114	66630	4037466	60595	16298	16614	622871	37491
安 徽 Anhui	46501	46841	1224536	26142	12155	12110	201274	16620
福 建 Fujian	47045	47341	2052344	43352	13947	13370	353329	26427
江 西 Jiangxi	40672	40631	1027724	25294	13395	13400	214438	16003
山 东 Shandong	71976	73805	2548925	34536	25059	25242	467060	18503
河 南 Henan	84059	83029	2617168	31521	20717	20255	340737	16822
湖 北 Hubei	62149	63146	1433489	22701	16907	16989	283833	16707
湖 南 Hunan	42409	43108	1072343	24876	13652	13622	252345	18525
广 东 Guangdong	133374	133370	7745703	58077	43166	42687	1089719	25528
广 西 Guangxi	43235	43432	1359314	31298	13225	13234	231586	17499
海 南 Hainan	8402	8523	277239	32528	4882	4900	71370	14565
重 庆 Chongqing	25828	25620	987785	38555	8544	8310	147747	17779
四 川 Sichuan	69184	69143	2347145	33946	12627	12540	245651	19589
贵 州 Guizhou	20974	21145	649798	30731	4471	5513	71626	12992
云 南 Yunnan	42109	42181	1350780	32023	3787	3729	62422	16740
西 藏 Tibet	5614	5593	343403	61399	266	254	9868	38850
陕 西 Shaanxi	48523	48185	1318266	27358	10103	10078	191426	18994
甘 肃 Gansu	29428	28917	599715	20739	3267	3276	50827	15515
青 海 Qinghai	9442	9507	264876	27861	687	674	11013	16340
宁 夏 Ningxia	13043	12921	462989	35832	1371	1337	26410	19753
新 疆 Xinjiang	29541	29211	887764	30391	4922	4839	90086	18617

4-4 续表 8 continued

地区 Region		租赁和商务服务业 Tenancy and Business Services				科学研究、技术服务和地质勘查业 Scientific Research,Technical Service and Geologic Perambulation			
		年末人数(人) Year-end Figures (person)	平均人数(人) Average Figures (person)	工资总额(千元) Total Wages (1000 yuan)	平均工资(元) Average Wage (yuan)	年末人数(人) Year-end Figures (person)	平均人数(人) Average Figures (person)	工资总额(千元) Total Wages (1000 yuan)	平均工资(元) Average Wage (yuan)
全 国	**National**	**1107689**	**1079169**	**23494916**	**21771**	**1837793**	**1825581**	**55604725**	**30459**
北 京	Beijing	216436	204171	5991963	29348	158931	156952	9007887	57393
天 津	Tianjin	35329	34369	488781	14222	35527	35264	1453699	41223
河 北	Hebei	27778	27553	375439	13626	69459	68870	1820650	26436
山 西	Shanxi	30698	30007	415156	13835	57103	56515	1098058	19429
内蒙古	Inner Mongolia	18183	17385	343888	19781	37360	37295	898327	24087
辽 宁	Liaoning	52888	51517	813253	15786	79431	79016	1983027	25097
吉 林	Jilin	17744	17913	331142	18486	52219	52048	1052708	20226
黑龙江	Heilongjiang	16291	15819	267425	16905	85628	85016	1957223	23022
上 海	Shanghai	48444	47692	1566002	32836	112923	112537	5001398	44442
江 苏	Jiangsu	35284	34343	882334	25692	67353	67139	2423280	36093
浙 江	Zhejiang	61420	60532	1698719	28063	54687	53856	2312787	42944
安 徽	Anhui	20655	20646	333540	16155	47847	47309	999081	21118
福 建	Fujian	31368	30619	641603	20954	34066	33999	963572	28341
江 西	Jiangxi	14371	14264	218054	15287	52385	51464	1058468	20567
山 东	Shandong	42395	42153	785536	18635	66675	66159	1855539	28047
河 南	Henan	50021	49506	762988	15412	102490	101084	2326659	23017
湖 北	Hubei	32855	32984	513794	15577	82869	82409	2036028	24706
湖 南	Hunan	31596	29726	471690	15868	55237	55138	1190948	21599
广 东	Guangdong	146858	143769	3432696	23876	85385	83967	3923676	46729
广 西	Guangxi	31367	31241	499824	15999	47763	47723	1082841	22690
海 南	Hainan	7120	7131	124728	17491	12667	12579	206099	16384
重 庆	Chongqing	6378	6352	128400	20214	23587	23458	651848	27788
四 川	Sichuan	41599	39847	881359	22119	105192	104289	3163119	30330
贵 州	Guizhou	12839	12905	246616	19110	29783	29661	618361	20848
云 南	Yunnan	12293	11986	236134	19701	49194	48288	1012870	20976
西 藏	Tibet	430	426	8794	20643	5169	5213	180501	34625
陕 西	Shaanxi	19973	19933	297234	14912	114508	114512	2732412	23861
甘 肃	Gansu	15820	15946	190893	11971	46090	46640	950606	20382
青 海	Qinghai	3482	3410	81948	24032	17176	17112	605501	35385
宁 夏	Ningxia	1930	1932	35918	18591	9809	9757	190534	19528
新 疆	Xinjiang	23844	23092	429065	18581	39280	40312	847018	21012

4-4 续表 9 continued

地 区	Region	水利、环境和公共设施管理业 Management of Water Conservancy, Environment and Public Establishment 年末人数(人) Year-end Figures (person)	平均人数(人) Average Figures (person)	工资总额(千元) Total Wages (1000 yuan)	平均工资(元) Average Wage (yuan)	居民服务和其他服务业 Resident Services and Other Services 年末人数(人) Year-end Figures (person)	平均人数(人) Average Figures (person)	工资总额(千元) Total Wages (1000 yuan)	平均工资(元) Average Wage (yuan)
全 国	**National**	**1559005**	**1537733**	**24675270**	**16047**	**234985**	**234680**	**5312454**	**22637**
北 京	Beijing	52585	48573	1451507	29883	16702	16067	446499	27790
天 津	Tianjin	29193	28005	679087	24249	8889	8798	247314	28110
河 北	Hebei	81403	80488	1053506	13089	14940	14792	401034	27112
山 西	Shanxi	49371	48858	597401	12227	5218	5238	74422	14208
内蒙古	Inner Mongolia	54316	55059	820347	14899	10861	10816	278555	25754
辽 宁	Liaoning	102249	101489	1423988	14031	11982	12654	236383	18680
吉 林	Jilin	57323	55862	638769	11435	7200	7276	138046	18973
黑龙江	Heilongjiang	68245	67764	785413	11590	32483	31547	559518	17736
上 海	Shanghai	29042	28939	1087268	37571	6779	7015	228047	32508
江 苏	Jiangsu	76046	75670	1670643	22078	5899	5887	151058	25660
浙 江	Zhejiang	37334	36722	1083151	29496	4566	4504	154896	34391
安 徽	Anhui	49597	49243	647891	13157	3105	3088	54104	17521
福 建	Fujian	31853	31806	596765	18763	7848	7664	145807	19025
江 西	Jiangxi	38851	38372	505995	13187	4296	4068	49175	12088
山 东	Shandong	93879	92611	1478357	15963	22274	22246	619140	27832
河 南	Henan	107171	105194	1431714	13610	10341	10282	158106	15377
湖 北	Hubei	78008	77526	983009	12680	5211	5214	96005	18413
湖 南	Hunan	59834	59644	815444	13672	4525	4493	76075	16932
广 东	Guangdong	94608	93433	1953352	20906	14572	14525	402389	27703
广 西	Guangxi	48774	46849	627637	13397	1653	1646	38375	23314
海 南	Hainan	16194	15825	193526	12229	367	368	6724	18272
重 庆	Chongqing	24771	23929	306538	12810	3897	3514	52563	14958
四 川	Sichuan	65885	65218	901995	13830	9397	9513	246579	25920
贵 州	Guizhou	21662	20692	298501	14426	1314	1259	17274	13720
云 南	Yunnan	35561	35056	470773	13429	1695	1694	24995	14755
西 藏	Tibet	1546	1638	26418	16128	61	60	1756	29267
陕 西	Shaanxi	49596	49476	597534	12077	8255	8320	87563	10524
甘 肃	Gansu	40050	39715	542692	13665	5664	6890	150551	21851
青 海	Qinghai	6315	6079	105571	17367	2526	2210	120103	54345
宁 夏	Ningxia	17161	17122	265286	15494	134	692	15081	21793
新 疆	Xinjiang	40582	40876	635192	15539	2331	2340	34317	14665

4-4 续表 10 continued

地区 Region	教育 Education 年末人数(人) Year-end Figures (person)	平均人数(人) Average Figures (person)	工资总额(千元) Total Wages (1000 yuan)	平均工资(元) Average Wage (yuan)	卫生、社会保障和社会福利业 Sanitation,Social Security and Social Welfare 年末人数(人) Year-end Figures (person)	平均人数(人) Average Figures (person)	工资总额(千元) Total Wages (1000 yuan)	平均工资(元) Average Wage (yuan)
全 国 National	**14143264**	**14058134**	**299076638**	**21274**	**4504025**	**4453061**	**109713630**	**24638**
北 京 Beijing	297638	294952	13048642	44240	138855	136079	6932924	50948
天 津 Tianjin	158065	157716	4679860	29673	65943	65394	2083381	31859
河 北 Hebei	831982	830067	13380470	16120	213747	213432	3687966	17279
山 西 Shanxi	455124	452597	8033274	17749	119406	118458	1962630	16568
内蒙古 Inner Mongolia	326033	327826	7041515	21479	91303	91960	1999521	21743
辽 宁 Liaoning	497597	496281	10178663	20510	202856	200877	4303498	21424
吉 林 Jilin	371837	370514	6636379	17911	130364	129636	2061750	15904
黑龙江 Heilongjiang	424819	422127	8255229	19556	154554	154956	2816356	18175
上 海 Shanghai	220651	221292	9068447	40980	109400	109022	5244296	48103
江 苏 Jiangsu	801509	799255	20546774	25707	212675	210043	6812368	32433
浙 江 Zhejiang	496348	490552	19443852	39637	203417	198743	8804916	44303
安 徽 Anhui	565971	563098	9912833	17604	128644	127434	2489453	19535
福 建 Fujian	409776	409142	8960107	21900	97457	96391	2468736	25612
江 西 Jiangxi	449992	444865	7190985	16164	132727	128971	2400997	18617
山 东 Shandong	1005651	998946	22068963	22092	300749	297711	7201280	24189
河 南 Henan	795153	787266	14201471	18039	311101	307390	5363992	17450
湖 北 Hubei	610999	609832	10490005	17201	238596	237412	4237067	17847
湖 南 Hunan	645376	640354	11926484	18625	211641	209388	4779214	22825
广 东 Guangdong	964170	957189	25627212	26773	374571	368353	12406435	33681
广 西 Guangxi	518361	515407	8794006	17062	166506	162503	3372979	20756
海 南 Hainan	82214	80262	1678949	20918	26413	25754	557927	21664
重 庆 Chongqing	313601	310659	5954760	19168	76019	75269	1776090	23597
四 川 Sichuan	785653	780979	12900382	16518	211959	209188	4798770	22940
贵 州 Guizhou	370980	366642	6147880	16768	87116	86064	1632379	18967
云 南 Yunnan	474385	469923	8785362	18695	123925	123146	2471217	20067
西 藏 Tibet	31375	30775	925170	30062	11229	11124	356688	32065
陕 西 Shaanxi	488973	489186	8417073	17206	129756	128517	2193384	17067
甘 肃 Gansu	289465	285147	5419487	19006	74639	74237	1308556	17627
青 海 Qinghai	61962	61215	1495485	24430	23636	23072	568173	24626
宁 夏 Ningxia	74285	74352	1566908	21074	25934	25703	480897	18710
新 疆 Xinjiang	323319	319716	6300011	19705	108887	106834	2139790	20029

4-4 续表 11 continued

地 区	Region	文化体育和娱乐业 Culture, Sports and Entertainment				公共管理和社会组织 Public Management and Social Organization			
		年末人数 (人) Year-end Figures (person)	平均人数 (人) Average Figures (person)	工资总额 (千元) Total Wages (1000 yuan)	平均工资 (元) Average Wage (yuan)	年末人数 (人) Year-end Figures (person)	平均人数 (人) Average Figures (person)	工资总额 (千元) Total Wages (1000 yuan)	平均工资 (元) Average Wage (yuan)
全 国	**National**	**1053315**	**1048758**	**28005156**	**26703**	**12296047**	**12232139**	**280334924**	**22918**
北 京	Beijing	95798	95442	5318277	55723	279523	276587	13559278	49024
天 津	Tianjin	14812	14794	455332	30778	119540	118443	3884028	32792
河 北	Hebei	43031	43150	682382	15814	703259	697261	11140317	15977
山 西	Shanxi	40021	39810	713854	17932	444306	439466	7277624	16560
内蒙古	Inner Mongolia	30878	30910	646271	20908	306357	303241	6232030	20551
辽 宁	Liaoning	46067	45993	1021469	22209	462896	459822	10000176	21748
吉 林	Jilin	35317	35261	557213	15803	290276	286007	4966608	17365
黑龙江	Heilongjiang	35662	35492	634212	17869	389959	388917	7600062	19542
上 海	Shanghai	29828	30074	1458363	48492	161329	158219	6842311	43246
江 苏	Jiangsu	41123	41041	1393565	33955	543918	537976	19091039	35487
浙 江	Zhejiang	41012	40490	1759593	43457	458460	451016	21331958	47298
安 徽	Anhui	31578	31533	586057	18586	410281	408739	7715449	18876
福 建	Fujian	28328	28069	729256	25981	278856	277413	6838315	24650
江 西	Jiangxi	33810	33667	646421	19200	370966	366252	5937981	16213
山 东	Shandong	52896	51969	1346468	25909	972432	963035	20822230	21621
河 南	Henan	65156	63762	1186935	18615	938319	927848	15081777	16255
湖 北	Hubei	44589	44726	817956	18288	517521	516638	10180812	19706
湖 南	Hunan	37977	37674	817534	21700	633252	628919	11314070	17990
广 东	Guangdong	63607	62924	2496828	39680	832587	823511	28953506	35159
广 西	Guangxi	27949	27968	603692	21585	339034	336858	6875600	20411
海 南	Hainan	9562	9592	218254	22754	87515	86797	1855634	21379
重 庆	Chongqing	18832	18395	431636	23465	208101	204299	4633760	22681
四 川	Sichuan	40225	39975	836263	20920	621322	618333	12185760	19707
贵 州	Guizhou	17107	16817	320222	19042	323222	320525	5690162	17753
云 南	Yunnan	29586	29719	508627	17115	393059	389013	7111562	18281
西 藏	Tibet	5334	5245	164448	31353	63489	62245	2130871	34234
陕 西	Shaanxi	33742	34337	511880	14908	419403	416144	6013753	14451
甘 肃	Gansu	21610	21299	365333	17153	280437	327556	5841148	17833
青 海	Qinghai	6122	6054	144018	23789	69646	68415	1653267	24165
宁 夏	Ningxia	8112	8059	158305	19643	72324	71565	1444991	20191
新 疆	Xinjiang	23644	24517	474492	19354	304458	301079	6128845	20356

4-5 各地区分行业国有单位专业技术人员年末人数(2006年)

NUMBER OF TECHNICAL PERSONNEL IN STATE-OWNED UNITS AT THE YEAR-END BY SECTOR AND REGION (2006)

单位:人 (person)

地 区	Region	合 计 Total	农、林、牧、渔业 Agriculture, Forestry, Farming of Animals and Fishery	采矿业 Mining	制造业 Manufacturing	电力、燃气及水的生产和供应业 Production and Distribution of Electricity, Gas and Water	建筑业 Construction
全 国	**National**	**23754028**	**623804**	**304930**	**1029979**	**473971**	**580318**
北 京	Beijing	699944	2695	258	25969	2888	29272
天 津	Tianjin	318259	2695	4850	19783	5290	11525
河 北	Hebei	1380487	12457	17373	74389	30775	33024
山 西	Shanxi	785664	10827	55946	40054	18462	33080
内蒙古	Inner Mongolia	570896	51116	6209	4232	16007	8566
辽 宁	Liaoning	956112	19876	16114	61243	20979	19921
吉 林	Jilin	676741	39029	8145	28015	13776	10423
黑龙江	Heilongjiang	862053	101394	2179	37785	21883	13881
上 海	Shanghai	431069	1651	122	33823	7136	12902
江 苏	Jiangsu	1200841	12748	15512	32426	17060	18531
浙 江	Zhejiang	802964	6782	321	8067	22477	9441
安 徽	Anhui	791644	11952	2396	29440	16123	20364
福 建	Fujian	640708	12453	2476	9377	13943	17679
江 西	Jiangxi	730819	17222	8974	30621	14920	13891
山 东	Shandong	1638760	15288	53573	56345	34637	31036
河 南	Henan	1391643	11927	17669	69942	32284	41012
湖 北	Hubei	1170454	26133	12432	59701	29434	28373
湖 南	Hunan	996758	7359	6787	32851	17678	32006
广 东	Guangdong	1482567	13585	3621	22590	27617	35360
广 西	Guangxi	818892	23078	4535	28833	17157	10638
海 南	Hainan	151522	21593	1756	2700	1603	3886
重 庆	Chongqing	452312	6708	4789	37742	7344	12239
四 川	Sichuan	1254681	29150	13511	81817	19814	39388
贵 州	Guizhou	556705	10597	3279	29077	12225	15940
云 南	Yunnan	749039	43204	4569	23055	9195	13404
西 藏	Tibet	40825	820	117	347	1080	245
陕 西	Shaanxi	862635	19321	25398	102700	16346	29778
甘 肃	Gansu	479725	9418	1672	35228	11239	11674
青 海	Qinghai	123756	7295	1027	2580	3102	6354
宁 夏	Ningxia	147587	6493	132	2580	6659	4766
新 疆	Xinjiang	587966	68938	9188	6667	4838	11719

4-5 续表 1 continued

单位:人 (person)

地区 Region	交通运输、仓储和邮政业 Traffic, Transport, Storage and post	信息传输、计算机服务和软件业 Information Transfer, Computer and Software	批发和零售业 Wholesale and Retail Trade	住宿和餐饮业 Accommodation and Restaurants	金融业 Finance	房地产业 Real Estate	租赁和商务服务业 Tenancy and Business Services
全国 National	**578331**	**222680**	**326972**	**62946**	**854015**	**103861**	**191057**
北京 Beijing	11346	8947	18208	7666	14041	6881	30226
天津 Tianjin	16819	783	4800	829	17272	1414	2240
河北 Hebei	34518	13262	21439	4823	51661	5168	6232
山西 Shanxi	22185	9376	17367	1711	26981	2731	7558
内蒙古 Inner Mongolia	15577	9105	5352	1359	21468	1766	4745
辽宁 Liaoning	38541	7749	9994	2059	42219	6713	8692
吉林 Jilin	17484	7761	7986	1107	29350	3648	5817
黑龙江 Heilongjiang	29096	10889	13378	1304	32660	5270	5386
上海 Shanghai	14733	6779	6199	1629	26044	3625	5311
江苏 Jiangsu	33885	8610	10624	2158	47561	6160	8661
浙江 Zhejiang	16614	5675	7537	2299	40783	5430	12782
安徽 Anhui	13828	6555	9185	1024	23555	3291	3305
福建 Fujian	15371	6930	9802	1363	27859	3214	7706
江西 Jiangxi	19633	6181	10464	1720	24542	3074	3094
山东 Shandong	29622	6634	22026	5002	42163	7949	9205
河南 Henan	25893	6699	31035	4799	41478	3962	6715
湖北 Hubei	38160	17637	12800	2297	41442	5224	7385
湖南 Hunan	17455	5901	8837	2843	21467	2951	4597
广东 Guangdong	34448	24396	23736	3893	76728	8259	17860
广西 Guangxi	16395	5760	12619	2069	27099	3556	6484
海南 Hainan	3471	3113	2058	670	4597	755	2016
重庆 Chongqing	12450	2559	6390	1075	12226	1745	1209
四川 Sichuan	21973	11919	10507	1456	40295	2910	7756
贵州 Guizhou	8786	2115	7958	474	13860	1212	2129
云南 Yunnan	13495	7478	10703	1295	29610	1398	3212
西藏 Tibet	490	670	403	264	4386	81	79
陕西 Shaanxi	22358	6030	12543	2074	25138	2807	4171
甘肃 Gansu	11240	3763	3812	1292	14677	556	1488
青海 Qinghai	4199	2420	1480	271	6712	280	861
宁夏 Ningxia	3842	2084	1951	254	8538	460	666
新疆 Xinjiang	14424	4900	5779	1867	17603	1371	3469

4-5 续表 2 continued

单位:人 (person)

地 区 Region	科学研究、技术服务和地质勘查业 Scientific Research, Technical Service and Geologic Perambulation	水利、环境和公共设施管理业 Management of Water Conservancy, Environment and Public Establishment	居民服务和其他服务业 Resident Services and Other Services	教育 Education	卫生、社会保障和社会福利业 Sanitation, Social Security and Social Welfare	文化体育和娱乐业 Culture, Sports and Entertainment	公共管理和社会组织 Public Management and Social Organization
全 国 National	**989925**	**256947**	**28868**	**11833231**	**3363294**	**512256**	**1416643**
北 京 Beijing	111352	6860	2648	224442	107454	57015	31776
天 津 Tianjin	22967	5161	1643	131433	53652	7782	7321
河 北 Hebei	34656	14949	2384	746916	161196	18458	96807
山 西 Shanxi	31616	7945	1174	370567	86080	20475	21529
内蒙古 Inner Mongolia	19803	9248	1349	273566	69702	16751	34975
辽 宁 Liaoning	44383	14434	1877	420899	150212	24777	45430
吉 林 Jilin	32529	9157	948	310335	95804	17302	38125
黑龙江 Heilongjiang	29879	10382	1158	366724	115989	19681	43135
上 海 Shanghai	34527	4485	750	168075	82748	10872	9658
江 苏 Jiangsu	40150	14538	898	671753	164467	21149	73950
浙 江 Zhejiang	36372	7153	895	421983	156776	22120	19457
安 徽 Anhui	25425	8215	517	456029	96377	16893	47170
福 建 Fujian	20908	5162	842	368569	71286	12925	32843
江 西 Jiangxi	23433	5988	481	387929	100075	16055	42522
山 东 Shandong	38963	19872	838	829502	228613	26945	180547
河 南 Henan	47934	12437	1565	665070	214335	24378	132509
湖 北 Hubei	46108	17535	1216	527433	190103	24932	82109
湖 南 Hunan	28317	8427	615	544634	158918	13881	81234
广 东 Guangdong	48462	11057	1379	795284	281638	25261	27393
广 西 Guangxi	28007	7936	446	435703	124040	15228	49309
海 南 Hainan	4443	790	85	69866	17633	4654	5833
重 庆 Chongqing	12634	2031	196	257029	54811	6489	12646
四 川 Sichuan	58340	8648	1364	667271	154701	17355	66506
贵 州 Guizhou	16634	3305	178	314080	65045	8072	41739
云 南 Yunnan	32665	7678	258	402002	96691	15059	34068
西 藏 Tibet	1914	107	31	19117	5361	2549	2764
陕 西 Shaanxi	57514	11371	1137	372360	90103	13412	48074
甘 肃 Gansu	22684	6034	893	233111	51473	8530	50941
青 海 Qinghai	7340	2203	194	52048	16066	3597	5727
宁 夏 Ningxia	5247	4211	11	66629	20025	4951	8088
新 疆 Xinjiang	24719	9628	898	262872	81920	14708	42458

4-6 各地区分行业国有单位女性专业技术人员年末人数(2006年)

NUMBER OF FEMALE TECHNICAL PERSONNEL IN STATE-OWNED UNITS AT THE YEAR-END BY SECTOR AND REGION (2006)

单位:人 (person)

地 区	Region	合 计 Total	农、林、牧、渔业 Agriculture, Forestry, Farming of Animals and Fishery	采矿业 Mining	制造业 Manufacturing	电力、燃气及水的生产和供应业 Production and Distribution of Electricity, Gas and Water	建筑业 Construction
全 国	**National**	**11051235**	**205858**	**103087**	**351076**	**143803**	**144262**
北 京	Beijing	369333	1066	40	9649	813	7448
天 津	Tianjin	167454	927	1035	7039	1765	2866
河 北	Hebei	734485	4709	5386	26487	10321	9388
山 西	Shanxi	404106	3932	22417	15806	5935	8146
内蒙古	Inner Mongolia	282129	18968	1824	1498	5583	2562
辽 宁	Liaoning	501341	6760	4485	19857	7191	5609
吉 林	Jilin	350528	14099	2823	9176	3714	2983
黑龙江	Heilongjiang	431965	37202	409	13427	7269	3992
上 海	Shanghai	230708	502	22	9978	1909	2984
江 苏	Jiangsu	549233	3619	6575	10010	4890	4079
浙 江	Zhejiang	417354	1777	233	2805	6545	2545
安 徽	Anhui	297279	3181	604	8807	4363	4916
福 建	Fujian	288302	3543	761	2716	4383	4180
江 西	Jiangxi	287283	5059	2576	9827	4475	3628
山 东	Shandong	711015	4737	18308	16539	10528	6392
河 南	Henan	646724	3652	5467	29231	9684	9775
湖 北	Hubei	471653	6371	708	18198	8237	7839
湖 南	Hunan	427369	1896	1795	11013	4925	6301
广 东	Guangdong	745561	3737	1621	7527	7564	7422
广 西	Guangxi	370232	6515	994	9273	5810	2258
海 南	Hainan	62008	8325	687	856	399	649
重 庆	Chongqing	191277	1798	1062	12797	2256	2420
四 川	Sichuan	539505	7893	3669	29349	6572	9904
贵 州	Guizhou	221993	3014	868	10551	3667	3907
云 南	Yunnan	335959	13609	1552	7405	2821	4058
西 藏	Tibet	17372	259	25	117	291	62
陕 西	Shaanxi	377444	6687	13170	33766	3611	7613
甘 肃	Gansu	184717	3002	278	13036	3648	3375
青 海	Qinghai	55678	2738	258	827	995	1779
宁 夏	Ningxia	64461	2002	26	891	1909	1293
新 疆	Xinjiang	316767	24279	3409	2618	1730	3889

4-6 续表 1 continued

单位:人 (person)

地 区	Region	交通运输、仓储和邮政业 Traffic, Transport, Storage and post	信息传输、计算机服务和软件业 Information Transfer, Computer and Software	批发和零售业 Wholesale and Retail Trade	住宿和餐饮业 Accommodation and Restaurants	金融业 Finance	房地产业 Real Estate	租赁和商务服务业 Tenancy and Business Services
全 国	**National**	**174959**	**79021**	**130281**	**26850**	**381004**	**40743**	**75524**
北 京	Beijing	3818	3416	7950	2951	6351	2775	15015
天 津	Tianjin	4208	526	2008	364	8145	478	1004
河 北	Hebei	11488	4561	9322	1883	22065	2345	2509
山 西	Shanxi	7295	3335	7568	736	12085	1179	2975
内蒙古	Inner Mongolia	5014	3577	2208	488	9428	841	1960
辽 宁	Liaoning	12094	2579	4491	972	18977	3052	3896
吉 林	Jilin	5303	3049	2941	428	13316	1642	2160
黑龙江	Heilongjiang	9537	4194	5441	607	15273	2296	2069
上 海	Shanghai	2963	2646	2289	609	13934	1189	1765
江 苏	Jiangsu	9429	3195	4104	1126	21504	2342	3340
浙 江	Zhejiang	5042	2001	2952	1086	20424	2145	5288
安 徽	Anhui	3297	1878	3068	435	8256	1228	1087
福 建	Fujian	3915	2277	3900	655	11125	1095	2491
江 西	Jiangxi	6302	2153	3967	723	9456	1258	1089
山 东	Shandong	8827	1949	8556	2101	15732	2897	3058
河 南	Henan	8685	2855	12257	2244	17428	1556	2674
湖 北	Hubei	10976	6938	4187	935	18886	1880	2451
湖 南	Hunan	4881	1723	3437	1223	9245	1153	1960
广 东	Guangdong	9252	7320	9565	1389	38471	2676	5937
广 西	Guangxi	4788	1763	4969	937	11882	1366	2567
海 南	Hainan	1001	1156	670	181	1558	265	465
重 庆	Chongqing	3401	742	2311	343	5425	578	413
四 川	Sichuan	7055	4316	4064	651	18605	1093	3030
贵 州	Guizhou	3004	809	3190	215	5920	489	718
云 南	Yunnan	4500	2760	3909	661	13416	617	1398
西 藏	Tibet	170	343	143	108	1700	25	43
陕 西	Shaanxi	8262	2191	5232	896	10747	1051	1507
甘 肃	Gansu	2849	1444	1410	674	5619	220	530
青 海	Qinghai	1334	803	664	114	3093	128	317
宁 夏	Ningxia	1124	808	815	111	3812	171	295
新 疆	Xinjiang	5145	1714	2693	1004	9126	713	1513

4-6 续表 2 continued

单位:人 (person)

地 区	Region	科学研究、技术服务和地质勘查业 Scientific Research, Technical Service and Geologic Perambulation	水利、环境和公共设施管理业 Management of Water Conservancy, Environment and Public Establishment	居民服务和其他服务业 Resident Services and Other Services	教育 Education	卫生、社会保障和社会福利业 Sanitation, Social Security and Social Welfare	文化体育和娱乐业 Culture, Sports and Entertainment	公共管理和社会组织 Public Management and Social Organization
全 国	**National**	**333433**	**93033**	**12693**	**5851940**	**2157917**	**226790**	**518961**
北 京	Beijing	42858	3137	1089	139783	78748	28348	14078
天 津	Tianjin	8403	2271	859	81021	37950	3563	3022
河 北	Hebei	12450	6404	1408	453560	102850	8475	38874
山 西	Shanxi	12427	3097	477	221155	57327	9214	9000
内蒙古	Inner Mongolia	7875	3808	492	150690	44928	7977	12408
辽 宁	Liaoning	16185	6305	813	252034	106098	11520	18423
吉 林	Jilin	11808	3535	422	186587	63792	7962	14788
黑龙江	Heilongjiang	11023	4005	473	210725	77886	8941	17196
上 海	Shanghai	11584	1632	327	105547	60021	4789	6018
江 苏	Jiangsu	12598	4856	323	318001	104686	8224	26332
浙 江	Zhejiang	10625	2260	378	228668	105699	9979	6902
安 徽	Anhui	6959	2509	208	166433	58413	6494	15143
福 建	Fujian	5650	1625	384	176963	45244	5394	12001
江 西	Jiangxi	7047	2048	201	149448	55876	6945	15205
山 东	Shandong	12143	6792	307	375752	143269	11012	62116
河 南	Henan	16816	4655	738	326247	132792	11134	48834
湖 北	Hubei	14319	5566	494	218012	110391	9853	25412
湖 南	Hunan	8292	2713	227	237933	96027	5717	26908
广 东	Guangdong	14067	3082	656	425553	179484	10474	9764
广 西	Guangxi	8873	3055	195	200589	80916	6745	16737
海 南	Hainan	1213	201	15	28869	11312	1795	2391
重 庆	Chongqing	3490	643	111	113655	33110	2737	3985
四 川	Sichuan	19683	3015	541	290838	97600	7448	24179
贵 州	Guizhou	5116	991	98	122633	40025	3534	13244
云 南	Yunnan	11096	2525	134	181262	64349	7023	12864
西 藏	Tibet	557	35	4	8073	3502	1048	867
陕 西	Shaanxi	18776	4115	455	179938	55212	5643	18572
甘 肃	Gansu	7001	1879	436	86402	30470	3708	18736
青 海	Qinghai	2570	726	84	25372	9994	1591	2291
宁 夏	Ningxia	1817	1416	5	29121	13225	2437	3183
新 疆	Xinjiang	10112	4132	339	161076	56721	7066	19488

4-7 各地区分行业国有单位不在岗职工人数及生活费(2006年)

NOT-ON-POST STAFF AND WORKERS AND LIVING SUBSIDIES IN STATE-OWNED UNITS BY SECTOR AND REGION (2006)

地区	Region	总计 Total		企业 Enterprises		事业 Institutions		机关 Agencies and Organizations	
		年末人数(人) Year-end Figures (person)	平均生活费(元) Average Living Subsidy (yuan)	年末人数(人) Year-end Figures (person)	平均生活费(元) Average Living Subsidy (yuan)	年末人数(人) Year-end Figures (person)	平均生活费(元) Average Living Subsidy (yuan)	年末人数(人) Year-end Figures (person)	平均生活费(元) Average Living Subsidy (yuan)
全国	**National**	**6582693**	**6020**	**5404415**	**5132**	**823675**	**8741**	**354603**	**13551**
北京	Beijing	112803	12846	85152	11257	25460	17137	2191	25311
天津	Tianjin	156405	4076	143747	3454	11816	11457	842	14084
河北	Hebei	417348	6185	340162	4456	32891	10406	44295	16506
山西	Shanxi	323262	4246	296037	3790	18051	8005	9174	11894
内蒙古	Inner Mongolia	93476	8393	63054	7400	18275	8497	12147	13989
辽宁	Liaoning	433311	5947	363300	5783	60187	5671	9824	13284
吉林	Jilin	258215	5622	188897	4595	54707	6673	14611	15209
黑龙江	Heilongjiang	493808	4623	414956	3268	50800	9510	28052	16766
上海	Shanghai	297110	6759	273646	5640	21239	21624	2225	9660
江苏	Jiangsu	231530	7758	187579	6631	32726	11369	11225	18387
浙江	Zhejiang	63719	12813	39483	10508	19015	12427	5221	30695
安徽	Anhui	161852	4475	143960	4267	14044	5406	3848	9160
福建	Fujian	75242	5341	60914	5061	12333	5875	1995	10589
江西	Jiangxi	399749	2700	342200	2367	46661	3924	10888	7786
山东	Shandong	393917	9677	275407	7591	64119	14368	54391	14732
河南	Henan	431686	3906	367894	3767	31965	4105	31827	5504
湖北	Hubei	410236	6170	307768	5734	73569	6493	28899	9934
湖南	Hunan	409649	4968	291517	4292	88347	6128	29785	8325
广东	Guangdong	215284	7745	173787	6222	24220	8730	17277	21348
广西	Guangxi	137816	4795	120956	4549	13685	6232	3175	7037
海南	Hainan	94343	2534	89852	2108	3163	7120	1328	19762
重庆	Chongqing	72015	7012	64966	6886	6330	7943	719	8668
四川	Sichuan	201899	8418	152272	7913	41339	9962	8288	10085
贵州	Guizhou	105419	5667	98971	5448	4995	7605	1453	13494
云南	Yunnan	97395	10711	81782	10253	9595	9539	6018	18932
西藏	Tibet	1650	17707	1223	16929	162	26557	265	15209
陕西	Shaanxi	305249	4629	267733	4039	27990	8356	9526	11336
甘肃	Gansu	83939	7945	75471	7664	6222	9824	2246	12329
青海	Qinghai	15490	10547	13297	10657	1716	9893	477	10969
宁夏	Ningxia	18065	9425	15176	8844	2232	11676	657	14223
新疆	Xinjiang	70811	9763	63256	9320	5821	10709	1734	22567

4-7 续表 1 continued

地区	Region	农、林、牧、渔业 Agriculture,Forestry, Farming of Animals and Fishing		采矿业 Mining		制造业 Manufacturing		电力、燃气及水的生产和供应业 Production & Distribution of Electricity,Gas & Water	
		年末人数(人) Year-end Figures (person)	平均生活费(元) Average Living Subsidy (yuan)	年末人数(人) Year-end Figures (person)	平均生活费(元) Average Living Subsidy (yuan)	年末人数(人) Year-end Figures (person)	平均生活费(元) Average Living Subsidy (yuan)	年末人数(人) Year-end Figures (person)	平均生活费(元) Average Living Subsidy (yuan)
全　国	**National**	**565465**	**1607**	**274827**	**7766**	**2025532**	**4314**	**178180**	**10103**
北　京	Beijing	607	10065	126	9418	21482	9514	1387	6938
天　津	Tianjin	1322	8445	137	6252	100492	1758	972	12577
河　北	Hebei	3672	4083	12611	5181	159477	3677	5829	12015
山　西	Shanxi	2046	2868	34153	9663	107564	1934	4895	9134
内蒙古	Inner Mongolia	21039	2614	4366	5497	3700	4057	5216	14279
辽　宁	Liaoning	24510	1569	18244	5790	177045	5618	14033	9067
吉　林	Jilin	70506	1757	2135	3303	49693	5167	8052	8407
黑龙江	Heilongjiang	180941	708	6168	2647	79105	3727	8254	6464
上　海	Shanghai	924	7330	47	5569	164114	4228	845	20044
江　苏	Jiangsu	10585	3950	23644	7427	67139	5075	2295	15499
浙　江	Zhejiang	2078	4318	1857	1110	10797	8424	1592	13318
安　徽	Anhui	6630	2621	2982	7742	54387	4412	2604	9596
福　建	Fujian	11373	1780	3207	1339	12814	6177	2175	9640
江　西	Jiangxi	58905	1282	20218	3672	152138	1718	11321	5914
山　东	Shandong	5968	6209	35109	15002	79174	5598	14026	13393
河　南	Henan	9270	1160	22230	4996	113802	3349	19863	7954
湖　北	Hubei	21333	1797	6698	4483	128992	5529	14112	10390
湖　南	Hunan	17257	2204	19018	3519	118549	3886	15014	7590
广　东	Guangdong	10014	2236	3750	9970	38228	3628	8879	13691
广　西	Guangxi	12127	2147	4625	3725	37460	5120	6010	9395
海　南	Hainan	46355	579	3876	4147	9317	1339	3280	11760
重　庆	Chongqing	561	4165	2884	5265	27760	5899	2562	11933
四　川	Sichuan	3702	4986	10942	7294	59778	7828	8150	10815
贵　州	Guizhou	1744	3950	2150	3389	40992	5275	3868	10818
云　南	Yunnan	13245	4438	2873	8494	26664	12089	3201	14806
西　藏	Tibet	2	29000	179	12961	9	11111	260	22062
陕　西	Shaanxi	2309	4647	16838	7982	135027	3024	5138	10816
甘　肃	Gansu	1845	4130	727	1701	35773	7827	2549	13202
青　海	Qinghai	529	2462	197	1036	3100	3681	137	8750
宁　夏	Ningxia	5512	3569			2278	9002	488	16758
新　疆	Xinjiang	18554	2095	12836	18917	8682	7479	1173	11450

4-7 续表 2 continued

地 区	Region	建筑业 Construction 年末人数（人） Year-end Figures (person)	建筑业 Construction 平均生活费（元） Average Living Subsidy (yuan)	交通运输、仓储和邮政业 Traffic,Transport, Storage and Post 年末人数（人） Year-end Figures (person)	交通运输、仓储和邮政业 Traffic,Transport, Storage and Post 平均生活费（元） Average Living Subsidy (yuan)	信息传输、计算机服务和软件业 Information Transfer, Computer Services and Software 年末人数（人） Year-end Figures (person)	信息传输、计算机服务和软件业 Information Transfer, Computer Services and Software 平均生活费（元） Average Living Subsidy (yuan)	批发和零售业 Wholesale and Retail Trade 年末人数（人） Year-end Figures (person)	批发和零售业 Wholesale and Retail Trade 平均生活费（元） Average Living Subsidy (yuan)
全 国	**National**	**448480**	**3921**	**588761**	**8107**	**63714**	**12999**	**863666**	**2852**
北 京	Beijing	9761	9556	10438	14481	2509	20109	15316	11074
天 津	Tianjin	6275	5779	15444	6199	934	16243	9210	7009
河 北	Hebei	29554	3812	24878	5221	2553	12699	78415	2367
山 西	Shanxi	41254	2819	30161	6934	1863	10849	57403	1010
内蒙古	Inner Mongolia	5269	5968	11606	11526	3230	13418	3800	6383
辽 宁	Liaoning	31086	3637	40161	8015	3976	16556	34579	2104
吉 林	Jilin	14095	3724	23103	8566	1221	12149	20595	2275
黑龙江	Heilongjiang	19104	1636	64753	8443	7595	12202	27053	2607
上 海	Shanghai	11835	8292	15633	10926	712	17571	35023	4895
江 苏	Jiangsu	11724	6943	28934	11380	1581	15530	28858	3532
浙 江	Zhejiang	2520	6559	5870	11833	574	23933	3310	4126
安 徽	Anhui	18145	4043	13013	4354	1135	11859	33135	2311
福 建	Fujian	5376	3691	7787	8005	861	11890	15719	2988
江 西	Jiangxi	28671	1734	24016	6262	1949	9809	44636	1518
山 东	Shandong	12250	5566	28676	9590	3414	15142	72505	2763
河 南	Henan	19529	3399	40855	4967	3247	6941	109170	1512
湖 北	Hubei	25257	4239	50211	7653	7498	10344	32498	2582
湖 南	Hunan	24197	3282	29914	6345	1909	11511	42554	2507
广 东	Guangdong	11182	5214	17440	11259	2995	18377	56099	1956
广 西	Guangxi	5349	4081	10045	7090	1939	7573	33685	1647
海 南	Hainan	1796	1341	4672	8728	960	7034	13629	1248
重 庆	Chongqing	8087	3189	12092	7928	483	12757	7434	6701
四 川	Sichuan	26939	4204	16979	8494	2424	13045	15947	8015
贵 州	Guizhou	13039	3051	8423	7319	436	10548	18087	4436
云 南	Yunnan	9339	6278	9423	11691	2325	15537	8340	12360
西 藏	Tibet	106	6071	185	11527	197	37036	167	9772
陕 西	Shaanxi	36502	2843	22886	6041	2551	11442	36597	2647
甘 肃	Gansu	11708	3432	8742	12722	1160	11007	4997	4364
青 海	Qinghai	1661	5361	2704	17312	438	16565	1078	8381
宁 夏	Ningxia	1933	4951	1795	16124	174	7571	1444	7434
新 疆	Xinjiang	4937	4561	7922	11352	871	12833	2383	8626

4-7 续表 3 continued

地 区	Region	住宿和餐饮业 Accommodation and Restaurants		金融业 Finance		房地产业 Real Estate		租赁和商务服务业 Tenancy and Business Services	
		年末人数（人） Year-end Figures (person)	平均生活费（元） Average Living Subsidy (yuan)	年末人数（人） Year-end Figures (person)	平均生活费（元） Average Living Subsidy (yuan)	年末人数（人） Year-end Figures (person)	平均生活费（元） Average Living Subsidy (yuan)	年末人数（人） Year-end Figures (person)	平均生活费（元） Average Living Subsidy (yuan)
全 国	**National**	**95087**	**3785**	**160723**	**19000**	**70455**	**5298**	**182029**	**5593**
北 京	Beijing	3288	11463	480	37768	5421	10401	12612	10619
天 津	Tianjin	2237	3892	2064	21504	534	7199	3503	7528
河 北	Hebei	6050	2867	14420	18463	1338	10377	3394	4786
山 西	Shanxi	4780	2359	6147	17247	2140	1477	5233	2481
内蒙古	Inner Mongolia	470	5316	3631	15577	338	12129	3484	11210
辽 宁	Liaoning	4842	2717	8036	19254	6940	3702	11285	5068
吉 林	Jilin	3033	1765	5762	18873	962	5380	3724	2834
黑龙江	Heilongjiang	2050	2225	6229	17498	2943	4543	10885	1030
上 海	Shanghai	5013	6678	2476	36946	3815	6694	17087	10519
江 苏	Jiangsu	2972	4673	7533	20006	948	10963	13487	4787
浙 江	Zhejiang	2518	4999	4339	30244	1583	5723	5333	11113
安 徽	Anhui	2944	2938	5452	14746	557	4811	4402	2675
福 建	Fujian	2661	3715	1600	20863	639	5997	1487	6507
江 西	Jiangxi	5296	2991	4935	13102	5615	2185	8826	1249
山 东	Shandong	4982	5909	10474	24535	4786	9338	9116	3083
河 南	Henan	10342	2108	12406	14252	2193	3231	7626	4149
湖 北	Hubei	2754	3170	10954	14091	4915	5728	12388	3828
湖 南	Hunan	5933	3725	5570	14561	10621	4042	14318	4335
广 东	Guangdong	4666	3023	12926	24144	4353	4721	9553	3629
广 西	Guangxi	4223	2669	4916	16676	1165	4332	3222	5059
海 南	Hainan	1505	1886	1284	17526	967	3034	1646	1561
重 庆	Chongqing	455	4116	2968	19747	569	11400	256	5030
四 川	Sichuan	1742	4705	6722	20344	709	9165	4341	8409
贵 州	Guizhou	1859	4212	2968	20339	4138	2055	810	6293
云 南	Yunnan	1154	4697	3229	18472	205	8739	2850	5723
西 藏	Tibet	122	8720	3	16000			1	
陕 西	Shaanxi	4743	2571	5189	16813	1506	2332	4565	5899
甘 肃	Gansu	1347	3728	2806	13737	110	7477	2687	5706
青 海	Qinghai	151	5775	918	21789	3	6000	2229	13269
宁 夏	Ningxia	225	5835	1477	22959	16	6000	25	10474
新 疆	Xinjiang	730	7471	2809	20205	426	4812	1654	12008

4-7 续表 4 continued

地区 Region	科学研究、技术服务和地质勘查业 Scientific Research,Technical Service & Geologic Perambulation		水利、环境和公共设施管理业 Management of Water Conservancy,Environment & Public Establishment		居民服务和其他服务业 Resident Services and Other Services		教育 Education	
	年末人数(人) Year-end Figures (person)	平均生活费(元) Average Living Subsidy (yuan)	年末人数(人) Year-end Figures (person)	平均生活费(元) Average Living Subsidy (yuan)	年末人数(人) Year-end Figures (person)	平均生活费(元) Average Living Subsidy (yuan)	年末人数(人) Year-end Figures (person)	平均生活费(元) Average Living Subsidy (yuan)
全 国 National	**138899**	**8068**	**93339**	**7335**	**30190**	**4636**	**203579**	**13383**
北 京 Beijing	9480	14631	3876	18330	1264	12258	6957	20054
天 津 Tianjin	2257	10791	1494	11462	1472	14027	3301	13489
河 北 Hebei	7597	9086	2677	8367	496	6097	8124	13381
山 西 Shanxi	4280	4997	932	5234	999	491	5035	15672
内蒙古 Inner Mongolia	5716	6163	533	9937	103	7000	5488	12322
辽 宁 Liaoning	9284	5337	8193	6862	361	3810	9207	11350
吉 林 Jilin	5137	10013	5117	4151	1672	4096	19756	9086
黑龙江 Heilongjiang	4239	6199	7303	2496	3432	2726	23043	15096
上 海 Shanghai	4711	11182	4684	19866	11675	2899	7992	22304
江 苏 Jiangsu	2527	8419	2894	12247	292	10426	8843	14465
浙 江 Zhejiang	2299	8294	1820	12908	53	4109	5231	17670
安 徽 Anhui	3998	6394	1605	2336	353	2648	2269	6346
福 建 Fujian	2026	8543	616	13514	340	4890	2545	9567
江 西 Jiangxi	5294	3730	4446	6106	472	1937	6101	7413
山 东 Shandong	5581	8044	4250	11430	1700	4172	25709	18596
河 南 Henan	5117	6300	4552	2357	835	1041	4765	9666
湖 北 Hubei	9816	6551	11445	4727	487	5862	12005	9114
湖 南 Hunan	9805	5319	14293	5132	858	2589	20321	9519
广 东 Guangdong	3311	12373	3216	4815	553	7650	2179	18265
广 西 Guangxi	2604	6479	1624	4644	227	5699	1194	8323
海 南 Hainan	743	3553	451	3137	11	19667	357	6666
重 庆 Chongqing	1641	7906	233	3853	60	2113	1593	9208
四 川 Sichuan	10180	8358	2472	9654	764	14854	13051	12160
贵 州 Guizhou	2814	6781	174	5737	287	4088	1034	10819
云 南 Yunnan	4286	7421	159	9227	65	4340	1018	12888
西 藏 Tibet	39	27231					89	25845
陕 西 Shaanxi	7366	11572	3234	6541	617	3031	3265	11521
甘 肃 Gansu	3435	8251	317	7748	361	14773	730	16107
青 海 Qinghai	945	11812	87	8898	71	17774	330	14698
宁 夏 Ningxia	573	10964	220	9661		16318	502	17239
新 疆 Xinjiang	1798	5377	422	6096	310	4571	1545	18822

4-7 续表 5 continued

地 区	Region	卫生、社会保障和社会福利业 Sanitation, Social Security and Social Welfare		文化体育和娱乐业 Culture, Sports and Entertainment		公共管理和社会组织 Public Management & Social Organization	
		年末人数 (人) Year-end Figures (person)	平均生活费 (元) Average Living Subsidy (yuan)	年末人数 (人) Year-end Figures (person)	平均生活费 (元) Average Living Subsidy (yuan)	年末人数 (人) Year-end Figures (person)	平均生活费 (元) Average Living Subsidy (yuan)
全 国	**National**	**123285**	**7931**	**52104**	**8209**	**424378**	**12812**
北 京	Beijing	1595	16271	3229	17056	2975	23202
天 津	Tianjin	2821	8620	623	12009	1313	14840
河 北	Hebei	4454	8720	1787	7768	50022	16213
山 西	Shanxi	1916	7471	1535	4864	10926	10871
内蒙古	Inner Mongolia	1291	7387	779	7360	13417	13462
辽 宁	Liaoning	14835	6065	2278	7525	14416	11154
吉 林	Jilin	4924	6489	2054	7967	16674	14413
黑龙江	Heilongjiang	6398	5266	1437	8660	32876	15520
上 海	Shanghai	5323	16009	3084	21578	2117	13954
江 苏	Jiangsu	2767	10521	1812	10344	12695	16689
浙 江	Zhejiang	3528	8300	1276	9355	7141	26244
安 徽	Anhui	1196	7146	852	2693	6193	6722
福 建	Fujian	1510	4669	594	3033	1912	10691
江 西	Jiangxi	3860	5958	2428	5554	10622	7162
山 东	Shandong	7221	13807	3364	8142	65612	14508
河 南	Henan	7844	3459	4150	2091	33890	5538
湖 北	Hubei	16765	6394	4402	7002	37706	9257
湖 南	Hunan	13199	6549	4842	4995	41477	7688
广 东	Guangdong	4360	6363	2532	7958	19048	20977
广 西	Guangxi	1367	8388	2471	1841	3563	8810
海 南	Hainan	552	8606	766	5545	2176	14878
重 庆	Chongqing	1006	8579	462	5299	909	8667
四 川	Sichuan	6538	10574	1587	9394	8932	10546
贵 州	Guizhou	527	9533	421	2167	1648	12750
云 南	Yunnan	966	12654	1254	13791	6799	17699
西 藏	Tibet	33	25848			258	15234
陕 西	Shaanxi	4616	12883	1322	7233	10978	9411
甘 肃	Gansu	549	10336	287	7726	3809	11083
青 海	Qinghai	124	20656	54	9569	734	10171
宁 夏	Ningxia	339	12390	177	8521	887	13082
新 疆	Xinjiang	861	12273	245	8987	2653	18186

4-8 各地区分行业国有单位其他就业人员和平均劳动报酬(2006年)

OTHER EMPLOYMENT AND AVERAGE EARNING IN STATE-OWNED UNITS BY SECTOR AND REGION (2006)

地区 Region	总计 Total				农、林、牧、渔业 Agriculture,Forestry, Farming of Animals and Fishing			
	年末人数(人) Year-end Figures (person)	#聘用的离退休人员 Hired Retirement	平均劳动报酬(元) Average Earning (yuan)	#聘用的离退休人员 Hired Retirement	年末人数(人) Year-end Figures (person)	#聘用的离退休人员 Hired Retirement	平均劳动报酬(元) Average Earning (yuan)	#聘用的离退休人员 Hired Retirement
全国 National	**2600047**	**261342**	**12197**	**17098**	**322394**	**1689**	**7103**	**9215**
北京 Beijing	164614	48917	20298	21013	138	25	11345	10769
天津 Tianjin	99208	11998	11219	12011	52	14	10377	11600
河北 Hebei	52700	5642	10951	13841	34	14	7894	6647
山西 Shanxi	53701	3513	10455	9855	308	30	5574	3471
内蒙古 Inner Mongolia	20650	1435	10755	14534	196	13	8923	7615
辽宁 Liaoning	97878	10689	9353	11940	1138	66	7177	3868
吉林 Jilin	28399	2239	9535	14491	978	15	5272	4188
黑龙江 Heilongjiang	296347	5646	8000	12844	232552	89	7500	9081
上海 Shanghai	222484	39865	18841	19727	2560	30	12416	15314
江苏 Jiangsu	109408	9686	13817	19442	2465	22	9242	11391
浙江 Zhejiang	86783	12394	20580	22862	355	38	13161	18784
安徽 Anhui	95859	5472	10663	11311	1195	21	6036	6773
福建 Fujian	66467	5730	14085	19842	3405	94	5813	7871
江西 Jiangxi	77635	6467	10074	12389	4447	124	4210	4322
山东 Shandong	98789	6876	11648	14728	718	20	7284	10571
河南 Henan	97987	11934	10437	8216	2028	99	4464	9667
湖北 Hubei	131944	7987	9957	13941	19645	87	7194	6054
湖南 Hunan	120580	7044	9918	14855	9086	19	2070	4350
广东 Guangdong	103461	13712	20208	28619	3404	119	8735	11571
广西 Guangxi	108897	5108	8849	14652	14458	85	8080	6736
海南 Hainan	11157	1305	8596	13957	1086	51	4733	2294
重庆 Chongqing	29283	6976	12092	13650	94	14	8398	6625
四川 Sichuan	118900	9533	11764	16783	836	76	5422	9565
贵州 Guizhou	58386	3027	7918	9003	1526	6	3055	4833
云南 Yunnan	64396	6207	6762	12945	12833	55	3837	9620
西藏 Tibet	16346	207	8087	17754	2139	1	3470	18000
陕西 Shaanxi	69335	5348	8496	12637	561	16	5496	12850
甘肃 Gansu	30791	2129	6966	11079	894		4880	
青海 Qinghai	14281	205	8293	11166	633	1	4951	27000
宁夏 Ningxia	10627	967	10043	15206	183	16	6124	6294
新疆 Xinjiang	42754	3084	15247	16436	2447	429	8258	15616

4-8 续表 1 continued

地区	Region	采矿业 Mining				制造业 Manufacturing			
		年末人数(人) Year-end Figures (person)	#聘用的离退休人员 Hired Retirement	平均劳动报酬(元) Average Earning (yuan)	#聘用的离退休人员 Hired Retirement	年末人数(人) Year-end Figures (person)	#聘用的离退休人员 Hired Retirement	平均劳动报酬(元) Average Earning (yuan)	#聘用的离退休人员 Hired Retirement
全国	**National**	**66369**	**8854**	**16225**	**8398**	**146917**	**31641**	**12616**	**14724**
北京	Beijing	16	16	39929	39929	8186	3892	19009	18263
天津	Tianjin	45	41	17477	18675	4233	1839	11484	11011
河北	Hebei	224	27	14819	18429	2804	823	13536	20091
山西	Shanxi	3046	156	31435	8913	2956	512	7985	6055
内蒙古	Inner Mongolia	331	6	39060	30333	90	38	14354	20833
辽宁	Liaoning	3		3750	14000	5588	1332	8481	11635
吉林	Jilin	88	60	20375	5468	2689	109	7027	9531
黑龙江	Heilongjiang	8		8250		10461	701	10833	11235
上海	Shanghai	65	3	12773	53000	27012	6931	19744	21410
江苏	Jiangsu	1014	21	19472	8000	1704	480	16003	15938
浙江	Zhejiang	20	3	14850	17000	2549	321	17204	18636
安徽	Anhui	1314	204	9584	10801	4585	854	12705	9754
福建	Fujian	778	142	16144	10540	2394	412	13072	15968
江西	Jiangxi	2998	1193	10176	9371	4863	434	8188	10278
山东	Shandong	7842	70	19143	21096	4793	789	14635	13786
河南	Henan	4262	3974	23565	44	8122	535	7099	13424
湖北	Hubei	2448	20	25778	11200	8124	1326	11283	10405
湖南	Hunan	2435	442	10250	7732	6916	1420	7593	14171
广东	Guangdong	581	99	17183	17683	2896	1168	17902	18989
广西	Guangxi	2009	25	11587	71214	6507	537	8010	16434
海南	Hainan	75	31	5427	4838	339	48	2519	7800
重庆	Chongqing	528	255	16819	25667	4120	2098	10327	10016
四川	Sichuan	14580	276	12407	18834	5885	1325	13218	11357
贵州	Guizhou	451	10	13663	7333	6091	767	5327	7639
云南	Yunnan	1880	1583	19440	21511	1915	537	10582	9035
西藏	Tibet	711		12982		500	1	5269	2000
陕西	Shaanxi	2219	108	8728	12973	6433	1683	10751	10180
甘肃	Gansu	1179	3	2079	11667	1901	625	11899	8002
青海	Qinghai					1462	6	13822	9833
宁夏	Ningxia					143	27	18504	19425
新疆	Xinjiang	15219	86	17478	2329	656	71	16675	9208

4-8 续表 2 continued

地 区	Region	电力、燃气及水的生产和供应业 Production and Distribution of Electricity, Gas and Water				建筑业 Construction			
		年末人数(人) Year-end Figures (person)	#聘用的离退休人员 Hired Retirement	平均劳动报酬(元) Average Earning (yuan)	#聘用的离退休人员 Hired Retirement	年末人数(人) Year-end Figures (person)	#聘用的离退休人员 Hired Retirement	平均劳动报酬(元) Average Earning (yuan)	#聘用的离退休人员 Hired Retirement
全 国	**National**	**45760**	**2713**	**10901**	**19404**	**198878**	**10182**	**13905**	**18825**
北 京	Beijing	458	271	12562	11809	10475	1272	16257	23430
天 津	Tianjin	2213	176	11469	11791	3036	378	11535	14833
河 北	Hebei	5321	87	8239	17634	1478	233	19108	30102
山 西	Shanxi	100	13	9575	16167	1135	52	6900	9356
内蒙古	Inner Mongolia	247	7	13337	8000	732	6	6200	31000
辽 宁	Liaoning	346	78	11285	11513	921	176	13105	18422
吉 林	Jilin	262	41	12883	13455	808	54	10240	8925
黑龙江	Heilongjiang	952	28	10169	12630	7122	597	8685	17787
上 海	Shanghai	1219	362	19663	26669	16111	988	17571	29796
江 苏	Jiangsu	308	81	13523	20845	1609	162	20010	36123
浙 江	Zhejiang	2886	251	26262	46526	7033	174	17285	20833
安 徽	Anhui	1271	13	8091	6143	12494	305	22943	18073
福 建	Fujian	1217	181	14179	14837	6694	481	29892	18725
江 西	Jiangxi	3042	44	15452	4837	6713	484	9603	5632
山 东	Shandong	2145	11	6034	8364	11498	264	12480	18648
河 南	Henan	3520	230	5498	15986	22815	1064	14329	10510
湖 北	Hubei	2723	355	10690	22649	13287	79	10872	13731
湖 南	Hunan	1630	37	11718	24405	26475	275	10291	5654
广 东	Guangdong	238	46	16898	35745	9479	772	20849	31622
广 西	Guangxi	3712	40	8068	18857	2692	43	14800	37122
海 南	Hainan	541	42	7555	9068	1322	64	11908	15234
重 庆	Chongqing	137	32	6326	9029	395	336	15460	15793
四 川	Sichuan	1618	44	10189	22447	10665	1043	8551	14743
贵 州	Guizhou	2374	29	10926	18118	11599	242	12674	16247
云 南	Yunnan	824	50	10608	7560	1116	224	12539	15754
西 藏	Tibet	979	18	13226	6778	797	59	8397	10800
陕 西	Shaanxi	4241	121	8129	10705	4600	184	11655	17660
甘 肃	Gansu	867	9	7927	10545	2864	29	8863	15875
青 海	Qinghai	29		1786		1549	24	7177	15296
宁 夏	Ningxia	282		9926		171	62	9144	11717
新 疆	Xinjiang	58	16	17512	4696	1193	56	13748	15158

4-8 续表 3 continued

地区 Region	交通运输、仓储和邮政业 Traffic, Transport, Storage and Post				信息传输、计算机服务和软件业 Information Transfer, Computer Services and Software			
	年末人数(人) Year-end Figures (person)	#聘用的离退休人员 Hired Retirement	平均劳动报酬(元) Average Earning (yuan)	#聘用的离退休人员 Hired Retirement	年末人数(人) Year-end Figures (person)	#聘用的离退休人员 Hired Retirement	平均劳动报酬(元) Average Earning (yuan)	#聘用的离退休人员 Hired Retirement
全 国 National	**225195**	**4255**	**14228**	**16459**	**54740**	**1049**	**15966**	**18070**
北 京 Beijing	14127	264	26329	13928	1177	170	39960	36649
天 津 Tianjin	2879	117	15501	10504	172	31	9192	800
河 北 Hebei	4225	226	8945	9636	1188	46	11267	7196
山 西 Shanxi	12793	37	12651	11029	3426	9	11430	19444
内蒙古 Inner Mongolia	1953	45	15070	18429	272	6	6122	6500
辽 宁 Liaoning	9851	382	11083	21135	396	8	10965	8778
吉 林 Jilin	5018	4	8919	7250	2208	7	10941	3571
黑龙江 Heilongjiang	7603	57	11528	11776	1017	18	11480	13172
上 海 Shanghai	22722	654	19569	18381	1560	101	21737	40158
江 苏 Jiangsu	14749	24	15389	19520	2793	24	19053	19882
浙 江 Zhejiang	9087	143	19730	21719	1480	34	9245	16600
安 徽 Anhui	5225	33	7696	14000	5154	5	12340	17800
福 建 Fujian	11397	124	15021	33368	1262	29	17294	52880
江 西 Jiangxi	8242	291	12311	15726	2210	57	8115	7596
山 东 Shandong	5700	28	10578	10393	2567	37	24359	6027
河 南 Henan	5544	239	8728	3549	2605	90	7960	159
湖 北 Hubei	11315	296	12217	19723	2463	97	13091	20822
湖 南 Hunan	15477	107	10955	9717	2277	2	16669	7500
广 东 Guangdong	12421	325	20173	31816	3267	28	44147	20464
广 西 Guangxi	9222	52	12789	5944	6277	10	13812	17800
海 南 Hainan	865	5	8863	18600	221	3	8110	7333
重 庆 Chongqing	4964	289	12492	11548	788	14	13342	10333
四 川 Sichuan	5447	156	11181	10475	3124	81	14324	14130
贵 州 Guizhou	3730	27	12461	24258	381	6	7122	7333
云 南 Yunnan	4129	63	6896	5738	1962	8	15847	10273
西 藏 Tibet	561	7	11166	10000	40		9000	
陕 西 Shaanxi	7278	124	11387	5685	1497	77	9857	8887
甘 肃 Gansu	992	35	5354	2676	1166	4	8539	18250
青 海 Qinghai	1045	13	7861	29143	1167		9935	
宁 夏 Ningxia	185	11	8504	19364	322	33	8244	8265
新 疆 Xinjiang	6449	77	17119	20478	301	14	13839	18267

4-8 续表 4 continued

地区	Region	批发和零售业 Wholesale and Retail Trade				住宿和餐饮业 Accommodation and Restaurants			
		年末人数(人) Year-end Figures (person)	#聘用的离退休人员 Hired Retirement	平均劳动报酬(元) Average Earning (yuan)	#聘用的离退休人员 Hired Retirement	年末人数(人) Year-end Figures (person)	#聘用的离退休人员 Hired Retirement	平均劳动报酬(元) Average Earning (yuan)	#聘用的离退休人员 Hired Retirement
全　国	**National**	**86973**	**7469**	**12319**	**14279**	**37786**	**4639**	**14209**	**13215**
北　京	Beijing	5760	1939	22435	18573	6890	2168	17719	13974
天　津	Tianjin	10787	458	17504	10913	1105	93	13599	7375
河　北	Hebei	1718	174	6974	5544	502	24	9466	10625
山　西	Shanxi	2795	117	5062	5173	426	12	5258	10167
内蒙古	Inner Mongolia	692	18	15491	8611	93	8	6994	11667
辽　宁	Liaoning	990	112	10991	10480	622	43	9500	4508
吉　林	Jilin	608	37	9606	9775	54	14	7094	7143
黑龙江	Heilongjiang	2406	87	6083	8778	1631	68	12057	10406
上　海	Shanghai	7445	1644	16479	14337	8087	930	19234	11907
江　苏	Jiangsu	3411	200	11837	21842	952	169	11866	13641
浙　江	Zhejiang	1948	254	19446	14643	991	314	19417	21095
安　徽	Anhui	3067	123	9446	5881	783	37	14115	7933
福　建	Fujian	3332	289	14794	13397	689	44	10384	16488
江　西	Jiangxi	3027	70	9516	7963	819	44	7125	2524
山　东	Shandong	4978	178	7381	11712	1546	98	11453	12951
河　南	Henan	6039	234	7261	6162	2095	119	10043	10138
湖　北	Hubei	4752	29	8704	5944	706	9	8075	6667
湖　南	Hunan	2147	66	10540	8030	1758	25	8870	10042
广　东	Guangdong	2069	530	19185	24828	838	122	30118	16398
广　西	Guangxi	5128	98	9118	8538	717	40	8922	9171
海　南	Hainan	308	36	4800	10972	116	11	6913	8000
重　庆	Chongqing	250	95	8762	9527	165	48	8151	9840
四　川	Sichuan	2360	155	11673	20506	1147	26	12473	13828
贵　州	Guizhou	1954	65	8092	7415	1260	14	11400	10800
云　南	Yunnan	1873	212	9632	7952	533	91	8265	10129
西　藏	Tibet	416	20	11653	53000	101	2	9770	10000
陕　西	Shaanxi	2719	88	6216	6988	851	11	3993	4667
甘　肃	Gansu	849	3	14351	16333	898	4	9998	8250
青　海	Qinghai	1129	24	11393	7792	126	1	6492	12000
宁　夏	Ningxia	390	25	11220	6767	93	14	5446	6571
新　疆	Xinjiang	1626	89	21057	10030	1192	36	16497	11488

4-8 续表 5 continued

地区	Region	金融业 Finance 年末人数(人) Year-end Figures (person)	#聘用的离退休人员 Hired Retirement	平均劳动报酬(元) Average Earning (yuan)	#聘用的离退休人员 Hired Retirement	房地产业 Real Estate 年末人数(人) Year-end Figures (person)	#聘用的离退休人员 Hired Retirement	平均劳动报酬(元) Average Earning (yuan)	#聘用的离退休人员 Hired Retirement
全 国	**National**	**218422**	**2668**	**15379**	**13082**	**36238**	**5777**	**12072**	**14537**
北 京	Beijing	148	25	39514	86613	5886	1831	13686	13047
天 津	Tianjin	2736		27327		3578	190	9708	20332
河 北	Hebei	17130	32	13299	13333	1002	67	7165	8386
山 西	Shanxi	9174	39	10140	8692	101	41	5544	4415
内蒙古	Inner Mongolia	4055	18	13456	4815	55	3	7212	18000
辽 宁	Liaoning	14775	35	12616	9692	337	52	8579	11984
吉 林	Jilin	6097	44	11945	7886	94	15	6174	21000
黑龙江	Heilongjiang	1548	21	18083	18238	2231	36	7813	10343
上 海	Shanghai	6393	275	37015	16379	12845	1784	14262	16600
江 苏	Jiangsu	21124	189	13553	12671	491	103	17366	13738
浙 江	Zhejiang	6379	133	34053	20978	1772	344	12518	14631
安 徽	Anhui	9545	20	10497	13143	339	61	8090	8865
福 建	Fujian	6972	81	15082	19457	738	178	15152	19782
江 西	Jiangxi	9845	48	11547	13360	326	109	8809	5583
山 东	Shandong	17260	254	13281	10000	316	186	15748	17860
河 南	Henan	10881	278	9834	1674	167	57	7471	12882
湖 北	Hubei	4602	182	11315	7742	1283	51	10071	11296
湖 南	Hunan	5637	31	9581	6050	860	95	10223	9637
广 东	Guangdong	17123	241	25465	30650	582	172	15049	18768
广 西	Guangxi	4328	113	13819	12515	558	75	9452	13122
海 南	Hainan	519	4	13917	7250	123	23	6719	9652
重 庆	Chongqing	5699	69	13767	9517	171	89	13123	9956
四 川	Sichuan	17888	136	18530	15571	451	66	9998	9671
贵 州	Guizhou	585	6	10461	22833	535	19	9808	13043
云 南	Yunnan	2623	37	10389	6943	192	21	8178	18909
西 藏	Tibet	420		10895		27		38630	
陕 西	Shaanxi	7935	334	9997	1509	857	53	7134	9769
甘 肃	Gansu	698	4	11339	7429	121	10	5683	11667
青 海	Qinghai	831	2	9943	7000	56		6912	
宁 夏	Ningxia	1674	3	18276	7000	22	1	6542	26000
新 疆	Xinjiang	3798	14	14062	12643	122	45	14617	9814

4-8 续表 6 continued

地区 Region	租赁和商务服务业 Tenancy and Business Services				科学研究、技术服务和地质勘查业 Scientific Research,Technical Service and Geologic Perambulation			
	年末人数(人) Year-end Figures (person)	#聘用的离退休人员 Hired Retirement	平均劳动报酬(元) Average Earning (yuan)	#聘用的离退休人员 Hired Retirement	年末人数(人) Year-end Figures (person)	#聘用的离退休人员 Hired Retirement	平均劳动报酬(元) Average Earning (yuan)	#聘用的离退休人员 Hired Retirement
全 国 National	**102776**	**8024**	**10846**	**18442**	**92395**	**33975**	**21314**	**25665**
北 京 Beijing	7633	3122	22280	21326	26731	10036	26148	29254
天 津 Tianjin	12324	471	8176	10387	4109	1827	16885	17359
河 北 Hebei	290	89	7527	7232	1324	793	17354	23101
山 西 Shanxi	263	97	9208	9099	1802	378	11119	10525
内蒙古 Inner Mongolia	181	78	8903	12207	163	73	14157	15906
辽 宁 Liaoning	26598	194	6113	8431	2920	1441	12693	13959
吉 林 Jilin	143	88	9296	7805	740	207	16956	20300
黑龙江 Heilongjiang	4083	107	7907	9000	3123	1092	12430	17098
上 海 Shanghai	26105	854	13759	21798	10443	5277	30730	33801
江 苏 Jiangsu	2215	237	10224	15841	4340	1046	20591	32141
浙 江 Zhejiang	2299	724	13453	15813	3791	1139	25486	28604
安 徽 Anhui	1614	75	9711	12224	1476	499	11852	15329
福 建 Fujian	1152	123	10816	18466	1364	404	15285	22919
江 西 Jiangxi	2850	48	8331	13667	1386	202	12676	24238
山 东 Shandong	517	153	13985	10403	1513	495	20668	19453
河 南 Henan	1323	193	12236	13981	1420	935	12531	14587
湖 北 Hubei	520	84	9690	13198	4716	1157	13538	18700
湖 南 Hunan	1462	49	9070	10615	3012	986	16460	21787
广 东 Guangdong	1771	346	19137	27855	3025	1164	39926	43235
广 西 Guangxi	2936	84	5706	10798	1927	438	12484	18470
海 南 Hainan	383	30	7537	15567	336	137	14641	19201
重 庆 Chongqing	304	99	17591	11693	1083	566	21118	20235
四 川 Sichuan	795	145	26211	57821	3723	1399	18656	25299
贵 州 Guizhou	309	76	10377	6080	576	251	14906	8265
云 南 Yunnan	511	107	9835	16651	1819	374	10607	16434
西 藏 Tibet	118	3	12161		264	6	30373	38833
陕 西 Shaanxi	452	29	7543	10226	2322	400	13431	43637
甘 肃 Gansu	471	13	14990	22500	1354	709	12174	11941
青 海 Qinghai	714	15	15888	4067	250	54	11042	13944
宁 夏 Ningxia	1688	118	10249	10856	98	62	10519	12317
新 疆 Xinjiang	752	173	10893	16517	1245	428	25959	33460

4-8 续表 7 continued

地 区 Region	水利、环境和公共设施管理业 Management of Water Conservancy, Environment and Public Establishment				居民服务和其他服务业 Resident Services and Other Services			
	年末人数(人) Year-end Figures (person)	#聘用的离退休人员 Hired Retirement	平均劳动报酬(元) Average Earning (yuan)	#聘用的离退休人员 Hired Retirement	年末人数(人) Year-end Figures (person)	#聘用的离退休人员 Hired Retirement	平均劳动报酬(元) Average Earning (yuan)	#聘用的离退休人员 Hired Retirement
全 国 National	**95162**	**4469**	**7528**	**9977**	**42225**	**2308**	**9519**	**14118**
北 京 Beijing	3387	1280	10132	8991	2499	485	17578	12659
天 津 Tianjin	3534	50	8401	6745	18924	134	7870	7564
河 北 Hebei	1055	49	5853	5321	134	7	7471	10714
山 西 Shanxi	407	42	5128	13000	43	8	8426	10250
内蒙古 Inner Mongolia	199	25	11314	6231	3966	253	11919	21543
辽 宁 Liaoning	3714	244	6378	6158	1420	55	6853	12127
吉 林 Jilin	1887	46	6207	6378	370	1	8220	1000
黑龙江 Heilongjiang	4421	88	5054	993	445	8	10014	5250
上 海 Shanghai	11976	700	13010	15936	5418	1017	12452	14810
江 苏 Jiangsu	3762	199	10555	12667	1992	5	8658	13154
浙 江 Zhejiang	4926	155	9936	15503	122	26	19385	20955
安 徽 Anhui	6197	73	6487	11000	485	8	6588	5750
福 建 Fujian	2691	90	7105	7719	213	80	14647	11986
江 西 Jiangxi	3904	344	6569	5836	175	1	6132	11000
山 东 Shandong	6027	121	5252	12875	60	11	9016	10000
河 南 Henan	2468	175	4644	3000	76	5	8329	8000
湖 北 Hubei	7302	145	6957	7589	399	1	11030	8000
湖 南 Hunan	4515	98	6142	17051	220	6	7679	14833
广 东 Guangdong	1774	181	12597	20016	138	55	16832	17241
广 西 Guangxi	2487	58	6710	13661	66	1	7029	6000
海 南 Hainan	534	11	4393	13364	3	3	22333	22333
重 庆 Chongqing	395	36	5507	28947	8	3	14250	10333
四 川 Sichuan	4629	80	6841	8319	4517	50	6864	15380
贵 州 Guizhou	3285	34	5707	12500	101	38	6000	4237
云 南 Yunnan	2710	29	5745	5370	36	10	10167	12000
西 藏 Tibet	172		9137					
陕 西 Shaanxi	3021	57	4122	5221	55	9	8692	9222
甘 肃 Gansu	891	1	5541	12000	53	8	8849	7125
青 海 Qinghai	1141		3926		31		3794	
宁 夏 Ningxia	1063	4	7726	33750	231		6796	
新 疆 Xinjiang	688	54	7203	26942	25	20	16739	20833

4-8 续表 8 continued

地 区	Region	教育 Education 年末人数(人) Year-end Figures (person)	#聘用的离退休人员 Hired Retirement	平均劳动报酬(元) Average Earning (yuan)	#聘用的离退休人员 Hired Retirement	卫生、社会保障和社会福利业 Sanitation,Social Security and Social Welfare 年末人数(人) Year-end Figures (person)	#聘用的离退休人员 Hired Retirement	平均劳动报酬(元) Average Earning (yuan)	#聘用的离退休人员 Hired Retirement
全 国	**National**	**336855**	**43764**	**10784**	**15535**	**163764**	**50380**	**14911**	**20375**
北 京	Beijing	27710	8246	19873	20332	8949	4336	23168	25884
天 津	Tianjin	6174	3150	10584	7409	8793	1604	10787	16582
河 北	Hebei	5806	758	7928	8296	2629	1269	12924	14020
山 西	Shanxi	9648	568	5705	14788	1714	807	9184	11821
内蒙古	Inner Mongolia	2156	147	6145	7846	970	459	11422	17247
辽 宁	Liaoning	10200	2317	10082	7910	7374	3298	12372	15057
吉 林	Jilin	1680	385	12766	17374	2096	696	9763	15288
黑龙江	Heilongjiang	5174	634	9646	10640	3341	1260	11320	16493
上 海	Shanghai	23881	7967	16473	14890	20201	4530	21359	19201
江 苏	Jiangsu	17350	2092	12651	17458	10854	3461	16573	19797
浙 江	Zhejiang	15422	2234	21005	20104	8426	4037	28840	29897
安 徽	Anhui	13522	796	7982	10915	6681	1607	9817	12426
福 建	Fujian	8533	933	12050	26956	6124	1371	11992	24366
江 西	Jiangxi	9747	1019	10180	18939	4758	1074	14404	16507
山 东	Shandong	10363	994	11204	14266	6611	2304	12457	15988
河 南	Henan	6546	604	11958	20253	4940	2157	12177	18306
湖 北	Hubei	23533	2066	8339	10903	8821	1387	10764	19625
湖 南	Hunan	14661	1254	11802	14604	6641	1401	13088	22546
广 东	Guangdong	26053	2283	12971	25201	6829	4574	26655	33111
广 西	Guangxi	27240	759	6308	20787	5550	1155	9924	16353
海 南	Hainan	1788	208	8959	12541	952	340	10655	19528
重 庆	Chongqing	4771	1039	10873	15691	3263	1292	11305	15835
四 川	Sichuan	14705	886	7460	11454	8236	2535	16250	18574
贵 州	Guizhou	11903	589	4138	5876	3692	521	7041	14023
云 南	Yunnan	10555	307	4605	9444	4295	868	6590	15394
西 藏	Tibet	2386	4	6180	23500	2375	5	3607	14200
陕 西	Shaanxi	13011	553	5362	10015	3701	904	9466	13558
甘 肃	Gansu	8439	244	3813	8714	1340	260	8802	12539
青 海	Qinghai	697	2	6144	400	870	36	6219	8676
宁 夏	Ningxia	1017	150	13562	30035	794	267	7380	16693
新 疆	Xinjiang	2184	576	12058	11076	1944	565	9197	16896

4-8 续表 9 continued

地区 Region	文化体育和娱乐业 Culture, Sports and Entertainment				公共管理和社会组织 Public Management and Social Organization			
	年末人数(人) Year-end Figures (person)	#聘用的离退休人员 Hired Retirement	平均劳动报酬(元) Average Earning (yuan)	#聘用的离退休人员 Hired Retirement	年末人数(人) Year-end Figures (person)	#聘用的离退休人员 Hired Retirement	平均劳动报酬(元) Average Earning (yuan)	#聘用的离退休人员 Hired Retirement
全 国 National	**47770**	**7461**	**18995**	**16408**	**279428**	**30025**	**9228**	**12259**
北 京 Beijing	9962	2968	27025	20704	24482	6571	12470	16267
天 津 Tianjin	1893	361	14832	14163	12621	1064	8045	11126
河 北 Hebei	467	62	14452	10790	5369	862	7347	7796
山 西 Shanxi	313	59	8617	12171	3251	536	7534	6952
内蒙古 Inner Mongolia	103	21	9741	6238	4196	211	4893	8233
辽 宁 Liaoning	1331	162	20097	9713	9354	694	7633	7832
吉 林 Jilin	281	48	12170	12245	2298	368	7790	14957
黑龙江 Heilongjiang	947	92	8867	8065	7282	663	6888	8164
上 海 Shanghai	6794	1132	36066	14099	11647	4686	14260	14516
江 苏 Jiangsu	2121	249	14087	12673	16154	922	11322	14902
浙 江 Zhejiang	3552	506	12572	16032	13745	1564	19364	13272
安 徽 Anhui	1151	59	9250	7250	19761	679	7479	7444
福 建 Fujian	1024	120	18958	9759	6488	554	9891	9345
江 西 Jiangxi	638	39	18716	7205	7645	842	8629	9986
山 东 Shandong	1346	126	12311	11179	12989	737	7066	9897
河 南 Henan	1921	94	9603	14078	11215	852	7561	8722
湖 北 Hubei	1385	56	7974	8831	13920	560	9477	8839
湖 南 Hunan	1324	95	10313	10200	14047	636	9714	9354
广 东 Guangdong	4207	459	22742	22123	6766	1028	14368	20302
广 西 Guangxi	1182	149	9334	10427	11901	1346	6556	8087
海 南 Hainan	118	27	10056	14036	1528	231	7344	10584
重 庆 Chongqing	431	56	9047	16390	1717	546	10678	10466
四 川 Sichuan	1371	172	10295	15711	16923	882	8506	11309
贵 州 Guizhou	174	39	8601	7875	7860	288	6309	8218
云 南 Yunnan	692	123	8827	6352	13898	1508	4986	5747
西 藏 Tibet	523	2	6844	17500	3817	79	9656	16564
陕 西 Shaanxi	1123	88	6423	6411	6459	509	7703	10827
甘 肃 Gansu	433	31	7689	11882	5381	137	4995	21213
青 海 Qinghai	221	3	10193	6667	2330	24	5526	11708
宁 夏 Ningxia	180	16	6332	8125	2091	158	5353	6955
新 疆 Xinjiang	562	47	11723	9236	2293	288	7023	8996

4-9 各地区国有单位在岗职工用工情况(2006年)
TYPES OF ON-POST STAFF AND WORKERS IN STATE-OWNED UNITS BY REGION (2006)

单位:人 (person)

地 区	Region	合 计 Total		企 业 Enterprises		企业中地方 Local Enterprises	
		长期职工 Long-term Employment	临时职工 Temporary Employment	长期职工 Long-term Employment	临时职工 Temporary Employment	长期职工 Long-term Employment	临时职工 Temporary Employment
全 国	**National**	**58246080**	**3458608**	**22706502**	**1853993**	**13848816**	**1329388**
北 京	Beijing	1493248	235387	575843	137119	170841	99542
天 津	Tianjin	739407	40327	321736	31696	187327	27200
河 北	Hebei	3258689	137591	1297043	72243	842586	43277
山 西	Shanxi	2322575	168911	1131117	106859	785243	85770
内蒙古	Inner Mongolia	1536852	47886	598829	26166	397560	17974
辽 宁	Liaoning	2830561	93959	1416028	31476	795922	19445
吉 林	Jilin	1647567	63868	659993	27756	375208	19789
黑龙江	Heilongjiang	2662710	177112	1530815	97837	930620	75413
上 海	Shanghai	1155805	10889	561599	2555	242016	2334
江 苏	Jiangsu	2599930	84186	821539	24166	553685	16973
浙 江	Zhejiang	1622755	152305	398824	50300	265784	36878
安 徽	Anhui	1859829	72991	588294	31069	429003	23267
福 建	Fujian	1411422	29220	476828	24615	354944	22601
江 西	Jiangxi	1805202	114068	647352	77255	471422	57354
山 东	Shandong	3929861	163135	1460446	78722	992337	64666
河 南	Henan	3810388	107347	1469841	67764	1055639	57747
湖 北	Hubei	2574886	283653	1092751	94014	675377	65557
湖 南	Hunan	2355189	141862	716533	73552	510295	60616
广 东	Guangdong	3483690	260641	1123428	138181	836925	114099
广 西	Guangxi	1747500	116269	581222	59518	441009	49256
海 南	Hainan	517673	40107	283486	29163	265222	26547
重 庆	Chongqing	1068097	135635	418517	83979		
四 川	Sichuan	2803400	240513	914177	152088	441909	123191
贵 州	Guizhou	1254460	124119	402246	101404	250006	72359
云 南	Yunnan	1585314	124453	437823	73009	267821	50073
西 藏	Tibet	147326	13343	31605	5653	24020	4867
陕 西	Shaanxi	2321364	74211	1113816	36899	617143	25530
甘 肃	Gansu	1331549	77113	531081	43052	305417	34544
青 海	Qinghai	299901	12095	108750	4200	48253	2373
宁 夏	Ningxia	333439	21779	115655	12917	60150	11347
新 疆	Xinjiang	1735491	93633	879285	58766	255132	18799

4-9 续表 1 continued

单位:人 (person)

地区 Region		事业 Institutions		事业中地方 Local Institutions		机关 Organizations		机关中地方 Local Organizations	
		长期职工 Long-term Employment	临时职工 Temporary Employment	长期职工 Long-term Employment	临时职工 Temporary Employment	长期职工 Long-term Employment	临时职工 Temporary Employment	长期职工 Long-term Employment	临时职工 Temporary Employment
全 国	**National**	**25025626**	**1262678**	**23161786**	**1052501**	**10513952**	**341937**	**9819165**	**306287**
北 京	Beijing	691592	86124	376573	41613	225813	12144	181197	11167
天 津	Tianjin	307020	6152	287375	5115	110651	2479	101564	903
河 北	Hebei	1365080	50002	1326779	43802	596566	15346	567727	14609
山 西	Shanxi	802287	48392	785154	46171	389171	13660	374432	12244
内蒙古	Inner Mongolia	660646	17240	646371	15832	277377	4480	262970	4123
辽 宁	Liaoning	1028154	51690	985006	42523	386379	10793	360495	9021
吉 林	Jilin	749883	30715	708952	24368	237691	5397	224866	4875
黑龙江	Heilongjiang	810770	60773	782402	55262	321125	18502	306093	17600
上 海	Shanghai	454115	7986	371164	2750	140091	348	134603	348
江 苏	Jiangsu	1317587	44658	1255717	39453	460804	15362	442625	14419
浙 江	Zhejiang	853466	73851	835672	71214	370465	28154	353568	27222
安 徽	Anhui	925558	33336	895795	30843	345977	8586	335387	8193
福 建	Fujian	650860	2022	638184	1982	283734	2583	266598	766
江 西	Jiangxi	814447	27437	792699	26193	343403	9376	331589	8419
山 东	Shandong	1727280	69474	1667871	60929	742135	14939	715488	14051
河 南	Henan	1509735	27722	1477498	26402	830812	11861	811222	11267
湖 北	Hubei	1077612	142669	984621	132003	404523	46970	384663	45552
湖 南	Hunan	1144275	56731	1112003	51559	494381	11579	472323	10406
广 东	Guangdong	1615929	95528	1548237	80769	744333	26932	692246	22960
广 西	Guangxi	891164	50527	878455	47801	275114	6224	261280	5706
海 南	Hainan	158123	8420	149809	6660	76064	2524	72509	2344
重 庆	Chongqing	471776	42745			177804	8911		
四 川	Sichuan	1321614	71071	1223812	63085	567609	17354	539620	15166
贵 州	Guizhou	578727	18254	573033	18076	273487	4461	268450	4364
云 南	Yunnan	789167	37878	772472	36861	358324	13566	340478	12911
西 藏	Tibet	57682	4261	57086	4250	58039	3429	53286	3300
陕 西	Shaanxi	823058	29387	717245	20020	384490	7925	368955	6973
甘 肃	Gansu	556771	27715	533561	24258	243697	6346	238556	6206
青 海	Qinghai	127850	5566	123643	4624	63301	2329	60180	2221
宁 夏	Ningxia	158091	6775	154100	6513	59693	2087	56393	2002
新 疆	Xinjiang	585307	27577	500497	21570	270899	7290	239802	6949

4-9 续表 2 continued

单位:人 (person)

地 区 Region	农、林、牧、渔业 Agriculture,Forestry, Farming of Animals and Fishing		采矿业 Mining		制造业 Manufacturing		电力、燃气及水的生产和供应业 Production & Distribution of Electricity,Gas & Water	
	长期职工 Long-term Employment	临时职工 Temporary Employment	长期职工 Long-term Employment	临时职工 Temporary Employment	长期职工 Long-term Employment	临时职工 Temporary Employment	长期职工 Long-term Employment	临时职工 Temporary Employment
全 国 National	**3712454**	**107371**	**2225382**	**125511**	**5131397**	**261660**	**1948024**	**93819**
北 京 Beijing	7180	1184	1626	45	97194	7513	8928	1411
天 津 Tianjin	6965	30	10733	497	112797	1515	21543	522
河 北 Hebei	76443	1791	124403	6064	418776	9911	134155	7462
山 西 Shanxi	32482	970	391349	43108	199396	15825	74759	2523
内蒙古 Inner Mongolia	278984	2315	39515	1286	30375	1699	59755	3757
辽 宁 Liaoning	276946	1573	170234	2865	350219	3482	104677	5028
吉 林 Jilin	179533	1680	62807	3058	137814	3723	57071	1337
黑龙江 Heilongjiang	624801	26032	15084	5980	248165	24803	108334	7523
上 海 Shanghai	4163	111	337		150940	541	37095	23
江 苏 Jiangsu	129885	2019	96196	324	163339	4184	75403	393
浙 江 Zhejiang	14177	553	2183	81	44460	4671	61569	3266
安 徽 Anhui	77093	1547	36035	1706	145397	4201	64716	1477
福 建 Fujian	59634	222	19900	690	57211	2668	53748	302
江 西 Jiangxi	137402	3179	65998	2450	157765	14766	67774	4959
山 东 Shandong	40290	1132	410898	3948	326040	12714	135004	8241
河 南 Henan	67310	894	147391	7335	339055	8729	153206	2272
湖 北 Hubei	245088	13920	47842	3865	309442	28256	86323	6498
湖 南 Hunan	68170	2080	58903	5449	169782	6626	76814	1459
广 东 Guangdong	83257	6756	16551	1817	128281	18698	123402	7280
广 西 Guangxi	108403	5533	24446	1723	161740	12675	62310	2376
海 南 Hainan	180052	297	7771	239	15752	926	11811	1327
重 庆 Chongqing	16664	719	47088	3181	160078	8206	33146	1827
四 川 Sichuan	76700	2012	104293	1968	289935	28506	77170	3483
贵 州 Guizhou	26165	1374	22846	2474	126023	8937	45194	6153
云 南 Yunnan	134578	8857	26536	5577	106508	8505	31517	3166
西 藏 Tibet	2831	354	665	323	3359	987	6109	647
陕 西 Shaanxi	60095	484	147723	4483	389169	8706	69182	2865
甘 肃 Gansu	60616	2128	50358	1453	225459	5630	52266	2725
青 海 Qinghai	17301	784	7146	241	13721	560	10851	307
宁 夏 Ningxia	26104	3776	903	1212	13461	1292	23641	1303
新 疆 Xinjiang	593142	13065	67622	12069	39744	2205	20551	1907

4-9 续表 3 continued

单位:人 (person)

地区 Region	建筑业 Construction		交通运输、仓储和邮政业 Traffic,Transport, Storage and Post		信息传输、计算机服务和软件业 Information Transfer, Computer Services and Software		批发和零售业 Wholesale and Retail Trade	
	长期职工 Long-term Employment	临时职工 Temporary Employment	长期职工 Long-term Employment	临时职工 Temporary Employment	长期职工 Long-term Employment	临时职工 Temporary Employment	长期职工 Long-term Employment	临时职工 Temporary Employment
全 国 National	**1862554**	**566943**	**3941249**	**163477**	**544381**	**56736**	**1649057**	**131300**
北 京 Beijing	51926	15231	102470	746	11648	560	52108	5728
天 津 Tianjin	28501	226	70636	160	3698		20065	3492
河 北 Hebei	106347	17820	211491	6178	31940	2179	110978	10570
山 西 Shanxi	105695	15907	169964	10190	25684	2982	102359	10782
内蒙古 Inner Mongolia	29343	2981	127798	3939	25219	2059	32843	4955
辽 宁 Liaoning	90209	2991	270987	5953	19408	924	47585	3931
吉 林 Jilin	41184	2963	126269	2825	19780	2155	31667	2849
黑龙江 Heilongjiang	111580	9518	230844	8840	26192	4453	79753	7684
上 海 Shanghai	40002	76	93864	52	14679		32904	136
江 苏 Jiangsu	45382	5058	178983	1044	23310	2119	55754	2177
浙 江 Zhejiang	22226	8483	98021	8853	13281	824	26442	3214
安 徽 Anhui	66828	8389	101360	4628	18915	2166	67572	3272
福 建 Fujian	73009	13570	101802	1947	16552	49	44484	652
江 西 Jiangxi	50331	33232	121758	12846	16582	2602	58016	2455
山 东 Shandong	121704	13525	184822	12446	18175	641	94117	5350
河 南 Henan	147669	25024	257283	3242	25502	702	193170	5199
湖 北 Hubei	100259	9662	188488	11965	35331	3870	53500	7939
湖 南 Hunan	91685	34872	152658	8386	14926	2818	39189	3595
广 东 Guangdong	95890	40512	239268	8516	54869	3601	106336	8763
广 西 Guangxi	24129	12383	104965	11992	14851	903	51207	5298
海 南 Hainan	11764	21615	21994	2219	5346	256	12446	291
重 庆 Chongqing	26804	38300	88505	8489	10174	8822	28520	5276
四 川 Sichuan	122084	90962	152372	9101	33205	2319	65009	6129
贵 州 Guizhou	40415	68202	66191	3874	4883	657	51111	4858
云 南 Yunnan	29760	30787	82877	3165	14655	2396	33185	8220
西 藏 Tibet	1875	690	6432	448	2125	779	4093	946
陕 西 Shaanxi	88852	6689	165737	4308	17741	798	85173	2916
甘 肃 Gansu	34613	19503	90726	2830	7742	1957	32043	1573
青 海 Qinghai	16602	681	25910	530	4748	663	8324	418
宁 夏 Ningxia	12553	3976	26236	539	3999	217	8775	802
新 疆 Xinjiang	33333	13115	80538	3226	9221	2265	20329	1830

4-9 续表 4 continued

单位:人 (person)

地 区 Region	住宿和餐饮业 Accommodation and Restaurants		金融业 Finance		房地产业 Real Estate		租赁和商务服务业 Tenancy and Business Services	
	长期职工 Long-term Employment	临时职工 Temporary Employment	长期职工 Long-term Employment	临时职工 Temporary Employment	长期职工 Long-term Employment	临时职工 Temporary Employment	长期职工 Long-term Employment	临时职工 Temporary Employment
全 国 National	**501988**	**98634**	**1337626**	**94965**	**380578**	**33459**	**896460**	**211229**
北 京 Beijing	42676	14393	19059	876	25413	4252	113531	102905
天 津 Tianjin	5725	393	20874	2	3916	146	10807	24522
河 北 Hebei	26677	4836	79303	5581	16857	919	24475	3303
山 西 Shanxi	17246	4448	49309	6593	8037	631	28604	2094
内蒙古 Inner Mongolia	10987	1829	39248	2581	7325	654	17479	704
辽 宁 Liaoning	15436	2097	61111	2916	28599	1383	50002	2886
吉 林 Jilin	13018	1344	41522	2694	13256	606	16758	986
黑龙江 Heilongjiang	16592	2494	48043	2498	20578	2390	15212	1079
上 海 Shanghai	20559	429	36475	90	15663	159	47846	598
江 苏 Jiangsu	20013	1727	68323	4871	19542	263	34041	1243
浙 江 Zhejiang	16604	5496	59768	7346	14199	2099	52826	8594
安 徽 Anhui	9640	1544	42569	3932	11653	502	19338	1317
福 建 Fujian	13138	520	46858	187	12858	1089	29847	1521
江 西 Jiangxi	14368	1322	38033	2639	13095	300	13326	1045
山 东 Shandong	40011	9952	67544	4432	23461	1598	36781	5614
河 南 Henan	41383	7841	81677	2382	20155	562	48036	1985
湖 北 Hubei	14258	2329	53132	9017	13507	3400	29445	3410
湖 南 Hunan	19122	5018	39352	3057	13128	524	29238	2358
广 东 Guangdong	39987	7649	124881	8493	38176	4990	125573	21285
广 西 Guangxi	17187	3781	40195	3040	12743	482	28799	2568
海 南 Hainan	7447	891	7918	484	4020	862	6903	217
重 庆 Chongqing	5826	2549	22727	3101	6618	1926	4784	1594
四 川 Sichuan	12650	2972	64381	4803	10969	1658	34517	7082
贵 州 Guizhou	8486	1268	20614	360	4365	106	8055	4784
云 南 Yunnan	11405	2479	39974	2135	3436	351	11483	810
西 藏 Tibet	2620	873	5432	182	218	48	400	30
陕 西 Shaanxi	14964	2858	45475	3048	9631	472	19106	867
甘 肃 Gansu	8906	1664	25140	4288	3060	207	15048	772
青 海 Qinghai	1919	296	9190	252	643	44	3247	235
宁 夏 Ningxia	1903	423	12505	538	1296	75	1814	116
新 疆 Xinjiang	11235	2919	26994	2547	4161	761	19139	4705

4-9 续表 5 continued

单位:人 (person)

地 区 Region	科学研究、技术服务和地质勘查业 Scientific Research,Technical Service & Geologic Perambulation		水利、环境和公共设施管理业 Management of Water Conservancy,Environment & Public Establishment		居民服务和其他服务业 Resident Services and Other Services		教 育 Education	
	长期职工 Long-term Employment	临时职工 Temporary Employment	长期职工 Long-term Employment	临时职工 Temporary Employment	长期职工 Long-term Employment	临时职工 Temporary Employment	长期职工 Long-term Employment	临时职工 Temporary Employment
全 国 National	**1776842**	**60951**	**1336128**	**222877**	**216780**	**18205**	**13726060**	**417204**
北 京 Beijing	149462	9469	38314	14271	13628	3074	276626	21012
天 津 Tianjin	35143	384	27523	1670	8200	689	156140	1925
河 北 Hebei	66750	2709	69541	11862	14543	397	820072	11910
山 西 Shanxi	55026	2077	39837	9534	4813	405	440529	14595
内蒙古 Inner Mongolia	37100	260	47577	6739	10266	595	322388	3645
辽 宁 Liaoning	77841	1590	87205	15044	11576	406	485028	12569
吉 林 Jilin	51047	1172	47385	9938	7056	144	362465	9372
黑龙江 Heilongjiang	80036	5592	57869	10376	31112	1371	402838	21981
上 海 Shanghai	112734	189	28610	432	6691	88	219725	926
江 苏 Jiangsu	66566	787	65877	10169	5658	241	784166	17343
浙 江 Zhejiang	49513	5174	29972	7362	4197	369	472347	24001
安 徽 Anhui	46275	1572	43721	5876	2917	188	556361	9610
福 建 Fujian	33704	362	31192	661	6555	1293	409397	379
江 西 Jiangxi	51466	919	33651	5200	3940	356	440868	9124
山 东 Shandong	65652	1023	77603	16276	21814	460	988015	17636
河 南 Henan	100532	1958	97634	9537	9276	1065	789210	5943
湖 北 Hubei	77816	5053	69686	8322	4493	718	537992	73007
湖 南 Hunan	53584	1653	52432	7402	4302	223	621510	23866
广 东 Guangdong	80937	4448	83015	11593	12060	2512	933049	31121
广 西 Guangxi	45981	1782	39288	9486	1549	104	504037	14324
海 南 Hainan	11883	784	14091	2103	339	28	80990	1224
重 庆 Chongqing	21575	2012	14768	10003	1508	2389	299251	14350
四 川 Sichuan	102365	2827	50599	15286	9055	342	759066	26587
贵 州 Guizhou	28978	805	19545	2117	1294	20	363941	7039
云 南 Yunnan	47632	1562	29489	6072	1596	99	456518	17867
西 藏 Tibet	4753	416	846	700	49	12	30096	1279
陕 西 Shaanxi	113626	882	45880	3716	8197	58	482001	6972
甘 肃 Gansu	44517	1573	36344	3706	5284	380	282032	7433
青 海 Qinghai	16721	455	5929	386	2476	50	60097	1865
宁 夏 Ningxia	9547	262	16378	783	120	14	72039	2246
新 疆 Xinjiang	38080	1200	34327	6255	2216	115	317266	6053

4-9 续表 6 continued

单位:人 (person)

地 区 Region	卫生、社会保障和社会福利业 Sanitation, Social Security and Social Welfare		文化体育和娱乐业 Culture, Sports and Entertainment		公共管理和社会组织 Public Management and Social Organization	
	长期职工 Long-term Employment	临时职工 Temporary Employment	长期职工 Long-term Employment	临时职工 Temporary Employment	长期职工 Long-term Employment	临时职工 Temporary Employment
全 国 National	**4250273**	**253752**	**995923**	**57392**	**11812924**	**483123**
北 京 Beijing	127087	11768	89129	6669	265243	14280
天 津 Tianjin	65234	709	14679	133	116228	3312
河 北 Hebei	204985	8762	41256	1775	679697	23562
山 西 Shanxi	113085	6321	37380	2641	427021	17285
内蒙古 Inner Mongolia	89615	1688	30005	873	301030	5327
辽 宁 Liaoning	195548	7308	44519	1548	443431	19465
吉 林 Jilin	125927	4437	31600	3717	281408	8868
黑龙江 Heilongjiang	146749	7805	33032	2630	365896	24063
上 海 Shanghai	107693	1707	29781	47	156044	5285
江 苏 Jiangsu	205920	6755	39157	1966	522415	21503
浙 江 Zhejiang	180672	22745	36978	4034	423320	35140
安 徽 Anhui	120461	8183	30685	893	398293	11988
福 建 Fujian	96848	609	28212	116	276473	2383
江 西 Jiangxi	128120	4607	32349	1461	360360	10606
山 东 Shandong	286811	13938	48204	4692	942915	29517
河 南 Henan	303854	7247	63612	1544	924433	13886
湖 北 Hubei	216284	22312	39454	5135	452546	64975
湖 南 Hunan	199989	11652	35918	2059	614487	18765
广 东 Guangdong	344239	30332	60487	3120	793432	39155
广 西 Guangxi	150060	16446	26527	1422	329083	9951
海 南 Hainan	24721	1692	9158	404	83267	4248
重 庆 Chongqing	67377	8642	15182	3650	197502	10599
四 川 Sichuan	199244	12715	38336	1889	601450	19872
贵 州 Guizhou	82559	4557	16519	588	317276	5946
云 南 Yunnan	118096	5829	28146	1440	377923	15136
西 藏 Tibet	10234	995	5080	254	60109	3380
陕 西 Shaanxi	122778	6978	33096	646	402938	16465
甘 肃 Gansu	67370	7269	20599	1011	269426	11011
青 海 Qinghai	22635	1001	5971	151	66470	3176
宁 夏 Ningxia	24217	1717	7964	148	69984	2340
新 疆 Xinjiang	101861	7026	22908	736	292824	11634

4-10 各地区国有单位就业人员增加来源(2006年)

INCREASE OF EMPLOYMENT IN STATE-OWNED UNITS BY REGION (2006)

单位: 人 (person)

地区	Region	合计 Total	从农村招收 Recruited from Countryside	从城镇招收 Recruited from Cities and Towns	录用的复员转业军人 Recruited Demobilized and Transferred Armymen	录用的大、中专、技工学校毕业生 Recruited Graduates	调入 Transferred Into	#由外省、自治区、直辖市调入 Transferred from Other Regions	其他 Others
全国	**National**	**4755718**	**835685**	**553942**	**137269**	**899150**	**1284773**	**59440**	**1044899**
北京	Beijing	323830	123795	28682	3507	41681	69212	26255	56953
天津	Tianjin	78541	8211	7490	1190	17804	23097	3088	20749
河北	Hebei	172228	30582	17935	9631	46816	41862	1247	25402
山西	Shanxi	123256	20130	14332	5823	26722	24473	249	31776
内蒙古	Inner Mongolia	130211	17027	18195	2465	10615	40970	163	40939
辽宁	Liaoning	184659	19452	20665	7039	42600	52352	697	42551
吉林	Jilin	91078	9005	14346	3618	13121	33456	204	17532
黑龙江	Heilongjiang	253896	9138	32972	7367	24693	91200	319	88526
上海	Shanghai	222314	5977	59777	1908	28407	37816	3953	88429
江苏	Jiangsu	180610	19504	19407	6354	50484	44539	5404	40322
浙江	Zhejiang	163972	20464	22740	3763	41042	40364	1757	35599
安徽	Anhui	89106	8220	11279	3753	27720	19893	336	18241
福建	Fujian	145948	51032	17683	2614	24893	28500	735	21226
江西	Jiangxi	114065	12111	12707	3135	21015	34298	449	30799
山东	Shandong	285857	38926	33379	11513	64054	99872	1144	38113
河南	Henan	151040	26037	9730	9899	46202	37971	878	21201
湖北	Hubei	179843	27886	12375	5176	28228	69254	1042	36924
湖南	Hunan	138003	17749	8941	7144	23997	43459	575	36713
广东	Guangdong	329499	86713	56987	13003	77682	53669	4536	41445
广西	Guangxi	119019	18845	16780	2217	21703	32473	308	27001
海南	Hainan	123105	4344	5692	796	7632	96292	1644	8349
重庆	Chongqing	141727	24429	29649	3632	20385	35007	1243	28625
四川	Sichuan	212937	40820	21873	4779	45013	61588	868	38864
贵州	Guizhou	116259	26595	14824	1681	23587	25949	241	23623
云南	Yunnan	169672	40710	9681	2757	30536	38964	264	47024
西藏	Tibet	13868	1866	1278	389	4872	3260	70	2203
陕西	Shaanxi	116213	15651	7204	5792	32836	23290	334	31440
甘肃	Gansu	71326	5830	3519	3171	22399	25069	218	11338
青海	Qinghai	29674	1042	1992	507	5353	10603	93	10177
宁夏	Ningxia	27557	4284	3713	569	4220	8866	468	5905
新疆	Xinjiang	256405	99310	18115	2077	22838	37155	658	76910

4-11 各地区国有单位就业人员减少去向(2006年)

DECREASE OF EMPLOYMENT IN STATE-OWNED UNITS BY REGION (2006)

单位: 人 (person)

地区	Region	合计 Total	离休、退休、退职 Retired and Resigned	开除、除名、辞退 Expelled Expunged and Dismissed	终止、解除合同 Contract Closed or Terminated	不在岗职工 Not-on-post Staff & Workers	死亡 Death	调出 Transferred Out	#调到外省、自治区、直辖市 Transferred to Other Regions	其他 Others
全国	**National**	**4930331**	**1082554**	**235150**	**1147013**	**422509**	**76039**	**1139143**	**32641**	**827923**
北京	Beijing	271678	36230	9961	123351	6260	1542	36121	1861	58213
天津	Tianjin	94907	19331	2440	19615	9534	1030	21815	499	21142
河北	Hebei	177493	46066	13170	38305	19288	3825	38690	1064	18149
山西	Shanxi	119707	27645	3969	21680	15155	2454	20908	680	27896
内蒙古	Inner Mongolia	124668	19754	5868	26275	17934	1947	33105	617	19785
辽宁	Liaoning	182376	55603	5168	31397	16713	4604	46119	894	22772
吉林	Jilin	133101	24827	3454	44447	13316	2809	26416	536	17832
黑龙江	Heilongjiang	285487	39268	6146	52517	43116	4753	88204	1133	51483
上海	Shanghai	218348	37496	2988	73105	16621	1049	28920	2084	58169
江苏	Jiangsu	160318	46633	3644	36544	15932	2734	34640	1408	20191
浙江	Zhejiang	334361	204533	41684	29533	6340	1420	34530	481	16321
安徽	Anhui	97192	28692	3345	24301	6410	2730	21355	815	10359
福建	Fujian	141898	22229	6363	54243	4965	1603	28362	378	24133
江西	Jiangxi	126420	25948	6245	19942	22283	2421	26563	825	23018
山东	Shandong	275385	51489	29334	49729	22838	4676	94604	4742	22715
河南	Henan	187750	49067	6613	54215	25097	4281	30548	1169	17929
湖北	Hubei	220511	43238	7889	41491	34367	4117	68165	1542	21244
湖南	Hunan	134416	31942	4541	25032	15239	3688	40467	1271	13507
广东	Guangdong	286992	54961	17085	123924	14935	3803	46659	1255	25625
广西	Guangxi	124509	25351	5981	30370	13618	2676	29830	452	16683
海南	Hainan	118458	10475	1620	5428	10921	811	84456	574	4747
重庆	Chongqing	130857	14485	6750	35309	6239	1591	34497	1357	31986
四川	Sichuan	193313	41836	11797	41985	13128	3344	57840	1057	23383
贵州	Guizhou	119313	17451	4292	28787	7251	1878	27018	1228	32636
云南	Yunnan	146197	19051	6131	27746	7033	2270	34721	233	49245
西藏	Tibet	7810	877	152	1247	154	274	3281	34	1825
陕西	Shaanxi	139164	36116	6824	34445	18460	3012	21921	514	18386
甘肃	Gansu	76523	21008	2558	14853	8118	1467	23233	2077	5286
青海	Qinghai	24172	2042	1021	2463	2195	260	9984	1288	6207
宁夏	Ningxia	30600	4552	1134	5156	4101	454	10164	134	5039
新疆	Xinjiang	246407	24358	6983	29578	4948	2516	36007	439	142017

五、城镇集体单位
就业人员和劳动报酬

EMPLOYMENT AND EARNINGS
IN URBAN COLLECTIVE-OWNED UNITS

5-1 分行业城镇集体单位就业人员和劳动报酬(2006年)

EMPLOYMENT AND EARNINGS IN URBAN COLLECTIVE-OWNED UNITS BY SECTOR (2006)

项目	Item	年末人数(千人) Year-end Figures (1000 persons)	#女性 Female	劳动报酬(千元) Earnings (1000 yuan)	平均劳动报酬(元) Average Earning (yuan)
全国总计	**National Total**	**7636**	**2777**	**98379270**	**12866**
按企、事业和机关分组	**Grouped by Enterprises,Institutions and Agencies**				
企业	Enterprises	6578	2256	81818638	12406
事业	Institutions	1036	513	16193415	15731
机关	Agencies and Organizations	22	8	367217	16958
按国民经济行业分组	**Grouped by Sector**				
农、林、牧、渔业	**Agriculture,Forestry,Farming of Animals and Fishing**	**71**	**20**	**681383**	**9789**
农业	Agriculture	10	3	75871	7806
林业	Forestry	3	1	37777	10915
畜牧业	Farming of Animals	3	1	36298	10822
渔业	Fishing	3	1	28908	9863
农、林、牧、渔服务业	Service Activities for Agriculture, Forestry, Farming of Animals and Fishing	51	13	502529	10022
采矿业	**Mining**	**251**	**74**	**3464032**	**13626**
煤炭开采和洗选业	Mining and Washing of Coal	172	54	2500752	14262
石油和天然气开采业	Extraction of Petroleum and Natural Gas	1		18024	17248
黑色金属矿采选业	Mining of Ferrous Metal Ores	22	6	245270	11522
有色金属矿采选业	Mining of Non-ferrous Metal Ores	20	5	303271	14707
非金属矿采选业	Mining and Processing of Nonmetal Ores	35	9	393615	11175
其他采矿业	Mining of Other Ores	1		3100	4435
制造业	**Manufacturing**	**2039**	**913**	**22554055**	**10978**
农副食品加工业	Processing of Food from Agricultural Products	44	16	403597	9311
食品制造业	Manufacture of Foods	42	20	355897	8501
饮料制造业	Manufacture of Beverage	19	8	179887	9379
烟草制品业	Manufacture of Tobacco	5	2	132996	25127
纺织业	Manufacture of Textile	131	81	1270213	9588
纺织服装、鞋、帽制造业	Manufacture of Textile Wearing Apparel, Footware,and Caps	102	67	1018986	9823
皮革、毛皮、羽毛(绒)及其制品业	Manufacture of Leather,Fur,Feather & Its Products	37	23	460156	12571
木材加工及木、竹、藤、棕、草制品业	Processing of Timbers,Manufacture of Wood, Bamboo,Rattan,Palm,and Straw Products	48	20	319863	7046
家具制造业	Manufacture of Furniture	26	11	255944	9629
造纸及纸制品业	Manufacture of Paper and Paper Products	48	21	457269	9450
印刷业和记录媒介的复制	Printing,Reproduction of Recording Media	61	31	706893	11426
文教体育用品制造业	Manufacture of Articles for Culture, Education and Sport Activity	18	9	219122	11645
石油加工、炼焦及核燃料加工业	Processing of Petroleum ,Coking,Processing of Nucleus Fuel	28	14	434119	14709
化工原料及化学制品制造业	Manufacture of Chemical Raw Material and Chemical Products	113	45	1270281	11239
医药制造业	Manufacture of Medicines	28	13	286172	10412
化学纤维制造业	Manufacture of Chemical Fiber	6	3	119493	18307
橡胶制品业	Manufacture of Rubber	27	13	257389	9274
塑料制品业	Manufacture of Plastic	65	30	703070	10825
非金属矿物制品业	Manufacture of Non-metallic Mineral Products	206	71	2046319	9885
黑色金属冶炼及压延加工业	Manufacture and Processing of Ferrous Metals	103	41	1618507	15613
有色金属冶炼及压延加工业	Manufacture & Processing of Non-ferrous Metals	38	15	502022	12757
金属制品业	Manufacture of Metal Products	145	56	1552365	10654

5-1 续表 1 continued

项目	Item	年末人数（千人） Year-end Figures (1000 persons)	#女性 Female	劳动报酬（千元） Earnings (1000 yuan)	平均劳动报酬（元） Average Earning (yuan)
通用设备制造业	Manufacture of General Purpose Machinery	206	80	2257263	10829
专用设备制造业	Manufacture of Special Purpose Machinery	81	31	915653	11260
交通运输设备制造业	Manufacture of Transport Equipment	170	64	1909029	11084
电气机械及器材制造业	Manufacture of Electrical Machinery & Equipment	115	58	1404299	11911
通信设备、计算机及其他电子设备制造业	Manufacture of Communication Equipment, Computer and Other Electronic Equipment	37	23	470648	13001
仪器仪表及文化、办公用机械制造业	Manufacture of Measuring Instrument and Machinery for Cultural Activity & Office Work	29	14	345860	11823
工艺品及其他制造业	Manufacture of Artwork,Other Manufacture	55	31	616419	11069
废弃资源和废旧材料回收加工业	Recycling and Disposal of Waste	5	3	64324	13122
电力、燃气及水的生产和供应业	**Production and Distribution of Electricity,Gas and Water**	**60**	**19**	**1178162**	**19880**
电力、热力的生产和供应业	Production & Supply of Electric Power & Heat Power	39	12	776034	20248
燃气生产和供应业	Production and Distribution of Gas	2	1	34690	16590
水的生产和供应业	Production and Distribution of Water	19	7	367438	19496
建筑业	**Construction**	**1849**	**277**	**21075853**	**11428**
房屋和土木工程建筑业	Construction of Building & Civil Engineering	1656	234	18120127	10972
建筑安装业	Architectural Installation	144	30	2363687	16421
建筑装饰业	Architectural Decoration	29	6	383062	13510
其他建筑业	Other Construction	21	7	208977	10208
交通运输、仓储和邮政业	**Traffic,Transport,Storage and Post**	**272**	**86**	**3027293**	**11062**
铁路运输业	Transport Via Railway	26	12	317147	11920
道路运输业	Transport Via Road	92	26	1000623	10712
城市公共交通业	Urban Public Traffic	25	7	322979	12821
水上运输业	Water Transport	40	11	396893	9873
航空运输业	Air Transport	2	1	21787	14851
管道运输业	Transport Via Pipeline	1		21762	37328
装卸搬运和其他运输服务业	Loading,Unloading,Portage & Other Transport Services	72	25	721841	9998
仓储业	Storage	12	4	186634	15686
邮政业	Post	2	1	37627	17824
信息传输、计算机服务和软件业	**Information Transfer, Computer Services and Software**	**11**	**4**	**288096**	**24058**
电信和其他信息传输服务业	Telecom & Other Information Transfer Services	8	3	204303	25046
计算机服务业	Computer Services	1	1	20887	14930
软件业	Software Industry	2	1	62906	26005
批发和零售业	**Wholesale and Retail Trade**	**774**	**324**	**7184936**	**9256**
批发业	Wholesale	357	137	3684876	10255
零售业	Retail Trade	418	187	3500060	8395
住宿和餐饮业	**Accommodation and Restaurants**	**127**	**76**	**1464303**	**11453**
住宿业	Accommodation	82	49	956975	11614
餐饮业	Restaurants	45	27	507328	11160
金融业	**Finance**	**621**	**270**	**13481418**	**21694**
银行业	Bank	614	267	13365854	21756
证券业	Securities	…	…	1810	6351
保险业	Insurance	1	…	7284	14568
其他金融活动	Other Financial Activities	6	3	106470	16900
房地产业	**Real Estate**	**80**	**27**	**1237944**	**15625**
房地产开发经营	Real Estate Exploitation Management	37	10	550046	15214
物业管理	Management Concerning Dwelling	28	11	433132	15840
房地产中介服务	Real Estate Agency Service	2	1	33390	15295
租赁和商务服务业	**Tenancy and Business Services**	**341**	**107**	**4792205**	**14204**
租赁业	Tenancy	6	2	85346	14198
商务服务业	Business Service	335	104	4706859	14204

5-1 续表 2 continued

项 目	Item	年末人数（千人）Year-end Figures (1000 persons)	#女 性 Female	劳动报酬（千元）Earnings (1000 yuan)	平均劳动报 酬（元）Average Earning (yuan)
科学研究、技术服务和地质勘查业	**Scientific Research,Technical Service and Geologic Perambulation**	**35**	**11**	**817563**	**23058**
研究与实验发展	Research and Experimental Development	3	1	125808	40041
#自然科学研究与实验发展	Research and Experimental Development on Physical Science	…	…	4972	20891
工程和技术研究与实验发展	Research and Experimental Development on Engineering and Technical Research	2	1	106119	49084
农业科学研究与实验发展	Research and Experimental Development on Agricultural Science Research	…	…	5296	19761
医学研究与实验发展	Research and Experimental Development on Medical Research	…	…	6790	20029
社会人文科学研究与实验发展	Research and Experimental Development on Social Science and Humanities	…	…	2631	19489
专业技术服务业	Professional Technique Services	23	7	512265	22022
#气象服务	Weather Services	…	…	833	20825
地震服务	Earthquake Services	…	…	495	10532
海洋服务	Ocean Services	…	…	571	15432
测绘服务	Plotting Services	1	…	20872	24469
技术检测	Technique Detection	5	2	84670	17592
环境监测	Environmental Monitoring	…	…	4648	20566
工程技术与规划管理	Engineering Technic & Programming Management	12	4	295696	24178
科技交流和推广服务业	Services of Science and Technique Intercommunion and Generalization	8	3	170452	20046
地质勘查业	Geologic Perambulation	1	…	9038	16403
水利、环境和公共设施管理业	**Management of Water Conservancy, Environment and Public Establishment**	**100**	**50**	**1181064**	**11948**
水利管理业	Management of Water Conservancy	9	2	130311	14380
环境管理业	Environmental Management	77	42	839421	10989
公共设施管理业	Management of Public Establishment	14	5	211332	15768
居民服务和其他服务业	**Resident Services and Other Services**	**98**	**45**	**1215238**	**12170**
居民服务业	Resident Services	38	20	456900	12048
其他服务业	Other Services	60	25	758338	12245
教 育	**Education**	**360**	**183**	**5511007**	**15338**
#初等教育	Primary Education	242	119	3561116	14755
中等教育	Secondary Education	80	37	1348677	16954
高等教育	Higher Education	3	2	77733	22617
卫生、社会保障和社会福利业	**Sanitation,Social Security & Social Welfare**	**488**	**267**	**8394010**	**17325**
卫 生	Sanitation	477	260	8197916	17319
社会保障业	Social Security	5	3	115456	24043
社会福利业	Social Welfare	6	4	80638	12713
文化体育和娱乐业	**Culture, Sports and Entertainment**	**23**	**10**	**320308**	**14169**
新闻出版业	Journalism and Publishing Activities	2	1	38800	20793
广播、电影、电视和音像业	Broadcasting,Movies,Television and Audiovisual Activities	4	1	67430	16617
文化艺术业	Culture and Art	14	6	178805	13147
体育	Sports Activities	1	…	7089	13765
娱乐业	Entertainment	3	2	28184	10979
公共管理和社会组织	**Public Management & Social Organization**	**36**	**15**	**510400**	**14129**
#中国共产党机关	Chinese Communist Party Organs				
国家机构	Organ of State				
人民政协和民主党派	People's Political Consultative Conference and Democratic Parties				
群众社团、社会团体和宗教组织	Mass Communities, Social Communities and Religion Organizations	10	5	134134	13844

5-2 分行业城镇单位在岗职工人数和工资(2006年)

ON-POST STAFF AND WORKERS AND WAGES IN URBAN COLLECTIVE-OWNED UNITS BY SECTOR (2006)

项目	Item	年末人数(千人) Year-end Figures (1000 persons)	工资总额(千元) Total Wages (1000 yuan)	平均人数(千人) Average Figures (1000 persons)	平均工资(元) Average Wage (yuan)
全国总计	**National Total**	**7260**	**94494234**	**7261**	**13014**
按企、事业和机关分组	**Grouped by Enterprises,Institutions and Agencies**				
企业	Enterprises	6252	78539939	6260	12547
事业	Institutions	988	15596383	982	15887
机关	Agencies Organizations	20	357912	20	17897
按国民经济行业分组	**Grouped by Sector**				
农、林、牧、渔业	**Agriculture,Forestry,Farming of Animals and Fishing**	**69**	**663792**	**67**	**9861**
农业	Agriculture	10	74586	10	7820
林业	Forestry	3	32959	3	10950
畜牧业	Farming of Animals	3	35301	3	10994
渔业	Fishing	3	25336	3	9893
农、林、牧、渔服务业	Service Activities for Agriculture, Forestry, Farming of Animals and Fishing	50	495610	49	10116
采矿业	**Mining**	**245**	**3396216**	**248**	**13689**
煤炭开采和洗选业	Mining and Washing of Coal	169	2448174	171	14297
石油和天然气开采业	Extraction of Petroleum and Natural Gas	1	17981	1	17240
黑色金属矿采选业	Mining of Ferrous Metal Ores	21	240141	21	11487
有色金属矿采选业	Mining of Non-ferrous Metal Ores	19	296724	20	15041
非金属矿采选业	Mining and Processing of Nonmetal Ores	34	390704	35	11241
其他采矿业	Mining of Other Ores	…	2492	…	5703
制造业	**Manufacturing**	**1977**	**21917398**	**1990**	**11012**
农副食品加工业	Processing of Food from Agricultural Products	43	396506	42	9431
食品制造业	Manufacture of Foods	41	351288	41	8517
饮料制造业	Manufacture of Beverage	18	175786	19	9446
烟草制品业	Manufacture of Tobacco	5	132796	5	25246
纺织业	Manufacture of Textile	130	1255274	131	9610
纺织服装、鞋、帽制造业	Manufacture of Textile Wearing Apparel, Footware,and Caps	100	994830	101	9843
皮革、毛皮、羽毛(绒)及其制品业	Manufacture of Leather,Fur,Feather & Its Products	36	453096	36	12588
木材加工及木、竹、藤、棕、草制品业	Processing of Timbers,Manufacture of Wood, Bamboo,Rattan,Palm,and Straw Products	46	308778	44	7074
家具制造业	Manufacture of Furniture	26	246706	26	9534
造纸及纸制品业	Manufacture of Paper and Paper Products	47	447779	47	9442
印刷业和记录媒介的复制	Printing,Reproduction of Recording Media	59	666252	60	11116
文教体育用品制造业	Manufacture of Articles for Culture, Education and Sport Activity	18	210994	18	11673
石油加工、炼焦及核燃料加工业	Processing of Petroleum ,Coking,Processing of Nucleus Fuel	28	433666	29	14751
化工原料及化学制品制造业	Manufacture of Chemical Raw Material and Chemical Products	109	1246843	109	11451
医药制造业	Manufacture of Medicines	26	265151	26	10203
化学纤维制造业	Manufacture of Chemical Fiber	6	117904	6	18339
橡胶制品业	Manufacture of Rubber	26	251389	27	9242
塑料制品业	Manufacture of Plastic	63	670376	62	10777
非金属矿物制品业	Manufacture of Non-metallic Mineral Products	202	2013302	203	9942
黑色金属冶炼及压延加工业	Manufacture and Processing of Ferrous Metals	100	1584786	100	15804
有色金属冶炼及压延加工业	Manufacture & Processing of Non-ferrous Metals	37	483809	38	12762
金属制品业	Manufacture of Metal Products	141	1514972	142	10692

5-2 续表 1 continued

项 目	Item	年末人数(千人) Year-end Figures (1000 persons)	工资总额(千元) Total Wages (1000 yuan)	平均人数(千人) Average Figures (1000 persons)	平均工资(元) Average Wage (yuan)
通用设备制造业	Manufacture of General Purpose Machinery	197	2182402	200	10930
专用设备制造业	Manufacture of Special Purpose Machinery	79	878935	78	11197
交通运输设备制造业	Manufacture of Transport Equipment	161	1825811	163	11196
电气机械及器材制造业	Manufacture of Electrical Machinery & Equipment	112	1368420	115	11950
通信设备、计算机及其他电子设备制造业	Manufacture of Communication Equipment, Computer and Other Electronic Equipment	36	457247	35	12934
仪器仪表及文化、办公用机械制造业	Manufacture of Measuring Instrument and Machinery for Cultural Activity & Office Work	27	313816	28	11392
工艺品及其他制造业	Manufacture of Artwork,Other Manufacture	54	605710	55	11098
废弃资源和废旧材料回收加工业	Recycling and Disposal of Waste	5	62774	5	13070
电力、燃气及水的生产和供应业	**Production and Distribution of Electricity,Gas and Water**	**59**	**1164537**	**58**	**20010**
电力、热力的生产和供应业	Production & Supply of Electric Power & Heat Power	38	769097	38	20397
燃气生产和供应业	Production and Distribution of Gas	2	34531	2	16617
水的生产和供应业	Production and Distribution of Water	18	360909	18	19599
建筑业	**Construction**	**1713**	**19775464**	**1704**	**11608**
房屋和土木工程建筑业	Construction of Building & Civil Engineering	1535	16960009	1526	11115
建筑安装业	Architectural Installation	135	2263806	136	16698
建筑装饰业	Architectural Decoration	27	357383	27	13271
其他建筑业	Other Construction	15	194266	15	12831
交通运输、仓储和邮政业	**Traffic,Transport,Storage and Post**	**256**	**2921625**	**257**	**11352**
铁路运输业	Transport Via Railway	26	308717	26	11915
道路运输业	Transport Via Road	88	964624	89	10805
城市公共交通业	Urban Public Traffic	24	314217	24	12961
水上运输业	Water Transport	37	379589	38	10081
航空运输业	Air Transport	1	14935	1	14599
管道运输业	Transport Via Pipeline	1	21748	1	37497
装卸搬运和其他运输服务业	Loading,Unloading,Portage & Other Transport Services	65	703237	65	10752
仓储业	Storage	11	176961	11	15860
邮政业	Post	2	37597	2	17810
信息传输、计算机服务和软件业	**Information Transfer, Computer Services and Software**	**11**	**277960**	**11**	**24756**
电信和其他信息传输服务业	Telecom & Other Information Transfer Services	7	196187	8	25869
计算机服务业	Computer Services	1	19962	1	15474
软件业	Software Industry	2	61811	2	26258
批发和零售业	**Wholesale and Retail Trade**	**734**	**6825973**	**736**	**9275**
批发业	Wholesale	339	3505610	342	10257
零售业	Retail Trade	394	3320363	394	8424
住宿和餐饮业	**Accommodation and Restaurants**	**122**	**1405134**	**122**	**11513**
住宿业	Accommodation	79	921680	79	11666
餐饮业	Restaurants	43	483454	43	11232
金融业	**Finance**	**601**	**13266279**	**601**	**22068**
银行业	Bank	594	13154959	594	22134
证券业	Securities	…	1810	…	6351
保险业	Insurance	…	4355	…	13157
其他金融活动	Other Financial Activities	6	105155	6	16980
房地产业	**Real Estate**	**75**	**1176922**	**74**	**15869**
#房地产开发经营	Real Estate Exploitation Management	35	533674	35	15314
物业管理	Management Concerning Dwelling	25	398742	24	16370
房地产中介服务	Real Estate Agency Service	2	31426	2	15315
租赁和商务服务业	**Tenancy and Business Services**	**323**	**4535543**	**318**	**14285**
租赁业	Tenancy	6	82973	6	14174
商务服务业	Business Service	317	4452570	312	14287

5-2 续表 2 continued

项 目	Item	年末人数(千人) Year-end Figures (1000 persons)	工资总额(千元) Total Wages (1000 yuan)	平均人数(千人) Average Figures (1000 persons)	平均工资(元) Average Wage (yuan)
科学研究、技术服务和地质勘查业	**Scientific Research,Technical Service and Geologic Perambulation**	**30**	**735738**	**31**	**23969**
研究与实验发展	Research and Experimental Development	3	121027	3	42023
#自然科学研究与实验发展	Research and Experimental Development on Physical Science	…	4910	…	21822
工程和技术研究与实验发展	Research and Experimental Development on Engineering and Technical Research	2	102321	2	50957
农业科学研究与实验发展	Research and Experimental Development on Agricultural Science Research	…	5162	…	20984
医学研究与实验发展	Research and Experimental Development on Medical Research	…	6252	…	21860
社会人文科学研究与实验发展	Research and Experimental Development on Social Science and Humanities	…	2382	…	20713
专业技术服务业	Professional Technique Services	21	457386	21	21971
#气象服务	Weather Services	…	833	…	20825
地震服务	Earthquake Services	…	495	…	10532
海洋服务	Ocean Services	…	571	…	15432
测绘服务	Plotting Services	1	20352	1	24609
技术检测	Technique Detection	5	81763	5	17883
环境监测	Environmental Monitoring	…	4625	…	20740
工程技术与规划管理	Engineering Technic & Programming Management	11	263442	11	24479
科技交流和推广服务业	Services of Science and Technique Intercommunion and Generalization	6	148564	6	22860
地质勘查业	Geologic Perambulation	1	8761	…	17592
水利、环境和公共设施管理业	**Management of Water Conservancy, Environment and Public Establishment**	**91**	**1106698**	**90**	**12323**
水利管理业	Management of Water Conservancy	9	129385	9	14512
环境管理业	Environmental Management	69	774896	68	11382
公共设施管理业	Management of Public Establishment	13	202417	13	15801
居民服务和其他服务业	**Resident Services and Other Services**	**90**	**1133016**	**91**	**12402**
居民服务业	Resident Services	34	413317	34	12276
其他服务业	Other Services	56	719699	58	12475
教 育	**Education**	**349**	**5378741**	**348**	**15442**
#初等教育	Primary Education	239	3540955	239	14836
中等教育	Secondary Education	77	1299992	77	16934
高等教育	Higher Education	2	61303	2	27967
卫生、社会保障和社会福利业	**Sanitation,Social Security & Social Welfare**	**465**	**8043139**	**462**	**17416**
卫 生	Sanitation	455	7852711	451	17405
社会保障业	Social Security	5	114026	5	24061
社会福利业	Social Welfare	6	76402	6	12980
文化体育和娱乐业	**Culture, Sports and Entertainment**	**22**	**305703**	**21**	**14239**
新闻出版业	Journalism and Publishing Activities	2	35407	2	21498
广播、电影、电视和音像业	Broadcasting,Movies,Television and Audiovisual Activities	4	60985	4	16394
文化艺术业	Culture and Art	13	175101	13	13315
体 育	Sports Activities	…	6692	…	14904
娱乐业	Entertainment	3	27518	3	10994
公共管理和社会组织	**Public Management & Social Organization**	**31**	**464356**	**31**	**15042**
#中国共产党机关	Chinese Communist Party Organs				
国家机构	Organ of State				
人民政协和民主党派	People's Political Consultative Conference and Democratic Parties				
群众社团、社会团体和宗教组织	Mass Communities, Social Communities and Religion Organizations	8	115083	8	14035

5-3 各地区分行业城镇集体单位就业人员和劳动报酬(2006年)
EMPLOYMENT AND EARNINGS IN URBAN COLLECTIVE-OWNED UNITS BY SECTOR AND REGION (2006)

地 区	Region	总计 Total 年末人数(人) Year-end Figures (person)	#女性 Female	劳动报酬(千元) Earnings (1000 yuan)	平均劳动报酬(元) Average Earning (yuan)	企业 Enterprise 年末人数(人) Year-end Figures (person)	#女性 Female	劳动报酬(千元) Earnings (1000 yuan)	平均劳动报酬(元) Average Earning (yuan)
全 国	**National**	**7636301**	**2777219**	**98379270**	**12866**	**6578385**	**2256248**	**81818638**	**12406**
北 京	Beijing	187927	73154	3476390	17550	167352	60730	3013869	16904
天 津	Tianjin	96058	34069	1799226	17752	90099	31039	1709735	17936
河 北	Hebei	359570	132528	3775226	10255	335930	120915	3514110	10202
山 西	Shanxi	298358	119753	3553169	12014	266430	103296	3230959	12233
内蒙古	Inner Mongolia	115126	46018	1436203	12404	98865	38248	1255292	12577
辽 宁	Liaoning	382552	149212	4252045	10793	362256	138132	4036318	10805
吉 林	Jilin	208712	105377	1945901	9106	190218	94806	1751258	8973
黑龙江	Heilongjiang	365008	143988	3435868	9194	356263	139473	3317625	9089
上 海	Shanghai	133833	56984	3114673	22959	96630	35763	1901204	19320
江 苏	Jiangsu	355182	147919	5458195	15279	251246	93466	3476822	13672
浙 江	Zhejiang	289659	98746	6232893	22006	228948	65991	4572443	20453
安 徽	Anhui	283074	105978	3267427	11722	233067	82654	2687657	11753
福 建	Fujian	182203	60049	2787606	15549	156992	48580	2374160	15407
江 西	Jiangxi	169016	50950	1676042	10000	155680	44521	1543593	9973
山 东	Shandong	615252	228436	8085242	13024	528774	190422	6849594	12808
河 南	Henan	859030	329905	10479069	12377	564096	187007	6256670	11322
湖 北	Hubei	378570	125489	3851697	10265	348221	112216	3530349	10233
湖 南	Hunan	308088	87433	3761209	12490	275851	70772	3291010	12204
广 东	Guangdong	672534	237629	9629005	14545	632809	216057	8872621	14253
广 西	Guangxi	178862	54157	2153721	12025	170370	50048	2061478	12080
海 南	Hainan	38408	12554	364865	9604	32231	9565	292427	9170
重 庆	Chongqing	125052	40157	1689380	13471	105637	31816	1442273	13553
四 川	Sichuan	413076	121598	5125730	12624	347841	93412	4247605	12472
贵 州	Guizhou	94948	25897	1194865	12590	93011	24872	1174905	12637
云 南	Yunnan	135574	44442	1540186	11859	129999	41849	1471040	11830
西 藏	Tibet	5195	1278	55072	10767	5188	1277	54983	10764
陕 西	Shaanxi	211143	80116	1931718	8879	189339	70571	1715282	8745
甘 肃	Gansu	87502	31415	1040945	11411	82865	29334	983052	11351
青 海	Qinghai	21487	8299	234121	10780	20134	7575	209748	10297
宁 夏	Ningxia	12095	4474	239447	18504	11375	4200	231102	18940
新 疆	Xinjiang	53207	19215	792134	14058	50668	17641	749454	13920

5-3 续表 1 continued

地区 Region	非农企业 Nonagricultural Enterpriese				事业 Institutions			
	年末人数(人) Year-end Figures (person)	#女性 Female	劳动报酬(千元) Earnings (1000 yuan)	平均劳动报酬(元) Average Earning (yuan)	年末人数(人) Year-end Figures (person)	#女性 Female	劳动报酬(千元) Earnings (1000 yuan)	平均劳动报酬(元) Average Earning (yuan)
全国 National	**6507620**	**2236608**	**81137255**	**12434**	**1036325**	**513234**	**16193415**	**15731**
北京 Beijing	164112	59410	2971692	16990	20575	12424	462521	23363
天津 Tianjin	90067	31026	1709348	17938	5959	3030	89491	14853
河北 Hebei	332969	120299	3494600	10232	23063	11486	255322	11057
山西 Shanxi	265146	103002	3221003	12253	31263	16254	309825	10004
内蒙古 Inner Mongolia	96752	37743	1239487	12685	16036	7694	175864	11161
辽宁 Liaoning	359609	137385	4008220	10808	19950	10983	209701	10472
吉林 Jilin	189153	94511	1743009	8980	17914	10464	185664	10368
黑龙江 Heilongjiang	353536	138191	3306407	9116	8216	4363	107564	13166
上海 Shanghai	95200	35375	1863023	19212	35686	20624	1151459	32262
江苏 Jiangsu	245543	92208	3418295	13719	101848	53611	1924558	19087
浙江 Zhejiang	228267	65892	4552043	20424	60469	32654	1648216	27729
安徽 Anhui	232415	82507	2682917	11765	49045	22967	567094	11547
福建 Fujian	156698	48509	2371073	15417	25211	11469	413446	16418
江西 Jiangxi	154268	44238	1534069	10002	11957	6144	119688	10439
山东 Shandong	522705	188122	6785564	12834	84890	37428	1218744	14440
河南 Henan	555870	184480	6191835	11369	290360	141043	4155171	14352
湖北 Hubei	343683	111088	3494485	10263	27803	12239	290161	10463
湖南 Hunan	272954	69987	3262569	12230	32237	16661	470199	14936
广东 Guangdong	630730	215546	8844602	14256	39390	21348	747291	19073
广西 Guangxi	169693	49814	2055569	12094	8408	4083	91110	10888
海南 Hainan	31412	9289	287789	9264	5279	2607	71764	13785
重庆 Chongqing	102432	31041	1409899	13665	19089	8280	241486	12934
四川 Sichuan	338055	91668	4156197	12566	65077	28147	875943	13411
贵州 Guizhou	92949	24864	1174357	12639	1859	987	17679	9536
云南 Yunnan	129202	41495	1461465	11829	4509	2287	53289	11954
西藏 Tibet	5170	1270	54752	10757	3	1	43	14333
陕西 Shaanxi	186534	69737	1694030	8764	21118	9351	209301	10119
甘肃 Gansu	82610	29281	980671	11358	4620	2078	57622	12524
青海 Qinghai	19645	7376	202410	10182	1300	705	23296	17975
宁夏 Ningxia	11285	4170	230161	19006	720	274	8345	11308
新疆 Xinjiang	48956	17084	735714	14081	2471	1548	41558	17067

5-3 续表 2 continued

地区 Region	机关 Agencies and Organizations 年末人数(人) Year-end Figures (person)	#女性 Female	劳动报酬(千元) Earnings (1000 yuan)	平均劳动报酬(元) Average Earning (yuan)	农、林、牧、渔业 Agriculture Forestry, Farming of Animals and Fishing 年末人数(人) Year-end Figures (person)	#女性 Female	劳动报酬(千元) Earnings (1000 yuan)	平均劳动报酬(元) Average Earning (yuan)
全国 National	**21591**	**7737**	**367217**	**16958**	**70765**	**19640**	**681383**	**9789**
北京 Beijing					3240	1320	42177	12482
天津 Tianjin					32	13	387	12094
河北 Hebei	577	127	5794	9854	2961	616	19510	6663
山西 Shanxi	665	203	12385	18765	1284	294	9956	7997
内蒙古 Inner Mongolia	225	76	5047	22734	2113	505	15805	7551
辽宁 Liaoning	346	97	6026	17416	2647	747	28098	10326
吉林 Jilin	580	107	8979	14459	1065	295	8249	7746
黑龙江 Heilongjiang	529	152	10679	20497	2727	1282	11218	4892
上海 Shanghai	1517	597	62010	39572	1430	388	38181	26644
江苏 Jiangsu	2088	842	56815	27068	5703	1258	58527	11415
浙江 Zhejiang	242	101	12234	50975	681	99	20400	30044
安徽 Anhui	962	357	12676	13190	652	147	4740	7304
福建 Fujian					294	71	3087	10222
江西 Jiangxi	1379	285	12761	9376	1412	283	9524	6769
山东 Shandong	1588	586	16904	10638	6069	2300	64030	10542
河南 Henan	4574	1855	67228	14960	8226	2527	64835	8122
湖北 Hubei	2546	1034	31187	12342	4538	1128	35864	7996
湖南 Hunan					2897	785	28441	9841
广东 Guangdong	335	224	9093	25686	2079	511	28019	13419
广西 Guangxi	84	26	1133	13651	677	234	5909	8551
海南 Hainan	898	382	674	751	819	276	4638	5642
重庆 Chongqing	326	61	5621	17511	3205	775	32374	9989
四川 Sichuan	158	39	2182	13987	9786	1744	91408	9302
贵州 Guizhou	78	38	2281	28513	62	8	548	9964
云南 Yunnan	1066	306	15857	14875	797	354	9575	12029
西藏 Tibet	4		46	11500	18	7	231	12833
陕西 Shaanxi	686	194	7135	9463	2805	834	21252	7462
甘肃 Gansu	17	3	271	15941	255	53	2381	9053
青海 Qinghai	53	19	1077	20321	489	199	7338	15006
宁夏 Ningxia					90	30	941	10228
新疆 Xinjiang	68	26	1122	15583	1712	557	13740	8625

5-3 续表 3 continued

地区 Region	采矿业 Mining 年末人数(人) Year-end Figures (person)	#女性 Female	劳动报酬(千元) Earnings (1000 yuan)	平均劳动报酬(元) Average Earning (yuan)	制造业 Manufacturing 年末人数(人) Year-end Figures (person)	#女性 Female	劳动报酬(千元) Earnings (1000 yuan)	平均劳动报酬(元) Average Earning (yuan)
全 国 National	**250877**	**74459**	**3464032**	**13626**	**2038703**	**912537**	**22554055**	**10978**
北 京 Beijing	1464	115	30279	19881	44432	17945	701063	15235
天 津 Tianjin	648	164	13657	20353	27781	10043	406858	13858
河 北 Hebei	7990	5162	50207	6286	107433	51034	955830	8813
山 西 Shanxi	35991	6211	602289	17060	83506	35856	955054	11422
内蒙古 Inner Mongolia	4305	1169	55758	12707	31778	14998	324045	9851
辽 宁 Liaoning	18689	6955	200641	10475	162063	72442	1606555	9671
吉 林 Jilin	6731	3055	73318	10334	76329	37529	676254	8776
黑龙江 Heilongjiang	21400	5041	316677	12873	142531	56375	1085141	7541
上 海 Shanghai	3	1	55	18333	22479	9192	403372	17303
江 苏 Jiangsu	9388	5171	116478	12360	85393	39603	1031577	11895
浙 江 Zhejiang	3864	660	98335	24807	59837	27719	905416	15475
安 徽 Anhui	41186	22966	684774	16661	37411	16666	392754	10380
福 建 Fujian	394	92	6809	16938	45229	22202	605060	13326
江 西 Jiangxi	498	108	5188	10035	29727	13148	242714	8146
山 东 Shandong	19682	2667	252199	12821	213278	96266	2732957	12703
河 南 Henan	11009	2721	159881	14831	164373	65306	1734184	10684
湖 北 Hubei	25764	4037	274457	10845	124785	54581	1137383	9162
湖 南 Hunan	16330	2721	208061	12853	61562	23387	684126	11148
广 东 Guangdong	383	39	9136	24169	215265	117251	2578268	11974
广 西 Guangxi	2086	1076	27534	12963	36516	15513	415253	11353
海 南 Hainan					3528	1671	29291	8628
重 庆 Chongqing	3022	399	41421	13154	37459	16313	450439	11811
四 川 Sichuan	7792	1683	67760	8742	80981	33253	949080	11852
贵 州 Guizhou	2059	267	29868	14264	19122	5950	168042	8716
云 南 Yunnan	2976	810	44225	12875	31719	11562	335924	10631
西 藏 Tibet	218	24	1498	9079	1991	721	23874	12262
陕 西 Shaanxi	2327	448	43757	19242	48632	24501	463005	8951
甘 肃 Gansu	3239	557	30197	9428	28824	14718	406015	13827
青 海 Qinghai	641	33	5617	8763	5510	2900	41231	7516
宁 夏 Ningxia					2324	1076	22016	9490
新 疆 Xinjiang	798	107	13956	15023	6905	2816	91274	12590

5-3 续表 4 continued

地区 Region	电力、燃气及水的生产和供应业 Production and Distribution of Electricity, Gas and Water				建筑业 Construction			
	年末人数(人) Year-end Figures (person)	#女性 Female	劳动报酬(千元) Earnings (1000 yuan)	平均劳动报酬(元) Average Earning (yuan)	年末人数(人) Year-end Figures (person)	#女性 Female	劳动报酬(千元) Earnings (1000 yuan)	平均劳动报酬(元) Average Earning (yuan)
全国 National	**59680**	**19486**	**1178162**	**19880**	**1849229**	**276981**	**21075853**	**11428**
北京 Beijing	479	121	5487	12790	26900	3753	598960	18673
天津 Tianjin	396	68	6192	17492	11359	2483	258959	20921
河北 Hebei	1088	282	14940	14547	80884	8072	869155	9916
山西 Shanxi	2642	1125	45044	16845	31446	6649	306550	9344
内蒙古 Inner Mongolia	791	233	7457	9439	22660	4172	318748	14120
辽宁 Liaoning	4194	1682	40921	10136	83660	20632	990223	10912
吉林 Jilin	1745	436	14358	9734	40405	18538	343490	7906
黑龙江 Heilongjiang	2309	915	42259	17990	86395	25271	802041	9089
上海 Shanghai	690	249	30342	44621	4686	449	85809	17455
江苏 Jiangsu	3251	1069	64496	19912	51355	8003	645157	12448
浙江 Zhejiang	3452	830	80005	22735	84359	5727	1554677	18947
安徽 Anhui	1593	723	18908	11759	65535	8264	621745	9907
福建 Fujian	1701	527	32448	19132	54711	6992	852442	16584
江西 Jiangxi	984	417	11488	11710	82236	12800	781003	9620
山东 Shandong	1849	810	17302	9408	128460	17890	1536553	11622
河南 Henan	1565	560	21245	13804	130131	14211	1499238	12009
湖北 Hubei	2617	866	30212	12562	101520	11932	980421	9730
湖南 Hunan	1452	513	22332	15423	123754	15654	1305343	10981
广东 Guangdong	17072	4809	527261	30470	196606	21316	2090233	11259
广西 Guangxi	194	48	2274	11662	62613	8582	689240	11181
海南 Hainan	247	74	2882	11668	14884	2481	133961	9172
重庆 Chongqing	1315	490	28419	21760	39551	5976	529641	13322
四川 Sichuan	3900	1223	59110	15149	160075	20390	1672593	10886
贵州 Guizhou	837	238	7275	8713	38372	5037	432278	11388
云南 Yunnan	994	383	23218	21780	35426	5960	335958	10392
西藏 Tibet					2493	301	25405	10174
陕西 Shaanxi	464	134	5026	10879	54073	10716	391620	7273
甘肃 Gansu	535	172	5213	9744	19173	1896	173236	7965
青海 Qinghai	862	354	7674	8730	5135	897	53946	9279
宁夏 Ningxia					3213	547	45424	10972
新疆 Xinjiang	462	135	4374	9851	7159	1390	151804	15430

5-3 续表 5 continued

地区 Region	交通运输、仓储和邮政业 Traffic, Transport, Storage and Post				信息传输、计算机服务和软件业 Information Transfer, Computer Services and Software			
	年末人数(人) Year-end Figures (person)	#女性 Female	劳动报酬(千元) Earnings (1000 yuan)	平均劳动报酬(元) Average Earning (yuan)	年末人数(人) Year-end Figures (person)	#女性 Female	劳动报酬(千元) Earnings (1000 yuan)	平均劳动报酬(元) Average Earning (yuan)
全国 National	**271587**	**85715**	**3027293**	**11062**	**11407**	**4495**	**288096**	**24058**
北京 Beijing	6960	1049	110350	15235	624	195	15154	22551
天津 Tianjin	5529	755	98562	17463	1797	607	41631	22540
河北 Hebei	8913	1796	76813	8505	155	39	2738	17329
山西 Shanxi	4772	1481	45075	9460	12	5	73	6083
内蒙古 Inner Mongolia	4154	1447	36388	8978	21	10	361	17190
辽宁 Liaoning	14995	5227	172559	11373	1110	529	31386	27677
吉林 Jilin	18523	10999	99180	5287	31	17	250	8065
黑龙江 Heilongjiang	11142	4697	72940	6826	147	63	1105	7416
上海 Shanghai	8350	2565	123927	14640	502	177	13410	26450
江苏 Jiangsu	16506	5826	217271	12993	1680	519	35472	21343
浙江 Zhejiang	9423	2560	204559	21817	746	372	22384	28995
安徽 Anhui	14246	4068	104429	7213	362	136	5200	14325
福建 Fujian	7212	1557	96119	12761	314	53	12148	37150
江西 Jiangxi	6939	1979	49253	7068	521	362	3191	6148
山东 Shandong	11401	3061	141015	12231	1920	821	66896	35208
河南 Henan	17888	4887	167503	9437	377	212	3365	9021
湖北 Hubei	22482	8094	239648	10651	24	13	439	18292
湖南 Hunan	15263	3963	129772	8568	37	23	839	22676
广东 Guangdong	19892	5902	323197	16338	482	188	25486	27976
广西 Guangxi	11088	3509	118035	9945	54	17	501	9278
海南 Hainan	663	250	7564	11478	55	22	490	9245
重庆 Chongqing	6117	1317	82170	13359	108	39	1441	13220
四川 Sichuan	15487	4565	169348	10870	19	3	188	9895
贵州 Guizhou	1171	223	8267	7239	7	3	92	13143
云南 Yunnan	3658	665	54404	14748	238	62	3005	12020
西藏 Tibet	20	3	255	12750				
陕西 Shaanxi	5860	1931	41648	7066				
甘肃 Gansu	1532	546	16355	10215	41		669	16317
青海 Qinghai	601	332	6099	10031				
宁夏 Ningxia	14	11	100	7143	5		39	7800
新疆 Xinjiang	786	450	14488	17227	18	8	143	7944

5-3 续表 6 continued

地区	Region	批发和零售业 Wholesale and Retail Trade				住宿和餐饮业 Accommodation and Restaurants			
		年末人数(人) Year-end Figures (person)	#女性 Female	劳动报酬(千元) Earnings (1000 yuan)	平均劳动报酬(元) Average Earning (yuan)	年末人数(人) Year-end Figures (person)	#女性 Female	劳动报酬(千元) Earnings (1000 yuan)	平均劳动报酬(元) Average Earning (yuan)
全国	**National**	**774333**	**323644**	**7184936**	**9256**	**127273**	**75654**	**1464303**	**11453**
北京	Beijing	19449	9348	326928	16550	11063	6013	164634	14578
天津	Tianjin	20543	8209	303697	14174	2011	1092	27015	13165
河北	Hebei	54476	22657	388729	6999	4648	2883	35164	7634
山西	Shanxi	43327	18666	322219	7466	3110	2097	22308	7194
内蒙古	Inner Mongolia	6066	2269	63110	10339	2290	1328	23901	10055
辽宁	Liaoning	21580	8695	207830	9533	3619	2219	39104	10577
吉林	Jilin	11036	5450	67888	6293	2184	1490	16527	7461
黑龙江	Heilongjiang	25252	16103	157409	5904	3970	2448	32764	7912
上海	Shanghai	20789	8557	430633	19899	1935	1053	33645	16468
江苏	Jiangsu	37383	14268	397162	10283	4955	3003	69762	14381
浙江	Zhejiang	11108	5168	196431	17102	8606	5232	121715	13987
安徽	Anhui	29383	11916	208627	6948	1985	1015	15168	7672
福建	Fujian	17432	6267	182153	10296	3608	2112	44202	12330
江西	Jiangxi	11978	4994	93108	7788	743	434	6494	9508
山东	Shandong	61162	26643	555856	9010	9807	5437	125689	12446
河南	Henan	126245	49894	990262	7981	16544	9866	176234	10879
湖北	Hubei	28345	13068	218821	8023	3236	2074	28844	9053
湖南	Hunan	12152	4590	119918	10256	3568	2129	40735	11501
广东	Guangdong	47203	18695	584490	12430	13729	7918	190341	13957
广西	Guangxi	23273	8457	188409	8018	4025	2479	38182	9078
海南	Hainan	5609	2024	34848	6180	1621	928	18010	10817
重庆	Chongqing	7960	2910	72952	9050	1090	657	10752	10011
四川	Sichuan	25729	10203	225437	8659	4549	2860	42936	9789
贵州	Guizhou	13240	6126	119263	8660	1234	780	14939	12522
云南	Yunnan	21150	10469	172444	9467	4780	2780	46541	9700
西藏	Tibet	224	64	1809	7633	167	134	1453	8701
陕西	Shaanxi	44098	17272	299535	6753	5043	3326	38101	7480
甘肃	Gansu	10290	3629	82309	7985	759	466	9216	12142
青海	Qinghai	1723	994	13704	7867	348	228	3046	9120
宁夏	Ningxia	1477	633	12759	8339	433	240	3926	9599
新疆	Xinjiang	14651	5406	146196	10115	1613	933	22955	12896

5-3 续表 7 continued

地区	Region	金融业 Finance 年末人数(人) Year-end Figures (person)	#女性 Female	劳动报酬(千元) Earnings (1000 yuan)	平均劳动报酬(元) Average Earning (yuan)	房地产业 Real Estate 年末人数(人) Year-end Figures (person)	#女性 Female	劳动报酬(千元) Earnings (1000 yuan)	平均劳动报酬(元) Average Earning (yuan)
全国	**National**	**620660**	**270015**	**13481418**	**21694**	**79616**	**27054**	**1237944**	**15625**
北京	Beijing	17	10	1019	59941	9636	3804	167162	17460
天津	Tianjin	5655	2087	270701	48934	386	135	10623	25847
河北	Hebei	44320	19212	839399	18968	582	199	9212	15801
山西	Shanxi	32319	13898	669314	20949	905	358	6679	7413
内蒙古	Inner Mongolia	19337	9843	361916	18775	90	36	1066	8328
辽宁	Liaoning	27484	11876	457603	16768	1768	561	21267	11855
吉林	Jilin	22859	11602	350988	14823	478	187	4122	8517
黑龙江	Heilongjiang	19327	7828	261928	13541	3548	1532	55456	16065
上海	Shanghai					3102	931	65458	21122
江苏	Jiangsu	23929	10065	601143	25104	3076	1604	64895	21417
浙江	Zhejiang	21413	10847	905574	42941	2234	858	54754	25526
安徽	Anhui	23043	9780	434519	18659	1401	435	15008	10751
福建	Fujian	14885	6185	366751	24838	2202	800	49841	22979
江西	Jiangxi	18498	9138	318471	17213	1064	334	11644	10862
山东	Shandong	39077	15874	865438	22434	7734	2507	112917	14116
河南	Henan	57557	26557	1057512	18408	2348	727	29978	12922
湖北	Hubei	23545	10725	405916	17263	3680	786	49182	13080
湖南	Hunan	32592	14694	649289	19962	3076	909	35749	12069
广东	Guangdong	53849	23322	1460754	26836	21891	6399	338403	15936
广西	Guangxi	18101	6538	428158	23731	1422	536	27566	18894
海南	Hainan	2795	1038	35368	12319	700	226	8511	13618
重庆	Chongqing	7173	3060	206287	29055	1082	246	11552	12611
四川	Sichuan	38491	16566	949285	24183	1787	583	24623	13477
贵州	Guizhou	11522	4760	343383	30659	1364	575	15132	10894
云南	Yunnan	16807	5408	337482	20263	921	372	10433	11515
西藏	Tibet								
陕西	Shaanxi	19693	8438	342365	16567	1695	846	19774	9189
甘肃	Gansu	11208	4264	166855	14895	676	258	6023	8936
青海	Qinghai	2676	1189	62853	23461	41	20	422	10293
宁夏	Ningxia	3558	1604	143986	41699	48	20	404	8596
新疆	Xinjiang	8930	3607	187161	21034	679	270	10088	14901

5-3 续表 8 continued

地 区	Region	租赁和商务服务业 Tenancy and Business Services				科学研究、技术服务和地质勘查业 Scientific Research,Technical Service and Geologic Perambulation			
		年末人数(人) Year-end Figures (person)	#女性 Female	劳动报酬(千元) Earnings (1000 yuan)	平均劳动报酬(元) Average Earning (yuan)	年末人数(人) Year-end Figures (person)	#女性 Female	劳动报酬(千元) Earnings (1000 yuan)	平均劳动报酬(元) Average Earning (yuan)
全 国	**National**	**341160**	**106515**	**4792205**	**14204**	**35316**	**11252**	**817563**	**23058**
北 京	Beijing	18166	6423	360361	16993	7059	2536	237752	33233
天 津	Tianjin	4711	1258	110125	18726	756	217	15651	16371
河 北	Hebei	19013	6862	203891	10921	325	132	2747	8776
山 西	Shanxi	24289	13922	214940	9702	565	149	5982	10588
内蒙古	Inner Mongolia	3923	784	34948	9502	198	84	4807	24778
辽 宁	Liaoning	15436	4056	182008	12285	3268	817	55976	17160
吉 林	Jilin	4548	1846	58123	12071	869	281	17117	20114
黑龙江	Heilongjiang	11429	3745	104447	8167	1187	387	19001	13709
上 海	Shanghai	30903	10065	682977	22216	1701	571	55167	36534
江 苏	Jiangsu	15364	4034	277813	18259	1233	408	28918	22842
浙 江	Zhejiang	19326	3911	379022	21803	2742	682	85405	31215
安 徽	Anhui	15342	5968	176363	14109	724	141	9620	13287
福 建	Fujian	7374	927	101204	14103	688	219	13139	19070
江 西	Jiangxi	2427	698	23506	9606	7	3	30	4286
山 东	Shandong	31512	14998	424388	13573	2546	1024	44149	18057
河 南	Henan	25767	7150	302099	12014	1897	631	25897	13717
湖 北	Hubei	4289	1848	42103	9610	1209	363	24936	20045
湖 南	Hunan	4229	1445	64294	15855	360	116	5441	15156
广 东	Guangdong	37035	4789	569419	15268	3504	1113	97099	28702
广 西	Guangxi	8718	2204	81385	9423	712	206	13218	18333
海 南	Hainan	1102	396	9590	8726	174	60	3731	21819
重 庆	Chongqing	569	241	9940	17317	136	25	1256	12560
四 川	Sichuan	6915	1393	72288	11055	570	155	10672	17640
贵 州	Guizhou	2629	408	23340	8998	144	28	2411	16628
云 南	Yunnan	7053	1550	67382	9626	1765	596	19495	10771
西 藏	Tibet	36	24	328	9111				
陕 西	Shaanxi	3446	858	31580	9388	263	70	4125	15744
甘 肃	Gansu	6657	2729	89667	12388	401	116	4613	11504
青 海	Qinghai	2294	429	12120	6576				
宁 夏	Ningxia	447	51	3966	9055	109	37	1425	13194
新 疆	Xinjiang	6211	1503	78588	12283	204	85	7783	38530

5-3 续表 9 continued

地区 Region		水利、环境和公共设施管理业 Management of Water Conservancy, Environment and Public Establishment				居民服务和其他服务业 Resident Services and Other Services			
		年末人数(人) Year-end Figures (person)	#女性 Female	劳动报酬(千元) Earnings (1000 yuan)	平均劳动报酬(元) Average Earning (yuan)	年末人数(人) Year-end Figures (person)	#女性 Female	劳动报酬(千元) Earnings (1000 yuan)	平均劳动报酬(元) Average Earning (yuan)
全国	**National**	**99970**	**50168**	**1181064**	**11948**	**98099**	**44959**	**1215238**	**12170**
北京	Beijing	1316	467	23093	16955	12803	5039	168786	13236
天津	Tianjin	485	97	5348	10761	8681	3777	149941	16712
河北	Hebei	1836	868	15280	8219	4789	2102	53600	11079
山西	Shanxi	3423	2123	31552	9280	5780	2789	76366	14285
内蒙古	Inner Mongolia	2246	1204	12851	6284	2403	1522	21091	8549
辽宁	Liaoning	2863	1293	23139	8102	3456	1723	37205	10531
吉林	Jilin	5672	3783	53041	9381	3256	2186	18574	5673
黑龙江	Heilongjiang	2240	1183	19037	8510	16199	8555	116555	7252
上海	Shanghai	4577	2177	79361	17718	5491	3664	86434	15554
江苏	Jiangsu	15811	8371	197188	12555	1298	617	27582	20975
浙江	Zhejiang	12561	5451	207863	16731	2264	1098	39195	17946
安徽	Anhui	1094	555	12245	11455	302	148	2537	8401
福建	Fujian	1391	452	15035	10824	1511	415	18245	11840
江西	Jiangxi	4191	2707	30008	7387	1002	335	3727	3811
山东	Shandong	2872	1301	25992	9220	2893	678	43781	15061
河南	Henan	1604	611	16199	11289	2127	758	40676	19518
湖北	Hubei	6400	3146	67554	10647	1661	807	17825	10856
湖南	Hunan	3629	1418	44296	12366	601	142	7880	13090
广东	Guangdong	12403	5938	176231	13939	6885	3209	113536	16546
广西	Guangxi	764	430	9302	11972	3212	1013	48735	14622
海南	Hainan	480	326	4014	8363	47	28	696	15130
重庆	Chongqing	1397	685	14345	10298	62	20	509	8627
四川	Sichuan	4931	2440	46479	10217	3128	1026	31034	10324
贵州	Guizhou	1645	869	12125	7398	790	204	7286	8562
云南	Yunnan	1962	1225	18822	9520	1418	435	13795	9854
西藏	Tibet					4		46	11500
陕西	Shaanxi	755	343	7693	10176	4945	2012	58405	8521
甘肃	Gansu	158	24	1629	10310	483	277	3316	6865
青海	Qinghai	164	92	2851	17279	260	151	4239	16304
宁夏	Ningxia	170	81	2012	11367	14	14	112	8000
新疆	Xinjiang	930	508	6479	7042	334	215	3529	11239

5-3 续表 10 continued

地区 Region	教育 Education 年末人数(人) Year-end Figures (person)	#女性 Female	劳动报酬(千元) Earnings (1000 yuan)	平均劳动报酬(元) Average Earning (yuan)	卫生、社会保障和社会福利业 Sanitation,Social Security and Social Welfare 年末人数(人) Year-end Figures (person)	#女性 Female	劳动报酬(千元) Earnings (1000 yuan)	平均劳动报酬(元) Average Earning (yuan)
全国 National	**360171**	**182992**	**5511007**	**15338**	**488479**	**266603**	**8394010**	**17325**
北京 Beijing	8835	5365	164685	19156	11236	7408	296092	26908
天津 Tianjin	2055	1592	32179	15179	2454	1250	39419	16135
河北 Hebei	1132	665	16510	14676	16119	8983	190051	11738
山西 Shanxi	1394	816	20444	14761	20498	12012	194077	9548
内蒙古 Inner Mongolia	266	170	3669	13898	12352	6200	147086	11970
辽宁 Liaoning	1768	1294	20085	11530	12569	7394	124899	9845
吉林 Jilin	320	182	4165	12698	11578	7165	123424	10653
黑龙江 Heilongjiang	1537	693	37091	21292	12829	7607	286254	22330
上海 Shanghai	1741	1158	46080	25830	20638	13498	801721	38811
江苏 Jiangsu	6631	4833	120393	18288	68212	37768	1431758	21077
浙江 Zhejiang	9872	6363	264261	27079	35397	20468	1044628	30098
安徽 Anhui	775	326	13093	16960	43367	20653	499572	11567
福建 Fujian	540	353	10463	19269	22078	10543	371272	16857
江西 Jiangxi	55	50	373	6782	5828	2929	76872	13801
山东 Shandong	25754	9865	398565	15473	44710	24334	619260	13974
河南 Henan	270337	132667	3947700	14632	16723	9068	191794	11676
湖北 Hubei	8068	3723	88316	10986	10889	6350	153711	14384
湖南 Hunan	3652	2589	91676	25151	22310	12105	313668	14525
广东 Guangdong	8449	6498	150365	18040	13200	8341	304585	23161
广西 Guangxi	1852	994	24355	13775	612	378	10574	18422
海南 Hainan	110	44	1151	10464	4338	2178	64480	15122
重庆 Chongqing	442	281	4894	10756	13244	6454	176709	13902
四川 Sichuan	721	364	8055	11409	47267	22734	692522	14613
贵州 Guizhou	114	66	907	7956	502	310	7798	15565
云南 Yunnan	1594	722	17457	10632	1285	806	15930	12475
西藏 Tibet								
陕西 Shaanxi	1777	1061	19601	11030	13128	6571	127191	9696
甘肃 Gansu	74	59	559	8470	2901	1566	40646	14113
青海 Qinghai	36	34	268	7444	579	379	11534	20129
宁夏 Ningxia					187	128	2297	12283
新疆 Xinjiang	270	165	3647	13711	1449	1023	34186	23890

5-3 续表 11 continued

地区	Region	文化体育和娱乐业 Culture, Sports and Entertainment 年末人数(人) Year-end Figures (person)	#女性 Female	劳动报酬(千元) Earnings (1000 yuan)	平均劳动报酬(元) Average Earning (yuan)	公共管理和社会组织 Public Management and Social Organization 年末人数(人) Year-end Figures (person)	#女性 Female	劳动报酬(千元) Earnings (1000 yuan)	平均劳动报酬(元) Average Earning (yuan)
全国	**National**	**22674**	**9639**	**320308**	**14169**	**36302**	**15411**	**510400**	**14129**
北京	Beijing	1759	947	26289	14629	2489	1296	36119	16139
天津	Tianjin	71	19	897	13000	708	203	7384	10459
河北	Hebei	1890	749	18012	9525	1016	215	13438	13136
山西	Shanxi	2764	1194	17781	6556	331	108	7466	22624
内蒙古	Inner Mongolia	33	17	528	12279	100	27	2668	25410
辽宁	Liaoning	284	109	2446	8582	1099	961	10100	9190
吉林	Jilin	380	185	4959	12982	703	151	11874	16866
黑龙江	Heilongjiang	185	73	2070	11564	654	190	12475	19222
上海	Shanghai	1272	523	36027	28323	3544	1766	102074	28656
江苏	Jiangsu	3214	1170	54859	16937	800	329	17744	22376
浙江	Zhejiang	889	406	24251	27279	885	295	24018	27702
安徽	Anhui	1306	502	14826	11422	3367	1569	33299	9728
福建	Fujian	449	230	4880	10749	190	52	2308	12277
江西	Jiangxi	18	10	163	9056	888	221	9285	10503
山东	Shandong	1153	410	20222	17554	3373	1550	38033	11259
河南	Henan	1179	564	11763	10419	3133	988	38704	12385
湖北	Hubei	392	157	4604	11715	5126	1791	51461	10008
湖南	Hunan	462	204	6580	14090	162	46	2769	17306
广东	Guangdong	1393	676	33311	24156	1214	715	28871	23434
广西	Guangxi	206	126	1717	9133	2737	1817	23374	8509
海南	Hainan	341	143	5060	14667	895	389	580	648
重庆	Chongqing	223	75	2644	11751	897	194	11635	13044
四川	Sichuan	794	375	10596	13362	154	38	2316	15039
贵州	Guizhou	59	18	771	12639	75	27	1140	15200
云南	Yunnan	181	48	2187	12083	850	235	11909	14044
西藏	Tibet	24		173	7208				
陕西	Shaanxi	1538	607	10754	7052	601	148	6286	10565
甘肃	Gansu	82	31	774	9325	214	54	1272	5944
青海	Qinghai	114	62	1024	8982	14	6	155	11071
宁夏	Ningxia	6	2	40	6667				
新疆	Xinjiang	13	7	100	7692	83	30	1643	19795

5-4 各地区分行业城镇集体单位在岗职工人数和工资(2006年)

ON-POST STAFF AND WORKERS AND WAGES IN URBAN COLLECTIVE-OWNED UNITS BY SECTOR AND REGION (2006)

地区	Region	总计 Total				企业 Enterprises			
		年末人数(人) Year-end Figures (person)	平均人数(人) Average Figures (person)	工资总额(千元) Total Wages (1000 yuan)	平均工资(元) Average Wage (yuan)	年末人数(人) Year-end Figures (person)	平均人数(人) Average Figures (person)	工资总额(千元) Total Wages (1000 yuan)	平均工资(元) Average Wage (yuan)
全国	**National**	**7259968**	**7261239**	**94494234**	**13014**	**6252306**	**6259503**	**78539939**	**12547**
北京	Beijing	164135	171712	3053213	17781	147525	155685	2649123	17016
天津	Tianjin	78033	82241	1572874	19125	73488	77666	1500970	19326
河北	Hebei	349428	357724	3697713	10337	326218	334455	3440943	10288
山西	Shanxi	288088	285556	3472992	12162	256642	254417	3155219	12402
内蒙古	Inner Mongolia	112928	113460	1414702	12469	97133	97948	1237132	12630
辽宁	Liaoning	371814	383061	4170819	10888	351906	363079	3958747	10903
吉林	Jilin	191841	196410	1922306	9787	173560	178263	1729999	9705
黑龙江	Heilongjiang	358846	364094	3343287	9182	350291	355593	3227281	9076
上海	Shanghai	100788	101987	2582134	25318	71677	72669	1518784	20900
江苏	Jiangsu	335820	337967	5255299	15550	239229	242266	3356823	13856
浙江	Zhejiang	275036	270382	6045793	22360	217564	213761	4449122	20814
安徽	Anhui	266958	262596	3116737	11869	219792	215341	2559506	11886
福建	Fujian	172256	169452	2659580	15695	149122	146311	2268590	15505
江西	Jiangxi	160417	158824	1604487	10102	147542	146337	1475396	10082
山东	Shandong	595535	600437	7884927	13132	513841	519203	6693650	12892
河南	Henan	838893	826773	10320866	12483	546846	535712	6110637	11407
湖北	Hubei	356294	353400	3681105	10416	329813	326660	3385888	10365
湖南	Hunan	275714	269346	3470059	12883	244398	238748	3010938	12611
广东	Guangdong	663667	653667	9491180	14520	625105	615229	8750428	14223
广西	Guangxi	160359	159408	1981144	12428	152480	151563	1893419	12493
海南	Hainan	36789	36488	349561	9580	30844	30625	280633	9164
重庆	Chongqing	122174	122255	1653151	13522	103187	103797	1412277	13606
四川	Sichuan	400569	393387	5006393	12726	337604	330212	4156264	12587
贵州	Guizhou	88638	88194	1135305	12873	86727	86289	1115567	12928
云南	Yunnan	126343	120536	1469747	12193	121235	115547	1406387	12172
西藏	Tibet	4709	4660	51841	11125	4704	4655	51759	11119
陕西	Shaanxi	197161	203499	1849011	9086	176019	182596	1637486	8968
甘肃	Gansu	83508	87135	1003252	11514	79041	82729	946109	11436
青海	Qinghai	19952	19869	224966	11322	18706	18622	201454	10818
宁夏	Ningxia	11402	11840	230011	19427	10684	11104	221676	19964
新疆	Xinjiang	51873	54879	779779	14209	49383	52421	737732	14073

5-4 续表 1 continued

地区 Region	非农企业 Nonagricultural Enterprises				事业 Institutions			
	年末人数(人) Year-end Figures (person)	平均人数(人) Average Figures (person)	工资总额(千元) Total Wages (1000 yuan)	平均工资(元) Average Wage (yuan)	年末人数(人) Year-end Figures (person)	平均人数(人) Average Figures (person)	工资总额(千元) Total Wages (1000 yuan)	平均工资(元) Average Wage (yuan)
全国 National	**6183761**	**6192191**	**77876147**	**12577**	**987594**	**981738**	**15596383**	**15887**
北京 Beijing	144358	152415	2608518	17115	16610	16027	404090	25213
天津 Tianjin	73456	77634	1500583	19329	4545	4575	71904	15717
河北 Hebei	323271	331541	3421475	10320	22634	22682	250982	11065
山西 Shanxi	255391	253205	3145348	12422	30813	30511	305568	10015
内蒙古 Inner Mongolia	95147	95982	1222074	12732	15570	15290	172523	11283
辽宁 Liaoning	349289	360389	3930893	10907	19567	19641	206072	10492
吉林 Jilin	172525	177228	1721856	9715	17701	17566	183328	10437
黑龙江 Heilongjiang	347564	353315	3216183	9103	8029	7983	105347	13196
上海 Shanghai	70603	71591	1485343	20748	27714	27904	1003877	35976
江苏 Jiangsu	233540	237159	3298516	13908	94553	93652	1842274	19671
浙江 Zhejiang	216893	213092	4428884	20784	57238	56389	1584603	28101
安徽 Anhui	219208	214759	2555082	11897	46520	46611	545892	11712
福建 Fujian	148852	146034	2265702	15515	23134	23141	390990	16896
江西 Jiangxi	146130	144930	1465872	10114	11518	11160	116546	10443
山东 Shandong	508478	513823	6635241	12913	80441	79980	1174396	14684
河南 Henan	538809	527914	6046156	11453	287555	286649	4143323	14454
湖北 Hubei	325362	322262	3350412	10397	24438	24698	267104	10815
湖南 Hunan	241658	236012	2983220	12640	31316	30598	459121	15005
广东 Guangdong	623079	613194	8722675	14225	38227	38084	731659	19212
广西 Guangxi	151807	150876	1887546	12511	7795	7762	86592	11156
海南 Hainan	30072	29850	276314	9257	5047	4965	68254	13747
重庆 Chongqing	99994	100574	1379963	13721	18662	18138	235266	12971
四川 Sichuan	327846	320435	4065368	12687	62808	63020	847951	13455
贵州 Guizhou	86665	86234	1115019	12930	1835	1828	17496	9571
云南 Yunnan	120498	114811	1397173	12169	4065	4010	48069	11987
西藏 Tibet	4686	4637	51528	11112	3	3	43	14333
陕西 Shaanxi	173305	179841	1616570	8989	20473	20166	204546	10143
甘肃 Gansu	78793	82473	943790	11444	4450	4389	56872	12958
青海 Qinghai	18217	18133	194116	10705	1193	1194	22435	18790
宁夏 Ningxia	10594	11012	220735	20045	718	736	8335	11325
新疆 Xinjiang	47671	50836	723992	14242	2422	2386	40925	17152

5-4 续表 2 continued

地区 Region	机关 Agencies and Organizations 年末人数(人) Year-end Figures (person)	平均人数(人) Average Figures (person)	工资总额(千元) Total Wages (1000 yuan)	平均工资(元) Average Wage (yuan)	农、林、牧、渔业 Agriculture,Forestry,Farming of Animals and Fishing 年末人数(人) Year-end Figures (person)	平均人数(人) Average Figures (person)	工资总额(千元) Total Wages (1000 yuan)	平均工资(元) Average Wage (yuan)
全国 National	**20068**	**19998**	**357912**	**17897**	**68545**	**67312**	**663792**	**9861**
北京 Beijing					3167	3270	40605	12417
天津 Tianjin					32	32	387	12094
河北 Hebei	576	587	5788	9860	2947	2914	19468	6681
山西 Shanxi	633	628	12205	19435	1251	1212	9871	8144
内蒙古 Inner Mongolia	225	222	5047	22734	1986	1966	15058	7659
辽宁 Liaoning	341	341	6000	17595	2617	2690	27854	10355
吉林 Jilin	580	581	8979	15454	1035	1035	8143	7868
黑龙江 Heilongjiang	526	518	10659	20577	2727	2278	11098	4872
上海 Shanghai	1397	1414	59473	42060	1074	1078	33441	31021
江苏 Jiangsu	2038	2049	56202	27429	5689	5107	58307	11417
浙江 Zhejiang	234	232	12068	52017	671	669	20238	30251
安徽 Anhui	646	644	11339	17607	584	582	4424	7601
福建 Fujian					270	277	2888	10426
江西 Jiangxi	1357	1327	12545	9454	1412	1407	9524	6769
山东 Shandong	1253	1254	16881	13462	5363	5380	58409	10857
河南 Henan	4492	4412	66906	15165	8037	7798	64481	8269
湖北 Hubei	2043	2042	28113	13767	4451	4398	35476	8066
湖南 Hunan					2740	2736	27718	10131
广东 Guangdong	335	354	9093	25686	2026	2035	27753	13638
广西 Guangxi	84	83	1133	13651	673	687	5873	8549
海南 Hainan	898	898	674	751	772	775	4319	5573
重庆 Chongqing	325	320	5608	17525	3193	3223	32314	10026
四川 Sichuan	157	155	2178	14052	9758	9777	90896	9297
贵州 Guizhou	76	77	2242	29117	62	55	548	9964
云南 Yunnan	1043	979	15291	15619	737	736	9214	12519
西藏 Tibet	2	2	39	19500	18	18	231	12833
陕西 Shaanxi	669	737	6979	9469	2714	2755	20916	7592
甘肃 Gansu	17	17	271	15941	248	256	2319	9059
青海 Qinghai	53	53	1077	20321	489	489	7338	15006
宁夏 Ningxia					90	92	941	10228
新疆 Xinjiang	68	72	1122	15583	1712	1585	13740	8669

5-4 续表 3 continued

地 区	Region	采矿业 Mining				制造业 Manufacturing			
		年末人数（人）Year-end Figures (person)	平均人数（人）Average Figures (person)	工资总额（千元）Total Wages (1000 yuan)	平均工资（元）Average Wage (yuan)	年末人数（人）Year-end Figures (person)	平均人数（人）Average Figures (person)	工资总额（千元）Total Wages (1000 yuan)	平均工资（元）Average Wage (yuan)
全 国	**National**	**245062**	**248102**	**3396216**	**13689**	**1977420**	**1990347**	**21917398**	**11012**
北 京	Beijing	1459	1512	30176	19958	40451	41892	609497	14549
天 津	Tianjin	648	671	13657	20353	24803	26256	373291	14217
河 北	Hebei	7989	7986	50195	6285	104775	105620	931761	8822
山 西	Shanxi	35504	34976	599060	17128	80894	80544	938655	11654
内蒙古	Inner Mongolia	4288	4359	55506	12734	31473	32589	319348	9799
辽 宁	Liaoning	18372	18825	193856	10298	155635	159537	1568798	9833
吉 林	Jilin	6211	6579	68836	10463	73205	73818	668762	9060
黑龙江	Heilongjiang	21368	24542	316160	12882	138825	140407	1055087	7514
上 海	Shanghai	2	2	31	15500	16579	17140	303932	17732
江 苏	Jiangsu	8475	8513	111293	13073	82488	83851	990856	11817
浙 江	Zhejiang	3847	3947	97993	24827	58972	57623	892630	15491
安 徽	Anhui	39763	39604	659936	16663	36238	36595	381213	10417
福 建	Fujian	394	402	6809	16938	43813	43901	590493	13451
江 西	Jiangxi	411	430	4875	11337	27915	27561	226459	8217
山 东	Shandong	19545	19510	250366	12833	211646	213352	2716410	12732
河 南	Henan	10871	10652	158946	14922	161237	159028	1714335	10780
湖 北	Hubei	25722	24976	274060	10973	122667	121907	1123217	9214
湖 南	Hunan	16149	16005	206480	12901	59801	59236	664820	11223
广 东	Guangdong	370	366	8582	23448	213457	213452	2540985	11904
广 西	Guangxi	2086	2124	27534	12963	35007	35213	403147	11449
海 南	Hainan					3451	3317	28805	8684
重 庆	Chongqing	3015	3142	41346	13159	36596	37053	440400	11886
四 川	Sichuan	7744	7701	67243	8732	79598	78608	935807	11905
贵 州	Guizhou	1514	1496	19953	13338	18370	18473	161869	8762
云 南	Yunnan	2470	2920	40365	13824	30245	30104	323720	10753
西 藏	Tibet	65	40	373	9325	1710	1669	22060	13217
陕 西	Shaanxi	2325	2272	43736	19250	46135	49361	453353	9184
甘 肃	Gansu	3219	3183	30084	9451	27193	27660	387500	14009
青 海	Qinghai	441	441	4869	11041	5322	5285	40100	7588
宁 夏	Ningxia					2242	2271	21411	9428
新 疆	Xinjiang	795	926	13896	15006	6677	7024	88677	12625

5-4 续表 4 continued

地区 Region	电力、燃气及水的生产和供应业 Production and Distribution of Electricity,Gas and Water 年末人数（人） Year-end Figures (person)	平均人数（人） Average Figures (person)	工资总额（千元） Total Wages (1000 yuan)	平均工资（元） Average Wage (yuan)	建筑业 Construction 年末人数（人） Year-end Figures (person)	平均人数（人） Average Figures (person)	工资总额（千元） Total Wages (1000 yuan)	平均工资（元） Average Wage (yuan)
全 国 National	**58558**	**58199**	**1164537**	**20010**	**1712596**	**1703538**	**19775464**	**11608**
北 京 Beijing	458	415	5248	12646	23909	29058	549819	18921
天 津 Tianjin	277	273	5311	19454	9407	10776	240790	22345
河 北 Hebei	1082	1021	14937	14630	75117	81913	829759	10130
山 西 Shanxi	2642	2674	45044	16845	29125	30524	289617	9488
内蒙古 Inner Mongolia	791	790	7457	9439	22391	22214	314885	14175
辽 宁 Liaoning	4167	4019	40838	10161	82131	89391	973435	10890
吉 林 Jilin	1728	1458	14258	9779	35232	37885	338365	8931
黑龙江 Heilongjiang	2214	2254	41873	18577	85358	83635	750404	8972
上 海 Shanghai	683	673	30232	44921	2680	2878	48139	16727
江 苏 Jiangsu	3230	3220	64141	19920	46308	46851	600335	12814
浙 江 Zhejiang	3194	3261	75884	23270	79594	77222	1502877	19462
安 徽 Anhui	1537	1549	18256	11786	59900	57084	579922	10159
福 建 Fujian	1674	1669	32302	19354	49732	46598	775507	16642
江 西 Jiangxi	975	972	11415	11744	77403	76484	743040	9715
山 东 Shandong	1834	1822	17255	9470	119991	123135	1441537	11707
河 南 Henan	1542	1516	21175	13968	126217	121193	1454584	12002
湖 北 Hubei	2519	2307	29478	12778	88541	88166	873256	9905
湖 南 Hunan	1389	1386	21558	15554	100988	97014	1102941	11369
广 东 Guangdong	16899	17164	523425	30496	193592	182934	2052787	11221
广 西 Guangxi	192	169	2270	13432	49280	47293	566330	11975
海 南 Hainan	241	241	2854	11842	13813	13651	125978	9228
重 庆 Chongqing	1301	1294	28335	21897	38575	38855	519124	13361
四 川 Sichuan	3866	3858	58337	15121	153106	146674	1612588	10994
贵 州 Guizhou	831	829	7255	8752	34038	33346	393789	11809
云 南 Yunnan	976	1052	23144	22000	32655	29592	317218	10720
西 藏 Tibet					2443	2447	25120	10266
陕 西 Shaanxi	462	460	5018	10909	48811	48466	355479	7335
甘 肃 Gansu	535	535	5213	9744	17999	20624	162063	7858
青 海 Qinghai	857	874	7650	8753	4433	4858	49281	10144
宁 夏 Ningxia					2932	3387	39421	11639
新 疆 Xinjiang	462	444	4374	9851	6895	9390	147074	15663

5-4 续表 5 continued

地区	Region	交通运输、仓储和邮政业 Traffic,Transport,Storage and Post				信息传输、计算机服务和软件业 Information Transfer, Computer Services and Software			
		年末人数（人） Year-end Figures (person)	平均人数（人） Average Figures (person)	工资总额（千元） Total Wages (1000 yuan)	平均工资（元） Average Wage (yuan)	年末人数（人） Year-end Figures (person)	平均人数（人） Average Figures (person)	工资总额（千元） Total Wages (1000 yuan)	平均工资（元） Average Wage (yuan)
全国	**National**	**255681**	**257366**	**2921625**	**11352**	**10688**	**11228**	**277960**	**24756**
北京	Beijing	6310	6506	97799	15032	520	544	11307	20785
天津	Tianjin	5329	5447	97363	17875	1775	1818	41385	22764
河北	Hebei	8875	8993	76642	8522	155	158	2738	17329
山西	Shanxi	4684	4679	44773	9569	12	12	73	6083
内蒙古	Inner Mongolia	4045	3941	34322	8709	21	21	361	17190
辽宁	Liaoning	14923	15042	172367	11459	1110	1134	31386	27677
吉林	Jilin	13299	13519	98659	7298	31	31	250	8065
黑龙江	Heilongjiang	11100	10641	72158	6781	96	98	641	6541
上海	Shanghai	6214	6360	96239	15132	445	455	12637	27774
江苏	Jiangsu	16378	16594	215981	13016	1439	1421	32971	23203
浙江	Zhejiang	9073	9024	200576	22227	735	758	22179	29260
安徽	Anhui	12886	13137	91098	6934	310	311	4404	14161
福建	Fujian	7092	7414	94257	12713	314	327	12148	37150
江西	Jiangxi	6906	6935	49010	7067	494	492	3092	6285
山东	Shandong	11179	11299	138318	12242	1920	1900	66896	35208
河南	Henan	17423	17285	163615	9466	263	260	2616	10062
湖北	Hubei	21770	21838	235395	10779	22	22	415	18864
湖南	Hunan	13557	13350	122499	9176	37	37	839	22676
广东	Guangdong	19780	19665	322023	16375	463	892	25272	28332
广西	Guangxi	10534	11108	112297	10110	54	54	501	9278
海南	Hainan	620	616	6660	10812	53	51	484	9490
重庆	Chongqing	6025	6056	79169	13073	106	107	1409	13168
四川	Sichuan	15274	15358	167115	10881	19	19	188	9895
贵州	Guizhou	1165	1136	8215	7232	7	7	92	13143
云南	Yunnan	3326	3355	49898	14873	223	235	2825	12021
西藏	Tibet	20	20	255	12750				
陕西	Shaanxi	4982	4998	38024	7608				
甘肃	Gansu	1531	1600	16351	10219	41	41	669	16317
青海	Qinghai	601	608	6099	10031				
宁夏	Ningxia	14	14	100	7143	5	5	39	7800
新疆	Xinjiang	766	828	14348	17329	18	18	143	7944

5-4 续表 6 continued

地区 Region	批发和零售业 Wholesale and Retail Trade				住宿和餐饮业 Accommodation and Restaurants			
	年末人数（人）Year-end Figures (person)	平均人数（人）Average Figures (person)	工资总额（千元）Total Wages (1000 yuan)	平均工资（元）Average Wage (yuan)	年末人数（人）Year-end Figures (person)	平均人数（人）Average Figures (person)	工资总额（千元）Total Wages (1000 yuan)	平均工资（元）Average Wage (yuan)
全国 National	**733713**	**735952**	**6825973**	**9275**	**121792**	**122048**	**1405134**	**11513**
北京 Beijing	17137	17278	296061	17135	9772	9887	143393	14503
天津 Tianjin	13260	13882	219010	15777	1399	1479	21430	14490
河北 Hebei	53857	54819	383658	6999	4500	4468	34943	7821
山西 Shanxi	41921	42158	313910	7446	3087	3076	22145	7199
内蒙古 Inner Mongolia	6036	6075	62343	10262	2290	2377	23901	10055
辽宁 Liaoning	21177	21356	204529	9577	3448	3526	37990	10774
吉林 Jilin	9780	9799	67539	6892	2067	2097	16499	7868
黑龙江 Heilongjiang	24976	26372	156175	5922	3895	4066	32535	8002
上海 Shanghai	13786	14426	327536	22705	1470	1543	26780	17356
江苏 Jiangsu	35635	36824	383775	10422	4717	4535	66899	14752
浙江 Zhejiang	10622	10984	191114	17399	8400	8435	118918	14098
安徽 Anhui	28325	28986	203861	7033	1703	1698	13822	8140
福建 Fujian	16918	17176	177942	10360	3501	3481	42850	12310
江西 Jiangxi	11778	11754	92295	7852	743	683	6494	9508
山东 Shandong	59918	60424	547482	9061	9713	9942	123941	12466
河南 Henan	121606	119748	970754	8107	15975	15657	172918	11044
湖北 Hubei	26984	26002	208740	8028	3210	3160	28615	9055
湖南 Hunan	11228	10807	112032	10367	3475	3442	39702	11535
广东 Guangdong	46457	46273	574562	12417	13638	13550	189337	13973
广西 Guangxi	22496	22715	184136	8106	3886	4033	36559	9065
海南 Hainan	5552	5579	34388	6164	1618	1662	17997	10829
重庆 Chongqing	7797	7916	71914	9085	1088	1068	10719	10037
四川 Sichuan	24918	25229	218999	8680	4526	4363	42718	9791
贵州 Guizhou	12896	13413	117568	8765	1205	1164	14749	12671
云南 Yunnan	20297	17365	165930	9555	4492	4505	44111	9792
西藏 Tibet	224	237	1809	7633	167	167	1453	8701
陕西 Shaanxi	41543	41769	289803	6938	4774	4825	35775	7415
甘肃 Gansu	9575	9616	78532	8167	756	756	9196	12164
青海 Qinghai	1723	1742	13704	7867	235	231	2402	10398
宁夏 Ningxia	1291	1352	11521	8521	433	409	3926	9599
新疆 Xinjiang	14000	13876	144351	10403	1609	1763	22417	12715

5-4 续表 7 continued

地区	Region	金融业 Finance 年末人数(人) Year-end Figures (person)	平均人数(人) Average Figures (person)	工资总额(千元) Total Wages (1000 yuan)	平均工资(元) Average Wage (yuan)	房地产业 Real Estate 年末人数(人) Year-end Figures (person)	平均人数(人) Average Figures (person)	工资总额(千元) Total Wages (1000 yuan)	平均工资(元) Average Wage (yuan)
全国	**National**	**600614**	**601144**	**13266279**	**22068**	**74507**	**74166**	**1176922**	**15869**
北京	Beijing	17	17	1019	59941	8417	8429	152464	18088
天津	Tianjin	4820	4815	263297	54683	377	371	10392	28011
河北	Hebei	44097	44024	837297	19019	582	583	9212	15801
山西	Shanxi	29822	29412	641517	21811	893	890	6585	7399
内蒙古	Inner Mongolia	19325	19202	361824	18843	90	128	1066	8328
辽宁	Liaoning	26783	26575	453196	17053	1681	1711	20527	11997
吉林	Jilin	22713	23513	349540	14866	413	417	4098	9827
黑龙江	Heilongjiang	18990	19004	259775	13669	3488	3392	55087	16240
上海	Shanghai					1479	1433	46980	32784
江苏	Jiangsu	23448	23396	595229	25441	3016	2968	64270	21654
浙江	Zhejiang	21227	20900	903241	43217	2106	2018	52490	26011
安徽	Anhui	22662	22925	430495	18778	1374	1368	14792	10813
福建	Fujian	14649	14535	364921	25106	2130	2096	49008	23382
江西	Jiangxi	17435	17439	307750	17647	1036	1044	11364	10885
山东	Shandong	36456	36175	844088	23333	7581	7841	111406	14208
河南	Henan	54265	54059	1008938	18664	2278	2256	29661	13148
湖北	Hubei	23172	23118	402626	17416	3620	3703	48728	13159
湖南	Hunan	29478	29415	617645	20998	2680	2550	30477	11952
广东	Guangdong	53554	54136	1455414	26884	21267	20683	327741	15846
广西	Guangxi	17921	17843	426658	23912	1365	1400	27132	19380
海南	Hainan	2794	2870	35358	12320	673	600	8108	13513
重庆	Chongqing	6935	6755	201328	29804	1073	901	11312	12555
四川	Sichuan	38045	38772	943946	24346	1738	1778	24274	13652
贵州	Guizhou	11416	11097	341947	30814	1328	1353	14872	10992
云南	Yunnan	16644	16499	335725	20348	845	834	9725	11661
西藏	Tibet								
陕西	Shaanxi	18066	18992	328641	17304	1549	2002	18342	9162
甘肃	Gansu	10990	10935	163952	14993	667	665	5951	8949
青海	Qinghai	2582	2523	62015	24580	41	41	422	10293
宁夏	Ningxia	3425	3344	142555	42630	48	47	404	8596
新疆	Xinjiang	8883	8854	186342	21046	672	664	10032	15108

5-4 续表 8 continued

地区	Region	租赁和商务服务业 Tenancy and Business Services				科学研究、技术服务和地质勘查业 Scientific Research,Technical Service and Geologic Perambulation			
		年末人数(人) Year-end Figures (person)	平均人数(人) Average Figures (person)	工资总额(千元) Total Wages (1000 yuan)	平均工资(元) Average Wage (yuan)	年末人数(人) Year-end Figures (person)	平均人数(人) Average Figures (person)	工资总额(千元) Total Wages (1000 yuan)	平均工资(元) Average Wage (yuan)
全国	**National**	**322858**	**317510**	**4535543**	**14285**	**30490**	**30695**	**735738**	**23969**
北京	Beijing	16460	17508	311492	17791	5148	5151	194438	37748
天津	Tianjin	3000	3053	58864	19281	545	708	13597	19205
河北	Hebei	18936	18589	203572	10951	276	264	2412	9136
山西	Shanxi	24133	21986	214249	9745	455	455	4684	10295
内蒙古	Inner Mongolia	3165	2964	32042	10810	198	194	4807	24778
辽宁	Liaoning	15278	14663	181058	12348	3069	3066	52863	17242
吉林	Jilin	4497	4764	57946	12163	812	794	16528	20816
黑龙江	Heilongjiang	11307	12650	103528	8184	1099	1297	17881	13786
上海	Shanghai	27004	26506	612857	23121	1323	1213	46703	38502
江苏	Jiangsu	14982	14829	273142	18419	1203	1234	28552	23138
浙江	Zhejiang	16013	15820	353852	22367	2492	2483	78994	31814
安徽	Anhui	13576	10791	152217	14106	687	687	9242	13453
福建	Fujian	7055	6860	98995	14431	662	662	12494	18873
江西	Jiangxi	2418	2438	23441	9615	7	7	30	4286
山东	Shandong	31168	30937	421737	13632	2522	2421	43869	18120
河南	Henan	24836	24187	296587	12262	1845	1830	25382	13870
湖北	Hubei	3823	3915	39721	10146	1161	1197	24588	20541
湖南	Hunan	3962	3865	62311	16122	340	340	5243	15421
广东	Guangdong	36783	37044	565091	15255	3334	3317	95435	28771
广西	Guangxi	8631	8553	80750	9441	682	691	12932	18715
海南	Hainan	1092	1089	9495	8719	142	148	3122	21095
重庆	Chongqing	560	562	9844	17516	60	60	719	11983
四川	Sichuan	6664	6305	70307	11151	545	579	10443	18036
贵州	Guizhou	2594	2559	22955	8970	136	137	2352	17168
云南	Yunnan	6254	6183	63929	10339	857	883	11539	13068
西藏	Tibet	36	36	328	9111				
陕西	Shaanxi	3277	3193	31300	9803	225	224	3760	16786
甘肃	Gansu	6537	7119	89583	12584	388	388	4488	11567
青海	Qinghai	2173	1722	11973	6953				
宁夏	Ningxia	446	437	3964	9071	99	98	1268	12939
新疆	Xinjiang	6198	6383	78413	12285	178	167	7373	44150

5-4 续表 9 continued

地 区	Region	水利、环境和公共设施管理业 Management of Water Conservancy, Environment and Public Establishment				居民服务和其他服务业 Resident Services and Other Services			
		年末人数（人） Year-end Figures (person)	平均人数（人） Average Figures (person)	工资总额（千元） Total Wages (1000 yuan)	平均工资（元） Average Wage (yuan)	年末人数（人） Year-end Figures (person)	平均人数（人） Average Figures (person)	工资总额（千元） Total Wages (1000 yuan)	平均工资（元） Average Wage (yuan)
全 国	**National**	**90788**	**89805**	**1106698**	**12323**	**89558**	**91359**	**1133016**	**12402**
北 京	Beijing	1099	1138	20252	17796	10737	10603	142927	13480
天 津	Tianjin	298	299	4046	13532	7909	8195	147163	17958
河 北	Hebei	1831	1854	15265	8234	4688	4703	52771	11221
山 西	Shanxi	3382	3357	31125	9272	5743	5307	76134	14346
内蒙古	Inner Mongolia	1951	1750	11351	6486	2250	2314	18012	7784
辽 宁	Liaoning	2862	2855	23139	8105	3385	3442	36516	10609
吉 林	Jilin	5616	5483	52169	9515	2442	2454	18462	7523
黑龙江	Heilongjiang	2201	2198	18799	8553	16155	16029	116174	7248
上 海	Shanghai	3261	3265	65310	20003	3330	3380	62527	18499
江 苏	Jiangsu	13536	13515	182837	13528	1269	1286	27207	21156
浙 江	Zhejiang	11722	11588	201130	17357	2120	2050	37888	18482
安 徽	Anhui	1070	1048	12126	11571	296	296	2482	8385
福 建	Fujian	1018	1016	12589	12391	1432	1452	17421	11998
江 西	Jiangxi	4003	3874	29075	7505	1000	976	3697	3788
山 东	Shandong	2859	2809	25811	9189	2861	2874	43410	15104
河 南	Henan	1572	1400	16034	11453	1884	1834	40217	21929
湖 北	Hubei	3868	3877	47997	12380	1289	1533	17043	11117
湖 南	Hunan	3434	3414	43169	12645	567	568	7289	12833
广 东	Guangdong	12240	12459	171808	13790	6789	6773	112425	16599
广 西	Guangxi	752	765	9239	12077	2106	2190	31809	14525
海 南	Hainan	433	433	3967	9162	44	43	508	11814
重 庆	Chongqing	1293	1291	13707	10617	62	59	509	8627
四 川	Sichuan	4783	4403	44677	10147	3044	2908	30405	10456
贵 州	Guizhou	1624	1617	11958	7395	746	807	6959	8623
云 南	Yunnan	1933	1951	18627	9547	1389	1372	13580	9898
西 藏	Tibet					2	2	39	19500
陕 西	Shaanxi	735	736	7572	10288	4941	6850	58385	8523
甘 肃	Gansu	156	156	1617	10365	483	483	3316	6865
青 海	Qinghai	156	157	2811	17904	254	254	4139	16295
宁 夏	Ningxia	170	177	2012	11367	14	14	112	8000
新 疆	Xinjiang	930	920	6479	7042	327	308	3490	11331

5-4 续表 10 continued

地区	Region	教育 Education 年末人数(人) Year-end Figures (person)	平均人数(人) Average Figures (person)	工资总额(千元) Total Wages (1000 yuan)	平均工资(元) Average Wage (yuan)	卫生、社会保障和社会福利业 Sanitation, Social Security and Social Welfare 年末人数(人) Year-end Figures (person)	平均人数(人) Average Figures (person)	工资总额(千元) Total Wages (1000 yuan)	平均工资(元) Average Wage (yuan)
全国	**National**	**349158**	**348315**	**5378741**	**15442**	**465280**	**461813**	**8043139**	**17416**
北京	Beijing	5429	5316	117295	22065	10090	9870	278836	28251
天津	Tianjin	1194	1221	17884	14647	2208	2198	36937	16805
河北	Hebei	1028	1023	15616	15265	15791	15882	186040	11714
山西	Shanxi	1369	1366	20349	14897	20084	19892	189992	9551
内蒙古	Inner Mongolia	266	264	3669	13898	12229	12164	145554	11966
辽宁	Liaoning	1713	1691	19802	11710	12160	12234	120200	9825
吉林	Jilin	312	311	3882	12482	11366	11368	121551	10692
黑龙江	Heilongjiang	1516	1721	36913	21449	12698	12688	284502	22423
上海	Shanghai	1074	1102	27648	25089	16910	17030	723140	42463
江苏	Jiangsu	5850	5837	112252	19231	64175	63986	1375020	21489
浙江	Zhejiang	9038	8916	249776	28014	33637	33115	999708	30189
安徽	Anhui	665	666	11340	17027	41669	41512	483445	11646
福建	Fujian	506	509	10060	19764	20518	20492	351937	17174
江西	Jiangxi	54	54	370	6852	5539	5390	73243	13589
山东	Shandong	25584	25549	396737	15528	42397	42058	589696	14021
河南	Henan	268411	267774	3942228	14722	16363	16087	188180	11698
湖北	Hubei	7927	7902	87513	11075	10646	10445	151650	14519
湖南	Hunan	3507	3502	90025	25707	21758	21052	305962	14534
广东	Guangdong	7743	7681	142058	18495	12797	12762	296129	23204
广西	Guangxi	1616	1541	22766	14774	554	512	9399	18357
海南	Hainan	101	101	1139	11277	4156	4074	60793	14922
重庆	Chongqing	439	450	4845	10767	12942	12352	171931	13919
四川	Sichuan	711	696	7973	11455	45309	45437	667745	14696
贵州	Guizhou	107	107	846	7907	465	462	7467	16162
云南	Yunnan	907	936	12258	13096	1100	1087	14772	13590
西藏	Tibet								
陕西	Shaanxi	1737	1737	19360	11146	12820	12811	122907	9594
甘肃	Gansu	59	51	508	9961	2835	2808	39864	14197
青海	Qinghai	36	36	268	7444	481	480	10716	22325
宁夏	Ningxia					187	187	2297	12283
新疆	Xinjiang	259	255	3361	13180	1396	1378	33526	24329

5-4 续表 11 continued

地区	Region	文化体育和娱乐业 Culture, Sports and Entertainment				公共管理和社会组织 Public Management and Social Organization			
		年末人数（人） Year-end Figures (person)	平均人数（人） Average Figures (person)	工资总额（千元） Total Wages (1000 yuan)	平均工资（元） Average Wage (yuan)	年末人数（人） Year-end Figures (person)	平均人数（人） Average Figures (person)	工资总额（千元） Total Wages (1000 yuan)	平均工资（元） Average Wage (yuan)
全 国	**National**	**21585**	**21470**	**305703**	**14239**	**31075**	**30870**	**464356**	**15042**
北 京	Beijing	1402	1419	21858	15404	2153	1899	28727	15127
天 津	Tianjin	44	41	686	16732	708	706	7384	10459
河 北	Hebei	1887	1888	17995	9531	1015	1022	13432	13143
山 西	Shanxi	2756	2706	17743	6557	331	330	7466	22624
内蒙古	Inner Mongolia	33	43	528	12279	100	105	2668	25410
辽 宁	Liaoning	282	283	2428	8580	1021	1021	10037	9831
吉 林	Jilin	379	381	4945	12979	703	704	11874	16866
黑龙江	Heilongjiang	182	176	2036	11568	651	646	12461	19289
上 海	Shanghai	989	996	30263	30385	2485	2507	87739	34998
江 苏	Jiangsu	3187	3212	54531	16977	795	788	17701	22463
浙 江	Zhejiang	863	863	23681	27440	710	706	22624	32045
安 徽	Anhui	1218	1210	14062	11621	2495	2547	29600	11622
福 建	Fujian	434	439	4787	10904	144	146	2172	14877
江 西	Jiangxi	18	18	163	9056	870	866	9150	10566
山 东	Shandong	1090	1091	19764	18115	1908	1918	27795	14492
河 南	Henan	1173	1122	11687	10416	3095	3087	38528	12481
湖 北	Hubei	370	371	4501	12132	4532	4563	48086	10538
湖 南	Hunan	462	467	6580	14090	162	160	2769	17306
广 东	Guangdong	1340	1323	32625	24660	1138	1158	27728	23945
广 西	Guangxi	198	182	1540	8462	2326	2335	20272	8682
海 南	Hainan	339	343	5006	14595	895	895	580	648
重 庆	Chongqing	223	225	2644	11751	891	886	11582	13072
四 川	Sichuan	767	768	10416	13563	154	154	2316	15039
贵 州	Guizhou	59	61	771	12639	75	75	1140	15200
云 南	Yunnan	166	166	1828	11012	827	761	11339	14900
西 藏	Tibet	24	24	173	7208				
陕 西	Shaanxi	1485	1474	10524	7140	580	574	6116	10655
甘 肃	Gansu	82	45	774	17200	214	214	1272	5944
青 海	Qinghai	114	114	1024	8982	14	14	155	11071
宁 夏	Ningxia	6	6	40	6667				
新 疆	Xinjiang	13	13	100	7692	83	83	1643	19795

5-5 各地区分行业城镇集体单位不在岗职工人数及生活费(2006年)

NOT-ON-POST STAFF AND WORKERS AND LIVING SUBSIDIES IN URBAN COLLECTIVE-OWNED UNITS BY SECTOR AND REGION (2006)

地区	Region	总计 Total		农、林、牧、渔业 Agriculture,Forestry,Farming of Animals and Fishing		采矿业 Mining		制造业 Manufacturing	
		年末人数(人) Year-end Figures (person)	平均生活费(元) Average Living Subsidy (yuan)	年末人数(人) Year-end Figures (person)	平均生活费(元) Average Living Subsidy (yuan)	年末人数(人) Year-end Figures (person)	平均生活费(元) Average Living Subsidy (yuan)	年末人数(人) Year-end Figures (person)	平均生活费(元) Average Living Subsidy (yuan)
全国	**National**	**2616326**	**1101**	**41916**	**574**	**159408**	**433**	**1060743**	**909**
北京	Beijing	13958	6512	17	10059	5	5400	5395	5749
天津	Tianjin	58173	1139			4	2333	36295	782
河北	Hebei	113343	1145	790	664	3257		51523	1266
山西	Shanxi	135766	1251	183	1476	3499	1889	43966	259
内蒙古	Inner Mongolia	51947	598	2811	54	328	1246	28423	549
辽宁	Liaoning	607324	371	873	668	66843	162	324515	342
吉林	Jilin	152273	339	276	3067	24735	2	64398	439
黑龙江	Heilongjiang	241595	316	6725	51	44230	59	108310	268
上海	Shanghai	80275	3055	372	16270	37	2216	30432	1946
江苏	Jiangsu	86024	3018	791	3120	2926	3618	28072	3486
浙江	Zhejiang	19388	4506	54	10056	2	6500	4296	2431
安徽	Anhui	74080	1602	596	79	7874	3205	18215	1571
福建	Fujian	32499	1396	135	2255	40	372	11294	1261
江西	Jiangxi	86715	808	1203	393	634	858	38228	548
山东	Shandong	163644	1568	16565	188	1902	3155	39088	2609
河南	Henan	165582	736	6194	392	262	1147	31787	999
湖北	Hubei	70822	1751	503	1217	209	2955	29326	1139
湖南	Hunan	101502	1585	926	2073	935	2647	38401	1621
广东	Guangdong	115403	891	188	1258	47	128	40510	316
广西	Guangxi	39931	1167	18	6421	30	2933	10432	821
海南	Hainan	14482	411	2	4000			2383	477
重庆	Chongqing	26316	1596	40	886	519	77	12437	1358
四川	Sichuan	36840	3131	128	5155	677	2585	11729	3671
贵州	Guizhou	16880	1489			4	1750	5147	901
云南	Yunnan	13419	3374	65	4776	349	1134	5862	2957
西藏	Tibet	11	9909					11	9909
陕西	Shaanxi	86097	1418	2413	753	44	2732	37091	1682
甘肃	Gansu	7637	2723			15	2933	2148	4818
青海	Qinghai	1010	2541					456	370
宁夏	Ningxia	1110	2904					211	4886
新疆	Xinjiang	2280	5052	48	1043	1		362	3368

5-5 续表 1 continued

地区	Region	电力、燃气及水的生产和供应业 Production & Distribution of Electricity,Gas & Water		建筑业 Construction		交通运输、仓储和邮政业 Traffic,Transport, Storage and Post		信息传输、计算机服务和软件业 Information Transfer, Computer Services and Software	
		年末人数（人） Year-end Figures (person)	平均生活费（元） Average Living Subsidy (yuan)	年末人数（人） Year-end Figures (person)	平均生活费（元） Average Living Subsidy (yuan)	年末人数（人） Year-end Figures (person)	平均生活费（元） Average Living Subsidy (yuan)	年末人数（人） Year-end Figures (person)	平均生活费（元） Average Living Subsidy (yuan)
全　国	**National**	**4316**	**3677**	**223321**	**838**	**157435**	**899**	**1707**	**4576**
北　京	Beijing	69	5280	970	5799	406	5133	19	4474
天　津	Tianjin	29	7640	1430	5143	10235	419	155	14129
河　北	Hebei	13	6067	5026	839	6323	1117	3	24333
山　西	Shanxi	137	1191	4224	773	4853	338	32	
内蒙古	Inner Mongolia	3	2000	6954	660	1991	1352		
辽　宁	Liaoning	1325	515	77230	438	20827	279	74	351
吉　林	Jilin	63	573	23134	139	12841	129	130	
黑龙江	Heilongjiang	154	7340	27487	275	6939	146	11	1182
上　海	Shanghai	172	12000	943	3059	3535	2858	46	17683
江　苏	Jiangsu	126	3891	2511	3668	6366	3179	143	11054
浙　江	Zhejiang	115	4939	1501	3767	1273	2874	57	11190
安　徽	Anhui	21	4333	5466	1640	7850	842	120	5000
福　建	Fujian	61	2131	3628	1443	4348	1025		
江　西	Jiangxi	79	2636	8550	905	7642	681	132	5962
山　东	Shandong	294	2437	7723	2325	6269	1483	1	85000
河　南	Henan	93	1752	6300	1239	9613	314	552	
湖　北	Hubei	269	3612	1882	2505	6606	1319		
湖　南	Hunan	148	3886	8761	1540	12975	1233	1	1000
广　东	Guangdong	859	6973	8206	814	9506	757		
广　西	Guangxi			3636	1621	2030	587	2	13500
海　南	Hainan	6		321	245	1532	425	183	645
重　庆	Chongqing	145	9007	4951	867	2829	1183	46	4163
四　川	Sichuan	24	8964	2818	2604	4705	2142		
贵　州	Guizhou	2	2000	1665	1516	290	1266		
云　南	Yunnan	30	7760	1380	3499	222	5920		
西　藏	Tibet								
陕　西	Shaanxi	11	545	6255	426	5073	742		
甘　肃	Gansu	53	2264	231	3183	335	2790		
青　海	Qinghai	10	11200	27	741				
宁　夏	Ningxia			64	9141				
新　疆	Xinjiang	5		47	9477	21	10810		

5-5 续表 2 continued

地区 Region	批发和零售业 Wholesale and Retail Trade		住宿和餐饮业 Accommodation and Restaurants		金融业 Finance		房地产业 Real Estate	
	年末人数(人) Year-end Figures (person)	平均生活费(元) Average Living Subsidy (yuan)	年末人数(人) Year-end Figures (person)	平均生活费(元) Average Living Subsidy (yuan)	年末人数(人) Year-end Figures (person)	平均生活费(元) Average Living Subsidy (yuan)	年末人数(人) Year-end Figures (person)	平均生活费(元) Average Living Subsidy (yuan)
全　国 National	**701505**	**809**	**18433**	**1994**	**34862**	**10944**	**26766**	**1985**
北　京 Beijing	1466	5421	603	7080			2038	9975
天　津 Tianjin	7476	1555	325	2422	42	14000	129	4780
河　北 Hebei	38021	793	735	869	1413	10659	53	3415
山　西 Shanxi	35358	411	655	660	2109	9341	679	1147
内蒙古 Inner Mongolia	1818	759	197	3000	242	13828		
辽　宁 Liaoning	74709	183	1995	502	3191	10917	4218	259
吉　林 Jilin	21789	139	647	166	1371	9670	108	
黑龙江 Heilongjiang	27301	345	1637	335	1809	9873	3042	
上　海 Shanghai	21668	2930	1234	4239			159	5150
江　苏 Jiangsu	38034	1684	282	4516	2073	11503	317	7176
浙　江 Zhejiang	5373	2649	360	2517	1727	20403	1027	1365
安　徽 Anhui	27641	954	1249	1173	1734	7511	147	1208
福　建 Fujian	10764	1115	395	1695	526	10472	83	3106
江　西 Jiangxi	26408	616	191	1937	1518	8537	535	5165
山　东 Shandong	78362	606	1519	3206	2426	10627	759	1814
河　南 Henan	97730	366	1220	1117	1968	9281	1090	157
湖　北 Hubei	24570	1406	392	3592	3129	9058	1633	1156
湖　南 Hunan	28727	1247	1510	2549	760	9583	4295	1292
广　东 Guangdong	46099	384	215	6653	2053	15872	2019	3576
广　西 Guangxi	17736	716	453	2088	1209	11672	714	694
海　南 Hainan	8349	220	303	43	114	9681	164	952
重　庆 Chongqing	3716	1563	367	1395	551	14606	162	1539
四　川 Sichuan	12578	1597	152	3472	2256	10453	26	3385
贵　州 Guizhou	7735	1543	91	2593	329	7741	928	1576
云　南 Yunnan	3726	3266	536	2526	277	11850	296	3024
西　藏 Tibet								
陕　西 Shaanxi	28775	1034	974	1219	1457	8856	1986	891
甘　肃 Gansu	3460	1900	55	2020	25	6405		
青　海 Qinghai	370	1708	22	3182	120	15402	5	2200
宁　夏 Ningxia	768	1413	16	1625	39	10237		
新　疆 Xinjiang	978	3304	103	5412	394	10704	154	5200

5-5 续表 3 continued

地 区 Region	租赁和商务服务业 Tenancy and Business Services		科学研究、技术服务和地质勘查业 Scientific Research,Technical Service & Geologic Perambulation		水利、环境和公共设施管理业 Management of Water Conservancy,Environment & Public Establishment		居民服务和其他服务业 Resident Services and Other Services	
	年末人数（人）Year-end Figures (person)	平均生活费（元）Average Living Subsidy (yuan)	年末人数（人）Year-end Figures (person)	平均生活费（元）Average Living Subsidy (yuan)	年末人数（人）Year-end Figures (person)	平均生活费（元）Average Living Subsidy (yuan)	年末人数（人）Year-end Figures (person)	平均生活费（元）Average Living Subsidy (yuan)
全 国 National	**128155**	**2019**	**3325**	**2845**	**4965**	**3779**	**19513**	**1755**
北 京 Beijing	732	7402	241	11810	22	9000	884	6845
天 津 Tianjin	1036	3506	25	12261	7	11000	871	4995
河 北 Hebei	4636	829	27		231	273	211	2913
山 西 Shanxi	38301	2871	235		22	2545	530	1034
内蒙古 Inner Mongolia	5780	100			25	1800	2807	789
辽 宁 Liaoning	20781	374	765	916	677	1051	4761	248
吉 林 Jilin	1014	1369	112	196	297	1822	894	28
黑龙江 Heilongjiang	10334	273	374	216	187	267	2767	508
上 海 Shanghai	17132	3666	461	2398	199	13471	1853	3297
江 苏 Jiangsu	2064	2607	180	6034	406	6625	165	6113
浙 江 Zhejiang	2036	3068	94	7472	261	11932	177	3087
安 徽 Anhui	480	3615	137	4343	60	2467	342	1291
福 建 Fujian	380	1987	10	300	112	2025	339	1394
江 西 Jiangxi	1140	327			64	2422	141	1285
山 东 Shandong	3812	4668	82	2106	29	5069	523	2361
河 南 Henan	5216	778	33	1548	128	1604	510	1417
湖 北 Hubei	328	7345	86	5563	290	7422	182	4841
湖 南 Hunan	1086	1884	96	2792	613	2521	174	2401
广 东 Guangdong	4547	1581	149	1054	597	2582	92	6181
广 西 Guangxi	3071	441	137	1776	156	1788	176	520
海 南 Hainan	921	768					35	457
重 庆 Chongqing	213	614	1	25000	79	3671	47	2617
四 川 Sichuan	588	3467	3	10000	108	4519	75	3127
贵 州 Guizhou	435	1751			22	3750	230	2117
云 南 Yunnan	438	5339	4	5500	34	4897	75	455
西 藏 Tibet								
陕 西 Shaanxi	313	2650	73		329	2786	624	2734
甘 肃 Gansu	1202	1040						
青 海 Qinghai								
宁 夏 Ningxia	7	13571			5	5800		
新 疆 Xinjiang	132	6124			5		28	323

5-5 续表 4 continued

地区 Region	教育 Education		卫生、社会保障和社会福利业 Sanitation, Social Security and Social Welfare		文化体育和娱乐业 Culture, Sports and Entertainment		公共管理和社会组织 Public Management & Social Organization	
	年末人数（人） Year-end Figures (person)	平均生活费（元） Average Living Subsidy (yuan)	年末人数（人） Year-end Figures (person)	平均生活费（元） Average Living Subsidy (yuan)	年末人数（人） Year-end Figures (person)	平均生活费（元） Average Living Subsidy (yuan)	年末人数（人） Year-end Figures (person)	平均生活费（元） Average Living Subsidy (yuan)
全 国 National	**5417**	**7091**	**19028**	**3639**	**2419**	**2315**	**3092**	**3109**
北 京 Beijing	199	9437	848	2513	27	4593	17	6833
天 津 Tianjin	60	8523	45	4776	9	6000		
河 北 Hebei	63	921	764	1104	163	663	91	9088
山 西 Shanxi	9	750	430	2657	535	293	9	1556
内蒙古 Inner Mongolia	39	350	529	2545				
辽 宁 Liaoning	447	659	3936	385	25	250	132	2098
吉 林 Jilin	6		375	899	47	106	36	12778
黑龙江 Heilongjiang	10	1300	242	5468			36	25634
上 海 Shanghai	706	2491	872	21197	393	5458	61	12984
江 苏 Jiangsu	280	4884	1093	6979	192	5325	3	20000
浙 江 Zhejiang	59	8695	957	2902	12	3000	7	5429
安 徽 Anhui	57	2368	1713	2117	25	8320	353	3284
福 建 Fujian	5	600	342	3928	36	639	1	
江 西 Jiangxi	2	2500	208	4207			40	3550
山 东 Shandong	890	13900	1853	3614	39	2658	1508	812
河 南 Henan	2133	8108	537	996	93	301	123	1984
湖 北 Hubei	255	4831	779	3442	154	3542	229	5793
湖 南 Hunan	37	10737	1532	3772	350	1126	175	2326
广 东 Guangdong	60	7373	195	5396	54	3893	7	7000
广 西 Guangxi	1	5500	31	3032	74	1147	25	2840
海 南 Hainan			169	742				
重 庆 Chongqing	12	1909	178	2041	8	2875	15	10050
四 川 Sichuan	12	3077	923	6193	35	7353	3	2667
贵 州 Guizhou							2	4000
云 南 Yunnan	67	5280	1	5000			57	8571
西 藏 Tibet								
陕 西 Shaanxi	8	2625	468	3603	148	703	55	8982
甘 肃 Gansu			6	3250			107	1196
青 海 Qinghai								
宁 夏 Ningxia								
新 疆 Xinjiang			2	7333				

5-6 各地区分行业城镇集体单位其他就业人员和平均劳动报酬(2006年)
OTHER EMPLOYMENT AND AVERAGE EARNING IN URBAN COLLECTIVE-OWNED UNITS BY SECTOR AND REGION (2006)

地 区	Region	总 计 Total				农、林、牧、渔业 Agriculture,Forestry, Farming of Animals and Fishing			
		年末人数(人) Year-end Figures (person)	#聘用的离退休人员 Hired Retirement	平均劳动报酬(元) Average Earning (yuan)	#聘用的离退休人员 Hired Retirement	年末人数(人) Year-end Figures (person)	#聘用的离退休人员 Hired Retirement	平均劳动报酬(元) Average Earning (yuan)	#聘用的离退休人员 Hired Retirement
全 国	**National**	**376333**	**58988**	**10090**	**12780**	**2220**	**177**	**7662**	**9545**
北 京	Beijing	23792	10321	16044	14353	73	17	14422	15824
天 津	Tianjin	18025	4666	11845	9896				
河 北	Hebei	10142	2677	7451	8987	14	2	3000	10000
山 西	Shanxi	10270	914	7867	8738	33		2576	
内蒙古	Inner Mongolia	2198	504	9248	13542	127	6	5882	9500
辽 宁	Liaoning	10738	3010	7462	6098	30	7	7871	5857
吉 林	Jilin	16871	813	1366	8661	30		3533	
黑龙江	Heilongjiang	6162	1179	9648	11269			8000	
上 海	Shanghai	33045	9030	15814	15904	356	2	13352	7000
江 苏	Jiangsu	19362	2197	10534	15852	14	5	11000	16000
浙 江	Zhejiang	14623	2782	14549	20876	10	5	16200	9400
安 徽	Anhui	16116	2060	9326	18662	68		4716	
福 建	Fujian	9947	1487	13023	11593	24	4	7960	9500
江 西	Jiangxi	8599	715	8147	8069				
山 东	Shandong	19717	2059	9847	12067	706	70	8099	7250
河 南	Henan	20137	1181	7959	14865	189	3	1914	10000
湖 北	Hubei	22276	1489	7811	8340	87	33	4460	4242
湖 南	Hunan	32374	667	9158	13207	157	1	4695	24000
广 东	Guangdong	8867	2181	16476	17402	53	6	5019	19167
广 西	Guangxi	18503	557	8763	12764	4		9000	
海 南	Hainan	1619	276	10176	19062	47	2	6787	12000
重 庆	Chongqing	2878	1387	11490	10119	12	4	3333	6750
四 川	Sichuan	12507	2775	9428	11941	28	7	10240	9778
贵 州	Guizhou	6310	695	8876	8243				
云 南	Yunnan	9231	1393	7545	10510	60	1	6017	18000
西 藏	Tibet	486	3	7101	39333				
陕 西	Shaanxi	13982	1387	5877	6706	91		3613	
甘 肃	Gansu	3994	132	9220	8190	7	2	8857	9000
青 海	Qinghai	1535	34	4951	8000				
宁 夏	Ningxia	693	73	8578	9032				
新 疆	Xinjiang	1334	344	8410	11865				

5-6 续表 1 continued

地区	Region	采矿业 Mining				制造业 Manufacturing			
		年末人数(人) Year-end Figures (person)	#聘用的离退休人员 Hired Retirement	平均劳动报酬(元) Average Earning (yuan)	#聘用的离退休人员 Hired Retirement	年末人数(人) Year-end Figures (person)	#聘用的离退休人员 Hired Retirement	平均劳动报酬(元) Average Earning (yuan)	#聘用的离退休人员 Hired Retirement
全国	**National**	**5815**	**1405**	**11079**	**14306**	**61283**	**17868**	**9932**	**10424**
北京	Beijing	5	5	9364	14200	3981	2042	22203	15017
天津	Tianjin					2978	1326	10814	10774
河北	Hebei	1	1	12000	12000	2658	1971	8487	8754
山西	Shanxi	487	32	9845	13219	2612	552	5342	7222
内蒙古	Inner Mongolia	17	8	8690	13800	305	210	15300	25033
辽宁	Liaoning	317	4	20561	8000	6428	1998	5736	5313
吉林	Jilin	520	19	8686	19840	3124	560	2312	7495
黑龙江	Heilongjiang	32	32	8914	5341	3706	848	8611	9768
上海	Shanghai	1		24000		5900	1548	16111	17357
江苏	Jiangsu	913		5692		2905	432	14169	15484
浙江	Zhejiang	17	17	20118	20118	865	344	14464	13603
安徽	Anhui	1423	1086	16592	18401	1173	144	9292	10692
福建	Fujian					1416	592	9686	8225
江西	Jiangxi	87		3598		1812	179	7276	5059
山东	Shandong	137	83	11385	13688	1632	332	9229	11681
河南	Henan	138	17	7305	17118	3136	530	6035	9248
湖北	Hubei	42	32	1199	1034	2118	505	6321	7136
湖南	Hunan	181	2	8639	9500	1761	150	9055	11252
广东	Guangdong	13	5	46167	32400	1808	523	20002	19784
广西	Guangxi					1509	206	8875	15743
海南	Hainan					77	23	6231	9542
重庆	Chongqing	7	7	10714	10714	863	670	9270	9533
四川	Sichuan	48	2	10340	18000	1383	612	9023	7766
贵州	Guizhou	545	5	16580	12000	752	433	7659	7816
云南	Yunnan	506	30	7495	10921	1474	419	8169	10282
西藏	Tibet	153		9000		281	3	6525	39333
陕西	Shaanxi	2		10500		2497	467	4078	7984
甘肃	Gansu	20	15	5650	5333	1631	86	10866	8840
青海	Qinghai	200		3740		188	17	5627	5800
宁夏	Ningxia					82	21	12347	10263
新疆	Xinjiang	3	3	20000	5667	228	125	11491	15174

5-6 续表 2 continued

地 区	Region	电力、燃气及水的生产和供应业 Production and Distribution of Electricity, Gas and Water				建 筑 业 Construction			
		年末人数（人） Year-end Figures (person)	#聘用的离退休人员 Hired Retirement	平均劳动报酬(元) Average Earning (yuan)	#聘用的离退休人员 Hired Retirement	年末人数（人） Year-end Figures (person)	#聘用的离退休人员 Hired Retirement	平均劳动报酬(元) Average Earning (yuan)	#聘用的离退休人员 Hired Retirement
全 国	**National**	**1122**	**219**	**12793**	**13608**	**136633**	**6663**	**9243**	**12406**
北 京	Beijing	21	14	17071	13714	2991	676	16277	14578
天 津	Tianjin	119	10	10877	13250	1952	339	11341	11572
河 北	Hebei	6	6	500	500	5767	96	6866	10484
山 西	Shanxi					2321	37	7420	9317
内蒙古	Inner Mongolia					269	145	10701	8130
辽 宁	Liaoning	27	27	4611	4278	1529	307	12381	7902
吉 林	Jilin	17		5882		5173	51	921	7892
黑龙江	Heilongjiang	95		4063		1037	42	11196	48922
上 海	Shanghai	7	2	15714		2006	173	18484	22292
江 苏	Jiangsu	21	8	18684	14143	5047	35	9004	16472
浙 江	Zhejiang	258	39	15973	14538	4765	144	10722	18286
安 徽	Anhui	56	36	11051	11167	5635	58	7372	10373
福 建	Fujian	27	8	5407	7125	4979	230	16011	11551
江 西	Jiangxi	9	2	8111		4833	292	8074	13103
山 东	Shandong	15	3	2765	9333	8469	868	10468	10578
河 南	Henan	23		3043		3914	162	12244	38525
湖 北	Hubei	98	4	7490	6500	12979	530	8504	13304
湖 南	Hunan	63		12484		22766	208	9261	15453
广 东	Guangdong	173	15	27400	45385	3014	316	13813	13444
广 西	Guangxi	2	2	154	2000	13333	111	8566	14731
海 南	Hainan	6	6	4667	4667	1071	29	8359	15207
重 庆	Chongqing	14	14	7000	7000	976	234	11673	7984
四 川	Sichuan	34	18	17568	22615	6969	632	8609	13018
贵 州	Guizhou	6		3333		4334	70	8345	9961
云 南	Yunnan	18		5286		2771	101	6847	9950
西 藏	Tibet					50		5700	
陕 西	Shaanxi	2		4000		5262	702	6719	3126
甘 肃	Gansu					1174	4	9923	7500
青 海	Qinghai	5	5	4800	4800	702	6	4880	11333
宁 夏	Ningxia					281	2	7972	13000
新 疆	Xinjiang					264	63	10558	11071

5-6 续表 3 continued

地区	Region	交通运输、仓储和邮政业 Traffic, Transport, Storage and Post				信息传输、计算机服务和软件业 Information Transfer, Computer Services and Software			
		年末人数(人) Year-end Figures (person)	#聘用的离退休人员 Hired Retirement	平均劳动报酬(元) Average Earning (yuan)	#聘用的离退休人员 Hired Retirement	年末人数(人) Year-end Figures (person)	#聘用的离退休人员 Hired Retirement	平均劳动报酬(元) Average Earning (yuan)	#聘用的离退休人员 Hired Retirement
全 国	**National**	**15906**	**954**	**6483**	**10271**	**719**	**117**	**13569**	**13608**
北 京	Beijing	650	101	17030	19093	104	60	30055	14172
天 津	Tianjin	200	59	6086	6582	22	9	8483	8625
河 北	Hebei	38	38	4500	4500				
山 西	Shanxi	88	2	3512					
内蒙古	Inner Mongolia	109	48	18446	7792				
辽 宁	Liaoning	72	17	1466	8158				
吉 林	Jilin	5224	7	99	3632				
黑龙江	Heilongjiang	42	3	17773	9500	51		9098	
上 海	Shanghai	2136	218	13153	12241	57	11	14865	24000
江 苏	Jiangsu	128	20	10078	10600	241	1	10378	5000
浙 江	Zhejiang	350	30	11315	15839	11	1	14643	5000
安 徽	Anhui	1360	34	9949	4563	52	5	15308	7200
福 建	Fujian	120	58	15780	11707				
江 西	Jiangxi	33	3	7364	9333	27	3	3667	3000
山 东	Shandong	222	33	11726	8378				
河 南	Henan	465	15	8379	5600	114	10	6628	12900
湖 北	Hubei	712	40	6424	5381	2		12000	
湖 南	Hunan	1706	16	4047	2955				
广 东	Guangdong	112	46	10034	12106	19	1	11263	9000
广 西	Guangxi	554	18	7540	9211				
海 南	Hainan	43	2	21023	2500	2		3000	
重 庆	Chongqing	92	41	31589	9854	2	2	16000	16000
四 川	Sichuan	213	51	10104	7333				
贵 州	Guizhou	6	6	8667	8667				
云 南	Yunnan	332	21	13491	9667	15	14	12000	12000
西 藏	Tibet								
陕 西	Shaanxi	878	12	4045	5000				
甘 肃	Gansu	1	1	4000	4000				
青 海	Qinghai								
宁 夏	Ningxia								
新 疆	Xinjiang	20	14	10769	6286				

5-6 续表 4 continued

地区 Region	批发和零售业 Wholesale and Retail Trade				住宿和餐饮业 Accommodation and Restaurants			
	年末人数(人) Year-end Figures (person)	#聘用的离退休人员 Hired Retirement	平均劳动报酬(元) Average Earning (yuan)	#聘用的离退休人员 Hired Retirement	年末人数(人) Year-end Figures (person)	#聘用的离退休人员 Hired Retirement	平均劳动报酬(元) Average Earning (yuan)	#聘用的离退休人员 Hired Retirement
全国 National	**40620**	**7447**	**8906**	**10676**	**5481**	**1178**	**10193**	**10761**
北京 Beijing	2312	1284	12466	11923	1291	612	15107	11115
天津 Tianjin	7283	1462	11226	7153	612	95	9747	9443
河北 Hebei	619	259	7063	8512	148	26	1601	6808
山西 Shanxi	1406	57	8301	7338	23	13	6520	11400
内蒙古 Inner Mongolia	30	3	26448	13333				
辽宁 Liaoning	403	103	7435	6768	171	23	6515	6304
吉林 Jilin	1256	22	353	7545	117	4	237	5000
黑龙江 Heilongjiang	276	27	4285	4163	75	5	3053	5400
上海 Shanghai	7003	2393	14289	14948	465	29	13730	17281
江苏 Jiangsu	1748	103	7433	11243	238	26	9060	8517
浙江 Zhejiang	486	128	10592	11040	206	93	10476	11053
安徽 Anhui	1058	71	4583	4620	282	16	4824	5625
福建 Fujian	514	164	8177	12006	107	14	13000	10182
江西 Jiangxi	200	8	4025	5600				
山东 Shandong	1244	54	6599	14358	94	27	11134	15745
河南 Henan	4639	118	4505	5821	569	26	6107	7032
湖北 Hubei	1361	26	7932	6269	26	6	8808	4444
湖南 Hunan	924	88	8901	7436	93	6	10330	33600
广东 Guangdong	746	309	13255	11346	91	44	11409	13000
广西 Guangxi	777	56	5457	6085	139	13	9382	4875
海南 Hainan	57	21	7667	4417	3	1	4333	8000
重庆 Chongqing	163	74	7159	7405	2	2	5500	16500
四川 Sichuan	811	190	7998	7652	23	13	9478	8769
贵州 Guizhou	344	56	4721	7349	29	10	6552	6200
云南 Yunnan	853	248	7664	9109	288	68	8294	9273
西藏 Tibet								
陕西 Shaanxi	2555	42	3759	6585	269	2	8647	7000
甘肃 Gansu	715	4	5458	2000	3	1	6667	12000
青海 Qinghai					113		6252	
宁夏 Ningxia	186	24	6955	6188				
新疆 Xinjiang	651	53	3198	8130	4	3	31647	7250

5-6 续表 5 continued

地 区	Region	金融业 Finance 年末人数(人) Year-end Figures (person)	#聘用的离退休人员 Hired Retirement	平均劳动报酬(元) Average Earning (yuan)	#聘用的离退休人员 Hired Retirement	房地产业 Real Estate 年末人数(人) Year-end Figures (person)	#聘用的离退休人员 Hired Retirement	平均劳动报酬(元) Average Earning (yuan)	#聘用的离退休人员 Hired Retirement
全 国	**National**	**20046**	**541**	**10596**	**7122**	**5109**	**1399**	**12057**	**12147**
北 京	Beijing					1219	575	12837	11821
天 津	Tianjin	835	14	10326	21786	9	6	5775	13667
河 北	Hebei	223	11	9139	4462				
山 西	Shanxi	2497	55	10957	3000	12	3	8545	6000
内蒙古	Inner Mongolia	12	1	1243	4000				
辽 宁	Liaoning	701	6	6155	5167	87	26	8916	10231
吉 林	Jilin	146	2	8776	14000	65	4	358	6000
黑龙江	Heilongjiang	337	42	6351	5022	60	3	6150	4667
上 海	Shanghai					1623	297	11091	13016
江 苏	Jiangsu	481	5	10753	15167	60	14	10081	16786
浙 江	Zhejiang	186	12	12344	20182	128	78	17827	15785
安 徽	Anhui	381	7	11116	10857	27	4	7714	9800
福 建	Fujian	236	6	7922	11111	72	40	11411	10634
江 西	Jiangxi	1063	155	10086	2897	28	28	10000	10000
山 东	Shandong	2621	3	8888	7667	153	56	9563	11359
河 南	Henan	3292	24	14333	7333	70	11	4953	11700
湖 北	Hubei	373	27	8329	8741	60	14	7965	5786
湖 南	Hunan	3114	10	10168	10176	396	2	12796	5000
广 东	Guangdong	295	9	17980	8500	624	84	19315	16287
广 西	Guangxi	180	30	7538	10561	57	22	7356	8136
海 南	Hainan	1	1	10000	10000	27	11	16120	12286
重 庆	Chongqing	238		14374		9	9	16000	15933
四 川	Sichuan	446	65	11054	9886	49	21	7122	10783
贵 州	Guizhou	106	12	13942	10417	36	25	7222	7875
云 南	Yunnan	163	2	11263	5000	76	31	9833	7171
西 藏	Tibet								
陕 西	Shaanxi	1627	19	8203	10167	146	26	9547	16769
甘 肃	Gansu	218		10873		9	2	8000	9500
青 海	Qinghai	94		5372					
宁 夏	Ningxia	133	16	13128	5750				
新 疆	Xinjiang	47	7	18614	12857	7	7	4308	1500

5-6 续表 6 continued

地区 Region	租赁和商务服务业 Tenancy and Business Services				科学研究、技术服务和地质勘查业 Scientific Research,Technical Service and Geological Prospecting			
	年末人数(人) Year-end Figures (person)	#聘用的离退休人员 Hired Retirement	平均劳动报酬(元) Average Earning (yuan)	#聘用的离退休人员 Hired Retirement	年末人数(人) Year-end Figures (person)	#聘用的离退休人员 Hired Retirement	平均劳动报酬(元) Average Earning (yuan)	#聘用的离退休人员 Hired Retirement
全 国 National	**18302**	**2635**	**12920**	**17832**	**4826**	**1891**	**17183**	**14174**
北 京 Beijing	1706	656	13211	15236	1911	1015	21625	13372
天 津 Tianjin	1711	140	18126	9475	211	133	8282	7132
河 北 Hebei	77	26	3988	7538	49	1	6837	12000
山 西 Shanxi	156	51	4113	7275	110		11800	7000
内蒙古 Inner Mongolia	758		4070					
辽 宁 Liaoning	158	31	6250	4759	199	71	15883	9371
吉 林 Jilin	51	9	3471	13143	57	43	10333	10628
黑龙江 Heilongjiang	122	8	6612	9636	88	70	12584	12324
上 海 Shanghai	3899	768	16553	17723	378	132	28498	19603
江 苏 Jiangsu	382	65	12101	13309	30	2	11438	10250
浙 江 Zhejiang	3313	226	16093	20326	250	63	25340	37970
安 徽 Anhui	1766	127	14129	77508	37		10216	
福 建 Fujian	319	25	6991	17000	26	12	23889	45400
江 西 Jiangxi	9	3	7222	4333				
山 东 Shandong	344	60	8033	16657	24	12	11667	7417
河 南 Henan	931	45	5754	11467	52	34	8879	12611
湖 北 Hubei	466	12	5112	4286	48	12	7404	7333
湖 南 Hunan	267	2	10437	7500	20		10421	
广 东 Guangdong	252	148	17243	21412	170	45	25212	31163
广 西 Guangxi	87	14	7560	12286	30	3	9533	1333
海 南 Hainan	10	8	9500	10750	32	32	26478	26478
重 庆 Chongqing	9	9	8000	6455	76	76	13425	13425
四 川 Sichuan	251	69	8466	8759	25	20	8808	10300
贵 州 Guizhou	35	22	11000	14045	8	8	7375	7375
云 南 Yunnan	799	89	4226	13194	908	93	8583	13845
西 藏 Tibet								
陕 西 Shaanxi	169	15	1637	6800	38		9605	
甘 肃 Gansu	120		706		13	4	9615	1000
青 海 Qinghai	121	1	1215	3000				
宁 夏 Ningxia	1		2000		10	10	15700	15700
新 疆 Xinjiang	13	6	11667	13636	26		11714	

5-6 续表 7 continued

地 区	Region	水利、环境和公共设施管理业 Management of Water Conservancy, Environment and Public Establishment 年末人数(人) Year-end Figures (person)	#聘用的离退休人员 Hired Retirement	平均劳动报酬(元) Average Earning (yuan)	#聘用的离退休人员 Hired Retirement	居民服务和其他服务业 Resident Services and Other Services 年末人数(人) Year-end Figures (person)	#聘用的离退休人员 Hired Retirement	平均劳动报酬(元) Average Earning (yuan)	#聘用的离退休人员 Hired Retirement
全 国	**National**	**9182**	**269**	**8218**	**9492**	**8541**	**2883**	**9680**	**10594**
北 京	Beijing	217	38	12683	15270	2066	1129	12033	11217
天 津	Tianjin	187	6	6576	9500	772	209	3575	2866
河 北	Hebei	5		3000		101	73	6141	7425
山 西	Shanxi	41		9930		37	3	5949	3333
内蒙古	Inner Mongolia	295		5085		153	7	20124	3286
辽 宁	Liaoning	1	1			71	40	7571	9450
吉 林	Jilin	56	32	5099	6200	814		137	11000
黑龙江	Heilongjiang	39		6103		44	17	8659	4824
上 海	Shanghai	1316	29	11574	15500	2161	1196	10982	11511
江 苏	Jiangsu	2275	34	6550	824	29	12	12931	18333
浙 江	Zhejiang	839	17	8054	9765	144	14	9754	10286
安 徽	Anhui	24	2	5667	14000	6	2	9167	15500
福 建	Fujian	373	10	6558	8400	79	41	9258	10070
江 西	Jiangxi	188	2	4963	4500	2	2	15000	15000
山 东	Shandong	13		18100		32	11	11242	12333
河 南	Henan	32	1	4714	4500	243	7	1836	1667
湖 北	Hubei	2532	32	7924	7647	372	48	7174	34706
湖 南	Hunan	195		6708		34	1	17382	5000
广 东	Guangdong	163	52	24038	12510	96	15	12483	13800
广 西	Guangxi	12		5250		1106	4	14808	10286
海 南	Hainan	47		1000		3	3	62667	7333
重 庆	Chongqing	104		6255					
四 川	Sichuan	148	2	12342	6000	84	13	6418	6000
贵 州	Guizhou	21	6	7591	9333	44	7	7432	6000
云 南	Yunnan	29	5	7500	5000	29	22	7679	8273
西 藏	Tibet					2		3500	
陕 西	Shaanxi	20		6050		4	4	5000	5000
甘 肃	Gansu	2		6000					
青 海	Qinghai	8		5000		6		16667	
宁 夏	Ningxia								
新 疆	Xinjiang					7	3	6500	4500

5-6 续表 8 continued

地区	Region	教育 Education 年末人数(人) Year-end Figures (person)	#聘用的离退休人员 Hired Retirement	平均劳动报酬(元) Average Earning (yuan)	#聘用的离退休人员 Hired Retirement	卫生、社会保障和社会福利业 Sanitation,Social Security and Social Welfare 年末人数(人) Year-end Figures (person)	#聘用的离退休人员 Hired Retirement	平均劳动报酬(元) Average Earning (yuan)	#聘用的离退休人员 Hired Retirement
全国	**National**	**11013**	**3088**	**12033**	**16908**	**23199**	**8904**	**15466**	**17859**
北京	Beijing	3406	1043	14444	20167	1146	689	15217	16437
天津	Tianjin	861	652	15901	16429	246	196	10131	9364
河北	Hebei	104		8765		328	163	12981	14882
山西	Shanxi	25		5000		414	101	9412	21085
内蒙古	Inner Mongolia					123	76	12355	15474
辽宁	Liaoning	55	34	5549	8033	409	288	10396	11173
吉林	Jilin	8		16647		212	59	8592	13292
黑龙江	Heilongjiang	21	5	8476	8000	131	71	13374	17690
上海	Shanghai	667	374	27026	18123	3728	1285	21666	19250
江苏	Jiangsu	781	86	10913	8382	4037	1333	14382	17789
浙江	Zhejiang	834	348	17183	19544	1760	1052	28216	28750
安徽	Anhui	110	2	16538	5500	1698	455	9622	11275
福建	Fujian	34	10	11853	17500	1560	265	12613	17928
江西	Jiangxi	1	1	3000	3000	289	37	20161	8159
山东	Shandong	170	105	8705	10417	2313	337	13105	14374
河南	Henan	1926	17	2714	7308	360	158	10629	15016
湖北	Hubei	141	41	5861	5195	243	110	8552	12500
湖南	Hunan	145		11545		552	181	14192	16699
广东	Guangdong	706	149	12702	13841	403	320	21738	22569
广西	Guangxi	236	45	7000	11750	58	27	18952	15889
海南	Hainan	9	7	1333	1714	182	128	19405	26695
重庆	Chongqing	3	3	9800	9800	302	236	13309	14087
四川	Sichuan	10	3	8200	10333	1958	1053	12687	15368
贵州	Guizhou	7	2	8714	11200	37	33	8487	7912
云南	Yunnan	687	145	7364	11214	185	92	6095	11214
西藏	Tibet								
陕西	Shaanxi	40	8	6025	4625	308	89	13954	26060
甘肃	Gansu	15		3400		66	13	10861	11769
青海	Qinghai					98	5	8796	17000
宁夏	Ningxia								
新疆	Xinjiang	11	8	26000	7000	53	52	12453	12654

5-6 续表 9 continued

地 区	Region	文化体育和娱乐业 Culture, Sports and Entertainment				公共管理和社会组织 Public Management and Social Organization			
		年末人数(人) Year-end Figures (person)	#聘用的离退休人员 Hired Retirement	平均劳动报酬(元) Average Earning (yuan)	#聘用的离退休人员 Hired Retirement	年末人数(人) Year-end Figures (person)	#聘用的离退休人员 Hired Retirement	平均劳动报酬(元) Average Earning (yuan)	#聘用的离退休人员 Hired Retirement
全 国	**National**	**1089**	**366**	**12857**	**13460**	**5227**	**984**	**8762**	**11836**
北 京	Beijing	357	159	11722	13948	336	206	21805	15515
天 津	Tianjin	27	10	7536	5200				
河 北	Hebei	3	3	5667	5667	1	1	6000	6000
山 西	Shanxi	8	8	6333	6333				
内蒙古	Inner Mongolia								
辽 宁	Liaoning	2	2	9000	9000	78	25	808	
吉 林	Jilin	1	1	14000	14000				
黑龙江	Heilongjiang	3	3	11333	11333	3	3	4667	4667
上 海	Shanghai	283	105	20884	15611	1059	468	13588	12367
江 苏	Jiangsu	27	14	12148	10857	5	2	8600	12500
浙 江	Zhejiang	26	5	21923	9800	175	166	8658	7105
安 徽	Anhui	88	5	8682	5600	872	6	4223	5667
福 建	Fujian	15	5	6200	6000	46	3	3238	
江 西	Jiangxi					18		7500	
山 东	Shandong	63	5	7508	7400	1465		7012	
河 南	Henan	6	3	10857	6000	38		4632	
湖 北	Hubei	22		4682		594	17	5829	6105
湖 南	Hunan								
广 东	Guangdong	53	28	12250	17071	76	66	15446	16547
广 西	Guangxi	8	1	29500	6000	411	5	7529	8600
海 南	Hainan	2	2	27000	27000				
重 庆	Chongqing					6	6	8833	8833
四 川	Sichuan	27	4	7200	6750				
贵 州	Guizhou								
云 南	Yunnan	15	3	23933	5000	23	9	6552	9875
西 藏	Tibet								
陕 西	Shaanxi	53		4510		21	1	8095	2000
甘 肃	Gansu								
青 海	Qinghai								
宁 夏	Ningxia								
新 疆	Xinjiang								

5-7 各地区城镇集体单位就业人员增加来源(2006年)

INCREASE OF EMPLOYMENT IN URBAN COLLECTIVE-OWNED UNITS BY REGION (2006)

单位：人 (person)

地 区	Region	合 计 Total	从农村招收 Recruited from Country-side	从城镇招收 Recruited from Cities and Towns	录用的复员转业军人 Recruited Demobilized and Transferred Armymen	录用的大、中专、技工学校毕业生 Recruited Graduates	调 入 Transferred Into	#由外省、自治区、直辖市调入 Transferred from Other Regions	其 他 Others
全 国	**National**	**674097**	**347768**	**108116**	**7525**	**51317**	**47338**	**2213**	**112033**
北 京	Beijing	47520	20307	4886	130	3837	2937	505	15423
天 津	Tianjin	12497	1934	1808	93	1301	3383	10	3978
河 北	Hebei	32421	23177	3399	321	1952	2090	109	1482
山 西	Shanxi	16947	3603	1737	57	1579	2246	4	7725
内蒙古	Inner Mongolia	14820	6655	4375	88	192	496		3014
辽 宁	Liaoning	38981	18641	6826	340	1705	5731	14	5738
吉 林	Jilin	16179	2437	1850	88	991	701	8	10112
黑龙江	Heilongjiang	20756	1860	10606	153	682	2335	11	5120
上 海	Shanghai	21755	3190	3333	41	735	3503	52	10953
江 苏	Jiangsu	22426	6988	5333	263	3369	2482	30	3991
浙 江	Zhejiang	36282	20193	4346	408	4155	1610	122	5570
安 徽	Anhui	12876	6352	2143	327	1845	1163	2	1046
福 建	Fujian	31486	18696	5909	485	2212	774	11	3410
江 西	Jiangxi	11667	7416	1367	212	693	491	2	1488
山 东	Shandong	41762	20687	7000	830	5641	3152	168	4452
河 南	Henan	29752	15582	4597	558	3459	2770	6	2786
湖 北	Hubei	30031	22271	4038	224	1631	991	3	876
湖 南	Hunan	19461	11300	2936	543	1393	1120	66	2169
广 东	Guangdong	94728	67289	12464	966	5687	1601	112	6721
广 西	Guangxi	14856	7166	2347	201	1082	1233	245	2827
海 南	Hainan	1969	924	291	61	267	163	1	263
重 庆	Chongqing	23366	14807	3819	116	1217	1479	141	1928
四 川	Sichuan	30989	20598	4190	380	2180	1629	8	2012
贵 州	Guizhou	6793	3482	693	100	1056	274	4	1188
云 南	Yunnan	15565	6771	1662	243	754	1268	543	4867
西 藏	Tibet	300	232	17	1	10	3		37
陕 西	Shaanxi	5791	1786	1490	123	1026	701	3	665
甘 肃	Gansu	5337	4274	352	19	349	200	9	143
青 海	Qinghai	1717	209	484	13	48	138	1	825
宁 夏	Ningxia	2334	1704	302	98	78	100		52
新 疆	Xinjiang	12733	7237	3516	43	191	574	23	1172

5-8 各地区城镇集体单位就业人员减少去向(2006年)

DECREASE OF EMPLOYMENT IN URBAN COLLECTIVE-OWNED UNITS BY REGION (2006)

单位: 人 (person)

地 区	Region	合 计 Total	离休、退休、退职 Retired and Resigned	开除、除名、辞退 Expelled Expunged and Dismissed	终止、解除合同 Contract Closed or Terminated	不在岗职工 Not-on-post Staff and Workers	死 亡 Death	调 出 Transferred Out	#调到外省、自治区、直辖市 Transferred to Other Regions	其 他 Others
全 国	**National**	**846307**	**137558**	**86668**	**319985**	**81548**	**7956**	**60527**	**842**	**152065**
北 京	Beijing	55958	3557	6722	21315	689	109	3187	353	20379
天 津	Tianjin	23792	2595	1513	5295	2394	91	5154	5	6750
河 北	Hebei	47257	5602	12276	16565	4840	346	1833	33	5795
山 西	Shanxi	20244	3974	581	4159	5120	269	2795	1	3346
内蒙古	Inner Mongolia	17400	1941	1641	9425	1989	47	503	1	1854
辽 宁	Liaoning	59910	13039	9933	17986	10265	954	5221	9	2512
吉 林	Jilin	17709	2865	1599	6790	4144	177	783	3	1351
黑龙江	Heilongjiang	51261	9196	887	14689	6766	851	1760	28	17112
上 海	Shanghai	30036	4957	1058	7256	2826	218	4981	6	8740
江 苏	Jiangsu	32416	6059	795	11900	3984	276	3363	21	6039
浙 江	Zhejiang	27361	3048	1474	14725	1520	126	1947	65	4521
安 徽	Anhui	20714	4684	1421	6399	2273	311	1142	17	4484
福 建	Fujian	28686	3186	3449	14143	1281	166	1529	4	4932
江 西	Jiangxi	24673	4921	1490	5801	3863	235	2815	4	5548
山 东	Shandong	52912	7880	2417	22108	8015	671	4731	166	7090
河 南	Henan	33641	8934	1644	12063	3375	606	3527	18	3492
湖 北	Hubei	24448	4493	978	14262	1807	263	862	5	1783
湖 南	Hunan	25134	3922	636	11610	3680	423	993	13	3870
广 东	Guangdong	93745	23797	16066	37806	3031	444	2001	32	10600
广 西	Guangxi	24389	3159	1166	9779	1872	234	1309	8	6870
海 南	Hainan	1802	557	139	705	92	51	51		207
重 庆	Chongqing	30206	2588	9937	8874	1386	160	4483	8	2778
四 川	Sichuan	30786	4260	1171	17151	2015	285	1588	29	4316
贵 州	Guizhou	8607	1166	1049	1923	700	93	449		3227
云 南	Yunnan	17177	1407	1652	6456	1094	113	1741	3	4714
西 藏	Tibet	281	57	1	91		1	10		121
陕 西	Shaanxi	13162	3555	354	5625	1856	313	705	6	754
甘 肃	Gansu	10747	1233	249	3818	372	66	138		4871
青 海	Qinghai	2333	88	89	1138	33	4	55		926
宁 夏	Ningxia	2945	161	1949	144	82	7	58	4	544
新 疆	Xinjiang	16575	677	2332	9984	184	46	813		2539

六、其他单位就业人员和劳动报酬

EMPLOYMENT AND EARNINGS IN OTHER OWNERSHIP UNITS

6-1 分行业其他单位就业人员和劳动报酬(2006年)

EMPLOYMENT AND EARNINGS IN OTHER OWNERSHIP UNITS BY SECTOR (2006)

项　目	Item	年末人数(千人) Year-end Figures (1000 persons)	#女 性 Female	劳动报酬(千元) Earnings (1000 yuan)	平均劳动报酬(元) Average Earning (yuan)
全国总计	**National Total**	**45191**	**17811**	**935790408**	**21004**
按登记注册类型分组	**Grouped by Registration Status**				
内　资	Domestic Funded	31118	10529	613698975	19878
股份合作	Cooperative Units	1777	640	26909071	15190
联　营	Joint-owned Units	446	155	8767495	19883
国有联营	State Joint-owned Units	148	49	3914929	26574
集体联营	Collective Joint-owned Units	72	25	1000259	14093
有限责任公司	Limited Liability Corporations	19205	6138	369108964	19366
国有独资	State Funded Corporations	3330	964	88517989	26717
股份有限公司	Share-holding Corporations Ltd	7412	2699	178879102	24383
其　他	Others	2278	898	30034343	13262
港、澳、台商投资	Funded by Entrepreneurs from Hong Kong, Macao and Taiwan	6111	3210	117825524	19678
外商投资	Foreign Funded	7962	4072	204265909	26552
按企、事业分组	**Grouped by Enterprises Institutions**				
企　业	Enterprises	44945	17689	930674746	21004
事　业	Institutions	246	121	5115662	20919
按国民经济行业分组	**Grouped by Sector**				
农、林、牧、渔业	**Agriculture,Forestry,Farming of Animals and Fishing**	**139**	**50**	**1774831**	**12677**
农　业	Agriculture	41	15	435439	10495
林　业	Forestry	20	6	213789	10751
畜牧业	Farming of Animals	37	15	542848	14633
渔　业	Fishing	20	5	297722	14948
农、林、牧、渔服务业	Service Activities for Agriculture, Forestry, Farming of Animals and Fishing	22	9	285033	13187
采矿业	**Mining**	**2629**	**518**	**63630574**	**24513**
煤炭开采和洗选业	Mining and Washing of Coal	1895	335	45216120	24234
石油和天然气开采业	Extraction of Petroleum and Natural Gas	355	107	12223180	34136
黑色金属矿采选业	Mining of Ferrous Metal Ores	90	16	1573022	17639
有色金属矿采选业	Mining of Non-ferrous Metal Ores	168	34	2917506	17922
非金属矿采选业	Mining and Processing of Nonmetal Ores	115	26	1608794	14033
其他采矿业	Mining of Other Ores	6		91952	17372
制造业	**Manufacturing**	**25937**	**11865**	**468394467**	**18394**
农副食品加工业	Processing of Food from Agricultural Products	943	434	12296967	13532
食品制造业	Manufacture of Foods	617	317	9647896	16186
饮料制造业	Manufacture of Beverage	586	235	9180712	15920
烟草制品业	Manufacture of Tobacco	26	12	726351	31699
纺织业	Manufacture of Textile	2395	1576	29380071	12402
纺织服装、鞋、帽制造业	Manufacture of Textile Wearing Apparel, Footware,and Caps	1831	1314	26180256	14643

6-1 续表 1 continued

项 目	Item	年末人数(千人) Year-end Figures (1000 persons)	#女 性 Female	劳动报酬(千元) Earnings (1000 yuan)	平均劳动报酬(元) Average Earning (yuan)
皮革、毛皮、羽毛(绒)及其制品业	Manufacture of Leather,Fur,Feather and Its Products	897	607	12853417	14548
木材加工及木、竹、藤、棕、草制品业	Processing of Timbers,Manufacture of Wood, Bamboo,Rattan,Palm,and Straw Products	249	108	3051833	12358
家具制造业	Manufacture of Furniture	290	100	4297614	15174
造纸及纸制品业	Manufacture of Paper and Paper Products	478	176	7172131	15130
印刷业和记录媒介的复制	Printing,Reproduction of Recording Media	234	106	3932086	17026
文教体育用品制造业	Manufacture of Articles for Culture, Education and Sport Activity	417	253	6387834	15191
石油加工、炼焦及核燃料加工业	Processing of Petroleum ,Coking,Processing of Nucleus Fuel	348	104	10409402	30171
化工原料及化学制品制造业	Manufacture of Chemical Raw Material and Chemical Products	1545	493	29933147	19381
医药制造业	Manufacture of Medicines	780	366	15089459	19679
化学纤维制造业	Manufacture of Chemical Fiber	180	75	3086373	17032
橡胶制品业	Manufacture of Rubber	340	130	5661016	17011
塑料制品业	Manufacture of Plastic	684	345	10765922	16018
非金属矿物制品业	Manufacture of Non-metallic Mineral Products	1502	480	20425540	13669
黑色金属冶炼及压延加工业	Manufacture and Processing of Ferrous Metals	1123	259	29255406	26236
有色金属冶炼及压延加工业	Manufacture & Processing of Non-ferrous Metals	521	137	10134928	19778
金属制品业	Manufacture of Metal Products	773	247	13039179	17210
通用设备制造业	Manufacture of General Purpose Machinery	1354	392	27833087	20737
专用设备制造业	Manufacture of Special Purpose Machinery	1103	355	21442594	19962
交通运输设备制造业	Manufacture of Transport Equipment	1610	479	38637852	24666
电气机械及器材制造业	Manufacture of Electrical Machinery & Equipment	1529	692	28365658	18955
通信设备、计算机及其他电子设备制造业	Manufacture of Communication Equipment, Computer and Other Electronic Equipment	2493	1470	59125415	24689
仪器仪表及文化、办公用机械制造业	Manufacture of Measuring Instrument and Machinery for Cultural Activity & Office Work	537	284	12154687	23179
工艺品及其他制造业	Manufacture of Artwork,Other Manufacture	540	315	7714864	14515
废弃资源和废旧材料回收加工业	Recycling and Disposal of Waste	12	4	212770	16601
电力、燃气及水的生产和供应业	**Production and Distribution of Electricity,Gas and Water**	**878**	**259**	**26015467**	**29663**
电力、热力的生产和供应业	Production and Supply of Electric Power and Heat Power	721	202	21903431	30468
燃气生产和供应业	Production and Distribution of Gas	70	24	1882892	26205
水的生产和供应业	Production and Distribution of Water	87	32	2229144	25836
建筑业	**Construction**	**5409**	**666**	**91302539**	**16780**
房屋和土木工程建筑业	Construction of Building & Civil Engineering	4678	550	77434851	16414
建筑安装业	Architectural Installation	440	71	9032409	20688
建筑装饰业	Architectural Decoration	189	33	3201642	16840
其他建筑业	Other Construction	103	12	1633637	16865
交通运输、仓储和邮政业	**Traffic,Transport,Storage and Post**	**1526**	**425**	**41694664**	**27578**

6-1 续表 2 continued

项 目	Item	年末人数(千人) Year-end Figures (1000 persons)	#女 性 Female	劳动报酬(千元) Earnings (1000 yuan)	平均劳动报酬(元) Average Earning (yuan)
铁路运输业	Transport Via Railway	77	15	2745797	36295
道路运输业	Transport Via Road	452	141	7956911	17710
城市公共交通业	Urban Public Traffic	506	139	9507723	18959
水上运输业	Water Transport	186	33	7145342	37721
航空运输业	Air Transport	113	39	7984955	73964
管道运输业	Transport Via Pipeline	5	1	232733	43469
装卸搬运和其他运输服务业	Loading,Unloading,Portage & Other Transport Services	110	35	3587397	33471
仓储业	Storage	59	17	1654554	28557
邮政业	Post	18	6	879252	50006
信息传输、计算机服务和软件业	**Information Transfer, Computer Services and Software**	**715**	**288**	**37196328**	**53807**
电信和其他信息传输服务业	Telecom & Other Information Transfer Services	435	195	19831721	46903
计算机服务业	Computer Services	85	31	5787106	70069
软件业	Software Industry	195	62	11577501	62286
批发和零售业	**Wholesale and Retail Trade**	**2516**	**1268**	**49825002**	**19959**
批发业	Wholesale	1053	422	27075428	25735
零售业	Retail Trade	1462	846	22749574	15751
住宿和餐饮业	**Accommodation and Restaurants**	**1073**	**576**	**16995222**	**15922**
住宿业	Accommodation	574	308	9966788	17406
餐饮业	Restaurants	500	268	7028434	14204
金融业	**Finance**	**1402**	**763**	**58429809**	**42687**
银行业	Bank	576	288	33034071	58554
证券业	Securities	57	24	5247594	92884
保险业	Insurance	745	441	18350930	25320
其他金融活动	Other Financial Activities	24	9	1797214	76817
房地产业	**Real Estate**	**1010**	**326**	**22999305**	**23181**
房地产开发经营	Real Estate Exploitation Management	538	171	13610749	25584
物业管理	Management Concerning Dwelling	404	128	7547483	19204
房地产中介服务	Real Estate Agency Service	33	15	959258	30455
租赁和商务服务业	**Tenancy and Business Services**	**816**	**329**	**27131836**	**34514**
租赁业	Tenancy	19	4	370489	20314
商务服务业	Business Service	797	325	26761347	34851
科学研究、技术服务和地质勘查业	**Scientific Research,Technical Service and Geological Prospecting**	**389**	**117**	**15321530**	**40707**
研究与实验发展	Research and Experimental Development	45	15	1749051	39156
#自然科学研究与实验发展	Research and Experimental Development on Physical Science	5	2	184767	38429
工程和技术研究与实验发展	Research and Experimental Development on Engineering and Technical Research	31	10	1320681	42990
农业科学研究与实验发展	Research and Experimental Development on Agricultural Science Research	2	1	29447	15995
医学研究与实验发展	Research and Experimental Development on Medical Research	5	2	174096	33525

6-1 续表 3 continued

项　目	Item	年末人数(千人) Year-end Figures (1000 persons)	#女性 Female	劳动报酬(千元) Earnings (1000 yuan)	平均劳动报酬(元) Average Earning (yuan)
社会人文科学研究与实验发展	Research and Experimental Development on Social Science and Humanities	2	1	40060	19022
专业技术服务业	Professional Technique Services	260	76	10063145	39910
#气象服务	Weather Services	1	…	21128	27332
地震服务	Earthquake Services	1	…	16906	23319
海洋服务	Ocean Services	…	…	11249	33380
测绘服务	Plotting Services	2	1	69217	28555
技术检测	Technique Detection	20	8	627795	34110
环境监测	Environmental Monitoring	1		50804	35727
工程技术与规划管理	Engineering Technic & Programming Management	174	45	7004480	41501
科技交流和推广服务业	Services of Science and Technique Intercommunion and Generalization	75	24	3049355	42811
地质勘查业	Geological Prospecting	9	2	459979	55167
水利、环境和公共设施管理业	**Management of Water Conservancy,Environment and Public Establishment**	**116**	**42**	**2358610**	**20388**
水利管理业	Management of Water Conservancy	6	2	104217	19817
环境管理业	Environmental Management	34	12	772578	22700
公共设施管理业	Management of Public Establishment	77	28	1481815	19397
居民服务和其他服务业	**Resident Services and Other Services**	**190**	**88**	**3299194**	**17410**
居民服务业	Resident Services	72	36	1110337	15304
其他服务业	Other Services	118	52	2188857	18716
教　育	**Education**	**204**	**107**	**4538271**	**23099**
#初等教育	Primary Education	26	15	480519	18703
中等教育	Secondary Education	72	35	1716561	24431
高等教育	Higher Education	41	20	976214	25543
卫生、社会保障和社会福利业	**Sanitation,Social Security & Social Welfare**	**98**	**58**	**2097610**	**21225**
卫　生	Sanitation	86	53	1911698	22465
社会保障业	Social Security	9	3	143111	13766
社会福利业	Social Welfare	3	2	42801	12830
文化体育和娱乐业	**Culture, Sports and Entertainment**	**100**	**47**	**2271023**	**22712**
新闻出版业	Journalism and Publishing Activities	10	5	420992	40503
广播、电影、电视和音像业	Broadcasting,Movies,Television and Audiovisual Activities	18	7	477106	27520
文化艺术业	Culture and Art	8	4	173009	22130
体　育	Sports Activities	7	3	215139	28804
娱乐业	Entertainment	57	28	984777	17285
公共管理和社会组织	**Public Management & Social Organization**	**44**	**16**	**514126**	**11765**
#中国共产党机关	Chinese Communist Party Organs				
国家机构	Organ of State				
人民政协和民主党派	People's Political Consultative Conference and Democratic Parties				
群众社团、社会团体和宗教组织	Mass Communities, Social Communities and Religion Organizations	11	4	205835	19344

6-2 分行业其他单位在岗职工人数和工资(2006年)

ON-POST STAFF AND WORKERS AND WAGES IN OTHER OWNERSHIP UNITS BY SECTOR (2006)

项　目	Item	年末人数（千人）Year-end Figures (1000 persons)	工资总额（千元）Total Wages (1000 yuan)	平均人数（千人）Average Figures (1000 persons)	平均工资（元）Average Wage (yuan)
全国总计	**National Total**	**42641**	**872084954**	**42017**	**20755**
按登记注册类型分组	**Grouped by Registration Status**				
内　资	Domestic Funded	29238	582346133	28981	20094
股份合作	Cooperative Units	1688	25714380	1678	15323
联　营	Joint-owned Units	420	8355934	415	20116
国有联营	State Joint-owned Units	141	3788303	140	26997
集体联营	Collective Joint-owned Units	71	975102	69	14221
有限责任公司	Limited Liability Corporations	18207	352175697	18052	19509
国有独资	State Funded Corporations	3218	86857375	3203	27115
股份有限公司	Share-holding Corporations Ltd	6796	168320144	6727	25023
其　他	Others	2127	27779978	2108	13175
港、澳、台商投资	Funded by Entrepreneurs from Hong Kong, Macao and Taiwan	5931	110674315	5811	19045
外商投资	Foreign Funded	7472	179064506	7225	24784
按企、事业分组	**Grouped by Enterprises Institutions**				
企　业	Enterprises	42437	867849212	41812	20756
事　业	Institutions	204	4235742	205	20668
按国民经济行业分组	**Grouped by Sector**				
农、林、牧、渔业	**Agriculture,Forestry,Farming of Animals and Fishing**	**133**	**1666184**	**133**	**12516**
农　业	Agriculture	39	414551	40	10447
林　业	Forestry	19	195596	19	10402
畜牧业	Farming of Animals	35	508775	35	14441
渔　业	Fishing	18	271617	18	14726
农、林、牧、渔服务业	Service Activities for Agriculture, Forestry, Farming of Animals and Fishing	21	275645	21	13146
采矿业	**Mining**	**2585**	**62956527**	**2551**	**24684**
煤炭开采和洗选业	Mining and Washing of Coal	1883	45028292	1852	24316
石油和天然气开采业	Extraction of Petroleum and Natural Gas	340	11928387	344	34712
黑色金属矿采选业	Mining of Ferrous Metal Ores	88	1545267	87	17808
有色金属矿采选业	Mining of Non-ferrous Metal Ores	159	2807449	154	18257
非金属矿采选业	Mining and Processing of Nonmetal Ores	110	1555270	109	14232
其他采矿业	Mining of Other Ores	6	91862	5	17369
制造业	**Manufacturing**	**25133**	**444296457**	**24673**	**18008**
农副食品加工业	Processing of Food from Agricultural Products	913	11864557	880	13481
食品制造业	Manufacture of Foods	578	8914311	560	15923
饮料制造业	Manufacture of Beverage	575	8953042	564	15881
烟草制品业	Manufacture of Tobacco	25	721008	22	32068
纺织业	Manufacture of Textile	2352	28609800	2325	12306
纺织服装、鞋、帽制造业	Manufacture of Textile Wearing Apparel, Footware,and Caps	1793	25330843	1750	14474

6-2 续表 1 continued

项 目	Item	年末人数(千人) Year-end Figures (1000 persons)	工资总额(千元) Total Wages (1000 yuan)	平均人数(千人) Average Figures (1000 persons)	平均工资(元) Average Wage (yuan)
皮革、毛皮、羽毛(绒)及其制品业	Manufacture of Leather,Fur,Feather and Its Products	890	12491648	877	14251
木材加工及木、竹、藤、棕、草制品业	Processing of Timbers,Manufacture of Wood, Bamboo,Rattan,Palm,and Straw Products	241	2908473	238	12205
家具制造业	Manufacture of Furniture	281	4069148	275	14819
造纸及纸制品业	Manufacture of Paper and Paper Products	465	6774858	462	14673
印刷业和记录媒介的复制	Printing,Reproduction of Recording Media	225	3730207	223	16753
文教体育用品制造业	Manufacture of Articles for Culture, Education and Sport Activity	411	6124352	414	14801
石油加工、炼焦及核燃料加工业	Processing of Petroleum ,Coking,Processing of Nucleus Fuel	344	10321745	341	30286
化工原料及化学制品制造业	Manufacture of Chemical Raw Material and Chemical Products	1507	28509751	1505	18947
医药制造业	Manufacture of Medicines	759	14490024	744	19476
化学纤维制造业	Manufacture of Chemical Fiber	177	2973219	178	16677
橡胶制品业	Manufacture of Rubber	329	5331920	321	16603
塑料制品业	Manufacture of Plastic	659	9995575	647	15450
非金属矿物制品业	Manufacture of Non-metallic Mineral Products	1462	19674217	1453	13540
黑色金属冶炼及压延加工业	Manufacture and Processing of Ferrous Metals	1107	28914042	1098	26339
有色金属冶炼及压延加工业	Manufacture & Processing of Non-ferrous Metals	509	9926823	501	19813
金属制品业	Manufacture of Metal Products	748	12360258	733	16851
通用设备制造业	Manufacture of General Purpose Machinery	1310	26438395	1299	20346
专用设备制造业	Manufacture of Special Purpose Machinery	1054	20175115	1029	19600
交通运输设备制造业	Manufacture of Transport Equipment	1533	35736951	1492	23954
电气机械及器材制造业	Manufacture of Electrical Machinery & Equipment	1463	26540337	1436	18485
通信设备、计算机及其他电子设备制造业	Manufacture of Communication Equipment, Computer and Other Electronic Equipment	2379	54078043	2285	23665
仪器仪表及文化、办公用机械制造业	Manufacture of Measuring Instrument and Machinery for Cultural Activity & Office Work	504	10810613	491	22015
工艺品及其他制造业	Manufacture of Artwork,Other Manufacture	528	7333940	518	14145
废弃资源和废旧材料回收加工业	Recycling and Disposal of Waste	11	193242	11	16923
电力、燃气及水的生产和供应业	**Production and Distribution of Electricity,Gas and Water**	**864**	**25776733**	**862**	**29898**
电力、热力的生产和供应业	Production and Supply of Electric Power and Heat Power	709	21717246	707	30729
燃气生产和供应业	Production and Distribution of Gas	69	1859025	70	26397
水的生产和供应业	Production and Distribution of Water	85	2200462	85	25885
建筑业	**Construction**	**4956**	**84487456**	**4971**	**16996**
房屋和土木工程建筑业	Construction of Building & Civil Engineering	4285	71741823	4311	16641
建筑安装业	Architectural Installation	407	8401820	403	20857
建筑装饰业	Architectural Decoration	170	2873803	171	16846
其他建筑业	Other Construction	94	1470010	86	17034
交通运输、仓储和邮政业	**Traffic,Transport,Storage and Post**	**1426**	**39783550**	**1415**	**28107**
铁路运输业	Transport Via Railway	73	2676699	72	37046

6-2 续表 2 continued

项　　目	Item	年末人数(千人) Year-end Figures (1000 persons)	工资总额(千元) Total Wages (1000 yuan)	平均人数(千人) Average Figures (1000 persons)	平均工资(元) Average Wage (yuan)
道路运输业	Transport Via Road	434	7652787	432	17723
城市公共交通业	Urban Public Traffic	460	8921882	456	19560
水上运输业	Water Transport	179	6914520	182	38006
航空运输业	Air Transport	109	7845728	105	74609
管道运输业	Transport Via Pipeline	5	231457	5	44891
装卸搬运和其他运输服务业	Loading,Unloading,Portage & Other Transport Services	95	3223707	93	34547
仓储业	Storage	54	1525493	53	28574
邮政业	Post	17	791277	16	48530
信息传输、计算机服务和软件业	**Information Transfer,Computer Services and Software**	**638**	**34100455**	**618**	**55135**
电信和其他信息传输服务业	Telecom & Other Information Transfer Services	375	18456098	367	50240
计算机服务业	Computer Services	80	5114841	77	66327
软件业	Software Industry	183	10529516	174	60512
批发和零售业	**Wholesale and Retail Trade**	**2342**	**45467488**	**2316**	**19629**
批发业	Wholesale	990	24356026	985	24739
零售业	Retail Trade	1353	21111462	1332	15852
住宿和餐饮业	**Accommodation and Restaurants**	**976**	**15419368**	**972**	**15864**
住宿业	Accommodation	543	9130024	541	16870
餐饮业	Restaurants	433	6289344	431	14600
金融业	**Finance**	**965**	**49745738**	**944**	**52691**
银行业	Bank	545	31588753	535	59071
证券业	Securities	54	4901664	54	91364
保险业	Insurance	343	11511382	333	34525
其他金融活动	Other Financial Activities	23	1743939	22	78277
房地产业	**Real Estate**	**915**	**20924385**	**897**	**23318**
#房地产开发经营	Real Estate Exploitation Management	500	12485539	493	25307
物业管理	Management Concerning Dwelling	352	6741225	342	19702
房地产中介服务	Real Estate Agency Service	31	888949	30	29867
租赁和商务服务业	**Tenancy and Business Services**	**719**	**21417758**	**694**	**30848**
租赁业	Tenancy	16	323313	16	20355
商务服务业	Business Service	704	21094445	678	31094
科学研究、技术服务和地质勘查业	**Scientific Research,Technical Service and Geological Prospecting**	**329**	**13038642**	**318**	**41003**
研究与实验发展	Research and Experimental Development	42	1598570	41	38814
#自然科学研究与实验发展	Research and Experimental Development on Physical Science	5	161526	5	35847
工程和技术研究与实验发展	Research and Experimental Development on Engineering and Technical Research	29	1221699	29	42679
农业科学研究与实验发展	Research and Experimental Development on Agricultural Science Research	2	25952	2	16159
医学研究与实验发展	Research and Experimental Development on Medical Research	5	151732	5	33122

6-2 续表 3 continued

项目	Item	年末人数（千人） Year-end Figures (1000 persons)	工资总额（千元） Total Wages (1000 yuan)	平均人数（千人） Average Figures (1000 persons)	平均工资（元） Average Wage (yuan)
社会人文科学研究与实验发展	Research and Experimental Development on Social Science and Humanities	2	37661	2	20172
专业技术服务业	Professional Technique Services	211	8412850	205	41000
#气象服务	Weather Services	1	19214	1	28381
地震服务	Earthquake Services	1	15505	1	24151
海洋服务	Ocean Services		10943		33671
测绘服务	Plotting Services	2	66682	2	29182
技术检测	Technique Detection	17	570371	16	35189
环境监测	Environmental Monitoring	1	48535	1	41590
工程技术与规划管理	Engineering Technic & Programming Management	141	5937616	137	43219
科技交流和推广服务业	Services of Science and Technique Intercommunion and Generalization	68	2580034	64	40372
地质勘查业	Geological Prospecting	8	447188	8	58046
水利、环境和公共设施管理业	**Management of Water Conservancy, Environment and Public Establishment**	**107**	**2199331**	**106**	**20734**
水利管理业	Management of Water Conservancy	5	101060	5	19823
环境管理业	Environmental Management	30	710643	30	23534
公共设施管理业	Management of Public Establishment	71	1387628	71	19605
居民服务和其他服务业	**Resident Services and Other Services**	**175**	**3004028**	**173**	**17363**
居民服务业	Resident Services	66	1003219	66	15273
其他服务业	Other Services	109	2000809	107	18641
教　育	**Education**	**171**	**3502673**	**166**	**21157**
#初等教育	Primary Education	24	414512	23	17706
中等教育	Secondary Education	64	1443291	62	23190
高等教育	Higher Education	28	713251	27	26678
卫生、社会保障和社会福利业	**Sanitation,Social Security and Social Welfare**	**89**	**1842265**	**90**	**20554**
卫　生	Sanitation	77	1663170	77	21708
社会保障业	Social Security	8	138693	10	14055
社会福利业	Social Welfare	3	40402	3	12830
文化体育和娱乐业	**Culture, Sports and Entertainment**	**91**	**2028675**	**91**	**22279**
新闻出版业	Journalism and Publishing Activities	9	383637	9	44377
广播、电影、电视和音像业	Broadcasting,Movies,Television and Audiovisual Activities	16	437710	16	27834
文化艺术业	Culture and Art	7	159026	7	22679
体　育	Sports Activities	7	176028	6	27423
娱乐业	Entertainment	53	872274	53	16379
公共管理和社会组织	**Public Management & Social Organization**	**26**	**427241**	**27**	**15945**
#中国共产党机关	Chinese Communist Party Organs				
国家机构	Organ of State				
人民政协和民主党派	People's Political Consultative Conference and Democratic Parties				
群众社团、社会团体和宗教组织	Mass Communities, Social Communities and Religion Organizations	7	153498	6	23883

6-3 各地区分行业其他单位就业人员和劳动报酬(2006年)
EMPLOYMENT AND EARNINGS IN OTHER OWNERSHIP UNITS BY SECTOR AND REGION (2006)

地区	Region	总计 Total				内资 Domestic Funded			
		年末人数(人) Year-end Figures (person)	#女性 Female	劳动报酬(千元) Earnings (1000 yuan)	平均劳动报酬(元) Average Earning (yuan)	年末人数(人) Year-end Figures (person)	#女性 Female	劳动报酬(千元) Earnings (1000 yuan)	平均劳动报酬(元) Average Earning (yuan)
全国	**National**	**45190677**	**17810648**	**935790408**	**21004**	**31118298**	**10528977**	**613698975**	**19878**
北京	Beijing	3056564	1169908	121797482	40127	2247949	822579	74439258	32995
天津	Tianjin	974970	367113	25751819	27406	425196	144089	11464148	26974
河北	Hebei	1203621	417314	20001213	16632	968461	316743	15990306	16380
山西	Shanxi	811893	247849	15104741	18992	740502	221538	14248338	19255
内蒙古	Inner Mongolia	705467	238742	12651591	17360	665038	216657	11927876	17358
辽宁	Liaoning	1575250	602830	31060909	19703	1055865	339030	21119719	19727
吉林	Jilin	710543	244638	12293495	17138	609307	203562	10295322	16647
黑龙江	Heilongjiang	1464253	458554	26791870	18331	1387682	423891	24010099	17342
上海	Shanghai	1802142	726627	65862812	36707	878066	292035	31704742	35856
江苏	Jiangsu	3645020	1708526	75249866	21006	2060958	823803	41959608	20436
浙江	Zhejiang	3956939	1518551	80937905	21098	2601017	812394	54234051	21496
安徽	Anhui	1071029	340238	20449533	19536	948535	282950	18458622	19883
福建	Fujian	2584976	1320370	43655427	17284	790890	291022	14200166	18733
江西	Jiangxi	661628	269224	8993433	14116	517627	187608	7417417	14644
山东	Shandong	4168740	1841413	68034311	16586	2825086	1065269	44910100	16065
河南	Henan	2237813	752593	36507862	16850	2062149	677861	33551888	16790
湖北	Hubei	1833508	699993	25040188	13741	1581966	590719	20217747	12855
湖南	Hunan	1229565	414233	19720261	16346	1068264	329215	17158024	16301
广东	Guangdong	5024062	2369613	120027931	24380	1694323	579934	49572080	29740
广西	Guangxi	683405	237717	11028797	16656	564053	189372	8890581	16341
海南	Hainan	148084	57498	2843788	19848	107122	37064	2115738	20330
重庆	Chongqing	839325	252723	14082800	17089	765940	227197	12453062	16571
四川	Sichuan	1629695	513825	23102050	14403	1518431	468956	20972307	14034
贵州	Guizhou	573363	172030	8977583	15180	551123	164198	8639240	15202
云南	Yunnan	682553	221142	10882335	16196	637725	201706	10082164	16054
西藏	Tibet	6940	2075	120111	17255	6940	2075	120111	17255
陕西	Shaanxi	671668	231724	11823642	18308	642905	219264	11361879	18409
甘肃	Gansu	418258	132093	6401580	15315	407051	128245	6190874	15218
青海	Qinghai	84293	26230	1380677	16334	82164	25700	1344836	16344
宁夏	Ningxia	208767	63420	4571278	20881	198689	60844	4348742	20832
新疆	Xinjiang	526343	191842	10643118	18268	507274	183457	10299930	18286

6-3 续表 1 continued

地区	Region	股份合作 Cooperative Units				联营 Joint-owned Units			
		年末人数(人) Year-end Figures (person)	#女性 Female	劳动报酬(千元) Earnings (1000 yuan)	平均劳动报酬(元) Average Earning (yuan)	年末人数(人) Year-end Figures (person)	#女性 Female	劳动报酬(千元) Earnings (1000 yuan)	平均劳动报酬(元) Average Earning (yuan)
全国	**National**	**1776975**	**639751**	**26909071**	**15190**	**445942**	**154558**	**8767495**	**19883**
北京	Beijing	172443	69077	2675752	14603	20745	11258	436142	20154
天津	Tianjin	10256	3587	344410	33142	14671	3229	312549	22513
河北	Hebei	68647	23817	873083	12947	6292	1880	147260	23894
山西	Shanxi	30183	10032	303716	10208	6378	2117	101959	16308
内蒙古	Inner Mongolia	14913	5503	190408	11216	3401	1613	39896	12238
辽宁	Liaoning	52103	19045	728244	13175	6130	2233	72675	11859
吉林	Jilin	20063	8662	194374	9698	2577	829	26721	10413
黑龙江	Heilongjiang	243247	62499	3848054	16113	8694	4234	122922	13992
上海	Shanghai	30734	10718	644244	20912	16343	5748	526236	30984
江苏	Jiangsu	74546	30288	1228599	16199	12730	4007	221086	17302
浙江	Zhejiang	168388	70318	3079735	19220	14033	4795	449140	32979
安徽	Anhui	43221	16131	523517	12506	11166	3321	134737	12368
福建	Fujian	56779	16366	1000464	16810	25927	9544	509948	20725
江西	Jiangxi	28000	13393	336966	12118	8239	2188	104461	13939
山东	Shandong	158230	67882	2111752	13588	35310	12322	981730	27823
河南	Henan	83989	26127	1029626	13075	15946	5690	183627	12247
湖北	Hubei	61850	23141	652477	10787	27842	9739	401213	14262
湖南	Hunan	53600	17487	743384	14442	7246	1557	98263	14328
广东	Guangdong	109206	42963	1896704	17486	93612	33787	2325146	25077
广西	Guangxi	15613	5902	175238	11071	6891	2439	92215	13637
海南	Hainan	4372	1620	87826	20597	11907	4772	173831	15343
重庆	Chongqing	39339	12660	577136	14460	46185	12927	746427	16283
四川	Sichuan	81167	25458	1085170	13522	13233	4395	206719	14962
贵州	Guizhou	19980	5196	304986	14796	5263	1693	63929	12306
云南	Yunnan	26433	9837	336911	12806	2476	746	37255	14890
西藏	Tibet	4		59	14750	419	130	7575	17494
陕西	Shaanxi	70730	27116	1391513	19713	7598	1932	108278	14943
甘肃	Gansu	17290	6035	186060	9832	10417	3835	66880	6439
青海	Qinghai	6424	2492	97066	15035	229	63	1554	6786
宁夏	Ningxia	8868	3837	132212	13674	782	311	12435	16536
新疆	Xinjiang	6357	2562	129385	21439	3260	1224	54686	15999

6-3 续表 2 continued

地区	Region	国有联营 State Joint-owned Units				集体联营 Collective Joint-owned Units			
		年末人数(人) Year-end Figures (person)	#女性 Female	劳动报酬(千元) Earnings (1000 yuan)	平均劳动报酬(元) Average Earning (yuan)	年末人数(人) Year-end Figures (person)	#女性 Female	劳动报酬(千元) Earnings (1000 yuan)	平均劳动报酬(元) Average Earning (yuan)
全国	**National**	**148322**	**49223**	**3914929**	**26574**	**72226**	**25013**	**1000259**	**14093**
北京	Beijing	8089	4861	184952	22498	862	390	13141	14865
天津	Tianjin	2825	643	90342	33597	257	110	3914	15054
河北	Hebei	4577	1111	126474	28569	37	5	169	4568
山西	Shanxi	3109	584	53857	17612	329	154	4484	13755
内蒙古	Inner Mongolia	1837	888	20548	11891	397	127	4517	11378
辽宁	Liaoning	1620	438	27109	16986	338	82	3414	10345
吉林	Jilin	1142	192	12904	11309	694	410	5262	7671
黑龙江	Heilongjiang	959	641	11148	11318	231	26	2015	10718
上海	Shanghai	9321	2251	310290	31733	999	482	15738	15707
江苏	Jiangsu	3597	1072	78175	21972	2457	699	30152	12153
浙江	Zhejiang	3503	1041	226189	69618	3814	1316	64793	17889
安徽	Anhui	3000	1097	37991	13100	326	111	4215	12658
福建	Fujian	10076	3418	261497	26247	4001	1974	59351	15380
江西	Jiangxi	2981	1136	50607	17475	449	224	5877	13002
山东	Shandong	23220	6442	805537	35090	4285	2024	73718	17148
河南	Henan	3718	1871	38600	10716	5828	1818	61973	10814
湖北	Hubei	8784	2065	195993	21935	4031	2018	43708	10821
湖南	Hunan	1059	360	16784	14710	4159	606	39093	10577
广东	Guangdong	32740	11355	1012017	30757	12216	4722	228957	19250
广西	Guangxi	3094	1136	41948	14540	1231	750	12312	10678
海南	Hainan	3535	1300	57260	16021	862	312	8402	10050
重庆	Chongqing	3356	1453	57175	17273	11028	2044	206895	18827
四川	Sichuan	2795	1175	46162	16410	1335	430	18409	13496
贵州	Guizhou	796	339	11346	14398	1402	380	17830	12331
云南	Yunnan	972	320	16478	16695	767	195	7446	9708
西藏	Tibet	17	8	234	13765	207	90	4367	20032
陕西	Shaanxi	4603	943	70953	16942	1089	311	16164	14445
甘肃	Gansu	669	218	14173	21507	7951	3044	36042	4537
青海	Qinghai	8		80	10000	26	17	250	9615
宁夏	Ningxia	94	46	1384	14882	354	85	4518	13446
新疆	Xinjiang	2226	819	36722	16149	264	57	3133	11867

6-3 续表 3 continued

地区	Region	有限责任公司 Limited Liability Corporations 年末人数(人) Year-end Figures (person)	#女性 Female	劳动报酬(千元) Earnings (1000 yuan)	平均劳动报酬(元) Average Earning (yuan)	国有独资 State Funded Corporations 年末人数(人) Year-end Figures (person)	#女性 Female	劳动报酬(千元) Earnings (1000 yuan)	平均劳动报酬(元) Average Earning (yuan)
全国	**National**	**19204701**	**6137601**	**369108964**	**19366**	**3330110**	**963994**	**88517989**	**26717**
北京	Beijing	1651087	569302	50736826	30732	284235	95423	12607132	44742
天津	Tianjin	245302	79788	6571020	26722	94462	29752	2835919	30351
河北	Hebei	562428	162921	10020460	17580	153589	38363	4051933	25963
山西	Shanxi	568956	160905	11712085	20554	216388	55499	5800471	26936
内蒙古	Inner Mongolia	492680	154669	8811037	17439	160615	45063	3838113	24125
辽宁	Liaoning	676802	200152	12949824	18852	180832	43752	4503043	24753
吉林	Jilin	340753	107041	5239807	15249	33869	10662	681942	20192
黑龙江	Heilongjiang	468398	133195	6481815	13949	191495	37090	2717223	15366
上海	Shanghai	473883	158630	15103748	31305	34576	9873	1770797	50272
江苏	Jiangsu	918450	350018	18718018	20453	121730	47733	3630572	29642
浙江	Zhejiang	1828383	557559	35362010	19903	102474	36278	2693818	26451
安徽	Anhui	597157	166528	12148204	20773	224864	43281	6950685	30793
福建	Fujian	437727	166113	7284079	17366	21704	8408	517104	23633
江西	Jiangxi	280562	101029	4032721	14710	51252	15409	894966	17497
山东	Shandong	1904637	685987	29590552	15732	196004	54762	4976259	25084
河南	Henan	1467149	459498	24275613	17051	209273	68599	4936121	24036
湖北	Hubei	581924	190196	8582725	14683	59414	20252	1334295	22201
湖南	Hunan	715852	200498	11132816	15754	131217	42487	2461937	18536
广东	Guangdong	1052133	337854	29087652	28138	224278	72957	7791023	34419
广西	Guangxi	369083	112984	5872398	16549	103317	16578	1951457	20173
海南	Hainan	52819	18390	904481	17359	4342	834	114230	26290
重庆	Chongqing	545090	154623	8352071	15637	59281	22828	1035384	16867
四川	Sichuan	986437	289835	12843130	13251	69712	24812	1270075	18434
贵州	Guizhou	407804	118319	6008262	14227	99789	24338	2017586	20432
云南	Yunnan	352098	107423	5647049	16308	53191	15740	1210018	23104
西藏	Tibet	2656	788	74374	27741	1942	623	49518	25264
陕西	Shaanxi	414219	133374	7096300	18215	47818	21448	890965	18480
甘肃	Gansu	268777	81115	3764627	13998	58505	18203	1201361	19952
青海	Qinghai	47591	14766	685301	13952	6324	2424	104610	15229
宁夏	Ningxia	144622	39675	3453671	22711	60505	13894	2045063	33497
新疆	Xinjiang	349242	124426	6566288	16450	73113	26629	1634369	22459

6-3 续表 4 continued

地 区	Region	股份有限公司 Share-holding Corporations Ltd				其 他 Others			
		年末人数(人) Year-end Figures (person)	#女 性 Female	劳动报酬(千元) Earnings (1000 yuan)	平均劳动报酬(元) Average Earning (yuan)	年末人数(人) Year-end Figures (person)	#女 性 Female	劳动报酬(千元) Earnings (1000 yuan)	平均劳动报酬(元) Average Earning (yuan)
全 国	**National**	**7412296**	**2699095**	**178879102**	**24383**	**2278384**	**897972**	**30034343**	**13262**
北 京	Beijing	355130	146235	19261216	54595	48544	26707	1329322	28023
天 津	Tianjin	98724	37704	3581185	36161	56243	19781	654984	11738
河 北	Hebei	279091	109812	4349259	15835	52003	18313	600244	10362
山 西	Shanxi	133733	47829	2115451	15917	1252	655	15127	11883
内蒙古	Inner Mongolia	142942	50497	2742271	18211	11102	4375	144264	12966
辽 宁	Liaoning	285995	105771	7009267	24453	34835	11829	359709	10095
吉 林	Jilin	210463	74278	4455216	20657	35451	12752	379204	10381
黑龙江	Heilongjiang	435104	146731	10635063	24353	232239	77232	2922245	12409
上 海	Shanghai	337383	107274	14621301	43673	19723	9665	809213	42206
江 苏	Jiangsu	529768	211292	13499461	25487	525464	228198	8292444	15954
浙 江	Zhejiang	568759	169437	14893017	26994	21454	10285	450149	21657
安 徽	Anhui	248857	83325	5094823	20946	48134	13645	557341	11723
福 建	Fujian	195798	70530	4148276	22787	74659	28469	1257399	17358
江 西	Jiangxi	131332	47418	2229921	17365	69494	23580	713348	10388
山 东	Shandong	641102	265944	11128590	17440	85807	33134	1097476	12798
河 南	Henan	432710	162975	7197403	17034	62355	23571	865619	14811
湖 北	Hubei	357078	139675	5305671	14985	553272	227968	5275661	9671
湖 南	Hunan	269399	100435	4848096	18228	22167	9238	335465	15525
广 东	Guangdong	401198	145315	15550677	39390	38174	20015	711901	19169
广 西	Guangxi	121057	50555	2109356	17854	51409	17492	641374	13231
海 南	Hainan	35713	11133	920467	27005	2311	1149	29133	12744
重 庆	Chongqing	128607	43610	2690832	21497	6719	3377	86596	13368
四 川	Sichuan	382078	130716	6256722	16606	55516	18552	580566	10693
贵 州	Guizhou	108920	35125	2145585	19361	9156	3865	116478	12482
云 南	Yunnan	151045	49383	2931490	19720	105673	34317	1129459	10833
西 藏	Tibet	1678	499	31017	18685	2183	658	7086	3246
陕 西	Shaanxi	139063	51503	2613946	18856	11295	5339	151842	13613
甘 肃	Gansu	94768	31340	2035998	22076	15799	5920	137309	8407
青 海	Qinghai	27452	8251	553961	21280	468	128	6954	15557
宁 夏	Ningxia	38806	15343	659677	16946	5611	1678	90747	12375
新 疆	Xinjiang	128543	49160	3263887	24995	19872	6085	285684	11879

6-3 续表 5 continued

地区	Region	港、澳、台商投资 Funded by Entrepreneurs from Hong Kong, Macao and Taiwan				外商投资 Foreign Funded			
		年末人数(人) Year-end Figures (person)	#女性 Female	劳动报酬(千元) Earnings (1000 yuan)	平均劳动报酬(元) Average Earning (yuan)	年末人数(人) Year-end Figures (person)	#女性 Female	劳动报酬(千元) Earnings (1000 yuan)	平均劳动报酬(元) Average Earning (yuan)
全　国	**National**	**6110760**	**3210096**	**117825524**	**19678**	**7961619**	**4071575**	**204265909**	**26552**
北　京	Beijing	235485	104258	12081434	52593	573130	243071	35276790	64192
天　津	Tianjin	111786	44323	2505710	24221	437988	178701	11781961	28654
河　北	Hebei	95194	40057	1585219	17282	139966	60514	2425688	18014
山　西	Shanxi	53389	20678	547303	14583	18002	5633	309100	17363
内蒙古	Inner Mongolia	13250	7399	200629	14222	27179	14686	523086	19041
辽　宁	Liaoning	96066	40858	1816742	19206	423319	222942	8124448	19756
吉　林	Jilin	25898	10458	344347	13461	75338	30618	1653826	22562
黑龙江	Heilongjiang	31339	13900	1945149	62451	45232	20763	836622	18206
上　海	Shanghai	279601	133789	7352653	26244	644475	300803	26805417	42556
江　苏	Jiangsu	502043	280117	8889590	18200	1082019	604606	24400668	23446
浙　江	Zhejiang	614321	324883	11697118	19593	741601	381274	15006736	20950
安　徽	Anhui	49613	26314	618504	13087	72881	30974	1372407	19283
福　建	Fujian	1072804	632571	16853255	15868	721282	396777	12602006	17860
江　西	Jiangxi	84324	50300	866919	10982	59677	31316	709097	13731
山　东	Shandong	275249	135618	4232690	15602	1068405	640526	18891521	18248
河　南	Henan	79617	36775	1365235	17710	96047	37957	1590739	17452
湖　北	Hubei	92569	49010	1149067	12545	158973	60264	3673374	23261
湖　南	Hunan	82995	45168	1263156	15812	78306	39850	1299081	17574
广　东	Guangdong	2123459	1132117	39633367	18926	1206280	657562	30822484	26522
广　西	Guangxi	53024	22362	691816	12910	66328	25983	1446400	22427
海　南	Hainan	18849	8878	249801	13823	22113	11556	478249	22625
重　庆	Chongqing	23293	9471	403186	17098	50092	16055	1226552	25037
四　川	Sichuan	37233	15885	631599	16909	74031	28984	1498144	20749
贵　州	Guizhou	8638	3074	117819	13436	13602	4758	220524	15359
云　南	Yunnan	20303	8467	305134	15054	24525	10969	495037	20944
西　藏	Tibet								
陕　西	Shaanxi	16137	8313	237268	14634	12626	4147	224495	18077
甘　肃	Gansu	4612	1336	75188	16877	6595	2512	135518	20139
青　海	Qinghai	1686	330	30846	17089	443	200	4995	11430
宁　夏	Ningxia	288	101	4250	18478	9790	2475	218286	21971
新　疆	Xinjiang	7695	3286	130530	17146	11374	5099	212658	18122

6-3 续表 6 continued

地 区	Region	企 业 Enterprises 年末人数(人) Year-end Figures (person)	#女 性 Female	劳动报酬(千元) Earnings (1000 yuan)	平均劳动报酬(元) Average Earning (yuan)	非农企业 Nonagricultural Enterprises 年末人数(人) Year-end Figures (person)	#女 性 Female	劳动报酬(千元) Earnings (1000 yuan)	平均劳动报酬(元) Average Earning (yuan)
全 国	**National**	**44944743**	**17689297**	**930674746**	**21004**	**44805255**	**17639531**	**928899915**	**21031**
北 京	Beijing	3016373	1146783	120453251	40194	3001465	1139454	120193335	40322
天 津	Tianjin	974324	366796	25738894	27410	974086	366721	25734381	27413
河 北	Hebei	1203114	417038	19992781	16632	1201938	416376	19982882	16643
山 西	Shanxi	809257	246286	15064114	19002	808883	246223	15061585	19008
内蒙古	Inner Mongolia	702014	236896	12601619	17375	693553	233640	12520212	17467
辽 宁	Liaoning	1572897	601609	31034861	19716	1565970	599623	30899968	19714
吉 林	Jilin	706814	242905	12236710	17147	702060	241484	12200598	17209
黑龙江	Heilongjiang	1463929	458392	26786429	18331	1444781	451543	26641240	18470
上 海	Shanghai	1794132	723500	65601973	36736	1789402	722707	65497815	36782
江 苏	Jiangsu	3629738	1700407	74923383	21002	3623482	1698296	74849286	21019
浙 江	Zhejiang	3941039	1509630	80490932	21066	3940027	1509268	80475331	21067
安 徽	Anhui	1067907	338828	20395630	19541	1067080	338523	20375117	19537
福 建	Fujian	2579096	1317659	43505443	17262	2572694	1315309	43423868	17273
江 西	Jiangxi	654337	266530	8890274	14112	653004	266149	8879403	14120
山 东	Shandong	4136496	1828767	67572607	16618	4127643	1824480	67466291	16626
河 南	Henan	2215313	741972	36081528	16822	2205720	737823	35980305	16847
湖 北	Hubei	1811056	688506	24773573	13764	1802629	685679	24706691	13792
湖 南	Hunan	1221692	410654	19560966	16316	1218643	409711	19517974	16320
广 东	Guangdong	5013100	2363258	119726372	24372	5005908	2360818	119555419	24374
广 西	Guangxi	676720	234591	10903873	16632	670881	232393	10822685	16663
海 南	Hainan	145142	55872	2788946	19870	142479	55014	2765102	20077
重 庆	Chongqing	838954	252569	14077516	17090	838282	252397	14068838	17094
四 川	Sichuan	1620594	509676	22955056	14391	1619413	509331	22939715	14392
贵 州	Guizhou	569579	170056	8923799	15185	569133	169889	8919560	15188
云 南	Yunnan	679371	219333	10832779	16198	674537	218108	10778800	16242
西 藏	Tibet	6940	2075	120111	17255	6666	1961	115986	17345
陕 西	Shaanxi	658850	226098	11670213	18432	658094	225705	11662619	18441
甘 肃	Gansu	417975	131954	6396029	15312	416300	131510	6369324	15314
青 海	Qinghai	84192	26150	1378889	16333	80460	25955	1345882	16685
宁 夏	Ningxia	208136	63101	4561783	20892	207892	63016	4558575	20899
新 疆	Xinjiang	525662	191406	10634412	18274	522150	190425	10591128	18307

6-3 续表 7 continued

地区	Region	事业 Institutions 年末人数(人) Year-end Figures (person)	#女性 Female	劳动报酬(千元) Earnings (1000 yuan)	平均劳动报酬(元) Average Earning (yuan)	农、林、牧、渔业 Agriculture Forestry, Farming of Animals and Fishing 年末人数(人) Year-end Figures (person)	#女性 Female	劳动报酬(千元) Earnings (1000 yuan)	平均劳动报酬(元) Average Earning (yuan)
全国	**National**	**245934**	**121351**	**5115662**	**20919**	**139488**	**49766**	**1774831**	**12677**
北京	Beijing	40191	23125	1344231	34876	14908	7329	259916	16349
天津	Tianjin	646	317	12925	20948	238	75	4513	17768
河北	Hebei	507	276	8432	16309	1176	662	9899	7252
山西	Shanxi	2636	1563	40627	15729	374	63	2529	6762
内蒙古	Inner Mongolia	3453	1846	49972	14298	8461	3256	81407	9598
辽宁	Liaoning	2353	1221	26048	11232	6927	1986	134893	20047
吉林	Jilin	3729	1733	56785	15327	4754	1421	36112	7763
黑龙江	Heilongjiang	324	162	5441	15956	19148	6849	145189	7707
上海	Shanghai	8010	3127	260839	30644	4730	793	104158	20568
江苏	Jiangsu	15282	8119	326483	21768	6256	2111	74097	11522
浙江	Zhejiang	15900	8921	446973	29071	1012	362	15601	14788
安徽	Anhui	3122	1410	53903	17581	827	305	20513	24804
福建	Fujian	5880	2711	149984	27606	6402	2350	81575	12963
江西	Jiangxi	7291	2694	103159	14444	1333	381	10871	9578
山东	Shandong	32244	12646	461704	12926	8853	4287	106316	12609
河南	Henan	22500	10621	426334	19668	9593	4149	101223	10890
湖北	Hubei	22452	11487	266615	11913	8427	2827	66882	7916
湖南	Hunan	7873	3579	159295	21177	3049	943	42992	14861
广东	Guangdong	10962	6355	301559	28039	7192	2440	170953	23505
广西	Guangxi	6685	3126	124924	19102	5839	2198	81188	13349
海南	Hainan	2942	1626	54842	18775	2663	858	23844	9046
重庆	Chongqing	371	154	5284	13942	672	172	8678	12875
四川	Sichuan	9101	4149	146994	16585	1181	345	15341	13422
贵州	Guizhou	3784	1974	53784	14423	446	167	4239	10415
云南	Yunnan	3182	1809	49556	15762	4834	1225	53979	10561
西藏	Tibet					274	114	4125	15055
陕西	Shaanxi	12818	5626	153429	12118	756	393	7594	10207
甘肃	Gansu	283	139	5551	20333	1675	444	26705	14828
青海	Qinghai	101	80	1788	17703	3732	195	33007	8774
宁夏	Ningxia	631	319	9495	16776	244	85	3208	13709
新疆	Xinjiang	681	436	8706	12936	3512	981	43284	12734

6-3 续表 8 continued

地区	Region	采矿业 Mining 年末人数(人) Year-end Figures (person)	#女性 Female	劳动报酬(千元) Earnings (1000 yuan)	平均劳动报酬(元) Average Earning (yuan)	制造业 Manufacturing 年末人数(人) Year-end Figures (person)	#女性 Female	劳动报酬(千元) Earnings (1000 yuan)	平均劳动报酬(元) Average Earning (yuan)
全国	**National**	**2628596**	**517965**	**63630574**	**24513**	**25937468**	**11865016**	**468394467**	**18394**
北京	Beijing	17818	1534	519633	30788	839296	322304	25536544	30152
天津	Tianjin	62948	19901	2006823	32576	638456	251652	15583928	25496
河北	Hebei	137829	26460	3954472	28608	674638	256694	9930092	14908
山西	Shanxi	208944	40080	5776329	27849	428358	136994	6866970	16635
内蒙古	Inner Mongolia	125864	23577	2674128	21950	359910	137046	5852277	16245
辽宁	Liaoning	109994	16000	2615710	24181	951336	389668	17170332	18160
吉林	Jilin	95556	22797	2361410	25704	376701	135877	6280701	16749
黑龙江	Heilongjiang	445433	82988	9438524	21909	568282	214027	9329669	16355
上海	Shanghai	35	5	1014	23045	976107	432758	33369554	34291
江苏	Jiangsu	40076	16210	978495	24220	2653858	1359144	50683678	19486
浙江	Zhejiang	10668	1973	236429	21271	2343502	1135864	42102800	18425
安徽	Anhui	218330	33137	7120025	32884	498440	198005	7763480	15906
福建	Fujian	22774	2576	482498	21130	2069706	1170380	32914997	16143
江西	Jiangxi	23612	3568	331895	14365	472669	209305	6060770	13355
山东	Shandong	179686	33859	3843689	21321	2894547	1449639	43902422	15553
河南	Henan	322865	73809	8633119	27055	1070571	447800	15511119	14845
湖北	Hubei	50786	9450	549703	10886	1051375	444447	13312324	12725
湖南	Hunan	26416	4517	387537	14312	571432	230899	8877428	15886
广东	Guangdong	14073	2704	407193	29238	3545573	1856412	71938385	20750
广西	Guangxi	19245	5457	362635	19527	348713	137631	5200937	15487
海南	Hainan	261	59	4554	16993	48251	21703	830319	17948
重庆	Chongqing	33618	6602	527644	15730	320889	119512	5423262	16962
四川	Sichuan	91504	15502	1262552	14040	781604	298451	10998367	14327
贵州	Guizhou	79153	12088	1548856	18924	250469	80424	3962320	15556
云南	Yunnan	36013	5446	582661	16977	313747	107764	4923743	15796
西藏	Tibet	16	4	335	20938	1973	563	37519	19191
陕西	Shaanxi	38741	5091	991438	25810	390556	138648	6323161	17293
甘肃	Gansu	73879	13321	1773995	23986	169994	63063	2459759	14552
青海	Qinghai	8741	1514	188723	20965	45861	14257	725362	15928
宁夏	Ningxia	54496	12344	1896467	34833	93080	30126	1427376	15487
新疆	Xinjiang	79222	25392	2172088	27222	187574	73959	3094872	16556

6-3 续表 9 continued

地区	Region	电力、燃气及水的生产和供应业 Production and Distribution of Electricity, Gas and Water				建筑业 Construction			
		年末人数(人) Year-end Figures (person)	#女性 Female	劳动报酬(千元) Earnings (1000 yuan)	平均劳动报酬(元) Average Earning (yuan)	年末人数(人) Year-end Figures (person)	#女性 Female	劳动报酬(千元) Earnings (1000 yuan)	平均劳动报酬(元) Average Earning (yuan)
全国	**National**	**878142**	**259106**	**26015467**	**29663**	**5409121**	**665860**	**91302539**	**16780**
北京	Beijing	48053	13474	2685949	55375	238431	37005	6776384	25908
天津	Tianjin	10066	2801	514187	52922	46193	8370	1426827	30800
河北	Hebei	33130	9558	1119941	33894	151546	17303	1839142	11292
山西	Shanxi	22789	6275	435348	19178	46944	8486	659575	13566
内蒙古	Inner Mongolia	29397	9176	1179399	40626	88184	15081	1482954	12528
辽宁	Liaoning	52031	14245	1330219	25283	117063	21448	2054788	15268
吉林	Jilin	21197	5131	424921	20364	59156	11279	877331	12105
黑龙江	Heilongjiang	33257	8410	682855	20524	146728	27137	2865421	18253
上海	Shanghai	14512	3487	842256	59599	67710	9864	2768662	40929
江苏	Jiangsu	50811	14232	1923410	37727	268935	37434	4619672	17710
浙江	Zhejiang	38615	10255	1574226	40989	890589	65327	17006746	20118
安徽	Anhui	26495	7496	541910	20376	160002	22136	2095024	13896
福建	Fujian	24962	7360	656992	26407	214640	32028	3759595	19552
江西	Jiangxi	17954	5167	381823	21381	47324	6328	551509	12130
山东	Shandong	51260	15536	1396658	26794	416876	46151	6530554	15495
河南	Henan	58711	16352	1298529	22610	386799	38856	4952829	13890
湖北	Hubei	30349	9866	813913	26504	292866	41774	4162213	14307
湖南	Hunan	26065	8500	572443	21816	307973	36041	4144956	13872
广东	Guangdong	54407	14734	2250221	40244	261141	30513	5956047	22908
广西	Guangxi	12016	3344	345895	28094	112037	8982	1955139	18724
海南	Hainan	6770	1475	181510	26847	6164	654	71122	12861
重庆	Chongqing	22633	7551	492158	21754	259728	29847	3765425	14977
四川	Sichuan	64375	22577	1184532	18232	420760	54532	4865723	11866
贵州	Guizhou	11292	3081	361649	31979	68773	8806	790378	10910
云南	Yunnan	33877	10798	959427	28852	104101	14305	1223904	12386
西藏	Tibet					1519	418	47089	31041
陕西	Shaanxi	19909	5993	411092	20606	50181	9324	685351	13432
甘肃	Gansu	11444	3994	295023	25927	68268	7363	706260	9743
青海	Qinghai	5346	1408	135363	27761	5039	810	70102	11666
宁夏	Ningxia	11502	3106	267987	25201	16916	1932	362868	12452
新疆	Xinjiang	34917	13724	755631	22266	86535	16326	2228949	15230

6-3 续表 10 continued

地区	Region	交通运输、仓储和邮政业 Traffic, Transport, Storage and Post 年末人数(人) Year-end Figures (person)	#女性 Female	劳动报酬(千元) Earnings (1000 yuan)	平均劳动报酬(元) Average Earning (yuan)	信息传输、计算机服务和软件业 Information Transfer, Computer Services and Software 年末人数(人) Year-end Figures (person)	#女性 Female	劳动报酬(千元) Earnings (1000 yuan)	平均劳动报酬(元) Average Earning (yuan)
全国	**National**	**1525837**	**425241**	**41694664**	**27578**	**714649**	**288237**	**37196328**	**53807**
北京	Beijing	290716	80107	9640486	33988	199595	72424	16352157	85092
天津	Tianjin	36586	6976	1240286	36166	17342	6983	750294	43874
河北	Hebei	26300	6960	559897	21365	17266	7548	455870	27061
山西	Shanxi	18072	7157	252948	14106	6787	4056	107980	15826
内蒙古	Inner Mongolia	12670	5430	158378	12421	3353	2005	101800	31972
辽宁	Liaoning	36654	11106	856625	23527	29174	11428	1225411	42567
吉林	Jilin	25645	7779	336214	12984	8889	3629	210360	23633
黑龙江	Heilongjiang	17648	5264	325838	18586	12280	5155	468968	37656
上海	Shanghai	196894	39227	6819892	34624	27555	10519	2015207	77247
江苏	Jiangsu	116163	28970	2766813	23622	37992	16710	1637260	45768
浙江	Zhejiang	73025	20186	2101728	29017	46973	19810	2288386	52066
安徽	Anhui	25314	7620	458796	17795	9531	4129	231570	26172
福建	Fujian	29138	7699	768636	26656	23280	11516	841564	37694
江西	Jiangxi	10503	3413	186302	17962	9116	4663	238048	28629
山东	Shandong	81007	27829	1967182	24570	30999	11328	1185293	36853
河南	Henan	31088	9446	411127	13393	21383	9341	606634	29478
湖北	Hubei	42553	13428	659786	15412	16659	6235	497472	31795
湖南	Hunan	27811	9297	496915	17928	23909	10177	773283	33314
广东	Guangdong	202681	51673	7664024	38457	86815	36240	4652533	55590
广西	Guangxi	37453	11208	657846	17597	15633	7320	391377	25090
海南	Hainan	15513	3934	469667	30256	2373	883	116483	49211
重庆	Chongqing	23716	6068	345657	14598	4203	1364	142484	35435
四川	Sichuan	47892	17774	864415	18080	12004	5063	358786	29934
贵州	Guizhou	9915	3400	132976	13497	8813	2885	209453	23940
云南	Yunnan	35526	11942	618158	17459	14062	6035	342982	25628
西藏	Tibet	87	33	1249	14193				
陕西	Shaanxi	14050	4050	323832	23745	13306	4383	621233	46706
甘肃	Gansu	14383	6461	176216	12286	6131	2444	101037	17189
青海	Qinghai	4871	2316	55687	11374	1486	458	40378	27885
宁夏	Ningxia	2041	891	25969	12112	524	239	23934	46294
新疆	Xinjiang	19922	7597	351119	17253	7216	3267	208091	28994

6-3 续表 11 continued

地 区	Region	批发和零售业 Wholesale and Retail Trade 年末人数(人) Year-end Figures (person)	#女性 Female	劳动报酬(千元) Earnings (1000 yuan)	平均劳动报酬(元) Average Earning (yuan)	住宿和餐饮业 Accommodation and Restaurants 年末人数(人) Year-end Figures (person)	#女性 Female	劳动报酬(千元) Earnings (1000 yuan)	平均劳动报酬(元) Average Earning (yuan)
全 国	**National**	**2515621**	**1268089**	**49825002**	**19959**	**1073371**	**576353**	**16995222**	**15922**
北 京	Beijing	281762	133704	10633434	38084	169087	84539	3692158	22180
天 津	Tianjin	55533	21659	1353702	24497	25046	11573	381682	15543
河 北	Hebei	74938	47189	668646	9230	13475	7098	150272	11092
山 西	Shanxi	32445	18205	287607	8973	10007	4864	89461	8935
内蒙古	Inner Mongolia	28640	17000	291617	11004	10994	6819	128007	11924
辽 宁	Liaoning	86806	43401	1413360	17282	37704	20859	511005	13615
吉 林	Jilin	47552	25800	587354	12540	12720	6964	147850	11768
黑龙江	Heilongjiang	110450	54647	1688115	15309	13994	7941	215665	15273
上 海	Shanghai	158698	82622	4701993	29276	45763	23859	1006192	22102
江 苏	Jiangsu	174283	90968	3635175	20568	60055	32746	1006808	16874
浙 江	Zhejiang	160226	81708	3805166	24476	76141	41483	1286451	17293
安 徽	Anhui	49038	25519	631361	12974	12485	7490	143000	11557
福 建	Fujian	48983	23230	847832	17637	30613	17206	432336	14106
江 西	Jiangxi	25875	13524	244564	9675	7555	4658	86741	11695
山 东	Shandong	196155	108341	2557454	12856	51667	27461	711851	13926
河 南	Henan	129665	63263	1487358	11844	38674	21736	453270	11916
湖 北	Hubei	135825	75755	1712143	12735	58474	34285	601334	10432
湖 南	Hunan	66497	34558	1044096	15629	40705	23350	566700	13912
广 东	Guangdong	233817	104376	6560311	28569	168499	91380	3167896	18856
广 西	Guangxi	43200	21407	634500	14479	22764	11523	240845	10607
海 南	Hainan	8994	3961	140189	16047	23932	12362	301459	12884
重 庆	Chongqing	57692	31133	775387	13929	21905	12083	282950	13011
四 川	Sichuan	80059	39451	1131347	13983	28105	15427	354267	12167
贵 州	Guizhou	48735	21164	569912	10989	16031	9114	181187	9655
云 南	Yunnan	51364	24680	705512	13741	24295	13187	268194	11278
西 藏	Tibet	583	191	10556	16597	15	7	334	15182
陕 西	Shaanxi	47760	22104	616272	12701	27005	11753	295970	10883
甘 肃	Gansu	30630	15508	287214	8983	9316	5311	83930	9407
青 海	Qinghai	3882	2272	44135	11291	1427	791	16789	11790
宁 夏	Ningxia	7475	4751	118497	16326	3685	2459	42479	11453
新 疆	Xinjiang	38059	15998	640193	17222	11233	6025	148139	12827

6-3 续表 12 continued

地区	Region	金融业 Finance				房地产业 Real Estate			
		年末人数（人） Year-end Figures (person)	#女性 Female	劳动报酬（千元） Earnings (1000 yuan)	平均劳动报酬(元) Average Earning (yuan)	年末人数（人） Year-end Figures (person)	#女性 Female	劳动报酬（千元） Earnings (1000 yuan)	平均劳动报酬(元) Average Earning (yuan)
全国	**National**	**1402242**	**762553**	**58429809**	**42687**	**1009560**	**326362**	**22999305**	**23181**
北京	Beijing	164487	91233	13796741	88089	198197	73515	6182944	31740
天津	Tianjin	22248	13400	852735	39636	14229	5420	342630	25357
河北	Hebei	44274	25767	915835	21215	9347	3116	129779	13799
山西	Shanxi	23678	14944	450694	19058	3880	1720	45600	11686
内蒙古	Inner Mongolia	18143	11143	428612	24415	5771	1801	71926	11849
辽宁	Liaoning	80665	47750	2307199	29882	32243	10705	563331	17490
吉林	Jilin	16278	8890	368490	22872	18175	5840	277069	15411
黑龙江	Heilongjiang	43995	24747	903178	20882	20446	7536	265225	12325
上海	Shanghai	128418	57571	7211029	58035	46788	14892	1601966	34478
江苏	Jiangsu	110767	59941	4704949	42453	35402	12815	987315	28363
浙江	Zhejiang	107604	60063	5528652	52573	49734	17616	1309558	27067
安徽	Anhui	36757	21835	858123	23789	16944	6459	283738	17990
福建	Fujian	30570	17203	1202981	39464	42626	11365	839052	20430
江西	Jiangxi	19230	10119	543171	29214	11788	2826	138340	11927
山东	Shandong	120083	66144	3349310	28312	48404	15041	983629	20490
河南	Henan	54701	28069	1180025	22224	36030	11383	524528	15000
湖北	Hubei	39816	21891	1013118	25443	35307	11116	594768	17417
湖南	Hunan	59082	31139	1406893	24201	44345	11679	774597	17574
广东	Guangdong	100244	51981	6375082	65688	162884	44105	4464719	28049
广西	Guangxi	13306	7451	371386	28309	17539	5754	275046	15828
海南	Hainan	5483	1991	261986	48534	10083	3196	173339	17738
重庆	Chongqing	29780	14191	984648	34202	21865	7529	399309	18687
四川	Sichuan	38137	22404	1018529	26711	33136	9173	504337	15935
贵州	Guizhou	16840	8838	405347	25108	32995	10270	433295	11899
云南	Yunnan	10555	5611	281198	27151	17469	6175	253513	13806
西藏	Tibet	393	145	12461	33141	44	21	744	14588
陕西	Shaanxi	23611	12188	707296	30064	13183	4299	221150	17892
甘肃	Gansu	17060	9716	340836	20276	10782	2645	72703	10984
青海	Qinghai	1581	1197	32927	24683	1191	470	13557	11067
宁夏	Ningxia	7025	3933	201917	28572	4415	1697	69415	14236
新疆	Xinjiang	17431	11058	414461	24546	14318	6183	202183	14218

6-3 续表 13 continued

地区	Region	租赁和商务服务业 Tenancy and Business Services 年末人数(人) Year-end Figures (person)	#女性 Female	劳动报酬(千元) Earnings (1000 yuan)	平均劳动报酬(元) Average Earning (yuan)	科学研究、技术服务和地质勘查业 Scientific Research,Technical Service and Geological Prospecting 年末人数(人) Year-end Figures (person)	#女性 Female	劳动报酬(千元) Earnings (1000 yuan)	平均劳动报酬(元) Average Earning (yuan)
全国	**National**	**815843**	**329236**	**27131836**	**34514**	**389045**	**117482**	**15321530**	**40707**
北京	Beijing	273517	121432	14328764	55679	143197	46870	6719677	48843
天津	Tianjin	12965	4149	325615	26445	13130	2753	652324	52078
河北	Hebei	7360	2780	87810	12269	3641	1544	73449	20095
山西	Shanxi	3418	1733	36035	12477	690	221	9982	13864
内蒙古	Inner Mongolia	3892	1550	56177	14610	1867	608	30863	16976
辽宁	Liaoning	9170	3498	161580	17573	10618	3655	448882	42722
吉林	Jilin	7444	2873	117018	15741	6766	2082	124030	18253
黑龙江	Heilongjiang	11972	5248	193024	16149	7342	1831	112978	15746
上海	Shanghai	66498	24233	2870835	44042	16056	4755	1320609	84411
江苏	Jiangsu	36335	14791	713783	20574	19235	5307	770957	41126
浙江	Zhejiang	93913	37930	1913252	20718	22587	5825	778472	35187
安徽	Anhui	4932	986	86559	18059	1857	560	52303	27630
福建	Fujian	17578	7736	343327	21261	5247	1336	123028	23700
江西	Jiangxi	2294	559	25558	11078	1650	372	29466	21399
山东	Shandong	31651	13098	584750	18548	9906	2747	202716	21156
河南	Henan	26485	5329	481210	18311	8261	2656	166611	20388
湖北	Hubei	23735	7198	311051	12825	9619	2220	261064	27524
湖南	Hunan	11274	4683	185977	16377	4058	1001	91781	22797
广东	Guangdong	70070	31303	2767083	40153	38934	11790	1811643	48690
广西	Guangxi	18170	7764	258484	14687	3794	891	73405	19492
海南	Hainan	5872	1311	94862	17460	2869	1007	46588	17822
重庆	Chongqing	11518	5035	179605	16002	25074	8564	667419	28199
四川	Sichuan	9175	3449	126144	13882	5419	1419	151191	27957
贵州	Guizhou	9795	3868	119346	12851	5960	1227	102109	18108
云南	Yunnan	15952	5216	347713	22129	5892	1382	125715	22055
西藏	Tibet	127	35	2738	23402				
陕西	Shaanxi	5037	1842	75843	18603	8603	2667	188329	21632
甘肃	Gansu	2001	921	30253	14399	1391	349	32803	23599
青海	Qinghai	472	233	7068	14911	385	142	11984	33949
宁夏	Ningxia	5087	902	58334	12781	1402	462	61017	46828
新疆	Xinjiang	18134	7551	242038	14661	3595	1239	80135	22180

6-3 续表 14 continued

地 区	Region	水利、环境和公共设施管理业 Management of Water Conservancy, Environment and Public Establishment				居民服务和其他服务业 Resident Services and Other Services			
		年末人数（人） Year-end Figures (person)	#女 性 Female	劳动报酬（千元） Earnings (1000 yuan)	平均劳动报酬(元) Average Earning (yuan)	年末人数（人） Year-end Figures (person)	#女 性 Female	劳动报酬（千元） Earnings (1000 yuan)	平均劳动报酬(元) Average Earning (yuan)
全 国	**National**	**115912**	**42130**	**2358610**	**20388**	**190247**	**88461**	**3299194**	**17410**
北 京	Beijing	19587	6044	593346	28955	67652	29014	1282018	18687
天 津	Tianjin	2438	447	57557	24798	14335	9310	189297	13526
河 北	Hebei	4576	2265	62339	14085	860	457	9236	10116
山 西	Shanxi	42	7	325	7738	954	547	10265	10897
内蒙古	Inner Mongolia	2103	671	33211	15883	1287	730	14281	11388
辽 宁	Liaoning	2323	752	46060	18431	4825	2176	60247	13353
吉 林	Jilin	2723	829	34361	11581	1114	488	14656	13086
黑龙江	Heilongjiang	5080	2561	51304	10066	2389	998	23963	10158
上 海	Shanghai	7568	2448	231998	30208	19569	7432	398732	20275
江 苏	Jiangsu	6517	2401	148128	22852	2432	961	45056	18450
浙 江	Zhejiang	8301	3134	167898	21111	3442	1638	51271	15138
安 徽	Anhui	3594	1059	51011	15168	397	166	3809	9742
福 建	Fujian	3331	963	54203	16657	3040	1291	52014	17413
江 西	Jiangxi	2572	1029	37003	15147	530	162	13532	26481
山 东	Shandong	5573	2353	110988	18908	6797	2634	139899	20522
河 南	Henan	2129	839	33718	16496	4631	2455	57374	12755
湖 北	Hubei	4547	1630	67863	15800	6511	3478	88863	13732
湖 南	Hunan	3497	1162	73894	21203	1632	654	21314	12973
广 东	Guangdong	15506	6093	341066	22800	23434	11834	478282	21043
广 西	Guangxi	1298	443	16468	12776	2584	1284	28581	10454
海 南	Hainan	2196	841	25407	12186	359	167	4786	13520
重 庆	Chongqing	1485	505	14989	9881	2098	1334	31887	15532
四 川	Sichuan	3236	1339	32970	10055	2816	1430	37911	13771
贵 州	Guizhou	734	253	7603	10358	5405	2299	52334	10101
云 南	Yunnan	3214	1441	42924	13502	2137	1034	26197	12190
西 藏	Tibet								
陕 西	Shaanxi	473	170	4957	10480	7652	3864	147130	19178
甘 肃	Gansu	75	7	900	12000	241	82	1687	7000
青 海	Qinghai	81	21	3061	37790	105	71	858	8495
宁 夏	Ningxia	110	40	1684	16673	223	107	2818	12094
新 疆	Xinjiang	1003	383	11374	10228	796	364	10896	13845

6-3 续表 15 continued

地区	Region	教育 Education 年末人数(人) Year-end Figures (person)	#女性 Female	劳动报酬(千元) Earnings (1000 yuan)	平均劳动报酬(元) Average Earning (yuan)	卫生、社会保障和社会福利业 Sanitation,Social Security and Social Welfare 年末人数(人) Year-end Figures (person)	#女性 Female	劳动报酬(千元) Earnings (1000 yuan)	平均劳动报酬(元) Average Earning (yuan)
全国	**National**	**203852**	**106898**	**4538271**	**23099**	**97984**	**58477**	**2097610**	**21225**
北京	Beijing	42497	24348	1393905	34423	13409	8963	414066	31335
天津	Tianjin	1219	665	30666	24993	402	275	5990	15640
河北	Hebei	570	317	7512	14391	683	423	8237	11667
山西	Shanxi	3584	2001	55669	15766	804	441	15590	19366
内蒙古	Inner Mongolia	3355	1886	45404	13465	1239	810	16149	12847
辽宁	Liaoning	1020	595	39114	38498	3141	1852	46215	13185
吉林	Jilin	3032	1517	51603	17025	1579	973	25921	16303
黑龙江	Heilongjiang	1396	736	16623	12232	3675	2155	50774	14868
上海	Shanghai	11431	6009	254236	22962	7011	3033	129460	15188
江苏	Jiangsu	8151	4329	182843	23313	14172	8014	268224	19174
浙江	Zhejiang	13163	7680	380762	29995	5145	3023	147049	29067
安徽	Anhui	2302	1011	35310	15985	2831	1852	63301	21634
福建	Fujian	6555	3006	161014	26417	1991	1209	41126	20983
江西	Jiangxi	5061	1857	76543	15420	2192	1201	34832	15934
山东	Shandong	12282	6251	200721	17304	7226	4529	170474	23866
河南	Henan	23972	10904	412874	17802	8421	4873	146897	17586
湖北	Hubei	9912	4910	134088	13723	3073	2113	61032	19790
湖南	Hunan	6976	3008	137281	21013	2039	1336	53028	27561
广东	Guangdong	13625	8075	365947	27395	6435	4133	206393	32730
广西	Guangxi	4205	2304	58226	14804	2762	1332	46786	16915
海南	Hainan	3637	1962	67164	18777	195	116	3048	15958
重庆	Chongqing	2033	1028	29306	15029	122	73	2475	20798
四川	Sichuan	5938	3130	124264	21831	2908	1796	50662	17652
贵州	Guizhou	4312	2089	53894	12672	1871	1197	24247	12884
云南	Yunnan	3209	1713	49340	15824	2585	1738	38091	14622
西藏	Tibet								
陕西	Shaanxi	7502	3737	135292	18661	1452	614	19870	13779
甘肃	Gansu	401	185	5364	13580	132	89	1400	11024
青海	Qinghai	58	51	1228	21172	35	24	448	12800
宁夏	Ningxia	526	337	7095	13857	16	9	213	14200
新疆	Xinjiang	1928	1257	24983	13490	438	281	5612	12527

6-3 续表 16 continued

地 区	Region	文化体育和娱乐业 Culture, Sports and Entertainment				公共管理和社会组织 Public Management and Social Organization			
		年末人数(人) Year-end Figures (person)	#女 性 Female	劳动报酬(千元) Earnings (1000 yuan)	平均劳动报酬(元) Average Earning (yuan)	年末人数(人) Year-end Figures (person)	#女 性 Female	劳动报酬(千元) Earnings (1000 yuan)	平均劳动报酬(元) Average Earning (yuan)
全 国	**National**	**99807**	**46961**	**2271023**	**22712**	**43892**	**16455**	**514126**	**11765**
北 京	Beijing	29776	13946	847530	27945	4579	2123	141830	31001
天 津	Tianjin	1596	704	32763	21755				
河 北	Hebei	2012	1173	18785	9555				
山 西	Shanxi	123	55	1834	14790				
内蒙古	Inner Mongolia	337	153	5001	13815				
辽 宁	Liaoning	3219	1570	75057	22499	337	136	881	2614
吉 林	Jilin	1246	464	17950	14749	16	5	144	9000
黑龙江	Heilongjiang	738	324	14557	19779				
上 海	Shanghai	6790	3116	214662	32599	9	4	357	39667
江 苏	Jiangsu	3558	1433	101823	29251	22	9	1380	62727
浙 江	Zhejiang	2868	1335	74783	27303	9431	3339	168675	18239
安 徽	Anhui	953	473	9700	10683				
福 建	Fujian	3540	1916	52657	15379				
江 西	Jiangxi	221	72	1835	8341	149	20	630	4228
山 东	Shandong	3239	1354	53240	15738	12529	2831	37165	2967
河 南	Henan	1958	862	21620	11249	1876	471	27797	14448
湖 北	Hubei	2423	1199	27241	11252	11251	6171	105330	9341
湖 南	Hunan	2684	1231	66012	23475	121	58	3134	26336
广 东	Guangdong	18467	9723	441179	23884	265	104	8974	33992
广 西	Guangxi	2834	1422	30028	10614	13	2	25	1923
海 南	Hainan	2355	963	26153	11476	114	55	1308	13768
重 庆	Chongqing	294	132	9517	32592				
四 川	Sichuan	1386	539	20035	14199	60	24	677	11283
贵 州	Guizhou	1641	776	16033	9183	183	84	2405	13361
云 南	Yunnan	2915	1041	32163	11297	806	409	6921	9071
西 藏	Tibet					1909	544	2961	1551
陕 西	Shaanxi	1874	599	47344	25318	17	5	488	28706
甘 肃	Gansu	254	132	2511	9733	201	58	2984	15623
青 海	Qinghai								
宁 夏	Ningxia								
新 疆	Xinjiang	506	254	9010	17427	4	3	60	15000

6-4 各地区分行业其他单位在岗职工人数和工资(2006年)

ON-POST STAFF AND WORKERS AND WAGES IN OTHER OWNERSHIP UNITS BY SECTOR AND REGION (2006)

地区	Region	总计 Total				内资 Domestic Funded			
		年末人数(人) Year-end Figures (person)	平均人数(人) Average Figures (person)	工资总额(千元) Total Wages (1000 yuan)	平均工资(元) Average Wage (yuan)	年末人数(人) Year-end Figures (person)	平均人数(人) Average Figures (person)	工资总额(千元) Total Wages (1000 yuan)	平均工资(元) Average Wage (yuan)
全　国	**National**	**42641186**	**42017342**	**872084954**	**20755**	**29238378**	**28981064**	**582346133**	**20094**
北　京	Beijing	2637847	2624345	103694469	39513	1935555	1946077	66113547	33973
天　津	Tianjin	862510	836938	22795126	27236	359536	361683	10337151	28581
河　北	Hebei	1135029	1129294	19064951	16882	904365	907409	15219622	16773
山　西	Shanxi	792106	773424	14869372	19225	721737	719036	14024231	19504
内蒙古	Inner Mongolia	695185	718629	12497558	17391	654992	677248	11780683	17395
辽　宁	Liaoning	1463928	1460197	28907238	19797	995848	1007114	20100817	19959
吉　林	Jilin	696116	699340	12021568	17190	596398	602109	10109785	16791
黑龙江	Heilongjiang	1392978	1385822	25909216	18696	1318693	1311176	23173569	17674
上　海	Shanghai	1377231	1375688	54864938	39882	648875	656734	27797311	42327
江　苏	Jiangsu	3437162	3378199	69897069	20691	1932433	1924846	39728307	20640
浙　江	Zhejiang	3756881	3649306	76437066	20946	2452742	2383310	51464882	21594
安　徽	Anhui	1009092	987829	19703360	19946	890155	872837	17801115	20395
福　建	Fujian	2509171	2454190	41427720	16880	738437	710056	13230381	18633
江　西	Jiangxi	639764	614579	8739040	14220	498346	486620	7202918	14802
山　东	Shandong	4054782	3978680	65577283	16482	2728162	2690493	43755891	16263
河　南	Henan	2163882	2096536	35826077	17088	1997753	1936783	32967541	17022
湖　北	Hubei	1738138	1727182	23928293	13854	1500398	1491641	19428317	13025
湖　南	Hunan	1126778	1103043	18517366	16788	971202	954419	16041172	16807
广　东	Guangdong	4942502	4845049	115284121	23794	1649828	1622729	48341263	29790
广　西	Guangxi	653482	633301	10658128	16829	537761	519575	8601951	16556
海　南	Hainan	144588	139347	2719838	19518	104672	101145	2079111	20556
重　庆	Chongqing	803749	789206	13262771	16805	732331	718799	11871335	16516
四　川	Sichuan	1564335	1537672	22265170	14480	1455509	1431411	20213625	14121
贵　州	Guizhou	551476	568929	8741840	15365	530371	546928	8422222	15399
云　南	Yunnan	643714	632586	10404236	16447	603342	593041	9709217	16372
西　藏	Tibet	4763	4789	113403	23680	4763	4789	113403	23680
陕　西	Shaanxi	644644	619769	11548754	18634	616471	591670	11102325	18764
甘　肃	Gansu	410173	406670	6309330	15515	399251	395794	6102231	15418
青　海	Qinghai	79883	80315	1332268	16588	77762	78084	1296578	16605
宁　夏	Ningxia	200799	209939	4434511	21123	190808	199849	4213867	21085
新　疆	Xinjiang	508498	556549	10332874	18566	489882	537659	10001765	18602

6-4 续表 1 continued

地 区	Region	股份合作 Cooperative Units				联 营 Joint-owned Units			
		年末人数（人） Year-end Figures (person)	平均人数（人） Average Figures (person)	工资总额（千元） Total Wages (1000 yuan)	平均工资（元） Average Wage (yuan)	年末人数（人） Year-end Figures (person)	平均人数（人） Average Figures (person)	工资总额（千元） Total Wages (1000 yuan)	平均工资（元） Average Wage (yuan)
全 国	**National**	**1687773**	**1678169**	**25714380**	**15323**	**420464**	**415392**	**8355934**	**20116**
北 京	Beijing	154769	163950	2392880	14595	18819	19610	395460	20166
天 津	Tianjin	9607	9576	334438	34925	5360	5405	179105	33137
河 北	Hebei	67481	65963	860721	13049	6067	5940	144882	24391
山 西	Shanxi	29161	28846	295264	10236	6265	6161	101230	16431
内蒙古	Inner Mongolia	14821	16842	189209	11234	3400	3259	39891	12240
辽 宁	Liaoning	50626	53723	712420	13261	6057	6051	71661	11843
吉 林	Jilin	19923	19885	192025	9657	2452	2441	23753	9731
黑龙江	Heilongjiang	230787	226693	3691803	16285	8422	8532	120582	14133
上 海	Shanghai	20474	20432	484287	23702	12582	13112	448433	34200
江 苏	Jiangsu	71451	72250	1182198	16363	12412	12467	215783	17308
浙 江	Zhejiang	164286	156230	3017108	19312	13492	13072	430502	32933
安 徽	Anhui	39974	38618	485280	12566	10118	9865	120355	12200
福 建	Fujian	49808	51696	908460	17573	24811	23499	489737	20841
江 西	Jiangxi	27335	27218	329943	12122	7673	6983	101645	14556
山 东	Shandong	150364	146319	2016830	13784	35195	35131	979530	27882
河 南	Henan	80695	75744	1008266	13311	15279	14782	183362	12404
湖 北	Hubei	59143	57758	628011	10873	26872	27226	388947	14286
湖 南	Hunan	50631	48776	708749	14531	6859	5383	95812	17799
广 东	Guangdong	107300	106528	1856398	17426	92419	91806	2298348	25035
广 西	Guangxi	14745	15010	166999	11126	6597	6474	87081	13451
海 南	Hainan	4331	4110	87230	21224	11729	11148	171843	15415
重 庆	Chongqing	38384	38867	563832	14507	45153	44699	730788	16349
四 川	Sichuan	79251	78635	1066099	13558	13130	13712	205276	14971
贵 州	Guizhou	19133	19810	296904	14988	4997	4900	59346	12111
云 南	Yunnan	25402	25034	322727	12892	2415	2431	36495	15012
西 藏	Tibet	2	2	46	23000	419	433	7575	17494
陕 西	Shaanxi	70207	69966	1385893	19808	7136	6814	100154	14698
甘 肃	Gansu	16984	18598	183834	9885	10157	9789	61279	6260
青 海	Qinghai	6210	5994	92055	15358	226	226	1538	6805
宁 夏	Ningxia	8334	9195	126918	13803	777	747	12181	16307
新 疆	Xinjiang	6154	5901	127553	21615	3174	3294	53360	16199

6-4 续表 2 continued

地 区	Region	国有联营 State Joint-owned Units				集体联营 Collective Joint-owned Units			
		年末人数（人）Year-end Figures (person)	平均人数（人）Average Figures (person)	工资总额（千元）Total Wages (1000 yuan)	平均工资（元）Average Wage (yuan)	年末人数（人）Year-end Figures (person)	平均人数（人）Average Figures (person)	工资总额（千元）Total Wages (1000 yuan)	平均工资（元）Average Wage (yuan)
全 国	**National**	**140894**	**140325**	**3788303**	**26997**	**70874**	**68566**	**975102**	**14221**
北 京	Beijing	7412	7645	170057	22244	658	689	10082	14633
天 津	Tianjin	1891	1804	75808	42022	202	202	3337	16520
河 北	Hebei	4365	4218	124254	29458	37	37	169	4568
山 西	Shanxi	3017	2977	53227	17879	312	316	4385	13877
内蒙古	Inner Mongolia	1837	1728	20548	11891	397	397	4517	11378
辽 宁	Liaoning	1613	1589	27071	17037	338	330	3414	10345
吉 林	Jilin	1017	1016	9936	9780	694	686	5262	7671
黑龙江	Heilongjiang	959	985	11148	11318	231	188	2015	10718
上 海	Shanghai	6994	7350	263657	35872	717	722	8105	11226
江 苏	Jiangsu	3502	3465	76190	21988	2380	2406	28946	12031
浙 江	Zhejiang	3372	3109	222869	71685	3784	3592	62491	17397
安 徽	Anhui	2608	2530	32825	12974	315	322	3998	12416
福 建	Fujian	9705	9659	256629	26569	3976	3834	59037	15398
江 西	Jiangxi	2793	2715	48829	17985	448	451	5868	13011
山 东	Shandong	23182	22898	804662	35141	4268	4274	73431	17181
河 南	Henan	3710	3514	38545	10969	5792	5721	61788	10800
湖 北	Hubei	8607	8774	194164	22129	3964	3985	42872	10758
湖 南	Hunan	854	936	15927	17016	4058	2507	38392	15314
广 东	Guangdong	32070	32531	999665	30730	12115	11789	226345	19200
广 西	Guangxi	3021	2802	40439	14432	1130	1067	11120	10422
海 南	Hainan	3399	3472	56286	16211	845	819	7961	9720
重 庆	Chongqing	3315	3269	56839	17387	11018	10979	206799	18836
四 川	Sichuan	2773	2790	45914	16457	1320	1345	18221	13547
贵 州	Guizhou	698	690	10580	15333	1391	1436	16380	11407
云 南	Yunnan	948	959	16150	16840	755	754	7217	9572
西 藏	Tibet	17	17	234	13765	207	218	4367	20032
陕 西	Shaanxi	4267	3890	63839	16411	989	1019	15565	15275
甘 肃	Gansu	659	659	14173	21507	7889	7882	35117	4455
青 海	Qinghai	8	8	80	10000	26	26	250	9615
宁 夏	Ningxia	94	93	1384	14882	354	336	4518	13446
新 疆	Xinjiang	2187	2233	36374	16289	264	237	3133	13219

6-4 续表 3 continued

地区 Region	有限责任公司 Limited Liability Corporations 年末人数(人) Year-end Figures (person)	平均人数(人) Average Figures (person)	工资总额(千元) Total Wages (1000 yuan)	平均工资(元) Average Wage (yuan)	国有独资 State Funded Corporations 年末人数(人) Year-end Figures (person)	平均人数(人) Average Figures (person)	工资总额(千元) Total Wages (1000 yuan)	平均工资(元) Average Wage (yuan)
全国 National	**18206608**	**18052420**	**352175697**	**19509**	**3218023**	**3203336**	**86857375**	**27115**
北京 Beijing	1433506	1435161	45028672	31375	271932	271001	12330587	45500
天津 Tianjin	214823	217114	6092520	28061	82338	82967	2631891	31722
河北 Hebei	532077	538315	9643742	17915	152894	155330	4044464	26038
山西 Shanxi	561412	560548	11618158	20726	214861	213934	5787468	27053
内蒙古 Inner Mongolia	485481	498239	8707808	17477	160462	158950	3835078	24128
辽宁 Liaoning	654900	661189	12599487	19056	176761	177851	4447504	25007
吉林 Jilin	335282	336999	5167203	15333	33407	33331	676464	20295
黑龙江 Heilongjiang	449029	443583	6261760	14116	186622	172145	2668184	15500
上海 Shanghai	324031	330653	12560457	37987	27417	27939	1634801	58513
江苏 Jiangsu	872946	870163	18075495	20773	113486	114314	3538474	30954
浙江 Zhejiang	1744332	1700091	33948039	19968	97512	97774	2622556	26823
安徽 Anhui	570679	559982	11871477	21200	218724	219596	6907513	31456
福建 Fujian	414050	400317	6797244	16980	20733	20984	503121	23976
江西 Jiangxi	271076	264322	3913373	14805	46925	46881	835183	17815
山东 Shandong	1878546	1850372	29251657	15809	195160	197343	4960348	25136
河南 Henan	1436025	1393134	23971977	17207	204552	200870	4882784	24308
湖北 Hubei	544529	546833	8187911	14973	53154	53976	1280931	23731
湖南 Hunan	658176	647643	10449338	16134	123778	125135	2364548	18896
广东 Guangdong	1029057	1010200	28530592	28243	217782	218317	7608541	34851
广西 Guangxi	354096	340638	5730595	16823	99907	93574	1932090	20648
海南 Hainan	51479	50389	879444	17453	4314	4317	112982	26171
重庆 Chongqing	527221	516730	7985894	15455	57233	59403	995429	16757
四川 Sichuan	946615	929588	12397980	13337	65205	64526	1210907	18766
贵州 Guizhou	392838	406511	5862820	14422	97746	96682	1989893	20582
云南 Yunnan	332137	326174	5427260	16639	50688	49671	1183817	23833
西藏 Tibet	2520	2550	72192	28311	1844	1866	47851	25644
陕西 Shaanxi	396379	372763	6910067	18537	46698	47004	881615	18756
甘肃 Gansu	264823	262931	3711539	14116	58461	60163	1200779	19959
青海 Qinghai	44947	46690	664475	14232	6239	6784	103924	15319
宁夏 Ningxia	141506	147985	3404050	23003	58561	58425	2012008	34437
新疆 Xinjiang	342090	384613	6452471	16777	72627	72283	1625640	22490

6-4 续表 4 continued

地区 Region	股份有限公司 Share-holding Corporations Ltd				其他 Others			
	年末人数（人） Year-end Figures (person)	平均人数（人） Average Figures (person)	工资总额（千元） Total Wages (1000 yuan)	平均工资（元） Average Wage (yuan)	年末人数（人） Year-end Figures (person)	平均人数（人） Average Figures (person)	工资总额（千元） Total Wages (1000 yuan)	平均工资（元） Average Wage (yuan)
全国 National	**6796358**	**6726601**	**168320144**	**25023**	**2127175**	**2108482**	**27779978**	**13175**
北京 Beijing	295095	294110	17392137	59135	33366	33246	904398	27203
天津 Tianjin	83469	84330	3209938	38064	46277	45258	521150	11515
河北 Hebei	253181	248719	4064326	16341	45559	48472	505951	10438
山西 Shanxi	123704	122277	1995276	16318	1195	1204	14303	11880
内蒙古 Inner Mongolia	140290	147884	2700193	18259	11000	11024	143582	13024
辽宁 Liaoning	250528	251684	6370750	25312	33737	34467	346499	10053
吉林 Jilin	204288	207772	4364030	21004	34453	35012	362774	10361
黑龙江 Heilongjiang	414745	416211	10380847	24941	215710	216157	2718577	12577
上海 Shanghai	278075	279155	13676160	48991	13713	13382	627974	46927
江苏 Jiangsu	483250	483312	12600382	26071	492374	486654	7654449	15729
浙江 Zhejiang	510810	494736	13646231	27583	19822	19181	423002	22053
安徽 Anhui	225864	221331	4816144	21760	43520	43041	507859	11799
福建 Fujian	176523	163425	3808833	23306	73245	71119	1226107	17240
江西 Jiangxi	123237	120857	2152390	17809	69025	67240	705567	10493
山东 Shandong	590961	585511	10453651	17854	73096	73160	1054223	14410
河南 Henan	407199	396698	6986916	17613	58555	56425	817020	14480
湖北 Hubei	338212	335899	5127553	15265	531642	523925	5095895	9726
湖南 Hunan	234472	232149	4464792	19232	21064	20468	322481	15755
广东 Guangdong	383929	378036	14970740	39601	37123	36159	685185	18949
广西 Guangxi	113160	110584	1996415	18053	49163	46869	620861	13247
海南 Hainan	34881	33265	912243	27424	2252	2233	28351	12696
重庆 Chongqing	115182	112430	2507984	22307	6391	6073	82837	13640
四川 Sichuan	361800	356014	5973342	16778	54713	53462	570928	10679
贵州 Guizhou	104510	106644	2089952	19597	8893	9063	113200	12490
云南 Yunnan	143255	140958	2851244	20228	100133	98444	1071491	10884
西藏 Tibet	1548	1530	29465	19258	274	274	4125	15055
陕西 Shaanxi	132934	132614	2566348	19352	9815	9513	139863	14702
甘肃 Gansu	91767	88912	2012252	22632	15520	15564	133327	8566
青海 Qinghai	25913	24729	531628	21498	466	445	6882	15465
宁夏 Ningxia	34726	34736	581644	16745	5465	7186	89074	12395
新疆 Xinjiang	118850	120089	3086338	25700	19614	23762	282043	11869

6-4 续表 5 continued

地 区	Region	港、澳、台商投资 Funded by Entrepreneurs from Hong Kong, Macao and Taiwan				外商投资 Foreign Funded			
		年末人数(人) Year-end Figures (person)	平均人数(人) Average Figures (person)	工资总额(千元) Total Wages (1000 yuan)	平均工资(元) Average Wage (yuan)	年末人数(人) Year-end Figures (person)	平均人数(人) Average Figures (person)	工资总额(千元) Total Wages (1000 yuan)	平均工资(元) Average Wage (yuan)
全 国	**National**	**5930849**	**5811297**	**110674315**	**19045**	**7471959**	**7224981**	**179064506**	**24784**
北 京	Beijing	209142	203499	9887417	48587	493150	474769	27693505	58330
天 津	Tianjin	103099	95909	2301778	24000	399875	379346	10156197	26773
河 北	Hebei	93208	89690	1552918	17314	137456	132195	2292411	17341
山 西	Shanxi	53248	37391	544816	14571	17121	16997	300325	17669
内蒙古	Inner Mongolia	13240	14097	200198	14201	26953	27284	516677	18937
辽 宁	Liaoning	92239	90518	1716097	18959	375841	362565	7090324	19556
吉 林	Jilin	25650	25213	336378	13341	74068	72018	1575405	21875
黑龙江	Heilongjiang	30572	30355	1935032	63747	43713	44291	800615	18076
上 海	Shanghai	226092	227210	6034355	26558	502264	491744	21033272	42773
江 苏	Jiangsu	484757	472097	8352044	17691	1019972	981256	21816718	22233
浙 江	Zhejiang	593018	577265	11092553	19216	711121	688731	13879631	20152
安 徽	Anhui	48809	46373	602395	12990	70128	68619	1299850	18943
福 建	Fujian	1062457	1051529	16364433	15563	708277	692605	11832906	17085
江 西	Jiangxi	82524	77345	844970	10925	58894	50614	691152	13655
山 东	Shandong	271168	267122	4110114	15387	1055452	1021065	17711278	17346
河 南	Henan	78524	75927	1348343	17758	87605	83826	1510193	18016
湖 北	Hubei	91544	90624	1126279	12428	146196	144917	3373697	23280
湖 南	Hunan	78376	75833	1209605	15951	77200	72791	1266589	17400
广 东	Guangdong	2107442	2078830	38385956	18465	1185232	1143490	28556902	24973
广 西	Guangxi	51112	50837	651991	12825	64609	62889	1404186	22328
海 南	Hainan	18397	17621	239337	13582	21519	20581	401390	19503
重 庆	Chongqing	22618	22914	370977	16190	48800	47493	1020459	21487
四 川	Sichuan	36555	36119	606912	16803	72271	70142	1444633	20596
贵 州	Guizhou	8455	8568	112855	13172	12650	13433	206763	15392
云 南	Yunnan	19010	18895	283514	15005	21362	20650	411505	19928
西 藏	Tibet								
陕 西	Shaanxi	15714	15815	232570	14706	12459	12284	213859	17410
甘 肃	Gansu	4593	4435	74119	16712	6329	6441	132980	20646
青 海	Qinghai	1679	1795	30717	17113	442	436	4973	11406
宁 夏	Ningxia	268	218	3573	16390	9723	9872	217071	21989
新 疆	Xinjiang	7339	7253	122069	16830	11277	11637	209040	17963

6-4 续表 6 continued

地区 Region	企业 Enterprises 年末人数(人) Year-end Figures (person)	平均人数(人) Average Figures (person)	工资总额(千元) Total Wages (1000 yuan)	平均工资(元) Average Wage (yuan)	非农企业 Nonagricultural Enterprises 年末人数(人) Year-end Figures (person)	平均人数(人) Average Figures (person)	工资总额(千元) Total Wages (1000 yuan)	平均工资(元) Average Wage (yuan)
全 国 National	**42436792**	**41812404**	**867849212**	**20756**	**42303711**	**41679275**	**866183028**	**20782**
北 京 Beijing	2612026	2599088	102896032	39589	2597560	2583819	102650481	39728
天 津 Tianjin	862205	836640	22789203	27239	862019	836451	22785393	27241
河 北 Hebei	1134538	1128793	19056892	16883	1133366	1127432	19047049	16894
山 西 Shanxi	789474	770845	14828787	19237	789183	770554	14826838	19242
内蒙古 Inner Mongolia	691753	715155	12447767	17406	683298	706679	12366408	17499
辽 宁 Liaoning	1461652	1458066	28881923	19808	1454772	1451382	28747851	19807
吉 林 Jilin	693160	696383	11978256	17201	688431	691861	11943675	17263
黑龙江 Heilongjiang	1392666	1385510	25903953	18696	1373960	1367190	25768637	18848
上 海 Shanghai	1372599	1370445	54709985	39921	1370119	1367842	54640594	39947
江 苏 Jiangsu	3422948	3364232	69591193	20686	3416945	3358032	69519219	20702
浙 江 Zhejiang	3742481	3635405	76028156	20913	3741528	3634408	76013532	20915
安 徽 Anhui	1006134	984919	19651127	19952	1005316	984101	19630774	19948
福 建 Fujian	2503769	2449197	41301255	16863	2497935	2443438	41232690	16875
江 西 Jiangxi	632561	607518	8637111	14217	631228	606383	8626240	14226
山 东 Shandong	4033978	3954113	65141270	16474	4025192	3945750	65036625	16483
河 南 Henan	2143220	2076572	35425823	17060	2133713	2067321	35324946	17087
湖 北 Hubei	1718198	1707033	23683958	13874	1709965	1698808	23618584	13903
湖 南 Hunan	1119345	1096017	18363698	16755	1116354	1093186	18322962	16761
广 东 Guangdong	4932010	4834723	114995465	23785	4924834	4827480	114825937	23786
广 西 Guangxi	647102	627078	10535938	16802	641353	621084	10463525	16847
海 南 Hainan	141697	136475	2666396	19538	139862	134760	2648459	19653
重 庆 Chongqing	803378	788871	13258007	16806	802713	788204	13249392	16810
四 川 Sichuan	1555452	1529037	22122636	14468	1554309	1527909	22110029	14471
贵 州 Guizhou	547825	565324	8689606	15371	547380	564918	8685382	15375
云 南 Yunnan	640802	629703	10359061	16451	636479	625085	10307245	16489
西 藏 Tibet	4763	4789	113403	23680	4489	4515	109278	24203
陕 西 Shaanxi	633314	608528	11406709	18745	632578	607802	11399193	18755
甘 肃 Gansu	409892	406399	6303877	15512	408242	404620	6277496	15515
青 海 Qinghai	79784	80216	1330552	16587	76052	76454	1297545	16972
宁 夏 Ningxia	200206	209414	4426073	21136	199970	209188	4422938	21143
新 疆 Xinjiang	507860	555916	10325100	18573	504566	552619	10284111	18610

6-4 续表 7 continued

地 区	Region	事业 Institutions 年末人数(人) Year-end Figures (person)	平均人数(人) Average Figures (person)	工资总额(千元) Total Wages (1000 yuan)	平均工资(元) Average Wage (yuan)	农、林、牧、渔业 Agriculture Forestry, Farming of Animals and Fishing 年末人数(人) Year-end Figures (person)	平均人数(人) Average Figures (person)	工资总额(千元) Total Wages (1000 yuan)	平均工资(元) Average Wage (yuan)
全 国	**National**	**204394**	**204938**	**4235742**	**20668**	**133081**	**133129**	**1666184**	**12516**
北 京	Beijing	25821	25257	798437	31613	14466	15269	245551	16082
天 津	Tianjin	305	298	5923	19876	186	189	3810	20159
河 北	Hebei	491	501	8059	16086	1172	1361	9843	7232
山 西	Shanxi	2632	2579	40585	15737	291	291	1949	6698
内蒙古	Inner Mongolia	3432	3474	49791	14332	8455	8476	81359	9599
辽 宁	Liaoning	2276	2131	25315	11879	6880	6684	134072	20059
吉 林	Jilin	2956	2957	43312	14647	4729	4522	34581	7647
黑龙江	Heilongjiang	312	312	5263	16869	18706	18320	135316	7386
上 海	Shanghai	4632	5243	154953	29554	2480	2603	69391	26658
江 苏	Jiangsu	14214	13967	305876	21900	6003	6200	71974	11609
浙 江	Zhejiang	14400	13901	408910	29416	953	997	14624	14668
安 徽	Anhui	2958	2910	52233	17949	818	818	20353	24881
福 建	Fujian	5402	4993	126465	25328	5834	5759	68565	11906
江 西	Jiangxi	7203	7061	101929	14435	1333	1135	10871	9578
山 东	Shandong	20804	24567	436013	17748	8786	8363	104645	12513
河 南	Henan	20662	19964	400254	20049	9507	9251	100877	10904
湖 北	Hubei	19940	20149	244335	12126	8233	8225	65374	7948
湖 南	Hunan	7433	7026	153668	21871	2991	2831	40736	14389
广 东	Guangdong	10492	10326	288656	27954	7176	7243	169528	23406
广 西	Guangxi	6380	6223	122190	19635	5749	5994	72413	12081
海 南	Hainan	2891	2872	53442	18608	1835	1715	17937	10459
重 庆	Chongqing	371	335	4764	14221	665	667	8615	12916
四 川	Sichuan	8883	8635	142534	16507	1143	1128	12607	11176
贵 州	Guizhou	3651	3605	52234	14489	445	406	4224	10404
云 南	Yunnan	2912	2883	45175	15669	4323	4618	51816	11220
西 藏	Tibet					274	274	4125	15055
陕 西	Shaanxi	11330	11241	142045	12636	736	726	7516	10353
甘 肃	Gansu	281	271	5453	20122	1650	1779	26381	14829
青 海	Qinghai	99	99	1716	17333	3732	3762	33007	8774
宁 夏	Ningxia	593	525	8438	16072	236	226	3135	13872
新 疆	Xinjiang	638	633	7774	12281	3294	3297	40989	12432

6-4 续表 8 continued

地区 Region	采矿业 Mining				制造业 Manufacturing			
	年末人数 (人) Year-end Figures (person)	平均人数 (人) Average Figures (person)	工资总额 (千元) Total Wages (1000 yuan)	平均工资 (元) Average Wage (yuan)	年末人数 (人) Year-end Figures (person)	平均人数 (人) Average Figures (person)	工资总额 (千元) Total Wages (1000 yuan)	平均工资 (元) Average Wage (yuan)
全 国 National	**2584563**	**2550545**	**62956527**	**24684**	**25132872**	**24672525**	**444296457**	**18008**
北 京 Beijing	16067	15056	472143	31359	785367	790109	23266904	29448
天 津 Tianjin	51759	51832	1784444	34427	589854	569930	13894311	24379
河 北 Hebei	137258	137628	3947156	28680	661799	652968	9691164	14842
山 西 Shanxi	208109	206613	5764198	27899	423943	408331	6815281	16691
内蒙古 Inner Mongolia	125379	121221	2665536	21989	359039	359118	5836431	16252
辽 宁 Liaoning	106371	105123	2582191	24564	895712	888417	16080008	18100
吉 林 Jilin	95095	91422	2356258	25773	371951	368797	6159467	16702
黑龙江 Heilongjiang	444209	429549	9428251	21949	538894	541194	8961450	16559
上 海 Shanghai	35	44	1014	23045	780342	780255	27463563	35198
江 苏 Jiangsu	39799	40117	976174	24333	2562233	2511402	47436027	18888
浙 江 Zhejiang	10394	10842	232943	21485	2288015	2233198	40458941	18117
安 徽 Anhui	213604	211678	7087217	33481	482080	472234	7546103	15980
福 建 Fujian	22553	22596	478082	21158	2046952	2015657	31752294	15753
江 西 Jiangxi	22659	22127	322454	14573	465370	445812	5985228	13425
山 东 Shandong	178702	179277	3832156	21376	2867526	2795599	42617994	15245
河 南 Henan	321554	317839	8604686	27072	1047480	1023065	15287228	14943
湖 北 Hubei	49709	49313	538839	10927	1017257	1011622	12828931	12682
湖 南 Hunan	25587	25558	378376	14805	551052	538490	8663469	16088
广 东 Guangdong	13988	13854	400103	28880	3512549	3437400	69186372	20128
广 西 Guangxi	18625	17926	356492	19887	334733	323258	5083471	15726
海 南 Hainan	251	258	4445	17229	47332	45296	752866	16621
重 庆 Chongqing	33427	33362	525059	15738	312069	310429	5104871	16445
四 川 Sichuan	90858	89210	1249732	14009	772625	758042	10853565	14318
贵 州 Guizhou	78229	81018	1532253	18913	246164	250126	3912830	15643
云 南 Yunnan	33294	31600	549942	17403	301639	298924	4782682	16000
西 藏 Tibet	14	14	291	20786	1957	1939	37246	19209
陕 西 Shaanxi	38221	37889	985444	26009	380816	356398	6224026	17464
甘 肃 Gansu	72567	71938	1753151	24370	166994	165522	2430051	14681
青 海 Qinghai	8562	8823	186676	21158	43995	43695	710542	16261
宁 夏 Ningxia	52615	51879	1864290	35935	91674	90684	1411220	15562
新 疆 Xinjiang	75069	74939	2096531	27977	185459	184614	3061921	16586

6-4 续表 9 continued

地区 Region	电力、燃气及水的生产和供应业 Production and Distribution of Electricity, Gas and Water				建筑业 Construction			
	年末人数(人) Year-end Figures (person)	平均人数(人) Average Figures (person)	工资总额(千元) Total Wages (1000 yuan)	平均工资(元) Average Wage (yuan)	年末人数(人) Year-end Figures (person)	平均人数(人) Average Figures (person)	工资总额(千元) Total Wages (1000 yuan)	平均工资(元) Average Wage (yuan)
全国 National	**863641**	**862166**	**25776733**	**29898**	**4956127**	**4970874**	**84487456**	**16996**
北京 Beijing	47026	47516	2641759	55597	192644	218162	5869515	26904
天津 Tianjin	9442	9194	499957	54379	43659	43451	1375649	31660
河北 Hebei	32992	32853	1115544	33956	120501	126671	1413893	11162
山西 Shanxi	22358	22282	430332	19313	44909	45038	623079	13835
内蒙古 Inner Mongolia	29339	28979	1178648	40672	87299	117572	1472082	12521
辽宁 Liaoning	51547	51900	1324507	25520	112727	125195	1943867	15527
吉林 Jilin	20885	20616	421137	20428	57257	69022	850921	12328
黑龙江 Heilongjiang	31888	31854	674789	21184	138786	144873	2719502	18772
上海 Shanghai	14184	13792	830908	60246	50752	50999	2382539	46717
江苏 Jiangsu	50314	50471	1910780	37859	230435	222563	3975205	17861
浙江 Zhejiang	37957	37824	1561950	41295	817687	779294	15852236	20342
安徽 Anhui	25874	25989	536687	20651	144398	136938	1914199	13979
福建 Fujian	24115	24047	648339	26961	183443	165449	3120893	18863
江西 Jiangxi	17793	17701	379986	21467	41231	39613	469911	11863
山东 Shandong	51167	52005	1394369	26812	403960	399918	6296753	15745
河南 Henan	58439	57185	1293292	22616	365205	337411	4748572	14074
湖北 Hubei	29588	29912	807358	26991	259829	258868	3860517	14913
湖南 Hunan	25687	25769	564294	21898	262460	253356	3628516	14322
广东 Guangdong	54193	55705	2243549	40276	254729	252737	5796689	22936
广西 Guangxi	11239	11499	338251	29416	109031	101414	1917143	18904
海南 Hainan	6533	6523	178772	27406	5555	4952	67903	13712
重庆 Chongqing	22471	22337	487019	21803	256141	247634	3700593	14944
四川 Sichuan	62183	62779	1159825	18475	395079	384245	4623666	12033
贵州 Guizhou	11229	11250	357808	31805	62569	65742	741729	11282
云南 Yunnan	32908	32280	949205	29405	95543	90521	1147288	12674
西藏 Tibet					1519	1517	47089	31041
陕西 Shaanxi	19433	19488	398205	20433	45616	46270	631137	13640
甘肃 Gansu	11349	11281	294278	26086	67393	70141	691678	9861
青海 Qinghai	5246	4771	133976	28081	4266	5160	62265	12067
宁夏 Ningxia	11466	10598	267612	25251	16507	28686	356755	12437
新疆 Xinjiang	34796	33766	753597	22318	84997	137462	2185672	15900

6-4 续表 10 continued

地区 Region	交通运输、仓储和邮政业 Traffic, Transport, Storage and Post				信息传输、计算机服务和软件业 Information Transfer, Computer Services and Software			
	年末人数（人） Year-end Figures (person)	平均人数（人） Average Figures (person)	工资总额（千元） Total Wages (1000 yuan)	平均工资（元） Average Wage (yuan)	年末人数（人） Year-end Figures (person)	平均人数（人） Average Figures (person)	工资总额（千元） Total Wages (1000 yuan)	平均工资（元） Average Wage (yuan)
全 国 National	**1426453**	**1415431**	**39783550**	**28107**	**637706**	**618485**	**34100455**	**55135**
北 京 Beijing	274616	268661	9167246	34122	184036	176741	14720626	83289
天 津 Tianjin	23486	22087	1003246	45422	15573	15363	730260	47534
河 北 Hebei	25943	25856	553304	21399	15818	15363	438698	28555
山 西 Shanxi	18055	17914	252406	14090	5793	5929	99813	16835
内蒙古 Inner Mongolia	12664	12745	158339	12424	3349	3180	101725	31989
辽 宁 Liaoning	35633	35247	835068	23692	27980	27655	1188024	42959
吉 林 Jilin	25398	25645	335393	13078	8627	8667	205747	23739
黑龙江 Heilongjiang	16715	16667	316119	18967	11318	11411	448618	39315
上 海 Shanghai	154938	155403	6167048	39684	20673	20369	1762312	86519
江 苏 Jiangsu	110931	111956	2673483	23880	30399	29298	1491010	50891
浙 江 Zhejiang	69564	69476	2032658	29257	36717	34932	1997178	57173
安 徽 Anhui	24783	25267	453097	17932	6994	6658	204842	30766
福 建 Fujian	28846	28573	762499	26686	20622	19967	783304	39230
江 西 Jiangxi	10454	10323	186062	18024	7888	7152	223396	31235
山 东 Shandong	80594	79661	1947215	24444	29179	29746	1137037	38225
河 南 Henan	30543	30304	407562	13449	19470	18788	590554	31433
湖 北 Hubei	41942	42192	650482	15417	15669	14806	485031	32759
湖 南 Hunan	24495	24341	454122	18657	20738	20151	713032	35384
广 东 Guangdong	196991	193999	7471221	38512	81890	78597	4422125	56263
广 西 Guangxi	37061	37000	652503	17635	12879	12780	337746	26428
海 南 Hainan	15481	15141	463726	30627	2357	2351	115974	49330
重 庆 Chongqing	23585	23454	343512	14646	4078	3815	136131	35683
四 川 Sichuan	45394	45239	835555	18470	10152	10111	325325	32175
贵 州 Guizhou	9384	9430	128546	13632	7717	7635	194521	25478
云 南 Yunnan	34400	34282	610007	17794	10374	9924	265947	26798
西 藏 Tibet	87	88	1249	14193				
陕 西 Shaanxi	13707	13302	320223	24073	12677	12692	615608	48504
甘 肃 Gansu	14344	14258	175769	12328	5742	5489	97297	17726
青 海 Qinghai	4816	4858	55189	11360	1421	1383	39324	28434
宁 夏 Ningxia	2041	2107	25613	12156	522	515	23916	46439
新 疆 Xinjiang	19562	19955	345088	17293	7054	7017	205334	29262

6-4 续表 11 continued

地 区	Region	批发和零售业 Wholesale and Retail Trade				住宿和餐饮业 Accommodation and Restaurants			
		年末人数 (人) Year-end Figures (person)	平均人数 (人) Average Figures (person)	工资总额 (千元) Total Wages (1000 yuan)	平均工资 (元) Average Wage (yuan)	年末人数 (人) Year-end Figures (person)	平均人数 (人) Average Figures (person)	工资总额 (千元) Total Wages (1000 yuan)	平均工资 (元) Average Wage (yuan)
全 国	**National**	**2342259**	**2316350**	**45467488**	**19629**	**976498**	**971961**	**15419368**	**15864**
北 京	Beijing	248368	244357	8630989	35321	134016	132815	3028078	22799
天 津	Tianjin	50666	49918	1184275	23724	15490	15411	301445	19560
河 北	Hebei	73336	70895	661089	9325	13266	13294	147644	11106
山 西	Shanxi	31432	31019	278225	8970	9959	9896	88956	8989
内蒙古	Inner Mongolia	28526	26386	290860	11023	10958	10697	127189	11890
辽 宁	Liaoning	83948	78923	1373023	17397	35382	34528	463304	13418
吉 林	Jilin	46529	45300	569979	12582	12650	12491	142567	11414
黑龙江	Heilongjiang	104991	104607	1639796	15676	13790	13905	213048	15322
上 海	Shanghai	95645	97205	3640270	37449	21590	22052	658961	29882
江 苏	Jiangsu	166393	168077	3499265	20819	52933	52412	911443	17390
浙 江	Zhejiang	151991	147290	3647078	24761	73296	71487	1232412	17240
安 徽	Anhui	46232	45889	608523	13261	11889	11793	137400	11651
福 建	Fujian	47866	46975	825802	17580	29688	29739	407991	13719
江 西	Jiangxi	24669	23046	232358	10082	7443	7318	84779	11585
山 东	Shandong	189727	191373	2481075	12965	48801	48673	676391	13897
河 南	Henan	125716	121651	1467588	12064	38175	37518	448829	11963
湖 北	Hubei	131197	129731	1680322	12952	56815	55985	583266	10418
湖 南	Hunan	64311	64214	1019963	15884	40371	40191	563816	14028
广 东	Guangdong	227142	222941	6234512	27965	164082	163481	3063152	18737
广 西	Guangxi	41358	41768	611381	14638	22144	22067	233193	10567
海 南	Hainan	8896	8629	137803	15970	23713	23184	287258	12390
重 庆	Chongqing	55311	52956	737407	13925	21667	21482	270013	12569
四 川	Sichuan	77968	78892	1113663	14116	27743	28738	341289	11876
贵 州	Guizhou	45723	48760	536746	11008	15818	18541	178510	9628
云 南	Yunnan	48680	48551	672192	13845	23390	22880	257677	11262
西 藏	Tibet	431	485	8793	18130	15	22	334	15182
陕 西	Shaanxi	46778	47781	608809	12742	25955	26244	288175	10981
甘 肃	Gansu	29794	31096	282105	9072	9309	8643	80989	9370
青 海	Qinghai	3739	3770	43108	11434	1330	1331	15814	11881
宁 夏	Ningxia	7419	7204	118207	16409	3667	3691	42150	11420
新 疆	Xinjiang	37477	36661	632282	17247	11153	11452	143295	12513

6-4 续表 12 continued

地区 Region	金融业 Finance				房地产业 Real Estate			
	年末人数(人) Year-end Figures (person)	平均人数(人) Average Figures (person)	工资总额(千元) Total Wages (1000 yuan)	平均工资(元) Average Wage (yuan)	年末人数(人) Year-end Figures (person)	平均人数(人) Average Figures (person)	工资总额(千元) Total Wages (1000 yuan)	平均工资(元) Average Wage (yuan)
全 国 National	**965384**	**944109**	**49745738**	**52691**	**915363**	**897352**	**20924385**	**23318**
北 京 Beijing	104022	100065	11731077	117235	165937	162289	5262075	32424
天 津 Tianjin	10064	9817	540542	55062	12279	11636	301699	25928
河 北 Hebei	25795	25566	714501	27947	8801	8854	121915	13769
山 西 Shanxi	14461	13899	346746	24948	3566	3584	42289	11799
内蒙古 Inner Mongolia	10470	10350	314274	30365	5732	6011	71351	11870
辽 宁 Liaoning	47700	46313	1687460	36436	28378	28505	513608	18018
吉 林 Jilin	12774	12732	316552	24863	17940	17745	273098	15390
黑龙江 Heilongjiang	27052	26684	719737	26973	18852	19401	242035	12475
上 海 Shanghai	111647	108079	6403321	59247	24356	24298	1201699	49457
江 苏 Jiangsu	71924	73033	3960695	54232	31808	31305	906478	28956
浙 江 Zhejiang	76526	74216	4749504	63996	44968	43673	1198101	27433
安 徽 Anhui	20237	19974	636230	31853	16154	14995	274491	18306
福 建 Fujian	20490	20174	1058294	52458	39846	38440	761400	19807
江 西 Jiangxi	15147	15251	502577	32954	11672	11485	135489	11797
山 东 Shandong	75498	73894	2730818	36956	46837	46327	949476	20495
河 南 Henan	38138	36390	1055805	29014	35367	34021	514762	15131
湖 北 Hubei	30224	30027	910528	30324	33407	32241	563339	17473
湖 南 Hunan	36590	36502	1140958	31257	41604	41285	741701	17965
广 东 Guangdong	88942	85903	5975276	69558	160708	156990	4374904	27867
广 西 Guangxi	9708	9543	308533	32331	16749	16534	257136	15552
海 南 Hainan	5478	5393	261638	48514	9869	9562	169094	17684
重 庆 Chongqing	18376	18197	821374	45138	20561	20051	369202	18413
四 川 Sichuan	20622	20406	751366	36821	30703	29358	472263	16086
贵 州 Guizhou	14935	14443	387771	26848	30633	33960	404992	11926
云 南 Yunnan	9423	9220	268795	29153	16253	16948	236454	13952
西 藏 Tibet	331	314	11121	35417	44	51	744	14588
陕 西 Shaanxi	18837	18817	667823	35490	12291	11556	213786	18500
甘 肃 Gansu	15720	15294	329656	21555	10716	6552	71649	10935
青 海 Qinghai	481	468	14566	31124	1175	1209	13498	11165
宁 夏 Ningxia	3289	3208	127186	39647	4237	4644	67371	14507
新 疆 Xinjiang	10483	9937	301014	30292	13920	13842	198286	14325

6-4 续表 13 continued

地 区	Region	租赁和商务服务业 Tenancy and Business Services				科学研究、技术服务和地质勘查业 Scientific Research,Technical Service and Geological Prospecting			
		年末人数 (人) Year-end Figures (person)	平均人数 (人) Average Figures (person)	工资总额 (千元) Total Wages (1000 yuan)	平均工资 (元) Average Wage (yuan)	年末人数 (人) Year-end Figures (person)	平均人数 (人) Average Figures (person)	工资总额 (千元) Total Wages (1000 yuan)	平均工资 (元) Average Wage (yuan)
全 国	**National**	**719429**	**694294**	**21417758**	**30848**	**328748**	**317989**	**13038642**	**41003**
北 京	Beijing	215883	203779	9709915	47649	113235	107578	5422844	50408
天 津	Tianjin	11767	11116	303144	27271	10804	10155	608111	59883
河 北	Hebei	6401	6276	75860	12087	3384	3404	70313	20656
山 西	Shanxi	3294	2760	35302	12791	558	559	8481	15172
内蒙古	Inner Mongolia	3860	3813	55660	14597	1829	1780	30381	17068
辽 宁	Liaoning	8688	8654	152301	17599	9531	9435	418844	44393
吉 林	Jilin	7310	7261	113413	15619	6419	6398	118294	18489
黑龙江	Heilongjiang	10177	10111	175121	17320	5557	5496	92116	16761
上 海	Shanghai	47447	46666	2316994	49651	12403	12102	1022209	84466
江 苏	Jiangsu	34937	33298	682581	20499	16981	16573	704335	42499
浙 江	Zhejiang	91194	89690	1855674	20690	19352	19068	691881	36285
安 徽	Anhui	4740	4600	83097	18065	1668	1662	44308	26659
福 建	Fujian	16894	15471	329276	21283	4649	4594	111329	24234
江 西	Jiangxi	2262	2276	24986	10978	1592	1339	28977	21641
山 东	Shandong	30724	30537	573421	18778	8688	8551	182065	21292
河 南	Henan	25982	25790	476401	18472	7829	7762	161746	20838
湖 北	Hubei	21080	21607	290666	13452	8691	8281	208333	25158
湖 南	Hunan	10918	10911	179975	16495	3748	3701	85351	23062
广 东	Guangdong	68219	67107	2499985	37254	36627	35378	1695349	47921
广 西	Guangxi	17693	17158	251673	14668	3463	3421	70421	20585
海 南	Hainan	5822	5383	93914	17446	2793	2542	45021	17711
重 庆	Chongqing	11008	10766	172386	16012	18643	18460	502884	27242
四 川	Sichuan	8879	8829	121529	13765	5264	5233	147553	28197
贵 州	Guizhou	9267	8728	114045	13067	5684	5390	97498	18089
云 南	Yunnan	15181	14943	325565	21787	4599	4397	107054	24347
西 藏	Tibet	91	85	2411	28365				
陕 西	Shaanxi	4981	4022	75092	18670	8318	8415	183160	21766
甘 肃	Gansu	1988	2088	30167	14448	1322	1324	31452	23755
青 海	Qinghai	470	471	7024	14913	383	351	11849	33758
宁 夏	Ningxia	4955	4436	56048	12635	1377	1279	60607	47386
新 疆	Xinjiang	17317	15662	234132	14949	3357	3361	75876	22575

6-4 续表 14 continued

地区	Region	水利、环境和公共设施管理业 Management of Water Conservancy, Environment and Public Establishment				居民服务和其他服务业 Resident Services and Other Services			
		年末人数（人） Year-end Figures (person)	平均人数（人） Average Figures (person)	工资总额（千元） Total Wages (1000 yuan)	平均工资（元） Average Wage (yuan)	年末人数（人） Year-end Figures (person)	平均人数（人） Average Figures (person)	工资总额（千元） Total Wages (1000 yuan)	平均工资（元） Average Wage (yuan)
全 国	**National**	**106596**	**106075**	**2199331**	**20734**	**175035**	**173016**	**3004028**	**17363**
北 京	Beijing	17082	17512	531154	30331	59153	59417	1114412	18756
天 津	Tianjin	1827	1717	49423	28785	13444	13041	172868	13256
河 北	Hebei	4500	4324	61606	14247	834	823	9067	11017
山 西	Shanxi	42	42	325	7738	902	890	9883	11104
内蒙古	Inner Mongolia	2103	2091	33211	15883	1285	1252	14257	11387
辽 宁	Liaoning	1903	1882	35676	18956	4356	4054	54945	13553
吉 林	Jilin	2644	2808	33025	11761	1110	1116	14606	13088
黑龙江	Heilongjiang	4632	4656	46027	9886	1914	1886	18681	9905
上 海	Shanghai	5882	5993	205213	34242	17248	16995	353164	20780
江 苏	Jiangsu	6186	6151	143499	23329	2193	2214	40667	18368
浙 江	Zhejiang	7227	7191	159001	22111	3224	3155	47099	14928
安 徽	Anhui	3537	3306	50361	15233	397	391	3809	9742
福 建	Fujian	3024	3013	48393	16061	2935	2882	47602	16517
江 西	Jiangxi	2259	2234	34352	15377	521	388	5589	14405
山 东	Shandong	5145	5445	106357	19533	6703	6706	138417	20641
河 南	Henan	2051	1974	33188	16813	4326	4199	55109	13124
湖 北	Hubei	4135	3904	64676	16567	6473	6433	88297	13726
湖 南	Hunan	3416	3409	72205	21181	1606	1615	20988	12996
广 东	Guangdong	15412	14835	333690	22493	22755	22066	458891	20796
广 西	Guangxi	1277	1267	16247	12823	2512	2668	27970	10484
海 南	Hainan	2154	2043	24556	12020	354	349	4587	13143
重 庆	Chongqing	1386	1411	14316	10146	2068	2023	31206	15426
四 川	Sichuan	3186	3229	31905	9881	2799	2736	37790	13812
贵 州	Guizhou	732	725	7531	10388	5318	5094	51412	10093
云 南	Yunnan	3166	3125	42277	13529	1689	1702	22253	13075
西 藏	Tibet								
陕 西	Shaanxi	429	429	4222	9841	7572	7609	145303	19096
甘 肃	Gansu	75	75	900	12000	241	241	1687	7000
青 海	Qinghai	78	78	3013	38628	101	97	829	8546
宁 夏	Ningxia	110	101	1684	16673	212	227	2768	12194
新 疆	Xinjiang	996	1105	11298	10224	790	747	9872	13216

6-4 续表 15 continued

地区	Region	教育 Education 年末人数(人) Year-end Figures (person)	平均人数(人) Average Figures (person)	工资总额(千元) Total Wages (1000 yuan)	平均工资(元) Average Wage (yuan)	卫生、社会保障和社会福利业 Sanitation,Social Security and Social Welfare 年末人数(人) Year-end Figures (person)	平均人数(人) Average Figures (person)	工资总额(千元) Total Wages (1000 yuan)	平均工资(元) Average Wage (yuan)
全国	**National**	**170834**	**165557**	**3502673**	**21157**	**88858**	**89632**	**1842265**	**20554**
北京	Beijing	28246	27478	784612	28554	9582	9386	270302	28798
天津	Tianjin	557	558	9198	16484	333	326	5433	16666
河北	Hebei	550	502	6705	13357	671	694	8131	11716
山西	Shanxi	3529	3469	54934	15836	785	787	15357	19513
内蒙古	Inner Mongolia	3336	3353	45238	13492	1225	1243	16016	12885
辽宁	Liaoning	830	827	13674	16534	2960	3336	43569	13060
吉林	Jilin	2165	2194	37283	16993	1393	1398	21529	15400
黑龙江	Heilongjiang	1174	1147	14493	12636	3593	3342	49685	14867
上海	Shanghai	6582	6363	114376	17975	6849	8369	117406	14029
江苏	Jiangsu	7462	7151	172308	24096	12961	12771	242758	19009
浙江	Zhejiang	11902	11477	347474	30276	4791	4691	134122	28591
安徽	Anhui	2122	2037	33258	16327	2636	2716	59884	22049
福建	Fujian	6160	5734	140399	24485	1777	1759	35773	20337
江西	Jiangxi	4952	4865	75233	15464	2149	2145	34327	16003
山东	Shandong	10963	10500	177283	16884	7078	6990	167298	23934
河南	Henan	22054	21439	385847	17997	8220	8112	144673	17834
湖北	Hubei	8649	8486	117353	13829	2965	2975	59253	19917
湖南	Hunan	6591	6174	131420	21286	1856	1662	49824	29978
广东	Guangdong	12502	12318	327046	26550	6034	5933	193306	32581
广西	Guangxi	3770	3519	51666	14682	2688	2689	46073	17134
海南	Hainan	3529	3489	64695	18543	192	188	2933	15601
重庆	Chongqing	1885	1759	26623	15135	116	113	2097	18558
四川	Sichuan	5735	5491	120439	21934	2582	2561	46646	18214
贵州	Guizhou	4117	4054	50797	12530	1719	1741	22552	12953
云南	Yunnan	2853	2788	43265	15518	2324	2322	34006	14645
西藏	Tibet								
陕西	Shaanxi	5872	5725	121621	21244	776	775	11829	15263
甘肃	Gansu	388	382	5264	13780	132	127	1400	11024
青海	Qinghai	56	56	1156	20643	32	32	432	13500
宁夏	Ningxia	461	444	5786	13032	11	10	163	16300
新疆	Xinjiang	1842	1778	23227	13064	428	439	5488	12501

6-4 续表 16 continued

地区	Region	文化体育和娱乐业 Culture, Sports and Entertainment				公共管理和社会组织 Public Management and Social Organization			
		年末人数(人) Year-end Figures (person)	平均人数(人) Average Figures (person)	工资总额(千元) Total Wages (1000 yuan)	平均工资(元) Average Wage (yuan)	年末人数(人) Year-end Figures (person)	平均人数(人) Average Figures (person)	工资总额(千元) Total Wages (1000 yuan)	平均工资(元) Average Wage (yuan)
全国	**National**	**91268**	**91057**	**2028675**	**22279**	**26471**	**26795**	**427241**	**15945**
北京	Beijing	25681	25772	730919	28361	2420	2383	94348	39592
天津	Tianjin	1320	1197	27311	22816				
河北	Hebei	2008	1962	18518	9438				
山西	Shanxi	120	121	1816	15008				
内蒙古	Inner Mongolia	337	362	5001	13815				
辽宁	Liaoning	3068	3185	62234	19540	334	334	863	2584
吉林	Jilin	1224	1190	17574	14768	16	16	144	9000
黑龙江	Heilongjiang	730	719	14432	20072				
上海	Shanghai	4173	4096	154252	37659	5	5	298	59600
江苏	Jiangsu	3251	3188	97154	30475	19	19	1233	64895
浙江	Zhejiang	2665	2537	64859	25565	8458	8268	159331	19271
安徽	Anhui	929	884	9501	10748				
福建	Fujian	3477	3361	47485	14128				
江西	Jiangxi	221	220	1835	8341	149	149	630	4228
山东	Shandong	3099	3222	46465	14421	1605	1893	18048	9534
河南	Henan	1955	1918	21570	11246	1871	1919	27788	14480
湖北	Hubei	2422	2420	27235	11254	9853	10154	98493	9700
湖南	Hunan	2636	2764	65486	23692	121	119	3134	26336
广东	Guangdong	18316	18316	430132	23484	247	246	8291	33703
广西	Guangxi	2790	2783	25791	9267	13	13	25	1923
海南	Hainan	2340	2264	25508	11267	104	85	1208	14212
重庆	Chongqing	292	290	9463	32631				
四川	Sichuan	1361	1386	19782	14273	59	59	670	11356
贵州	Guizhou	1612	1713	15692	9161	181	173	2383	13775
云南	Yunnan	2875	2804	30950	11038	800	757	6861	9063
西藏	Tibet								
陕西	Shaanxi	1612	1614	46287	28678	17	17	488	28706
甘肃	Gansu	254	258	2511	9733	195	182	2945	16181
青海	Qinghai								
宁夏	Ningxia								
新疆	Xinjiang	500	511	8912	17440	4	4	60	15000

6-5 各地区分行业其他单位不在岗职工人数及生活费(2006年)

NOT-ON-POST STAFF AND WORKERS AND LIVING SUBSIDIES IN OTHER OWNERSHIP UNITS BY SECTOR AND REGION (2006)

地 区	Region	总 计 Total		农、林、牧、渔业 Agriculture,Forestry,Farming of Animals and Fishing		采矿业 Mining		制造业 Manufacturing	
		年末人数(人) Year-end Figures (person)	平均生活费(元) Average Living Subsidy (yuan)	年末人数(人) Year-end Figures (person)	平均生活费(元) Average Living Subsidy (yuan)	年末人数(人) Year-end Figures (person)	平均生活费(元) Average Living Subsidy (yuan)	年末人数(人) Year-end Figures (person)	平均生活费(元) Average Living Subsidy (yuan)
全 国	**National**	**2561580**	**5699**	**14227**	**2412**	**186665**	**7714**	**1407346**	**5021**
北 京	Beijing	108484	10282	597	6985	540	11837	35311	8909
天 津	Tianjin	59242	6484	343	4972	4266	11197	36684	5455
河 北	Hebei	134149	4558	143	1347	15744	8909	77906	4245
山 西	Shanxi	125146	6189	43	1023	10803	6954	83405	6610
内蒙古	Inner Mongolia	53190	6152	1203	1823	5811	6397	33403	6740
辽 宁	Liaoning	166046	4763	263	3570	11829	5156	92078	4257
吉 林	Jilin	71093	6973	5	5000	7975	23248	38731	4946
黑龙江	Heilongjiang	132648	2580	3494	269	23349	2321	58172	2483
上 海	Shanghai	167532	6492	1417	4965			80029	5937
江 苏	Jiangsu	221787	6548	1800	4101	10267	6715	123137	6523
浙 江	Zhejiang	49992	8018	42	8750	2984	9517	20927	6146
安 徽	Anhui	92017	5378	22	5682	27608	8186	37938	4144
福 建	Fujian	20960	5181	133	910	135	6537	12319	5222
江 西	Jiangxi	52657	4798	346	312	158	4575	42360	4635
山 东	Shandong	270504	5368	1408	752	17351	8047	161323	4561
河 南	Henan	170851	3397	150	986	18705	3650	109851	3314
湖 北	Hubei	121406	4332	137	2022	1461	5132	71926	3587
湖 南	Hunan	98226	5752	134	3487	1309	5035	58346	5284
广 东	Guangdong	54521	10437	286	8667	1374	18528	28130	6740
广 西	Guangxi	35688	4798	1377	2967	598	3262	16303	4346
海 南	Hainan	5563	8928	12	1000			2729	3714
重 庆	Chongqing	39542	4437	82	4885	1917	4682	16960	4503
四 川	Sichuan	85110	5319	101	832	5205	3486	43060	5515
贵 州	Guizhou	32895	5332	2		3576	4297	19533	5201
云 南	Yunnan	48627	7017	189	4150	753	4421	28313	6602
西 藏	Tibet	431	16073					12	9000
陕 西	Shaanxi	68921	3635	94	4394	2671	4876	42433	2924
甘 肃	Gansu	38951	6038	54	2240	4347	19318	22681	4542
青 海	Qinghai	5229	7845	324	1574	61	6446	3203	8820
宁 夏	Ningxia	7970	8125	2		1607	13040	4081	7353
新 疆	Xinjiang	22202	9565	24	1875	4261	18389	6062	5631

6-5 续表 1 continued

地区 Region	电力、燃气及水的生产和供应业 Production & Distribution of Electricity,Gas & Water		建筑业 Construction		交通运输、仓储和邮政业 Traffic,Transport, Storage and Post		信息传输、计算机服务和软件业 Information Transfer, Computer Services and Software	
	年末人数(人) Year-end Figures (person)	平均生活费(元) Average Living Subsidy (yuan)	年末人数(人) Year-end Figures (person)	平均生活费(元) Average Living Subsidy (yuan)	年末人数(人) Year-end Figures (person)	平均生活费(元) Average Living Subsidy (yuan)	年末人数(人) Year-end Figures (person)	平均生活费(元) Average Living Subsidy (yuan)
全国 National	**62487**	**10464**	**221213**	**4854**	**156659**	**6254**	**20973**	**15893**
北京 Beijing	2503	11353	18374	9202	7459	12598	937	18251
天津 Tianjin	1226	12366	6582	6636	1508	11434	173	19989
河北 Hebei	735	8125	14543	1973	9202	1960	1157	11267
山西 Shanxi	1887	4544	5525	5373	6474	9803	18	3950
内蒙古 Inner Mongolia	2284	14618	3716	1362	3227	2695	146	16340
辽宁 Liaoning	7198	11056	26541	1971	6682	2661	1460	17880
吉林 Jilin	1445	10688	4465	4412	5764	4755	90	8780
黑龙江 Heilongjiang	2570	5918	19785	1494	2868	4660	382	6019
上海 Shanghai	158	7317	6245	9818	20289	8823	391	21188
江苏 Jiangsu	2403	12454	17657	7189	21693	6331	1658	16530
浙江 Zhejiang	633	8083	3728	6500	7121	6093	961	19866
安徽 Anhui	1439	5344	8269	4233	4440	3670	141	12701
福建 Fujian	644	8515	3486	1424	998	4791	233	13838
江西 Jiangxi	1422	9603	1295	7408	848	4713	62	14210
山东 Shandong	5969	7962	15193	5809	13053	5365	5150	17438
河南 Henan	3944	7864	5671	3430	4495	2040	1084	17935
湖北 Hubei	3614	17583	10011	5403	6592	3441	223	11466
湖南 Hunan	2768	12086	8760	5121	5263	3430	1612	12627
广东 Guangdong	2542	15646	4454	8474	6704	17060	1006	18946
广西 Guangxi	1004	11349	5895	4949	2383	5427	920	13043
海南 Hainan	597	16120	42	8571	696	11571	165	15141
重庆 Chongqing	1931	7472	2926	2826	3562	2797	38	12500
四川 Sichuan	6775	8816	9197	4193	6239	2913	318	12488
贵州 Guizhou	322	14168	1400	3136	628	2964	848	12488
云南 Yunnan	3059	11563	3861	6291	3193	4532	671	15083
西藏 Tibet			368	16871				
陕西 Shaanxi	630	5997	6225	5069	2043	4700	125	13840
甘肃 Gansu	134	13382	3052	3594	1049	7267	199	10527
青海 Qinghai	135	17309	426	4515	172	4910	103	17538
宁夏 Ningxia	104	4469	346	3980	359	7602	15	13000
新疆 Xinjiang	2412	12085	3175	6894	1655	5660	687	14199

6-5 续表 2 continued

地 区	Region	批发和零售业 Wholesale and Retail Trade		住宿和餐饮业 Accommodation and Restaurants		金融业 Finance		房地产业 Real Estate	
		年末人数(人) Year-end Figures (person)	平均生活费(元) Average Living Subsidy (yuan)	年末人数(人) Year-end Figures (person)	平均生活费(元) Average Living Subsidy (yuan)	年末人数(人) Year-end Figures (person)	平均生活费(元) Average Living Subsidy (yuan)	年末人数(人) Year-end Figures (person)	平均生活费(元) Average Living Subsidy (yuan)
全 国	**National**	**269678**	**3938**	**39614**	**4220**	**50170**	**19780**	**36331**	**6111**
北 京	Beijing	14414	8913	3832	9517	3900	32565	4809	9799
天 津	Tianjin	5699	4667	550	7419	353	14275	520	8403
河 北	Hebei	10118	3122	1272	1475	1935	16721	166	5731
山 西	Shanxi	13045	1633	1873	947	897	18562	498	3164
内蒙古	Inner Mongolia	1847	2577	395	169	225	18100	57	3151
辽 宁	Liaoning	10869	4454	1287	3442	5194	17609	1043	4948
吉 林	Jilin	6820	2570	418	1690	948	19560	754	2762
黑龙江	Heilongjiang	9133	1589	581	1534	2131	18602	1002	4615
上 海	Shanghai	16135	5053	4307	5071	2135	18578	4042	5926
江 苏	Jiangsu	30346	5138	4793	4722	1803	22381	1974	5323
浙 江	Zhejiang	5793	6347	1282	5514	3286	25570	1027	12051
安 徽	Anhui	8668	2657	1018	1370	1082	15913	887	4426
福 建	Fujian	1749	5232	318	2471	446	25589	173	7879
江 西	Jiangxi	3390	2100	158	5779	1595	12471	31	4061
山 东	Shandong	33378	2765	4081	2360	6879	22875	2787	5308
河 南	Henan	20890	1283	1111	3264	2468	9936	1460	2451
湖 北	Hubei	17896	3296	1571	2280	2353	15933	2598	2606
湖 南	Hunan	9181	3835	1658	4389	3718	17640	4210	4148
广 东	Guangdong	2835	11083	941	10931	2308	23518	2249	10686
广 西	Guangxi	3941	3140	888	3142	356	16125	621	5109
海 南	Hainan	199	6185	251	1941	702	23619	101	10038
重 庆	Chongqing	7277	3339	2686	3107	994	17555	405	7367
四 川	Sichuan	9778	4213	1863	3026	1239	17546	452	7357
贵 州	Guizhou	3514	4246	375	4264	920	14278	1303	3997
云 南	Yunnan	4601	6538	473	4366	158	32108	999	7369
西 藏	Tibet	29	14607					16	5882
陕 西	Shaanxi	10762	3810	790	3026	884	17510	383	1733
甘 肃	Gansu	3898	3515	553	3612	796	12946	601	7282
青 海	Qinghai	332	3401	87	10697	12	22667		
宁 夏	Ningxia	615	3542	78	4476	151	13143	590	6980
新 疆	Xinjiang	2526	8256	124	5190	302	22224	573	8471

6-5 续表 3 continued

地区 Region	租赁和商务服务业 Tenancy and Business Services		科学研究、技术服务和地质勘查业 Scientific Research,Technical Service & Geological Prospecting		水利、环境和公共设施管理业 Management of Water Conservancy,Environment & Public Establishment		居民服务和其他服务业 Resident Services and Other Services	
	年末人数(人) Year-end Figures (person)	平均生活费(元) Average Living Subsidy (yuan)	年末人数(人) Year-end Figures (person)	平均生活费(元) Average Living Subsidy (yuan)	年末人数(人) Year-end Figures (person)	平均生活费(元) Average Living Subsidy (yuan)	年末人数(人) Year-end Figures (person)	平均生活费(元) Average Living Subsidy (yuan)
全国 National	**71795**	**6078**	**6209**	**9524**	**5321**	**7784**	**7959**	**4992**
北京 Beijing	10682	9654	1098	11579	1214	6665	1735	5654
天津 Tianjin	483	5766	670	18907	8	14429	166	3833
河北 Hebei	451	762	116	5230	473	10212	118	1342
山西 Shanxi	442	1988	1	3500			134	289
内蒙古 Inner Mongolia	800	3938	42	4366	5	3200	5	
辽宁 Liaoning	735	4894	239	6911	159	5065	207	1939
吉林 Jilin	3130	10310	450	5034	53	8698	17	4235
黑龙江 Heilongjiang	6959	2761	109	5220	1343	214	121	1185
上海 Shanghai	28016	5842	546	8353	896	8265	2648	6766
江苏 Jiangsu	1954	4941	335	6274	222	9610	1316	3532
浙江 Zhejiang	1813	4920	88	10896	70	6761	71	3299
安徽 Anhui	230	5888	48	10463	123	22934	95	4275
福建 Fujian	199	5600	109	8450	15	4800	3	6333
江西 Jiangxi	851	1227	22				9	1556
山东 Shandong	3130	4998	184	4119	202	7923	202	3182
河南 Henan	191	786	237	10732	58	11867	361	476
湖北 Hubei	2288	7082	245	5527	76	3519	291	2215
湖南 Hunan	592	4661	332	1567	85	3961	45	2345
广东 Guangdong	1038	13106	187	12795	92	26938	15	11765
广西 Guangxi	1083	4116	80	3738	12	8063	105	3218
海南 Hainan	18	9474	1		4			
重庆 Chongqing	326	3275	101	17039	167	3235	100	4010
四川 Sichuan	585	3258	153	8300	2	1500	27	2111
贵州 Guizhou	266	3127	153	5505	4		17	3040
云南 Yunnan	2045	7508	29	13933	30	8800	92	24845
西藏 Tibet	6	15000						
陕西 Shaanxi	1605	2666	182	15303	5	6000	28	6464
甘肃 Gansu	1365	3571	202	5936				
青海 Qinghai	203	3043	145	8389			26	
宁夏 Ningxia	11	5455	11	4600				
新疆 Xinjiang	298	2744	94	20474	3	5625	5	14500

6-5 续表 4 continued

地 区	Region	教 育 Education		卫生、社会保障和社会福利业 Sanitation, Social Security and Social Welfare		文化体育和娱乐业 Culture, Sports and Entertainment		公共管理和社会组织 Public Management & Social Organization	
		年末人数（人） Year-end Figures (person)	平均生活费（元） Average Living Subsidy (yuan)	年末人数（人） Year-end Figures (person)	平均生活费（元） Average Living Subsidy (yuan)	年末人数（人） Year-end Figures (person)	平均生活费（元） Average Living Subsidy (yuan)	年末人数（人） Year-end Figures (person)	平均生活费（元） Average Living Subsidy (yuan)
全 国	**National**	**1209**	**10019**	**1810**	**4478**	**1628**	**10235**	**286**	**6012**
北 京	Beijing	621	14303	51	13083	374	21182	33	10583
天 津	Tianjin	1	3000			10	9600		
河 北	Hebei	1	6000	18	3333	51	1865		
山 西	Shanxi	16	438	85	7326				
内蒙古	Inner Mongolia			6	2167	18			
辽 宁	Liaoning	30	1690	154	2571	63	10905	15	3200
吉 林	Jilin			4	17000	24	5056		
黑龙江	Heilongjiang	4	24000	640	1468	5	7000		
上 海	Shanghai	143	4049	18	15300	117	10875		
江 苏	Jiangsu	14	11000	294	9451	121	6236		
浙 江	Zhejiang	33	1769	11	4636	64	9261	58	6712
安 徽	Anhui			5	1333	4	6667		
福 建	Fujian								
江 西	Jiangxi	7	12750	95	936	8	1875		
山 东	Shandong	14	10727	145	3027	43	10425	12	22500
河 南	Henan	5	3200	83	2026	31	1160	56	5000
湖 北	Hubei	30	6129	13	4000	38	9615	43	1636
湖 南	Hunan	118	4034	43	3136	52	16019		
广 东	Guangdong	54	8830	22	10579	283	2713	1	36000
广 西	Guangxi	8	14875	20	4762	94	3646		
海 南	Hainan	27	16296			19	25947		
重 庆	Chongqing					70	6143		
四 川	Sichuan	9	11667	2	12000	105	7452		
贵 州	Guizhou	8		25	1115			1	1000
云 南	Yunnan	47	12578	50	13288	15	13600	49	2939
西 藏	Tibet								
陕 西	Shaanxi	18	8611	26	9769	7	1261	10	3000
甘 肃	Gansu					12	8500	8	25625
青 海	Qinghai								
宁 夏	Ningxia								
新 疆	Xinjiang	1	6750						

6-6 各地区分行业其他单位其他就业人员和平均劳动报酬(2006年)

OTHER EMPLOYMENT AND AVERAGE EARNING IN OTHER OWNERSHIP UNITS BY SECTOR AND REGION (2006)

地区	Region	总计 Total				农、林、牧、渔业 Agriculture,Forestry, Farming of Animals and Fishing			
		年末人数(人) Year-end Figures (person)	#聘用的离退休人员 Hired Retirement	平均劳动报酬(元) Average Earning (yuan)	#聘用的离退休人员 Hired Retirement	年末人数(人) Year-end Figures (person)	#聘用的离退休人员 Hired Retirement	平均劳动报酬(元) Average Earning (yuan)	#聘用的离退休人员 Hired Retirement
全国	**National**	**2549491**	**290803**	**25118**	**20087**	**6407**	**568**	**15799**	**16407**
北京	Beijing	418717	85167	44050	23111	442	133	22838	12400
天津	Tianjin	112460	16302	28790	14073	52	17	10815	12588
河北	Hebei	68592	3780	12776	14173	4	4	14000	14000
山西	Shanxi	19787	2414	10744	14634	83	2	6988	9000
内蒙古	Inner Mongolia	10282	1073	15201	12810	6	6	8000	8000
辽宁	Liaoning	111322	10375	18529	15464	47	20	18244	23400
吉林	Jilin	14427	3615	15122	14219	25	2	11777	4000
黑龙江	Heilongjiang	71275	9962	11653	13187	442	15	19060	10929
上海	Shanghai	424911	37839	26273	24006	2250	62	14127	25086
江苏	Jiangsu	207858	15646	26215	21249	253	24	9190	15458
浙江	Zhejiang	200058	24067	24063	22626	59	45	16845	13089
安徽	Anhui	61937	3020	12658	15366	9	5	17778	14400
福建	Fujian	75805	7773	31140	22601	568	27	24363	19345
江西	Jiangxi	21864	1707	11289	10437				
山东	Shandong	113958	7665	19922	16977	67	6	24217	23000
河南	Henan	73931	6490	9728	12756	86	16	7864	22000
湖北	Hubei	95370	6927	11694	12769	194	9	6732	8889
湖南	Hunan	102787	4432	11639	13024	58	2	36387	21000
广东	Guangdong	81560	10907	60748	29034	16	14	47500	27867
广西	Guangxi	29923	2737	12853	13609	90	16	99716	16600
海南	Hainan	3496	657	31523	22764	828	20	6414	17389
重庆	Chongqing	35576	5999	23511	19909	7	7	9000	9000
四川	Sichuan	65360	5821	12632	16795	38	4	182267	4750
贵州	Guizhou	21887	3654	10484	14655	1	1	15000	15000
云南	Yunnan	38839	6630	12158	13797	511	22	4387	11667
西藏	Tibet	2177	23	3088	9864				
陕西	Shaanxi	27024	2667	10550	16465	20	18	4333	4250
甘肃	Gansu	8085	622	8150	13861	25	4	14727	4000
青海	Qinghai	4410	129	11496	16255				
宁夏	Ningxia	7968	1124	15228	12895	8	8	9125	9125
新疆	Xinjiang	17845	1579	11908	17526	218	59	22500	34128

6-6 续表 1 continued

地 区	Region	采矿业 Mining				制造业 Manufacturing			
		年末人数(人) Year-end Figures (person)	#聘用的离退休人员 Hired Retirement	平均劳动报酬(元) Average Earning (yuan)	#聘用的离退休人员 Hired Retirement	年末人数(人) Year-end Figures (person)	#聘用的离退休人员 Hired Retirement	平均劳动报酬(元) Average Earning (yuan)	#聘用的离退休人员 Hired Retirement
全 国	**National**	**44033**	**3653**	**14894**	**14002**	**804596**	**111854**	**30407**	**18902**
北 京	Beijing	1751	20	26065	23238	53929	17130	39950	23872
天 津	Tianjin	11189	218	22757	12926	48602	7674	40914	14591
河 北	Hebei	571	17	12113	12500	12839	2286	18186	15208
山 西	Shanxi	835	121	15164	15574	4415	961	11561	11738
内蒙古	Inner Mongolia	485	293	14108	13054	871	442	13900	15849
辽 宁	Liaoning	3623	160	10997	17229	55624	6028	19103	15540
吉 林	Jilin	461	203	11474	24125	4750	1995	19544	11637
黑龙江	Heilongjiang	1224	428	8166	12946	29388	4233	12593	14266
上 海	Shanghai					195765	13589	30621	24023
江 苏	Jiangsu	277	18	8201	11529	91625	8688	36217	19643
浙 江	Zhejiang	274	43	12769	17324	55487	11443	31671	21598
安 徽	Anhui	4726	146	6779	9890	16360	1571	13718	16474
福 建	Fujian	221	58	18477	22754	22754	3955	49927	21134
江 西	Jiangxi	953	124	9653	11897	7299	947	9437	12113
山 东	Shandong	984	66	11499	13956	27021	3679	47405	16360
河 南	Henan	1311	218	22674	12802	23091	3614	10263	12062
湖 北	Hubei	1077	153	9183	10914	34118	3701	14011	12051
湖 南	Hunan	829	264	6027	9369	20380	1978	10531	13447
广 东	Guangdong	85	35	97123	36588	33024	3798	93058	26403
广 西	Guangxi	620	263	9524	13971	13980	736	9352	16516
海 南	Hainan	10		10900		919	161	80179	18000
重 庆	Chongqing	191	188	14282	14282	8820	2691	34225	14658
四 川	Sichuan	646	181	17905	12974	8979	3289	15030	17184
贵 州	Guizhou	924	52	20028	12115	4305	1047	10782	13774
云 南	Yunnan	2719	112	12025	24203	12108	3370	11036	13987
西 藏	Tibet	2		22000		16	1	17063	6000
陕 西	Shaanxi	520	126	11439	8779	9740	1571	10717	16777
甘 肃	Gansu	1312	3	10304	14667	3000	288	8459	12573
青 海	Qinghai	179	6	11436	4500	1866	41	8037	19302
宁 夏	Ningxia	1881	110	12545	8618	1406	490	10894	12620
新 疆	Xinjiang	4153	27	15569	16679	2115	457	14234	24166

6-6 续表 2 continued

地区	Region	电力、燃气及水的生产和供应业 Production and Distribution of Electricity, Gas and Water				建筑业 Construction			
		年末人数(人) Year-end Figures (person)	#聘用的离退休人员 Hired Retirement	平均劳动报酬(元) Average Earning (yuan)	#聘用的离退休人员 Hired Retirement	年末人数(人) Year-end Figures (person)	#聘用的离退休人员 Hired Retirement	平均劳动报酬(元) Average Earning (yuan)	#聘用的离退休人员 Hired Retirement
全 国	**National**	**14501**	**2622**	**16069**	**20350**	**452994**	**23015**	**14493**	**20588**
北 京	Beijing	1027	255	44681	27384	45787	6412	20898	22395
天 津	Tianjin	624	326	27261	12086	2534	1143	17807	13820
河 北	Hebei	138	83	23265	28349	31045	282	11747	15350
山 西	Shanxi	431	76	12000	19579	2035	205	10186	14310
内蒙古	Inner Mongolia	58	45	14442	14956	885	99	13675	7132
辽 宁	Liaoning	484	256	8011	9179	4336	556	11815	12933
吉 林	Jilin	312	25	15136	18037	1899	159	7648	11476
黑龙江	Heilongjiang	1369	47	5692	10064	7942	844	12052	13228
上 海	Shanghai	328	207	33376	25402	16958	1960	23196	34951
江 苏	Jiangsu	497	121	24716	21269	38500	661	16829	20260
浙 江	Zhejiang	658	141	21093	31659	72902	2051	17481	22813
安 徽	Anhui	621	35	8619	18676	15604	349	13082	14180
福 建	Fujian	847	58	10400	25000	31197	1259	23801	30601
江 西	Jiangxi	161	37	11701	3824	6093	82	13939	10346
山 东	Shandong	93	31	18917	21220	12916	612	10856	13538
河 南	Henan	272	90	21202	15833	21594	559	10656	16423
湖 北	Hubei	761	50	8225	10732	33037	418	9412	12728
湖 南	Hunan	378	47	17338	7266	45513	1105	11363	14001
广 东	Guangdong	214	139	31771	24376	6412	988	21941	41905
广 西	Guangxi	777	51	9402	20192	3006	295	12640	6608
海 南	Hainan	237	15	11504	15067	609	38	5569	16395
重 庆	Chongqing	162	54	17906	28444	3587	996	17129	15486
四 川	Sichuan	2192	133	11271	17813	25681	962	9382	14106
贵 州	Guizhou	63	29	65102	121414	6204	184	7255	14763
云 南	Yunnan	969	56	10506	25102	8558	387	9242	10076
西 藏	Tibet								
陕 西	Shaanxi	476	34	27894	16882	4565	72	11409	12314
甘 肃	Gansu	95	20	7602	12800	875	62	6202	11619
青 海	Qinghai	100	57	13210	15815	773	12	9231	15750
宁 夏	Ningxia	36	36	10417	10348	409	118	13406	13750
新 疆	Xinjiang	121	68	11895	17750	1538	145	4870	13160

6-6 续表 3 continued

地区	Region	交通运输、仓储和邮政业 Traffic, Transport, Storage and Post				信息传输、计算机服务和软件业 Information Transfer, Computer Services and Software			
		年末人数(人) Year-end Figures (person)	#聘用的离退休人员 Hired Retirement	平均劳动报酬(元) Average Earning (yuan)	#聘用的离退休人员 Hired Retirement	年末人数(人) Year-end Figures (person)	#聘用的离退休人员 Hired Retirement	平均劳动报酬(元) Average Earning (yuan)	#聘用的离退休人员 Hired Retirement
全国	**National**	**99384**	**6018**	**19816**	**20290**	**76943**	**4640**	**42524**	**26865**
北京	Beijing	16100	1318	31581	17832	15559	2735	105744	32703
天津	Tianjin	13100	242	19418	20778	1769	323	11527	1919
河北	Hebei	357	148	18837	15028	1448	28	11579	8800
山西	Shanxi	17	2	30111	6000	994	2	9135	12000
内蒙古	Inner Mongolia	6	6	6500	6500	4	4	18750	18750
辽宁	Liaoning	1021	126	18536	15136	1194	121	32998	19854
吉林	Jilin	247	7	3297	17571	262	101	19714	18924
黑龙江	Heilongjiang	933	485	11249	11412	962	187	19511	12843
上海	Shanghai	41956	1367	15705	26444	6882	242	44220	31101
江苏	Jiangsu	5232	256	18045	14336	7593	43	22587	36837
浙江	Zhejiang	3461	223	23366	23124	10256	136	32285	49770
安徽	Anhui	531	115	11045	8304	2537		12205	
福建	Fujian	292	67	23424	22391	2658	96	24697	19639
江西	Jiangxi	49	4	4898	7250	1228	15	12598	20091
山东	Shandong	413	137	49546	25772	1820	22	19965	25609
河南	Henan	545	16	9048	12000	1913	162	8978	5643
湖北	Hubei	611	72	15079	12373	990	57	14811	32000
湖南	Hunan	3316	20	12676	1374	3171	8	19683	11750
广东	Guangdong	5690	899	36454	30608	4925	103	45214	37640
广西	Guangxi	392	142	13950	12957	2754	9	19025	24667
海南	Hainan	32	9	15552	142111	16	6	31813	57833
重庆	Chongqing	131	77	9576	11391	125	17	30840	62933
四川	Sichuan	2498	159	11221	12870	1852	10	17846	13900
贵州	Guizhou	531	13	10498	10800	1096	28	13404	14467
云南	Yunnan	1126	61	7252	14857	3688	55	22271	15321
西藏	Tibet								
陕西	Shaanxi	343	24	10741	8708	629	67	9236	15032
甘肃	Gansu	39	1	5259	4667	389	60	9614	13517
青海	Qinghai	55		13105	5800	65		16215	
宁夏	Ningxia			9622		2	2	9000	9000
新疆	Xinjiang	360	22	15230	11519	162	1	17231	22667

6-6 续表 4 continued

地区	Region	批发和零售业 Wholesale and Retail Trade				住宿和餐饮业 Accommodation and Restaurants			
		年末人数(人) Year-end Figures (person)	#聘用的离退休人员 Hired Retirement	平均劳动报酬(元) Average Earning (yuan)	#聘用的离退休人员 Hired Retirement	年末人数(人) Year-end Figures (person)	#聘用的离退休人员 Hired Retirement	平均劳动报酬(元) Average Earning (yuan)	#聘用的离退休人员 Hired Retirement
全 国	**National**	**173362**	**30375**	**24205**	**16402**	**96873**	**11974**	**16506**	**13986**
北 京	Beijing	33394	10336	57451	16797	35071	5742	19734	13756
天 津	Tianjin	4867	2251	31710	11888	9556	466	8774	8675
河 北	Hebei	1602	112	4888	11274	209	113	10346	10796
山 西	Shanxi	1013	74	9082	9234	48	45	4353	9533
内蒙古	Inner Mongolia	114	55	6640	7830	36	30	21526	10742
辽 宁	Liaoning	2858	522	14114	12467	2322	398	15874	9555
吉 林	Jilin	1023	182	11290	14979	70	21	72370	11818
黑龙江	Heilongjiang	5459	1134	8535	10804	204	59	12116	11308
上 海	Shanghai	63053	7616	16745	20207	24173	1596	14793	14460
江 苏	Jiangsu	7890	1167	15689	13360	7122	595	13147	14875
浙 江	Zhejiang	8235	2180	19338	19302	2845	847	18608	17806
安 徽	Anhui	2806	178	8230	10740	596	65	9655	10523
福 建	Fujian	1117	327	20082	16531	925	155	26782	19543
江 西	Jiangxi	1206	50	5469	8465	112	7	19818	46750
山 东	Shandong	6428	269	10107	16947	2866	464	14509	11977
河 南	Henan	3949	256	5034	12906	499	127	8508	8147
湖 北	Hubei	4628	143	6749	8144	1659	51	10911	13060
湖 南	Hunan	2186	187	9321	7966	334	126	5301	8108
广 东	Guangdong	6675	1398	48721	19200	4417	296	23153	25167
广 西	Guangxi	1842	80	11256	11012	620	77	11975	14051
海 南	Hainan	98	56	22299	14222	219	72	66360	46191
重 庆	Chongqing	2381	270	14015	11276	238	151	48819	12160
四 川	Sichuan	2091	245	8776	13152	362	82	34153	13905
贵 州	Guizhou	3012	472	10688	13809	213	87	11898	11538
云 南	Yunnan	2684	497	11930	14198	905	221	11673	9701
西 藏	Tibet	152	22	11675	10048				
陕 西	Shaanxi	982	45	10099	7234	1050	34	8188	14394
甘 肃	Gansu	836	65	5832	13430	7	1	10541	11000
青 海	Qinghai	143		7388		97		10484	
宁 夏	Ningxia	56	10	5370	7211	18	11	18278	5933
新 疆	Xinjiang	582	176	15451	14126	80	35	49938	8057

6-6 续表 5 continued

地区	Region	金融业 Finance 年末人数(人) Year-end Figures (person)	#聘用的离退休人员 Hired Retirement	平均劳动报酬(元) Average Earning (yuan)	#聘用的离退休人员 Hired Retirement	房地产业 Real Estate 年末人数(人) Year-end Figures (person)	#聘用的离退休人员 Hired Retirement	平均劳动报酬(元) Average Earning (yuan)	#聘用的离退休人员 Hired Retirement
全国	**National**	**436858**	**6478**	**20448**	**22546**	**94197**	**24535**	**21885**	**19529**
北京	Beijing	60465	481	36524	31642	32260	10641	28324	20015
天津	Tianjin	12184	76	26690	10278	1950	467	21818	17146
河北	Hebei	18479	239	11437	2460	546	126	14272	15304
山西	Shanxi	9217	789	10661	19289	314	33	10412	6400
内蒙古	Inner Mongolia	7673	7	15869	12000	39	12	9746	12067
辽宁	Liaoning	32965	181	20058	13199	3865	660	13428	12216
吉林	Jilin	3504	29	15371	13897	235	134	16970	14107
黑龙江	Heilongjiang	16943	229	11072	6091	1594	355	10949	13156
上海	Shanghai	16771	1173	49936	27440	22432	2791	18058	18201
江苏	Jiangsu	38843	280	19693	37349	3594	1009	23063	20673
浙江	Zhejiang	31078	1020	25178	27749	4766	1652	23669	27784
安徽	Anhui	16520	297	13783	15755	790	78	11901	15449
福建	Fujian	10080	46	14035	18116	2780	831	29525	18665
江西	Jiangxi	4083	23	12147	4444	116	34	25009	10833
山东	Shandong	44585	249	13928	22710	1567	579	20341	24227
河南	Henan	16563	278	7436	6152	663	238	10313	19622
湖北	Hubei	9592	195	10477	11168	1900	424	16481	17184
湖南	Hunan	22492	125	12294	21214	2741	263	11786	16445
广东	Guangdong	11302	152	35863	25992	2176	789	41086	26308
广西	Guangxi	3598	128	17576	9423	790	345	21246	15237
海南	Hainan	5	2	69600	6000	214	113	20214	15303
重庆	Chongqing	11404	115	15415	14471	1304	710	22860	22377
四川	Sichuan	17515	45	15073	13022	2433	290	13994	22778
贵州	Guizhou	1905	171	10333	5333	2362	877	11538	14879
云南	Yunnan	1132	43	10909	11000	1216	629	12056	10905
西藏	Tibet	62		21613					
陕西	Shaanxi	4774	18	8382	7353	892	164	9159	17164
甘肃	Gansu	1340	9	7375	30556	66	32	15731	20028
青海	Qinghai	1100		21202		16	1	3688	17000
宁夏	Ningxia	3736	64	19365	14594	178	70	8810	10663
新疆	Xinjiang	6948	14	16328	15933	398	188	10310	10676

6-6 续表 6 continued

地区	Region	租赁和商务服务业 Tenancy and Business Services				科学研究、技术服务和地质勘查业 Scientific Research,Technical Service and Geological Prospecting			
		年末人数(人) Year-end Figures (person)	#聘用的离退休人员 Hired Retirement	平均劳动报酬(元) Average Earning (yuan)	#聘用的离退休人员 Hired Retirement	年末人数(人) Year-end Figures (person)	#聘用的离退休人员 Hired Retirement	平均劳动报酬(元) Average Earning (yuan)	#聘用的离退休人员 Hired Retirement
全 国	**National**	**96414**	**15483**	**62228**	**24291**	**60297**	**24908**	**39095**	**28829**
北 京	Beijing	57634	6554	86222	29572	29962	11852	43229	30978
天 津	Tianjin	1198	551	18773	14715	2326	1866	18647	12738
河 北	Hebei	959	99	13564	9394	257	203	12494	12763
山 西	Shanxi	124	36	5727	4083	132	30	9323	15529
内蒙古	Inner Mongolia	32	12	16156	17917	38	38	12684	12684
辽 宁	Liaoning	482	221	17152	14124	1087	786	28021	25854
吉 林	Jilin	134	99	20838	25704	347	214	14448	19665
黑龙江	Heilongjiang	1795	522	9719	13321	1785	1188	12425	13203
上 海	Shanghai	19051	2974	29908	22717	3653	1699	84222	43527
江 苏	Jiangsu	1398	484	22367	28018	2254	1210	30659	30538
浙 江	Zhejiang	2719	1204	21678	23844	3235	1731	28335	24125
安 徽	Anhui	192	36	17938	10289	189	13	34610	9846
福 建	Fujian	684	180	20755	23318	598	324	19596	23700
江 西	Jiangxi	32	12	18452	30091	58	23	12868	13313
山 东	Shandong	927	309	11455	14169	1218	472	20030	16579
河 南	Henan	503	269	9814	10492	432	234	11866	18900
湖 北	Hubei	2655	123	7701	9760	928	259	43797	28253
湖 南	Hunan	356	16	13488	10952	310	99	19785	27765
广 东	Guangdong	1851	557	147813	34032	2307	869	63549	43394
广 西	Guangxi	477	167	15444	21745	331	101	8649	14929
海 南	Hainan	50	21	18960	14048	76	50	21764	19149
重 庆	Chongqing	510	213	15762	19682	6431	426	31593	69720
四 川	Sichuan	296	81	17888	19525	155	118	20789	24877
贵 州	Guizhou	528	191	9483	11211	276	222	18518	20635
云 南	Yunnan	771	318	28764	16456	1293	372	14322	14632
西 藏	Tibet	36		10219					
陕 西	Shaanxi	56	17	13655	13278	285	216	17763	17668
甘 肃	Gansu	13	10	6615	6600	69	65	20470	20710
青 海	Qinghai	2		14667		2	2	67500	67500
宁 夏	Ningxia	132	121	17859	19191	25	23	17083	17261
新 疆	Xinjiang	817	86	9334	13082	238	203	16901	17617

6-6 续表 7 continued

地 区	Region	水利、环境和公共设施管理业 Management of Water Conservancy, Environment and Public Establishment				居民服务和其他服务业 Resident Services and Other Services			
		年末人数(人) Year-end Figures (person)	#聘用的离退休人员 Hired Retirement	平均劳动报酬(元) Average Earning (yuan)	#聘用的离退休人员 Hired Retirement	年末人数(人) Year-end Figures (person)	#聘用的离退休人员 Hired Retirement	平均劳动报酬(元) Average Earning (yuan)	#聘用的离退休人员 Hired Retirement
全 国	**National**	**9316**	**1852**	**16569**	**16929**	**15212**	**3363**	**17905**	**15084**
北 京	Beijing	2505	594	20870	17899	8499	2047	18240	16036
天 津	Tianjin	611	37	13467	5361	891	250	17221	8240
河 北	Hebei	76	14	7186	12357	26		1878	
山 西	Shanxi					52	10	7346	6000
内蒙古	Inner Mongolia					2	2	12000	
辽 宁	Liaoning	420	91	16830	18218	469	70	11576	12360
吉 林	Jilin	79	14	8403	18333	4	3	12500	25000
黑龙江	Heilongjiang	448	103	11966	23534	475	28	11167	8717
上 海	Shanghai	1686	139	15877	29438	2321	295	17060	16856
江 苏	Jiangsu	331	122	13985	19220	239	65	19250	14606
浙 江	Zhejiang	1074	209	11676	12744	218	168	17983	14522
安 徽	Anhui	57	9	11404	13333				
福 建	Fujian	307	53	24108	28426	105	19	42019	23600
江 西	Jiangxi	313	306	12684	229	9	1	64577	3000
山 东	Shandong	428	27	10896	19207	94	29	13351	9667
河 南	Henan	78	6	7571	26000	305	13	7575	10917
湖 北	Hubei	412	6	8151	14429	38	7	14895	9000
湖 南	Hunan	81	8	22224	14500	26	23	11643	13130
广 东	Guangdong	94	34	59484	34676	679	108	29247	24590
广 西	Guangxi	21	4	10045	11250	72	68	9258	8919
海 南	Hainan	42	13	20262	14308	5	1	39800	7000
重 庆	Chongqing	99	11	6349	19364	30	28	22700	12643
四 川	Sichuan	50	3	21300	26000	17	16	7118	7438
贵 州	Guizhou	2	2	8000	6000	87	44	10598	13545
云 南	Yunnan	48	34	11981	15067	448	33	8823	12719
西 藏	Tibet								
陕 西	Shaanxi	44	3	16705	1000	80	16	29000	18000
甘 肃	Gansu								
青 海	Qinghai	3	3	16000	16000	4	4	7250	7250
宁 夏	Ningxia					11	11	8333	8333
新 疆	Xinjiang	7	7	10857	10857	6	4	25600	11500

6-6 续表 8 continued

地区	Region	教育 Education				卫生、社会保障和社会福利业 Sanitation,Social Security and Social Welfare			
		年末人数(人) Year-end Figures (person)	#聘用的离退休人员 Hired Retirement	平均劳动报酬(元) Average Earning (yuan)	#聘用的离退休人员 Hired Retirement	年末人数(人) Year-end Figures (person)	#聘用的离退休人员 Hired Retirement	平均劳动报酬(元) Average Earning (yuan)	#聘用的离退休人员 Hired Retirement
全国	**National**	**33018**	**10802**	**33498**	**22254**	**9126**	**5125**	**27764**	**24818**
北京	Beijing	14251	4666	46815	23576	3827	2153	37556	26126
天津	Tianjin	662	361	32090	27978	69	29	9772	12414
河北	Hebei	20	15	40350	43400	12	9	8833	1250
山西	Shanxi	55	9	11855	26111	19	18	12944	12824
内蒙古	Inner Mongolia	19	8	8737	6500	14	14	9500	9500
辽宁	Liaoning	190	77	134603	19237	181	100	15657	19373
吉林	Jilin	867	256	17109	18215	186	166	22875	16138
黑龙江	Heilongjiang	222	52	10047	13815	82	45	14918	16070
上海	Shanghai	4849	1824	29701	24052	162	61	77768	45900
江苏	Jiangsu	689	164	15224	25224	1211	728	20908	23395
浙江	Zhejiang	1261	445	27353	25046	354	283	35128	40063
安徽	Anhui	180	55	11930	17426	195	65	16271	33932
福建	Fujian	395	159	57105	24576	214	145	26632	31144
江西	Jiangxi	109	19	13232	27857	43	23	12317	18867
山东	Shandong	1319	577	21307	17408	148	113	20758	21287
河南	Henan	1918	269	15418	19142	201	125	9228	16798
湖北	Hubei	1263	422	13023	13842	108	94	16321	16691
湖南	Hunan	385	112	16326	12702	183	37	12229	47939
广东	Guangdong	1123	433	37405	21027	401	238	35086	30062
广西	Guangxi	435	187	15845	21683	74	45	9260	9362
海南	Hainan	108	75	28057	26937	3	3	38333	38333
重庆	Chongqing	148	39	14047	19513	6	6	63000	63000
四川	Sichuan	203	76	19030	22824	326	122	12997	22124
贵州	Guizhou	195	88	15563	13657	152	132	12021	13165
云南	Yunnan	356	177	18409	14848	261	231	14435	11616
西藏	Tibet								
陕西	Shaanxi	1630	119	8965	17887	676	122	12055	28492
甘肃	Gansu	13	2	7692	30000				
青海	Qinghai	2		36000		3	3	5333	5333
宁夏	Ningxia	65	45	19250	16044	5	5	10000	10000
新疆	Xinjiang	86	71	23730	14803	10	10	13778	13778

6-6 续表 9 continued

地 区	Region	文化体育和娱乐业 Culture, Sports and Entertainment				公共管理和社会组织 Public Management and Social Organization			
		年末人数(人) Year-end Figures (person)	#聘用的离退休人员 Hired Retirement	平均劳动报酬(元) Average Earning (yuan)	#聘用的离退休人员 Hired Retirement	年末人数(人) Year-end Figures (person)	#聘用的离退休人员 Hired Retirement	平均劳动报酬(元) Average Earning (yuan)	#聘用的离退休人员 Hired Retirement
全 国	**National**	**8539**	**1246**	**27126**	**18882**	**17421**	**2292**	**5140**	**16612**
北 京	Beijing	4095	760	25595	19439	2159	1338	21661	20810
天 津	Tianjin	276	5	17644	9600				
河 北	Hebei	4	2	66750	36000				
山 西	Shanxi	3	1	6000	6000				
内蒙古	Inner Mongolia								
辽 宁	Liaoning	151	2	84921	40000	3		6000	
吉 林	Jilin	22	5	13926	18200				
黑龙江	Heilongjiang	8	8	7353	2000				
上 海	Shanghai	2617	242	24271	16379	4	2	14750	14500
江 苏	Jiangsu	307	8	15935	8667	3	3	49000	49000
浙 江	Zhejiang	203	59	49129	18172	973	187	9535	10319
安 徽	Anhui	24	3	8292	10000				
福 建	Fujian	63	14	82095	8000				
江 西	Jiangxi								
山 东	Shandong	140	24	42081	16364	10924		1798	
河 南	Henan	3		12500		5		1800	
湖 北	Hubei	1		6000		1398	743	6094	7621
湖 南	Hunan	48	12	10958	16500				
广 东	Guangdong	151	42	70814	41614	18	15	37944	37067
广 西	Guangxi	44	23	92109	9640				
海 南	Hainan	15	2	43000	16500	10		10000	
重 庆	Chongqing	2		27000					
四 川	Sichuan	25	4	10120	10750	1	1	7000	7000
贵 州	Guizhou	29	12	10333	11286	2	2	3143	11000
云 南	Yunnan	40	11	28209	24750	6	1	10000	36000
西 藏	Tibet					1909		1551	
陕 西	Shaanxi	262	1	4129	1000				
甘 肃	Gansu					6		4333	
青 海	Qinghai								
宁 夏	Ningxia								
新 疆	Xinjiang	6	6	16333	16333				

6-7 各地区其他单位就业人员增加来源(2006年)

INCREASE OF EMPLOYMENT IN OTHER OWNERSHIP UNITS BY REGION (2006)

单位: 人 (person)

地 区	Region	合 计 Total	从农村招收 Recruited from Countryside	从城镇招收 Recruited from Cities and Towns	录用的复员转业军人 Recruited Demobilized and Transferred Armymen	录用的大、中专、技工学校毕业生 Recruited Graduates	调 入 Transferred Into	#由外省、自治区、直辖市调入 Transferred from Other Regions	其 他 Others
全 国	**National**	**9250680**	**4286501**	**1785980**	**101181**	**1430502**	**516674**	**63016**	**1129842**
北 京	Beijing	881652	255276	186303	3959	102255	146021	29869	187838
天 津	Tianjin	195729	57916	23400	786	34472	33271	1298	45884
河 北	Hebei	159175	81588	24605	2397	26650	12614	189	11321
山 西	Shanxi	98324	17486	9633	2549	48247	3571	763	16838
内蒙古	Inner Mongolia	111107	50111	32291	2399	9841	6320	380	10145
辽 宁	Liaoning	214431	83233	50450	3319	32254	15787	569	29388
吉 林	Jilin	85628	23854	27331	2213	10200	11581	245	10449
黑龙江	Heilongjiang	170600	31458	53197	2189	12913	17284	485	53559
上 海	Shanghai	549286	102345	119013	1119	45593	50200	5640	231016
江 苏	Jiangsu	904597	352354	169288	7290	269456	27763	2108	78446
浙 江	Zhejiang	908569	555819	130545	5722	109118	21258	4907	86107
安 徽	Anhui	130157	41331	36671	3630	30557	5898	866	12070
福 建	Fujian	884899	595030	134995	6791	94367	7569	1361	46147
江 西	Jiangxi	117989	37937	26033	1872	13386	1581	212	37180
山 东	Shandong	708621	372546	123396	6517	109443	66736	2173	29983
河 南	Henan	203929	96053	30588	6303	41215	13316	2200	16454
湖 北	Hubei	185882	82247	52039	3727	27163	6562	406	14144
湖 南	Hunan	119446	54346	23738	2779	18408	3343	839	16832
广 东	Guangdong	1573000	862456	318725	20756	277669	22116	6028	71278
广 西	Guangxi	118266	45095	27193	1495	19776	3319	166	21388
海 南	Hainan	22473	7263	5832	692	5276	1270	286	2140
重 庆	Chongqing	210026	108273	54225	1818	17079	14681	281	13950
四 川	Sichuan	204337	114303	39651	3411	19472	5741	333	21759
贵 州	Guizhou	72257	32513	14991	1759	11403	2728	178	8863
云 南	Yunnan	138526	74167	20103	1692	12740	5790	453	24034
西 藏	Tibet	162	16	36		33	73	1	4
陕 西	Shaanxi	49568	16383	7101	1664	12669	1864	125	9887
甘 肃	Gansu	31063	16125	5878	711	4751	1537	39	2061
青 海	Qinghai	8580	2934	2695	348	821	491	6	1291
宁 夏	Ningxia	43419	29478	6720	570	4575	731	21	1345
新 疆	Xinjiang	148982	86565	29314	704	8700	5658	589	18041

6-8 各地区其他单位就业人员减少去向(2006年)

DECREASE OF EMPLOYMENT IN OTHER OWNERSHIP UNITS BY REGION (2006)

单位: 人 (person)

地区	Region	合计 Total	离休、退休、退职 Retired and Resigned	开除、除名、辞退 Expelled Expunged and Dismissed	终止、解除合同 Contract Closed or Terminated	不在岗职工 Not-on-post Staff and Workers	死亡 Death	调出 Transferred Out	#调到外省、自治区、直辖市 Transferred to Other Regions	其他 Others
全国	**National**	**7861416**	**706959**	**868545**	**4089404**	**214795**	**25695**	**467930**	**37208**	**1488088**
北京	Beijing	831517	53261	45695	370783	5149	1219	105139	13187	250271
天津	Tianjin	172377	13719	10123	72669	8231	547	27609	1312	39479
河北	Hebei	143415	18040	35234	52422	7253	972	10898	878	18596
山西	Shanxi	70431	8344	7959	28185	6716	758	6771	1781	11698
内蒙古	Inner Mongolia	94397	9055	18580	45611	7277	749	4522	332	8603
辽宁	Liaoning	193239	23715	14353	99990	10041	1702	19483	656	23955
吉林	Jilin	81227	7079	11933	39791	4950	659	10274	1938	6541
黑龙江	Heilongjiang	109849	15870	9515	40940	7004	1589	10277	486	24654
上海	Shanghai	531084	24667	18157	205809	19050	1673	53693	3055	208035
江苏	Jiangsu	754896	77548	55119	454349	17929	2130	30411	1181	117410
浙江	Zhejiang	649769	39912	60928	431943	10505	967	18084	1412	87430
安徽	Anhui	116919	12654	9632	64944	5692	882	5970	380	17145
福建	Fujian	733548	58499	125274	389468	5937	423	9642	516	144305
江西	Jiangxi	53758	5551	4961	22768	4806	1026	1480	111	13166
山东	Shandong	547634	36745	82528	224314	20524	2536	55034	2255	125953
河南	Henan	188811	25186	28320	84170	13650	1333	13306	757	22846
湖北	Hubei	144677	13660	11019	79196	7935	691	6213	598	25963
湖南	Hunan	99687	9760	8396	53670	5428	712	4417	528	17304
广东	Guangdong	1360129	173896	173952	856315	12365	1004	20600	3606	121997
广西	Guangxi	113012	11248	16955	47905	3740	531	5714	270	26919
海南	Hainan	15551	1650	2526	8193	516	36	884	319	1746
重庆	Chongqing	199930	8170	20799	115523	3229	346	18475	179	33388
四川	Sichuan	183270	18025	14988	104920	6917	717	6652	219	31051
贵州	Guizhou	65762	6408	10042	26304	1709	517	3118	198	17664
云南	Yunnan	129088	8020	32291	43568	7872	642	7434	78	29261
西藏	Tibet	217	1	7	28		17	118		46
陕西	Shaanxi	42605	6648	4552	18591	4598	426	2744	373	5046
甘肃	Gansu	36540	4826	3856	15163	2470	390	1507	272	8328
青海	Qinghai	8342	815	2002	3299	299	61	217	3	1649
宁夏	Ningxia	42833	2332	15689	13076	802	93	1574	13	9267
新疆	Xinjiang	146902	11655	13160	75497	2201	347	5670	315	38372

七、乡镇企业就业人员

EMPLOYMENT IN TOWNSHIP AND VILLAGE ENTERPRISES

7-1 乡镇企业单位数

TOWNSHIP AND VILLAGE ENTERPRISES

单位: 万个 (10000 units)

年 份 Year	合 计 Total	农林牧渔业 Farming Forestry Animal husbandry & Fishery	工业企业 Industry	建筑业 Constructure	交通运输仓储业 Transport Storage	批发零售业 Wholesale and Retail Trade	住宿及餐饮业 Hotels and Catering Services	社会服务业 Social Services	其他企业 Others
1978	152.42	49.46	79.40	4.67	6.51	12.38			
1979	148.04	44.39	76.71	4.97	8.21	13.76			
1980	142.46	37.83	75.78	5.08	8.94	14.83			
1981	133.75	31.90	72.54	4.83	8.89	15.59			
1982	136.17	29.28	74.92	5.38	9.58	17.01			
1983	134.64	26.98	74.40	5.70	9.16	18.40			
1984	606.52	24.84	481.22	8.04	12.96	79.46			
1985	1222.45	22.42	493.03	8.26	10.61	688.13			
1986	1515.30	23.97	635.50	89.25	261.98	504.60			
1987	1750.24	23.12	708.28	90.25	325.24	603.35			
1988	1888.16	23.28	773.52	95.58	372.55	623.23			
1989	1868.63	22.68	736.47	92.55	379.88	637.05			
1990	1850.40	22.40	722.00	90.40	381.40	634.20			
1991	1908.88	23.09	742.57	88.81	400.34	654.07			
1992	2091.62	24.92	793.82	98.49	436.95	737.77			
1993	2452.90	27.90	918.40	121.70	486.40	656.30			
1994	2494.47	24.64	698.58	82.99	369.11	759.63	292.93		266.58
1995	2202.67	27.77	718.16	106.75	495.17	697.77	94.45		62.60
1996	2336.33	28.94	756.43	104.58	546.49	761.71			
1997	907.50	21.46	378.22	41.62	143.06	211.08	86.75		25.30
1998	2004.00	18.90	662.00	82.10	414.80	545.50	221.10		59.50
1999	2070.90	16.50	673.50	82.50	412.70	583.10	241.40		61.10
2000	2084.66	15.12	674.01	79.52	412.52	591.30	249.19		63.01
2001	2115.54	12.74	672.17	76.26	412.86	614.17	262.70		64.64
2002	2132.69	32.17	627.68	69.75	380.13	627.12	211.02	106.29	78.53
2003	2185.08	41.43	643.13	68.06	383.45	647.85	213.20	124.22	63.74
2004	2213.22	41.44	640.28	65.41	377.50	677.35	208.58	136.61	66.05
2005	2249.59	41.18	632.99	64.29	379.86	690.94	215.09	152.98	72.27
2006	2314.47	41.08	656.57	65.43	381.23	712.56	218.70	158.05	80.84

注: 1.本表1978-1983年为乡村两级数，1984年以后为乡镇企业全部数(以下同)。

2.1997年乡镇企业数统计口径有所调整,与以前数据不可比(以下同)。

Note: a) Figures for 1978-1983 included only township and village level enterprises, since 1984 figuers has been covered all township and village enterprises(the same below).

b) In 1997 the statistical coverage of township and village enterprises was adjusted(the same below).

7-2 乡镇企业就业人数

EMPLOYMENT IN TOWNSHIP AND VILLAGE ENTERPRISES

单位：万人 (10000 persons)

年份 Year	合计 Total	农林牧渔业 Farming Forestry Animal husbandry & Fishery	工业企业 Industry	建筑业 Constructure	交通运输仓储业 Transport Storage	批发零售业 Wholesale and Retail Trade	住宿及餐饮业 Hotels and Catering Services	社会服务业 Social Services	其他企业 Others
1978	2826.56	608.42	1734.36	235.62	103.83	144.33			
1979	2909.34	533.00	1814.38	298.45	116.90	146.61			
1980	2999.67	456.07	1942.30	334.67	113.56	153.07			
1981	2969.56	379.94	1980.80	348.83	107.38	152.61			
1982	3112.91	344.00	2072.81	421.29	112.94	161.87			
1983	3234.64	309.22	2168.14	482.72	109.71	164.85			
1984	5208.11	283.93	3656.07	683.49	129.30	455.32			
1985	6979.03	252.38	4136.70	789.95	114.18	1685.82			
1986	7937.14	240.80	4761.96	270.37	541.26	1122.75			
1987	8805.18	244.18	5266.69	373.98	623.14	1297.19			
1988	9545.45	249.99	5703.39	1484.81	684.16	1423.10			
1989	9366.78	239.30	5624.10	1403.73	699.37	1400.28			
1990	9264.75	236.06	5571.69	1346.84	711.22	1398.94			
1991	9609.11	243.08	5813.55	1384.33	732.31	1435.84			
1992	10624.59	261.82	6336.40	1552.42	799.74	1674.34			
1993	12345.30	285.40	7259.60	1826.90	931.40	1407.80			
1994	12017.47	260.46	6961.51	1622.04	725.59	1614.53	418.17		415.16
1995	12862.06	313.52	7564.72	1932.52	952.03	1677.42	225.22		196.63
1996	13508.29	336.00	7860.14	1948.84	1062.32	2447.87			
1997	9158.28	276.96	6149.44	1273.40	382.03	622.99	347.74		105.72
1998	12536.55	273.91	7334.23	1633.75	886.34	1418.90	767.63		221.79
1999	12704.09	247.38	7395.32	1613.45	885.72	1514.02	834.90		213.29
2000	12819.57	222.04	7466.73	1581.09	898.49	1556.93	864.04		230.25
2001	13085.58	200.03	7615.11	1564.41	902.69	1643.74	924.54		235.07
2002	13287.71	205.37	7667.61	1460.36	861.62	1691.27	830.78	301.94	268.76
2003	13572.93	290.42	7856.23	1408.44	847.95	1673.36	829.87	380.27	286.39
2004	13866.17	284.72	8160.54	1375.98	844.47	1699.30	817.91	425.94	257.32
2005	14272.36	285.21	8452.06	1362.75	846.86	1784.47	854.11	419.23	267.67
2006	14680.11	273.05	8502.72	1266.89	946.87	1958.33	886.68	537.29	308.28

八、职业培训与技能鉴定

VOCATIONAL TRAINING AND SKILL APPRAISAL

8-1 技工学校综合情况

GENERAL CONDITION OF VOCATIONAL SCHOOLS

单位：万人 (10000 persons)

年份 Year	技工学校个数(个) Number of Vocational Schools (unit)	招生人数 Students Newly Enrolled	在校学生人数 Number of Students in School	毕业生人数 Number of Graduates	在职教职工人数 Total Teachers and Staff	文化技术理论课教师 Teachers of Cultural and Technical Theory	生产实习指导教师 Production Guide Teachers	兼职教师人数 Part-time Teachers
绝对数 Absolute figure								
1990	4184	50.6	133.2	24.3	30.8	10.4	3.2	1.7
1995	4521	74.6	189.0	68.5	33.7	11.5	3.9	1.9
2000	3792	50.4	140.1	64.6	24.0	10.5	3.5	2.7
2001	3470	55.1	134.7	47.7	22.0	10.0	3.4	2.6
2002	3075	73.3	153.0	45.4	20.3	9.5	3.2	2.6
2003	2970	91.6	193.1	45.3	20.2	9.6	3.4	3.0
2004	2884	109.7	234.4	53.5	20.4	9.6	3.8	2.9
2005	2855	118.4	275.3	69.0	20.4	9.7	3.8	3.2
2006	2880	134.8	320.8	86.4	21.5	10.4	4.2	3.6
比上年增长(%) Increase over Preceding year(%)								
1990								
1995	2.1	4.5	1.0	23.0	-1.0	0.9	1.6	8.2
2000	-7.5	-2.3	-10.2	-2.5	-11.0	-6.9	-6.7	-6.3
2001	-8.5	9.4	-3.8	-26.1	-8.3	-4.9	-3.7	-4.1
2002	-11.4	33.0	13.6	-4.9	-7.4	-5.0	-6.8	-2.4
2003	-3.4	24.9	26.2	-0.2	-0.7	1.5	7.3	17.4
2004	-2.9	19.8	21.4	18.1	1.0		11.8	-3.3
2005	-1.0	7.9	17.4	29.0		1.0		10.3
2006	0.9	13.9	16.5	25.2	5.4	7.2	10.5	12.5

8-1 续表 continued

单位：亿元 (100 million yuan)

年 份 Year	经费来源 合 计 Resourses of Funds	#事业经费 Operating Funds	#公司经费 Company Funds	经费支出 合 计 Expenditure	培训社会人员人次 Person-time of Trainees from the Society	培训社会人员结业人数 Graduates of Trainees Recruited from the Society
绝对数 Absolute figure						
1990	15.6	6.1	2.3	17.5		
1995	53.7	13.2	4.4	43.3	89.9	71.3
2000	56.9	21.9	3.2	59.4	158.5	156.7
2001	68.1	23.6	3.2	64.6	151.7	163.9
2002	67.4	28.2	2.8	67.1	208.6	196.9
2003	81.4	30.5	2.8	80.5	226.9	223.7
2004	112.5	37.4	5.2	102.8	265.6	257.5
2005	123.4	37.8	3.8	124.0	273.3	270.1
2006	143.1	43.9	3.0	148.7	337.7	330.2
比上年增长(%) Increase over Preceding year(%)						
1990						
1995	18.6	11.1	14.3	18.0	6.8	3.9
2000	-4.6	0.8	-30.1	-0.9	6.3	8.4
2001	19.7	7.7	0.6	8.7	-4.3	4.6
2002	-1.1	19.4	-13.6	3.8	37.6	20.2
2003	20.8	8.2	0.1	20.0	37.6	20.2
2004	38.2	22.6	85.7	27.7	17.1	15.1
2005	9.7	1	-26.9	20.6	2.9	4.9
2006	16.0	16.1	-21.1	19.9	23.6	22.3

8-2 各地区技工学校综合情况(2006年)

GENERAL CONDITION OF VOCATIONAL SCHOOLS BY REGION(2006)

单位：人 (person)

地 区	Region	技工学校个数(个) Number of Vocational Schools (unit)	劳动预备制度定点培训机构数 Number of Labor Pre-partory System Training Agency	在职教职工人数 Total Teachers and Staff	#女 性 Female	文化技术理论课教师 Teachers of Cultural and Technical Theory	#高级讲师 Senior Lecturers	#讲师 Lecturers	#助理讲师 Assistant Lecturers
全 国	**National**	**2880**	**1201**	**215349**	**85638**	**104493**	**24761**	**44509**	**27358**
北 京	Beijing	40	20	3905	1925	1471	322	591	396
天 津	Tianjin	52	5	5249	2046	1760	605	699	356
河 北	Hebei	160	24	10951	4661	5406	1667	2213	1094
山 西	Shanxi	118	27	7998	3540	3488	895	1480	1027
内蒙古	Inner Mongolia	42	28	3571	1576	1693	476	964	415
辽 宁	Liaoning	155	86	10886	5014	5435	1752	2657	1151
吉 林	Jilin	123	58	5382	2393	3212	723	1400	975
黑龙江	Heilongjiang	124	58	9256	4429	4711	1471	1860	1025
上 海	Shanghai								
江 苏	Jiangsu	136	39	13872	5319	6692	1257	2495	2198
浙 江	Zhejiang	76	47	7128	2856	4317	787	1685	1346
安 徽	Anhui	95	13	5319	1756	2486	611	1157	629
福 建	Fujian	95	48	4582	1710	2421	415	926	583
江 西	Jiangxi	80	23	6436	2354	3079	757	1229	901
山 东	Shandong	197	128	22309	7997	12215	3276	4346	2974
河 南	Henan	184	67	12529	5010	5931	1277	2597	1557
湖 北	Hubei	208	66	12146	4593	6139	1465	3078	1384
湖 南	Hunan	138	60	8890	3197	4252	1012	1774	909
广 东	Guangdong	202	48	16162	6025	7175	1064	2925	2566
广 西	Guangxi	56	10	4067	1474	1929	318	1056	483
海 南	Hainan	14	3	976	389	496	109	170	145
重 庆	Chongqing	80	80	3956	1690	1825	487	835	404
四 川	Sichuan	122	53	9821	3883	4421	737	1814	1246
贵 州	Guizhou	58	10	2669	1096	1112	170	554	359
云 南	Yunnan	31	14	3136	1257	1427	395	684	359
陕 西	Shaanxi	142	67	10937	3987	4795	1213	1996	1153
甘 肃	Gansu	62	38	3807	1444	2019	293	891	481
青 海	Qinghai	16	7	1494	662	736	178	338	157
宁 夏	Ningxia	15	15	1284	584	609	189	260	142
新 疆	Xinjiang	59	59	6631	2771	3241	840	1835	943

8-2 续表 1 continued

单位：人 (person)

地 区	Region	生产实习指导教师 Production Guide Teachers	高级实习指导教师 Senior	一级实习指导教师 Class One	二级实习指导教师 Class Two	三级实习指导教师 Class Three	技 师 Technician	一体化教师 Allround Teachers	兼职教师人数 Part-time Teachers
全 国	**National**	**42026**	**4728**	**12023**	**10335**	**5032**	**11000**	**30636**	**35673**
北 京	Beijing	641	49	148	141	81	210	718	994
天 津	Tianjin	1129	145	255	395	97	375	626	575
河 北	Hebei	2228	380	735	513	151	428	1354	1563
山 西	Shanxi	1123	169	420	282	116	156	509	951
内蒙古	Inner Mongolia	616	73	183	119	35	217	719	507
辽 宁	Liaoning	1996	213	525	405	118	649	1030	1716
吉 林	Jilin	886	130	345	163	81	108	778	521
黑龙江	Heilongjiang	1469	158	298	293	317	447	1337	1428
上 海	Shanghai								
江 苏	Jiangsu	2840	475	690	683	333	1151	2000	3967
浙 江	Zhejiang	1187	52	368	234	82	503	1151	1133
安 徽	Anhui	806	86	197	195	85	190	602	1411
福 建	Fujian	847	47	216	254	110	176	661	1013
江 西	Jiangxi	1279	226	435	324	156	133	776	1709
山 东	Shandong	3996	457	1407	1049	424	659	2337	2148
河 南	Henan	2854	277	881	786	394	752	2490	1893
湖 北	Hubei	2553	300	842	637	314	548	1521	1933
湖 南	Hunan	2106	154	645	427	175	445	1204	1230
广 东	Guangdong	3746	221	947	864	492	1695	3370	2541
广 西	Guangxi	940	30	235	271	161	352	839	722
海 南	Hainan	152	17	48	33	19	66	150	273
重 庆	Chongqing	1387	295	305	383	338	309	449	683
四 川	Sichuan	1754	199	410	441	287	344	1224	1513
贵 州	Guizhou	431	15	125	144	61	44	306	425
云 南	Yunnan	672	67	178	241	94	77	661	428
陕 西	Shaanxi	1944	230	503	473	281	466	1582	2549
甘 肃	Gansu	608	19	138	188	82	78	495	791
青 海	Qinghai	238	34	73	65	7	59	208	162
宁 夏	Ningxia	180	18	25	46		17	330	145
新 疆	Xinjiang	1418	192	446	286	141	346	1209	749

8-2 续表 2 continued

单位：人,万元 (person,10000 yuan)

地区	Region	实习工厂和校办企业数 Number of School-run Factories (unit)	实习工厂和校办企业纳税额 Taxation of School-run Factories	实习工厂和校办企业利润额 Profits of School-run Factories	经费来源（亿元） Resouses of Funds (100 million yuan)	经费支出（亿元） Expenditure (100 million yuan)
全国	**National**	**1550**	**156221.6**	**137970.4**	**1431.3**	**1486.7**
北京	Beijing	20	2219	2433	72.4	69.5
天津	Tianjin	18	10818	105.1	22.7	22.3
河北	Hebei	52	1868	2015.3	53.3	78.6
山西	Shanxi	59	1549.2	3220.1	38.9	37.4
内蒙古	Inner Mongolia	18	1010.8	570.5	20.0	17.3
辽宁	Liaoning	36	2094	1629	48.0	47.6
吉林	Jilin	54	926	6570	18.1	16.8
黑龙江	Heilongjiang	96	1002	1444	42.7	43.0
上海	Shanghai					
江苏	Jiangsu	41	73954.1	18701.5	128.9	132.9
浙江	Zhejiang	22	1929	1721	105.6	95.5
安徽	Anhui	80	1300	2100	32.3	29.5
福建	Fujian	35	1368	2363	42.4	56.6
江西	Jiangxi	56	897	4751.6	36.5	42.0
山东	Shandong	212	29846	17727	143.2	152.1
河南	Henan	80	3845.3	4945	71.9	62.8
湖北	Hubei	70	1972.5	3045.1	59.2	72.4
湖南	Hunan	71	1466.8	776.7	41.0	43.0
广东	Guangdong	95	7075	5062	200.2	188.9
广西	Guangxi	46	1284.3	1436.3	35.2	32.2
海南	Hainan	37	236	162	7.0	6.8
重庆	Chongqing	17	1740	21485.3	18.0	16.4
四川	Sichuan	95	1852.9	967	44.6	42.4
贵州	Guizhou	28	66.2	279	12.1	12.2
云南	Yunnan	18	1046.5	1734	19.4	25.6
陕西	Shaanxi	119	2510.9	27789.5	50.3	55.3
甘肃	Gansu	22	310.1	973.4	19.6	19.2
青海	Qinghai	8	60	125	9.7	9.4
宁夏	Ningxia	7	297	946	8.5	7.8
新疆	Xinjiang	38	1676.9	2893	29.6	51.3

8-2 续表 3 continued

单位：人 (person)

地区	Region	招生学校数（所） Number of School (unit)	招生人数 Students Newly Enrolled	#高级班学生 Senior Class	#女生 Female	#农业户口学生 New Students from Rural	在校学生人数 Number of Students in School	#女生 Female	#高级班学生 Senior Class	#农业户口学生 New Students from Rural
全国	**National**	**2366**	**1347611**	**250310**	**425142**	**899874**	**3208150**	**991984**	**537033**	**1925786**
北京	Beijing	34	33539	3204	7252	16499	77912	23702	6473	40943
天津	Tianjin	44	17408	5152	6148	9442	47878	16570	8400	15664
河北	Hebei	151	59102	11588	17914	34690	129845	41089	19269	68608
山西	Shanxi	90	44252	6156	13198	28066	104044	30020	10706	46765
内蒙古	Inner Mongolia	38	11174	1445	3187	5698	27717	8762	3967	11833
辽宁	Liaoning	138	43514	6783	7990	21219	125223	21688	14317	54855
吉林	Jilin	77	20515	1485	6534	11114	47144	14952	3662	25745
黑龙江	Heilongjiang	101	32860	5997	10578	12952	68658	23021	9356	25334
上海	Shanghai									
江苏	Jiangsu	133	106402	19595	37107	61505	288781	94470	44981	146365
浙江	Zhejiang	76	39318	6917	9736	28697	101968	27118	13763	76451
安徽	Anhui	75	39482	3842	15324	24636	87463	33183	19632	39226
福建	Fujian	88	36003	4933	12082	26486	85199	27997	9760	59013
江西	Jiangxi	73	41060	12073	17764	31070	114615	45489	21674	76115
山东	Shandong	179	148625	63579	44972	100760	357648	107247	143434	211317
河南	Henan	131	81493	10905	22656	62539	204244	59555	24173	127683
湖北	Hubei	134	96626	7281	37812	72818	180399	70029	11356	139804
湖南	Hunan	100	59657	15124	22116	50337	151025	52860	31414	127938
广东	Guangdong	142	150817	25322	38923	85845	381642	93553	62639	189802
广西	Guangxi	52	35429	1486	10193	24434	88739	23178	2665	61628
海南	Hainan	11	5815	945	1632	2673	14912	4178	1847	7546
重庆	Chongqing	80	40026	4935	14431	34474	81306	30896	9694	73077
四川	Sichuan	120	53857	4462	20496	43750	120462	44501	13041	84678
贵州	Guizhou	30	18674	1515	6360	12910	34953	11118	3802	20546
云南	Yunnan	29	20618	2631	6346	16030	45502	14906	5823	33741
陕西	Shaanxi	130	70233	16642	21002	56852	156623	44767	30868	111245
甘肃	Gansu	43	12878	2526	4795	9373	29781	9887	2886	22902
青海	Qinghai	11	4801	583	1249	3486	8851	2515	1017	5846
宁夏	Ningxia	9	4663	932	1730	2821	10315	3840	3227	4737
新疆	Xinjiang	47	18770	2272	5615	8698	35301	10893	3187	16379

8-2 续表 4 continued

单位：人 (person)

地 区	Region	毕业生人数 Number of Graduates	#获得初级职业资格 Won Primary Certificates	#获得中级职业资格 Won Medium Certificates	#获得高级职业资格 Won Senior Certificates	培训社会人员（人次）Person-time of Trainees from the Society (person-time)
全 国	**National**	**864257**	**59550**	**653762**	**61437**	**3376851**
北 京	Beijing	26815	3806	19510	1833	101627
天 津	Tianjin	14406	5827	7670	909	61614
河 北	Hebei	38260	1352	29377	1394	97997
山 西	Shanxi	23894	1284	15940	1321	49177
内蒙古	Inner Mongolia	6928	484	4576	130	70490
辽 宁	Liaoning	32478	2163	25255	1248	194155
吉 林	Jilin	34802	2400	6825	1457	51246
黑龙江	Heilongjiang	17167	882	12467	1270	309318
上 海	Shanghai					
江 苏	Jiangsu	60046	1723	53037	4383	209207
浙 江	Zhejiang	25444	1670	22808	966	181769
安 徽	Anhui	28792	2660	24651	933	103151
福 建	Fujian	27466	4798	19487	813	88711
江 西	Jiangxi	31675	803	23840	3162	74364
山 东	Shandong	98239	4172	70207	17384	261429
河 南	Henan	48300	2952	41589	1302	260492
湖 北	Hubei	58824	1579	50010	1972	168927
湖 南	Hunan	39551		31026	8525	95618
广 东	Guangdong	81573	6141	66185	5896	268644
广 西	Guangxi	24357	2661	16227	299	61577
海 南	Hainan	2703	327	2203	53	20135
重 庆	Chongqing	24770	453	23530	785	89562
四 川	Sichuan	37684	4579	25950	758	120441
贵 州	Guizhou	8303	581	6160	332	30834
云 南	Yunnan	8390	226	7134	334	54182
陕 西	Shaanxi	40053	2044	32749	2293	91398
甘 肃	Gansu	7068		5431	1032	36980
青 海	Qinghai	2053	7	1713	239	20549
宁 夏	Ningxia	2209		1190	240	22003
新 疆	Xinjiang	12007	3976	7015	174	181254

8-2 续表 5 continued

单位：人 (person)

地区 Region	培训社会人员结业人数 Graduates of Trainees Recruited from the Society	按培训对象分组 Grouped by Trainee				
		下岗失业人员 Laid-off and Unemployment Workers	劳动预备制学员 Pupils of Labour Preparatory System	在职职工 Workers	农村劳动者 Rural Workers	其他 Others
全国 National	**3302128**	**509101**	**248011**	**1553211**	**706536**	**285269**
北京 Beijing	105709	3438	4288	72620	11232	14131
天津 Tianjin	54284	9474	1894	35052	5120	2744
河北 Hebei	93615	16608	7449	38127	27552	3879
山西 Shanxi	51660	4025	3450	37126	5828	1231
内蒙古 Inner Mongolia	76187	11182	6255	30518	16605	11627
辽宁 Liaoning	208186	83173	17017	89953	11515	6528
吉林 Jilin	42467	15708	5112	19516	2131	
黑龙江 Heilongjiang	298385	100427	12299	89753	76215	19691
上海 Shanghai						
江苏 Jiangsu	206374	32217	12330	107793	34342	19692
浙江 Zhejiang	175438	15839	16789	85735	57075	
安徽 Anhui	94258	19177	5387	47870	16930	4894
福建 Fujian	87731	7788	7057	38977	25644	8265
江西 Jiangxi	73525	7032	6501	39969	15813	4210
山东 Shandong	247332	20994	16796	139700	42744	27098
河南 Henan	258473	53807	10518	120892	61581	11675
湖北 Hubei	152185	16676	20917	53558	42335	18699
湖南 Hunan	93985	16434	12020	40484	18480	6567
广东 Guangdong	268390	10273	25130	109108	70604	53275
广西 Guangxi	58534	2502	6138	21592	19553	8749
海南 Hainan	17690	870	893	6352	3382	6193
重庆 Chongqing	86005	3873	1876	57620	19762	2874
四川 Sichuan	129603	19098	19695	41765	36935	12110
贵州 Guizhou	27788	1299	945	8608	10733	6203
云南 Yunnan	45680	4971	7476	16823	8167	8243
陕西 Shaanxi	94468	13957	6606	53438	17986	2481
甘肃 Gansu	34976	5313	356	19751	9556	
青海 Qinghai	20010	514	1103	15392	2273	728
宁夏 Ningxia	21704	616	1032	10916	9140	
新疆 Xinjiang	177486	11816	10682	104203	27303	23482

8-2 续表 6 continued

单位：人 (person)

地 区	Region	按获取证书分组 Grouped by Certification Level					就业人数 Employ-ment	#技工学校学生 Students in Vocational Schools	#高级班学生 Students in Senior Class
		初级职业资格 Primary Certificates	中级职业资格 Medium Certificates	高级职业资格 Senior Certificates	技师资格 Technicians Certificates	高级技师资格 Senior Technicians Certificates			
全 国	**National**	**653970**	**623379**	**209989**	**56441**	**6989**	**1236256**	**782265**	**74152**
北 京	Beijing	25250	17284	14487	3346	761	26097	24532	1685
天 津	Tianjin	12691	7727	4590	684	352	16616	14233	1893
河 北	Hebei	10952	20625	7561	4167	179	54885	34130	2054
山 西	Shanxi	5092	8882	2313	1660	46	23682	17120	1694
内蒙古	Inner Mongolia	13663	10610	5263	1602	732	15694	6467	788
辽 宁	Liaoning	23073	16917	5466	653	61	30734	30734	1492
吉 林	Jilin	8339	6742	2800	876	107	15864	7960	458
黑龙江	Heilongjiang	24667	19243	11209	4944	201	65090	15557	3188
上 海	Shanghai								
江 苏	Jiangsu	63375	54035	10869	4389	225	94570	57828	4265
浙 江	Zhejiang	59973	20944	8456	3442	246	31984	22317	828
安 徽	Anhui	20231	14474	3506	929	4	45665	24369	6088
福 建	Fujian	15307	10215	3733	1185	81	36554	26752	920
江 西	Jiangxi	13513	20183	6663	1435	265	37291	30292	3042
山 东	Shandong	84333	57098	13003	4605	297	98239	98239	19089
河 南	Henan	13688	36394	10924	2694	162	85572	46805	1278
湖 北	Hubei	34547	56107	12711	3746	1808	95452	53592	3263
湖 南	Hunan	36356	26010	5716	686	301	64102	36898	8608
广 东	Guangdong	50037	53351	31600	6118	528	103005	80072	5128
广 西	Guangxi	10008	10971	3449	522	138	43841	23459	232
海 南	Hainan	2526	3998	1275	101	3	2872	2866	54
重 庆	Chongqing	28506	43214	12253	1986	46	40830	23588	785
四 川	Sichuan	28726	35269	4744	671	70	71259	36862	646
贵 州	Guizhou	3592	5134	692	102		11172	7687	1309
云 南	Yunnan	11232	15388	6714	1388	16	7984	7830	395
陕 西	Shaanxi	14420	13131	4266	1290	91	55156	32897	2168
甘 肃	Gansu	4087	3614	2146	638	22	6947	6372	1030
青 海	Qinghai	2345	1830	1743	159	7	20179	1807	242
宁 夏	Ningxia	4435	3024	723	168	18	7780	2152	939
新 疆	Xinjiang	29006	30965	11114	2255	222	27140	8848	591

8-3 各地区就业训练中心综合情况(2006年)

EMPLOYMENT TRAINNING CENTERS BY REGION(2006)

地区	Region	就业训练中心个数(个) Number of Employment Trainning Centers (unit)	#拥有实习场地 Centers with Practical Sites	#劳动预备制度定点培训机构 Labor Preparatory System Training Agency	在职教职工总人数(人) Total Teachers and Staff (person)	#教师 Teachers	兼职教师人数(人) Part-time Teachers (person)	经费来源总计(亿元) Resouses of Funds (100 million yuan)	财政补助费 Financial Allowance
全国	**National**	**3212**	**2988**	**2237**	**39041**	**24314**	**30874**	**191.6**	**53.8**
北京	Beijing	19	19	6	730	458	740	9.0	1.5
天津	Tianjin	19	19	7	341	80	396	3.0	0.1
河北	Hebei	212	203	158	1952	1323	992	6.6	1.0
山西	Shanxi	83	58	46	815	410	574	3.5	0.4
内蒙古	Inner Mongolia	114	93	53	656	359	528	2.4	0.8
辽宁	Liaoning	124	124	84	1468	972	1337	10.3	3.5
吉林	Jilin	83	78	42	617	375	481	7.6	0.3
黑龙江	Heilongjiang	133	129	116	1135	715	653	4.5	2.6
上海	Shanghai								
江苏	Jiangsu	119	110	79	1965	1119	2315	16.0	2.9
浙江	Zhejiang	158	158	77	1368	758	1473	9.2	3.8
安徽	Anhui	63	54	41	1178	606	752	3.4	0.9
福建	Fujian	122	122	73	816	427	1069	2.7	1.7
江西	Jiangxi	116	116	116	1709	934	1141	8.7	4.0
山东	Shandong	145	137	136	2739	1614	1618	10.6	2.4
河南	Henan	159	159	130	1525	855	1843	4.9	1.4
湖北	Hubei	118	115	104	2074	1288	1158	8.1	3.0
湖南	Hunan	310	295	266	5383	3744	3793	21.9	5.0
广东	Guangdong	214	203	133	3227	1794	2295	20.2	4.7
广西	Guangxi	106	82	55	677	298	947	3.2	0.3
海南	Hainan	30	28	22	521	301	140	12.6	4.1
重庆	Chongqing	41	29	21	469	327	529	2.4	1.2
四川	Sichuan	160	146	107	1730	1116	2029	6.0	2.4
贵州	Guizhou	73	58	19	471	250	479	1.1	0.3
云南	Yunnan	115	99	90	1089	811	930	2.8	1.5
陕西	Shaanxi	133	132	108	1996	1899	929	1.7	0.6
甘肃	Gansu	101	101	83	748	442	471	1.8	0.7
青海	Qinghai	25	5	14	492	287	113	3.1	1.4
宁夏	Ningxia	23	22	3	98	58	53	0.6	0.4
新疆	Xinjiang	94	94	48	1052	694	1096	3.7	0.8

8-3 续表 1 continued

地 区	Region				经费支出		
		职业培训补贴 Occupational Training Allowance	有偿培训收入 Trainning Income	其他收入 Other Revenue	总计 (亿元) Expenditure (100 million yuan)	#教学经费 For Teaching	#人员经费 For Personnel
全 国	**National**	**91.4**	**35.5**	**10.9**	**176.1**	**100.9**	**51.6**
北 京	Beijing	2.7	2.6	2.2	7.3	3.7	2.8
天 津	Tianjin	1.8	0.5	0.6	3.0	1.8	1.2
河 北	Hebei	5.0	0.4	0.1	5.6	4.5	1.0
山 西	Shanxi	0.9	2.2	0.1	2.4	1.3	1.0
内蒙古	Inner Mongolia	1.6			2.2	1.4	0.8
辽 宁	Liaoning	6.6	0.1	0.1	9.7	5.7	4.0
吉 林	Jilin	7.2	0.1		7.4	0.9	0.5
黑龙江	Heilongjiang	1.0		0.9	3.6	2.5	1.1
上 海	Shanghai						
江 苏	Jiangsu	8.9	3.2	1.0	13.4	8.3	4.7
浙 江	Zhejiang	1.9	3.0	0.4	8.5	4.9	3.4
安 徽	Anhui	1.6	0.7	0.2	3.5	2.3	0.1
福 建	Fujian	0.7	0.2	0.2	2.7	2.0	0.8
江 西	Jiangxi	3.3	0.6	0.8	7.6	4.1	3.6
山 东	Shandong	6.2	1.6	0.5	11.2	7.3	3.8
河 南	Henan	2.0	1.0	0.4	4.6	3.3	1.3
湖 北	Hubei	3.9	1.0	0.2	7.0	4.3	2.5
湖 南	Hunan	8.2	7.6	1.1	20.6	14.6	6.0
广 东	Guangdong	6.5	8.0	1.0	18.5	12.3	5.3
广 西	Guangxi	2.2	0.6	0.1	2.9	2.0	0.8
海 南	Hainan	7.8	0.6		12.5	1.2	0.9
重 庆	Chongqing	0.8	0.2	0.2	2.3	1.5	0.7
四 川	Sichuan	2.9	0.5	0.2	5.8	4.0	1.8
贵 州	Guizhou	0.7	0.1		1.1	0.7	0.3
云 南	Yunnan	1.2		0.1	2.5	1.9	0.2
陕 西	Shaanxi	0.5	0.6		1.8	0.8	0.7
甘 肃	Gansu	0.9	0.1		1.8	1.0	0.7
青 海	Qinghai	1.7			3.1	0.2	0.1
宁 夏	Ningxia	0.2			0.7	0.3	0.4
新 疆	Xinjiang	2.3	0.2	0.3	3.0	2.0	1.0

8-3 续表 2 continued

地区	Region	就业训练人数（人）Trainees (person)	#女性 Female	#上年末结转人数 Left from Last Year-end	结业人数（人）Number of Graduates (person)	按训练对象分组 Grouped by Personnel：劳动预备制学员 Pupils of Labour Preparatory System	下岗失业人员 Laid-off and Unemployment Workers	农村劳动者 Rural Workers	其他 Others
全国	**National**	**9014039**	**4137199**	**250045**	**8896578**	**689496**	**3434235**	**3760311**	**1012536**
北京	Beijing	155382	64495	11982	150900	8434	52554	52183	37729
天津	Tianjin	93875	44153	2026	87977		36080	20890	31007
河北	Hebei	601879	160756	5921	578939	53830	163252	291316	70541
山西	Shanxi	176068	51000	3660	176464	12759	38741	115346	9618
内蒙古	Inner Mongolia	353199	143870		383211	17217	129698	226852	9444
辽宁	Liaoning	465022	266234	70808	505862	13141	265998	202344	24379
吉林	Jilin	164669	88040	7831	179455	7885	81665	80835	9070
黑龙江	Heilongjiang	225003	96107	498	210644	32649	143425	21737	12833
上海	Shanghai								
江苏	Jiangsu	805278	408942	750	783358	19220	360234	356645	47259
浙江	Zhejiang	417400	213422	2657	405409	9889	120167	162683	112670
安徽	Anhui	155619	90157	4053	147074	7327	84982	51197	3568
福建	Fujian	343832	175296	11171	349210	23737	83773	193360	48340
江西	Jiangxi	606590	293680	8354	604864	23191	289787	222455	69431
山东	Shandong	422052	213090	14013	395793	33993	185407	139625	36768
河南	Henan	483633	219341	8783	475879	28873	332529	43297	71180
湖北	Hubei	657258	281592	24369	648078	72151	250562	251395	73970
湖南	Hunan	809144	407928	14105	787224	154395	199952	432877	
广东	Guangdong	580664	255994	22580	552964	40534	106727	247523	158180
广西	Guangxi	241003	104271	2305	235972	22688	46837	159443	7004
海南	Hainan	71546	25855	1177	66742	6461	16870	32723	10688
重庆	Chongqing	77482	37944	780	74842	101	39244	16226	19271
四川	Sichuan	290732	137375	2547	281892	15697	147258	99917	19020
贵州	Guizhou	66086	25750	710	65316	3951	19706	34990	6669
云南	Yunnan	154269	69916	1728	166755	15258	46848	95071	9578
陕西	Shaanxi	164291	78337	7982	159391	33397	63373	44794	17827
甘肃	Gansu	121462	59111	1466	118082	22438	57651	34040	3953
青海	Qinghai	56002	22114	624	55757		19111	31120	5526
宁夏	Ningxia	42832	16414	187	40995		8207	23436	9352
新疆	Xinjiang	211767	86015	16978	207529	10280	43597	75991	77661

8-3 续表 3 continued

地区	Region	按训练期限分组 Grouped by Duration			按获取证书分组 Grouped by Certification Level					就业人数（人） Employment (person)
		六个月以下 Less than Half a Year	六个月至一年 Half to One Year	一年以上 More than One Year	初级职业资格 Primary Certificates	中级职业资格 Medium Certificates	高级职业资格 Senior Certificates	技师资格 Technicians Certificates	高级技师资格 Senior Technicians Certificates	
全国	**National**	**8088352**	**471781**	**336445**	**2802771**	**650445**	**86207**	**13872**	**1787**	**6488160**
北京	Beijing	137063	12695	1142	64304	25290	4608	674		97855
天津	Tianjin	85791	33	2153	39328	4097	871	6		67309
河北	Hebei	488585	11997	78357	153829	9537	1170	279	54	424778
山西	Shanxi	161088	13257	2119	16500	2791				131472
内蒙古	Inner Mongolia	380475	761	1975	15467	3466	151			278723
辽宁	Liaoning	493776	7357	4729	96603	11769	5673	312	206	353265
吉林	Jilin	174427	2927	2101	41496	4040	1199	209	178	95889
黑龙江	Heilongjiang	193573	13212	3859	83359	5114	1223	739	199	155279
上海	Shanghai									
江苏	Jiangsu	735797	33718	13843	256826	53745	8276	1622	99	596317
浙江	Zhejiang	402415	2395	599	224369	25840	5272	1056	5	276027
安徽	Anhui	135838	10259	977	60283	13199	388	196		93311
福建	Fujian	320757	24315	4138	134352	17336	1404	159	17	276257
江西	Jiangxi	596354	3691	4819	427226	43530	167	51	3	421920
山东	Shandong	374908	6302	14583	191974	30103	5407	1113	66	269661
河南	Henan	453196	19834	2849	86393	30479	4523	23	12	386573
湖北	Hubei	565117	64255	18706	224729	73149	4123	1741	241	485688
湖南	Hunan	462883	179890	144451	57335	148304	6593	224	175	656971
广东	Guangdong	517264	17133	18567	183151	54648	22909	3921	185	369684
广西	Guangxi	232138	3114	720	41327	3488	460	362	73	186928
海南	Hainan	66517	225		4084	2478	300	237	8	41290
重庆	Chongqing	71551	3291		32831	6386	147	6		48868
四川	Sichuan	275314	4186	2392	154504	18642	1280	380	86	205480
贵州	Guizhou	64277	394	645	26971	2617	29			43293
云南	Yunnan	159128	5598	2029	53120	11484	1379	231	87	108377
陕西	Shaanxi	135118	19930	4343	41754	17679	4428	248	26	119072
甘肃	Gansu	104989	9113	3980	13741	9152	96			70735
青海	Qinghai	55757			2281	767	62			41809
宁夏	Ningxia	40995			11469	2765				25530
新疆	Xinjiang	203261	1899	2369	63165	18550	4069	83	67	159799

8-4 各地区民办职业培训机构综合情况(2006年)

VOCATIONAL TRAINING AGENCIES BY REGION(2006)

地区	Region	职业培训机构个数(个) Number of Vocational Training Agencies	#劳动预备制度定点培训机构 Labor Preparatory System Training Agency	在职教职工总人数(人) Total Teachers and Staff (person)	#教师 Teachers	兼职教师人数(人) Part-time Teachers (person)	经费来源(亿元) Resouses of Funds (100 million yuan)
全　国	**National**	**21462**	**4052**	**250063**	**159691**	**77959**	**565.9**
北　京	Beijing	461	2	7719	4855	3959	18.9
天　津	Tianjin	290		3770	1672	1317	7.8
河　北	Hebei	1153	37	11528	8390	3640	25.6
山　西	Shanxi	360	151	3679	2457	979	7.3
内蒙古	Inner Mongolia	286	60	1827	1326	880	4.7
辽　宁	Liaoning	1035	178	10439	6437	3966	21.2
吉　林	Jilin	836	245	3356	2245	817	1.1
黑龙江	Heilongjiang	1031	271	16376	7601	4711	9.0
上　海	Shanghai	503		13313	3594	1924	34.0
江　苏	Jiangsu	1600	182	17227	12221	8814	33.7
浙　江	Zhejiang	866	104	7359	4844	3134	22.3
安　徽	Anhui	729	108	8697	5730	2281	33.2
福　建	Fujian	312	150	3559	2446	1307	12.5
江　西	Jiangxi	730	227	9969	6068	3058	60.2
山　东	Shandong	1422	351	16412	12038	5299	42.8
河　南	Henan	1298	333	14590	9860	3665	27.6
湖　北	Hubei	1063	236	10190	7638	2816	24.5
湖　南	Hunan	821	298	12367	9687	3053	32.8
广　东	Guangdong	2112	185	19312	13456	5406	54.1
广　西	Guangxi	372	58	5621	4011	1718	8.5
海　南	Hainan	104	19	785	400	239	0.9
重　庆	Chongqing	634	58	5958	3704	2972	13.9
四　川	Sichuan	1468	477	12601	8064	4335	24.6
贵　州	Guizhou	229	32	4414	2723	2360	9.3
云　南	Yunnan	347	125	6955	4710	2419	10.4
西　藏	Tibet	36		564	372	165	
陕　西	Shaanxi	605		15125	9075		12.7
甘　肃	Gansu	368	80	3027	1842	833	5.6
青　海	Qinghai	79		289	183	102	0.8
宁　夏	Ningxia	45		475	362	127	0.1
新　疆	Xinjiang	267	85	2560	1680	1663	5.9

8-4 续表 1 continued

地区	Region	有偿培训收入 Trainning Income	经费支出(亿元) Expenditure (100 million yuan)	#教学经费 For Teaching	#人员经费 For Personnel	培训人数(人) Trainees (person)	#女性 Female
全国	**National**	**392.5**	**442.3**	**223.1**	**177.4**	**9551818**	**4007727**
北京	Beijing	13.5	17.2	8.5	7.2	431716	170738
天津	Tianjin	6.3	7.3	4.5	2.5	145003	55009
河北	Hebei	21.4	23.4	13.0	9.8	267461	106345
山西	Shanxi	6.0	6.3	3.2	2.9	152441	59035
内蒙古	Inner Mongolia	3.2	3.1	1.5	1.6	80397	24599
辽宁	Liaoning	14.2	22.4	6.0	9.3	281964	129802
吉林	Jilin	0.6	0.6	0.3	0.3	95120	46854
黑龙江	Heilongjiang	6.6	6.0	3.2	2.5	285358	160556
上海	Shanghai	24.1	31.2	19.5	8.4	341572	156966
江苏	Jiangsu	17.7	20.1	10.9	8.2	1369598	589484
浙江	Zhejiang	16.8	18.1	9.0	8.3	458499	207388
安徽	Anhui	22.2	22.6	8.7	6.7	315199	158160
福建	Fujian	7.4	11.6	5.2	4.9	186741	101050
江西	Jiangxi	17.4	9.5	6.0	3.5	192457	67359
山东	Shandong	33.5	43.7	20.6	21.9	440738	182295
河南	Henan	15.6	20.2	10.6	8.2	623219	298935
湖北	Hubei	17.7	19.8	10.7	8.4	278296	136073
湖南	Hunan	31.5	27.4	9.4	11.7	318419	14687
广东	Guangdong	45.4	46.2	25.3	18.7	984952	423251
广西	Guangxi	7.2	7.5	3.6	2.8	238827	105737
海南	Hainan	0.6	0.8	0.4	0.4	20611	9944
重庆	Chongqing	11.0	11.4	6.1	5.1	415971	126899
四川	Sichuan	17.5	25.6	14.4	10.0	501056	232999
贵州	Guizhou	7.0	8.5	5.2	3.0	264797	95517
云南	Yunnan	5.0	9.1	5.2	3.4	253093	98176
西藏	Tibet					14870	
陕西	Shaanxi	12.7	10.8	6.5	1.6	305000	132000
甘肃	Gansu	4.8	5.8	1.9	3.9	95954	45847
青海	Qinghai	0.8	0.7	0.6	0.1	26303	10263
宁夏	Ningxia		0.1			22944	9332
新疆	Xinjiang	4.9	5.5	3.2	2.2	143242	52427

8-4 续表 2 continued

地区	Region	结业人数(人) Number of Graduates (person)	按培训对象分组 Grouped by trainee				按训练期限分组 Grouped by Duration		
			下岗失业人员 Laid-off and Unemployment Workers	劳动预备制学员 Pupils of Labour Preparatory System	农村劳动者 Rural Workers	其他 Others	六个月以下 Less than Half a Year	六个月至一年 Half to One Year	一年以上 More than One Year
全国	**National**	**8931684**	**850955**	**1604299**	**3723628**	**2752802**	**7394628**	**1012168**	**524888**
北京	Beijing	405645	9775	67572	114126	214172	384352	16443	4850
天津	Tianjin	145003	18029	36975	44317	45682	133997	9459	1547
河北	Hebei	247178	10491	47649	116337	72701	182878	44440	19860
山西	Shanxi	147239	23254	21290	74126	28569	125942	15015	6282
内蒙古	Inner Mongolia	78606	5802	28785	23465	20554	60645	15624	2337
辽宁	Liaoning	271663	11016	113358	86820	60469	248508	17980	5175
吉林	Jilin	82944	11332	19812	24328	27472	66669	10759	5516
黑龙江	Heilongjiang	303697	47379	81070	133598	41650	223376	70898	9423
上海	Shanghai	276586		98770	38250	139566	262714	13043	829
江苏	Jiangsu	1345799	132939	225865	562808	424187	1217736	97271	30792
浙江	Zhejiang	430989	29088	37977	213034	150890	412393	11379	7217
安徽	Anhui	302568	31119	46954	166421	58074	213857	55773	32938
福建	Fujian	173642	25399	12378	71097	64768	160220	8703	4719
江西	Jiangxi	192457	19584	57737	54965	60171	128946	42340	21171
山东	Shandong	404502	62482	66091	172332	103597	297311	66706	40485
河南	Henan	564409	43968	106149	346489	67803	466429	82245	15735
湖北	Hubei	256766	53658	40458	119612	43038	155947	65876	34943
湖南	Hunan	301277	54578	64464	143845	38390	179755	70499	51023
广东	Guangdong	919052	28348	101132	495798	293774	782070	106668	30314
广西	Guangxi	198312	27948	23616	88846	57902	149789	21319	27204
海南	Hainan	20591	2959	2415	6376	8841	20166	250	175
重庆	Chongqing	394177	56244	53130	109821	174982	331538	45331	17308
四川	Sichuan	441553	72882	94201	172685	101785	375304	40504	25745
贵州	Guizhou	228656	12817	21417	133983	60439	215043	7616	5997
云南	Yunnan	219774	31621	53355	61459	73339	199325	5282	15167
西藏	Tibet	13532		6631	6901		13532		
陕西	Shaanxi	285000	10000	18000	52000	205000	127000	53000	105000
甘肃	Gansu	94987	13146	21986	44755	15100	82501	10157	2329
青海	Qinghai	25365		8696	11573	5096	24589	776	
宁夏	Ningxia	21736		5376	9800	6560	19332	2404	
新疆	Xinjiang	137979	5097	20990	23661	88231	132764	4408	807

8-4 续表 3 continued

地区	Region	按获取证书分组 Grouped by Certification Level					就业人数（人） Employment (person)	#农村劳动者 Rural Workers
		初级职业资格 Primary Certificates	中级职业资格 Medium Certificates	高级职业资格 Senior Certificates	技师资格 Technicians Certificates	高级技师资格 Senior Technicians Certificates		
全 国	**National**	**2220472**	**1471404**	**245764**	**44011**	**14267**	**7464084**	**3290073**
北 京	Beijing	170723	103096	25350	3919	498	241269	100209
天 津	Tianjin	113756	16733	11412	3082	20	115861	44317
河 北	Hebei	58737	52013	6333	768	796	189197	113124
山 西	Shanxi	24394	15844	442	61	216	118683	65437
内 蒙 古	Inner Mongolia	15646	7278	790		300	50974	15331
辽 宁	Liaoning	103139	29124	4916	926	1605	176213	75636
吉 林	Jilin	13010	11949	860	33	13	57615	21570
黑 龙 江	Heilongjiang	36251	25218	4196	211		217788	102803
上 海	Shanghai	58654	97348	26375	5670	773	231218	25585
江 苏	Jiangsu	135108	193707	24985	8559	868	1158575	561909
浙 江	Zhejiang	206275	36280	9122	3076	171	263967	155535
安 徽	Anhui	43897	53951	6753	847	67	246717	154877
福 建	Fujian	42072	15501	3954	190	4516	144201	82712
江 西	Jiangxi	38094	72173	4642	522	43	157815	86604
山 东	Shandong	101768	72029	9438	812	345	307028	131110
河 南	Henan	75412	65874	9482	1833	12	482550	352624
湖 北	Hubei	80451	75445	9717	1024	1421	247934	125461
湖 南	Hunan	63028	62529	1172	395	33	229860	135147
广 东	Guangdong	203345	99713	25943	4521	797	684048	412171
广 西	Guangxi	51733	18079	3238	1265	203	136889	64457
海 南	Hainan	1401	136	82			13311	5245
重 庆	Chongqing	59057	41085	9529	1603	950	309141	90297
四 川	Sichuan	133312	92111	14675	557	8	987267	140443
贵 州	Guizhou	63527	16368	1747	2613	597	121671	98196
云 南	Yunnan	64458	52247	17069	1153		132798	47917
西 藏	Tibet	13532						
陕 西	Shaanxi	181000	98000	6000			283000	25000
甘 肃	Gansu	13883	10169	2409			55232	31793
青 海	Qinghai	3357	312	97			17527	3219
宁 夏	Ningxia	11545	173				12588	6169
新 疆	Xinjiang	39907	36919	5036	371	15	73147	15175

8-5 各地区职业技能鉴定综合情况(2006年)

STATISTICS OF OCCUPATIONAL SKILL TESTING BY REGION(2006)

单位：个,人 (unit,person)

地区	Region	职业技能鉴定机构数 Numbe of Testing Agencies	鉴定所数 Testing Agencies	鉴定站数 Testing Stations	工考委数 Workers Assessing Committees	考评人员人数 Number of the Assessors
全国	**National**	**7998**	**3860**	**4002**		**161596**
行业合计	**Subtotal of Industrial Administrations**	**2175**	**12**	**2163**		**69867**
地方合计	**Subtotal of Local Governments**	**5823**	**3848**	**1839**		**91729**
北京	Beijing	86	86			2907
天津	Tianjin	106	72	23	11	2377
河北	Hebei	196	193		3	436
山西	Shanxi	163	116	45	2	679
内蒙古	Inner Mongolia	180	4	176		5968
辽宁	Liaoning	151	136	15		1464
吉林	Jilin	33	26	7		578
黑龙江	Heilongjiang	49	36	13		1684
上海	Shanghai	503	303	200		2880
江苏	Jiangsu	210	169	13	28	357
浙江	Zhejiang	189	54	135		5104
安徽	Anhui	375	375			6208
福建	Fujian	43	43			3478
江西	Jiangxi	279	184	95		4573
山东	Shandong	148	18	130		3872
河南	Henan	488	290	155	43	9778
湖北	Hubei	533	533			1587
湖南	Hunan	62	59	2	1	5322
广东	Guangdong	79	25	54		2101
广西	Guangxi	259	135	84	40	2470
海南	Hainan	44	44			366
重庆	Chongqing	151	151			4512
四川	Sichuan	573	248	318	7	6624
贵州	Guizhou	176	9	167		1682
云南	Yunnan	187	187			4246
西藏	Tibet	10		10		102
陕西	Shaanxi	166	86	80		2474
甘肃	Gansu	67	67			338
青海	Qinghai	44	24	19	1	1583
宁夏	Ningxia	49	48	1		1092
新疆	Xinjiang	163	82	81		2583
新疆兵团	Xinjiang Production and Construction Crops	61	45	16		2304

8-5 续表 1 continued

单位：人 (person)

地区	Region	本年鉴定考核人数 Number of the Candidates	初级 Primary	中级 Medium	高级 Senior	技师 Technicians	高级技师 Senior Technicians
全国	**National**	**11821552**	**4140894**	**5269104**	**1909269**	**432423**	**65401**
行业合计	**Subtotal of Industrial Administrations**	**2541892**	**928733**	**846410**	**652238**	**94136**	**15914**
地方合计	**Subtotal of Local Governments**	**9279660**	**3212161**	**4422694**	**1257031**	**338287**	**49487**
北京	Beijing	408163	133856	124234	109337	37930	2806
天津	Tianjin	209029	118899	57926	21972	9745	487
河北	Hebei	144490	23458	91886	24931	3728	487
山西	Shanxi	147030	23042	94329	24773	4514	372
内蒙古	Inner Mongolia	85205	15978	41119	20446	6644	1018
辽宁	Liaoning	331220	151962	137399	31413	9436	1010
吉林	Jilin	237092	104818	82492	39330	9530	922
黑龙江	Heilongjiang	175025	69723	56209	32989	15511	593
上海	Shanghai	368497	147960	176768	31351	11328	1090
江苏	Jiangsu	670968	199680	361093	83778	24654	1763
浙江	Zhejiang	711659	465875	184799	46057	14800	128
安徽	Anhui	306549	81365	176132	39504	9452	96
福建	Fujian	445664	174478	204659	57159	8984	384
江西	Jiangxi	235718	43832	160566	23627	7191	502
山东	Shandong	400364	139184	155996	64843	28572	11769
河南	Henan	334489	72553	205706	43886	11927	417
湖北	Hubei	357881	68060	183025	68341	23137	15318
湖南	Hunan	438472	79020	264261	75297	17329	2565
广东	Guangdong	1082379	358970	569133	125373	26360	2543
广西	Guangxi	277018	103938	139641	24730	7300	1409
海南	Hainan	31110	7818	17239	4081	1823	149
重庆	Chongqing	282579	91601	149774	30971	8315	1918
四川	Sichuan	558879	186705	286859	70696	13983	636
贵州	Guizhou	129317	49180	59522	15575	4590	450
云南	Yunnan	221066	57373	102629	51578	9296	190
西藏	Tibet	4312	1824	1236	1252		
陕西	Shaanxi	285573	67026	174332	39079	4934	202
甘肃	Gansu	90838	30007	47455	11871	1437	68
青海	Qinghai	32429	21245	7135	3711	338	
宁夏	Ningxia	43085	26003	14225	2393	392	72
新疆	Xinjiang	147212	69795	56666	16648	3983	120
新疆兵团	Xinjiang Production and Construction Crops	86348	26933	38249	20039	1124	3

8-5 续表 2 continued

单位：人 (person)

地 区	Region	本年获取证书人数 Number of the Candidates Got the Certificates	初 级 Primary	中 级 Medium	高 级 Senior	技 师 Technicians	高级技师 Senior Technicians
全 国	**National**	**9252416**	**3124130**	**4390924**	**1440591**	**260830**	**35384**
行业合计	**Subtotal of Industrial Administrations**	**1632642**	**390104**	**678151**	**506852**	**49136**	**7842**
地方合计	**Subtotal of Local Governments**	**7619774**	**2734026**	**3712773**	**933739**	**211694**	**27542**
北 京	Beijing	333975	127122	109974	77264	17459	2156
天 津	Tianjin	193970	111956	54047	19484	8021	462
河 北	Hebei	125390	21090	81068	20142	2686	404
山 西	Shanxi	131398	21277	86174	20668	2998	281
内蒙古	Inner Mongolia	77256	15624	38753	16899	5151	829
辽 宁	Liaoning	268969	123636	113002	25068	6794	469
吉 林	Jilin	162818	74231	53056	29499	5713	319
黑龙江	Heilongjiang	165665	66672	54285	30195	13951	562
上 海	Shanghai	258513	105354	119601	23923	8658	977
江 苏	Jiangsu	590378	181146	322219	66255	19196	1562
浙 江	Zhejiang	570319	365143	157232	37376	10475	93
安 徽	Anhui	255306	71415	151175	26947	5727	42
福 建	Fujian	383419	156365	175928	44258	6534	334
江 西	Jiangxi	183330	40843	124370	14097	3613	407
山 东	Shandong	295825	116150	128189	39911	10933	642
河 南	Henan	282910	60979	180495	31349	9757	330
湖 北	Hubei	291141	55123	149905	56217	18128	11768
湖 南	Hunan	344642	65104	216851	51506	9656	1525
广 东	Guangdong	810378	291322	431399	75492	10906	1259
广 西	Guangxi	213231	83910	106694	17123	4634	870
海 南	Hainan	21608	6978	11390	2503	703	34
重 庆	Chongqing	236854	79987	126579	23797	5382	1109
四 川	Sichuan	503303	177414	261527	55673	8243	446
贵 州	Guizhou	105391	39787	53941	8832	2597	234
云 南	Yunnan	182570	47914	89672	38941	5958	85
西 藏	Tibet	4000	1776	1038	1186		
陕 西	Shaanxi	270295	66097	167609	32826	3575	188
甘 肃	Gansu	73857	26390	38284	8754	414	15
青 海	Qinghai	26883	17887	5729	3049	218	
宁 夏	Ningxia	35856	21815	11894	1883	235	29
新 疆	Xinjiang	136014	67088	53046	13512	2260	108
新疆兵团	Xinjiang Production and Construction Crops	84310	26431	37647	19110	1119	3

九、劳动关系

LABOUR RELATION

9-1 历年劳动争议处理情况

LABOUR DISPUTES ACCEPTED AND SETTLED BY REGION

单位：件 (piece)

项 目	Item	1996	1997	1998	1999	2000
上期未结案件数	Number of Cases Left from Last Year-end	2634	2864	3475	3840	6374
案件受理情况	Cases Accepted					
当期案件受理数	Cases	48121	71524	93649	120191	135206
#集体劳动争议案件数	Number of Collective Labour Disputes	3150	4109	6767	9043	8247
劳动者申诉案件数	Number of Cases Left from Last Year-end	41697	68773	84829	114152	120043
劳动者当事人数(人)	Number of Laborers Involved(person)	189120	221115	358531	473957	422617
#集体劳动争议劳动者当事人数	Number of Laborers Involved in Collective Labour Disputes	92203	132647	251268	319445	259445
争议原因	Disputes Reasons					
劳动报酬	Labour Remuneration					
社会保险	Social Insurances					
变更劳动合同	Change the Labour Contract		2992	2840	3469	3829
解除劳动合同	Relieve the Labour Contract		10337	13069	18108	21149
终止劳动合同	End the Labour Contract		5344	4752	8031	10816
其 他	Others		8917	9515	8626	12549
案件处理情况	Cases Settled					
结案数	Number of Cases Settled	46543	70792	92288	121289	130688
处理方式	by Manners of Settlement					
仲裁调解	by Mediation	24223	32793	31483	39550	41877
仲裁裁决	by Arbitrition Lawsuit	12789	15060	25389	34712	54142
其他方式	Others	9531	22939	35155	47027	34669
处理结果	by Result of Settlement					
用人单位胜诉	Lawsuit Won by Units	9452	11488	11937	15674	13699
劳动者胜诉	Lawsuit Won by Laborers	23696	40063	48650	63030	70544
双方部分胜诉	Lawsuit Partly Won by Both Parties	13395	19241	27365	37459	37247
案外调解案件数	Cases Mediated					

9-1 续表 continued

单位：件 (piece)

项 目	Item	2001	2002	2003	2004	2005	2006
上期未结案件数	Number of Cases Left from Last Year-end	8739	12472	16276	17117	17829	22165
案件受理情况	Cases Accepted						
当期案件受理数	Cases	154621	184116	226391	260471	313773	317162
#集体劳动争议案件数	Number of Collective Labour Disputes	9847	11024	10823	19241	16217	13977
劳动者申 诉案件数	Number of Cases Left from Last Year-end	146781	172253	215512	249335	293710	301233
劳动者当事人数(人)	Number of Laborers Involved	467150	608396	801042	764981	744195	679312
#集体劳动争议劳动者当事人数	Number of Laborers Involved in Collective Labour Disputes	286680	374956	514573	477992	409819	348714
争议原因	Disputes Reasons						
劳动报酬	Labour Remuneration	45172	59144	76774	85132	103183	103887
社会保险	Social Insurances	31158	56558	76181	88119	97519	100342
变更劳动合同	Change the Labour Contract	4254	3765	5494	4465	7567	3456
解除劳动合同	Relieve the Labour Contract	29038	30940	40017	42881	54858	55502
终止劳动合同	End the Labour Contract	10298	12908	12043	14140	14015	12366
案件处理情况	Cases Settled						
结案数	Number of Cases Settled	150279	178744	223503	258678	306027	310780
处理方式	by Manners of Settlement						
仲裁调解	by Mediation	42933	50925	67765	83400	104308	104435
仲裁裁决	by Arbitrition Lawsuit	77250	77340	95774	110708	131745	141465
其他方式	Others	35096	50479	59954	64550	69974	64880
处理结果	by Result of Settlement						
用人单位胜诉	Lawsuit Won by Units	31544	27017	34272	35679	39401	39251
劳动者胜诉	Lawsuit Won by Laborers	71739	84432	109556	123268	145352	146028
双方部分胜诉	Lawsuit Partly Won by Both Parties	46996	67295	79475	94041	121274	125501
案外调解案件数	Cases Mediated	63939	77342	58451	70840	93561	130321

9-2 各地区劳动争议处理情况(2006年)

LABOUR DISPUTES ACCEPTED AND SETTLED BY REGION(2006)

单位: 件 (piece)

地 区	Region	上期未结案件数 Number of Cases Left from Last Year-end	案件受理情况 Cases Accepted				
			当期案件受理数 Cases	#集体劳动争议案件 Number of Collective Labour Disputes	#劳动者申诉案件 Number of Cases Left from Last Year-end	劳动者当事人数(人) Number of Laborers Involved (person)	#集体劳动争议劳动者当事人数 Number of Laborers Involvedin Collective Labour Disputes
全 国	**National**	**22165**	**317162**	**13977**	**679312**	**301233**	**348714**
北 京	Beijing	82	22647	913	22647	22077	10808
天 津	Tianjin		5682	109	8188	5678	2549
河 北	Hebei	153	7884	339	19984	7582	10168
山 西	Shanxi	538	3872	471	15579	3754	9504
内蒙古	Inner Mongolia	304	2856	157	4315	2641	1728
辽 宁	Liaoning	1037	12536	835	37235	11987	26869
吉 林	Jilin	786	5919	2035	43605	3914	39135
黑龙江	Heilongjiang	371	5326	380	10489	4551	7320
上 海	Shanghai	2166	24172	789	34770	23698	11389
江 苏	Jiangsu	2628	43984	1199	56674	40348	12385
浙 江	Zhejiang	979	21036	1095	34868	20244	14887
安 徽	Anhui	122	3201	268	9378	2998	5726
福 建	Fujian	671	8548	382	23214	8255	12148
江 西	Jiangxi	775	2063	115	13565	1931	11400
山 东	Shandong	1463	23625	528	46849	21127	26218
河 南	Henan	442	10233	506	20528	9756	10604
湖 北	Hubei	352	7718	232	21743	7159	5586
湖 南	Hunan	367	8600	540	17560	8200	4860
广 东	Guangdong	6310	54855	1330	151217	54176	83220
广 西	Guangxi	239	5397	60	9201	5336	3667
海 南	Hainan	21	1035	33	3087	996	1555
重 庆	Chongqing	266	8685	177	12901	8379	4993
四 川	Sichuan	181	10421	415	17238	10242	7661
贵 州	Guizhou	317	3528	54	4550	3414	1055
云 南	Yunnan	89	1652	94	3693	1582	1716
西 藏	Tibet	20	1271	516	16276	1167	12568
陕 西	Shaanxi	1313	3125	94	5313	3000	1594
甘 肃	Gansu	78	1695	90	3115	1667	1700
青 海	Qinghai	1	398	28	1498	367	1127
宁 夏	Ningxia	27	820	38	3242	782	2500
新 疆	Xinjiang	41	3885	143	6158	3741	1934
新疆兵团	Xinjiang Production and Construction Crops	26	493	12	632	484	140

9-2 续表 1 continued

单位：件 (piece)

地区 Region	案件受理情况 Cases Accepted								
	争议原因 Causes of the Disputes								
	劳动报酬 Labour Remuneration	社会保险 Social Insurances	福利 Social Welfare	变更劳动合同 Change the Labour Contract	解除劳动合同 Relieve the Labour Contract	终止劳动合同 End the Labour Contract	职业培训 Vocational Training	下岗 Laid-off	其他 Others
全国 National	**103887**	**100342**	**4684**	**3456**	**55502**	**12366**	**1310**	**1453**	**34162**
北京 Beijing	13459	1341		25	197	12			7613
天津 Tianjin	1664	1471	13	55	401	303	4		1771
河北 Hebei	1610	3836		113	1295	446	40	106	438
山西 Shanxi	1291	1061	4	88	968	352	8	68	32
内蒙古 Inner Mongolia	745	1314	68	12	429	75	8	26	179
辽宁 Liaoning	3551	4256	422	86	1611	391	27	61	2131
吉林 Jilin	1306	2676	470	63	497	246	107	345	209
黑龙江 Heilongjiang	1395	1843	547	83	451	132	53	123	699
上海 Shanghai	8842	7675		68	1586	121	28		5852
江苏 Jiangsu	15258	11477	783	585	8579	2437	175	78	4612
浙江 Zhejiang	4944	11355		171	3168	513	18		867
安徽 Anhui	566	1324	121	28	763	94	17	21	267
福建 Fujian	2652	2778	144	62	2449	146	18	43	256
江西 Jiangxi	468	954	48	15	421	46	18	7	86
山东 Shandong	5846	9831		412	4117	1590	309	111	1409
河南 Henan	1611	4108	387	162	2261	992	18	154	540
湖北 Hubei	1423	3959	347	126	1049	514	39		261
湖南 Hunan	3096	1956		186	2642	238	172	87	223
广东 Guangdong	24628	8637		779	15349	2607	97	162	2596
广西 Guangxi	1330	2134	160	22	1160	201	28	14	348
海南 Hainan	270	380	41	3	270	29	3	10	29
重庆 Chongqing	1649	3995		46	1686	273	42	13	981
四川 Sichuan	2099	5270	215	97	1602	234	44	5	855
贵州 Guizhou	267	2005	212	19	432	49		1	543
云南 Yunnan	308	556	60	21	373	41	9	5	279
西藏 Tibet	609	20		4	46	37	7		548
陕西 Shaanxi	938	1250	31	63	563	63			217
甘肃 Gansu	419	336	443	7	324	47		5	114
青海 Qinghai	133	156	17	1	31	13			47
宁夏 Ningxia	168	332	68	38	127	52	5		30
新疆 Xinjiang	1236	1871	68	16	490	68	11	8	117
新疆兵团 Xinjiang Production and Construction Crops	106	185	15		165	4	5		13

9-2 续表 2 continued

单位：件 (piece)

地区	Region	案件处理情况 Cases Settled 结案数 Number of Cases Settled	处理方式 by Manners of Settlement 仲裁调解 by Mediation	仲裁裁决 by Arbitration Lawsuit	其他方式 Others	处理结果 by Result of Settlement 用人单位胜诉 Lawsuit Won by Units	劳动者胜诉 Lawsuit Won by Laborers	双方部分胜诉 Lawsuit Partly Won by Both Parties	案外调解案件数 Cases Mediated
全国	**National**	**310780**	**104435**	**141465**	**64880**	**39251**	**146028**	**125501**	**130321**
北京	Beijing	22552	6397	9360	6795	3798	6409	12345	
天津	Tianjin	5360	1307	2133	1920	1861	2449	1050	
河北	Hebei	7801	3288	3382	1131	957	4400	2444	4462
山西	Shanxi	4155	823	2926	406	352	2738	1065	264
内蒙古	Inner Mongolia	2742	1094	1191	457	371	1545	826	369
辽宁	Liaoning	10608	2597	5586	2425	1759	6644	2205	5885
吉林	Jilin	5556	938	4231	387	451	4418	687	
黑龙江	Heilongjiang	5521	2606	2210	705	550	3331	1640	358
上海	Shanghai	23451	7026	8182	8243	3182	8582	11687	
江苏	Jiangsu	43189	18353	11914	12922	5134	22305	15750	22089
浙江	Zhejiang	20791	10883	5503	4405	1682	8729	10380	3432
安徽	Anhui	3181	1090	1490	601	450	1484	1247	883
福建	Fujian	8404	3586	3220	1598	1165	4615	2624	5541
江西	Jiangxi	2053	966	713	374	288	1225	540	780
山东	Shandong	22824	6933	10174	5717	2648	8621	11555	3026
河南	Henan	9900	3667	5187	1046	1572	4814	3514	1780
湖北	Hubei	7766	3206	3053	1507	156	3973	3637	803
湖南	Hunan	8520	1879	6580	61	1363	5538	1619	8600
广东	Guangdong	55105	13346	35114	6645	6013	21072	28020	56143
广西	Guangxi	5344	1277	3413	654	1044	2265	2035	2095
海南	Hainan	954	222	578	154	30	528	396	246
重庆	Chongqing	8457	2956	3279	2222	780	5017	2660	9888
四川	Sichuan	10355	4144	4511	1700	941	6188	3226	1195
贵州	Guizhou	3612	1472	1445	695	580	1781	1251	51
云南	Yunnan	1673	487	629	557	125	899	649	501
西藏	Tibet	1200	668	62	470	23	992	185	
陕西	Shaanxi	2750	825	1870	55	963	1210	577	63
甘肃	Gansu	1667	558	866	243	197	1104	366	489
青海	Qinghai	366	95	124	147	120	204	42	4
宁夏	Ningxia	717	286	314	117	96	361	260	518
新疆	Xinjiang	3695	1371	1881	443	521	2282	892	517
新疆兵团	Xinjiang Production and Construction Crops	511	89	344	78	79	305	127	339

9-3 劳动保障监察案件结案情况(2006)

CASES SETTLED BY LABOUR AND SOCIAL SECURITY INSPECTION ORGANIZATION(2006)

单位：件 (piece)

项目	Item	2006
结案数	**Cases Settled**	**403754**
案件分类	**Cases by Caused Reasons**	
内部劳动保障规章制度	Inner Institutions on Labour and Social Insurances	11492
订立劳动合同	Signing Labour Contract	82180
女职工和未成年工特殊劳动保护	Special Protection for Female and minor Workers and employees	3479
工作时间和休息休假	Working Hours and Vocation	30180
支付工资和最低工资标准	Wage Payment and Minimum Wage Standard	170494
参加社会保险和缴纳社会保险费	Social Insurances	92185
职业介绍、职业技能培训和职业技能考核	Job Referral, Vocational Training and Vocational Qualification	17003
其他	Others	33222
案件处理情况	**Settlement of Cases**	
责令限期改正	Order to Make Corrections	244926
行政处理决定	Circulate a Notice of Administrative Settlement	16386
行政处罚决定	Circulate a Notice of Administrative Punishment	30794
警告	Warning	6677
罚款	Fine	25333
其他行政处罚	Others	506

9-4 劳动保障监察工作情况(2006)

LAOUR AND SOCIAL SECURITY INSPECTION(2006)

项目	Item	2006
主动监察	Inspection on Initiative	
检查单位数(万户)	Employing Units Inspected (10000 households)	141.3
涉及劳动者人数(万人)	Laborers Involved (10000 persons)	9198.3
投诉结案数(万件)	Complaint Cases Settled (10000 pieces)	27.9
举报结案数(万件)	Cases Settled through Inspection upon Reporting (10000 pieces)	12.0
审查用人单位报送的书面材料涉及用人单位数(万户)	Employing Units inspected through Examining Documents reported (10000 households)	121.7
补签劳动合同(万人)	Number of Labor Contracts Signed for Inspection (10000 persons)	1243.4
追发劳动者工资等待遇	Repay Wages and other Benefits	
涉及劳动者人数(万人)	Laborers Involved (10000 persons)	770.0
金额(亿元)	Amount of Money (100 million yuan)	57.5
督促缴费	Levy for Inspection	
单位数(万户)	Units Involved (10000 households)	18.8
金额(亿元)	Amount of Money (100 million yuan)	55.7
督促登记单位数(万户)	Registeration for Inspection Units Involved (10000 households)	11.1
取缔非法职业中介机构(户)	Number of Illegal Occupational Intermediary Agencies(household)	9067
清退风险抵押金金额(万元)	Number of Money Repaid to Employees (10000 Yuan)	16084.8
审查用人单位规章数(万件)	Number of Regulations of Employing Units Inspected (10000 pieces)	80.4
纠正用人单位违法规章数(万件)	Number of Regulations of Employing Units Corrected (10000 pieces)	15.0
向社会公布重大违法行为数(件)	Discolsed Serious Violations of Laws or Rules (piece)	622

十、社会保障

SOCIAL SECURITY

10-1 历年全国社会保险基金收支及累计结余

REVENUE, EXPENSES AND BALANCE OF SOCIAL INSURANCE FUNDS

单位：亿元 (100 million yuan)

年份 Year	合计 Total	基本养老保险 Basic Pension Insurance	失业保险 Unemployment Insurance	基本医疗保险 Medical Insurance	工伤保险 Work Injury Insurance	生育保险 Maternity Insurance
基金收入 Revenue						
1990	186.8	178.8	8.0			
1995	1006.0	950.1	35.3	9.7	8.1	2.9
2000	2644.5	2278.5	160.4	170.0	24.8	11.2
2001	3101.9	2489.0	187.3	383.6	28.3	13.7
2002	4048.7	3171.5	215.6	607.8	32.0	21.8
2003	4882.9	3680.0	249.5	890.0	37.6	25.8
2004	5780.3	4258.4	291.0	1140.5	58.3	32.1
2005	6975.2	5093.3	340.3	1405.3	92.5	43.8
2006	8643.2	6309.7	402.5	1747.1	121.8	62.1
基金支出 Expenses						
1990	151.9	149.3	2.5			
1995	877.1	847.6	18.9	7.3	1.8	1.6
2000	2385.6	2115.5	123.4	124.5	13.8	8.3
2001	2748.0	2321.3	156.6	244.1	16.5	9.6
2002	3471.5	2842.9	186.6	409.4	19.9	12.8
2003	4016.4	3122.1	199.8	653.9	27.1	13.5
2004	4627.4	3502.1	211.0	862.2	33.3	18.8
2005	5400.8	4040.3	206.9	1078.7	47.5	27.4
2006	6477.4	4896.7	198.0	1276.7	68.5	37.5
累计结余						
1990	117.3	97.9	19.5			
1995	516.8	429.8	68.4	3.1	12.7	2.7
2000	1327.5	947.1	195.9	109.8	57.9	16.8
2001	1622.8	1054.1	226.2	253.0	68.9	20.6
2002	2423.4	1608.0	253.8	450.7	81.1	29.7
2003	3313.8	2206.5	303.5	670.6	91.2	42.0
2004	4493.4	2975.0	386.0	957.9	118.6	55.9
2005	6073.7	4041.0	519.0	1278.1	163.5	72.1
2006	8255.9	5488.9	724.8	1752.4	192.9	96.9

10-2 历年全国基本养老保险基金收支及累计结余
REVENUE,EXPENSES AND BALANCE OF BASIC PENSION INSURANCE

单位：亿元 (100 million yuan)

指 标	Item	1990	1995	2000	2001	2002	2003	2004	2005	2006
基金收入	Revenue	178.8	950.1	2278.1	2489.0	3171.5	3680.0	4258.4	5093.3	6309.7
企 业	Enterprises	178.8	950.1	2088.3	2235.1	2783.6	3209.4	3728.5	4491.7	5632.5
事业、机关	Institutions and State Organs			189.8	253.0	387.8	470.6	529.9	601.6	677.2
基金支出	Expenses	149.3	847.6	2115.5	2321.3	2842.9	3122.1	3502.1	4040.3	4896.7
企 业	Enterprises	149.3	847.6	1970.0	2116.5	2502.8	2716.2	3031.2	3495.3	4287.3
事业、机关	Institutions and State Organs			145.4	204.4	340.1	405.9	470.9	545.0	609.4
累计结余	Balance at the Year-end	97.9	429.8	947.1	1054.1	1608.0	2206.5	2975.0	4041.0	5488.9
企 业	Enterprises	97.9	429.8	761.0	818.6	1243.5	1764.8	2499.3	3506.7	4869.1
事业、机关	Institutions and State Organs			186.1	233.2	364.5	441.7	475.7	534.3	619.8

10-3 历年全国参加基本养老保险职工及离退休人数
CONTRIBUTORS OF PENSION INSURANCE

单位：万人 (10000 persons)

年 份 Year	职 工 Workers		离退休人员 Retirees	
	合 计 Total	#企业(含其他) Enterprises (included others)	合 计 Total	#企业(含其他) Enterprises (included others)
1989	4816.9	4816.9	893.4	893.4
1990	5200.7	5200.7	965.3	965.3
1991	5653.7	5653.7	1086.6	1086.6
1992	7774.7	7774.7	1681.5	1681.5
1993	8008.2	8008.2	1839.4	1839.4
1994	8494.1	8494.1	2079.4	2079.4
1995	8737.8	8737.8	2241.2	2241.2
1996	8758.4	8758.4	2358.3	2358.3
1997	8670.9	8670.9	2533.0	2533.0
1998	8475.8	8475.8	2727.3	2727.3
1999	9501.8	8859.2	2983.6	2947.5
2000	10447.5	9469.9	3169.9	3016.5
2001	10801.9	9733.0	3380.6	3171.3
2002	11128.8	9929.4	3607.8	3349.2
2003	11646.5	10324.5	3860.2	3556.9
2004	12250.3	10903.9	4102.6	3775.0
2005	13120.4	11710.6	4367.5	4005.2
2006	14130.9	12618.0	4635.4	4238.6

10-4 历年各地区基本养老保险参保人数

CONTRBUTORS OF BASIC PENSION INSURANCE BY REGION

单位：万人 (10000 persons)

地 区	Region	2001		2002		2003	
		合 计 Total	#离退休人员 Retirees	合 计 Total	#离退休人员 Retirees	合 计 Total	#离退休人员 Retirees
全 国	**National**	**14182.5**	**3380.6**	**14736.6**	**3607.8**	**15506.7**	**3860.1701**
北 京	Beijing	425.9	124.3	436.2	133.2	448.5	141.5
天 津	Tianjin	281.4	85.2	296.0	91.4	283.3	97.6
河 北	Hebei	641.4	145.3	643.5	154.0	665.5	163.6
山 西	Shanxi	365.6	81.8	361.8	85.4	364.4	88.1
内蒙古	Inner Mongolia	290.6	65.3	292.9	70.8	300.9	72.6
辽 宁	Liaoning	1022.7	288.9	1039.2	302.2	1070.4	315.5
吉 林	Jilin	389.1	99.6	397.7	104.9	427.0	115.5
黑龙江	Heilongjiang	692.5	178.5	689.8	187.4	714.3	196.0
上 海	Shanghai	683.5	239.9	699.8	246.9	715.6	254.6
江 苏	Jiangsu	888.1	212.7	1063.5	252.9	1135.2	271.4
浙 江	Zhejiang	610.4	125.1	701.1	132.6	801.2	144.2
安 徽	Anhui	432.7	98.5	432.3	102.8	456.6	113.6
福 建	Fujian	242.0	58.4	285.1	61.6	364.2	79.4
江 西	Jiangxi	328.8	78.2	339.8	82.6	355.9	93.4
山 东	Shandong	1022.6	191.3	1043.0	205.3	1135.9	219.3
河 南	Henan	736.6	141.9	757.8	161.5	751.1	171.0
湖 北	Hubei	612.1	137.7	628.8	147.2	732.4	177.9
湖 南	Hunan	603.4	148.0	616.5	157.7	636.2	167.5
广 东	Guangdong	1370.3	187.0	1405.4	193.5	1482.2	203.8
广 西	Guangxi	248.9	58.7	257.2	63.5	264.8	66.3
海 南	Hainan	108.2	30.5	111.2	31.9	116.7	33.6
重 庆	Chongqing	270.3	82.3	280.3	87.8	280.0	92.4
四 川	Sichuan	578.9	169.4	589.2	178.1	605.5	187.5
贵 州	Guizhou	159.0	42.4	168.9	44.9	168.0	48.0
云 南	Yunnan	243.1	69.6	252.1	74.1	257.3	77.8
西 藏	Tibet	7.1	2.6	7.0	2.6	7.3	2.8
陕 西	Shaanxi	345.4	83.4	352.0	90.8	362.4	97.4
甘 肃	Gansu	188.4	45.3	188.0	48.1	192.0	51.2
青 海	Qinghai	51.9	14.9	54.2	15.0	56.4	15.9
宁 夏	Ningxia	57.9	13.2	59.0	13.7	60.7	14.3
新 疆	Xinjiang	258.4	77.6	262.1	79.6	269.3	83.0
中国人民银行	The People's Bank of China	19.8	3.1	19.8	3.3	19.8	3.4
中国农业发展银行	Agricuture Development Bank of China	5.4	0.2	5.5	0.3	5.6	0.4

10-4 续表 continued

单位：万人 (10000 persons)

地 区	Region	2004		2005		2006	
		合 计 Total	#离退休人员 Retirees	合 计 Total	#离退休人员 Retirees	合 计 Total	#离退休人员 Retirees
全 国	**National**	**16352.9**	**4102.6**	**17487.9**	**4367.5**	**18766.3**	**4635.4**
北 京	Beijing	459.7	148.6	520.0	155.2	603.6	160.9
天 津	Tianjin	298.1	102.9	308.3	107.7	328.2	112.7
河 北	Hebei	683.4	172.0	707.9	184.2	747.5	196.0
山 西	Shanxi	376.7	93.3	383.4	98.2	486.9	112.7
内蒙古	Inner Mongolia	318.8	82.0	338.9	86.1	356.6	91.1
辽 宁	Liaoning	1101.0	333.8	1193.6	360.8	1248.8	383.0
吉 林	Jilin	439.0	123.1	455.9	131.0	480.2	138.9
黑龙江	Heilongjiang	738.1	207.3	768.9	223.2	801.0	236.5
上 海	Shanghai	770.9	265.3	830.0	290.7	891.7	314.4
江 苏	Jiangsu	1214.1	288.8	1345.6	307.9	1469.8	328.1
浙 江	Zhejiang	888.0	152.4	962.3	160.9	1052.6	170.9
安 徽	Anhui	463.9	118.8	471.7	124.8	495.2	133.8
福 建	Fujian	377.5	83.7	409.6	88.9	456.1	93.6
江 西	Jiangxi	371.8	99.9	387.4	105.5	415.0	111.6
山 东	Shandong	1218.7	232.2	1302.4	248.6	1368.0	261.7
河 南	Henan	781.1	181.1	814.0	194.2	863.8	208.2
湖 北	Hubei	780.5	195.4	804.0	206.4	850.8	220.5
湖 南	Hunan	691.7	185.4	718.6	195.2	751.6	209.9
广 东	Guangdong	1588.8	220.4	1796.1	231.2	1972.3	243.5
广 西	Guangxi	279.3	70.2	288.6	73.3	302.7	77.1
海 南	Hainan	120.0	35.2	120.9	36.5	132.0	38.0
重 庆	Chongqing	283.9	96.8	290.2	100.5	317.3	107.9
四 川	Sichuan	668.0	202.7	793.4	230.7	842.7	244.9
贵 州	Guizhou	174.9	50.0	183.7	51.7	193.2	54.1
云 南	Yunnan	255.3	79.4	258.7	81.9	267.4	83.8
西 藏	Tibet	7.6	3.0	7.7	3.1	7.6	3.1
陕 西	Shaanxi	369.3	102.5	376.1	107.8	391.5	111.4
甘 肃	Gansu	194.5	53.5	197.3	55.1	201.2	57.7
青 海	Qinghai	58.5	16.5	60.0	16.9	62.5	17.4
宁 夏	Ningxia	62.5	15.2	67.5	16.1	72.3	16.7
新 疆	Xinjiang	294.8	87.3	302.1	89.0	313.3	90.9
中国人民银行	The People's Bank of China	17.1	3.5	17.1	3.7	17.2	3.9
中国农业发展银行	Agricuture Development Bank of China	5.8	0.4	5.7	0.5	5.6	0.5

10-5 各地区基本养老保险情况(2006年)

BASIC PENSION INSURANCE BY REGION(2006)

单位：万人、亿元 (10000 persons，100 million yuan)

地区	Region	参保职工年末人数 Active Contributors at the Year-end	#企业(含其他) Enterprises (others)	参保离退休人员年末人数 Retirees at the Year-end	基金收支情况 Revenue and Expenses 基金收入 Revenue	基金支出 Expenses	累计结余 Balance at the Year-end
全国	**National**	**14130.9**	**12618.0**	**4635.4**	**6309.8**	**4896.7**	**5488.9**
北京	Beijing	442.6	442.6	160.9	289.1	228.7	160.9
天津	Tianjin	215.5	208.3	112.7	157.5	130.0	87.4
河北	Hebei	551.5	447.1	196.0	252.7	214.7	207.9
山西	Shanxi	374.1	302.4	112.7	182.0	114.7	214.3
内蒙古	Inner Mongolia	265.5	238.1	91.1	125.8	96.2	76.3
辽宁	Liaoning	865.8	790.2	383.0	424.5	351.6	350.4
吉林	Jilin	341.4	330.5	138.9	158.1	111.0	150.9
黑龙江	Heilongjiang	564.5	505.1	236.5	279.6	203.7	215.4
上海	Shanghai	577.3	515.6	314.4	424.2	414.0	119.6
江苏	Jiangsu	1141.7	1059.3	328.1	486.4	381.1	348.7
浙江	Zhejiang	881.7	814.4	170.9	352.7	221.9	502.3
安徽	Anhui	361.4	353.3	133.8	162.9	129.5	92.5
福建	Fujian	362.5	304.1	93.6	122.3	103.2	98.5
江西	Jiangxi	303.3	287.8	111.6	102.8	84.5	72.1
山东	Shandong	1106.3	883.3	261.7	440.7	351.8	382.7
河南	Henan	655.6	572.9	208.2	235.4	190.1	220.8
湖北	Hubei	630.3	570.1	220.5	239.8	201.9	131.0
湖南	Hunan	541.8	386.1	209.9	213.4	181.3	156.8
广东	Guangdong	1728.8	1581.5	243.5	560.2	307.3	1027.3
广西	Guangxi	225.6	225.6	77.1	79.2	71.3	65.0
海南	Hainan	94.0	74.3	38.0	40.7	34.3	23.2
重庆	Chongqing	209.4	197.3	107.9	112.2	95.9	51.9
四川	Sichuan	597.7	491.2	244.9	292.8	228.2	260.5
贵州	Guizhou	139.1	124.6	54.1	66.6	53.6	62.3
云南	Yunnan	183.6	175.0	83.8	99.4	86.0	84.9
西藏	Tibet	4.4	4.4	3.1	5.9	5.1	0.8
陕西	Shaanxi	280.2	280.2	111.4	134.1	105.8	80.5
甘肃	Gansu	143.4	138.7	57.7	80.9	61.4	57.4
青海	Qinghai	45.1	45.1	17.4	29.3	23.0	17.2
宁夏	Ningxia	55.6	55.6	16.7	27.2	20.3	34.6
新疆	Xinjiang	222.4	213.0	90.9	130.1	93.4	130.3
中国人民银行	The People's Bank of China	13.3		3.9			
中国农业发展银行	Agricuture Development Bank of China	5.1		0.5	1.4	1.1	4.7

10-6 各地区养老金社会化发放人数(2006年)

NUMBER OF PENSIONERS PAID BY THE SOCIALIZED AGENCIES BY REGION(2006)

单位：万人 (10000 persons)

地　区	Region	社会化发放人数 Pensioners Paid by the Socialized Agencies	纳入社区管理的企业退休人数 Community Administer Retirees	纳入社区管理的企业退休人数占企业退休人员总数的比例(%) Ratio of Community Administer Retirees(%)
全　国	**National**	**4232.0**	**2832.8**	**68.80**
北　京	Beijing	160.9	133.7	85.07
天　津	Tianjin	109.4	88.5	81.71
河　北	Hebei	167.8	114.2	71.39
山　西	Shanxi	101.4	62.8	63.76
内蒙古	Inner Mongolia	86.6	50.0	58.50
辽　宁	Liaoning	354.9	286.4	85.93
吉　林	Jilin	137.2	117.4	85.96
黑龙江	Heilongjiang	215.8	144.5	67.63
上　海	Shanghai	276.4	242.8	100.00
江　苏	Jiangsu	302.3	269.8	90.22
浙　江	Zhejiang	150.0	110.7	76.39
安　徽	Anhui	131.0	98.4	77.01
福　建	Fujian	76.1	64.6	88.13
江　西	Jiangxi	108.8	87.0	80.16
山　东	Shandong	202.9	157.2	81.57
河　南	Henan	189.7	147.7	78.92
湖　北	Hubei	206.9	155.1	74.93
湖　南	Hunan	165.2	108.4	66.35
广　东	Guangdong	230.7	111.3	48.89
广　西	Guangxi	76.9	58.1	76.14
海　南	Hainan	31.6	15.7	48.53
重　庆	Chongqing	104.1	74.2	71.70
四　川	Sichuan	216.0	180.0	83.99
贵　州	Guizhou	53.1	18.9	36.13
云　南	Yunnan	79.2	37.7	47.79
西　藏	Tibet	3.1		
陕　西	Shaanxi	111.3	70.7	64.44
甘　肃	Gansu	58.9	39.4	68.28
青　海	Qinghai	17.4	10.0	57.47
宁　夏	Ningxia	16.7	9.5	58.30
新　疆	Xinjiang	89.6	63.2	71.18

注：社会化发放人数指企业、企业化管理的事业单位及其它参保人员中的离退休人员。

Note: Number of pensioners paid by the socialized agencies refers to retirees of enterprises,institutions managed with enterprise's management model and other retirees.

10-7 历年失业保险、基本医疗保险、工伤保险、生育保险基本情况

UNEMPLOYMENT INSURANCE, MEDICAL INSURANCE, WORK INJURY INSURANCE AND MATERNITY INSURANCE

项目	Item	2001	2002	2003	2004	2005	2006
绝对数(万人)	**Absolute figure(10000 persons)**						
失业保险	**Unemloyment Insurance**						
年末参保人数	Contributors at the Year-end	10354.6	10181.6	10372.4	10583.9	10647.7	11186.6
年末领取失业保险金人数	Beneficiaries of Unemplo-ment Insurance Funds	312	440	415	419	362	327
全年发放失业保险金(万元)	Unemployed Relief (10000 yuan)	832563	1167736	1334448	1374983	1323767	1257582
基本医疗保险	**Basic Medical Insurance**						
年末参保人数	Contributors at the Year-end	7285.9	9401.2	10901.7	12403.6	13782.9	15731.8
#职工人数	Workers	5470.7	6925.8	7974.9	9044.4	10021.7	11580.3
退休人员人数	Retirees	1815.2	2475.4	2926.8	3359.2	3761.2	4151.5
工伤保险	**Work Injury Insurance**						
年末参保人数	Contributors at the Year-end	4345.3	4405.6	4574.8	6845.2	8477.8	10268.5
全年享受工伤待遇保险人数	Beneficiaries at the Year-end	18.7	26.5	32.9	51.9	65.1	77.8
生育保险	**Maternity Insurance**						
年末参保人数	Contributors at the Year-end	3455.1	3488.2	3655.4	4383.8	5408.5	6458.9
比上年增长(%)	**Increase over Preceding Year %**						
失业保险	**Unemloyment Insurance**						
年末参保人数	Contributors at the Year-end	-0.6	-1.7	1.9	2.0	0.6	5.0
年末领取失业保险金人数	Beneficiaries of Unemplo-ment Insurance Funds	64.2	41.0	-5.7	1.0	-13.5	-9.9
基本医疗保险	**Unemployed Relief (10000 yuan)**						
年末参保人数	Basic Medical Insurance Contributors at the Year-end	92.4	29.0	16.0	13.8	11.1	14.1
#职工人数	Workers	91.1	26.6	15.1	13.4	10.8	15.6
退休人员人数	Retirees	96.4	36.4	18.2	14.8	12.0	10.4
工伤保险	**Work Injury Insurance**						
年末参保人数	Contributors at the Year-end	-0.1	1.4	3.8	49.6	23.9	21.1
全年享受工伤待遇保险人数	Beneficiaries at the Year-end	-0.6	41.7	24.2	57.8	25.4	19.5
生育保险	**Maternity Insurance**						
年末参保人数	Contributors at the Year-end	15.1	1.0	4.8	20.0	23.4	19.4

10-8 历年各地区基本医疗保险参保人数
BASIC HEALTHCARE INSURANCE BY REGION

单位：万人 (10000 persons)

地区	Region	2001 合计 Total	2001 #退休人员 Retirees	2002 合计 Total	2002 #退休人员 Retirees	2003 合计 Total	2003 #退休人员 Retirees
全国	**National**	**7285.9**	**1815.2**	**9401.2**	**2475.4**	**10901.7**	**2926.8**
北京	Beijing	240.7	89.4	321.1	113.2	436.1	134.7
天津	Tianjin	139.6	46.8	250.2	103.8	254.7	108.5
河北	Hebei	282.5	61.5	330.4	73.0	383.2	84.7
山西	Shanxi	157.3	34.4	216.7	49.5	245.5	51.3
内蒙古	Inner Mongolia	196.9	45.5	221.7	54.2	252.3	66.1
辽宁	Liaoning	313.6	90.4	619.0	188.7	697.7	217.2
吉林	Jilin	124.2	27.8	176.9	39.8	230.8	55.3
黑龙江	Heilongjiang	308.3	89.2	392.8	108.2	435.2	122.1
上海	Shanghai	680.5	238.9	694.8	245.9	709.6	250.6
江苏	Jiangsu	456.0	113.5	690.9	183.2	815.0	227.6
浙江	Zhejiang	352.7	100.0	423.4	117.0	510.3	139.5
安徽	Anhui	232.8	53.6	273.4	65.6	318.2	79.8
福建	Fujian	171.0	38.3	230.0	54.7	247.8	61.8
江西	Jiangxi	71.6	12.2	106.6	22.7	188.2	45.7
山东	Shandong	490.2	86.0	625.6	119.5	691.1	138.0
河南	Henan	460.3	94.8	537.4	115.2	567.9	126.9
湖北	Hubei	255.4	54.5	338.1	80.6	416.6	110.1
湖南	Hunan	351.6	83.7	398.1	108.3	423.5	116.1
广东	Guangdong	544.8	84.4	717.7	118.8	877.0	146.4
广西	Guangxi	150.1	33.4	201.8	54.1	235.0	66.1
海南	Hainan	40.9	8.5	52.6	11.5	63.1	15.4
重庆	Chongqing	36.8	9.7	58.7	18.0	121.8	41.7
四川	Sichuan	437.6	128.3	480.6	150.1	531.2	173.8
贵州	Guizhou	31.1	6.9	94.6	26.6	134.1	38.2
云南	Yunnan	185.7	45.6	238.4	65.0	281.5	81.4
西藏	Tibet					6.0	1.8
陕西	Shaanxi	231.4	49.4	261.8	65.1	301.0	77.4
甘肃	Gansu	109.9	23.6	124.1	26.0	146.0	32.8
青海	Qinghai	38.3	12.6	51.1	16.3	56.4	17.8
宁夏	Ningxia	17.2	4.0	36.8	10.1	48.1	12.7
新疆	Xinjiang	177.0	48.1	235.7	70.6	276.7	85.3

10-8 续表 continued

单位：万人 (10000 persons)

地 区	Region	2004 合 计 Total	2004 #退休人员 Retirees	2005 合 计 Total	2005 #退休人员 Retirees	2006 合 计 Total	2006 #退休人员 Retirees
全 国	**National**	**12403.6**	**3359.2**	**13782.9**	**3761.2**	**15731.9**	**4151.5**
北 京	Beijing	483.9	141.7	574.8	155.1	679.5	163.9
天 津	Tianjin	263.0	104.8	299.1	118.3	344.2	126.0
河 北	Hebei	472.5	108.9	562.1	139.6	615.9	158.6
山 西	Shanxi	295.5	63.9	324.9	73.0	353.8	82.2
内 蒙 古	Inner Mongolia	274.2	78.1	292.0	86.0	316.2	93.1
辽 宁	Liaoning	783.7	247.3	864.2	280.0	959.3	307.4
吉 林	Jilin	270.0	67.5	283.0	73.9	376.3	101.2
黑 龙 江	Heilongjiang	544.1	151.7	602.9	170.4	708.2	192.9
上 海	Shanghai	714.1	260.9	728.6	275.9	1023.3	291.0
江 苏	Jiangsu	976.7	261.6	1124.1	303.0	1274.3	338.5
浙 江	Zhejiang	569.2	150.3	639.6	163.1	730.6	172.9
安 徽	Anhui	362.2	97.7	387.1	112.7	441.2	124.7
福 建	Fujian	285.9	69.5	333.0	77.2	370.1	85.2
江 西	Jiangxi	250.4	65.8	276.7	75.0	313.3	86.5
山 东	Shandong	771.9	153.5	861.5	176.7	996.1	199.9
河 南	Henan	590.0	136.8	641.5	154.1	704.1	173.3
湖 北	Hubei	466.8	132.5	502.0	147.2	565.3	166.6
湖 南	Hunan	477.0	133.9	503.4	146.6	560.5	162.4
广 东	Guangdong	1034.2	168.9	1235.3	180.3	1421.1	197.9
广 西	Guangxi	272.2	77.8	285.9	82.3	302.0	88.7
海 南	Hainan	78.6	22.3	87.2	24.5	91.0	25.6
重 庆	Chongqing	206.3	76.2	237.7	91.9	257.5	97.4
四 川	Sichuan	587.6	196.5	647.0	220.2	734.5	247.8
贵 州	Guizhou	152.6	44.0	180.5	51.5	199.2	57.8
云 南	Yunnan	302.3	89.6	320.7	95.5	331.5	98.8
西 藏	Tibet			15.2	4.8	16.5	5.0
陕 西	Shaanxi	325.6	86.8	348.8	101.3	377.1	111.4
甘 肃	Gansu	165.8	40.6	176.6	46.2	195.8	51.7
青 海	Qinghai	60.2	19.5	62.0	20.4	64.5	22.0
宁 夏	Ningxia	55.6	14.6	64.5	17.2	73.1	19.9
新 疆	Xinjiang	304.4	93.2	321.1	97.5	335.8	101.2

10-9 各地区基本医疗保险基本情况(2006年)

BASIC MEDICAL INSURANCE BY REGION(2006)

地　区	Region	年末参保人数(万人) Contributors at the Year-end (10000 persons)			基金收支情况(亿元) Revenue and Expenses(100 million yuan)		
		合　计 Total	职　工 Workers	退休人员 Retirees	基金收入 Revenue	基金支出 Expenses	累计结余 Balance at the Year-end
全　国	**National**	**15731.9**	**11580.3**	**4151.5**	**1747.1**	**1276.7**	**1752.4**
北　京	Beijing	679.5	515.7	163.9	127.4	96.6	86.8
天　津	Tianjin	344.2	218.2	126.0	41.1	35.6	10.3
河　北	Hebei	615.9	457.3	158.6	60.2	45.0	59.2
山　西	Shanxi	353.8	271.7	82.2	32.2	21.0	37.8
内蒙古	Inner Mongolia	316.2	223.0	93.1	27.1	20.0	25.4
辽　宁	Liaoning	959.3	651.9	307.4	91.4	66.6	85.0
吉　林	Jilin	376.3	275.1	101.2	24.3	16.2	25.2
黑龙江	Heilongjiang	708.2	515.3	192.9	56.0	37.7	50.1
上　海	Shanghai	1023.3	732.3	291.0	170.6	156.1	80.5
江　苏	Jiangsu	1274.3	935.8	338.5	154.6	107.7	154.9
浙　江	Zhejiang	730.6	557.7	172.9	100.6	72.3	139.4
安　徽	Anhui	441.2	316.5	124.7	39.9	27.8	38.0
福　建	Fujian	370.1	284.9	85.2	47.5	31.0	72.2
江　西	Jiangxi	313.3	226.8	86.5	16.7	12.8	15.1
山　东	Shandong	996.1	796.1	199.9	108.1	77.6	94.6
河　南	Henan	704.1	530.9	173.3	48.0	35.7	57.9
湖　北	Hubei	565.3	398.7	166.6	52.6	37.2	63.0
湖　南	Hunan	560.5	398.0	162.4	51.9	37.8	51.5
广　东	Guangdong	1421.1	1223.1	197.9	180.9	109.5	286.8
广　西	Guangxi	302.0	213.3	88.7	30.3	19.4	40.1
海　南	Hainan	91.0	65.3	25.6	7.3	6.6	4.6
重　庆	Chongqing	257.5	160.1	97.4	28.8	19.8	27.9
四　川	Sichuan	734.5	486.7	247.8	74.8	50.5	93.8
贵　州	Guizhou	199.2	141.4	57.8	16.5	12.1	16.1
云　南	Yunnan	331.5	232.7	98.8	46.5	37.5	38.7
西　藏	Tibet	16.5	11.4	5.0	3.0	1.3	2.2
陕　西	Shaanxi	377.1	265.7	111.4	30.3	23.2	29.5
甘　肃	Gansu	195.8	144.1	51.7	17.8	14.0	12.2
青　海	Qinghai	64.5	42.5	22.0	10.3	7.4	11.2
宁　夏	Ningxia	73.1	53.3	19.9	8.2	5.1	8.7
新　疆	Xinjiang	335.8	234.6	101.2	42.2	35.3	33.8

10-10 历年各地区失业保险参保人数

UNEMPLOYMENT INSURANCE BY REGION

单位：万人 (10000 persons)

地区	Region	2001		2002		2003	
		年末参保人数 Contributors at the Year-end	年末领取失业保险金人数 Beneficiaries in the Year	年末参保人数 Contributors at the Year-end	年末领取失业保险金人数 Beneficiaries in the Year	年末参保人数 Contributors at the Year-end	年末领取失业保险金人数 Beneficiaries in the Year
全国	**National**	**10355**	**312**	**10182**	**440**	**10373**	**415**
北京	Beijing	287.2	5.5	299.6	4.8	306.6	5.2
天津	Tianjin	214.3	10.8	196.3	12.4	193.5	9.4
河北	Hebei	513.2	7.3	488.6	7.2	484.2	8.3
山西	Shanxi	286.0	5.9	278.9	4.5	284.1	5.7
内蒙古	Inner Mongolia	217.7	5.4	219.7	7.1	221.6	5.7
辽宁	Liaoning	656.7	20.3	591.2	82.2	622.2	67.0
吉林	Jilin	283.8	13.2	284.0	15.6	292.9	16.2
黑龙江	Heilongjiang	532.6	12.5	466.0	19.6	479.0	12.6
上海	Shanghai	430.7	13.1	436.0	14.4	441.1	14.0
江苏	Jiangsu	766.5	39.5	735.6	49.7	761.6	48.9
浙江	Zhejiang	391.1	33.0	390.0	27.5	396.8	17.4
安徽	Anhui	375.2	11.5	378.8	17.5	380.8	23.4
福建	Fujian	239.6	9.6	249.5	11.1	266.4	10.0
江西	Jiangxi	235.9	2.1	226.7	3.9	215.5	5.9
山东	Shandong	700.2	20.5	701.2	30.1	719.1	30.1
河南	Henan	676.1	10.0	670.4	16.8	680.0	18.7
湖北	Hubei	420.8	26.1	416.1	25.1	390.1	18.7
湖南	Hunan	352.0	4.4	326.6	7.9	347.5	10.5
广东	Guangdong	819.5	21.2	890.2	26.2	954.1	25.9
广西	Guangxi	217.7	5.0	215.5	7.6	219.1	8.9
海南	Hainan	56.1	0.7	60.2	1.7	57.7	1.8
重庆	Chongqing	210.0	7.7	205.3	9.1	199.5	8.1
四川	Sichuan	412.2	11.9	402.9	14.0	400.0	12.6
贵州	Guizhou	136.4	1.2	132.2	1.6	128.0	1.3
云南	Yunnan	190.7	3.6	183.2	4.6	183.0	6.6
西藏	Tibet	6.3		7.1		7.1	
陕西	Shaanxi	304.9	3.5	315.7	7.3	323.3	8.2
甘肃	Gansu	162.7	1.1	161.0	2.7	162.1	3.8
青海	Qinghai	35.7	1.4	32.2	1.0	33.2	1.3
宁夏	Ningxia	34.7	0.7	35.7	0.8	36.3	1.0
新疆	Xinjiang	188.2	3.9	185.2	5.7	186.5	7.4

10-10 续表 continued

单位：万人 (10000 persons)

地 区	Region	2004		2005		2006	
		年末参保人数 Contributors at the Year-end	年末领取失业保险金人数 Beneficiaries in the Year	年末参保人数 Contributors at the Year-end	年末领取失业保险金人数 Beneficiaries in the Year	年末参保人数 Contributors at the Year-end	年末领取失业保险金人数 Beneficiaries in the Year
全 国	**National**	**10584**	**419**	**10648**	**362**	**11187**	**327**
北 京	Beijing	308.2	3.8	357.5	3.5	482.2	3.1
天 津	Tianjin	195.1	5.1	197.5	3.8	216.7	3.6
河 北	Hebei	479.0	11.0	461.2	13.3	470.8	13.4
山 西	Shanxi	286.5	5.4	288.5	4.8	296.0	5.2
内蒙古	Inner Mongolia	222.3	5.8	222.2	4.9	223.5	5.0
辽 宁	Liaoning	616.2	81.7	607.7	46.5	614.1	25.9
吉 林	Jilin	282.2	12.2	199.4	7.5	224.4	10.2
黑龙江	Heilongjiang	475.8	9.7	459.6	10.3	457.5	17.8
上 海	Shanghai	487.8	15.9	466.1	17.8	476.4	18.5
江 苏	Jiangsu	797.1	43.6	838.3	30.2	901.1	22.7
浙 江	Zhejiang	428.4	11.3	444.7	7.2	504.4	6.5
安 徽	Anhui	371.1	26.4	360.3	24.3	362.6	17.9
福 建	Fujian	266.4	9.5	266.6	8.6	293.1	6.8
江 西	Jiangxi	226.6	7.2	230.7	6.0	241.0	4.9
山 东	Shandong	747.5	30.6	771.1	32.2	789.7	30.3
河 南	Henan	681.6	22.3	681.9	29.2	682.8	28.0
湖 北	Hubei	391.3	17.0	391.5	14.8	395.5	12.0
湖 南	Hunan	380.5	9.8	382.7	11.3	386.3	10.2
广 东	Guangdong	1005.8	23.4	1099.1	20.4	1208.2	16.7
广 西	Guangxi	226.4	9.8	219.9	9.4	222.3	8.1
海 南	Hainan	57.9	2.1	56.7	2.0	59.1	2.3
重 庆	Chongqing	193.4	9.2	188.2	6.4	193.0	4.8
四 川	Sichuan	398.6	12.6	380.5	15.6	400.0	16.3
贵 州	Guizhou	129.9	1.2	129.3	1.3	131.1	1.5
云 南	Yunnan	173.2	10.5	180.3	9.1	183.0	6.4
西 藏	Tibet	6.7		6.7		7.5	
陕 西	Shaanxi	325.5	7.2	326.7	8.6	326.5	14.1
甘 肃	Gansu	161.0	4.3	160.0	5.4	160.5	7.5
青 海	Qinghai	33.1	1.2	33.2	1.1	34.0	1.0
宁 夏	Ningxia	36.4	1.2	37.2	1.2	38.3	1.2
新 疆	Xinjiang	192.4	7.7	202.4	5.6	205.4	4.8

10-11 各地区失业保险基金基本情况(2006年)

UNEMPLOYMENT INSURANCE BY REGION(2006)

地 区	Region	参保人数 (万人) Employees Insured (10000 persons)	基金收入 (亿元) Revenue (100 million yuan)	基金支出 (亿元) Expenses (100 million yuan)	累计结余 (亿元) Balance at the Year-end (100 million yuan)
全 国	**National**	**11187**	**402.5**	**198.0**	**724.8**
北 京	Beijing	482.2	22.6	12.1	32.5
天 津	Tianjin	216.7	11.7	3.7	22.2
河 北	Hebei	470.8	13.7	8.2	30.9
山 西	Shanxi	296.0	6.3	2.6	17.2
内蒙古	Inner Mongolia	223.5	5.0	2.4	9.9
辽 宁	Liaoning	614.1	20.5	15.6	-3.2
吉 林	Jilin	224.4	6.6	2.2	14.8
黑龙江	Heilongjiang	457.5	11.1	4.4	32.6
上 海	Shanghai	476.4	49.9	26.1	41.5
江 苏	Jiangsu	901.1	37.0	17.8	58.3
浙 江	Zhejiang	504.4	22.7	6.2	54.6
安 徽	Anhui	362.6	10.3	8.0	6.1
福 建	Fujian	293.1	9.3	4.4	21.2
江 西	Jiangxi	241.0	4.6	2.2	10.9
山 东	Shandong	789.7	31.2	11.1	60.4
河 南	Henan	682.8	14.0	12.3	24.6
湖 北	Hubei	395.5	10.3	4.3	19.7
湖 南	Hunan	386.3	8.1	5.9	15.6
广 东	Guangdong	1208.2	39.1	13.7	100.1
广 西	Guangxi	222.3	7.7	3.9	20.3
海 南	Hainan	59.1	2.4	1.0	6.3
重 庆	Chongqing	193.0	4.5	1.8	7.2
四 川	Sichuan	400.0	13.6	10.1	20.1
贵 州	Guizhou	131.1	5.1	1.1	20.9
云 南	Yunnan	183.0	7.7	3.0	16.2
西 藏	Tibet	7.5	0.6	0.1	2.7
陕 西	Shaanxi	326.5	9.6	5.4	18.4
甘 肃	Gansu	160.5	4.5	3.9	7.9
青 海	Qinghai	34.0	1.7	0.5	4.1
宁 夏	Ningxia	38.3	1.3	0.8	3.3
新 疆	Xinjiang	205.4	9.6	3.3	27.4

10-12 历年各地区工伤保险基本情况

WORK INJURY INSURANCE BY REGION

单位：人 (person)

地区	Region	2001		2002		2003	
		年末参保人数 Contributors at the Year-end	享受工伤待遇人数 Beneficiaries of Work Injury Insurance	年末参保人数 Contributors at the Year-end	享受工伤待遇人数 Beneficiaries of Work Injury Insurance	年末参保人数 Contributors at the Year-end	享受工伤待遇人数 Beneficiaries of Work Injury Insurance
全　国	**National**	**43453489**	**187086**	**44056394**	**265069**	**45748335**	**328508**
北　京	Beijing	2046539	1334	2210814	7227	2428990	12056
天　津	Tianjin						
河　北	Hebei	1631029	8151	1467338	3957	1456909	4108
山　西	Shanxi	717751	152	463086	582	484432	400
内蒙古	Inner Mongolia	267209	5349	238403	2431	318332	2786
辽　宁	Liaoning	3905915	50162	3905379	59638	3458000	72825
吉　林	Jilin	307164	11206	365921	15438	371226	12100
黑龙江	Heilongjiang	1043613	854	1189600	9014	1309403	10952
上　海	Shanghai						
江　苏	Jiangsu	4739356	6558	4799950	12842	5030194	17195
浙　江	Zhejiang	2196715	5621	2260040	9787	2877043	14183
安　徽	Anhui	734204	2046	698037	3059	679906	3930
福　建	Fujian	1590411	2295	1706913	2952	1722504	5954
江　西	Jiangxi	1377713	1891	1292539	1934	1296637	2982
山　东	Shandong	2854635	6125	2777033	10796	2818274	15192
河　南	Henan	1960065	5059	2187900	6890	2106114	4958
湖　北	Hubei	1823231	13385	1831567	17124	1891875	14276
湖　南	Hunan					85942	292
广　东	Guangdong	9900946	51773	10499142	80367	11200081	96663
广　西	Guangxi	1240567	1000	1172636	2163	1203323	3258
海　南	Hainan	695253	267	688606	619	681660	993
重　庆	Chongqing	250126	940	296539	733	264538	1627
四　川	Sichuan	1793195	4553	1673945	6065	1614084	12069
贵　州	Guizhou	17029	6	13464	17	12639	18
云　南	Yunnan	972559	6028	889603	8639	841140	12094
西　藏	Tibet						
陕　西	Shaanxi	245033	618	255671	421	350523	766
甘　肃	Gansu	95355	176	87342	149	79902	207
青　海	Qinghai	70731	435	65518	302	66063	440
宁　夏	Ningxia	113911	290	159667	471	152179	903
新　疆	Xinjiang	863234	812	859741	1452	946422	5281

10-12 续表 continued

单位：人 (person)

地区	Region	2004 年末参保人数 Contributors at the Year-end	2004 享受工伤待遇人数 Beneficiaries of Work Injury Insurance	2005 年末参保人数 Contributors at the Year-end	2005 享受工伤待遇人数 Beneficiaries of Work Injury Insurance	2006 年末参保人数 Contributors at the Year-end	2006 享受工伤待遇人数 Beneficiaries of Work Injury Insurance
全　国	**National**	**68451673**	**518808**	**84777999**	**650536**	**102684600**	**778201**
北　京	Beijing	2589339	24534	3038875	29683	4653399	14524
天　津	Tianjin	1472299	1268	1629122	9011	2096722	17272
河　北	Hebei	2739492	8692	3613597	13130	4024381	24063
山　西	Shanxi	1040064	1310	1513891	4941	2014205	33016
内蒙古	Inner Mongolia	850174	4657	1102074	6794	1316119	8119
辽　宁	Liaoning	4042359	81910	4746306	90885	5100495	85057
吉　林	Jilin	1142880	30741	1366998	21695	1746591	29936
黑龙江	Heilongjiang	2026736	42634	2575129	37862	3030382	38806
上　海	Shanghai	4883160	658	5237140	4568	8176700	7114
江　苏	Jiangsu	5771985	26567	6802138	36659	8126946	56263
浙　江	Zhejiang	3604423	27006	4530706	47872	6039377	74232
安　徽	Anhui	1020315	5302	1481894	16699	2001773	20247
福　建	Fujian	2054085	8436	2391412	12569	2609889	15212
江　西	Jiangxi	1346504	4257	1536102	8246	2079047	14518
山　东	Shandong	4767363	47098	5787319	56759	6473091	57674
河　南	Henan	3247231	10985	4039871	15407	4210279	16594
湖　北	Hubei	1871792	17723	2303456	11443	2755430	14990
湖　南	Hunan	2033328	3381	2282210	7069	2800957	20092
广　东	Guangdong	12150911	112935	16050664	129148	18682490	134786
广　西	Guangxi	1335306	6521	1444346	8009	1611032	8119
海　南	Hainan	645161	1175	688905	1382	715367	1601
重　庆	Chongqing	1225525	3825	1540905	11743	1653639	17707
四　川	Sichuan	1956096	16416	2704993	19890	3049306	22813
贵　州	Guizhou	12425	29	657589	700	904700	5511
云　南	Yunnan	1509309	11378	1669450	12440	1738471	10591
西　藏	Tibet			19166		22657	42
陕　西	Shaanxi	1151182	7244	1491826	17782	2102790	7385
甘　肃	Gansu	420022	750	700737	3949	862898	3290
青　海	Qinghai	156940	1356	205172	2845	230580	3824
宁　夏	Ningxia	190726	3032	234998	2827	241787	3094
新　疆	Xinjiang	1194541	6988	1391008	8529	1613096	11709

10-13 各地区工伤保险基本情况(2006年)

WORK INJURY INSURANCE BY REGION (2006)

单位：人 (person)

地 区	Region	参保人数 Contributors at the Year-end	享受伤残待遇人数 Beneficiaries of Work Injury Insurance	一至四级 Level 1 to Level 4 Disability	五至六级 Level 5 to Level 6 Disability	七至十级 Level 7 to Level 10 Disability	其 他 Others
全 国	**National**	**102684600**	**605636**	**66348**	**34782**	**187009**	**317497**
北 京	Beijing	4653399	6845	1956	148	3798	943
天 津	Tianjin	2096722	11974	2569	640	2418	6347
河 北	Hebei	4024381	19087	946	600	4110	13431
山 西	Shanxi	2014205	14846	3913	462	1862	8609
内蒙古	Inner Mongolia	1316119	6554	797	987	2414	2356
辽 宁	Liaoning	5100495	65331	12301	10394	34146	8490
吉 林	Jilin	1746591	23729	4083	4556	12422	2668
黑龙江	Heilongjiang	3030382	28944	3665	3100	9827	12352
上 海	Shanghai	8176700	6087	111	182	5767	27
江 苏	Jiangsu	8126946	46739	13289	1385	11346	20719
浙 江	Zhejiang	6039377	71560	1115	514	10663	59268
安 徽	Anhui	2001773	14094	685	214	2715	10480
福 建	Fujian	2609889	11978	316	161	2268	9233
江 西	Jiangxi	2079047	8067	1074	571	1982	4440
山 东	Shandong	6473091	40426	4548	3683	10877	21318
河 南	Henan	4210279	11523	1483	464	1791	7785
湖 北	Hubei	2755430	12289	2290	1907	5066	3026
湖 南	Hunan	2800957	16057	1971	414	2434	11238
广 东	Guangdong	18682490	127770	1010	1104	44039	81617
广 西	Guangxi	1611032	4493	623	200	972	2698
海 南	Hainan	715367	1180	68	36	100	976
重 庆	Chongqing	1653639	12476	913	497	3258	7808
四 川	Sichuan	3049306	12819	2440	837	4073	5469
贵 州	Guizhou	904700	4514	42	78	582	3812
云 南	Yunnan	1738471	7344	818	222	1304	5000
西 藏	Tibet	22657	21	1	1	19	
陕 西	Shaanxi	2102790	4764	705	601	2323	1135
甘 肃	Gansu	862898	2538	242	155	399	1742
青 海	Qinghai	230580	2454	951	104	432	967
宁 夏	Ningxia	241787	1525	73	31	142	1279
新 疆	Xinjiang	1613096	7608	1350	534	3460	2264

10-13 续表 continued

单位：人、万元 (person, 10000 yuan)

地区	Region	享受职业病待遇人数 Beneficiaries of Occupational Diseases	一至四级 Level 1 to Level 4	五至六级 Level 5 to Level 6	七至十级 Level 7 to Level 10	其他 Others	基金收入 Revenue	基金支出 Expenses	累计结余 Reserve
全国	**National**	**47328**	**24747**	**7949**	**6932**	**7700**	**1218228**	**684909**	**1928951**
北京	Beijing	940	293	258	367	22	56796	44654	
天津	Tianjin	3926	3573	266	68	19	31618	15312	40718
河北	Hebei	602	495	45	43	19	60668	32771	61434
山西	Shanxi	864	206	3	44	611	47823	29662	47811
内蒙古	Inner Mongolia	442	125	99	119	99	12310	6206	11184
辽宁	Liaoning	8769	4900	2271	1554	44	58076	41528	69138
吉林	Jilin	3202	1731	837	583	51	13832	9810	3879
黑龙江	Heilongjiang	2610	856	427	180	1147	49560	34973	36553
上海	Shanghai	126	29	27	70		68912	21810	115269
江苏	Jiangsu	3839	2780	665	165	229	90509	54074	149601
浙江	Zhejiang	264	12	18	4	230	66860	38582	132946
安徽	Anhui	83		4	1	78	21814	11040	27603
福建	Fujian	2349	268	350	593	1138	32602	11843	10273
江西	Jiangxi	1950	1295	83	127	445	10495	5380	39292
山东	Shandong	4070	1354	944	1054	718	72620	47783	84982
河南	Henan	602	333	29	71	169	43837	24001	65320
湖北	Hubei	972	448	206	175	143	17402	8701	30915
湖南	Hunan	641	152	2	21	466	34834	34387	48622
广东	Guangdong	194	30	6	119	39	233477	110869	632205
广西	Guangxi	472	130	41	33	268	19014	6663	54825
海南	Hainan	78	3			75	6853	2711	22629
重庆	Chongqing	978	863	9	56	50	21818	21567	8130
四川	Sichuan	4469	2378	1048	959	84	54997	28807	97396
贵州	Guizhou	379	142	1	221	15	15633	6190	13701
云南	Yunnan	449	370	26	18	35	22685	11110	50765
西藏	Tibet						441	99	651
陕西	Shaanxi	271	134	44	75	18	12595	2301	18417
甘肃	Gansu	134	60		9	65	11205	4285	14664
青海	Qinghai	146	136	3	2	5	6540	3069	362
宁夏	Ningxia	1357	1	6		1350	3064	3227	3704
新疆	Xinjiang	2150	1650	231	201	68	19338	11494	35962

10-14 各地区工伤认定情况(2006年)

WORK INJURY CERTIFICATION BY REGION (2006)

单位：件 (piece)

地区	Region	当期受理工伤认定数 Work Injury Certification Applications Accepted						
		合计 Total	认定工伤件数 Cases Certified as Suffering Work Injury					
			小计 Sub-total	在工作时间和工作场所内因工作原因受到事故伤害 Injured by the Work Accident at the Workplace During the Work Time;	工作时间前后在工作场所内从事与工作有关的预备性或者收尾性工作受到事故伤害 Injured by the Accident Related to the Preparation or Ending of Work at the Workplace During the Work Time	在工作时间和工作场所内因履行工作职责受到暴力等意外伤害 Injured by Non-work Accident such as Violence in Fulfilling Work-related Responsibilities at the Workplace During the Work Time	患职业病 Suffering from the Occupational Disease	因工外出期间由于工作原因受到伤害或者发生事故下落不明 Injured by Work-related Accident or Missing Due to Accident When Outside the Workplace Due to Work-related Reasons
全国	**National**	**633898**	**622724**	**545842**	**6660**	**7326**	**8771**	**17422**
北京	Beijing	16893	16554	12872	203	284	789	440
天津	Tianjin	12340	12148	10723	68	92	542	285
河北	Hebei	24814	24424	21263	150	287	463	656
山西	Shanxi	10896	10714	9723	90	99	173	172
内蒙古	Inner Mongolia	5728	5522	4366	93	136	253	253
辽宁	Liaoning	18156	17789	16066	451	196	240	254
吉林	Jilin	9406	9177	7395	572	203	308	375
黑龙江	Heilongjiang	11545	11216	10147	241	103	365	113
上海	Shanghai	31966	31626	27047	423	299	153	1452
江苏	Jiangsu	49024	48258	40611	268	322	434	1099
浙江	Zhejiang	87562	86888	82191	219	427	185	1055
安徽	Anhui	9425	9252	7987	101	138	158	271
福建	Fujian	16322	16064	14049	121	150	386	472
江西	Jiangxi	3412	3234	2666	37	64	84	191
山东	Shandong	31165	30470	22332	486	501	761	1588
河南	Henan	8703	8333	6998	168	198	148	402
湖北	Hubei	8040	7825	6592	95	172	151	307
湖南	Hunan	15527	15197	13059	140	223	437	494
广东	Guangdong	159817	157325	141271	1770	1540	545	3951
广西	Guangxi	4646	4465	3450	143	132	64	320
海南	Hainan	1159	1116	740	16	131	12	89
重庆	Chongqing	35562	35149	33146	170	197	618	446
四川	Sichuan	28008	27477	24094	175	920	403	857
贵州	Guizhou	7731	7572	7001	65	121	35	167
云南	Yunnan	7184	6948	5294	96	139	420	746
西藏	Tibet							
陕西	Shaanxi	5814	5518	4588	93	116	101	265
甘肃	Gansu	2718	2633	2101	30	46	140	143
青海	Qinghai	1324	1282	1047	14	18	52	97
宁夏	Ningxia	2032	1904	1525	62	19	111	81
新疆	Xinjiang	5206	5003	4189	83	40	198	301
新疆兵团	Xinjiang Production and Construction Crops	1773	1641	1309	17	13	42	80

10-14 续表 continued

单位：件 (piece)

地区 Region	当期受理工伤认定数 Work Injury Certification Applications Accepted							当期不予受理申请件数
	认定工伤件数 Cases Certified as Suffering Work Injury		视同工伤件数 Cases Considered as Suffering Work Injury				不予认定工伤件数	
	在上下班途中受到机动车事故伤害 Injured by Automobile Accident on the Road to Work from Home and Back Home from Work	其他应当认定为工伤的情形 Other Circumstances That Shall be Certified as Suffering Work Injury as Stipulated by Laws and Regulations	小计 Sub-total	在工作时间和工作岗位突发疾病死亡或者在48小时之内经抢救无效死亡 Died Immediately or Within 48 Hours after Unsuccessful Salvage Due to Illness Outburst at the Workplace During the Work Time	在抢险救灾等维护国家利益、公共利益活动中受到伤害 Injured in Rescue Activities for Protecting the Common Good of the State and the Public in Case of Emergencies or Natural Disasters	因战、因公负伤致残到用人单位后旧伤复发 Recrudescing of Previous Injury as a Result of War or Public Activities on the Employee Who Hold an Honorable Disabled Veteran Certificate	Cases Not be Certified or Considered as Suffering Work Injury	Work Injury Certification Applications Not Accepted
全 国 National	**35648**	**1055**	**3884**	**3087**	**413**	**384**	**7290**	**6171**
北 京 Beijing	1449	517	201	180	3	18	138	135
天 津 Tianjin	438		94	89		5	98	91
河 北 Hebei	1599	6	228	212	12	4	162	200
山 西 Shanxi	457		136	133	3		46	59
内蒙古 Inner Mongolia	421		84	80	1	3	122	76
辽 宁 Liaoning	503	79	234	179	38	17	133	47
吉 林 Jilin	307	17	127	78	16	33	102	112
黑龙江 Heilongjiang	246	1	192	179	13		137	146
上 海 Shanghai	2229	23	168	155	3	10	172	135
江 苏 Jiangsu	5450	74	161	147	3	11	605	357
浙 江 Zhejiang	2799	12	108	72	26	10	566	922
安 徽 Anhui	595	2	61	52	9		112	65
福 建 Fujian	873	13	65	51	12	2	193	277
江 西 Jiangxi	192		86	36	19	31	92	85
山 东 Shandong	4746	56	250	212	11	27	445	546
河 南 Henan	391	28	245	175	36	34	125	139
湖 北 Hubei	476	32	87	73	10	4	128	206
湖 南 Hunan	829	15	122	76	6	40	208	
广 东 Guangdong	8210	38	370	198	110	62	2122	1070
广 西 Guangxi	356		62	58	1	3	119	57
海 南 Hainan	112	16	26	17	8	1	17	9
重 庆 Chongqing	552	20	113	98	11	4	300	508
四 川 Sichuan	992	36	160	135	20	5	371	423
贵 州 Guizhou	182	1	37	36	1		122	134
云 南 Yunnan	224	29	128	96	9	23	108	50
西 藏 Tibet								
陕 西 Shaanxi	332	23	125	95	7	23	171	108
甘 肃 Gansu	173		43	35	1	7	42	31
青 海 Qinghai	53	1	22	22			20	10
宁 夏 Ningxia	95	11	25	22	1	2	103	29
新 疆 Xinjiang	187	5	84	71	11	2	119	103
新疆兵团 Xinjiang Production and Construction Crops	180		40	25	12	3	92	41

10-15 分地区死亡人员工伤认定情况(2006年)

WORK INJURY CERTIFICATION INVOLVING DEATHS BY REGION

单位：件 (piece)

地区	Region	当期受理工伤认定数 Work Injury Certification Applications Accepted						
		合计 Total	认定工伤件数 Cases Certified as Suffering Work Injury					
			小计 Sub-total	在工作时间和工作场所内因工作原因受到事故伤害 Injured by the Work Accident at the Workplace During the Work Time;	工作时间前后在工作场所内从事与工作有关的预备性或者收尾性工作受到事故伤害 Injured by the Accident Related to the Preparation or Ending of Work at the Workplace During the Work Time	在工作时间和工作场所内因履行工作职责受到暴力等意外伤害 Injured by Non-work Accident such as Violence in Fulfilling Work-related Responsibilities at the Workplace During the Work Time	患职业病 Suffering from the Occupational Disease	因工外出期间由于工作原因受到伤害或者发生事故下落不明 Injured by Work-related Accident or Missing Due to Accident When Outside the Workplace Due to Work-related Reasons
全国	**National**	**11405**	**8553**	**5066**	**119**	**151**	**134**	**790**
北京	Beijing	493	291	116		9		11
天津	Tianjin	187	94	45		2		19
河北	Hebei	825	610	304	2	4	2	75
山西	Shanxi	699	557	450	2	10	3	22
内蒙古	Inner Mongolia	232	158	102		1		20
辽宁	Liaoning	365	207	144	1	2	3	8
吉林	Jilin	156	78	46	1	3		10
黑龙江	Heilongjiang	379	261	185	21	11	7	18
上海	Shanghai	670	491	233		7	3	80
江苏	Jiangsu	937	780	287	6	2	16	100
浙江	Zhejiang	490	406	208	1	2	1	34
安徽	Anhui	241	186	104	1	1	6	16
福建	Fujian	197	168	121		6	41	
江西	Jiangxi	95	50	36				
山东	Shandong	603	498	225	4	8	2	41
河南	Henan	381	205	93		3	1	27
湖北	Hubei	174	114	53	2	4	2	15
湖南	Hunan	266	189	139	2	2	2	16
广东	Guangdong	1003	803	412	2	20	7	108
广西	Guangxi	158	98	67		1	1	17
海南	Hainan	34	15	6				6
重庆	Chongqing	669	629	577	14	8	6	9
四川	Sichuan	777	645	396	26	29	6	62
贵州	Guizhou	245	198	165	3	3	5	12
云南	Yunnan	233	178	135	17	1		12
西藏	Tibet							
陕西	Shaanxi	253	156	82	4	3	12	4
甘肃	Gansu	142	103	62				14
青海	Qinghai	80	61	33	3	1	1	14
宁夏	Ningxia	79	50	36	1	2		3
新疆	Xinjiang	204	172	137	6	4	7	9
新疆兵团	Xinjiang Production and Construction Crops	138	102	67		2		8

10-15 续表 continued

单位：件 (piece)

地区 Region	当期受理工伤认定数 Work Injury Certification Applications Accepted							当期不予受理申请件数 Work Injury Certification Applications Not Accepted
	认定工伤件数 Cases Certified as Suffering Work Injury		视同工伤件数 Cases Considered as Suffering Work Injury				不予认定工伤件数 Cases Not be Certified or Considered as Suffering Work Injury	
	在上下班途中受到机动车事故伤害 Injured by Automobile Accident on the Road to Work from Home and Back Home from Work	其他应当认定为工伤的情形 Other Circumstances That Shall be Certified as Suffering Work Injury as Stipulated by Laws and Regulations	小计 Sub-total	在工作时间和工作岗位突发疾病死亡或者在48小时之内经抢救无效死亡 Died Immediately or Within 48 Hours after Unsuccessful Salvage Due to Illness Outburst at the Workplace During the Work Time	在抢险救灾等维护国家利益、公共利益活动中受到伤害 Injured in Rescue Activities for Protecting the Common Good of the State and the Public in Case of Emergencies or Natural Disasters	因战、因公负伤致残到用人单位后旧伤复发 Recrudescing of Previous Injury as a Result of War or Public Activities on the Employee Who Hold an Honorable Disabled Veteran Certificate		
全国 National	**2230**	**63**	**2551**	**2475**	**33**	**43**	**301**	**51**
北京 Beijing	142	13	180	180			22	8
天津 Tianjin	28		89	89			4	
河北 Hebei	218	5	212	209	3		3	
山西 Shanxi	70		135	132	3		7	8
内蒙古 Inner Mongolia	35		72	71	1		2	1
辽宁 Liaoning	49		153	152	1		5	
吉林 Jilin	18		78	78				
黑龙江 Heilongjiang	19		118	117	1			
上海 Shanghai	168		152	152			27	
江苏 Jiangsu	368	1	136	133		3	21	
浙江 Zhejiang	160		58	57	1		26	
安徽 Anhui	58		37	37			18	1
福建 Fujian			29	29				
江西 Jiangxi	14		45	45				
山东 Shandong	218		100	100			5	
河南 Henan	55	26	164	144	7	13	12	
湖北 Hubei	37	1	45	44	1		15	6
湖南 Hunan	28		77	76	1			
广东 Guangdong	254		200	197	3			
广西 Guangxi	12		47	44		3	13	1
海南 Hainan	3		19	16	3			
重庆 Chongqing	14	1	40	40				
四川 Sichuan	116	10	95	87	4	4	37	8
贵州 Guizhou	10		36	36			11	3
云南 Yunnan	7	6	31	11		20	24	
西藏 Tibet								
陕西 Shaanxi	51		95	95			2	
甘肃 Gansu	27		35	35			4	3
青海 Qinghai	9		15	15			4	
宁夏 Ningxia	8		21	20	1		8	1
新疆 Xinjiang	9		12	9	3		20	
新疆兵团 Xinjiang Production and Construction Crops	25		25	25			11	11

10-16 各地区劳动能力鉴定情况

WORK CAPACITY ASSESSMENT BY REGION

单位：人　　　　　　　　　　　　　　　　　　　　　　　　　　　　　　(person)

地区 Region	申请鉴定人数 Work Capacity Assessment Applicants						评定伤残等级人数 Persons Assessed as Certain Level of Work-related Disable				存在生活自理障碍人数 Persons Assessed as Living-related Disable
	小计 Sub-total	初次申请 First Applications	再次申请 Second Applications	#改变结论 Concusions Changed	复查申请 Re-assessment Applications	#改变结论 Concusions Changed	小计 Sub-total	一至四级 Level 1 to Level 4	五至六级 Level 5 to Level 6	七至十级 Level 7 to Level 10	
全　国 National	**423243**	**399836**	**12661**	**3761**	**10746**	**3557**	**347293**	**28455**	**38209**	**280629**	**7455**
北　京 Beijing	8761	8318	87	17	356	332	7044	660	746	5638	164
天　津 Tianjin	9600	8462	209	101	929	264	8104	1578	1240	5286	272
河　北 Hebei	9685	9505	53	8	127	84	9306	805	1098	7403	201
山　西 Shanxi	8433	8214	111	55	108	59	7913	1363	1374	5176	657
内蒙古 Inner Mongolia	4641	4510	69	26	62	20	4234	652	726	2856	189
辽　宁 Liaoning	21623	16205	308	87	5110	1388	19466	2273	3543	13650	376
吉　林 Jilin	15870	14647	90	29	1133	295	13573	748	1776	11049	148
黑龙江 Heilongjiang	12171	10719	995	129	457	183	11311	1138	2474	7699	541
上　海 Shanghai	22160	21640	520	251			21027	886	1060	19081	295
江　苏 Jiangsu	28518	27066	1169	225	283	69	24943	1132	2201	21610	452
浙　江 Zhejiang	21596	20751	825	282	20	4	18925	628	1263	17034	216
安　徽 Anhui	10836	10550	170	53	116	43	9101	841	1278	6982	219
福　建 Fujian	6854	6456	346	90	52	10	5262	608	502	4152	104
江　西 Jiangxi	2434	2375	25	7	34	14	1882	180	287	1415	271
山　东 Shandong	19660	18793	240	78	627	234	15563	1390	1725	12448	336
河　南 Henan	10432	10004	326	48	102	15	7745	1394	1597	4754	
湖　北 Hubei	18122	17604	356	172	162	73	17211	1246	2455	13510	386
湖　南 Hunan	13104	12097	708	232	299	131	11071	565	1476	9030	215
广　东 Guangdong	84747	81526	3037	500	184	51	66210	1111	2576	62523	335
广　西 Guangxi	3415	3284	113	23	18	11	2765	825	446	1494	76
海　南 Hainan	806	774	18	5	14	4	422	116	74	232	30
重　庆 Chongqing	29280	28139	1056	583	85	25	16295	903	1296	14096	298
四　川 Sichuan	20884	19825	993	274	66	35	17257	1735	2354	13168	956
贵　州 Guizhou	5428	5220	190	89	18	13	4424	398	632	3394	125
云　南 Yunnan	9319	9132	101	34	86	44	5216	1060	636	3520	130
西　藏 Tibet											
陕　西 Shaanxi	6302	6215	54	16	33	24	5712	417	805	4490	248
甘　肃 Gansu	5604	5431	64	39	109	65	4906	1050	789	3067	48
青　海 Qinghai	1387	1347	6	2	34	21	932	75	163	694	40
宁　夏 Ningxia	1297	1277	16	2	4		990	102	158	730	42
新　疆 Xinjiang	5630	5315	266	239	49	24	4629	1094	883	2652	57
新疆兵团 Xinjiang Production and Construction Crops	4644	4435	140	65	69	22	3854	1482	576	1796	28

10-17 历年各地区生育保险基本情况

MATERNITY INSURANCE BY REGION

单位：人 (person)

地区	Region	2001		2002		2003	
		年末参保人数 Contributors at the Year-end	享受待遇人数 Beneficiaries of Maternity Insurance	年末参保人数 Contributors at the Year-end	享受待遇人数 Beneficiaries of Maternity Insurance	年末参保人数 Contributors at the Year-end	享受待遇人数 Beneficiaries of Maternity Insurance
全　国	**National**	**34550557**	**244869**	**34882321**	**283105**	**36554162**	**363816**
北　京	Beijing						
天　津	Tianjin						
河　北	Hebei	1315476	7612	953849	6895	940908	4311
山　西	Shanxi	1080399	2500	843197	3042	843391	2493
内蒙古	Inner Mongolia	279192	2655	233676	1052	403282	1735
辽　宁	Liaoning	2277558	12016	2160980	12486	1991090	14666
吉　林	Jilin	239563	659	326821	1383	340173	1180
黑龙江	Heilongjiang	681812	1915	1532309	12084	1675292	27488
上　海	Shanghai	4436661	653	4528525	36516	4610582	40737
江　苏	Jiangsu	4834639	46015	4860631	40730	5040625	72415
浙　江	Zhejiang	1876402	16786	1936864	18562	2150367	21155
安　徽	Anhui	233986	1466	236497	1550	238558	1868
福　建	Fujian	1181935	9387	1237079	9639	1393519	14469
江　西	Jiangxi	1201528	8304	1094188	6772	1087337	5640
山　东	Shandong	3318382	34305	3227504	38441	3364535	40852
河　南	Henan	1963637	10676	2059339	11311	1991625	11153
湖　北	Hubei	1821375	10929	1827436	7778	1821199	6190
湖　南	Hunan	37041	98	33675	470	32796	366
广　东	Guangdong	2500681	23655	2586749	24796	3307594	30042
广　西	Guangxi	1135325	12183	1067871	10642	1110668	12364
海　南	Hainan	107764	596	231543	2197	283814	2168
重　庆	Chongqing	235863	2217	198767	1415	164980	688
四　川	Sichuan	1781030	15614	1664450	11884	1651039	12790
贵　州	Guizhou	10867	20	8869	55	8876	58
云　南	Yunnan	961061	11689	868783	10222	827883	14210
西　藏	Tibet						
陕　西	Shaanxi	45862	783	54034	724	146427	1158
甘　肃	Gansu	50312	309	51307	351	68207	393
青　海	Qinghai	66366	540	43237	460	51843	922
宁　夏	Ningxia	86603	1466	150055	1749	150702	1929
新　疆	Xinjiang	789237	9821	864086	9899	856850	20376

10-17 续表 continued

单位：人 (person)

地区	Region	2004 年末参保人数 Contributors at the Year-end	2004 享受待遇人数 Beneficiaries of Maternity Insurance	2005 年末参保人数 Contributors at the Year-end	2005 享受待遇人数 Beneficiaries of Maternity Insurance	2006 年末参保人数 Contributors at the Year-end	2006 享受待遇人数 Beneficiaries of Maternity Insurance
全　国	**National**	**43838222**	**460866**	**54084519**	**622535**	**64588982**	**1078890**
北　京	Beijing			2261248	10510	2632985	66512
天　津	Tianjin			1574180	5947	1801036	76724
河　北	Hebei	1141391	4475	2158823	8366	2641852	16597
山　西	Shanxi	931712	2465	956478	2803	980998	3598
内蒙古	Inner Mongolia	667453	4395	1057785	14746	1221344	20902
辽　宁	Liaoning	2158780	20603	2201175	26983	3786603	48942
吉　林	Jilin	350994	1615	352743	8412	1176517	6455
黑龙江	Heilongjiang	1872635	34520	1566415	28870	1726703	31004
上　海	Shanghai	5055557	49435	5392743	58075	5550885	168216
江　苏	Jiangsu	5526758	92308	6309189	112345	7114923	127872
浙　江	Zhejiang	2398456	30024	2849497	37459	3827164	68642
安　徽	Anhui	376241	2279	535189	4794	785670	9596
福　建	Fujian	1464892	17401	1617502	21006	1735036	20408
江　西	Jiangxi	1076310	4860	1178382	7849	1232291	10903
山　东	Shandong	3907637	47493	4612217	55102	4887570	100269
河　南	Henan	2012299	14631	2283659	15113	2384349	19742
湖　北	Hubei	1798685	5643	1758810	5827	1944734	8165
湖　南	Hunan	2129157	4746	2502369	31581	3085264	51725
广　东	Guangdong	3767320	35940	4193608	41686	4648107	47989
广　西	Guangxi	1347613	16213	1413554	18582	1451837	19275
海　南	Hainan	317123	3919	348870	5419	406421	6682
重　庆	Chongqing	128938	305			968024	6246
四　川	Sichuan	1873718	13572	2125186	14380	2740521	19399
贵　州	Guizhou	22654	127	521051	492	721091	7269
云　南	Yunnan	1423347	22621	1561436	24928	1595051	26076
西　藏	Tibet						
陕　西	Shaanxi	361829	2135	430681	7655	863490	4994
甘　肃	Gansu	310015	1016	400230	3280	469557	4110
青　海	Qinghai	58411	1272	65191	1433	71813	1568
宁　夏	Ningxia	184355	2028	215629	2135	180954	4004
新　疆	Xinjiang	1173942	24825	1640679	46757	1956192	75006

10-18 各地区生育保险基本情况(2006年)

MATERNITY INSURANCE BY REGION(2006)

单位：人、万元 (person，10000 yuan)

地区	Region	享受待遇人数 Beneficiaries of Maternity Insurance	基金收入 Revenue	基金支出 Expenses	累计结余 Balance at the Year-end
全国	**National**	**1078890**	**621289**	**374866**	**968876**
北京	Beijing	66512	63215	28371	60840
天津	Tianjin	76724	26588	11587	21655
河北	Hebei	16597	10222	5695	12082
山西	Shanxi	3598	3371	1767	7190
内蒙古	Inner Mongolia	20902	7601	4364	7870
辽宁	Liaoning	48942	24056	14379	33942
吉林	Jilin	6455	4855	1467	10179
黑龙江	Heilongjiang	31004	15030	8170	19892
上海	Shanghai	168216	68152	80227	84492
江苏	Jiangsu	127872	86656	49638	165939
浙江	Zhejiang	68642	38782	26990	69448
安徽	Anhui	9596	5729	2595	7672
福建	Fujian	20408	16627	9504	27528
江西	Jiangxi	10903	4067	2262	14641
山东	Shandong	100269	50441	29717	77650
河南	Henan	19742	10378	4932	19149
湖北	Hubei	8165	6114	1998	17693
湖南	Hunan	51725	22476	12030	26190
广东	Guangdong	47989	58711	36296	103412
广西	Guangxi	19275	12245	5488	28500
海南	Hainan	6682	3608	1189	7915
重庆	Chongqing	6246	7494	1417	8482
四川	Sichuan	19399	20248	9217	47474
贵州	Guizhou	7269	3859	856	3683
云南	Yunnan	26076	18386	8345	40965
西藏	Tibet				
陕西	Shaanxi	4994	2890	1044	4271
甘肃	Gansu	4110	3496	1510	6084
青海	Qinghai	1568	836	422	1474
宁夏	Ningxia	4004	1285	660	1417
新疆	Xinjiang	75006	23871	12729	31147

10-19 各地区农村社会养老保险情况(2006年)
RURAL SOCIAL OLD-AGE INSURANCE BY REGION(2006)

单位: 个 (unit)

地区 Region	开展工作的地区和单位个数 Number of Region Launching the Rural Old-age Insurance				
	地级 Prefectures	县级 Counties	乡镇 Small Towns	村 Villages	乡镇企业 Township Enterprises
全国 National	**277**	**1905**	**22330**	**354509**	**76813**
北京 Beijing	11	2	185	3786	2432
天津 Tianjin					
河北 Hebei	11	142	1458	29227	622
山西 Shanxi	11	120	1497	10896	7082
内蒙古 Inner Mongolia	10	51	614	6965	128
辽宁 Liaoning	10	55	806	8976	3797
吉林 Jilin	9	41	353	831	163
黑龙江 Heilongjiang	13	114	864	10917	397
上海 Shanghai	10		117	2101	12214
江苏 Jiangsu	13	100	1226	19685	22404
浙江 Zhejiang	11	81	1095	27093	5486
安徽 Anhui	17	89	1444	16072	3563
福建 Fujian	9	84	1072	15334	
江西 Jiangxi	11	101	1498	18681	6627
山东 Shandong	17	152	1833	82766	6612
河南 Henan	13	80	1095	17430	389
湖北 Hubei	13	89	1058	21947	3090
湖南 Hunan	7	48	934	14440	164
广东 Guangdong	12	34	179	2957	
广西 Guangxi	14	87	1055	9504	255
海南 Hainan	2	20	231	4162	102
重庆 Chongqing		16	438	2850	92
四川 Sichuan	19	105			
贵州 Guizhou		1	26	377	1
云南 Yunnan	14	105	1258	10306	837
西藏 Tibet		13	55	206	
陕西 Shaanxi	10	99	1613	14145	356
甘肃 Gansu	2	4	11	26	
青海 Qinghai	7	23	193	2000	
宁夏 Ningxia	1	12	122	829	
新疆 Xinjiang		37			

10-19 续表 continued

单位：万人 (10000 persons)

地区	Region	年末参保人数 Contributors at the Year-end	本年参保人数 Contributors in This Year	本年乡企参保 Town-ship Enterprises	领取养老金情况 Beneficiaries at the Year-end 本年领取养老金农民人数 Beneficiaries in This Year	本年退保转移死亡人数 Decreased Beneficiaries in This Year
全国	**National**	**5373.7**	**460.6**	**14.8**	**355.1**	**84.6**
北京	Beijing	44.8	7.2	1.7	2.9	0.3
天津	Tianjin					
河北	Hebei	227.4	2.4	0.2	5.0	0.4
山西	Shanxi	167.0	7.0	2.0	2.4	
内蒙古	Inner Mongolia	78.4	3.6	0.1	1.1	7.0
辽宁	Liaoning	219.6	4.1	0.1	5.8	1.3
吉林	Jilin	8.6	0.1		0.2	0.2
黑龙江	Heilongjiang	180.7			6.0	0.3
上海	Shanghai	57.1	3.3	1.0	26.6	20.9
江苏	Jiangsu	869.0	43.2	3.9	131.7	15.3
浙江	Zhejiang	443.8	3.0	2.8	10.1	16.3
安徽	Anhui	153.8	13.7	0.1	3.8	0.3
福建	Fujian	144.7	144.7		1.8	0.8
江西	Jiangxi	221.1	0.1		9.2	0.3
山东	Shandong	1066.7	105.9	1.7	67.6	10.5
河南	Henan	167.7	10.2	0.4	4.8	1.6
湖北	Hubei	311.4			2.8	
湖南	Hunan	125.6	1.0		2.5	1.6
广东	Guangdong	87.7	87.7		41.7	0.1
广西	Guangxi	176.8			4.0	0.4
海南	Hainan	27.8	0.6	0.1	0.8	0.1
重庆	Chongqing	35.2	2.8		1.4	0.1
四川	Sichuan	293.5	2.1		17.0	5.8
贵州	Guizhou	6.0	0.1			
云南	Yunnan	139.3	2.2	0.7	5.5	0.8
西藏	Tibet	14.4	14.4			
陕西	Shaanxi	89.7				
甘肃	Gansu					
青海	Qinghai	13.8				
宁夏	Ningxia	2.2	1.3		0.5	
新疆	Xinjiang				0.1	

十一、工会工作

TRADE UNION WORKS

11-1 各地区基层工会组织数(2006年)

NUMBER OF GRASSROOTS TRADE UNION BY REGION(2006)

单位；个 (unit)

地区	Region	总计 Total	内资企业 Enterprises of Domestic Funded 国有企业 State-owned	集体企业 Urban Collective-owned	股份合作企业 Cooperative	联营企业 Joint-owned	有限责任公司 Limited Liability Corporations	股份有限公司 Share-holding Corporations Ltd.
全国	**National**	**1323965**	**93845**	**72674**	**32954**	**6025**	**69992**	**29359**
北京	Beijing	14834	1925	1544	919	66	1873	664
天津	Tianjin	20917	1961	1496	438	83	1759	570
河北	Hebei	75918	4677	4745	1015	478	2402	1384
山西	Shanxi	32506	3827	3942	445	118	802	494
内蒙古	Inner Mongolia	30303	1957	480	859	109	1869	662
辽宁	Liaoning	48691	4010	3062	956	118	2291	1132
吉林	Jilin	23672	2810	911	309	66	1033	673
黑龙江	Heilongjiang	29346	5211	1603	756	201	1086	587
上海	Shanghai	38155	3051	2597	1331	153	2173	1178
江苏	Jiangsu	71833	2538	2793	2995	262	5070	1856
浙江	Zhejiang	80774	2213	1787	6531	519	7413	3408
安徽	Anhui	40194	3369	3276	813	293	1867	499
福建	Fujian	64498	3621	3381	1046	554	1611	962
江西	Jiangxi	41130	3690	1774	425	206	1804	289
山东	Shandong	109026	5747	6503	2954	467	7931	3244
河南	Henan	69364	5332	4553	1335	164	5193	2183
湖北	Hubei	61627	5129	4874	1182	366	2098	1003
湖南	Hunan	62860	4944	4329	1492	298	1504	1051
广东	Guangdong	135701	6502	6620	1936	296	8510	1911
广西	Guangxi	34593	3427	1835	737	145	874	560
海南	Hainan	6628	1705	552	54	43	185	142
重庆	Chongqing	22496	1113	1142	633	205	1931	624
四川	Sichuan	70088	2639	1981	1270	262	3423	1474
贵州	Guizhou	26807	2990	1295	401	156	551	455
云南	Yunnan	23732	1336	1103	542	49	1383	458
西藏	Tibet	4079	…	…	…	…	…	…
陕西	Shaanxi	38600	4043	3196	915	232	1201	816
甘肃	Gansu	19328	1577	695	250	80	507	379
青海	Qinghai	6464	450	188	157	10	199	111
宁夏	Ningxia	5740	478	132	119	2	611	161
新疆	Xinjiang	13163	1533	280	139	24	833	425

11-1 续表 continued

单位：个 (unit)

地区 Region		私营企业 Private	其他企业 Others	个体经营户 Individuals	港澳台商投资企业 Funded by Entrepreneurs from HongKong, Macao & Taiwan	外商投资企业 Foreign Funded	事业单位 Institutions	机关 Agencies and Organizations
全国	**National**	**466202**	**7020**	**44770**	**27142**	**34131**	**276600**	**159172**
北京	Beijing	2774	56	144	172	376	3238	1083
天津	Tianjin	6318	226	605	493	2211	3623	1134
河北	Hebei	36385	82	2547	352	1043	11773	9035
山西	Shanxi	8226	164	564	31	136	8911	4846
内蒙古	Inner Mongolia	8712	58	1303	84	194	7831	6185
辽宁	Liaoning	16491	235	2806	301	1377	10314	5598
吉林	Jilin	8200	61	659	17	184	6392	2357
黑龙江	Heilongjiang	4745	8	1072	61	531	8678	4807
上海	Shanghai	15023	341	106	1538	3926	5466	1272
江苏	Jiangsu	30765	228	617	3078	5223	11628	4780
浙江	Zhejiang	37193	194	644	1392	1799	11426	6255
安徽	Anhui	12800	64	769	133	577	10403	5331
福建	Fujian	28834	2642	1244	4234	2627	8666	5076
江西	Jiangxi	13844	106	429	161	837	11029	6536
山东	Shandong	47365	309	4241	1167	5063	14842	9193
河南	Henan	24124	156	2362	146	247	15929	7640
湖北	Hubei	19512	207	2737	739	797	16511	6472
湖南	Hunan	23728	470	2341	118	222	13437	8926
广东	Guangdong	59568	609	9335	12028	4995	16533	6858
广西	Guangxi	10948	131	837	319	461	8983	5336
海南	Hainan	891	36	39	50	71	1864	996
重庆	Chongqing	6254	151	1131	37	83	5602	3590
四川	Sichuan	13924	276	5075	193	601	24361	14609
贵州	Guizhou	6878	50	769	36	65	7003	6158
云南	Yunnan	3634	8	250	47	72	7547	7303
西藏	Tibet	…	…	…	…	…	…	…
陕西	Shaanxi	9716	37	1298	103	204	10696	6143
甘肃	Gansu	5083	92	193	77	109	5497	4789
青海	Qinghai	1056	8	474	20	48	1733	2010
宁夏	Ningxia	1686	1	103	7	24	1497	919
新疆	Xinjiang	1525	13	76	7	27	4463	3818

11-2 各地区工会会员人数(2006年)
TRADE UNION MEMBERS IN GRASSROOTS TRADE UNION BY REGION(2006)

单位：人 (person)

地区	Region	总计 Total	内资企业 Enterprises of Domestic Funded 国有企业 State-owned	集体企业 Urban Collective-owned	股份合作企业 Cooperative	联营企业 Joint-owned	有限责任公司 Limited Liability Corporations	股份有限公司 Share-holding Corporations Ltd.
全国	**National**	**169942111**	**33124052**	**9452074**	**5135575**	**1259436**	**10148977**	**8624300**
北京	Beijing	3537456	928153	156094	99188	6271	270208	316417
天津	Tianjin	3030288	812388	234188	108744	17082	268664	163280
河北	Hebei	8997557	1664951	479093	184758	59040	493479	478572
山西	Shanxi	5566422	1897721	526129	112687	36971	203013	214000
内蒙古	Inner Mongolia	4208186	745092	75127	160236	41527	436020	242924
辽宁	Liaoning	9371941	2699577	795294	236146	21504	520291	550617
吉林	Jilin	3686155	1135265	116753	64677	48164	188717	280887
黑龙江	Heilongjiang	5740647	2728554	277794	119141	55295	208046	210920
上海	Shanghai	5652252	987911	407688	129719	30120	343840	572083
江苏	Jiangsu	11480587	1165218	409480	572724	116889	926046	545949
浙江	Zhejiang	9592656	496227	222452	876782	130663	1053211	653344
安徽	Anhui	4767891	1015509	346022	147250	42379	251348	202637
福建	Fujian	4889259	496779	207132	94932	46640	133662	198876
江西	Jiangxi	4388141	1084423	232954	67308	42628	146968	126781
山东	Shandong	13844844	1792430	1008735	662888	124555	1415386	903348
河南	Henan	8668233	1929592	514570	226868	41623	540551	444724
湖北	Hubei	8569460	1638473	591409	246432	65291	352626	447928
湖南	Hunan	7701031	1801378	578505	215637	30532	288322	289911
广东	Guangdong	14635452	1191963	1295948	216442	135057	443171	371168
广西	Guangxi	3569910	798887	141130	56702	11640	150714	138128
海南	Hainan	693187	328463	27746	5971	2253	29921	32536
重庆	Chongqing	3210584	454859	106053	71216	36032	284064	167940
四川	Sichuan	8572333	756107	216351	156736	31519	352174	283021
贵州	Guizhou	2420344	602613	70917	41885	31210	93193	65091
云南	Yunnan	2615815	576482	64818	49824	7490	184795	170375
西藏	Tibet	170369	…	…	…	…	…	…
陕西	Shaanxi	3956842	1211954	220403	105718	25175	260921	232348
甘肃	Gansu	2253490	615709	69545	33165	9612	96204	125177
青海	Qinghai	601874	143514	21004	15294	514	20436	25252
宁夏	Ningxia	613276	164168	8144	23060	32	62871	45156
新疆	Xinjiang	2637980	1244930	30224	33445	11728	129748	124177

11-2 续表 continued

单位；人 (person)

地 区	Region	私营企业 Private	其他企业 Others	个体经营户 Individuals	港澳台商投资企业 Funded by Entrepreneurs from HongKong Macao&Taiwan	外商投资企业 Foreign Funded	事业单位 Institutions	机关 Agencies and Organization
全 国	**National**	**39806152**	**980538**	**5053613**	**4793093**	**7004311**	**30947249**	**13142372**
北 京	Beijing	644525	13091	8233	32441	130276	471692	160867
天 津	Tianjin	437608	22789	22135	53430	363036	425458	101486
河 北	Hebei	2916270	7655	167462	73520	253555	1494340	724862
山 西	Shanxi	887810	55124	163956	4385	22655	1048983	392988
内蒙古	Inner Mongolia	1176626	6440	70313	19640	57219	683117	493905
辽 宁	Liaoning	1782887	45666	113328	122146	456958	1360582	666945
吉 林	Jilin	678195	17072	170152	2966	43922	720266	219119
黑龙江	Heilongjiang	475469	1707	171260	13890	73116	918458	486997
上 海	Shanghai	1440604	50968	61829	258385	640430	595351	133324
江 苏	Jiangsu	3905413	45559	58516	547723	1079404	1540997	566669
浙 江	Zhejiang	3907161	52184	113659	270748	368081	1016266	431878
安 徽	Anhui	987461	18460	50081	30571	218619	1047402	410152
福 建	Fujian	1418923	232605	67034	568172	390027	707915	326562
江 西	Jiangxi	1122997	6351	20548	46343	107166	898681	484993
山 东	Shandong	3607054	48562	496663	183678	927094	1909850	764601
河 南	Henan	1771915	19332	175536	46763	60503	2147889	748367
湖 北	Hubei	2102482	80745	342910	117734	175508	1721558	686364
湖 南	Hunan	2026226	34714	237634	35264	52524	1408602	701782
广 东	Guangdong	3544534	104985	543064	2246358	1290035	2701314	551413
广 西	Guangxi	664779	19140	194557	45649	79635	909519	359430
海 南	Hainan	30730	649	1383	3928	25820	147671	56116
重 庆	Chongqing	763441	52885	434674	6021	21287	455443	356669
四 川	Sichuan	1390697	22498	1097227	19661	71818	2995977	1178547
贵 州	Guizhou	467403	3079	61750	5709	8784	566184	402526
云 南	Yunnan	308817	984	21284	13032	12656	711337	493921
西 藏	Tibet	…	…	…	…	…	…	…
陕 西	Shaanxi	531471	4163	83729	9890	45137	893341	332592
甘 肃	Gansu	435712	11655	19723	7480	9640	515977	303891
青 海	Qinghai	48436	557	53946	2829	4033	139924	126135
宁 夏	Ningxia	84951	112	6147	527	5322	147548	65238
新 疆	Xinjiang	245555	787	24880	4151	9988	478389	299978

11-3 分地区基层单位建立职工代表大会制度情况(2006年)

EMPLOYEE CONGRESS SYSTEM IN GRASSROOTS TRADE UNION BY REGION (2006)

单位：个 (unit)

地区	Region	建立职工(代表)大会制度的企事业单位 Number of Establishments with Employee Congress	本年度召开过职工(代表)大会的企事业单位 Number of Establishments with Congress Held	职工(代表)大会的职工代表(人) Congress Members (person)	#女职工代表 Female	实行业务招待费使用情况向职工(代表)大会报告制度的企事业单位 Number of Establishments with Reporting System of Operation Serving Outlay to Congress	开展民主评议企事业领导干部的企事业单位 Number of Establishments with Carrying out Commenting on Leaders	实行厂务公开的企事业单位 Number of Establishments with Publishing Management Affairs
全 国	**National**	**900588**	**759834**	**8928517**	**2861967**	**450467**	**530087**	**421860**
北 京	Beijing	10706	9718	168651	62685	6649	7622	5760
天 津	Tianjin	14176	11928	166952	53073	7662	7552	6010
河 北	Hebei	73162	61342	621279	190401	30102	34767	43576
山 西	Shanxi	12269	11076	191061	53826	8194	8764	7326
内蒙古	Inner Mongolia	11641	8259	197847	65938	6954	6961	8087
辽 宁	Liaoning	23310	14582	326787	101129	8833	10567	10044
吉 林	Jilin	9208	7721	179401	66460	5985	6802	5248
黑龙江	Heilongjiang	11324	10143	277149	81874	7398	8313	7200
上 海	Shanghai	63598	56349	346234	116039	28384	37641	17095
江 苏	Jiangsu	89141	82248	778398	282149	48288	59130	27884
浙 江	Zhejiang	52100	44199	561323	201740	19088	23604	19759
安 徽	Anhui	16039	13043	254111	76896	8347	10914	11836
福 建	Fujian	26970	22572	243191	81440	12003	13744	13067
江 西	Jiangxi	7411	6499	138941	40478	4093	5084	4339
山 东	Shandong	155164	119917	1072610	339679	81077	97563	57659
河 南	Henan	31526	28208	480751	147290	18193	21045	19860
湖 北	Hubei	38492	32720	441243	130821	20936	22711	16424
湖 南	Hunan	33782	29068	340562	97761	21910	23323	18595
广 东	Guangdong	90832	76516	468414	147492	22960	31091	40049
广 西	Guangxi	24478	19716	323924	107679	15047	17449	20507
海 南	Hainan	2587	1931	48834	14252	1172	1476	1783
重 庆	Chongqing	9234	8352	109782	34043	5721	6841	5758
四 川	Sichuan	30786	28665	303511	91136	19245	20852	14613
贵 州	Guizhou	13195	11630	129640	39388	9111	9778	7768
云 南	Yunnan	12759	11363	178026	56479	8001	9197	7793
西 藏	Tibet	…	…	22960	3217	…	…	1226
陕 西	Shaanxi	13459	10999	198464	61306	9101	9960	9443
甘 肃	Gansu	8698	8001	125164	33910	6117	6767	4977
青 海	Qinghai	1379	1208	34455	11045	975	1115	1063
宁 夏	Ningxia	3612	3265	50087	16560	1981	2752	2310
新 疆	Xinjiang	9089	8236	138630	51986	6650	6294	4627
国家机关		328	227	8770	3155	157	258	168
中直机关		133	133	1365	640	133	150	6

11-4 各地区基层以上工会职业培训机构情况(2006年4季度)
VOCATIONAL TRAINING ORGANIZATIONS ABOVE GRASSROOTS TRADE UNION BY REGION(the Fourth Season,2006)

地 区	Region	工会现有职业培训机构(个) Number of Vocational Training Organizations	自开办以来工会职业培训机构累计培训(人次) Trained Persons (person/time)	#下岗失业人员人次数 Laid-off and Unemployment Persons	#经培训累计实现再就业人数 Reemployees
全 国	**National**	**2370**	**8162780**	**5497435**	**3159534**
北 京	Beijing	7	84126	6435	5610
天 津	Tianjin	107	358089	318958	272180
河 北	Hebei	177	377602	240756	158114
山 西	Shanxi	133	201912	132190	53470
内蒙古	Inner Mongolia	69	138005	119146	74791
辽 宁	Liaoning	179	542751	457581	266580
吉 林	Jilin	109	257260	206143	129754
黑龙江	Heilongjiang	130	357429	306031	151076
上 海	Shanghai	19	275309	238218	7622
江 苏	Jiangsu	51	407350	407350	134756
浙 江	Zhejiang	71	292658	109270	54028
安 徽	Anhui	157	230434	206618	64652
福 建	Fujian	41	179981	85459	52813
江 西	Jiangxi	113	315411	182809	78297
山 东	Shandong	198	695214	373900	262201
河 南	Henan	119	493905	344568	164127
湖 北	Hubei	162	600170	473150	371287
湖 南	Hunan	70	357221	146434	63837
广 东	Guangdong	47	378089	84153	52839
广 西	Guangxi	64	89500	76518	50577
海 南	Hainan	5	30624	15688	5643
重 庆	Chongqing	5	157750	91230	39100
四 川	Sichuan	116	749731	442524	433075
贵 州	Guizhou	80	104047	66035	28443
云 南	Yunnan	36	55112	24498	15514
西 藏	Tibet				
陕 西	Shaanxi	24	156363	117040	75318
甘 肃	Gansu	21	123571	112331	38605
青 海	Qinghai	7	60657	50840	19529
宁 夏	Ningxia	13	17350	5198	3488
新 疆	Xinjiang	40	75159	56364	32208

11-5 各地区基层工会开展合理化建议和劳动竞赛活动情况(2006年)

CONDITION OF CARRYING OUT RATIONALIZED PROPOSALS AND LABOR EMULATION IN GRASSROOTS TRADE UNION BY REGION(2006)

地 区	Region	开展经济技术创新工程活动单位数(个) Units Carrying out Economic Technology Creation Project (unit)	本年度职工提出合理化建议件数(件) Rationalized Proposals Put Forward by the Staff and Workers This Year (case)	本年度已实施的合理化建议件数(件) Rationalized Proposals Practiced This Year (case)	本年度参加劳动竞赛的职工(人次) Person/Time of Staff and Workers Participating in Labor Emulation (person/time)	本年度参加技术练兵、技术比武的职工(人次) Staff and Workers Joined Skill Compitition This Year (person/time)	本年度参加技术培训的职工(人次) Staff and Workers Joined Skill Training This Year (person/time)
全 国	**National**	**122072**	**6819782**	**2965289**	**30711726**	**12996232**	**30743522**
北 京	Beijing	3669	288129	109637	1378194	443524	906033
天 津	Tianjin	3059	370007	148055	747305	263879	768850
河 北	Hebei	9438	819309	276526	1767424	920997	1804606
山 西	Shanxi	1398	148956	60787	785920	344160	770605
内蒙古	Inner Mongolia	3911	91610	38151	610395	338719	596884
辽 宁	Liaoning	4426	529704	162720	1443696	524740	1742855
吉 林	Jilin	1484	171346	76501	481747	264728	463807
黑龙江	Heilongjiang	2704	133949	55376	989153	334127	942983
上 海	Shanghai	5128	558246	372714	1224857	392199	1256780
江 苏	Jiangsu	11179	516480	203451	2097289	859306	2105542
浙 江	Zhejiang	10322	259506	113635	1637172	732536	1811959
安 徽	Anhui	2509	154902	77123	939011	297951	744962
福 建	Fujian	5867	208719	95377	457986	229692	754042
江 西	Jiangxi	1116	73560	33765	860733	161025	376648
山 东	Shandong	17060	757776	318860	3010072	1630910	2874341
河 南	Henan	5882	284824	130225	1808165	960090	1492063
湖 北	Hubei	5846	216258	95811	1364018	593790	1277651
湖 南	Hunan	3489	176134	81705	775930	356123	636350
广 东	Guangdong	5472	235786	122856	1528958	953238	2355543
广 西	Guangxi	2204	65210	36283	720024	245566	602116
海 南	Hainan	261	8622	4142	186887	65684	177482
重 庆	Chongqing	1603	146977	74843	595168	197235	660238
四 川	Sichuan	4916	235752	119613	1585959	680354	1667593
贵 州	Guizhou	947	46557	19091	284049	96072	430992
云 南	Yunnan	1976	64981	30845	637206	238348	895227
西 藏	Tibet	75	144	49	1214	273	1089
陕 西	Shaanxi	2128	98629	40049	1222076	230674	909322
甘 肃	Gansu	1833	74803	29422	444957	174922	515520
青 海	Qinghai	296	9134	2761	126040	46798	98977
宁 夏	Ningxia	842	32915	12175	177448	73956	243735
新 疆	Xinjiang	1011	37984	21922	817369	341793	836574
国家机关		19	1704	748	3740	1568	18854
中直机关		2	1169	71	1564	1255	3299

11-6 各地区基层工会参与调节劳动争议工作情况(2006年)

CONDITION OF GRASSROOTS TRADE UNION PATICIPATING IN MEDIATION LABOR DISPUTE BY REGION(2006)

地 区	Region	建立劳动争议调解委员会的单位数(个) Units with Labor Dispute Mediation Committee	劳动争议调解委员会委员(人) Member of Labor Dispute Mediation Committee (person)	#工会和职工代表 Delegates of Trade Union and Staff and Workers	本年度劳动争议调解委员会受理劳动争议数(件) Cases Accepted by Labor Dispute Mediation Committee This Year (case)	#集体劳动争议 Collective Labor Dispute	本年度劳动争议调解委员会调解成功劳动争议数(件) Cases Successfully Madiated by Labor Dispute Mediation Committee This Year (case)	#集体劳动争议 Collective Labor Dispute
全 国	**National**	**257544**	**948901**	**528528**	**340193**	**9750**	**63020**	**4054**
北 京	Beijing	3898	18733	12492	5027	41	609	27
天 津	Tianjin	3526	17081	9608	4731	74	232	37
河 北	Hebei	32670	90474	40298	13269	355	1309	67
山 西	Shanxi	3976	17833	10526	4089	183	971	83
内蒙古	Inner Mongolia	3443	13537	6269	852	13	189	6
辽 宁	Liaoning	7385	30897	17214	8501	517	1982	400
吉 林	Jilin	2231	9376	5742	4665	419	273	13
黑龙江	Heilongjiang	4918	21713	11228	14202	75	387	35
上 海	Shanghai	8331	30872	18334	8688	143	929	61
江 苏	Jiangsu	26341	99227	60387	21777	995	4827	697
浙 江	Zhejiang	26595	87811	51581	47209	389	7107	204
安 徽	Anhui	3208	14928	8909	9989	149	655	71
福 建	Fujian	12856	44047	23670	9371	274	1722	198
江 西	Jiangxi	1793	8582	4583	5522	77	212	37
山 东	Shandong	33124	117863	65029	18422	512	6310	205
河 南	Henan	10331	41065	23739	11203	574	2233	85
湖 北	Hubei	8070	29884	17093	22134	2272	3238	285
湖 南	Hunan	3471	15062	7356	7277	151	677	64
广 东	Guangdong	23195	77086	42546	63014	1361	18358	935
广 西	Guangxi	10266	32568	16459	6924	86	991	36
海 南	Hainan	493	2616	1708	1176	24	123	15
重 庆	Chongqing	2233	10479	6240	7950	67	687	30
四 川	Sichuan	7086	35656	20885	12391	235	1903	121
贵 州	Guizhou	3356	13140	7165	3532	85	853	50
云 南	Yunnan	3790	17533	11048	5537	76	1145	36
西 藏	Tibet	73	245	123	142			
陕 西	Shaanxi	3573	14797	6944	4221	340	616	57
甘 肃	Gansu	2228	10885	6042	5255	77	1011	67
青 海	Qinghai	411	2367	1270	3338	34	1678	32
宁 夏	Ningxia	1298	5249	3303	3458	45	306	35
新 疆	Xinjiang	3298	16764	10423	6199	107	1476	65
国家机关		73	469	268	35		10	
中直机关		4	62	46	93		1	

11-7 各地区基层以上工会职业介绍机构情况(2006年4季度)

JOB EXCHANGES ABOVE GRASSROOTS TRADE UNION BY REGION(the Fourth Season,2006)

地 区	Region	工会现有职业介绍机构(个) Number of job Exchanges (unit)	#获得劳动保障部门资质认定机构 Qualificated by Labor and Security Bureau	获得政府职业介绍补贴(万元) Subsidized by Government (10000 yuan)	自开办以来工会职业介绍机构累计成功介绍(人次) Placed Jobseekers (person/time)	#下岗失业人员人次数 Laid-off and Unemployed Persons
全 国	**National**	**2419**	**1110**	**804**	**5419419**	**3589265**
北 京	Beijing	7	7		334885	25419
天 津	Tianjin	80	15		116346	101743
河 北	Hebei	181	164	85	316535	209731
山 西	Shanxi	117	9	56	76613	55606
内蒙古	Inner Mongolia	97	23		94740	84800
辽 宁	Liaoning	232	76	74	466680	357231
吉 林	Jilin	102	29	1	118644	94114
黑龙江	Heilongjiang	154	45	51	256910	180695
上 海	Shanghai	16	9	10	171117	156522
江 苏	Jiangsu	75	75	61	511157	461879
浙 江	Zhejiang	46	34	135	174569	80518
安 徽	Anhui	146	83		137123	91731
福 建	Fujian	43	34	10	117161	52735
江 西	Jiangxi	100	59	4	218764	163985
山 东	Shandong	144	63	2	471094	266838
河 南	Henan	164	54	162	341280	262107
湖 北	Hubei	102	65	60	360051	205463
湖 南	Hunan	82	35	5	69606	47003
广 东	Guangdong	41	27	11	77660	41592
广 西	Guangxi	78	14		88806	62879
海 南	Hainan	45	3	22	13201	2658
重 庆	Chongqing	12	6	3	103000	65060
四 川	Sichuan	108	89	51	281112	207401
贵 州	Guizhou	93	16	1	85673	47353
云 南	Yunnan	22	16		38329	23489
西 藏	Tibet					
陕 西	Shaanxi	64	40		184117	118955
甘 肃	Gansu	19			62866	51878
青 海	Qinghai	3			40985	24409
宁 夏	Ningxia	3			1807	16
新 疆	Xinjiang	43	20		88588	45455

十二、香港资料

MAIN INDICATORS OF HONG KONG

12-1 分行业全部就业人数

EMPLOYMENT BY ECONOMIC ACTIVITY

单位：千人 (1000 persons)

行 业	Industry	1999	2000	2001	2002	2003	2004	2005
总 计	**Total**	**3112.1**	**3207.3**	**3251.3**	**3220.3**	**3197.4**	**3276.5**	**3340.8**
农林牧渔业	Agriculture, Hunting, Forestry and Fishing	9.2	9.3	6.9	9.4	7.1	8.4	8.8
制造业	Manufacturing	353.9	333.7	324.1	287.0	268.3	231.2	223.5
电力、天然气及水	Electricity,Gas and Water	17.0	16.6	15.6	16.0	16.1	14.6	15.0
建筑业	Construction	286.8	301.7	288.8	283.1	260.1	262.0	262.9
批发零售和餐饮、旅馆业	Wholesale and Retail Trade and Restaurants and Hotels	935.1	981.7	981.4	978.1	985.0	1063.5	1094.0
交通运输和仓储业	Transport,Storage and Communication	339.4	356.6	352.2	242.4	342.7	354.6	356.4
金融保险、房地产和商业服务	Financing,Insurance,Real Estate and Business Services	437.7	452.7	482.7	477.8	471.7	482.2	505.6
团体、社会和个人服务	Community,Social and Personal Services	732.9	754.7	799.2	826.1	845.9	859.7	874.0
男	**Male**	**1816.5**	**1854.5**	**1846.7**	**1794.8**	**1767.0**	**1801.8**	**1823.6**
农林牧渔业	Agriculture, Hunting, Forestry and Fishing	6.5	6.3	4.9	6.3	4.7	5.8	6.0
制造业	Manufacturing	222.3	213.3	208.6	180.7	175.0	146.8	146.6
电力、天然气及水	Electricity,Gas and Water	15.1	14.7	13.4	13.1	13.6	12.4	12.6
建筑业	Construction	267.9	282.7	268.2	261.5	239.9	242.2	243.9
批发零售和餐饮、旅馆业	Wholesale and Retail Trade and Restaurants and Hotels	493.9	503.5	500.7	492.5	499.7	536.3	547.2
交通运输和仓储业	Transport,Storage and Communication	272.4	284.0	279.1	269.9	267.0	279.3	277.6
金融保险、房地产和商业服务	Financing,Insurance,Real Estate and Business Services	262.2	270.6	284.4	285.4	280.1	285.2	299.7
团体、社会和个人服务	Community,Social and Personal Services	275.9	279.0	287.2	285.1	286.8	293.5	289.6
女	**Female**	**1295.6**	**1352.8**	**1404.6**	**1425.4**	**1430.4**	**1474.7**	**1517.2**
农林牧渔业	Agriculture, Hunting, Forestry and Fishing	2.7	3.0	2.0	3.1	2.5	2.6	2.8
制造业	Manufacturing	131.5	120.4	115.6	106.3	93.4	84.4	77.0
电力、天然气及水	Electricity,Gas and Water	1.9	1.8	2.3	2.9	2.5	2.2	2.4
建筑业	Construction	18.9	19.1	20.6	21.6	20.2	19.8	19.0
批发零售和餐饮、旅馆业	Wholesale and Retail Trade and Restaurants and Hotels	441.3	478.1	480.7	485.6	485.3	527.2	546.8
交通运输和仓储业	Transport,Storage and Communication	67.0	72.6	73.1	72.5	75.7	75.2	78.8
金融保险、房地产和商业服务	Financing,Insurance,Real Estate and Business Services	175.5	182.0	198.3	192.4	191.6	197.0	205.9
团体、社会和个人服务	Community,Social and Personal Services	457.0	475.7	512.0	541.0	559.1	566.3	584.4

12-2 分职业全部就业人数

EMPLOYMENT BY OCCUPATION

单位：千人 (1000 persons)

职　　业	Occupation	1999	2000	2001	2002	2003	2004	2005
总 计	**Total**	**3112.1**	**3207.3**	**3251.3**	**3220.3**	**3197.4**	**3276.5**	**3340.8**
立法者高级官员和和管理人员	Legislators,Senior Officials and Managers	242.6	233.3	278.4	302.6	273.3	282.4	314.8
专业人员	Professionals	168.5	182.7	198.1	198.0	204.5	212.4	230.2
技术和辅助专业人员	Technicians and Associate Professionals	525.2	549.8	573.7	574.3	586.0	611.9	617.0
职　　员	Clerks	568.1	588.0	558.4	535.1	527.3	542.3	544.0
服务人员和商店与市场销售人员	Service Workers and Shop and and Market Sales Workers	440.6	461.5	474.3	468.7	481.1	513.6	524.9
农渔业技术人员	Skilled Agricultural and Fishery Workers	8.5	8.9	6.5	9.0	7.1	7.9	7.8
手艺人和有关行业工人	Craft and Related Trade Workers	327.8	332.7	306.4	286.4	269.3	265.8	265.4
设备和机械操作工、装配工	Plant and Machine Operators and Assemblers	259.5	263.4	248.8	236.0	232.8	232.9	224.3
简单劳动职业人员	Elementary Occupations	571.3	586.9	606.7	610.1	616.0	607.2	612.4
男	**Male**	**1816.5**	**1854.5**	**1846.7**	**1794.8**	**1767.0**	**1801.8**	**1823.6**
立法者高级官员和和管理人员	Legislators,Senior Officials and Managers	189.4	176.8	207.1	225.1	201.9	206.4	230.6
专业人员	Professionals	113.2	123.7	133.5	129.5	134.0	137.2	152.5
技术和辅助专业人员	Technicians and Associate Professionals	315.2	330.5	341.5	335.8	345.6	355.4	354.6
职　　员	Clerks	158.0	162.0	152.1	138.2	132.8	144.9	144.2
服务人员和商店与市场销售人员	Service Workers and Shop and and Market Sales Workers	249.2	256.4	254.2	243.8	250.3	256.7	255.2
农渔业技术人员	Skilled Agricultural and Fishery Workers	6.4	6.2	4.7	6.2	4.7	5.7	5.3
手艺人和有关行业工人	Craft and Related Trade Workers	315.8	323.0	296.6	274.8	258.9	254.0	255.4
设备和机械操作工、装配工	Plant and Machine Operators and Assemblers	218.6	226.6	214.4	206.0	204.2	206.6	201.1
简单劳动职业人员	Elementary Occupations	250.6	249.4	242.6	235.4	234.5	234.8	224.8
女	**Female**	**1295.6**	**1352.8**	**1404.6**	**1425.4**	**1430.4**	**1474.7**	**1517.2**
立法者高级官员和和管理人员	Legislators,Senior Officials and Managers	53.2	56.5	71.4	77.4	71.4	76.0	84.3
专业人员	Professionals	55.3	59.0	64.6	68.6	70.5	75.2	77.7
技术和辅助专业人员	Technicians and Associate Professionals	210.0	219.3	232.2	238.5	240.4	256.4	262.5
职　　员	Clerks	410.0	426.0	406.3	397.0	394.5	397.4	399.8
服务人员和商店与市场销售人员	Service Workers and Shop and and Market Sales Workers	191.4	205.1	220.1	224.9	230.8	256.9	269.7
农渔业技术人员	Skilled Agricultural and Fishery Workers	2.1	2.7	1.8	2.8	2.4	2.2	2.5
手艺人和有关行业工人	Craft and Related Trade Workers	12.0	9.8	9.8	11.6	10.4	11.8	10.0
设备和机械操作工、装配工	Plant and Machine Operators and Assemblers	40.9	36.9	34.3	29.9	28.6	26.3	23.2
简单劳动职业人员	Elementary Occupations	320.7	337.6	364.1	374.7	381.5	372.4	387.6

12-3 按年龄分组的失业人数
UNEMPLOYMENT BY AGE GROUP

单位:千人 (1000 persons)

年龄分组 Age Group	1997	1998	1999	2000	2001	2002	2003	2004	2005
总 计 Total	**71.2**	**154.1**	**207.5**	**166.9**	**174.6**	**253.8**	**275.1**	**239.4**	**197.3**
15-19	8.8	18.2	22.9	18.3	16.7	22.6	20.9	17.7	13.7
20-24	13.9	28.4	35.6	27.4	29.1	36.7	37.5	30.4	28.5
25-29	9.3	19.1	26.8	20.6	20.9	27.7	29.6	22.4	19.2
30-34	8.4	17.6	21.7	16.9	17.6	26.2	28.8	22.3	17.5
35-39	8.4	16.8	23.0	16.8	19.0	29.6	31.6	25.5	19.0
40-44	7.1	17.7	24.4	19.6	23.0	34.1	37.5	32.2	25.8
45-49	6.7	15.4	21.2	18.7	20.8	31.3	36.8	35.3	29.3
50-54	4.8	11.4	17.9	16.2	16.2	25.5	29.8	28.6	24.1
55-59	2.7	6.6	9.9	8.9	7.9	14.1	17.6	18.4	15.8
60-64	1.0	2.4	3.2	3.0	2.6	4.4	4.1	5.3	3.8
65+	0.2	0.4	0.9	0.4	0.6	1.5	0.9	1.3	0.6
男 Male	**45.2**	**101.2**	**140.6**	**109.6**	**118.2**	**163.7**	**179.9**	**151.6**	**127.1**
15-19	4.6	9.7	13.2	10.1	9.8	13.8	12.3	10.5	8.4
20-24	8.3	17.0	21.2	15.1	17.1	22.0	23.8	19.2	17.6
25-29	5.6	11.6	17.6	12.2	13.5	17.7	19.3	14.4	12.1
30-34	4.9	11.6	13.9	10.2	11.1	15.5	17.3	12.9	10.7
35-39	5.3	11.4	16.1	10.9	12.7	18.6	18.7	14.8	11.0
40-44	4.7	12.1	17.2	14.0	16.1	21.6	23.8	18.4	14.7
45-49	4.6	10.9	15.4	12.8	15.6	20.3	24.2	22.5	19.9
50-54	3.8	8.7	13.6	13.0	12.7	17.9	21.7	18.9	17.0
55-59	2.4	5.7	8.6	8.0	6.9	11.4	14.4	14.2	11.9
60-64	0.9	2.1	2.9	2.7	2.4	3.6	3.6	4.7	3.3
65+	0.2	0.4	0.8	0.4		1.3	0.9	1.2	0.6
女 Female	**26.0**	**52.9**	**66.9**	**57.3**	**56.4**	**90.0**	**95.2**	**887.8**	**70.2**
15-19	4.2	8.5	9.7	8.2	7.1	9.0	8.6	7.1	5.3
20-24	5.6	11.4	14.4	12.2	11.9	14.7	13.7	11.2	10.8
25-29	3.7	7.6	9.1	8.4	7.4	10.0	10.3	8.1	7.1
30-34	3.5	6.0	7.8	6.7	6.5	10.7	11.4	9.5	6.8
35-39	3.1	5.4	6.9	5.9	6.4	11.1	12.8	10.7	8.0
40-44	2.4	5.6	7.2	5.6	6.9	12.6	13.7	13.9	11.2
45-49	2.1	4.6	5.8	5.9	5.2	11.0	12.7	12.8	9.3
50-54	1.0	2.7	4.3	3.3	3.5	7.6	8.1	9.8	7.1
55-59	0.3	1.1	1.3	0.9	1.1	2.7	3.3	4.2	4.0
60-64	0.1	0.3	0.3	0.3		0.5	0.5	0.6	0.5

12-4 分行业失业人数

UNEMPLOYMENT BY ECONOMIC ACTIVITY

单位：千人 (1000 persons)

行业	Industry	1998	1999	2000	2001	2002	2003	2004	2005
总计	**Total**	**154.1**	**207.5**	**166.9**	**174.6**	**253.8**	**275.1**	**239.4**	**197.3**
农林牧渔业	Agriculture,Hunting,Forestry and Fishing	0.2	0.4	0.3		0.5			
制造业	Manufacturing	22.0	27.1	19.0	18.1	22.6	22.3	17.5	15.0
电力、天然气及水	Electricity,Gas and Water	0.2	0.2	0.2					
建筑业	Construction	28.2	41.1	34.3	35.0	53.2	61.0	49.9	39.0
批发零售和餐饮、旅馆业	Wholesale and Retail Trade and Restaurants and Hotels	49.3	64.3	54.5	57.0	83.0	88.1	75.6	63.3
交通运输和仓储业	Transport,Storage and Communication	13.3	19.0	14.8	16.0	19.6	24.0	19.6	17.9
金融保险、房地产和商业服务	Financing,Insurance,Real Estate and Business Services	12.1	15.0	12.1	15.1	23.2	25.7	22.8	18.3
团体、社会和个人服务	Community,Social and Personal Services	12.0	16.3	14.0	16.8	26.9	30.2	29.7	23.2
初次失业	Unemployed for the First Time	16.7	23.9	17.6	16.1	24.6	23.2	23.5	20.0
男	**Male**	**101.2**	**140.6**	**109.6**	**118.2**	**163.7**	**179.9**	**151.6**	**127.1**
农林牧渔业	Agriculture,Hunting,Forestry and Fishing	0.2	0.3	0.3					
制造业	Manufacturing	14.2	18.5	12.8	12.3	14.0	14.5	10.9	9.4
电力、天然气及水	Electricity,Gas and Water	0.2	0.2	0.1					
建筑业	Construction	27.1	39.9	33.3	34.0	51.7	58.6	47.4	37.7
批发零售和餐饮、旅馆业	Wholesale and Retail Trade and Restaurants and Hotels	26.6	34.9	28.4	30.9	43.4	45.4	37.6	33.5
交通运输和仓储业	Transport,Storage and Communication	11.3	16.0	12.5	13.9	16.2	20.4	16.9	15.2
金融保险、房地产和商业服务	Financing,Insurance,Real Estate and Business Services	7.0	10.0	7.4	10.0	15.3	16.9	15.6	12.6
团体、社会和个人服务	Community,Social and Personal Services	6.5	9.0	6.7	8.6	12.3	13.6	13.2	9.3
初次失业	Unemployed for the First Time	8.0	11.7	8.2	8.3	10.4	10.0	9.6	9.1
女	**Female**	**52.9**	**66.9**	**57.3**	**56.4**	**90.0**	**95.2**	**87.8**	**70.2**
农林牧渔业	Agriculture,Hunting,Forestry and Fishing		0.1						
制造业	Manufacturing	7.8	8.6	6.3	5.9	8.6	7.8	6.6	5.5
建筑业	Construction	1.1	1.2	1.0	1.1	1.6	2.5	2.5	1.3
批发零售和餐饮、旅馆业	Wholesale and Retail Trade and Restaurants and Hotels	22.6	29.4	26.2	26.1	39.5	42.7	38.0	29.9
交通运输和仓储业	Transport,Storage and Communication	2.0	3.0	2.3	2.1	3.4	3.6	2.7	2.7
金融保险、房地产和商业服务	Financing,Insurance,Real Estate and Business Services	5.1	5.0	4.7	5.1	7.9	8.7	7.3	5.7
团体、社会和个人服务	Community,Social and Personal Services	5.5	7.3	7.3	8.2	14.6	16.6	16.5	14.0
初次失业	Unemployed for the First Time	8.7	12.2	9.4	7.8	14.3	13.2	13.9	11.0

12-5 分职业失业人数

UNEMPLOYMET BY OCCUPATION

单位:千人 (1000 persons)

职　业	Occupation	1999	2000	2001	2002	2003	2004	2005
总　计	**Total**	**207.5**	**166.9**	**174.6**	**253.8**	**275.1**	**239.4**	**197.3**
立法者高级官员和管理人员	Legislators,Senior Officials and Managers	5.7	3.9	5.2	8.3	6.7	5.3	6.1
专业人员	Professio nals	2.6	2.1	3.8	4.8	5.0	4.6	4.1
技术和辅助专业人员	Technicians and Associate Professionals	18.7	13.4	17.1	25.7	26.6	22.3	18.0
职　员	Clerks	25.7	21.3	21.4	30.0	30.0	25.5	22.5
服务人员和商店与市场销售人员	Service Workers and Shop and and Market Sales Workers	36.6	34.1	33.3	47.3	55.5	47.0	38.9
农渔业技术人员	Skilled Agricultural and Fishery Workers	0.3	0.3					
手艺人和有关行业工人	Craft and Related Trade Workers	40.2	32.5	46.8	51.6	41.0	31.7	27.4
设备和机械操作工、装配工	Plant and Machine Operators and Assemblers	16.5	11.5	12.1	14.9	17.6	15.2	11.7
简单劳动职业人员	Elementary Occupations	37.2	30.3	33.7	51.0	58.6	54.7	43.8
初次失业	Unemployed for the First Time	23.9	17.6	16.1	24.6	23.2	23.5	20.0
男	**Male**	**140.6**	**109.6**	**118.2**	**163.7**	**179.9**	**151.6**	**127.1**
立法者高级官员和管理人员	Legislators,Senior Officials and Managers	4.9	3.1	4.3	6.7	5.0	4.2	4.9
专业人员	Professio nals	1.8	1.5	2.7	3.5	3.6	3.1	2.9
技术和辅助专业人员	Technicians and Associate Professionals	13.1	9.0	11.4	18.0	18.5	15.2	12.0
职　员	Clerks	8.5	6.6	7.1	9.0	8.7	8.4	7.2
服务人员和商店与市场销售人员	Service Workers and Shop and and Market Sales Workers	19.7	17.2	16.9	22.8	28.2	22.4	20.1
农渔业技术人员	Skilled Agricultural and Fishery Workers	0.3	0.2					
手艺人和有关行业工人	Craft and Related Trade Workers	38.8	31.5	31.2	45.8	50.7	39.9	31.1
设备和机械操作工、装配工	Plant and Machine Operators and Assemblers	13.2	9.2	9.6	11.3	14.1	12.2	9.3
简单劳动职业人员	Elementary Occupations	28.6	23.1	26.6	35.9	40.9	36.5	30.3
初次失业	Unemployed for the First Time	11.7	8.2	8.3	10.4	10.0	9.6	9.1
女	**Female**	**66.9**	**57.3**	**56.4**	**90.0**	**95.2**	**87.8**	**70.2**
立法者高级官员和管理人员	Legislators,Senior Officials and Managers	0.9	0.8	0.9	1.6	1.8	1.2	1.3
专业人员	Professio nals	0.8	0.6	1.0	1.3	1.4	1.5	1.2
技术和辅助专业人员	Technicians and Associate Professionals	5.5	4.4	5.7	7.7	8.1	7.0	6.0
职　员	Clerks	17.2	14.7	14.3	21.0	21.4	17.1	15.2
服务人员和商店与市场销售人员	Service Workers and Shop and and Market Sales Workers	16.9	16.9	16.4	24.5	27.3	24.7	18.8
农渔业技术人员	Skilled Agricultural and Fishery Workers	0.1						
手艺人和有关行业工人	Craft and Related Trade Workers	1.3	1.0	0.6	1.0	0.9	1.1	0.6
设备和机械操作工、装配工	Plant and Machine Operators and Assemblers	3.4	2.3	2.5	3.6	3.5	3.0	2.4
简单劳动职业人员	Elementary Occupations	8.6	7.2	7.1	15.1	17.6	18.2	13.4
初次失业	Unemployed for the First Time	12.2	9.4	7.8	14.3	13.2	13.9	11.0

12-6 非农行业工人日工资率

WAGES OF WAGE EARNERS BY ECONOMIC ACTIVITY

单位：元/日 (dollars/per day)

分 组	Group	1999	2000	2001	2002	2003	2004	2005
总 计	**Total**	**403.3**	**397.5**	**412.5**	**401.3**	**408.5**	**398.6**	**370.0**
制造业	Manufacturing	334.7	335.4	342.6	326.1	322.2	324.3	279.0
交通运输和仓储业	Transport,Storage and Communication	526.0	504.9	507.7	508.6	496.5	491.3	503.7
金融保险、房地产和商业服务	Financing,Insurance,Real Estate and Business Services	418.5	437.3	455.1	432.8	426.0	417.6	417.1
团体、社会和个人服务	Community,Social and Personal Services	532.7	531.4	549.9	524.6	518.4	525.8	500.4
男	**Male**	**480.2**	**475.5**	**480.8**	**476.0**	**469.2**	**451.4**	**397.3**
制造业	Manufacturing	422.6	428.8	428.5	419.2	406.1	380.4	282.4
交通运输和仓储业	Transport,Storage and Communication	529.1	507.5	511.1	510.5	497.4	491.9	504.4
金融保险、房地产和商业服务	Financing,Insurance,Real Estate and Business Services	418.5	437.1	462.7	432.8	426.1	417.7	417.1
团体、社会和个人服务	Community,Social and Personal Services	532.7	531.4	549.9	524.6	518.4	525.8	500.4
女	**Female**	**275.0**	**283.2**	**291.0**	**277.8**	**274.4**	**289.8**	**287.0**
制造业	Manufacturing	268.9	278.1	280.6	268.2	262.7	280.0	273.8

12-7 非农行业管理人员月工资率

WAGES OF SALARIED EMPLOYEES BY ECONOMIC ACTIVITY

单位：元/月 (dollars/per month)

分 组	Group	1999	2000	2001	2002	2003	2004	2005
总 计	**Total**	**11560.9**	**11573.7**	**11449.0**	**11069.8**	**10854.3**	**10534.6**	**10671.1**
制造业	Manufacturing	11853.0	11869.7	12133.1	11950.7	11508.8	11498.1	11622.0
批发零售和餐饮、旅馆业	Wholesale and Retail Trade and Restaurants and Hotels	11802.2	11959.3	12046.4	11745.0	11580.8	11385.1	11704.9
交通运输和仓储业	Transport,Storage and Communication	13322.0	12799.8	13191.6	13381.7	13037.2	12711.3	13303.6
金融保险、房地产和商业服务	Financing,Insurance,Real Estate and Business Services	11697.4	11429.4	11311.8	10571.8	10645.4	9830.9	9815.3
团体、社会和个人服务	Community,Social and Personal Services	6659.0	6749.6	6405.7	6179.2	5972.9	6053.4	5934.3
男	**Male**	**12141.0**	**12105.3**	**11905.0**	**11619.0**	**11269.8**	**11025.0**	**11016.0**
制造业	Manufacturing	12893.2	12697.1	12929.7	12810.2	12082.7	11880.7	12248.6
批发零售和餐饮、旅馆业	Wholesale and Retail Trade and Restaurants and Hotels	12784.6	12938.5	13076.3	12867.8	12526.3	12299.3	12599.4
交通运输和仓储业	Transport,Storage and Communication	14340.9	13509.9	13768.4	14296.0	14056.1	13586.5	14032.0
金融保险、房地产和商业服务	Financing,Insurance,Real Estate and Business Services	10702.4	10547.5	10438.2	9606.4	9703.1	9110.3	8988.4
团体、社会和个人服务	Community,Social and Personal Services	7773.2	7649.5	7162.9	6993.0	6479.7	6536.4	6444.1
女	**Female**	**10952.1**	**11011.9**	**10969.3**	**10518.2**	**10445.8**	**10052.4**	**10319.5**
制造业	Manufacturing	10846.7	11101.4	11395.0	11123.2	11021.1	11139.3	11015.0
批发零售和餐饮、旅馆业	Wholesale and Retail Trade and Restaurants and Hotels	10941.7	11115.0	11204.5	10852.0	10836.7	10640.6	10998.1
交通运输和仓储业	Transport,Storage and Communication	11707.5	11634.8	12274.2	12059.8	11657.0	11538.6	12212.3
金融保险、房地产和商业服务	Financing,Insurance,Real Estate and Business Services	13390.2	13107.7	13054.8	12554.1	12319.7	11320.0	11579.2
团体、社会和个人服务	Community,Social and Personal Services	5843.5	6061.8	5886.2	5688.7	5617.7	5791.8	5576.3

12-8 非农行业周工作小时

HOURS OF WORK BY ECONOMIC ACTIVITY

单位: 小时／周 (hours/per week)

行 业	Industry	1999	2000	2001	2002	2003	2004	2005
总 计	**Total**	**46.0**	**46.6**	**46.5**	**46.9**	**46.7**	**47.1**	**47.0**
采掘业	Mining and Quarrying	39.8	48.2	48.2	48.9	53.4	50.9	56.3
制造业	Manufacturing	45.0	45.3	45.4	45.6	45.4	46.5	46.4
电力、天然气及水	Electricity,Gas and Water	41.7	43.3	42.5	42.5	42.3	42.6	42.5
建筑业	Construction	41.9	41.9	41.9	41.5	41.4	42.6	42.6
批发零售和餐饮、旅馆业	Wholesale and Retail Trade and Restaurants and Hotels	47.8	48.2	48.0	48.6	48.5	48.7	48.3
交通运输和仓储业	Transport,Storage and Communication	46.4	47.1	46.9	47.5	47.1	48.0	47.6
金融保险、房地产和商业服务	Financing,Insurance,Real Estate and Business Services	45.2	46.4	46.0	46.8	46.7	47.0	47.1
团体、社会和个人服务	Community,Social and Personal Services	46.2	47.0	47.2	47.1	46.5	46.4	46.9
男	**Male**	**46.7**	**47.2**	**47.1**	**47.5**	**47.4**	**48.0**	**47.8**
采掘业	Mining and Quarrying	40.1	48.4	48.2	54.9	51.7	50.9	57.7
制造业	Manufacturing	46.7	46.8	47.1	47.4	47.1	48.3	48.1
电力、天然气及水	Electricity,Gas and Water	42.2	43.7	42.7	42.7	42.9	42.9	42.7
建筑业	Construction	41.9	41.9	41.8	41.4	41.3	42.6	42.6
批发零售和餐饮、旅馆业	Wholesale and Retail Trade and Restaurants and Hotels	49.8	50.2	50.0	50.9	50.8	51.0	50.6
交通运输和仓储业	Transport,Storage and Communication	47.6	48.3	48.2	48.9	48.5	49.4	49.2
金融保险、房地产和商业服务	Financing,Insurance,Real Estate and Business Services	47.3	48.4	48.2	49.1	49.0	49.1	49.1
团体、社会和个人服务	Community,Social and Personal Services	44.8	45.6	45.1	44.7	44.4	44.5	44.4
女	**Female**	**44.9**	**45.7**	**45.8**	**46.1**	**45.8**	**46.0**	**46.0**
采掘业	Mining and Quarrying	36.0	45.0		35.0	60.0		46.0
制造业	Manufacturing	42.0	42.4	42.3	42.6	42.3	43.5	43.1
电力、天然气及水	Electricity,Gas and Water	37.3	40.0	41.2	41.5	39.6	41.1	41.2
建筑业	Construction	41.4	41.8	42.4	42.3	41.5	42.1	42.4
批发零售和餐饮、旅馆业	Wholesale and Retail Trade and Restaurants and Hotels	45.5	46.0	45.9	46.4	46.2	46.4	46.1
交通运输和仓储业	Transport,Storage and Communication	41.4	42.4	41.7	42.2	41.9	42.7	42.1
金融保险、房地产和商业服务	Financing,Insurance,Real Estate and Business Services	42.0	43.5	42.8	43.4	43.5	43.9	44.2
团体、社会和个人服务	Community,Social and Personal Services	47.1	47.7	48.4	48.3	47.6	47.3	47.5

12-9 分行业职业伤害情况

OCCUPATIONAL INJURIES BY ECONOMIC ACTIVITY

项　　目	Item	1998	1999	2000	2001	2002	2003	2004
一、伤亡人数(人)	**Total (fatal and non fatal,person)**	**63526**	**58841**	**58092**	**53719**	**47023**	**42022**	**44025**
农林牧渔业	Agriculture,Hunting,Forestry and Fishing	100	107	90	145	158	155	166
采掘业	Mining and Quarrying	15	14	8	11	7	1	2
制造业	Manufacturing	7689	6792	6985	5979	5104	4004	4258
电力、天然气及水	Electricity,Gas and Water	93	61	70	70	43	59	54
建筑业	Construction	19674	14174	12038	9324	6369	4546	3918
批发零售和餐饮、旅馆业	Wholesale and Retail Trade and Restaurants and Hotels	16855	17272	17642	16934	14762	13059	14224
交通运输和仓储业	Transport,Storage and Communication	5587	5694	5620	5114	4712	4119	4640
金融保险、房地产和商业服务	Financing,Insurance,Real Estate and Business Services	3496	3933	4339	4522	4353	4494	5129
团体、社会和个人服务	Community,Social and Personal Services	9901	10708	11247	11596	11489	11565	11604
其　他	Activities not Adepuately Defined	116	86	53	24	26	20	30
1.受伤人数	**Non fatal**	**63286**	**58606**	**57893**	**53543**	**46813**	**41851**	**43838**
农林牧渔业	Agriculture,Hunting,Forestry and Fishing	98	106	90	145	157	155	164
采掘业	Mining and Quarrying	14	14	7	11	7	1	2
制造业	Manufacturing	7659	6752	6950	5953	5088	3985	4229
电力、天然气及水	Electricity,Gas and Water	92	61	70	68	43	58	53
建筑业	Construction	19604	14110	11991	9282	6322	4513	3896
批发零售和餐饮、旅馆业	Wholesale and Retail Trade and Restaurants and Hotels	16838	17263	17626	16922	14743	13049	14205
交通运输和仓储业	Transport,Storage and Communication	5554	5653	5595	5077	4675	4093	4613
金融保险、房地产和商业服务	Financing,Insurance,Real Estate and Business Services	3449	3891	4296	4484	4298	4454	5080
团体、社会和个人服务	Community,Social and Personal Services	9862	10670	11215	11577	11454	11523	11566
其　他	Activities not Adepuately Defined	116	86	53	24	26	20	30
2.死亡人数	**Fatal**	**240**	**235**	**199**	**176**	**210**	**171**	**187**
农林牧渔业	Agriculture,Hunting,Forestry and Fishing	2	1			1		2
采掘业	Mining and Quarrying	1		1				
制造业	Manufacturing	30	40	35	26	16	19	29
电力、天然气及水	Electricity,Gas and Water	1			2		1	1
建筑业	Construction	70	64	47	42	47	33	22
批发零售和餐饮、旅馆业	Wholesale and Retail Trade and Restaurants and Hotels	17	9	16	12	19	10	19
交通运输和仓储业	Transport,Storage and Communication	33	41	25	37	37	26	27
金融保险、房地产和商业服务	Financing,Insurance,Real Estate and Business Services	47	42	43	38	55	40	49
团体、社会和个人服务	Community,Social and Personal Services	39	38	32	19	35	42	38

12-9 续表 continued

项　目	Item	1998	1999	2000	2001	2002	2003	2004
二、每10万人死亡率	**Rates of Fatal Injuries Per 100000 Employees**	**10.1**	**9.7**	**8**	**7.1**	**8.6**	**7.2**	**7.7**
采掘业	Mining and Quarrying	237.5		429.2				
制造业	Manufacturing	11.4	16.1	15.1	12.7	8.3	11	17.3
电力、天然气及水	Electricity,Gas and Water	10.9			24.3		12	12.2
建筑业	Construction	88.6	90.2	59	52.3	64.2	51.5	34.6
批发零售和餐饮、旅馆业	Wholesale and Retail Trade and Restaurants and Hotels	1.8	0.9	1.6	1.2	1.9	1	1.9
交通运输和仓储业	Transport,Storage and Communication	19.3	23.5	14	20.2	20.5	15.1	15.1
金融保险、房地产和商业服务	Financing,Insurance,Real Estate and Business Services	11.9	10.3	10	8.7	12.8	9.5	11.2
团体、社会和个人服务	Community,Social and Personal Services	7.7	7.2	6	3.4	6.2	7.3	6.5
三、损失工日数(日)	**Days Lost(day)**	**561636**	**540454**	**530250**	**535225**	**490849**	**411677**	**420929**
农林牧渔业	Agriculture,Hunting,Forestry and Fishing	1077	1214	1032	1166	2087	2218	2339
采掘业	Mining and Quarrying	127	259	97	69	91	13	5
制造业	Manufacturing	66506	64291	64853	66794	62070	45889	45841
电力、天然气及水	Electricity,Gas and Water	856	337	580	281	628	548	423
建筑业	Construction	214361	175510	152240	137632	105439	72946	58987
批发零售和餐饮、旅馆业	Wholesale and Retail Trade and Restaurants and Hotels	127633	132412	135024	141612	131085	110248	122486
交通运输和仓储业	Transport,Storage and Communication	52224	54141	56710	56851	55822	49546	50574
金融保险、房地产和商业服务	Financing,Insurance,Real Estate and Business Services	30157	33197	38666	42077	41633	42942	47872
团体、社会和个人服务	Community,Social and Personal Services	68688	79096	81050	88745	91995	87329	92405
其　他	Activities not Adepuately Defined	7						

12-10 消费价格指数
CONSUMER PRICES INDICES

(2000=100)

项　目	Item	1997	1998	1999	2000	2001	2002	2003	2004	2005
总指数	General Indices	105.1	108.1	103.8	100.0	98.4	95.4	93.0	92.6	93.6
总指数(不含住房)	General Indices (excl. shelter)	163.4	166.8	161.2	100.0	99.0	97.1	95.5	96.8	98.0
食品指数	Food Indices	102.1	104.1	102.2	100.0	99.2	97.1	95.7	96.7	98.4
用电及燃料指数	Fuel and Light Indices	142.4	144.7	144.1	100.0	98.0	91.3	92.5	103.1	107.3
服装指数1	Clothing Indices	178.7	177.4	140.9	100.0	95.4	96.1	93.6	99.6	101.5
租金指数	Rent Indices	224.1	234.9	221.9	100.0	97.0	91.4	87.0	82.5	82.5

注：2000年以前数字以1990年为100。
Note: Data before 2000: 1990=100.

十三、澳门资料

MAIN INDICATORS OF MACAO

13-1 分行业全部就业人数
EMPLOYMENT BY ECONOMIC ACTIVITY

单位：千人 (1000 persons)

行业	Industry	2002	2003	2004	2005
总计	**Total**	**204.9**	**205.4**	**219.1**	**237.5**
农林牧渔业	Agriculture,Huntung,Forestry and Fishing	0.3	0.3	0.7	0.3
采矿业	Mining anf Quarrying	0.1			
制造业	Manufacturing	42.0	37.7	36.1	35.3
电力、煤气及水的供应业	Electricity, Gas, and Water Supply	1.2	1.3	1.1	1.2
建筑业	Construction	15.3	16.4	18.1	22.9
批发零售及修理业	Wholesale and Retail Trade; Repair of Motor Vehicles, Motorcycles and Personal and Household Goods	31.4	33.2	35.2	35.3
旅馆及餐饮业	Hotels and Restaurants	23.6	22.4	24.1	24.9
运输、仓储及通信业	Transport,Storageand Communications	13.1	14.4	15.0	14.8
金融保险业	Financial Intermediation	6.3	6.3	6.2	6.6
房地产业	Real Estate, Renting and Business Activities	11.0	12.0	12.6	14.3
公共管理与防务、义务社会保障业	Public Administration and Defence;Compulsory Social Security	17.4	18.1	18.1	18.8
教育	Education	10.2	9.8	10.6	10.3
卫生与社会工作	Health and Social Work	4.3	4.7	5.0	5.3
其他社区、社会和个人服务工作	Other Community, Social and Personal Service Activities	23.5	23.9	31.3	40.8
家庭服务业	Private Households with Employed Persons	4.8	4.3	5.0	6.2
享有治外法权的组织机构	Extra-territorial Organizations and Bodies	0.1	0.1	0.1	0.2
其他	Other	0.3	0.2	0.1	0.1
男	**Male**	**106.4**	**108.3**	**115.2**	**124.3**
农林牧渔业	Agriculture,Huntung,Forestry and Fishing	0.2	0.4	0.4	0.2
采矿业	Mining anf Quarrying	0.1			
制造业	Manufacturing	12.9	11.8	11.4	11.8
电力、煤气及水的供应业	Electricity, Gas, and Water Supply	1.0	1.0	0.9	1.0
建筑业	Construction	14.0	14.8	16.1	20.5
批发零售及修理业	Wholesale and Retail Trade; Repair of Motor Vehicles, Motorcycles and Personal and Household Goods	17.2	17.4	18.6	18.5
旅馆及餐饮业	Hotels and Restaurants	11.4	11.8	11.9	11.5
运输、仓储及通信业	Transport,Storageand Communications	9.5	10.6	11.2	11.0
金融保险业	Financial Intermediation	2.9	2.6	2.6	2.8
房地产业	Real Estate, Renting and Business Activities	7.4	7.7	8.1	9.0
公共管理与防务、义务社会保障业	Public Administration and Defence; Compulsory Social Security	12.2	12.5	12.6	12.6
教育	Education	3.1	3.1	3.3	3.0
卫生与社会工作	Health and Social Work	1.4	1.5	1.5	1.4
其他社区、社会和个人服务工作	Other Community, Social and Personal Service Activities	12.5	12.8	16.3	20.5
家庭服务业	Private Households with Employed Persons	0.3	0.2	0.4	0.3
享有治外法权的组织机构	Extra-territorial Organizations and Bodies		0.1		0.1
其他	Other	0.2	0.1		0.1
女	**Female**	**98.5**	**97.1**	**103.9**	**113.2**
农林牧渔业	Agriculture,Huntung,Forestry and Fishing	0.2	0.1	0.2	0.2
制造业	Manufacturing	29.1	25.9	24.7	23.5
电力、煤气及水的供应业	Electricity, Gas, and Water Supply	0.2	0.3	0.2	0.2
建筑业	Construction	1.3	1.6	2.0	2.5
批发零售及修理业	Wholesale and Retail Trade; Repair of Motor Vehicles, Motorcycles and Personal and Household Goods	14.2	15.7	16.7	16.8
旅馆及餐饮业	Hotels and Restaurants	12.2	10.7	12.2	13.4
运输、仓储及通信业	Transport,Storageand Communications	3.6	3.9	3.8	3.8
金融保险业	Financial Intermediation	3.5	3.7	3.6	3.8
房地产业	Real Estate, Renting and Business Activities	3.6	4.3	4.5	5.3
公共管理与防务、义务社会保障业	Public Administration and Defence; Compulsory Social Security	5.1	5.6	5.5	6.2
教育	Education	7.0	6.7	7.2	7.4
卫生与社会工作	Health and Social Work	2.9	3.2	3.6	3.9
其他社区、社会和个人服务工作	Other Community, Social and Personal Service Activities	11.0	11.1	15.0	20.2
家庭服务业	Private Households with Employed Persons	4.5	4.1	4.6	5.9
享有治外法权的组织机构	Extra-territorial Organizations and Bodies	0.1			0.1
其他	Other	0.1	0.1	0.1	

13-2 分职业全部就业人数
EMPLOYMENT BY OCCUPATION

单位: 千人 (1000 persons)

职　业	Occupation	2000	2001	2002	2003	2004	2005
总　计	**Total**	**195.3**	**205.0**	**204.9**	**205.4**	**219.1**	**237.5**
立法者高级官员和和管理人员	Legislators,Senior Officials and Managers	12.0	10.7	12.2	12.2	13.5	15.8
专业人员	Professionals	6.1	6.2	6.9	7.8	7.8	7.5
技术和辅助专业人员	Technicians and Associate Professionals	16.8	17.4	18.9	19.3	20.4	21.4
职　员	Clerks	37.4	37.3	36.2	39.0	44.7	51.1
服务人员和商店与市场销售人员	Service Workers and Shop and and Market Sales Workers	39.4	40.7	43.4	40.8	45.3	48.5
农渔业技术人员	Skilled Agricultural and Fishery Workers	1.3	1.3	1.3	1.9	1.9	1.2
手艺人和有关行业工人	Craft and Related Trade Workers	24.0	25.1	23.0	22.7	23.0	24.8
设备和机械操作工、装配工	Plant and Machine Operators and Assemblers	24.9	30.0	27.7	25.3	25.8	26.7
简单劳动职业人员	Elementary Occupations	33.3	36.3	35.3	36.4	36.8	40.4
男	**Male**	**103.2**	**108.0**	**106.4**	**108.3**	**115.2**	**124.3**
立法者高级官员和和管理人员	Legislators,Senior Officials and Managers	9.7	8.5	9.4	9.5	10.6	11.8
专业人员	Professionals	3.5	3.6	4.0	4.5	4.4	4.2
技术和辅助专业人员	Technicians and Associate Professionals	9.1	9.3	10.1	10.1	10.3	10.6
职　员	Clerks	12.7	14.1	12.6	13.3	15.2	19.1
服务人员和商店与市场销售人员	Service Workers and Shop and and Market Sales Workers	21.9	22.6	24.4	22.5	25.0	25.8
农渔业技术人员	Skilled Agricultural and Fishery Workers	1.0	1.1	1.0	1.6	1.5	1.0
手艺人和有关行业工人	Craft and Related Trade Workers	19.9	20.5	18.5	18.8	19.8	21.4
设备和机械操作工、装配工	Plant and Machine Operators and Assemblers	10.7	11.2	10.3	10.6	11.5	12.6
简单劳动职业人员	Elementary Occupations	14.8	17.4	16.0	17.5	16.9	17.8
女	**Female**	**92.1**	**96.9**	**98.5**	**97.1**	**103.9**	**113.2**
立法者高级官员和和管理人员	Legislators,Senior Officials and Managers	2.3	2.2	2.8	2.7	2.9	4.2
专业人员	Professionals	2.6	2.6	2.9	3.2	3.4	3.3
技术和辅助专业人员	Technicians and Associate Professionals	7.8	8.2	8.8	9.2	10.2	10.8
职　员	Clerks	24.6	23.3	23.5	25.8	29.6	32.0
服务人员和商店与市场销售人员	Service Workers and Shop and and Market Sales Workers	17.6	18.1	19.0	18.4	20.3	22.7
农渔业技术人员	Skilled Agricultural and Fishery Workers	0.3	0.2	0.3	0.3	0.4	0.2
手艺人和有关行业工人	Craft and Related Trade Workers	4.1	4.7	4.5	3.8	3.2	3.4
设备和机械操作工、装配工	Plant and Machine Operators and Assemblers	14.2	18.9	17.5	14.8	14.2	14.1
简单劳动职业人员	Elementary Occupations	18.5	18.9	19.3	18.9	19.9	22.6

13-3 按年龄分组的失业人数

UNEMPLOYMENT BY AGE GROUP

单位：千人 (1000 persons)

年龄分组 Age Group	1997	1998	1999	2000	2001	2002	2003	2004	2005
总计 Total	**6.5**	**9.5**	**13.2**	**14.2**	**14.0**	**13.7**	**13.1**	**11.2**	**10.3**
14-19	0.7	1.1	1.4	1.1	1.1	1.2	1.1	1.0	1.1
20-24	1.4	1.5	1.8	1.7	1.6	1.6	1.9	1.8	1.5
25-29	0.6	1.0	1.3	1.3	1.4	1.2	1.2	1.1	1.0
30-34	0.8	1.2	1.5	1.6	1.3	1.2	1.1	1.0	0.7
35-39	0.8	1.4	2.0	2.4	2.1	1.9	1.4	1.2	1.1
40-44	0.9	1.3	2.4	2.9	2.9	2.6	2.2	1.6	1.4
45-49	0.6	0.8	1.4	1.8	2.1	2.1	2.3	1.7	1.7
50-54	0.4	0.7	0.8	1.1	1.0	1.0	1.3	1.1	1.1
55-59	0.1	0.3	0.4	0.3	0.4	0.6	0.6	0.6	0.6
60-64	0.1	0.1	0.2	0.1	0.1	0.2	0.1	0.1	0.2
65+			0.1	0.1					
男 Male	**4.1**	**6.4**	**9.1**	**9.8**	**9.5**	**9.1**	**8.3**	**6.8**	**5.8**
14-19	0.4	0.7	0.9	0.7	0.7	0.8	0.7	0.7	0.6
20-24	0.8	0.9	1.1	1.0	1.0	0.9	1.2	1.0	0.9
25-29	0.4	0.6	0.7	0.8	0.9	0.8	0.8	0.7	0.5
30-34	0.4	0.8	1.0	0.9	0.8	0.7	0.6	0.6	0.5
35-39	0.6	1.0	1.3	1.6	1.2	1.1	0.6	0.6	0.4
40-44	0.6	0.9	1.8	2.2	1.9	1.9	1.4	1.1	0.6
45-49	0.4	0.6	1.1	1.3	1.7	1.5	1.5	1.0	0.9
50-54	0.3	0.5	0.7	0.9	0.9	0.7	0.9	0.7	0.7
55-59	0.1	0.2	0.3	0.2	0.3	0.4	0.5	0.4	0.4
60-64	0.1	0.1	0.1	0.1	0.1	0.2	0.1	0.1	0.1
65+			0.1	0.1					
女 Female	**2.4**	**3.1**	**4.2**	**4.4**	**4.5**	**4.6**	**4.8**	**4.4**	**4.5**
14-19	0.3	0.4	0.5	0.4	0.4	0.4	0.4	0.3	0.4
20-24	0.6	0.6	0.7	0.7	0.6	0.7	0.7	0.8	0.6
25-29	0.2	0.4	0.6	0.5	0.5	0.4	0.5	0.5	0.4
30-34	0.4	0.4	0.5	0.7	0.5	0.5	0.5	0.4	0.2
35-39	0.2	0.4	0.7	0.8	1.0	0.8	0.7	0.6	0.6
40-44	0.3	0.4	0.6	0.7	0.9	0.8	0.8	0.5	0.9
45-49	0.2	0.2	0.3	0.5	0.4	0.6	0.8	0.7	0.8
50-54	0.1	0.2	0.1	0.2	0.1	0.3	0.3	0.4	0.4
55-59		0.1	0.1	0.1	0.1	0.1	0.1	0.2	0.1
60-64			0.1						0.1

13-4 分行业失业人数

UNEMPLOYMENT BY ECONOMIC ACTIVITY

单位：千人　　(1000 persons)

行　业	Industry	2002	2003	2004	2005
总　计	**Total**	**13.7**	**13.1**	**11.2**	**10.3**
农林牧渔业	Agriculture,Huntung,Forestry and Fishing				0.1
制造业	Manufacturing	2.6	2.4	2.0	1.9
建筑业	Construction	2.7	2.2	1.3	1.2
批发零售及修理业	Wholesale and Retail Trade; Repair of Motor Vehicles, Motorcycles and Personal and Household Goods	2.1	2.0	1.9	1.5
旅馆及餐饮业	Hotels and Restaurants	2.4	2.4	2.1	1.4
运输、仓储及通信业	Transport,Storageand Communications	0.7	0.6	0.5	0.5
金融保险业	Financial Intermediation	0.2	0.1	0.1	
房地产业	Real Estate, Renting and Business Activities	0.5	0.7	0.4	0.5
公共管理与防务、义务社会保障业	Public Administration and Defence; Compulsory Social Security		0.2		0.1
教　育	Education	0.1	0.2	0.2	0.2
卫生与社会工作	Health and Social Work		0.1	0.1	0.2
其他社区、社会和个人服务工作	Other Community, Social and Personal Service Activities	1.0	1.0	1.1	1.2
家庭服务业	Private Households with Employed Persons	0.2	0.2	0.1	0.2
初次失业	Uemployed Persons without Previous Work Experience	1.1	1.1	1.2	1.3
男	**Male**	**9.1**	**8.3**	**6.8**	**5.8**
制造业	Manufacturing	1.3	1.0	0.9	0.6
建筑业	Construction	2.6	2.1	1.3	1.1
批发零售及修理业	Wholesale and Retail Trade; Repair of Motor Vehicles, Motorcycles and Personal and Household Goods	1.1	1.0	0.9	0.8
旅馆及餐饮业	Hotels and Restaurants	1.5	1.7	1.4	0.8
运输、仓储及通信业	Transport,Storageand Communications	0.5	0.5	0.4	0.4
金融保险业	Financial Intermediation	0.1		0.1	
房地产业	Real Estate, Renting and Business Activities	0.3	0.5	0.4	0.4
公共管理与防务、义务社会保障业	Public Administration and Defence;Compulsory Social Security		0.1		
教　育	Education	0.1	0.1		0.1
家庭服务业	Private Households with Employed Persons	0.6	0.5	0.6	0.8
初次失业	Uemployed Persons without Previous Work Experience	0.8	0.7	0.8	0.7
女	**Female**	**4.6**	**4.8**	**4.4**	**4.5**
制造业	Manufacturing	1.4	1.4	1.1	1.3
建筑业	Construction	0.1	0.1		0.1
批发零售及修理业	Wholesale and Retail Trade; Repair of Motor Vehicles, Motorcycles and Personal and Household Goods	0.9	0.9	1.0	0.7
旅馆及餐饮业	Hotels and Restaurants	0.9	0.7	0.7	0.7
运输、仓储及通信业	Transport,Storageand Communications	0.1	0.1	0.1	0.1
金融保险业	Financial Intermediation	0.1	0.1		
房地产业	Real Estate, Renting and Business Activities	0.2	0.2	0.1	0.1
教　育	Education		0.1	0.1	0.1
卫生与社会工作	Health and Social Work		0.1	0.1	0.2
其他社区、社会和个人服务工作	Other Community, Social and Personal Service Activities	0.4	0.5	0.5	0.5
家庭服务业	Private Households with Employed Persons	0.1	0.2	0.1	0.1
初次失业	Uemployed Persons without Previous Work Experience	0.4	0.4	0.5	0.6

13-5 分职业失业人数

UNEMPLOYMET BY OCCUPATION

单位: 千人 (1000 persons)

职 业	Occupation	1999	2000	2001	2002	2003	2004	2005
总 计	**Total**	**13.2**	**14.2**	**14.0**	**13.7**	**13.1**	**11.2**	**10.3**
立法者高级官员和和管理人员	Legislators,Senior Officials and Managers	0.4	0.3	0.3	0.4	0.4	0.3	0.4
专业人员	Professionals	0.1	0.1	0.1			0.1	0.1
技术和辅助专业人员	Technicians and Associate Professionals	0.5	0.5	0.4	0.5	0.3	0.5	0.2
职 员	Clerks	1.6	1.5	1.8	1.5	1.7	1.4	1.3
服务人员和商店与市场销售人员	Service Workers and Shop and and Market Sales Workers	2.3	2.7	3.0	3.0	3.0	3.2	2.4
农渔业技术人员	Skilled Agricultural and Fishery Workers					0.1		0.1
手艺人和有关行业工人	Craft and Related Trade Workers	3.4	4.1	3.3	3.0	2.2	1.3	1.2
设备和机械操作工、装配工	Plant and Machine Operators and Assemblers	1.2	1.1	1.4	1.6	1.2	1.1	1.2
简单劳动职业人员	Elementary Occupations	2.6	2.8	2.8	2.5	3.0	2.1	2.1
初次失业	Unemployed for the First Time	1.3	1.0	1.0	1.1	1.1	1.2	1.3
男	**Male**	**9.1**	**9.8**	**9.5**	**9.1**	**8.3**	**6.8**	**5.8**
立法者高级官员和和管理人员	Legislators,Senior Officials and Managers	0.3	0.2	0.2	0.4	0.3	0.2	0.3
专业人员	Professionals		0.1	0.1				
技术和辅助专业人员	Technicians and Associate Professionals	0.4	0.3	0.3	0.3	0.2	0.3	0.2
职 员	Clerks	0.5	0.5	0.7	0.6	0.7	0.5	0.5
服务人员和商店与市场销售人员	Service Workers and Shop and and Market Sales Workers	1.4	1.6	1.7	1.5	1.7	1.9	1.3
农渔业技术人员	Skilled Agricultural and Fishery Workers							0.1
手艺人和有关行业工人	Craft and Related Trade Workers	3.2	3.9	3.1	2.8	2.0	1.0	0.9
设备和机械操作工、装配工	Plant and Machine Operators and Assemblers	0.8	0.7	0.8	0.9	0.5	0.6	0.5
简单劳动职业人员	Elementary Occupations	1.7	1.8	1.9	1.7	2.1	1.5	1.2
初次失业	Unemployed for the First Time	0.7	0.6	0.6	0.8	0.7	0.8	0.7
女	**Female**	**4.2**	**4.4**	**4.5**	**4.6**	**4.8**	**4.4**	**4.5**
立法者高级官员和和管理人员	Legislators,Senior Officials and Managers					0.1		0.1
专业人员	Professionals						0.1	
技术和辅助专业人员	Technicians and Associate Professionals	0.1	0.2	0.1	0.1	0.1	0.2	0.1
职 员	Clerks	1.0	1.0	1.1	0.9	1.0	0.8	0.8
服务人员和商店与市场销售人员	Service Workers and Shop and and Market Sales Workers	0.9	1.2	1.3	1.4	1.3	1.3	1.1
手艺人和有关行业工人	Craft and Related Trade Workers	0.2	0.2	0.2	0.2	0.2	0.3	0.2
设备和机械操作工、装配工	Plant and Machine Operators and Assemblers	0.4	0.4	0.6	0.7	0.7	0.6	0.7
简单劳动职业人员	Elementary Occupations	0.8	1.0	0.8	0.8	0.9	0.6	0.9
初次失业	Unemployed for the First Time	0.6	0.4	0.3	0.4	0.4	0.5	0.6

13-6 非农行业平均工资

WAGES BY ECONOMIC ACTIVITY

单位: 澳元/月 (patacas/m)

行　业	Industry	2002	2003	2004	2005
总　计	**Total**	**4672**	**4803**	**5056**	**5346**
采矿业	Mining and Quarrying	8020	25046	11751	6251
制造业	Manufacturing	2766	2840	2992	3118
电力、煤气及水的供应业	Electricity, Gas, and Water Supply	12827	11526	11773	12940
建筑业	Construction	4142	4589	4965	5920
批发零售及修理业	Wholesale and Retail Trade; Repair of Motor Vehicles, Motorcycles and Personal and Household Goods	4430	4354	4550	4889
旅馆及餐饮业	Hotels and Restaurants	4050	4075	4276	4471
运输、仓储及通信业	Transport,Storageand Communications	5850	5798	5955	6444
金融保险业	Financial Intermediation	7941	8652	8203	8748
房地产业	Real Estate, Renting and Business Activities	3720	3682	3692	4156
公共管理与防务、义务社会保障业	Public Administration and Defence; Compulsory Social Security	13749	14075	13909	14543
教　育	Education	8713	9150	9054	9515
卫生与社会工作	Health and Social Work	7747	7905	9661	9704
其他社区、社会和个人服务工作	Other Community, Social and Personal Service Activities	5974	6481	7090	7816
家庭服务业	Private Households with Employed Persons	2813	2755	2675	2615
男	**Male**	**5278**	**5308**	**5482**	**6751**
采矿业	Mining and Quarrying	8020	25046	11751	6251
制造业	Manufacturing	4479	4380	4846	4781
电力、煤气及水的供应业	Electricity, Gas, and Water Supply	12942	10795	11744	14221
建筑业	Construction	4107	4566	4968	5993
批发零售及修理业	Wholesale and Retail Trade; Repair of Motor Vehicles, Motorcycles and Personal and Household Goods	4824	4807	4900	5724
旅馆及餐饮业	Hotels and Restaurants	5022	4891	5109	5648
运输、仓储及通信业	Transport,Storageand Communications	5789	5843	5898	6547
金融保险业	Financial Intermediation	9578	9742	8819	9686
房地产业	Real Estate, Renting and Business Activities	3743	3759	3716	4237
公共管理与防务、义务社会保障业	Public Administration and Defence; Compulsory Social Security	13495	13731	13667	13925
教　育	Education	9504	9678	9760	9959
卫生与社会工作	Health and Social Work	8848	8963	11800	11161
其他社区、社会和个人服务工作	Other Community, Social and Personal Service Activities	6659	6663	7244	7912
家庭服务业	Private Households with Employed Persons	4251	3523	3658	4834
女	**Female**	**3770**	**3889**	**4211**	**4566**
制造业	Manufacturing	2435	2544	2656	2800
电力、煤气及水的供应业	Electricity, Gas, and Water Supply	9023	11920	13653	8234
建筑业	Construction	4418	4899	4947	5390
批发零售及修理业	Wholesale and Retail Trade; Repair of Motor Vehicles, Motorcycles and Personal and Household Goods	3856	3806	3926	4321
旅馆及餐饮业	Hotels and Restaurants	3569	3570	3731	3918
运输、仓储及通信业	Transport,Storageand Communications	6186	5681	6416	5913
金融保险业	Financial Intermediation	7594	7686	7790	8065
房地产业	Real Estate, Renting and Business Activities	3664	3494	3635	3997
公共管理与防务、义务社会保障业	Public Administration and Defence; Compulsory Social Security	15479	15391	14843	15980
教　育	Education	8612	8900	8652	8798
卫生与社会工作	Health and Social Work	6639	7062	8439	8910
其他社区、社会和个人服务工作	Other Community, Social and Personal Service Activities	5568	5961	6888	7707
家庭服务业	Private Households with Employed Persons	2772	2738	2647	2588

13-7 非农行业周工作小时

HOURS OF WORK BY ECONOMIC ACTIVITY

单位：小时/周 (hours/per week)

行　业	Industry	2002	2003	2004	2005
总　计	**Total**	**47.9**	**47.3**	**48.0**	**47.5**
采矿业	Mining and Quarrying	44.7	47.0	56.5	52.0
制造业	Manufacturing	47.8	47.2	47.4	47.5
电力、煤气及水的供应业	Electricity, Gas, and Water Supply	43.4	41.7	41.9	42.4
建筑业	Construction	44.6	45.2	46.2	46.6
批发零售及修理业	Wholesale and Retail Trade; Repair of Motor Vehicles, Motorcycles and Personal and Household Goods	52.9	52.1	54.2	49.4
旅馆及餐饮业	Hotels and Restaurants	55.5	53.0	54.1	51.5
运输、仓储及通信业	Transport,Storageand Communications	47.0	47.1	47.6	47.3
金融保险业	Financial Intermediation	43.9	43.0	44.2	43.3
房地产业	Real Estate, Renting and Business Activities	54.3	52.0	52.7	48.8
公共管理与防务、义务社会保障业	Public Administration and Defence; Compulsory Social Security	39.1	39.0	39.6	39.2
教　育	Education	41.4	40.6	41.3	42.2
卫生与社会工作	Health and Social Work	43.4	43.4	44.5	43.3
其他社区、社会和个人服务工作	Other Community, Social and Personal Service Activities	54.0	52.3	53.4	49.1
家庭服务业	Private Households with Employed Persons	55.2	56.1	58.5	48.9
男	**Male**	**47.9**	**47.5**	**48.3**	**47.7**
采矿业	Mining and Quarrying	44.7	47.0	56.5	52.0
制造业	Manufacturing	48.1	47.4	47.8	48.0
电力、煤气及水的供应业	Electricity, Gas, and Water Supply	43.7	42.2	42.1	42.5
建筑业	Construction	44.8	45.2	46.3	46.6
批发零售及修理业	Wholesale and Retail Trade; Repair of Motor Vehicles, Motorcycles and Personal and Household Goods	53.6	53.5	55.1	50.2
旅馆及餐饮业	Hotels and Restaurants	57.2	53.0	54.5	51.8
运输、仓储及通信业	Transport,Storageand Communications	47.5	47.7	48.3	48.1
金融保险业	Financial Intermediation	43.9	43.0	44.2	43.6
房地产业	Real Estate, Renting and Business Activities	61.2	60.2	60.6	54.1
公共管理与防务、义务社会保障业	Public Administration and Defence; Compulsory Social Security	40.0	39.7	40.4	40.2
教　育	Education	40.9	40.6	41.0	41.8
卫生与社会工作	Health and Social Work	42.8	44.5	45.3	42.8
其他社区、社会和个人服务工作	Other Community, Social and Personal Service Activities	53.3	52.8	54.5	49.2
家庭服务业	Private Households with Employed Persons	56.9	56.5	64.6	56.0
女	**Female**	**47.8**	**47.1**	**47.7**	**47.3**
制造业	Manufacturing	47.7	47.1	47.3	47.2
电力、煤气及水的供应业	Electricity, Gas, and Water Supply	39.6	40.3	40.8	42.2
建筑业	Construction	42.6	45.2	45.3	46.4
批发零售及修理业	Wholesale and Retail Trade; Repair of Motor Vehicles, Motorcycles and Personal and Household Goods	52.2	50.8	52.9	48.9
旅馆及餐饮业	Hotels and Restaurants	54.2	53.0	53.7	51.3
运输、仓储及通信业	Transport,Storageand Communications	46.0	45.6	45.9	45.6
金融保险业	Financial Intermediation	43.9	43.0	44.3	43.1
房地产业	Real Estate, Renting and Business Activities	47.2	46.8	47.0	46.9
公共管理与防务、义务社会保障业	Public Administration and Defence; Compulsory Social Security	37.8	37.8	38.2	38.0
教　育	Education	41.5	40.6	41.4	42.4
卫生与社会工作	Health and Social Work	43.7	43.0	44.1	43.5
其他社区、社会和个人服务工作	Other Community, Social and Personal Service Activities	54.5	51.8	52.0	49.0
家庭服务业	Private Households with Employed Persons	54.9	56.0	56.9	48.8

13-8 消费价格指数
CONSUMER PRICES INDICES

项　目	Item	1996	1997	1998	1999	2000	2001	2002	2003	2004	2005
总指数	General Indices	152.3	157.6	157.9	101.6	100.0	98.0	95.4	93.9	94.9	99.0
总指数（不含住房）	General Indices (excl. shelter)	152.3	157.6	157.9	152.8						
食品指数	Food Indices	101.9	105.5	106.2	101.5	100.0	98.6	96.5	95.2	97.4	101.3
用电及燃料指数	Fuel and Light Indices	91.3	98.0	97.4	95.3	100.0	100.6	95.0	98.5	99.9	110.9
服装指数	Clothing Indices	105.3	107.0	108.1	105.8	100.0	95.3	85.5	74.9	77.4	76.7
租金指数	Rent Indices			106.6	103.1	100.0	97.4	94.8	92.7	92.1	98.1

注：以2000年为100。
Note : 2000=100.

13-9 分行业职业伤害情况
OCCUPATIONAL INJURIES BY ECONOMIC AVTIVITY

行　业	Industry	2002	2003	2004	2005
一、伤亡人数(人)	**Total（fatal and non fatal, person)**	**3855**	**4102**	**4605**	**4956**
农林牧渔业	Agriculture,Huntung,Forestry and Fishing		7	2	4
制造业	Manufacturing	792	793	753	650
电力、煤气及水的供应业	Electricity, Gas, and Water Supply	15	15	26	8
建筑业	Construction	305	518	741	861
批发零售及修理业	Wholesale and Retail Trade; Repair of Motor Vehicles, Motorcycles and Personal and Household Goods	498	488	539	594
旅馆及餐饮业	Hotels and Restaurants	853	872	900	1005
运输、仓储及通信业	Transport,Storageand Communications	302	253	307	343
金融保险业	Financial Intermediation	29	34	34	34
房地产业	Real Estate, Renting and Business Activities	133	189	234	273
公共管理与防务、义务社会保障业	Public Administration and Defence; Compulsory Social Security	61	84	88	105
教　育	Education	114	135	168	159
卫生与社会工作	Health and Social Work	28	28	43	62
其他社区、社会和个人服务工作	Other Community, Social and Personal Service Activities	704	658	749	811
家庭服务业	Private Households with Employed Persons	21	28	21	47
1.受伤人数	**Non fatal**	**3847**	**4093**	**4603**	**4941**
农林牧渔业	Agriculture,Huntung,Forestry and Fishing		7	2	4
制造业	Manufacturing	791	792	753	649
电力、煤气及水的供应业	Electricity, Gas, and Water Supply	14	15	26	8
建筑业	Construction	301	512	739	849
批发零售及修理业	Wholesale and Retail Trade; Repair of Motor Vehicles, Motorcycles and Personal and Household Goods	498	488	539	594
旅馆及餐饮业	Hotels and Restaurants	852	872	900	1005
运输、仓储及通信业	Transport,Storageand Communications	302	251	307	343
金融保险业	Financial Intermediation	29	34	34	34
房地产业	Real Estate, Renting and Business Activities	132	189	234	273
公共管理与防务、义务社会保障业	Public Administration and Defence; Compulsory Social Security	61	84	88	105
教　育	Education	114	135	168	159
卫生与社会工作	Health and Social Work	28	28	43	62
其他社区、社会和个人服务工作	Other Community, Social and Personal Service Activities	704	658	749	809
家庭服务业	Private Households with Employed Persons	21	28	21	47

13-9 续表 continued

行 业	Industry	2002	2003	2004	2005
2.死亡人数	**Fatal**	**8**	**9**	**2**	**15**
制造业	Manufacturing	1	1		1
电力、煤气及水的供应业	Electricity, Gas, and Water Supply	1			
建筑业	Construction	4	6	2	12
旅馆及餐饮业	Hotels and Restaurants	1			
运输、仓储及通信业	Transport,Storageand Communications		2		
房地产业	Real Estate, Renting and Business Activities	1			
其他社区、社会和个人服务工作	Other Community, Social and Personal Service Activities				2
二、损失工日数(日)	**Days lost**	**18145**	**17262**	**24686**	**26477**
农林牧渔业	Agriculture,Huntung,Forestry and Fishing	6		64	
制造业	Manufacturing	3081	3132	4055	3941
电力、煤气及水的供应业	Electricity, Gas, and Water Supply	48	42	12	20
建筑业	Construction	4260	3622	6886	6703
批发零售及修理业	Wholesale and Retail Trade; Repair of Motor Vehicles, Motorcycles and Personal and Household Goods	2457	2154	2604	3067
旅馆及餐饮业	Hotels and Restaurants	3797	3808	4349	5015
运输、仓储及通信业	Transport,Storageand Communications	982	1133	1219	1510
金融保险业	Financial Intermediation	19	198	66	43
房地产业	Real Estate, Renting and Business Activities	1195	1043	1553	1078
公共管理与防务、义务社会保障业	Public Administration and Defence; Compulsory Social Security	110	151	85	113
教 育	Education	398	233	346	631
卫生与社会工作	Health and Social Work	114	104	252	164
其他社区、社会和个人服务工作	Other Community, Social and Personal Service Activities	1644	1630	3063	4182
家庭服务业	Private Households with Employed Persons	34	12	132	10

附录一、国外有关资料

MAIN INDICATORS

OF OTHER COUNTRIES

附录1-1 全部就业人数

EMPLOYMENT

单位：千人 (1000 persons)

国 别	Country	1998	1999	2000	2001	2002	2003	2004	2005
阿根廷	Argentina	8278.6	8285.2	8261.7	8143.4	8016.1	8956.2	9415.0	9638.7
澳大利亚	Australia	8572.3	8720.2	8951.3	9063.0	9248.0	9459.2	9636.3	9957.3
巴 西	Brasil	69963.0	71676.0		75458.0	78958.9	80163.5	84596.3	
加拿大	Canada	14046.2	14389.8	14758.6	14946.7	15307.9	15665.1	15949.7	16169.7
埃 及	Egypt	16183.0	16750.2	17203.3	17556.7	17856.2	18118.6		
法 国	France	22478.5	22672.1	23261.5	23759.0	23942.0	24690.8	24784.0	24919.4
德 国	Germany	35860.0	36402.0	36604.0	36816.0	36536.0	36172.0	35659.0	36566.0
匈牙利	Hungary	3697.7	3811.5	3849.1	3859.5	3870.6	3921.9	3900.4	3901.5
印 度	India	340595.8		368966.1					
印度尼西亚	Indonesia	87673.6	88816.9	89837.7	90807.4	91647.2	90784.9	93722.0	94948.1
意大利	Italie	20618.0	20864.0	21225.0	21634.0	21922.0	22133.0	22404.0	22563.0
日 本	Japan	65140.0	64620.0	64460.0	64120.0	63300.0	63160.0	63290.0	63560.0
韩 国	Korea, Rep	19994.0	20281.0	21156.0	21572.0	22169.0	22139.0	22557.0	22856.0
马来西亚	Malaysia	8599.6	8837.8	9321.7	9357.0	9542.6	9869.7	9986.6	
墨西哥	Mexico	37090.9	37600.3	38202.6	38254.8	39173.5	39499.9	40975.5	40791.8
荷 兰	Netherlands	7398.0	7601.0	7733.0	7830.0	7867.0	7830.0	7782.0	7784.0
新西兰	New Zealand	1725.0	1750.3	1779.0	1823.4	1876.8	1921.0	2017.1	2072.9
挪 威	Norway	2248.0	2259.0	2269.0	2278.0	2286.0	2269.0	2276.0	2289.0
巴基斯坦	Pakistan	36419.0	37296.0	36847.0	37481.0	38882.0	39852.0	42009.0	42916.0
菲律宾	Philippines	28262.0	27762.0	27775.0	30085.0	30251.0	31553.0	31741.0	32875.0
葡萄牙	Portugal	4857.0	4921.6	5032.9	5121.7	5145.6	5127.7	5127.5	5122.6
罗马尼亚	Romania	10844.9	10775.7	10763.8	10696.9	9234.2	9222.5	9157.6	9146.6
俄罗斯	Russian Fed.	58464.0	62945.0	65070.0	65123.0	66659.0	66432.0	67275.0	68169.0
新加坡	Singapore	1869.7	1885.9		2046.7	2017.4	2034.0	2066.9	
瑞 典	Sweden	3979.0	4068.0	4159.0	4239.0	4244.0	4234.0	4213.0	4263.0
泰 国	Thailand	32138.0	32087.1	33001.0	33483.7	34262.9	34677.1	35711.6	36302.4
英 国	United Kingdom	27115.6	27442.3	27792.5	28225.4	28414.5	27820.8	28008.4	28165.6
美 国	United States	131463.0	133488.0	135208.0	135073.0	136485.0	137736.0	139252.0	141730.0

资料来源：《2005年国际劳工统计年鉴》（下同）。
Date resources:ILO 2005 Yearbook of Labour Statistics(same as below).

附录1-2 全部女性就业人数

FEMALE EMPLOYMENT

单位: 千人 (1000 persons)

国别	Country	1998	1999	2000	2001	2002	2003	2004	2005
阿根廷	Argentina	3221.6	3313.8	3319.8	3310.9	3362.5	3805.3	3968.0	4081.4
澳大利亚	Australia	3725.5	3802.6	3945.3	4027.9	4113.4	4232.0	4298.3	4470.9
巴西	Brasil	27650.0	28864.0		30711.0	32624.6	33228.4	35354.3	
加拿大	Canada	6433.4	6596.3	6788.6	6911.5	7126.4	7320.7	7470.1	7575.0
埃及	Egypt	2996.0	3139.2	3244.8	3195.6	3305.5	3466.9		
法国	France	9982.3	10121.9	10417.9	10654.0	10839.0	11182.2	11304.4	11423.7
德国	Germany	15351.0	15743.0	15924.0	16187.0	16200.0	16176.0	15978.0	16432.0
匈牙利	Hungary	1656.0	1708.4	1726.7	1728.9	1758.1	1795.4	1783.1	1785.4
印度	India	80890.1		106481.9					
印度尼西亚	Indonesia	33773.1	33908.3	34398.6	33676.0	33064.0	30876.0	33140.5	34209.5
意大利	Italie	7345.0	7533.0	7764.0	8060.0	8236.0	8365.0	8783.0	8825.0
日本	Japan	26560.0	26320.0	26300.0	26290.0	25940.0	25970.0	26160.0	26330.0
韩国	Korea, Rep	8084.0	8303.0	8769.0	8991.0	9225.0	9108.0	9364.0	9526.0
马来西亚	Malaysia	2880.7	2986.6	3235.5	3301.1	3400.8	3546.1	3588.7	3340.9
墨西哥	Mexico	12522.6	12659.6	13086.9	13068.5	13591.9	13576.5	14557.2	14938.7
荷兰	Netherlands	3109.0	3241.0	3322.0	3395.0	3434.0	3460.0	3477.0	3514.0
新西兰	New Zealand	777.5	793.7	806.3	829.5	851.7	875.9	922.3	954.5
挪威	Norway	1037.0	1050.0	1057.0	1064.0	1076.0	1071.0	1074.0	1078.0
巴基斯坦	Pakistan	5075.0	5197.0	5159.0	5248.0	5693.0	5835.0	7106.0	7243.0
菲律宾	Philippines	10608.0	10631.0	10516.0	11751.0	11811.0	12055.0	11905.0	12670.0
葡萄牙	Portugal	2149.4	2201.1	2255.7	2302.0	2320.9	2330.9	2338.6	2357.2
罗马尼亚	Romania	4959.8	4976.6	4991.6	4977.6	4202.6	4165.8	4177.6	4135.4
俄罗斯	Russian Fed.	27851.0	30375.0	31496.0	31619.0	32645.0	32605.0	33094.0	33620.0
新加坡	Singapore	780.1	798.6		898.0	880.3	911.1	929.2	
瑞典	Sweden	1901.0	1946.0	1992.0	2036.0	2047.0	2043.0	2027.0	2038.0
泰国	Thailand	14471.1	14365.9	14836.1	15012.7	15390.8	15595.6	16012.8	16832.1
英国	United Kingdom	12117.0	12303.9	12456.6	12662.9	12810.1	12847.4	12970.7	13104.2
美国	United States	60771.0	62042.0	62915.0	62992.0	63582.0	64404.0	64728.0	65757.0

附录1-3 第一产业就业人数

EMPLOYMENT IN PRIMARY INDUSTRY

单位：千人 (1000 persons)

国 别	Country	1998	1999	2000	2001	2002	2003	2004	2005
阿根廷	Argentina	63.1	61.7	55.4	67.6	78.3	124.2	108.9	107.2
澳大利亚	Australia	421.4	433.0	443.5	437.5	411.9	372.7	362.9	362.9
巴 西	Brasil	16338.0	17372.0		15534.0	16276.5	16568.2	17733.8	
加拿大	Canada	538.0	517.8	489.4	423.2	424.7	431.4	422.5	439.6
埃 及	Egypt	4822.7	4807.0	5097.2	5010.6	4913.8	5411.3		
法 国	France						1070.2	996.5	953.1
德 国	Germany	1024.0	1026.0	988.0	942.0	923.0	895.0	832.0	868.0
匈牙利	Hungary	278.8	270.4	251.7	239.4	240.9	215.2	204.9	194.0
印度尼西亚	Indonesia	39414.8	38378.1	40545.9	39743.9	40633.6	42001.4	40608.0	41814.2
意大利	Italie	1201.0	1134.0	1120.0	1126.0	1096.0	1075.0	990.0	947.0
日 本	Japan	3430.0	3350.0	3260.0	3130.0	2960.0	2930.0	2860.0	2820.0
韩 国	Korea, Rep	2481.0	2349.0	2243.0	2148.0	2069.0	1950.0	1825.0	1815.3
马来西亚	Malaysia	1616.5	1623.7	1711.8	1415.9	1424.5	1408.2	1476.4	
墨西哥	Mexico	6959.1	7300.1	6705.0	6742.3	6877.0	6494.4	6606.5	6059.9
荷 兰	Netherlands	236.0	230.0	239.0	223.0	230.0	214.0	236.0	234.0
新西兰	New Zealand	146.2	164.2	154.2	165.4	164.9	156.7	151.6	148.0
挪 威	Norway	104.0	102.0	93.0	89.0	86.0	83.0	79.0	75.0
巴基斯坦	Pakistan	17209.0	17623.0	17841.0	18148.0	16366.0	16774.0	18084.0	18431.0
菲律宾	Philippines	11272.0	10503.0	10401.0	11253.0	11311.0	11741.0	11785.0	12171.0
葡萄牙	Portugal	651.8	621.9	635.3	652.6	636.9	642.1	618.1	606.2
罗马尼亚	Romania	4342.2	4499.3	4606.6	4526.8	3361.4	3292.4	2896.2	2939.3
俄罗斯	Russian Fed.	6833.0	9446.0	9431.0	7844.0	7557.0	7230.0	6832.0	6935.0
新加坡	Singapore	4.3	5.5		6.3	6.1	5.0	5.8	
瑞 典	Sweden	102.0	103.0	98.0	96.0	91.0	89.0	90.0	86.0
泰 国	Thailand	16471.7	15563.5	16095.5	15409.0	15799.3	15561.5	15115.4	15448.6
英 国	United Kingdom	465.1	424.6	425.9	391.3	392.6	348.2	356.2	383.7
美 国	United States	3509.0	3416.0	3457.0	3277.0	3479.0	2275.0	2232.0	2197.0

附录1-4 第二产业就业人数

EMPLOYMENT IN SECONDARY INDUSTRY

单位：千人 (1000 persons)

国 别	Country	1998	1999	2000	2001	2002	2003	2004	2005
阿根廷	Argentina	2053.4	1955.5	1873.4	1786.9	1616.4	1939.3	2169.3	2262.5
澳大利亚	Australia	1865.3	1858.1	1946.1	1893.9	1940.9	1988.4	2044.0	2100.4
巴 西	Brasil	14072.0	13805.0		15066.0	16862.3	16742.6	17757.1	
加拿大	Canada	3114.9	3227.6	3329.5	3352.7	3449.6	3491.5	3561.7	3555.8
埃 及	Egypt	3601.7	3782.2	3663.4	3733.1	3672.1	3578.6		
法 国	France						6157.4	6094.7	6064.6
德 国	Germany	12131.0	12150.0	12102.0	11934.0	11656.0	11265.0	10986.0	10870.0
匈牙利	Hungary	1264.3	1296.1	1298.4	1321.0	1319.9	1305.9	1280.5	1264.0
印度尼西亚	Indonesia	14277.8	15845.2	15720.9	15923.7	17194.0	15919.3	16876.2	17065.1
意大利	Italie	6730.0	6749.0	6767.0	6840.0	6932.0	7019.0	6869.0	6941.0
日 本	Japan	20870.0	20460.0	20130.0	19550.0	18790.0	18480.0	17960.0	17750.0
韩 国	Korea, Rep	5558.0	5563.0	5954.0	5928.0	6057.0	6114.0	6198.0	6136.9
马来西亚	Malaysia	2732.1	2801.5	3000.1	3097.9	3052.1	3160.6	3007.3	
墨西哥	Mexico	9235.1	9657.2	10287.9	9930.9	9752.0	9851.6	10179.5	10473.1
荷 兰	Netherlands	1613.0	1628.0	1612.0	1636.0	1589.0	1535.0	1563.0	1556.0
新西兰	New Zealand	414.8	400.8	412.2	414.8	425.0	429.1	457.8	456.2
挪 威	Norway	520.0	496.0	490.0	492.0	495.0	486.0	473.0	475.0
巴基斯坦	Pakistan	6232.0	6382.0	6644.0	6758.0	8072.0	8274.0	8529.0	8693.0
菲律宾	Philippines	4442.0	4501.0	4444.0	4682.0	4669.0	4948.0	4880.0	4883.0
葡萄牙	Portugal	1701.0	1689.1	1733.7	1728.8	1727.7	1652.8	1595.9	1566.7
罗马尼亚	Romania	3184.1	2971.7	2816.2	2803.7	2723.6	2750.3	2856.1	2775.8
俄罗斯	Russian Fed.	17031.0	17724.0	18487.0	19147.0	19688.0	20189.0	20014.0	20304.0
新加坡	Singapore	545.4	536.6		519.9	496.7	490.3	481.6	
瑞 典	Sweden	1023.0	1022.0	1021.0	1008.0	981.0	962.0	954.0	939.0
泰 国	Thailand	5687.5	5890.1	6276.2	6300.2	6791.6	6845.2	7325.3	7350.0
英 国	United Kingdom	7198.0	7103.5	7036.5	6993.5	6834.0	6467.0	6208.1	6203.8
美 国	United States	31367.0	31090.0	31341.0	30526.0	29800.0	28758.0	28959.0	29250.0

附录1-5 第三产业就业人数

EMPLOYMENT IN TERTIARY INDUSTRY

单位：千人 (1000 persons)

国别	Country	1998	1999	2000	2001	2002	2003	2004	2005
阿根廷	Argentina	6162.2	6267.9	6333.0	6288.9	6321.4	6892.7	7136.7	7269.0
澳大利亚	Australia	6285.7	6429.3	6561.6	6731.7	6895.2	7098.2	7229.4	7494.1
巴西	Brasil	39553.0	40498.0		44858.0	45820.1	46852.7	49205.4	
加拿大	Canada	10393.3	10644.3	10939.7	11170.8	11433.6	11741.9	11964.2	12174.3
埃及	Egypt	7758.9	8160.9	8442.5	8813.0	9270.3	9128.7		
法国	France						17463.2	17692.6	17901.7
德国	Germany	22705.0	23226.0	23514.0	23940.0	23957.0	24014.0	23840.0	24825.0
匈牙利	Hungary	2154.6	2245.0	2299.0	2299.1	2309.8	2400.8	2415.0	2443.5
印度尼西亚	Indonesia	33979.9	34593.6	33557.3	35139.8	33819.5	32864.1	36237.8	36068.8
意大利	Italie	12686.0	12980.0	13339.0	13665.0	13894.0	14039.0	14546.0	14674.0
日本	Japan	40830.0	40810.0	41070.0	41440.0	41570.0	41730.0	42430.0	42970.0
韩国	Korea, Rep	11955.0	12368.0	12958.0	13497.0	14044.0	14075.0	14534.0	14903.8
马来西亚	Malaysia	4251.0	4412.6	4609.9	4843.4	5066.2	5301.0	5502.9	
墨西哥	Mexico	20896.8	20643.2	21209.5	21581.5	22544.4	23153.7	24189.4	24260.5
荷兰	Netherlands	5545.0	5742.0	5882.0	5971.0	6047.0	6083.0	5983.0	5995.0
新西兰	New Zealand	1164.1	1185.4	1212.8	1243.5	1286.9	1335.3	1407.7	1468.8
挪威	Norway	1624.0	1659.0	1684.0	1696.0	1704.0	1699.0	1722.0	1739.0
巴基斯坦	Pakistan	12978.0	13291.0	12362.0	12575.0	14444.0	14804.0	15396.0	15692.0
菲律宾	Philippines	12547.0	12758.0	12929.0	14151.0	14271.0	14865.0	15076.0	15820.0
葡萄牙	Portugal	2501.6	2606.3	2661.4	2738.7	2779.7	2830.9	2913.3	2949.8
罗马尼亚	Romania	3318.6	3304.7	3340.9	3366.4	3149.2	3179.9	3405.3	3427.4
俄罗斯	Russian Fed.	34601.0	35775.0	37154.0	38133.0	39412.0	39012.0	40430.0	40927.0
新加坡	Singapore	1319.9	1343.8		1520.5	1514.9	1538.6	1579.3	
瑞典	Sweden	2853.0	2941.0	3040.0	3135.0	3170.0	3183.0	3168.0	3239.0
泰国	Thailand	9978.4	10633.0	10627.7	11774.6	11672.0	12270.4	13270.9	13503.5
英国	United Kingdom	19452.6	19914.2	20330.2	20840.6	21188.0	21006.1	21444.2	21578.2
美国	United States	96587.0	98983.0	100411.0	101270.0	103205.0	106704.0	108061.0	110281.0

附录1-6　失业人数

UNEMPLOYMENT

单位：千人　　(1000 persons)

国　别	Country	1998	1999	2000	2001	2002	2003	2004	2005
阿根廷	Argentina	1203.1	1359.6	1460.9	1709.8	1955.8	1633.0	1361.6	1141.5
澳大利亚	Australia	728.1	654.9	607.5	667.1	636.9	607.4	570.6	535.0
巴　西	Brasil	6922.6	7639.1		7853.4	7958.5	8640.0	8263.8	
加拿大	Canada	1277.6	1185.2	1083.5	1164.1	1272.2	1288.9	1233.7	1172.8
埃　及	Egypt	1447.5	1480.5	1698.0	1783.0	2020.6	2240.7		
法　国	France	3006.6	3014.3	2604.0	2305.0	2407.0	2682.0	2734.0	2717.0
德　国	Germany	3849.0	3503.0	3127.0	3150.0	3486.0	4023.0	4388.0	4583.0
匈牙利	Hungary	313.0	284.7	262.5	232.9	238.8	244.5	252.9	303.9
印　度	India	12541.7		16634.0					
印度尼西亚	Indonesia	5062.5	6030.3	5813.2	8005.0	9132.1	9531.1	10251.4	10854.3
意大利	Italie	2745.0	2669.0	2495.0	2267.0	2163.0	2096.0	1960.0	1889.0
日　本	Japan	2790.0	3170.0	3190.0	3400.0	3590.0	3500.0	3130.0	2940.0
韩　国	Korea, Rep	1461.0	1353.0	979.0	899.0	752.0	818.0	860.0	887.0
马来西亚	Malaysia	284.0	313.7	286.9	342.4	343.6	369.8		
墨西哥	Mexico	1381.7	962.9	1003.0	1001.0	1152.4	1204.1	1555.5	1482.5
荷　兰	Netherlands	337.0	277.0	231.0	221.0	259.0	357.0	419.0	430.0
新西兰	New Zealand	139.1	127.8	113.4	102.3	102.5	93.9	82.0	79.3
挪　威	Norway	74.0	75.0	81.0	84.0	92.0	107.0	106.0	111.0
巴基斯坦	Pakistan	2279.0	2334.0	3127.0	3181.0	3506.0	3594.0	3499.0	3566.0
菲律宾	Philippines	3016.0	2931.0	3133.0	3269.0	3423.0	3567.0	3888.0	2619.0
葡萄牙	Portugal	251.9	225.8	3.0	213.5	270.5	342.3	365.0	422.3
罗马尼亚	Romania	732.4	789.9	821.2	750.0	845.3	691.8	799.5	704.5
俄罗斯	Russian Fed.	8876.0	9323.0	7138.0	6303.0	6153.0	5716.0	5775.0	
新加坡	Singapore	35.5	51.4		41.7	65.0	65.6	64.6	
瑞　典	Sweden	276.0	241.0	203.0	175.0	176.0	217.0	246.0	270.0
泰　国	Thailand	1137.9	985.7	812.6	896.3	616.3	543.7	548.9	495.8
英　国	United Kingdom	1776.4	1751.7	1619.1	1412.9	1519.4	1414.0	1361.0	1351.6
美　国	United States	6210.0	5880.0	5655.0	6742.0	8378.0	8774.0	8149.0	7591.0

附录1-7 制造业平均工资

WAGES IN MANUFACTURING

国别	Country	单位	unit	1999	2000	2001	2002	2003	2004	2005
阿根廷	Argentina (A)	比索/小时	P./h.	4.16	4.23	4.29				
澳大利亚	Australia (B)	澳元/小时	$A/h.		18.16		20.45		22.77	
巴西	Brasil (B)	里亚尔/月	R./m.	752.21	763.11	844.61	901.85			
加拿大	Canada (A)	元/小时	C$/h.	17.82	18.29	18.59	19.1	19.7	20.24	20.61
	(B)	元/周	C$/w.	782.43	796.89	808.1	830.14	842.4	859.04	
埃及	Egypt (A)1	镑/周	P/w.	121	125	136	147	150		
法国	France (B)	欧元/月	Euros/m.	1459.4	1477	1506.9	1562.7			
德国	Germany (A)	欧元/小时	Euros/h.	27.53	27.78	14.42	14.72	15.09	15.4	15.6
匈牙利	Hungary (B)	福林/月	F./m.	76099	88551	101700	114297	124770	136992	146232
印度	India (A)	卢比/月	R./m.	1548.5	1280.8	1893.2	1158.6	1066		
印度尼西亚	Indonesia (A)	1000卢比/周	R./w.	75.3	98	129.2				
意大利	Italy (A)	小时工资率	R.T./h.	110.9	113.1	101.4	104.2	106.9	110	113
	(C)		R.T./h.	112.1	114.4	101.6	104.5	107.2	110.7	113.5
日本	Japan (B)	日元/月	Yen/m.	291100	293100	297500	296400	296500		
韩国	Korea, Rep (B)	1000元/月	Won/m.	1475.5	1601.5	1702.4	1907	2074	2279.724	2458.022
马来西亚	Malaysia (B)	林吉特/月	M$/m.		1387.76	1530.73				
墨西哥	Mexico (B)	比索/小时	Mex$/h.	12.30	15.27	17.75	17.98	19.38		
荷兰	Netherlands (B)	欧元/小时	Euros/h.	33.32	34.42	16.52	17.14	17.78	18.24	18.5
新西兰	New Zealand (B)	新元/小时	NZ$/h.		16.99	17.39	18	18.82	19.29	19.58
挪威	Norway (A)	克郎/月	NKr/m.	22441	23388	24426	25991	26944	27920	28922
巴基斯坦	Pakistan (B)	卢比/月	PRs/m.	2865.76	2980.97	3002.23	4113.74			
菲律宾	Philippines (B)	日工资率	P/d.			230.74	234.33	237.72	236.65	252.77
葡萄牙	Portugal (B)	欧元/月	Euros/m.		126923	133939	705	775	806	837
罗马尼亚	Romania (B)	列伊/月	Lei/m.	1712748	2535223	3734701	4632583	5804147	7196971	829
新加坡	Singapore (B)	元/月	S$/m.	2803	3036	3117	3154	3265	3350	3495
瑞典	Sweden (A)	克朗/小时	SKr/h.	106.9	111.3	114.9	118.2	122	126.1	129.9
泰国	Thailand (B)	铢/月	B/m.			6064.6	6795.3	6432.2		
英国	United Kingdom (B)	英镑/小时	₤/h.	9.55	9.96	10.53	11.02	11.43		
美国	United States (A)	美元/小时	USD/h.	13.9	14.37	14.83	15.3			

注：1）(A) 工人工资。
(B) 全部雇员工资。
(C) 管理人员工资。
2）2001年以前为马克。
3）指数。2000年=100,以前年份以1995年为100。

Note:1) (A) Wage earners.
(B) All employees.
(C) Salaried employees.
2) Prior to 2001:DEM.
3) Indices.Year 2000=100.Before 2000: 1995=100.

附录1-8 消费价格指数

CONSUMER PRICE INDEX

(2000=100)

国 别	Country	1998	1999	2000	2001	2002	2003	2004	2005
阿根廷	Argentina	102.1	100.9	100.0	98.9	124.5	141.3	147.5	161.7
澳大利亚	Australia	94.3	95.7	100.0	104.4	107.6	110.5	113.1	116.1
巴 西	Brasil	89.1	93.4	100.0	106.8	115.9	132.9	141.7	151.4
加拿大	Canada	95.7	97.4	100.0	102.6	104.8	107.8	109.8	112.2
埃 及	Egypt	92.5	97.4	100.0	102.2	105.0	109.5	127.4	133.7
法 国	France	97.8	98.3	100.0	101.7	103.6	105.8	108.0	109.9
德 国	Germany	97.6	98.1	100.0	102.0	103.4	104.5	106.2	108.3
匈牙利	Hungary	82.8	91.1	100.0	109.2	115.0	120.3	128.5	133.1
印 度	India	93.5	99.0	100.0	100.0	102.6	106.8	109.8	113.4
印度尼西亚	Indonesia	80.0	96.4	100.0	111.5	124.7	133.0	141.3	156.0
意大利	Italie	95.9	97.5	100.0	102.8	105.4	108.2	110.5	112.4
日 本	Japan	101.0	100.7	100.0	99.3	98.4	98.1	98.1	97.8
韩 国	Korea, Rep	97.0	97.8	100.0	104.1	106.9	110.7	114.7	117.8
马来西亚	Malaysia	95.9	98.5	100.0	101.4	103.2	104.4	105.9	109.1
墨西哥	Mexico	78.3	91.3	100.0	106.4	111.7	116.8	122.3	127.2
荷 兰	Netherlands	95.4	97.5	100.0	104.2	107.6	109.9	111.2	113.1
新西兰	New Zealand	97.6	97.5	100.0	102.6	105.4	107.2	109.7	113.0
挪 威	Norway	94.8	97.0	100.0	103.0	104.4	106.9	107.4	109.1
巴基斯坦	Pakistan	92.0	95.8	100.0	103.2	107.4	110.5	118.7	129.5
菲律宾	Philippines	89.8	95.9	100.0	106.8	110.1	113.9	120.6	129.8
葡萄牙	Portugal	95.0	97.2	100.0	104.3	108.0	111.6	114.2	116.7
罗马尼亚	Romania	47.1	68.6	100.0	134.5	164.8	189.9	212.5	231.7
俄罗斯	Russian Fed.	44.6	82.8	100.0	121.5	140.6	159.9	177.3	199.7
新加坡	Singapore	98.6	98.7	100.0	101.0	100.6	101.1	102.8	103.2
瑞 典	Sweden	98.7	99.1	100.0	102.4	104.6	106.6	107.0	107.5
泰 国	Thailand	98.2	98.5	100.0	101.6	102.3	104.1	107.0	111.8
英 国	United Kingdom	95.7	97.1	100.0	101.8	103.5	106.5	109.6	112.7
美 国	United States	94.7	96.7	100.0	102.8	104.5	106.9	109.7	113.4

附录二、主要统计指标解释

EXPLANATORY NOTES

ON MAIN STATISTICAL INDICATORS

主要统计指标解释

就业人员 指从事一定社会劳动并取得劳动报酬或经营收入的人员。就业人员包括：（1）职工；（2）再就业的离退休人员；（3）私营业主；（4）个体户主；（5）私营企业和个体就业人员；（6）乡镇企业就业人员；（7）农村就业人员；（8）其他就业人员（包括现役军人）。

单位就业人员 指在各级国家机关、政党机关、社会团体及企业、事业单位中工作，取得工资或其他形式劳动报酬的全部人员。包括：在岗职工、再就业的离退休人员、民办教师以及在各单位中工作的外方人员和港澳台方人员、兼职人员、借用的外单位人员和第二职业者。不包括离开本单位仍保留劳动关系的职工。

职工 指在国有、城镇集体、联营、股份制、外商和港、澳、台投资、其他单位及其附属机构工作，并由其支付工资的各类人员。不包括下列人员：（1）乡镇企业就业人员；（2）私营企业就业人员；（3）城镇个体劳动者；（4）离休、退休、退职人员；（5）再就业的离、退休人员；（6）民办教师；（7)在城镇单位中工作的外方及港、澳、台人员；（8）其他按有关规定不列入职工统计范围的人员。(1998年以后的数据均为在岗职工数据，其他相关指标如职工工资总额，职工平均工资等指标也从1998年按此口径进行了相应调整)。

在岗职工 指在本单位工作并由单位支付工资的人员，以及有工作岗位，但由于学习、病伤产假等原因暂未工作仍由单位支付工资的人员。

离开本单位仍保留劳动关系的职工（不在岗职工） 指由于各种原因，已经离开本人的生产或工作岗位，并已不在本单位从事其他工作，但仍与用人单位保留劳动关系的职工。

其他就业人员 各单位其他就业人员是指劳动统计制度规定不作职工统计，但实际参加各单位生产或工作并取得劳动报酬的人员。包括：再就业的离退休人员、民办教师以及在各单位中工作的外方人员和港、澳、台方人员。但不包括在各单位中工作并领取劳动报酬的在校学生。单位其他就业人员与在岗职工之和为该单位全部单位就业人员。

年末人数 指年末最后一天的实有人数。

国有单位 指资产归国家所有的经济组织。包括按《中华人民共和国企业法人登记管理条例》规定登记注册的非公司制的经济组织，以及中央、地方各级国家机关、事业单位和社会团体。

集体单位 指生产资料归集体所有，并按《中华人民共和国企业法人登记管理条例》规定登记注册的经济组织。

其他单位 包括股份合作单位、联营单位、有限责任公司、股份有限公司、港澳台商投资单位以及外商投资单位等其他登记注册类型单位。

使用的农村劳动力 指户粮关系在农村的职工。

第一产业 指农业（包括林、牧、渔业等)。

第二产业 指采掘业、制造业、电力、燃气及水的生产和供应业、建筑业。

第三产业 指上述第一、第二产业以外的其他行业。

企业 指从事商品生产、流通、经营和服务性经济活动，以营利为目的并在工商行政管理部门登记的独立核算单位。包括：农业企业，工业企业，建筑企业，交通运输和邮电通讯企业，商业企业，公共饮食企业，物资供销和仓储企业，房地产企业、居民服务企业和市内公共交通企业、文化企业，金融、保险企业（不包括中国人民银行总行)，其他企业。

事业 指从事为生产和生活服务以及提高人民科学、文化水平和素质服务的独立核算单位。包括：农、林、牧、渔、水利事业，地质普查和勘探事业，勘察、建筑设计事业，交通运输事业，房地产管理、公用事业和咨询服务事业，卫生、体育和社会福利事业，教育、文化艺术和广播电影电视事业，科学研究和综合技术服务事业，其他事业。

机关 指具有代表国家权力和行使国家行政、检察、审判职能，组织协调社会、政治、经济、科技等活动的独立核算单位。包括：国家机关，政党机关和社会团体。

城镇单位就业人员劳动报酬 指各单位在一定时期内直接支付给本单位全部就业人员的劳动报酬总额。包括职工工资总额和其他就业人员劳动报酬总额。

工资总额 指各单位在一定时期内直接支付给本单位全部职工的劳动报酬总额。工资总额的计算应以直接支付给职工的全部劳动报酬为根据。各单位支付给职工的劳动报酬以及其他根据有关规定支付的工资，不论是计入成本的还是不计入成本的，不论是以货币形式支付的还是以实物形式支付的，均应列入工资总额的计算范围。工资总额包括计时工资、计件工资、奖金、津贴和补贴、加班加点工资、特殊情况下支付的工资。

其他就业人员劳动报酬 指各单位在一定时期内直接支付给本单位其他就业人员的全部劳动报酬。

平均工资 指企业、事业、机关等单位的职工在一定时期内平均每人所得的货币工资额。

计算公式为:

$$平均工资=\frac{报告期实际支付的全部职工工资总额}{报告期全部职工平均人数}$$

平均实际工资 指扣除物价变动因素后的职工平均工资。计算公式为:

$$平均实际工资=\frac{报告期职工平均工资}{报告期城市居民消费价格指数}$$

城镇失业人员 指城镇常住人口中一定年龄以上，有劳动能力，在调查期间无工作，当前有就业可能并以某种方式寻找工作的人员。在城镇劳动力调查中对城镇１６岁及以上，具有劳动能力并同时符合以下各项条件的人员列为失业人员:

（１）在调查周内未从事为取得劳动报酬或经营利润的劳动，也没有处于就业定义中的暂时未工作状态;

（２）在某一特定期间内采取了某种方式寻找工作;

（３）当前如有工作机会可以在一个特定期间内应聘就业或从事自营职业。

城镇登记失业人员 是指有非农业户口，在劳动年龄(16周岁至退休年龄)内，有劳动能力，无业而要求就业，并在当地就业服务机构进行求职登记的人员。不包括：(1)正在就读的学生和等待就学的人员；(2)已经达到国家规定的退休年龄或虽未达到国家规定的退休年龄但已经办理了退休(含离休)、退职手续的人员；(3)其他不符合失业定义的人员。

城镇失业率 指城镇失业人数同城镇就业人数、城镇失业人数之和的比。计算公式为:

$$城镇失业率=\frac{城镇失业人数}{城镇就业人数+城镇失业人数}\times 100\%$$

城镇登记失业率 城镇登记失业人员与城镇单位就业人员（扣除使用的农村劳动力、聘用的离退休人员、港澳台及外方人员）、城镇单位中的不在岗职工、城镇私营业主、个体户主、城镇私营企业和个体就业人员、城镇登记失业人员之和的比。计算公式为:

$$城镇登记失业率=\frac{城镇登记失业人数}{\begin{array}{l}(城镇单位就业人员-使用的农村劳动力-聘用的离退休\\人员-聘用的港澳台及外方人员)+不在岗职工+城镇\\私营业主+城镇个体户主+城镇私营企业及个体就业人\\员+城镇登记失业人数\end{array}}\times 100\%$$

基本养老保险:

1.（参保）职工人数 指报告期末按照国家法律、法规和有关政策规定参加基本养老保险并在社保经办机构已建立缴费记录档案的职工人数，包括中断缴费但未终止养老保险关系的职工人数，不包括只登记未建立缴费记录档案的人数。

2.（参保）离退休人员人数 指报告期末参加基本养老保险的离休、退休和退职人员的人数。

3.基本养老保险基金收入 是指根据国家有关规定，由纳入基本养老保险范围的缴费单位和个人按国家规定的缴费基数和缴费比例缴纳的养老保险基金，以及通过其他方式取得的形成基金来源的收入。包括单位和职工个人缴纳的基本养老保险费、基本养老保险基金利息收入、上级补助收入、下级上解收入、转移收入、财政补贴和其他收入。

4.基本养老保险基金支出 是指按照国家政策规定的开支范围和开支标准从养老保险基金中支付给参加基本养老保险的离休、退休、退职人员个人的养老金、丧葬抚恤补助，以及由于保险关系转移、上下级之间调剂资金等原因而发生的支出。包括离休金、退休金、退职金、各种补贴、医疗费、死亡丧葬补助费、抚恤救济费、社会保险经办机构管理费、补助下级支出、上解上级支出、转移支出、其他支出等。

5. 基本养老保险基金累计结余 是指截止报告期末基本养老保险基金收支相抵后的累计余额。

离休、退休、退职人员 指正式办理了离休、退休、退职手续，并享受相应的离休、退休、退职待遇的人员。

基本医疗保险:

1. 参保人数 指报告期末按国家有关规定参加基本医疗保险的人数。包括参加保险的职工人数和退休人员人数。

2.基金收入 指根据国家有关规定，由纳入基本医疗保险范围的缴费单位和个人，按国家规定的缴费基数和缴费比例缴纳的基金，以及通过其他方式取得的形成基金来源的款项，包括：单位缴纳的社会统筹基金收入、个人缴纳的个人账户基金收入、财政补贴收入、利息收入、其他收入。

3.基金支出 指按照国家政策规定的开支范围和开支标准从社会统筹基金中支付给参加基本医疗保险的职工和退休人员的医疗保险待遇支出，和从个人帐户基金中支付给参加基本医疗保险的职工和退休人员的医疗费用支出，以及其他支出。包括：住院医疗费用支出、门急诊医疗费用支出、个人账户基金支出、其他支出。

4.基金累计结余 指截止报告期末基本医疗保险的社会统筹和个人帐户基金累计结余金额。包括银行存款、财政专户、债券投资和其他。

失业保险:

1.参保人数 指报告期末按照国家法律、法规和有关政策规定参加了失业保险的城镇企业事业单位的职工及地方政府规定参加失业保险的其他人员的人数。

2. 享受失业保险待遇人数 是指按照国家法律、法规和有关政策规定，享受失业保险待遇的人数。

3.失业保险基金

（1）基金收入 是指按照规定从企业、事业及其他单位筹集的失业保险费及其他并入失业保险基金收入的总额。包括单位和个人缴纳的失业保险费、失业保险基金利息收入、上级补助收入、下级上解收入、转移收入、财政补贴和其他收入。

失业保险费 是指按照国家政策规定，由企业事业单位及个人缴纳的失业保险费。

利息收入 是指失业保险基金存入银行、购买国债获得的利息收入。

财政补贴收入 是指失业保险基金入不敷出时，财政给予的补贴。

其他收入 包括滞纳金收入等，不包括转移收入、上级补助收入和下级上解收入。

（2）基金支出 是指报告期内为保障失业人员和下岗职工基本生活、促进其再就业等支出的基金总额。包括失业救济金、医疗费、死亡丧葬补助费、抚恤救济费、转业训练费支出、失业保险经办机构管理费、补助下级支出、上解上级支出、转移支出和其他支出。

失业保险金 是指为保障失业人员的基本生活而按规定支付的失业保险金金额。

医疗补助金 是指按规定对在领取失业保险金期间患病医疗的失业人员给予补助的金额。

丧葬补助金、抚恤金 是指失业人员在领取失业保险金期间死亡的，按规定一次性发给其家属的丧葬补助金和其供养的配偶、直系亲属抚恤金金额。

职业介绍、职业培训的补贴 是指按规定对失业人员在领取失业保险金期间接受职业介绍和职业培训的补贴金额。

调剂用于再就业服务中心资金 是指为保障国有企业下岗职工的基本生活和为下岗职工代缴失业保险费，从失业保险基金中调剂，向国有企业服务中心拨付的资金金额。

农民合同制工人一次性生活补助 是指对城镇企业事业单位招用的农民合同制工人，因劳动合同期满未续订或提前解除劳动合同，按规定给予的一次性生活补助的金额。

(3) 基金累计结余 是指截止报告期末失业保险基金收支相抵后的累计余额。

工伤保险:

1.参加保险人数 指报告期末依据国家有关规定参加工伤保险的职工人数。

2.享受保险待遇人数 指劳动者因工负伤致残、死亡或因患职业病致残，根据有关规定享受工伤保险待遇职工或供养直系亲属人数。包括伤残人数、职业病人数、因工死亡人数、供养直系亲属人数。

3.基金收入 指根据国家有关规定，由参加工伤保险的单位按国家规定的缴费基数和缴费比例缴纳的工伤保险基金，以及通过其他形式取得的形成基金来源的款项，包括：单位缴纳的社会统筹基金收入、财政补贴收入、利息收入、其他收入。

4.基金支出 指按照国家政策规定的开支范围和开支标准从工伤保险基金中支付给参加工伤保险的人员及供养直系亲属工伤保险待遇支出及其他支出。包括工伤医疗费、伤残补助金、工亡补助金、护理费、丧葬补助费、工伤预防费用、职业康复费用和其他支出。

5.基金累计结余 指截止报告期末工伤保险基金累计结余金额。包括银行存款、财政专户、债券投资和其他。

生育保险:

1.参保人数 指报告期末依据有关规定参加生育保险的职工人数。

2.基金收入 指根据国家有关规定，由参加生育保险的单位按照国家规定的缴费基数和缴费比例缴纳的生育保险基金，以及通过其他方式取得的形成基金来源的款项，包括：单位缴纳的基金收入、利息收入和其他收入。

3.基金支出 指按照国家政策规定的开支范围和开支标准，从生育保险基金中支付给参加生育保险的职工，因妊娠、分娩和计划生育手术而享受的待遇及其他支出。包括：生育津贴、医疗费用支出及其他支出。

4.基金累计结余 指截止报告期末生育保险基金累计结余金额。包括银行存款、财政专户、债券投资和其他。

离休、退休、退职人员保险福利费用 是指离休、退休、退职人员实际得到的生活费用总额，包括从社会保险经办机构和单位得到的费用。

1.离休金 是指按规定支付给离休人员的生活费用。

2.退休金 是指按规定支付给退休人员的生活费用。

3.退职生活费 是指按规定支付给退职人员的生活费用。

4.医疗卫生费 指单位直接支付给离休、退休、退职人员的医疗费、住院费以及住院伙食补助等费用。

5.其他费用 指离休金、退休金、退职生活费和医疗卫生费以外的其他保险福利费用，如丧葬抚恤救济费、生活补贴、物价补贴、冬季取暖补贴等。

Explanatory Notes on Main Statistical Indicators

Employment refers to total number of persons engaged in social economic activities that generate income, including:

(1) Total formal employees

(2) Reemployed retirees

(3) Employers in urban private enterprises

(4) Urban individual laborers

(5) Employment in urban private enterprises and individual households

(6) Employment in township and village enterprises

(7) Rural laborers

(8) Other social laborers（Servicemen included）

Staff and Workers refers to those who work in (and receive income there from) units with state ownership, urban collective ownership, joint ownership, share holding stock ownership, limited liability corporations, foreign and Hong Kong, Macao, and Taiwan Chinese fund or other ownership and their affiliated units.

On-post Staff and Workers refer to those who are practically working in a certain urban unit, including those who are temporarily absent because of study, disease, vocation or other reasons.

Not-on-post Staff and Workers refer to those who have left his/her post and not engaged in other works the same unit, but still keep the labor relationships with the unit which he/she worked for.

Year-end Number refers to those who are employed on the last day of the year.

State-owned Units refers to various enterprises, institutions, and government administrative organizations at various levels, social organizations, etc., with state ownership of production means.

Collective-owned Units refers to various enterprises and institution with collective ownership of production means, including various rural economic organizations engaging in agriculture, forestry, animal husbandry and fishery, enterprises and institutions run by townships and villages; collective enterprises and institutions run by cities, counties, towns, and neighborhood committees.

Other Ownership Units involve joint ownership, share holding stock ownership, limited liability corporations, foreign and Hong Kong, Macao, and Taiwan Chinese fund or other ownership.

Employment in Urban Private Enterprises and Individual units refers to those who have their population records in urban area and take part in productions or operations in urban private enterprises or individual units, and get earnings from the units, including helpers, apprentices and employees.

Primary Industry refers to farming, forestry, animal husbandry and fishery.

Secondary Industry refers to mining and quarrying, manufacturing, electricity, gas and water production and supply and construction.

Tertiary Industry refers to the sectors except primary industry and secondary industry.

Enterprises refer to those units engaged in economic activities such as production, circulation, operation or service, etc.

Institutions refer to those units engaged in service activities for production and daily life, such as transportation, real estate, public affairs, health care, sports, education, social welfare, communication, science research, etc.

Organizations refer to those units engaged in organizing and coordinating activities on society, politics, economics and science, such as government and Party agencies, communities, social and personal services, etc.

Earnings refer to total remuneration payment to all employment in various units in urban area (excluded urban private sectors and individuals) during a certain period of time, including staff and workers and other employment (i.e., reemployed retirees or those who are from Hong Kong, Macao, Taiwan or other countries).

Total Wage Bill of Staff and Workers refers to total remuneration payment to all staff and workers in various units in urban area (excluded urban private sectors and individuals) during a certain period of time. The calculation of total wage bill is based on the total remuneration payment. Therefore, wages and salaries and other payments to staff and workers should be included at all and regardless of its resource, category, both in kind or cash.

Average Wage of Staff and Workers refers to the average wage level in money terms per staff and workers during a certain period of time, it is calculated as follows:

$$\text{Average Wage of Staff and Workers} = \frac{\text{Total Wage Bill of Staff and Workers in Reference Period}}{\text{Average Number of Staff and Workers in Reference Period}}$$

Average Real Wage of Staff and Workers refers to the average wage of staff and workers after deducting consumer price index, which is calculated as follows:

$$\text{Average Real Wage of Staff and Workers} = \frac{\text{Average Wage of Staff and Workers in Reference Period}}{\text{Urban Consumer Price Index in Reference Period}}$$

Urban Unemployment refers to those urban inhabitants who (1) aged 16 or above, (2)be able to but not work, (3)meanwhile looking for a job, and (4)available for work within two weeks.

Urban Registered Unemployment refers to those who (1) with nonagricultural residence cards, (2) within a certain working age scope (16 to retired age), (3)be able to but not work, (4)want to work and have registered in the local labor exchanges for looking for jobs.

Urban Unemployment Rate refers to the ratio of unemployment in urban area to total employment and unemployment in urban area, which is calculated as follows:

$$\text{Urban Unemployment Rate} = \frac{\text{Urban Unemployment}}{\text{Urban Employment} + \text{Urban Unemployment}} \times 100\%$$

Urban Registered Unemployment Rate refers to the ratio of urban registered unemployment to the sum of employment in urban units (excluded those who have agricultural residence cards, reemployed retirees, and those who are from Hong Kong, Macao, Taiwan or other countries) and not-on-post staff and workers and employment in urban private sectors and individuals and urban registered unemployment. It is calculated as follows:

$$\text{Urban Registered Unemployment Rate} = \frac{\text{urban registered unemployment}}{\begin{array}{l}\text{(employment in urban units - those who have agricultural)} \\ \text{residence cards - reemployed retirees - those who are from} \\ \text{Hong Kong, Macao, Taiwan or other countries + not - on - post} \\ \text{staff and workers + employment in urban private sectors and} \\ \text{individuals + urban registered unemployment.}\end{array}}$$